기측체의 역해 1

신기통 神氣通

기측체의 역해氣測體義 譯解 1
신기통神氣通

2025년 4월 28일 초판 1쇄 펴냄

역해자   이종란
원저자   최한기
발행인   김영호
발행처   도서출판 동연
등록   제1-1383호(1992. 6. 12.)
주소   (03962) 서울시 마포구 월드컵로 163-3
전화/팩스 (02)335-2630 / (02)335-2640
이메일   yh4321@gmail.com
인스타그램 instagram.com/dongyeon_press

ISBN 978-89-6447-995-7 94150
ISBN 978-89-6447-994-0 (기측체의 역해)

氣　기측체의
測　역해 1
體
義　신기통 神氣通
譯
解　이종란 역해
　　최한기 원저

역해자 서문

이 책 『기측체의 역해』는 19세기 최한기의 『기측체의』를 나의 철학 관점에서 우리말로 옮기고 주석하며 해설한 책이다. 최한기는 단순한 사상가가 아니다. 근대 전환기 우리의 전통과 현대를 잇는 그야말로 우리 철학이 무엇인지 모범 사례를 보여주는 인물이다. 그 중요성은 당시 전통문화와 사상이 서양 종교와 과학의 도전에 대응한 점에서, 또 우리의 정신적 정체성이 21세기 현재에도 갈팡질팡하는 점에서도 찾을 수 있다. 다만 현대 한국인들이 그 상황을 제대로 의식하지 못하고 있을 따름이다. 그런 점에서 그의 철학은 19세기 전반기 조선 철학이지만, 그 해석이 시의성을 갖추면 현대 우리 철학이다.

알려진 최한기 철학 용어의 생소함은 바로 우리 철학이 만들어지는 과정에서 탄생한 독창성 때문이다. 그 생소함과 독창성은 원시 유학, 제자백가 사상, 주희 성리학, 양명학, 불교사상, 전통 의학, 무엇보다 기의 철학 등에서 합리적 내용을 계승하면서 동시에 서양 과학과 종교 그리고 그 철학과 신학이 혼합된 서학의 장점과 서로 융합하면서 나온 저자 철학의 표면적 특징 가운데 하나이다.

나는 석사과정 때부터 줄곧 최한기의 철학을 연구하면서 이 『기측체의』와 그의 저작에 관심을 가졌으나, 그때는 감히 내 방식대로 옮겨보겠다는 생각을 못 했다. 그 생소함에 더해 전통 철학 전반과 서학에 대한 무지 때문이었다. 그 후 다시 전통 철학과 그의 철학을 본격적으로 공부하면서 그의 식견과 그 학문의 배경이 만만치 않음을 알게 되었고, 그 공부한 내용을 차례차례 번역하거나 저술하였다. 주희 성리학은 『주희의 철학』 (예문서원), 양명학은 『왕양명 실기』(한길사), 서학은 『공제격치』(한길사), 기와 관련된 철학과 의학·예술·종교 등은 『기란 무엇인가』(새문사)에 서, 그 적용을 위하여 『의산문답』(한설연)과 『운화측험』(한길사) 등의 책을 펴냈고, 그의 철학 난제 가운데 하나인 윤리 문제는 『운화와 윤리』 (문사철)에서 그리고 시험적으로 철학의 핵심 내용만 쉽게 간추리고 풀어서 중·고생 대상의 『기측체의』(풀빛)라는 책을 낸 바 있다.

그런 일의 결실로서 이 『기측체의 역해』를 출간하는 세 가지 목적이 있다. 첫째는 우리 철학을 밝히는 일이다. 우리 철학이 무엇인지 그 방법론에 대해서는 이미 출간한 『서양 문명의 도전과 기의 철학』(학고방) 에서 근대 전환기의 기의 철학을 대상으로 적용한 바 있다. 그래서 19세 기 전반기 우리 철학으로서 전통 철학을 재해석하여 계승극복하거나 서학을 수용·변용하면서 새로운 철학을 탄생시킨 내용, 동시에 그것을 어떤 논리로 진행하는지 구체적으로 밝혔다. 이는 또 한국철학사에서 이른 시기에 동서 철학의 교섭으로 새로운 철학을 탄생한 일을 면밀하고 구체적으로 밝히는 일이기도 하다. 이 책은 그 근거와 사례를 강력히 뒷받침한다.

두 번째 목적은 철학이 구름 잡는 이야기 곧 역사와 현실 문제를 떠난 공리공담이 아님을 분명히 밝히는 데 있다. 이 책 곳곳에 원저자가 살았던 조선 후기 사회의 문제를 짚어내고 비판하며 대안 이론이나 논리를 제시하기 때문이다. 물론 그 일부는 여전히 지금의 현실에도 적용됨을 해설에서 지적하였다. 이것은 내가 연구한 우리 철학의 방법론 가운데 필수모델에 속하는 내용이면서 동시에 이 책의 기본 태도이기도 하다. 그런 점에서 나는 어떤 이념이나 종교에 치우치거나 현실에 무관심한 태도로 인해 중요한 문제를 줄곧 오판하거나 그것에 무지한 철학자와 그의 철학을 신뢰하지 않는다.

마지막 목적은 후학을 위해 내가 평생 연구한 내용을 내놓은 일이다. 그래서 은퇴 후에 줄곧 이 일에 매달렸고, 열악한 독서 환경 속에 출판 비용도 만만치 않지만, 평생을 가르치고 공부만 학자로서 내가 조금 희생해서라도 세상을 위해 할 수 있는 일이란 이것뿐이라는 생각에서였다. 보잘것없지만 역사에 부끄럽지 않게 살려는 작은 몸부림이라 여긴다. 시장에 구애하려는 목적이었더라면 아예 엄두조차 못 낼 일이다.

이 책을 마무리하고 나니 되레 나의 치부만 드러내어 부끄럽기 짝이 없다. 그 번역문은 미래세대의 일반인을 의식하고 옮겼지만, 낱말 선택과 문장이 거칠었음을 인정하지 않을 수 없다. 한문 해석에서 '겉 문리'와 '속 문리' 사이를 오락가락한 느낌이다. 전문가와 연구자들은 각주와 해설 위주로 읽기를 권한다. 또 나는 해석상 나의 그것과 다른 관점이 있을 수 있음을 인정한다. 그 차이는 오로지 나의 철학에서 발생하는 문제이다. 따라서 이 책의 내용은 원저자의 철학이면서 동시에 나의 철학일 수밖에 없다. 있을지도 모르는 오역을 포함해서 모두 나의 관점에서 바라보고 이해한 원저자의 철학이기 때문이다. 그래서 내 해석만이 옳다고 주장하고 싶지는 않다.

따지고 보면 이 책은 순수하게 나 개인의 역량만으로 나온 게 아니다. 나의 논문 지도교수이자 성리학의 이해를 높일 수 있도록 번번이 기회를 마련해 주신 최영진 성균관대 명예교수, 30년 넘게 고락을 함께하며 강학한 왕부지사상연구회 고 임옥균 고문과 회원들, 한중철학회에서 함께 『주역전의대전』을 읽으면서 절차탁마한 회원들, 한국에서 철학을 공부하는 일이 무엇인지 고민하게 해준 한국철학사상연구회의 근현대

삶사회분과 회원들, 우리 철학에 각별한 애정으로 연구를 책임지고 함께 진행했던 조선대 이철승 교수와 동료 연구원들, 현실 사회의 문제를 고민하게 해준 설득포럼의 고 김종명 대표와 위원들, 각자의 새로운 철학 연구를 소개하며 토의한 진인회 회원들, 불교와 과학을 이해하는 데 도움을 준 고려대 양형진 교수 그리고 오래전 『기측체의』를 함께 읽었던 성균관대학교 대학원 동양철학과 한국철학전공 후배들, 무엇보다 내가 소싯적 철학과 음악 사이에서 진로 문제로 갈등할 때 그 우선순위를 결정하는 데 일조한 권인호 대진대 명예교수를 비롯하여 앞에서 언급하지 못한 여러 동학의 영향과 도움 그리고 그것들을 바탕으로 내 삶과 사유 속에서의 변증법적 지양이 없었으면 이 책의 출간은 불가능했을 것이다. 끝으로 본서는 열악한 출판 환경 속에서도 동연출판사 김영호 대표님의 결단으로 빛을 보게 되었다. 모두에게 머리 숙여 감사드린다.

2024. 1.

이종란 씀

기측체의 서문
氣測體義 序

주공¹과 공자가 오랜 세월 동안 스승²이 된 까닭은 그들의 존귀한 호칭³
에 또 그들의 몸가짐⁴과 얼굴의 신비한 광채⁵에도 있지 않다. 더군다나
그것이 다시 그들의 평상시 모습⁶과 행동⁷과 의복과 집과 만난 시대에
있었겠는가? 참으로 그것은 법도를 세우고 윤리를 밝히고 몸을 닦고
나라를 다스리는⁸ 방법에 있다. 또 옛날과 지금을 참작하고 인심의 바탕

---

1 이름은 旦(기원전 ?~기원전 ?)으로 西周의 걸출한 정치가. 文王의 아들이자 武王의
   동생으로 成王을 보필하여 서주의 문물을 완성한 사람으로 공자 이전의 성현으로
   여기던 인물.
2 百世師는 百世之師의 줄인 말로 그 용례는 『孟子』, 「盡心下」의 "孟子曰, 聖人, 百世之師
   也, 伯夷柳下惠是也."에 보인다. 이는 백세 후까지 모든 사람에게 본보기가 될 만큼
   훌륭한 사람. 百世는 3천 년으로 아주 긴 시간을 말함.
3 尊號는 왕이나 제후의 덕을 기리거나 선왕을 높인 이름. 일찍이 『史記』, 「秦始皇本紀」
   의 "臣等謹與博士議曰, 古有天皇, 有地皇, 有泰皇, 泰皇最貴. 臣等昧死上尊號, 王為泰
   皇 … 追尊莊襄王為太上皇."에 보임. 본문에서는 그것처럼 높여 부르는 이름의 뜻.
   가령 공자를 '孔夫子'나 '大成至聖文聖王' 등으로 부르는 것이 그것이다.
4 容儀는 달리 儀容으로도 불리며 몸을 가지는 태도로서 용모와 행동거지. 『漢書』,
   「成帝紀贊」의 "成帝善修容儀, 升車正立, 不內顧, 不疾言, 不親指, 臨朝淵嘿, 尊嚴若神,
   可謂穆穆天子之容者矣."에 보인다. 비슷한 말에는 『中庸』에서 말하는 威儀가 있다.
5 神彩는 神采와 같이 쓰이며 여러 뜻이 있으나 여기서는 얼굴의 신비로운 기운과
   광채를 의미함. 『晉書』, 「王戎傳」의 "戎幼而穎悟, 神彩秀徹, 視日不眩."에 보인다.
6 居處는 뒤에 宮室이 나오므로 사는 장소가 아니라 평상시의 생활 태도로 보임.
   그 용례로 『論語』, 「子路」의 "居處恭, 執事敬, 與人忠, 雖之夷狄不可棄也."와 같은
   책 「陽貨」의 "夫君子之居喪, 食旨不甘, 聞樂不樂, 居處不安."에 보임.
7 動作은 여기서는 행위나 거동을 뜻함. 『左傳』, 「襄公三十一年」의 "法行可象, 聲氣可樂,
   動作有文, 言語有章."에 보임.
8 修身과 治國은 格物·致知·誠意·正心·修身·齊家·治國·平天下의 『大學』 8조목 가운데

과 제도의 꾸밈9을 적절하게 조절하여,10 도리를 밝히고 의론11을 바르게 해서, 후세 사람들에게 자연과 인간 일상에 합당함12을 준수하도록 알린 데 있다. 이것이 그들이 오랜 세월 동안 스승이 된 까닭이다.

周公孔子所以爲百世師者, 不在於周公孔子之尊號, 又不在於容儀神彩. 況復在於居處動作衣服宮室, 及所遇之時乎. 亶在於立綱明倫修身治國之道. 參酌乎古今, 損益乎質文, 明其道, 正其誼, 以詔後世遵守天人常行之宜. 此所以爲百世師也.

주공과 공자를 스승으로 삼는 후세 사람들은 오직 그들이 참작하고 조절한 내용을 본받아야지, 어찌 있지도 않은 내용을 오로지 본받기만 할 것인가? 나아가 나라의 제도와 풍습은 옛날과 지금이 알맞음을 달리하고, 역법과 물리는 후대로 오면서 더욱 밝아졌다. 그러니 주공과 공자가 통달한 큰 도리를 배우는 사람은 장차 주공과 공자의 남긴 자취만 꽉 붙잡아 지키면서 변통13이 없어야겠는가? 아니면 주공과 공자가 통달한 점을 취하여 본받고 연혁14이 있어야겠는가?

나오며, 자기의 몸을 닦고 나라를 다스리는 일.

9 質과 文은 일찍이 『論語』, 「雍也」에 보이는데, "質勝文則野, 文勝質則史, 文質彬彬然後, 君子."라고 한데서 나온 말. 여기서 질은 인심의 본바탕, 문은 문물제도로서 꾸밈을 말함.

10 損益은 덜어내거나 보태는 뜻으로 제도를 시세에 맞게 잘 조절하는 일이다. 이것은 최한기(이하 저자로 약칭)의 變通 사상과 연결된다. 損과 益은 덜어내거나 보태준다는 『周易』 괘의 이름이기도 한데, 이를 근거로 損益을 설명하는 일이 많음. 합성된 낱말은 『周易』, 「損卦」의 "損剛益柔有時, 損益盈虛, 與時偕行."에 보인다.

11 誼에는 義의 뜻이 있으나 여기서는 議의 뜻. 그 용례로 『漢書』, 「董仲舒傳」의 "故擧賢良方正之士, 論誼考問."에 보인다.

12 天人(常行)之宜는 용어사전을 볼 것.

13 變通은 『周易』, 「繫辭上」의 "變通莫大乎四時."와 「繫辭下」 第1章의 "窮則變, 變則通, 通則久"에 등장하는 말. 자세한 것은 용어사전을 볼 것.

後之師周孔者, 惟當師其參酌損益之所在, 豈惟師其所不在也. 至於國制風俗, 古今異宜, 歷算物理, 後來益明. 則師周孔之通達大道者, 將膠守周孔之遺蹟而無所變通耶. 抑將取法周孔之通達而有所沿革耶.

대개 천지 만물과 인간은 모두 기의 조화15를 말미암아 생겨났는데, 후세 사람들이 겪어온 일과 경험은 점차 기를 밝혔다. 그래서 이치를 규명하는 사람에게는 기준16이 있어서 떠들썩한 논란을 그치게 하였고, 수행하는 사람에게는 매개물17이 있어서 어긋나거나 벗어나는 일이 거의 없게 되었다.

蓋天地人物之生, 皆由氣之造化, 而後世之閱歷經驗漸明乎氣. 究理者有準的而熄其紛紜, 修行者有津梁而庶無達越.

그리하여 기의 본체를 논하여 『신기통』을 저술하였고, 기의 작용18을

14 沿은 따르는 것, 革은 바꾸는 것. 저자 變通의 다른 표현으로 동어 반복을 피하기 위한 것으로 보임.
15 造化는 천지자연과 만물이 저절로 생성·소멸·변화하는 것 또는 자연을 가리킴. 일찍이 『莊子』, 「大宗師」의 "今一以天地為大鑪, 以造化為大冶, 惡乎往而不可哉."에 보이며, 후대 학자들이 『주역』의 만물 생성과 변화의 의미를 조화의 개념으로 설명하였다. 이는 조물주가 이 세상을 만들었다는 기독교의 창조설과 대비된다. 저자는 마테오 리치의 『천주실의』와 그 외 많은 서학 관련 서적을 읽고 그것을 분명히 인지한 상태에서 이 글을 썼다. 중국에 온 당시 일부 선교사는 조물주인 하느님을 造化라는 말로 번역하기도 하였다.
16 準的은 용어사전을 볼 것. 『後漢書』, 「齊武王縯傳」의 "遽自尊立, 為天下準的, 使後人得承吾敝, 非計之善者也."에 용례가 보임.
17 津梁은 나루터 또는 그 교량. 교량의 작용을 하는 사물이나 사람을 비유하는 말로도 쓰임. 『魏書』, 「封軌傳」의 "吾平生不妄進舉, 而每薦此二公, 非直為國進賢, 亦為汝等將來之津梁也."에 그런 뜻이 보임.
18 여기서 말하는 기의 작용이란 두 가지 측면에서 말할 수 있다. 하나는 자연현상에 나타나는 기의 작용이고, 다른 하나는 인간의 정신작용을 뜻한다. 『추측록』에서

밝혀 『추측록』을 지었는데, 두 책은 서로 안팎이 된다. 일상의 삶에서 앎을 기억하고 밖으로 그것을 드러내어 쓰는 일[19]이 비록 이 기를 버리고 자 하여도 불가능하며, 지식을 찾아 모으는 일도 이 기를 안 데[20]서 나오지 않음이 없다. 기를 논한 글은 여기서 대략 그 단서를 열어 놓았고, 두 글을 합쳐 엮었는데, 『추측록』6권, 『신기통』3권, 총 9권으로, 이름 을 『기측체의』라 하였다.

論氣之體而著神氣通, 明氣之用而撰推測錄, 二書相爲表裏. 日用常行, 涵育發用, 雖欲捨是氣而不可得, 拔革知識, 無非出於通是氣也. 論氣之書, 於斯略發其端, 合 二書而編之, 推測錄六卷, 神氣通三卷, 總九卷, 名曰氣測體義.

이 책을 읽는 사람이 주공과 공자의 도리를 본받는 데에 무슨 도움을 받을까? 주공과 공자의 학문은 실제의 이치[21]를 좇아 앎을 넓혀서 나라 를 다스리고 온 세상을 평화롭게 하는 일[22]에 나아가기를 바란다. 그러니

두 가지를 다 다루며, 推測만은 후자의 뜻인데, 곧 인간의 마음인 신기가 추리하고 판단하는 推測 활동을 두고 한 말이다.

19 뒤에서 밝히겠지만 涵育과 發用의 대상은 앎이다. 涵育은 기억을 말하며 발용은 기억한 내용을 드러내 사용하는 일이다. 저자는 서학의 영향으로 앎의 기억-저장-발 용의 세 단계를 말한다.

20 원문의 通은 그의 철학의 중요 개념 가운데 하나인데, 여기서는 '알다'의 뜻. 통이 함축하는 의미는 매우 많고 복잡한데 문맥에 맞게 적절히 옮길 것임. 용어사전을 볼 것.

21 實理는 실제로 근거가 있는 이치. 여기서는 주희 성리학의 리를 의식하고 기를 근거로 한 이치를 말함으로써 주공과 공자를 假託하여 저자의 철학적 입지를 세우려 는 의도가 엿보임. 주희도 實理라고 주장하여, 『朱子語類』卷21, 19項(이하 21-19와 같은 방식으로 통일함)에서 "忠信, 以人言之. 蓋忠信以理言, 只是一箇實理."라고 말하고 있는데, 이는 실생활의 도덕적 이치를 말한다.

22 『大學』에서 말하는 治國과 平天下. 그 전에 앎을 넓힌다는 格物致知가 전제되어 있다.

기는 실제 이치의 근본이요, 추측은 앎을 넓히는 중요한 방법이다. 이 기를 말미암지 않으면 탐구하는 내용이 모두 허황하고 망령되거나 괴이하고 거짓된 이치이며,23 추측을 말미암지 않으면 아는 내용이 모두 근거와 증거가 없는 말이다. 그리하여 근고의 잡학과 이단의 설24은 없애기를 기약하지 않아도 저절로 없어지고, 알차고 참된 대상은 저절로 확립되며 밝은 것도 저절로 드러나니, 고금을 참작하는 일과 피차의 변통25에는 자연히 방법이 있다. 그 결과 옛날에 밝히지 못한 대상을 지금에 밝히거나, 옛날에 마땅하던 내용이 지금에는 어긋나기도 한다. 또 지금 숭상하는 일이 옛것에 미치지 못하기도 하고, 지금 밝힌 내용이 옛사람들이 버린 내용에서 나오기도 한다.

讀之者有何補於師周孔之道乎. 周孔之學, 從實理而擴其知, 以冀進乎治平. 則氣爲實理之本, 推測爲擴知之要. 不緣於是氣, 則所究皆虛妄怪誕之理, 不由於推測, 則所知皆無據沒證之言. 近古之雜學異說, 不期祛而自祛, 精實自立, 光明自著, 古今

23 虛妄은 일찍이 王充의 『論衡』, 「書虛」의 "世信虛妄之書, 以爲載於竹帛上者, 皆賢聖所傳, 無不然之事, 故信而是之, 諷而讀之. 睹眞是之傳與虛妄之書相違, 則幷謂短書, 不可信用."이라고 하여 황당무계의 뜻으로 사용하였다. 怪誕은 괴이하고 거짓된 것으로 唐 劉知幾의 『史通』, 「古今正史」의 "發言則嗤鄙怪誕, 敍事則參差倒錯."에 보인다. 전자는 전통 학문과 종교, 후자는 기독교를 비판할 때 자주 쓴다. 용어사전을 더 볼 것. 여기서 '기독교'라는 말은 개신교만이 아니라 예수의 가르침을 믿고 따르는 모든 그리스도교를 일컫는 말로 사용함. 이하 모두 적용.

24 전통적으로 잡학은 유학이 아닌 것을 싸잡아서 지칭하며, 이단은 유학이면서 정통 유학이 아닌 것을 지칭해 왔다. 그러나 저자는 기를 근거로 하지 않는 학문을 똑같은 용어로 비판하는데, 그 대상을 행간에 숨겨두고 있다. 또 저자가 역사를 구분할 때는 上古, 中古, 近古, 方今라는 용어를 쓰는데, 여기서 현재인 방금은 청대를 가리키고, 근고는 송·원·명대이다. 따라서 근고의 잡학과 이단에는 기독교도 포함된다.

25 '피차의 변통'이란 참다운 앎을 기준으로 본문의 '옛날과 지금'처럼 피차 알고 있는 것을 비교해서 수정하는 것. 변통의 일반적 의미는 용어사전을 볼 것.

之參酌, 彼此之變通, 自有其術. 古所不明, 或明乎今, 古之攸宜, 或違於今矣. 今之所尚, 或不逮於古, 今之所明, 或出於古人所棄.

이러한 논리로서 주공과 공자를 본받는 도리에 연결해 보면, 옛날과 지금이 다르지 않고 참작할 내용이 갖추어진다. 또 몸을 수양하고 나라를 다스리는 방법을 연구하여 밝히면, 참된 이치는 이로 말미암아 쉽게 좇을 수 있는 순서를 갖게 되고, 항상 통하는 윤리도 이것을 따라 붙들어 세울 방도가 있게 된다.

擧此而通之於師周孔之道, 則古今無異, 參酌備陳. 究明修身治國之道, 則誠實之理, 從此有易循之序, 倫綱之常, 從此有扶植之術.

주공과 공자 같은 오래된 스승의 성덕과 대업26은 정말로 후세에 누가 밝히기를 기다리고 있다. 그래서 실용에 도움이 된다면 비록 하찮은 사람의 말27이라도 취하여 쓰고, 후세 사람들이 한 말이라고 해서 아직 내버리지 못할 것이다. 만약 주공과 공자의 도리에 도움이 없다면, 비록 듣기 좋은 말28이나 좋은 말이라 할지라도 취하여 쓸 수 없다. 참으로 자연과 인간에 합당한 경지에 배워 도달할 수 있다면, 신기29와 추측을

---

26 『周易』, 「繫辭上」: 盛德大業至矣哉. 富有之謂大業, 日新之謂盛德.
27 蒭說의 蒭는 나무꾼으로 『詩經』, 「板」의 "先民有言, 詢于芻蕘."라는 말에서 가져왔다.
28 巧言은 원래 부정적으로 교묘하게 꾸미는 말의 뜻으로는 『論語』, 「學而」의 "巧言令色, 鮮矣仁."에 보이며, 또 표면상으로는 듣기 좋으나 실제로는 허위인 말로서 『詩經』, 「小雅·雨無正」의 "哿矣能言, 巧言如流, 俾躬處休."에 보인다. 본문에서는 듣기 좋은 말의 뜻.
29 용어사전을 볼 것. 일찍이 신묘한 기운의 뜻으로는 『禮記』, 「孔子閒居」의 "地載神氣, 神氣風霆, 風霆流形, 庶物露生, 無非教也."에 보이며, 인체 내의 순수한 元氣의 뜻으로는 『莊子』, 「田子方」의 "夫至人者, 上闚靑天, 下潛黃泉, 揮斥八極, 神氣不變."

기약하지 않아도 저절로 신기와 추측에 이를 것이며, 주공과 공자의 길을 기대하지 않아도 저절로 그 길에 들어갈 것이다.

周公孔子百世師之盛德大業, 果有俟於後世之所明. 有補於實用, 則雖蒭說而取用, 未嘗以後世所言拚棄之. 若無補於周孔之道, 雖巧言善辭, 不可取用. 苟能學到天人之宜, 不期乎神氣推測, 而自臻乎神氣推測, 不期乎周孔之道, 而自入於周孔之道.

1836년[30] 초겨울 최한기 쓰다

道光十六年, 丙申孟冬, 崔漢綺書

등에 보인다.

30 道光은 청 宣宗의 연호이며 그 16년 丙申年은 조선 헌종 2년이다.

해 설

원문의 '참작·손익·변통·연혁'이라는 핵심 낱말을 통해 제도와 문물을 개혁할 수 있음을 주공과 공자를 빌어 말하고, 또 "자연과 인간에 합당함을 준수한다"라는 말로서 최한기(이하 저자로 약칭) 학문의 성격을 읽어낼 수 있다. 곧 '물리'와 '인정'으로 자주 표현하는 사물의 이치와 인간의 실정에 합당한 개혁 또는 변화를 중시하는 특징이 그것이다.

그것은 그의 철학에서 볼 때 당연하다. 물론 기의 외연을 모르면 이해하기 어렵겠지만, 일단 현실의 모든 존재는 기로 이루어지고 모든 활동은 기와 연관된 그것인데, 인류의 누적된 경험으로 점차 기를 밝혔기 때문이다. 곧 인식의 진보에 조응하여 인간의 제도나 삶을 바꾸어야 한다는 관점이 그것이다.

특히 '기가 실제 이치의 근본'이라는 의미는 뒤에서 밝히겠지만, 모든 존재의 근원은 기이고, '실제의 이치'는 기의 조리 또는 속성으로서 물리적 법칙을 말하며, 기를 떠난 형이상학적 존재나 원리를 인정하지 않는다는 뜻이다. 우리가 볼 때 주공과 공자가 이런 기철학의 실리를 따랐다는 역사적 증거는 없지만, 저자는 주공과 공자의 권위를 빌어 자신이 말하고 싶은 점을 드러내고 있다. 곧 개혁의 당위도 이들의 업적을 재해석해서 주장한다. 조선 후기 시대 배경에서 볼 때 학문풍토에 대한 반성이 필요함을 행간에서 말하고 있다.

그리고 "추측은 앎을 넓히는 중요한 방법이다"라고 하여 추측을 강조하고 있다. 추측은 『기측체의』의 소제목을 포함해서 총 753회 등장할 정도로 이 책의 핵심어로서, 추(推)라는 추리와 측(測)이라는 판단의 논리로 이루어지는 앎의 과정 또는 방법이다. 곧 추측은 감각을 통한 경험의 토대 위에서 발현되며, 경험한 내용을 추리하여 새로운 앎을 판단하는 인식 활동으로, 물리적 법칙의 추리만이 아니라 인간의 윤리나 도덕의 가치 등을 구축해 가는 활동이다. 자연히 추측이 경험을 통해 앎을 넓혀가는 핵심 활동이다.

정리하면 신기의 통합과 추측을 중시하는 학문으로서 현실에 맞게 주공과 공자가 의도한 바를 이룰 수 있다고 하여, 『기측체의』 저술의 의도와 정당성을 주장하고 있다.

『기측체의』와 최한기

1. 최한기는 누구인가?

학생들에게 보통 실학자로 알려진 최한기(崔漢綺, 1803~1877)는 19세기 초·중반에 활동한 사상가이자 철학자이다. 철학자라고 말할 수 있는 근거는『기측체의』의 저술 태도만 보아도 충분하다. 독창적 이론은 물론이고, 저술에 필요한 자료를 어디서 가져왔든 간에 그것을 본인의 철학적 세계관과 방법론에 맞게 재해석하거나 그 맥락에 따라 재구성하였기 때문이다.

그는 혜강(惠剛), 패동(浿東), 기화당(氣化堂), 명남루(明南樓) 등의 호를 사용하였으며, 자는 지노(芝老)이고 본관은 삭녕(朔寧)이다. 개성 출신이지만 서울에서 살았고, 세조 때 영의정을 지낸 최항(崔恒, 1409~1474)의 15대 후손으로 알려져 있다. 하지만 그 후 적어도 최한기의 직계 조상 10대를 거꾸로 계산해 올라가 보면, 한 사람의 문과 급제자도 없고, 음직(蔭職)인 감찰과 군수 1명 그리고 양부 최광현(崔光鉉)이 무과 출신으로 곤양 군수를 지낸 일이 사회적 위상을 잘 나타내고 있다.[1]

그도 그럴 것이 인조반정 뒤부터 정국을 이끌었던 서인·남인·노론·소

---

1 이우성·손병욱·허남진·백민정·권오영·전용훈 저,『혜강 최한기 연구』(사람의무늬, 1916), 36쪽.

론의 후예가 아니거나 세도 정권을 주도했던 권문세가에 빌붙지 못하면, 조선 초기 양반의 후손이라도 예외 없이 몰락의 길을 걸을 수밖에 없었기 때문이다. 이처럼 그도 비록 양반의 후손이지만 사회적 영향력이 별로 없는 집안 출신이었고, 생원으로 평생을 보냈으니 지낸 벼슬도 없었다. 다만 장남 최병대(崔柄大, 1819~1888)가 문과에 합격하여 관직에 진출함으로써 훗날의 증직(贈職)만 있다.

그런 까닭으로 사회적 활동과 그가 교유한 사람들은 제한될 수밖에 없었다. 다시 말하면 그가 조선말까지 주류 학문으로 내려온 주희 성리학을 치밀하게 공부하지 않았던 것은 아니지만, 주요 학자들과 교유한 흔적이 거의 없고, 겨우 중인에 해당하는 역관(譯官) 그리고 김정호(金正浩, ?~?)나 이규경(李圭景, 1788~1856) 등에 그치고 있어서, 주류 사회로부터 크게 주목받지 못했음을 말해준다.[2]

이 점은 본서의 성격과 관련하여 매우 중요하다. 어떤 영향력 있는 인물이나 문벌과 학벌의 후예가 주도하는 학맥에 소속되지 않음으로써 사상적으로 자유롭게 자신의 의견을 개진할 수 있는 공간이 마련되기 때문이다. 이 책에서 주희 성리학을 비판·극복할 수 있었던 일도 또 양명학이나 노장학 무엇보다 서학 등을 자유롭게 접할 수 있었던 일도 그런 배경 때문이다.

더구나 관직이나 당파에 소속되지 않음으로써 불필요한 견제나 오해로부터 자유롭게 되어 독창적인 신선한 사고를 할 수 있었다. 기껏해야

---

2 최한기의 가계와 그 내력, 연보, 저술한 책 등의 자세한 사항은 앞의 책과 예문동양사상 연구원·김용헌 편저, 『혜강 최한기』(예문서원, 2005)와 권오영·손병욱·신원봉·최진덕·한형조, 『혜강 최한기』(청계, 2000)와 최영진 외 지음, 『조선말 실학자 최한기의 철학과 사상』(철학과현실사, 2000) 등에 자세하다.

젊은 도학자 전우(田愚, 1841~1922)로부터 양명학자로 지목될 정도였고, 훗날 학행이 약간 알려져 세도 정권의 실력자 조인영(趙寅永, 1782~1850)으로부터 벼슬 제안을 받은 일 정도가 고작이었다. 그래서 이 책에서 현실 정치에 대한 비판과 개혁 담론이 많을 뿐만 아니라, 그 개혁의 필요성을 철저하게 철학의 논리에 연동해 놓고 있다.

다만 19세기 당시 천주교 박해가 심해서 서양 종교와 거리를 둘 수밖에 없어서 표면적으로 그것을 비판하지만, 그 철학의 일부를 수용 또는 변용한 점을 누구나 알 수 있게 쉽사리 드러내지 않았는데, 그것은 서학을 신봉한다는 불필요한 오해를 대비한 자기 검열의 소산이었다. 최한기가 서학에서 과학사상만 수용했다고 믿는다면 그 또한 일면적 고찰이다.

훗날 그의 학행이 알려져 신미양요 때 대원군의 뜻에 따라 강화진무사(江華鎭撫使) 정기원(鄭岐源, 1809~?)의 자문에 응하기도 하지만, 이미 나이가 많아 사회적으로 영향력 있게 활동하지 못했다.3 이렇듯 최한기의 신변에 관해 알려진 내용이 많지 않아도, 그동안 학계에서 꾸준히 연구한 성과가 있어서 저술과 활동의 자세한 내용은 지면 관계상 각주에 소개한 문헌과 이 글 뒤의 연보로 대체한다.

2. 『기측체의』와 그 구성 및 사상적 배경

(1) 『기측체의』와 그 출간

전통 철학을 공부한 사람이라면 처음 『기측체의(氣測體義)』라는 책

---

3 권오영·손병욱·신원봉·최진덕·한형조, 『혜강 최한기』 37-42쪽 참조.

이름을 접할 때는 다소 생소하다고 느끼게 된다. 무슨 근거로 이렇게 지었는지 쉽사리 상상되지 않기 때문이다. 이 책에 그런 이름을 붙인 설명은 없지만, 서문에 "기의 본체를 논하여 『신기통』을 저술하고 기의 작용을 밝혀 『추측록』을 지었다(論氣之體而著神氣通, 明氣之用而撰推測錄)"라는 말을 보면, 『신기통(神氣通)』과 『추측록(推測錄)』에서 각각 '氣' 자와 '測' 자를 따왔음을 알 수 있다. 그리고 또 '기의 본체를 논하고 기의 작용을 밝혔다'라는 말에서 보면, '氣測體義'는 '신기와 추측의 본체와 작용'이라는 뜻임을 곧장 알 수 있다. 『기측체의』의 전개 논리에서 보면 신기는 본체이고 추측은 그 작용이다.

사실 본체와 작용을 의미하는 체용(體用)이란 말은 불교에서 자주 쓰던 용어인데, 또 그 체용이 체의(體義)와 같이 쓰이기도 했다. 곧 체(體)는 제법(諸法)의 평등한 이체(理體)를 말하고, 의(義)는 차별되는 제법에서 본체가 드러나는 현상과 작용인 바, 체의는 신유학에서 자주 쓰는 체용의 뜻으로 봐도 무관하다. 그렇다면 체용이 있는데 왜 굳이 그것을 쓰지 않고 '體義'라고 했을까? 동아시아 서적의 이름에 '體用'이 들어간 문헌은 『사고전서』 같은 곳에 보이지 않으니 거의 없다고 봐야 한다. 대신 '體義'가 들어간 책에는 송의 도결(都絜)이 지은 『역변체의(易變體義)』와 예수회 선교사 마테오 리치의 저서 가운데 『건곤체의(乾坤體義)』 등이 있다. 저자는 『주역』에도 조예가 깊었고 선교사들이 쓴 서학 관련 책을 자주 보았으므로, 그런 용례를 따라 이런 이름을 정한 것으로 보인다. 물론 이에 대한 설명은 없다.

이 책은 중국 베이징의 정양문(正陽門) 안의 인화당(人和堂)에서 활자로 간행하였다고 하는데, 그 시기와 경위는 알 수 없다. 서문이 1836년으로 되어 있으니, 요즘 출판의 관례에 따라 그해나 한 해 뒤라고 생각할

수 있겠다. 하지만 아니다.『추측록』권5의 일부 내용에 1836년 뒤에
있는 내용을 추가한 사실을 보면, 적어도 1차 아편전쟁이 끝난 1842년
이후에 출간한 것 같다. 거기에는 아편전쟁 직후 1842년에 초간한 청
위원(魏源)의『해국도지(海國圖志)』내용이 등장하기 때문이다. 그뿐만
아니라『추측록』에는 초기 선교사들이 전한 과학과 다른 훗날 저술한
『운화측험(運化測驗)』(1860)의 내용과도 겹치는 부분이 꽤 있다. 그러
니까 서문을 다 쓰고 난 뒤 새로운 내용을 추가했음을 알 수 있다.

최한기는 지금까지는 베이징에 간 적이 없는 것으로 알려져 있다.
그럼에도 거기서 출판할 수 있었던 까닭은 그가 교유한 사람 가운데
역관이나 사신 출신이 있었기 때문이라고 한다.[4]

(2)『기측체의』의 저술 목적

이 책을 끝까지 잘 음미하면 저술의 목적을 종합할 수 있지만, 먼저
『기측체의』의 서문만 잘 분석해도 그것을 확인할 수 있다. 거기에 "이
책을 읽는 사람이 주공과 공자의 도리를 본받는 데에 무슨 도움을 받을
까?"라는 말이 보이는데, 바로 독자들이 주공과 공자의 도리를 본받도록
하는 데 표면적 목적이 있다고 하겠다.

사실 이런 진술은 형식적이며 유학의 모든 학파의 주장이기도 하다.
문제는 주공과 공자의 도리가 어떤 것인지 다른 학파와 구별되는 저자만
의 주장에 그 차이가 있을 것이다. 주공과 공자의 도리 또한 서문에
"참으로 그것은 법도를 세우고 윤리를 밝히고 몸을 닦고 나라를 다스리는
방법에 있다. 또 옛날과 지금을 참작하고 인심의 바탕과 제도의 꾸밈을

---

4 같은 책, 28-29쪽 참조.

적절하게 조절하여, 도리를 밝히고 의론을 바르게 해서, 후세 사람들에게 자연과 인간 일상에 합당함을 준수하도록 알린 데 있다'라는 말 속에 녹아 있다.

이 말은 매우 함축적이어서 분석해 봐야 한다. 먼저 '몸을 닦고 나라를 다스린다'라는 표현에서 수기치인(修己治人), '법도를 세우고 윤리를 밝힘'은 제도의 확립, '옛날과 지금을 참작하고'에서 '의론을 바르게 해서'까지는 제도나 정책의 시의성과 적절성을 뜻하며, '자연과 인간 일상에 합당함을 준수한다'라는 말에서는 합리적이고 과학적인 태도를 가리키고 있다. 종합하면 제도를 만들거나 수정하는 위치에 있는 사람의 도리란 시의성과 적절성 및 합리성과 과학적 태도를 갖추어 세상을 이끄는 일 곧 인문 정신의 실현이다.

여기서 기존의 유학과 차이점은 시의성과 적절성 그리고 합리성과 과학적 태도에서 찾아야 할 것 같다. 이전 유학에서 시의성을 강조하지 않은 것은 아니지만, 19세기 상황은 그것과 비교할 수 있는 상태가 아니었다. 다시 말해 주희 성리학이 뒷받침하는 제도와 학문 방법으로서는 전근대성을 극복하기 어려웠기 때문이다. 그 대안 가운데 하나가 인간과 자연에 대한 합리적이고 과학적 이해이다. 자연히 그러한 대상을 파악하는 인식의 문제가 부각되어 신기통과 추측이 강조될 수밖에 없었고, 그것의 주체이자 그 주체와 대상을 매개하는 것이 신기였다.

그러니까 '주공과 공자의 도리'는 19세기 상황에 맞는 유학의 저자 방식의 재해석이었다. 다시 말해 동아시아 유학을 새롭게 해석해서 독자들에게 내보이는 일이 그 목적이었다. 곧 전근대사회를 이끌었던 주희 성리학을 극복하고 주공과 공자를 잇는 사람이 저자 본인이라는 자부심이 이 책 행간의 곳곳에 보인다. 더 나아가 그런 유학만이 아니라 서양의 종교와 그 학문을 비판하고, 거기서 과학적이고 합리적인 요소만 본인의 학문 속에 변용하여 명실공히 동서를 아우르는 보편적 가르침이라고 자부하였다. 그것이 진정한 '주공과 공자의 도리'를 잇는다고 보는 본인만의 자부심이었다.

자, 처음으로 되돌아가서 '주공과 공자의 도리를 본받게 하는 일'이 이 책의 저술 목적이라면, 그것은 바로 최한기 자신의 주장을 독자들이 본받게 하는 데 있다. 그렇다면 독자들이 누구인가? 형식적으로는 이 책을 읽는 모든 사람에게 해당하겠지만, '주공과 공자'가 한 일을 상기해 본다면, 당시는 요즘과 같은 일반독자가 아니라 적어도 한문을 아는 사대부 지식층이고, 뒤의 내용을 보면 사회에 영향력을 끼치는 위치에 있으면 왕을 포함한 통치 대열에 참여한 독자들이다. 현대적 관점에서 보면 이 책을 읽는 사회의 리더가 저자의 주장을 본받게 하는 데 있다고 하겠다.

그렇다면 지금의 우리는 이 『기측체의』의 저술 목적을 어떻게 받아들여야 할까? 그 답은 역시 '주공과 공자의 도리를 본받게 하는 일'에 있다. 곧 주공과 공자는 고대의 인문 정신을 세우는 데 이바지한 인물이다. 초자연적 신이나 인간 실존과 거리가 먼 어떤 대상으로부터 인간의 자율성과 독립을 높인 분들이다. 다시 말하면 인간 위에서 군림하는 어떤 존재나 미신 따위에서 벗어나 인간 속에서 길을 찾는 일이다. 특히 공자에겐 설령 초자연적인 무엇이 있다고 해도 공경하되 멀리할 대상일 뿐이다.

그런 맥락에서 볼 때 조선 후기 구체제를 이념적으로 뒷받침하는 주희 성리학 말류의 폐단과 온갖 잡술과 미신에서 벗어나기 위한 그리고 기독교와 같은 초월적 신 중심의 종교와 거리를 둔, 곧 서양 중세에서 근대로 전환하는 인문—계몽주의를 최한기가 알았는지와는 무관하게 결과적으로 보면, 동서 양자의 폐단을 극복하고자 하는 데서 그 목적을 풀어낼 수 있다.

그러므로 현대의 우리는 인간을 옥죄며 인간 위에 군림하는 무엇, 그것이 자본이든 이념이든 종교든 제도든 권력이든 기술이든 상품이든 인공지능이든 또 무엇이든 간에 인간성을 억누르고 지배하는 대상에서 벗어나 인간을 위하는 일이 참으로 무엇인지 또 어떻게 해야 하는지 고민하는 데서 찾아야 할 것이다. 다만 모든 게 다 좋을 수는 없기에 빈대 잡으려다가 초가삼간을 다 태우는 어리석음만 경계해야 할 것 같다.

(3) 『기측체의』의 구성

이 책은 『신기통』 3권과 『추측록』 6권으로 이루어져 있다. 그러니까 두 종류의 독립된 책인데 하나로 합쳐 이름을 붙였음을 알 수 있다. 그렇다면 서문에서 말한 대로 『신기통』에서 기의 본체를 논하고, 『추측록』에서 기의 작용을 밝혔는가?

여기서 본체와 작용은 불교에서 주로 사용했던 용어이지만 송대 신유학이 그것을 사용하면서 널리 쓰게 되었는데, 둘 사이의 관계는 본체와 작용이 하나의 근원이라는 체용일원(體用一源), 겉으로 드러난 작용과 드러나지 않은 미묘한 본체는 틈이 없다는 현미무간(顯微無間)이란 말로 압축된다. 본체와 작용이 따로 존재하거나 독립적으로 작용하지 않는다는 뜻이다. 논리상 구분되어도 본체를 설명해도 작용을 말할 수밖에 없고, 작용을 말해도 본체를 언급할 수밖에 없다.

그래서 기의 본체를 논한다는 말은 기 개념의 내포를, 작용을 밝힌다는 말은 기 운동의 외연 곧 기의 다양한 운동 양태를 밝힌다는 말로 이해할 수 있다. 물론 현대의 논문처럼『신기통』과『추측록』을 오로지 그렇게 나누어 논하고 밝혔다고 한다면 좀 어폐가 있지만, 앞의 체용 관계를 따라 서술한 것은 분명하다.『신기통』에서 기의 본체를 논함은 기철학에서 다루는 우주와 이 세상을 이루고 있는 존재의 근원이자 본질을 설명하는 것으로서, 그것이 구성하고 있는 다양한 사물과 현상의 보편성과 특수성을 다룬다. 곧 그 내용에는 신기(神氣)의 개념, 일기장존(一氣長存), 기의 불생불멸(不生不滅), 유행(流行)과 취산(聚散), 기의 성격으로서 생기(生氣)와 활물(活物), 만물의 생성과 소멸, 기의 내재적 운동성, 이기(理氣)의 관계, 기(신기)와 질의 관계, 신의 개념, 초월적이거나 비물질적 대상의 존재 여부, 영혼의 본질 문제, 사후 세계의 존재 여부, 물질과 정신의 이원성 여부 등이 녹아 있다. 특히 신기는 존재의 근원이면서, 서학식으로 말하면 만물의 영혼 그리고 인간의 인식 활동의 주체이자 동시에 만물 속에 깃든 존재이다. 그래서 신기의 설명만으로 곧 본체를 논하는 일로 본 것 같다.

그러나『신기통』의 목차만 보면, 비록 신기가 간여해도 기의 본체를 논하는 내용과 거리가 멀어 보인다. 곧 체통(體通)·목통(目通)·이통(耳通)·비통(鼻通)·구통(口通)·생통(生通)·수통(手通)·족통(足通)·촉통(觸通)·주통(周通)·변통(變通)으로 되어 있기 때문이다. 체통은 인식의 총론적 성격이 강하고, 목통에서 촉통까지는 신체 기관에 따른 감각적 인식에 할애되어 서양의 오감보다 세밀하고, 주통은 감각 내용을 통합한 보다 진전된 인식이며, 변통은 인식의 수정 또는 그에 따른 사회적 실천이다. 하지만 앞에서 설명한 체용 관계에 따라 사물의 작용 속에 본체가 있음을 감안한다면, 그 설명에서도 작용을 본체와 떼어내 설명하기도 어렵다.

함께 설명해야 그것이 온전하기 때문이다. 그래서 작용을 밝힌다는『추측록』에도 본체의 내용이 들어 있음은 어쩔 수 없었다.

그래서『추측록』에서 인식 문제를 다루어도,『신기통』과는 달리 경험을 주제로 한 내용이 아니라 그 경험 자료를 가지고 추론하고 판단하는 내용이 주축을 이룬다. 그러니 추측 자체가 인간 신기의 작용일 뿐만 아니라, 많은 분량을 차지하는 추측의 다양한 대상도 결국 기의 작용이거나 그것이 만들어 낸 결과물이다. 더구나 거기에 등장하는 과학적 내용은 물리적인 기의 작용을 밝힌 것들이다. 그래서『추측록』의 내용은 인간의 추측과 기로 이루어진 만물의 작용에 해당할 수밖에 없다.

추측이란 추(推)와 측(測)이라는 사유 방법을 통해 경험 자료를 근거로 직접 경험하지 못하거나 일정한 거리가 있는 대상을 밝히는 사유활동이자 기능이다. 그래서 총론 격인 추측제강(推測提綱)에 이어 추기측리(推氣測理)·추정측성(推情測性)·추동측정(推動測靜)·추기측인(推己測人)·추물측사(推物測事)의 항목을 두었다. 모두 推A測B의 형식을 띠고 있는데, 'A를 미루어 B를 헤아리다'라고 옮겼다. 다시 말해 A를 근거로 추리하여 B라는 결과를 판단한다는 의미이다. 여기서 기(氣)와 정(情)과 동(動)과 기(己)와 물(物)은 직접 경험할 수 있는 대상이지만, 리(理)와 정(情)과 정(靜)은 감각할 수 없는 이론적·추상적 대상이며 인(人)과 사(事)는 인식주체에서 상대적으로 거리가 있는 대상이다. 그래서 서문에서 추측을 '앎을 넓히는 중요한 방법'이라 소개하였다.

(4)『기측체의』의 사상 배경

이 책에 반영된 각종 사상은 곧장 최한기의 초기 철학의 배경을 이룬다. 구체적으로 인용된 내용의 출처는 각주에 표기하였다. 이미 '이 책을 펴내며'에서 간접적으로 밝힌 바 있지만, 동서의 많은 사상이 그 배경을 이루고 있다. 우선 그 가운데 전통사상에는 원시 유학과 제자백가의 사상이 있다. 자주 인용되는『사서』와『주역』그리고『노자』와『장자』,『순자』,『관자』, 불교 등이 그것이다.

다음으로 그 연장선에서 주희 성리학과 양명학이다. 극단적으로 말하면 본서는 주희 성리학을 극복하면서 동시에 기독교에 대항해서 썼다는 느낌이 없지 않다. 본서에 자주 등장하는 '허망(虛妄)'과 '괴탄(怪誕)'이라는 용어에서 대체로 전자는 노불(老佛)을 포함한 성리학, 후자는 기독교를 상징한다. 그만큼 양쪽에 대해서 철저하게 공부했다는 방증이다.『사서집주』는 물론이고『주자어류』등을 꼼꼼히 읽었음을 확인할 수 있다. 물론 주희 성리학을 비판만 하지 않았으며, 계승한 부분도 꽤 있다. 또 유학의 갈래로서 양명학의 영향도 받았는데, 이 책에『전습록』의 내용이 가끔 인용된 것만 보아도 알 수 있다. 물론 그것도 성리학처럼 비판하면서 그 장점을 자기 철학으로 재구성하였다.

또 전통의 기철학을 이어받았다. 하지만 음양과 오행 개념은 폐기하였고, 또 기의 존재상에서 선천과 후천으로 나누는 일도 없다. 다만 기 운동의 내재성, 일기장존, 취산과 생기 개념, 리는 기의 조리라는 전통을 계승하였다.5

불교사상도 들어 있다. 불교 자료는『능엄경』을 보았다는 점이 확인된다. 표면적으로 보면 불교를 비판하지만, 그것은 대체로 불교의 방편에 해당하고, 공(空)을 기로 바꾸면 좋겠다는 생각이 녹아 있다. 그것은 불교의 세계관이 사물의 실체를 인정하지 않기 때문이다. 기철학도 만물

---

5 성리학이나 양명학 그리고 전통의 氣論에서 어떤 점을 계승하고 극복했는지는 이종란,『서양 문명의 도전과 기의 철학』(학고방, 2020), 71-87쪽을 보기 바람.

이 취산하는 과정에 있으므로 기를 제외하고는 영원한 실체가 없다. 이 점은 또 현대 과학과 통하는 부분이기도 하다. 다만 불교와 큰 차이는 기를 실체로 보는 것 외에 『기측체의』의 관심이 출세간이 아니라 온통 세간에 있다는 점이다.

또 무엇보다 중요한 배경을 이루는 것 가운데 하나는 『황제내경』을 비롯한 전통의 의학사상이다. 『신기통』의 통의 항목만 봐도 알 수 있지만, 의학 관련 내용이 많이 등장한다. 신체를 통한 기(신기)의 소통은 의학에서 다루는 문제이기 때문이다. 그것만이 아니다 경험(經驗)이나 증험(證驗) 또는 징험(徵驗) 등의 용어도 그것과 관련이 있다. 그 외 배경을 이루는 전통사상에는 음악, 역사, 천문, 잡술 등이 있다.

이제 『기측체의』의 배경의 마지막 한 축은 서학인데, 과학과 지리 등은 물론이고 일부 철학과 신학적 견해도 수용하거나 변용했다. 이 책에도 그런 사례가 수도 없이 등장한다. 물론 최한기의 저술에서 어느 책을 보았다는 책의 이름은 과학이나 기술 및 지리 관련 서적 외는 드러나지 않는데, 그것은 일련의 천주교 박해 사건과 관련하여 서양 종교에 엮이지 않으려는 자기 검열 때문이다. 하지만 그것을 비판하는 내용에서는 물론이거니와 수용하는 사상 속에도 철학·신학 관련 용어와 내용이 풍부하다. 그런 가운데 최한기의 다른 저술을 보면, 이 책의 각주에서 인용하는 철학·신학 관련 책을 소개하고 있는 사실로 보아, 일찍이 그런 책을 보았음을 확인할 수 있다.[6]

또 서학에 대한 저자 철학의 논리적인 대응의 대상, 곧 『신기통』의 신기도 그렇지만 『추측록』의 추측으로 대응하는 대상이 서학에 있었다.

---

6 이종란, "기독교철학에 대한 최한기의 비판적 수용," 「인문학연구」 제52집 (2016), 179-182 참조.

곧 서학의 생혼·각혼·영혼론의 삼혼설을 신기로 일원화하고, 하느님과 인간 영혼불멸설에 신기의 불멸설로, 각혼의 감각적 경험을 신기의 형질 통으로, 인간 영혼(anima)의 추론 능력을 신기의 추측으로 대응한 일이 그것이다. 이렇듯 『기측체의』가 왜 인간의 신기를 중심으로, 그것도 인식론 위주로 다루느냐 하는 의문은 서학을 모르면 전혀 이해할 수 없다. 그것은 예수회 선교사들의 저술에서 그것을 더 거슬러 올라가면 중세 토마스 아퀴나스의 토미즘 그리고 최종적으로 아리스토텔레스의 영혼론과 그 인식 이론에 닿는다. 해당하는 곳에서 자세히 해설하였다.[7]

그리고 언급했듯이 『기측체의』는 적어도 표면적으로는 서양 종교를 배척한다. 사실 그것도 불교를 비롯한 민간신앙을 대하는 일과 같은 맥락에서 비물질적 신의 존재나 천당과 지옥이나 화복설(禍福說) 등의 방편을 진리로 보는 일에 대한 반발이다. 하지만 무작정 배척만 했다면 신학 속에 녹아든 철학의 합리적 요소를 수용하거나 변용할 까닭이 없다. 이는 그의 철학이 합리성과 보편성을 지향하기 때문에 서양에도 성인이 있을 수 있다고 믿었다. 화이론(華夷論)에 따라 서양은 온통 오랑캐라고 여기던 동시대의 도학자 이항로(李恒老, 1792~1868) 등과는 다른 태도이다. 그래서 그의 철학은 순수한 전통 철학만의 연장이 아니라, 동서 철학과 사상의 융합으로 이루어진 독창성을 지닌 학문이다.

이렇듯 『기측체의』 속에는 당시 동서의 사상이 한데 모여 배경을 이룬다. 그 속에서 시대의 문제를 고민하여 자신의 철학을 만들어 내었다. 그것을 가능케 한 것이 자기 철학의 방법론이자 글쓰기 방식이다.

---

7 전통과 서양의 사상에서 무엇을 비판·계승·극복·수용·변용·배척했는지는 각각의 항목별로 정리하여 도표화한 자료가 있는데, 같은 책, 313-316을 참고 바람.

3. 최한기 초기 철학의 기본적인 이해

최한기의 철학을 다 설명하기에는 방대한 분량이 필요하다. 여기서는 『기측체의』에 녹아든 초기 철학만 간략하게 설명하고자 한다. 보통 철학의 범주에 따라 설명하는데, 그 범주도 존재론이나 인식론이나 실천론 등의 일반적인 것도 있고, 어떤 철학의 내부 논리에 따른 설명도 있다. 여기서는 이 책의 성격에 맞게 후자의 방식을 따라 설명하겠다. 최한기 초기 철학을 대표하는 핵심 용어는 신기·유행·통·경험·추측·변통 등이다.

(1) 신기의 유행과 통

기는 최한기 철학에서 존재의 근거이다. 리(理)는 기의 조리 또는 법칙으로서 기에 의존하는 우유성(Accidents)을 띨 뿐이다. 신기는 앞에서 산발적으로 언급했지만, 최한기 초기 철학에서 우주의 본질과 인간을 설명하는 주요 개념이다. 중기 철학에서는 단지 사람의 마음을 말할 때만 신기를 사용하다가, 후기 철학에서 다시 전기의 신기로 돌아온다. 그 앞의 신(神) 자는 『주역』의 전통에 따라 대체로 '신묘하다'라는 형용사 이상의 의미는 없다. 신기를 서양식의 초월적 '신(God)의 기운'이나 '정신의 기운' 등으로 이해하면 난센스가 된다. 다만 보통의 기철학에서 우주의 본질을 설명할 때 사용하는 기를 신기로 설명하고 있을 뿐이다. 그래서 그 본질이 일반 기와 다르지 않다. 앞서 언급한 우주의 근원, 취산, 운동의 자기 원인성, 불생불멸 등의 성질은 보통의 기와 전혀 다르지 않다.

그렇더라도 신기라고 말한 데는 다분히 어떤 의도와 이중성이 있다.

그것은 이 책에서 신기와 기를 섞어 쓰는 점에서도 찾을 수 있다. 신기는 전통에서 주로 인간의 마음을 가리킬 때 사용하고, 드물게 자연의 기를 형용하기도 했다. 저자가 그것을 재규정하여 사용한 의도는 그냥 기라고 했을 때는 말하고자 하는 의도를 드러내기가 쉽지 않았기 때문이다. 다시 말하면 서학에서 말하는 인간을 포함한 동식물의 영혼에 대응하여 그냥 일반적인 기라는 용어를 쓰면, 만족스럽지 않았기 때문이다. 더구나 인식론과 관련하여 그 주체를 기라고 말하기에는 어울리지 않기 때문이다. 그래서 자연 상태의 기이든 인간의 마음으로서 기이든 통합하여 신기로 일원화하였고, 서학의 하느님이나 거기서 소개하는 아리스토텔레스의 영혼 개념에 대응해서 신기로 일원화할 필요가 있었다. 다만 인간을 제외한 자연이나 일반적 대상에서는 기라는 말을 병행해서 사용하였다.

바로 여기서 신기의 이중성이랄까 모종의 불일치가 드러난다. 존재의 원질(原質)이라 할 수 있는 기와 인간의 정신 현상을 일으키는 기를 동일선상에서 논의할 수 있는가이다. 더 나아가 정신 현상을 물질 그 자체와 동일시 할 수 있느냐 하는 점이다. 서구 전통의 이분법 논리에 익숙한 독자라면 당연히 그렇게 생각할 수 있다.

하지만 이러한 생각의 밑바탕에는 동서 철학 또는 두 문화 사이의 오해와 틈이 있다. 우선 기의 다의성[8]을 이해해야 한다. 그런 맥락에서 최한기가 말하는 신기는 생기(生氣)로서 스스로 운동하는 활물(活物)이

---

8 기는 현대적 용어로 옮기기 어렵다. 기는 현대적 관점에서 해석할 때 에너지·힘·빛·소리·전파 그리고 분자 이하의 미립자 등의 외연을 갖는다. 더구나 아인슈타인에 의하여 물질과 에너지의 경계가 없어져 버렸다. 기에 대한 더 자세한 내용은 이종란, 『기란 무엇인가』 (새문사, 2017)을 보기 바람.

지 죽은 질료로서 물질이 아니다. 다시 말해 기를 가지고 여러 현상을 설명할 수 있는데, 정신 현상에 한정해 말하면 그것은 기의 다양한 운동방식 가운데 하나일 뿐이다. 그 정신이 비록 기가 엉겨 이루어진 육체의 조건에 구애받더라도 그렇다. 정신 현상이란 몸이 있고 또 일정한 조건에 맞아야 일어나는 신기의 작용 가운데 하나라고 보면 된다. 현대 뇌과학에서 정신작용이란 극단적으로 뇌의 신경 세포 사이에서 벌어지는 전기‧화학 작용의 결과인 전기적 '스파크'라는 점에서 그것을 신기로 보는 데는 아무런 저항감이 없다.

그러니까 신기라는 용어로 인하여 인간의 정신 현상을 무차별적으로 적용하여 만물 또는 모든 단세포생물과 모든 식물에도 의식이 있다고 생각하는 범심론(panpsychism)으로 딱지 붙여서는 곤란하다. 더구나 범신론(pantheism)으로 보아서는 더욱 말이 안 된다. 당연히 마음 또는 의식을 소유한 존재를 물질적 몸과 비물질적 마음의 이원론적 존재로 보아서도 안 되지만, 신기 또는 생기라는 용어 때문에 기가 일반 물질과 다른 특별한 성격과 지위를 갖는 신비한 무엇이라고 볼 이유도 전혀 없다. 물질의 진화[9] 또한 기의 응취 과정으로 이해한다면, 인간을 포함한 만물의 여러 현상을 기의 범주 속에 포섭할 수 있다.

아무튼 질료로 인식하는 고전적 서양의 물질 개념으로서는 이런 정신 현상을 설명할 수 없다. 그러니까 기를 물질로 봐도 되지만, 이때의 물질은 서학의 그것과 다르다는 점을 분명히 이해해야 한다. 『기측체의』에서 기가 서양 과학을 만나 그 물질 개념을 일부 포섭하고 있지만, 절대로 양보하지 않은 점은 바로 이러한 생기 또는 활물로서 기 개념이다.

---

9 원자에서 단순 분자로, 거기서 거대 분자로, 또 거기에서 유기체로 진행과 그로부터 의식 발생의 과정.

통 또한 여러 의미를 지닌다. 일차적으로 유행의 의미이다. 곧 자연 속에서는 기가 저절로 잘 소통되고 있다는 점을 전제한다. 그리고 그 유행하는 기의 조리가 유행지리(流行之理)이다. 그것처럼 인사도 잘 소통해야 한다. 그 소통이 통의 두 번째 의미로서 『기측체의』의 큰 주제이다. 그 걸림돌은 첫째로 대상에 대한 무지와 편견이고, 다음으로 사회적인 제도와 재화의 불통이다. 『신기통』은 통이라는 인식 활동을 통해 그런 불통을 제거하자는 의도에서 저술되었고, 경험과 추측은 그 과정이며 변통은 잘못된 앎의 수정과 더불어 제도의 불통을 제거하는 사회적 실천이다. 당시 조선이 직면한 시대적 문제를 이렇게 철학 논리 속에 잘 담아내고 있다.

그 외 통의 뜻은 거기서 연역한 의미로서 앎·능통·의사소통·유통·연결·매개·통과·전달 등 문맥에 따라 다양하게 쓰이고 있다.

(2) 경험과 추측

경험과 추측은 전통 철학을 공부한 사람에게 매우 낯선 철학 용어이다. 그것은 어쩌다 쓰이는 용어기는 해도, 철학의 주요 개념이나 주제로 다루지는 않았다.

경험이라는 말은 전통 의학에서 가져온 말이다. 이른바 '~경험방(經驗方)'이라는 형태로 쓰인 말로서 효험이 확실한 약방(藥方)의 뜻이 그것이다. 하지만 저자는 거기서 용어만 취했을 뿐, 그 뜻은 서학의 영향으로 현대적 의미의 경험과 거의 일치한다. 그리고 추측 또한 전통에서도 가끔 쓰고 서학에서도 보이는데, 그것을 철학적 이론으로 재탄생시킨 일은 저자가 유일하다. 현재 사용하는 우리말 추측이란 '짐작(guess)'의 의미밖에 없다.

경험과 추측은 최한기 철학에서 소통을 구현하는 방법 가운데 하나이다. 그러니까 그 과정에서 『신기통』이 일차적 감각 경험을 주로 다룬다면, 『추측록』은 그 감각된 경험 자료를 토대로 사유를 통해 새로운 지식을 구축해 가는 활동을 설명한 책이다.

그러므로 우리는 최한기 철학을 경험주의로 못 박으면 안 된다. 초기 연구자들 가운데 간혹 경험주의로 몰고 가려는 유혹을 떨쳐내지 못했는데, 인간 의식에 본래 아무 내용도 없다는 백지설과 유사했기 때문이다. 하지만 그렇다고 해서 곧장 경험주의라 규정하면 안 된다. 경험이란 인식의 기원을 설명하고, 그 확실성을 검증하는 일에 동원하여 중시하는 점은 사실이지만, 경험 자체가 완결된 인식은 아니기 때문이다.

여기서 경험주의라 말할 수 없는 근거 가운데 하나는 바로 이 추측이 있기 때문이다. 추측이란 단지 경험 자료만 정리하거나 질서 지우는 데 머물지 않고, 그것을 근거로 근본적이고 이론적 앎을 구성한다. 그것이 추측지리(推測之理)이다. 인간의 윤리나 도덕 및 가치 등도 추측지리이지만, 사물의 법칙으로 아직 검증받지 못한 가설적 앎도 추측지리이다. 그래서 자연법칙인 유행지리에 부합하는지 검증하는 과정이 증험(證驗)이다. 이렇게 경험-추측-증험의 과정을 놓고 보았을 때 경험주의라 말할 수 없고, 근대 과학의 탐구 방법과 논리상 일치한다. 다만 경험의 중시는 필연적으로 절대적 진리가 있을 수 없다. 귀납법이 갖는 한계로서 진리 여부는 누적된 검증에 맡길 수밖에 없었다. 그래서 그는 인식의 진보를 강하게 믿었다.

(3) 인간의 본성과 선악
전통 철학에서 인간의 본성을 논할 때 크게 보아 맹자의 성선설과 순자의 성악설로 나뉜다. 맹자의 성선설을 따른 정통 유학은 인간의 본성을 선하게 보고, 특히 성리학은 그 본성의 내용을 사회적 규범까지 포함된 태극으로서 천리가 갖춰진 것으로 본다. 서양인 사르트르의 말처럼 '실존이 본질에 앞서는 것'이 아니라 역으로 본질이 실존에 앞서는 셈이다.

최한기는 이런 성선설이나 성악설을 따르지 않는다. 유학자들이 외면하는『맹자』에 등장하는 고자(告子)의 말을 따라 인간의 본성이 선하지도 악하지도 않다고 보았다. 왜냐하면 선과 악이 어떤 실체로서 존재하는 대상이 아니기 때문이다. 그냥 '좋음'과 '나쁨'의 개념적 가치판단에 지나지 않기 때문이다. 설령 그렇더라도 인간의 본성을 일률적 선악으로 규정할 수 없는 까닭은 또 본성 자체가 변하여 사람마다 천차만별이기 때문이다.10

그러므로 선과 악이란 좋음과 나쁨의 느낌처럼 인간이 판단하는 윤리적 가치에 불과하다. 가치의 실재설을 반대하는 쪽에 선다고 하겠다. 그렇다면 문제는 윤리 가치의 보편성을 어떻게 확립하느냐이다. 바로 여기서도 추측의 중요한 역할이 드러난다. 곧 추측으로 인간의 본성과 보편타당한 윤리를 구축한다고 한다. 인간의 본성이란 생물적 본능과 추측으로 파악한 사회 규범의 통일체로서, 그 본성 가운데 하나인 인의예지도 인간의 정(情)을 통해 추측으로 파악한 것이라 규정하였다.11 결국 본능과 사회 규범의 양자가 결합·통일되면서 인간성이 결정되는데, 사

---

10 이 문제는 본성 개념의 차이에서 오는 문제일 수도 있다. 성선설을 따른 성리학은 이상적 인간상을 세워 놓고 그것을 본성 개념에 투영한 것이고, 최한기는 현실적 인간을 두고 경험적으로 파악한 본성이기 때문이다.

11 『추측록』 권6, 「仁義禮知」.

람마다 문화마다 그 정도가 다를 수 있다.

그러니 인간성은 고정되지 않는다. 본능과 규범의 양자에서 어느 쪽으로 기울어지느냐에 따라 천차만별이겠지만, 각자의 인간성은 각자가 형성한다는 지평을 열어주었다. 기존의 사회 규범에 순응하든 비판적이든 모두 그러하다. 이것이 공자의 '성상근(性相近)·습상원(習相遠)'의 저자식 해석에 따른 전망이다.

그런데 여기서 인간의 대동소이한 본능을 상수로 본다면 규범은 변수가 된다. 그래서 보편적 인간 본성을 확립하려면 규범의 보편성이 전제되어야 한다. 그 보편성을 확립하는 역할이 추측이다. 그렇더라도 형이상학적으로 절대 가치의 기준을 세우지 않은 이상 어떻게 규범의 보편성을 확보할 것인가? 이미 선악 판단이 각자 개인의 몫이어서 아무리 보편성을 띤 규범에 합의한다고 하더라도, 그 지평은 필연적으로 공리주의로 나아갈 수밖에 없다.[12] 이는 앞의 인식론에서 누적된 검증을 통해 진리를 확보할 수밖에 없다는 귀납법의 한계와 같은 운명이다. 변하는 삶이 특정 문화 속의 가치보다 선행하기 때문이다.

그의 철학은 어쩌면 가장 현실을 잘 설명하는 방식일 수 있다. 하지만 사람들은 보통 보편타당한 규범을 원한다. 사실 그런 규범은 칸트의 정언명령이나 '네 이웃을 네 몸처럼 사랑하라'는 말처럼 형식으로만 가능하다. 이처럼 그의 전기 철학에서는 그 보편적 선악 기준을 형식적으로 진술하고 있는데, 그것은 천인지의(天人之宜)라는 '자연과 인간에 합당함'이라는 논리로서, 이 책에서 자주 언급하는 물리(物理)와 인정(人情)의 양자를 만족시키는 행위이다. 이는 자연적 원리로서 과학적이고

---

12 그 대표적 근거가 『신기통』 권3, 「善惡利害」에서 선악이란 公議 곧 공론에 근거한 이로움과 해로움이라는 말에서도 보인다.

합리적 사실과 인간의 본성을 포함한 실정이 모두 고려되는 관계 속에서 결정되는 문제이지만, 이에 대한 자세한 설명은 보기 어렵다. 후기 철학에서 그것을 자주 진술한다. 그것이 '운화(運化)의 승순(承順)'이라는 논리이다.13

이제껏 최한기의 철학을 간단히 살펴보았다. 전통사상과 서양 과학과 철학 속에서 합리적 요소를 융합해 자기 철학으로 만들었다. 하지만 이런 철학도 한계가 분명히 있다. 곧 합리적 이성과 과학에 너무 기댄 나머지 인간사의 또 다른 측면인 주술적 세계와 심미적 감성에 인간이 취약한 부분을 간과했다는 점이다. 그래서 현실 종교는 물론 문학이나 예술에도 관심이 적었고 비판적이었다. 비합리적이고 주술적 대상은 자연히 소멸한다는 진보의 관점에서 미래를 낙관적으로 바라보았고, 문학이나 예술은 실용과 거리가 멀다고 판단했기 때문일 것이다. 시대 상황에 대한 반작용 효과이다.

4. 우리 철학으로서 최한기 철학의 의의

(1) 우리 철학과 그 방법론

우리 철학이란 일단 현대 한국인이 주체적으로 생산한 한국철학을 일컫는 말로 쓰고자 한다. 우선 철학이 무엇인지 학자마다 정의가 다를 수 있겠지만, 현실의 문제를 근원에서부터 비판하고 해결하고자 하는

---

13 그 또한 형식적 진술이지만 구체적 내용은 이종란, 『운화와 윤리』(문사철, 2008), 151-181을 볼 것.

이론 정도로 간단히 정의해 보자. 이는 학문이 삶과 관련된 일상적 문제를 떠날 수 없다는 유학의 전통을 따랐다. 현실과 동떨어진 사변적이고 추상적 논리 그 자체만을 다루는 문제는 최한기도 그렇지만 나도 다루지 않는다.

그런 맥락에서 한국철학이란 한국의 상황에서 발생하는 문제를 한국적 정서와 역사문화를 바탕으로 근원에서부터 해결하고자 하는 이론이라고 보면 되겠다. 여기서 '근원에서부터'와 '한국적 정서와 역사문화'라는 말에 집중해 보면 여타 학문과 구별되는 한국철학만의 특징을 갖는다.

그러면 현대 한국인으로서 과거 조선시대의 철학이나 서양철학을 연구하는 사람들의 연구는 현대 한국철학과 무관한가? 그 답은 한국철학이 될 수도 있고 아닐 수도 있다. 그것은 우리 철학의 방법론에 부합할 때만 우리 철학이라 말할 수 있기 때문이다. 나는 지난 수년간 그 문제를 연구해 왔고, 현대 한국철학이 될 수 있는 기준과 그 모델을 제시해 왔다.[14]

여기서 그 기준이란 첫째 합리적이어야 하고 보편타당성을 지향해야 하며, 둘째 우리말로 말해야 하며 한국인의 삶과 문화에 기초하여 현재의 문제를 다루어야 하고, 셋째 한국적인 특징을 새롭게 반영하고 있어야 하며, 넷째 과거의 철학이든 외래사상이든 민족의 삶에 발전적으로 작용해야 하는 것[15]이다.

---

14 그 방법론의 효시는 이종란, "『전경(典經)』의 사상 분석으로 살펴본 '우리철학'의 방법론," 「대순사상논총」 30호(2018)이며, 그 뒤를 이어 이종란, 『서양 문명의 도전과 기의 철학』(학고방, 2020)에서 그 방법을 적용하여 근대 전환기의 기철학을, 또 이종란·김현우·이철승, 『민족종교와 민의 철학』(학고방, 2020)에서 근대 전환기 민족종교와 민의 철학을 탐색한 바 있다.

15 이종란, 『서양 문명의 도전과 기의 철학』, 30쪽.

그 기준에 근거한 우리 철학 모델은 5가지인데 우선 필수모델로서 한국인의 삶과 문화에 기초한 시대 인식과 문제의식이며, 다음으로 전통사상을 발전적으로 계승하기, 전통사상의 재해석을 통해 창의적으로 특성화하기, 외래사상을 한국적 입장에서 수용하거나 포용하기, 외래사상에 대응하면서 한국적으로 변용(變容)하기의 5개 모델이다. 우리 철학이 되려면 반드시 앞의 기준에 맞춰 필수모델과 나머지 하나의 모델이 조합을 이루어야 한다.16

그러므로 과거의 철학을 다루든 외래사상을 다루든 이 기준과 모델에 맞으면, 현대 한국철학으로서 우리 철학이라 말할 수 있다. 게다가 신라의 불교나 조선의 성리학은 처음에는 모두 외래사상이었지만 이 기준과 모델을 거기에 적용하면 비록 한글을 사용하지는 않았지만, 신라와 조선의 철학으로서 한국철학이라 말하지 않을 수 없다. 그런 논리에서 보면 최한기의 그것은 조선 철학이면서 19세기형 우리 철학이 된다. 물론 이황이나 이이의 철학도 그렇다.

그러니 제발 바라건대 단군 사상이나 무속 등의 고유사상만 우리 것이고, 불교나 유교는 인도나 중국에서 왔으니 우리 것이 아니라는 소아병적인 태도는 이제 버렸으면 좋겠다. 사상과 문화는 세밀히 따지고 보면 영향을 주고받으면서 전파되기 때문에 순수한 고유성이란 없다고 봐야 한다. 혈연으로만 따지는 민족 또한 그런 운명이다. 그런 의미에서 지금의 외래사상이나 종교에 대해서도 지나치게 배타적일 필요가 없다. 우리의 삶과 정신을 풍족하게 한다면, 우리의 정체성을 상실하지 않는 한 주체적으로 한국의 문화와 정서에 맞게 해석해 받아들이면 그만이다.

---

16 같은 책, 31쪽.

토착화라는 말도 그런 뜻이리라.

(2) 우리 철학으로서 19세기 중반의 조선 철학

이 책에서 자주 보게 되겠지만, 최한기가 전통사상과 외래 문물을 대하는 방법과 태도는 앞서 말하는 우리 철학의 방법론을 벗어나지 않는다. 다만 두 가지 기준 곧 우리말로 철학을 하지 않았고, 근대 전환기의 문제를 다루었다는 점에서 현대 한국철학과 차이점이 있을 뿐이다.

최한기가 살았던 당시는 전근대적 제도의 온존으로 민족 내부의 모순이 첨예하게 드러나기 시작하던 때였다. 그는 그런 폐단을 알고 대내적으로 제도 개혁의 철학적 근거를 제시하였다. 게다가 대외적으로는 제국주의 침략이 가속화하고 있었다. 청국은 아편전쟁의 여파로 반식민지 상태로 진행되는 과정에 있었다. 이렇듯 서양보다 열세에 놓인 처지에서 대외적 문제에 잘 대처해야 한다는 이론이 또 그의 철학이다. 그런 점에서 우리 철학의 방법론 가운데 필수모델에 충실했다고 하겠다.

다음으로 전통사상을 발전적으로 계승한 모델은 이 책에 자주 등장한 고전의 인용에서 보인다. 고전의 모든 내용을 계승한 것이 아니라, 본인의 철학에 맞는 내용을 선택하였다는 점에서 그렇다. 그런데 가장 돋보이는 모델은 전통사상을 재해석하여 창의적으로 특성화한 내용이다. 그것이 신기와 통과 경험과 추측으로 대표되는 그의 기철학이다. 그의 철학은 기존의 그것과 성격이 다른 유학의 성격을 띤다. 이 책의 행간에는 주공과 공자의 가르침을 이은 사람이 바로 최한기 자신임을 읽어낼 수 있다. 그전에는 유학자들이 암묵적으로 주희가 도통을 이었다는 의식을 가졌으나,17 그는 주희 성리학이 더 이상 시대를 이끌어갈 학문이 아니라고 보았기에 그것을 극복했다.

그것만이 아니다. 서학에서 과학을 비판적으로 수용한 일은 외래사상
을 한국적 입장에서 수용하거나 포용하기의 모델에 속하고, 서양철학이
나 신학에서 신앙을 배제하고 합리적 요소를 받아들인 사실은 외래사상
에 대응하면서 한국적으로 변용하기 모델에 속한다. 그럴 수밖에 없었던
배경에는 종교사상의 불합리성 때문이다. 이는 신학이 반영된 철학만이
아니라 일부 과학사상에도 해당한다. 선교사들이 전한 과학은 신학적
목적론에 따라 설명하였기 때문이다. 이렇게 서양사상을 수용하거나
변용하면서, 자신의 논리에 충실하면 동아시아를 넘어 세계의 스승이
될 수 있다는 웅대한 꿈을 읽어낼 수 있다.

이렇게 보고 이 책을 읽으면 글의 의미를 쉽게 이해할 수 있을 것이다.
최한기는 이 책을 저술하기 위해 많은 자료를 사용하였는데, 이러한
철학의 방법론을 모르면 그가 남의 글을 단순히 베껴 작성했다는 오해를
일으킬 수 있다. 하지만 이 책 각주와 해설에서 밝혔듯이 자료를 그대로
인용하지 않고, 몇 글자를 빼거나 보태서 본인이 말하고자 하는 맥락에
맞춰 글을 다시 썼다. 그것이 본인의 글쓰기 방식이기도 하지만, 결과적
으로 자기 철학을 보강하는 재구성의 과정이었다.

이 점을 분명하게 이해하기 위해서는 그의 친구였던 이규경(李圭景,
1788~1856)이 쓴 『오주연문장전산고(五洲衍文長箋散稿)』와 비교해 보
면 금방 알 수 있다. 같은 자료가 양쪽에 다 보이는데, 이규경은 그것을
있는 그대로 노출하여 자기 의견은 별로 첨가하지 않고, 독자가 스스로
판단하도록 유도한다. 반면 최한기는 철저하게 경험과 추측이라는 맥락
속에 배치하여 자기 철학으로 녹여 진술한다. 당연히 본인의 세계관과

---

17 서울 성균관 문묘에 배향된 인물의 면면을 보라.

맞지 않는 내용은 삭제하거나 조정한다. 이 책에 등장하는 『주자어류』나 『전습록』, 또 『신법산서』나 『물리소지』 등의 내용도 모두 그러하다. 이는 자기 철학이 확고하지 않으면 할 수 없는 작업이다. 그런 점에서 그의 철학은 조선 철학이면서 동시에 19세기형 우리 철학이라 말할 수 있다.

그렇다면 우리 철학으로서 최한기 철학의 현대적 의의가 무엇인지 묻지 않을 수 없다. 그것을 현대적 관점에서 크게 두 가지로 말하면, 첫째로 새로운 상식으로 기존의 상식을 파괴하는 철학이라 지적하지 않을 수 없다. 다만 그의 상식은 현대 과학과 사상이 우리에게 너무 상식적이어서 그의 철학이 그 속에 파묻혀 돋보이지 않을 뿐이다. 그 점은 도리어 그의 철학을 현대과학적 관점과 방향에서 재해석할 수 있는 풍부한 여지를 남겼다.

아무튼 기존의 상식 파괴는 당시의 상식이었던 동아시아를 대표하는 주희 성리학과 서양을 대표하는 기독교 종교사상 그 가운데서도 몸과 이성을 이분법적으로 보는 철학적 관점 그리고 동서 모두에 일상적으로 행했던 미신적 풍습과 잡술의 비판에서 알 수 있다. 곧 근거를 알 수 없는 형이상학적 존재로부터 연역하는 모든 담론, 그 존재를 증명할 수 없는 초월적 신으로 세상을 설명하는 담론과 그 기복적 신앙과 민간의 미신적 주술을 거부하는 데서 찾을 수 있다. 대신 동서 양자에 섞여 있던 합리적인 상식을 발굴해 자기 철학으로 재구성하였다.

사실 역사적으로 국가나 권력으로부터 보호받는 형이상학과 종교는 기득권 옹호에 이념을 제공하는 역할을 해 왔다. 기득권에 도전하는 일을 막아 현실의 변화를 거부하려면, 절대적 신이나 형이상학적 존재의 보증이 필요했기 때문이다. 그 영향 아래 전근대 또는 근대 전환기 다수의 서양철학이 이해하기 어렵고 언어 구사가 복잡한 이유 가운데 하나도 기독교와 그 문화를 거부하고 싶어도 명시적으로 거부할 수 없었던 서양인들의 자기 검열과 정신 분열에서 나온 아슬아슬한 줄타기 결과로 보인다. 주희 성리학 또한 그 후학들이 교조적으로 받들고 그 특유의 형이상학적 성격으로 인해 각기 주장을 세워 사변적이고 난해할 수밖에 없어, 그 해석을 둘러싸고 정치적-학파적 주도권과 이해관계와 맞물려 사분오열될 수밖에 없었다. 조선 후기에 전개된 성리학 내부의 각종 논변과 논쟁을 보라!

하지만 이제 주희 성리학은 더 이상 우리의 삶을 구속하지 않는다. 반면 보통 사람의 삶과 미래에 큰 영향을 미치는 대상은 여전히 종교이다. 문제는 종교의 본질로 이끌려는 방편만을 진리라 생각하는 종교인들이 많을수록 본인의 삶도 피폐해질 뿐만 아니라 사회에 좋지 않은 영향을 미친다는 점이다. 최한기가 종교를 비판하는 까닭도 아마도 여기에 있을 것이다. 그는 과학과 종교와 철학의 상식이 일치하는 가르침을 세우고자 하였고, 기존 성인들의 가르침도 본질적으로 그런 것이라 믿었다.

이제 그런 관점에서 최한기 사상을 해석해 종교적 지평을 말한다면, 성과 속 그리고 영적인 일과 육신의 일이 분리된 이원적 성격이 아니라, 세계와 인간이 신기(神氣)로서 하나인 몸체라고 여기는 영성으로 드러난다.[18] 그 하나의 몸체를 이해하기 위해 인간과 인간, 인간과 자연이 서로 소통해야 하는 당위성이 요청된다. 사실 이러한 영성의 원형은 신과 인간이 하나인 신인합일(神人合一)이라는 단군 이래의 전통[19]에서

---

18 이 신기에 근거하여 범신론(pantheism)이나 범심론(panpsychism)을 말하려는 의도는 없다. 동아시아 전통의 萬物一體의 관점에서 말한 것뿐이다. 또 여기서 말하는 영성이란 믿음과 그 표현의 총체를 의미함.

찾아볼 수 있다. 이렇게 만물과 각자의 영혼 속에 깃든 신성(神性)[20]을 발견하여 하나가 되는 일, 그의 전기 철학을 한 마디로 압축하면 현대에도 유효한 소통이다. 물론 일반 종교에서 말하는 인간 구원이 최한기 철학에서는 종교 자체만으로는 실현할 수 없다. 이른바 정교(政教) 곧 정치와 교육과 문화와 학문 등을 포괄하는 인간의 총체적 삶을 통하여 피안(彼岸)이 아니라 차안(此岸)인 '지금' '여기'에서 구현할 문제이기는 하다. 단군 신화에서 신시(神市)를 이 땅에서 구현하고자 한 전통과 통한다.

두 번째 의의는 비판과 거부의 철학이자 적어도 사상적 저항이다. 이는 사실 모든 관념과 이념과 가치를 일단 의심하고 비판하는 철학의 기본 성격에 속하는 문제로서, 철학에 이런 태도가 없다면 철학이 아니라 어떤 이념이나 종교 따위의 시녀일 뿐이다. 최한기가 성리학의 말류와 온갖 미신과 그릇된 종교를 비판했듯이, 현대의 우리도 아직 헤어 나오지 못하는 종교적 방편의 맹신, 냉전 시대의 유물인 분열의 이념, 인간 위에 군림하는 자본·권력·기술·상품 따위를 비판하거나 거부·저항하면서, 그것들과 올바르게 관계 맺는 데서 최한기 철학의 의의를 찾을 수 있다.

그리고 그의 철학은 또 이러한 상식이나 거부나 저항에만 멈추지 않는다. 인간성이나 만물에 선과 악의 이데아가 존재하지 않는다는 그의 철학에서 볼 때 결국 합리성에 기초한 다수 인류가 생각하는 선, 다수의 정당한 욕구 실현에 이바지하는 공리주의(公利主義)[21]가 현실적 대안이

---

19 이종란·김현우·이철승, 『민족종교와 민의 철학』, 310-311쪽 참조. 이는 한국 민족종교의 특징이기도 하다. 그 효시가 되는 동학의 崔濟愚와 최한기가 동시대에 살았다는 점에서 시사하는 바가 크다.

20 종교에서 초월적으로 존재한다는 신의 성품이 아니라, 『주역』 등에서 말하는 聖人의 신묘한 성품 또는 인간이 규정하여 추구하고자 하는 신적인 성품이다.

면서 동시에 만물까지 공존-상생하는 경지, 천지의 화육(化育)에까지 참여하는 인간의 책임을 요구한다. 그것이 인정(人情)과 물리(物理)에 통달한 인간이 자연과 인간에게 마땅한 천인지의(天人之宜)를 추구하는 노력이다!

(3) 우리 철학과 『기측체의 역해』

19세기형 우리 철학이 어떻게 형성되었는지, 최한기의 저술 내용을 일일이 해부하는 일은 매우 중요하다. 그가 사용하는 낱말이나 구, 문장이 어디서 기원했는지, 또 그것이 기존의 맥락을 이탈하여 어떤 논리를 따라 새로운 맥락으로 이동했는지 살피는 일은 매우 의미 있는 작업이다. 특히 조선조 선비들의 글은 대부분 경서와 주희의 글에 본인들의 의견을 약간 채웠고, 그것과 독립된 본인의 주장을 따로 펼치는 일은 드물었다. 그것이 술이부작(述而不作) 전통의 발로라서 그렇기도 하고, 또 주희 학문의 권위를 빌린 동어 반복이기는 해도, 그 내용을 다 분석해야만 해당 사상가의 독창적 견해를 엿볼 수 있다. 그렇지 못하면 그냥 주희 철학의 연장선에 놓이게 된다.

이러한 분석은 고인에 대한 불경스러운 일이 아니라, 오히려 그를 빛나게 해주는 후학의 노력이다! 그런 점에서 이 책은 가혹하리만큼 낱말 하나 구절 하나 문장 하나하나의 출전을 각주 등에서 밝혀 따지고, 그가 바꾸어 쓴 글자까지 추적하여 사상의 출처와 근거를 찾아내 그가 어떤 방법을 통해 자기 철학을 만들어 갔는지 따졌다.

따라서 최한기의 철학은 필연적으로 나의 머릿속에서 재구성될 수밖

---

21 모두 또는 다수의 이익의 고려는 모든 생물이 각자의 생존과 번식의 유지를 일차적 목표로 삼는 자연적·과학적 사실에 비추어 근거를 갖는다.

에 없다. 그가 기존의 사상자료를 자기 철학에 맞게 재구성했듯이, 나 또한 나름의 내 철학과 그 방법으로 그의 저술을 옮길 수밖에 없었기 때문이다. 나의 철학을 한마디 말로 무엇이라 한마디로 말하기는 지면 관계상 어렵지만,[22] 이 책의 해설 속에 반영해 두었고, 그 철학의 배경이 란 우리 철학의 필수모델에 해당하는 현대 한국인의 삶과 문화에 기초한 시대 인식 및 문제의식과 관련된다. 이는 달리 말하면 내가 이 시점에서 바라보는 최한기의 철학일 수밖에 없다는 뜻이다. 옆에서 하는 사람의 말도 해석해서 들을 수밖에 없는 인간의 숙명을 이해한다면, 하물며 철학적 저술이야.

그래서 이 책은 내가 바라보는 최한기의 철학이면서 동시에 최한기를 빌어서 나타내는 나의 철학서이다. 그러니까 그와 공동작업인 셈이다. 그러니 이 책의 이름을 '기측체의(氣測體義) 역해(譯解)'라고 붙일 수밖에 없었다.

그러니 이 책은 단순 번역을 넘어선 나의 철학적 소견에 따라 재해석한 것이다. 이미 국역 『기측체의』가 몇십 년 전에 나왔고, 그 번역본을 인터넷에서 쉽게 찾아볼 수 있다. 그러함에도 연구 실적을 위해서나 경제적으로 아무 이득 없는 일을 새삼스럽게 벌인 까닭은 그 재해석 자체가 현재의 삶과 관련된 내 철학의 표명이기도 하지만, 또 사회를 위해 내가 할 수 있는 작은 봉사라고 생각하기 때문이다.

그렇다면 원본 『기측체의』를 저본으로 삼아 또 다른 해석의 저술이 얼마든지 나올 수 있다고 생각한다. 마치 『논어』나 『맹자』를 두고 『논어 정의(論語正義)』나 『맹자요의(孟子要義)』 같은 책을 저술하듯이, 『기측

---

22 대중이 쉽게 이해할 수 있는 내 철학의 요약본을 희곡처럼 이미 저술해 두었지만, 어려운 출판 여건으로 아직 출간하지 못함.

체의』가 현대나 미래의 한국인에게 우리 철학을 할 수 있는 토대를 제공할 수 있기 때문이다. 그리하여 내 생각만이 정답이 될 수 없기에 다양한 해석이 모여 최한기 철학의 실체에 더 가깝게 접근할 것이라 보며, 그만큼 우리 철학이 풍부해지는 계기가 될 것이라 믿어 의심치 않는다.

　그러니 나의 이름으로 『기측체의 역해』라는 책을 내는 일이 원저자에 대한 모독이 아니다. 도리어 『기측체의』를 『논어』나 『맹자』 같은 중요한 텍스트의 반열에 올려놓는 일이다. 적어도 전통사상의 장점을 이으며 서양 문명에 대응하면서 그것을 흡수해 세계인에 맞는 새로운 철학을 만들었다고 자부하는 최한기에게는 그렇게 대우받을 자격이 충분히 있고, 또한 한국인으로서 우리 철학을 사랑하는 연구자에게도 그것을 높일 사명이 있기 때문이다.

최한기 연보

1803년 생부 치현(致鉉) 생모 청주한씨의 독자로 출생(출생지는 개성으로 추정).
　　　젖먹이의 어린 나이에 큰집 재종숙 광현(光鉉)의 양자로 들어감.
1812년(10세) 생부 치현 서거, 향년 25세, 시고(詩稿) 10권이 있었음.
181?년 반남박씨 박종혁(朴宗爀)의 딸과 혼인.
1819년(17세) 장남 병대(柄大) 출생.
1825년(23세) 생원시에 합격함.
1833년(31세) 양모 안동김씨 서거, 향년 76세.
1834년(32세) 『육해법(陸海法)』 상하 1책 엮음. 『농정회요(農政會要)』 10책
　　　편찬. 김정호(金正浩)와 협력하여 『만국경위지구도(萬國經緯地球圖)』
　　　를 판각함. 김정호의 「청구도(靑丘圖)」의 서문을 지음.
1835년(33세) 『소모(素謨)』를 지음.
1836년(34세) 『신기통(神氣通)』 3권 2책과 『추측록(推測錄)』 6권 3책을 짓고
　　　둘을 묶어 『기측체의(氣測體義)』로 함. 훗날 중국 북경 정양문(正陽門)
　　　내 인화당(人和堂)에서 간행함. 『강관론(講官論)』 4권 1책 지음.
1837년(35세) 양부 광현 서거, 향년 78세로 곤양(昆陽) 군수 등을 지내고 문집
　　　1권을 남겼음. 생모 청주한씨 서거, 향년 52세.
1838년(36세) 『감평(鑑枰)』 지음. 훗날 이것을 『인정(人政)』에 수록함.
1839년(37세) 『의상리수(儀想理數)』 엮음.
1841년(39세) 영의정 조인영(趙寅永)의 벼슬 제안을 거절함. 조인영이 다시
　　　과거를 볼 것을 권했지만 거절함.
1842년(40세) 『심기도설(心器圖說)』 1책을 지음.
1843년(41세) 『소차류찬(疏箚類纂)』 상하책을 엮음.
1850년(48세) 『습산진벌(習算津筏)』 5권 2책을 지음.
1851년(49세) 서울에서 송현(松峴)의 상동(尙洞)으로 이주.

1857년(55세)『지구전요(地球典要)』13권 7책 엮음.『우주책(宇宙策)』12권
　　　　　6책과『기학(氣學)』2권을 지음.

1860년(58세)『인정(人政)』25권 12책 완성. 장손 윤행(允行) 진사시에 합격.
　　　　　『운화측험(運化測驗)』2권 지음.

1862년(60세) 장남 병대 문과에 급제함.

1865년(63세) 부인 박씨 서거, 향년 66세.

1866년(64세)『신기천험(身機踐驗)』8권 지음.

1867년(65세)『성기운화(星氣運化)』12권을 엮음.

1868년(66세)『승순사무(承順事務)』1책을 지음.

1870년(68세)『향약추인(鄕約抽人)』1책을 지음.

1871년(69세) 신미양요를 당해 강화진무사 정기원(鄭岐源)이 자문을 구하고
　　　　　대원군의 뜻을 전했으나 신병을 이유로 나가지 않았음. 왕복 서한이 있음.

1872년(70세) 통정(通政)에 승(陞)하여 첨지(僉知)에 배(拜)함.

1874년(72세) 장남 병대가『강관론(講官論)』을 간행함.

1876년(74세) 장남 병대가 시국에 관한 상소를 올려 전라도 익산으로 귀양
　　　　　갔다 풀려남.

1877년(75세) 6월 21일 서거. 다음 해 4월 임시 매장지에서 개성 동면(東面)
　　　　　적전리(籍田里) 세곡(細谷) 선영 아래에 안장됨.

1888년 장남 병대 서거, 향년 70세로『상기서례(喪期敍例)』와『난필수록(亂筆隨
　　　　　錄)』의 저술이 있음.

1892년 대사헌(大司憲) 겸 좨주(祭酒)로 추증됨.

(이 연보는 성균관대학교 동아시아학술원·대동문화연구원,『증보 명남루총서』
1권, 2002년에 근거했음)

일러두기

1. 모든 용어는 가능한 직역을 피하고 의역하여 한자어보다 현대의 일상어로 옮기려고 노력하였다. 다만 그 미묘한 차이는 각주나 용어사전 및 해설에서 밝혔고, 저자만이 쓰는 특수한 개념어는 그대로 썼다.

2. 각주의 출처에서 원문에 해당하는 용어는 대부분 옮긴이가 밑줄로 강조하였고, 그 내용은 옮기지 않고 연구자들을 위해 그대로 실었다.

3. 본문과 원문을 같이 실어 번역문과 대조할 수 있게 하였고, 본문은 가능한 한글로만 나타내되, 원문에 없는 한자만 노출하였다.

4. 한문의 긴 문장은 뜻을 해치지 않는 범위 안에서 한글의 가독성을 위해 무리해서라도 번역문에 맞춰 짧게 끊었다. 그리고 『추측록』은 큰 두 문단의 내용을 서로 대조하여 옮겼다.

5. 문맥 속에서 말하고자 하는 의도를 중시하여 낱말을 선택하였으며, 같은 글자라도 저자의 의도와 맥락에 맞춰 달리 옮긴 곳이 있다.

6. 저자의 부가 설명의 표시는 【 】로 통일함.

7. 저본(底本)은 1990년 驪江出版社에서 발간한 『明南樓全集』第一册에 수록된 『氣測體義』이다.

차례

신기통(神氣通) 권1

신기통(神氣通) 권2

신기통(神氣通) 권3

기측체의 역해 2
: 추측록 (상)

기측체의 역해 3
: 추측록 (하)

신기통 서문 神氣通 序

하늘이 낸 사람[1]의 몸[2]은 여러 도구를 갖추었는데, 모두 신기가 외부와 통하는 기계[3]이다. 눈은 색깔을 나타내는 거울이고,[4] 귀는 소리를 듣는 관이고, 코는 냄새를 맡는 통이고, 입은 소리가 나오고 음식이 들어가는 문이고, 손은 물건을 집는 기구이고, 발은 몸을 옮기는 바퀴이다. 모두 한 몸에 붙어 있고 신기가 그것들의 주재자이다.[5] 그리하여 감각기관[6]을

---

1 『孟子』, 「萬章下」: 天之生斯民也, 使先知, 覺後知, 使先覺, 覺後覺. 予, 天民之先覺者 也." ; 같은 책, 「盡心上」: 有天民者, 達可行於天下而後, 行之者也. 『孟子集注』에서는 "民者, 無位之稱, 以其全盡天理, 乃天之民. 故謂之天民." 라고 하여 天民은 백성의 뜻이다. 여기서는 하늘이 낸 사람의 뜻.

2 形體란 여기서 신체인 몸을 말한다. 일찍이 『莊子』, 「達生」의 "齊七日, 輒然忘吾有四枝 形體也." 에 보인다.

3 器械는 機械(machine)와 다르며 器具(instrument)에 가까운 말이지만, 저자의 용례는 오늘날의 機械를 포함하고 있다. 『신기통』 권1의 「數學生於氣」에서는 器와 械를 구분하기도 한다. 이 책에 총 23회 등장하며 機械는 보이지 않는다. 인간의 감각기관을 기계에 비유하는 일로 『신기통』 권2의 「窮格器用」에도 "人身形體, 是一器 械也." 라는 말이 보임. 이런 표현은 서학의 영향이다. 가령 예수회 선교사 프란체스코 삼비아시(Francesco Sambiasi, 1582~1649, 畢方濟)가 쓴 『靈言蠡勺』, 「論亞尼瑪 之尊與天主相似」에서도 "本軀, 爲亞尼瑪所用器械." 라고 말하고 있다.

4 자세한 내용은 『신기통』 권2의 「物色映眸」를 보라.

5 여기서 인간의 신기는 인식과 행위의 주체로 등장한다. 主宰라는 용어는 『朱子語類』 4-24의 "天道福善禍淫, 這便自分明有箇人在裏主宰相似." 에 보인다.

6 諸竅諸觸은 경험을 매개하는 감각기관. 諸竅는 醫書에 많이 등장하며 귓구멍(2)·눈(2)·입(1)·콧구멍(2)·요도(1)·항문(1)의 아홉 구멍인 九竅를 말하며 도교에서는 九元 으로 부르기도 한다. 『莊子』, 「齊物論」의 "百骸九竅六藏, 賅而存焉, 吾誰與爲親." 과

따라 외부의 인정과 물리7를 거두어들여 신기에 기억8하고, 그것을 드러
내 사용할 때는 신기에 기억해 두었던 인정과 물리를 그 기관을 따라
시행하니,9 이것이 자연적인 몸의 기능을 잘 실현하는10 커다란 길이다.

『周禮』, 「天官·疾醫」의 "兩之以九竅之變."에 보인다. 諸觸은 불교 용어로 눈의 色微와
혀의 味微의 용례처럼 피부로 느끼는 감각이어서 觸微라고 부름. 참고로 『한국고전종
합DB』에는 저자의 저술 외에 '諸觸'이란 용어가 사용된 곳이 거의 없고 단 한 곳에만
등장한다.

7 人情은 『禮記』에 희로애락 등의 감정을 말하거나, 『莊子』, 「逍遙游」에서는 "大有逕庭,
不近人情焉."라고 하여 事理의 표준으로서 인간의 常情을 말하는데, 본문은 후자의
뜻에 가깝다. 곧 천도인 물리에 대응하는 인사 면에서 인간의 실정이란 뜻에 가깝다.
저자는 물리에 사리를 포함해 말하지만, 대체로 서양 과학의 영향으로 자연법칙인
기의 조리를 가리킨다. 인정과 물리가 동시에 나오는 저작은 이른 시기 『鶡冠子』,
「王鈇」의 "龐子曰, 願聞其人情物理."이며, 이때의 물리는 事理이다.

8 習染은 『기측체의』 총 43회 등장하며 저자의 철학에서 주로 경험한 내용을 기억한다는
의미로 쓰고 있다. 그 용어 자체는 일찍이 王守仁의 『傳習錄』 卷中-143의 "聖學旣遠,
霸術之傳, 積漬已深, 雖在賢知, 皆不免於習染."에 보인다. 하지만 그 의미는 본문과
다르다. 자세한 내용은 용어사전을 볼 것.

9 여기에 반영된 '외부 사물을 기억하고 마음에 저장하여 드러내 쓴다'라는 이론은
예수회 선교사 테렌츠(Johann. Terenz, 鄧玉函, 1621~1630)의 『奇器圖說』 卷1의
"人之神有三司, 一明悟二記含三愛欲. 凡學者所取外物外事, 皆從明悟而入, 藏于記含
之內. 異日明悟愛之而欲用之, 直從記含中取之足矣."와 또 『天主實義』의 "有形之身,
得耳目口鼻四肢五司, 以交覺于物. 無形之神, 有三司以接通之, 曰司記含, 司明悟,
司愛欲焉(下卷, 「第七篇」)."라는 논리를 따랐다. 저자는 『氣學』 2-118에서도 "人之神
氣, 因明悟而有記繹, 因記繹而有愛欲. … 夫明悟記繹愛欲三者, 收取於在外之事物,
藏在心氣, 及其須用於外."고 하여, 아리스토텔레스의 이론을 계승하고 토마스 아퀴나
스를 거쳐 선교사들이 전한 마음의 기억[記含]·이성[明悟]·의지[愛慾] 능력을 서구적
관점으로 정확히 이해했는지 알 수 없지만, 인식론의 단계 차원에서 받아들이고
이해하고 있다. 그러니까 이 말은 저 멀리 아리스토텔레스에서 토마스 아퀴나스로
다시 마테오 리치(또는 Terenz나 Sambiasi)에서 최한기로 먼 여정을 거쳐 온 말이지
만, 그것은 단순히 답습하지 않고 그 '기억 능력'인 기함(記含)을 '기억해서 풀어내는
능력'인 기역(記繹)으로 변용하였고, 『기측체의』에 3번 나온다. 기억과 기역의 차이는
후자가 기억의 發用을 고려했기 때문이다. 앞의 『氣學』 2-118은 『氣學』 卷2의 118째
단락의 의미. 이하 똑같이 적용함. 강조는 수용하고 변용한 내용.

10 踐形은 자연적인 몸의 기능을 잘 지키거나 실현하는 것. 출전은 『孟子』, 「盡心上」의
"形色, 天性也, 惟聖人然後, 可以踐形."이다.

天民形體, 乃備諸用, 通神氣之器械也. 目爲顯色之鏡, 耳爲聽音之管, 鼻爲嗅香之筒, 口爲出納之門, 手爲執持之器, 足爲推運之輪. 總載於一身, 而神氣爲主宰. 從諸竅諸觸, 而收聚人情物理, 習染於神氣, 及其發用, 積中之人情物理, 從諸竅諸觸而施行, 卽踐形之大道也.

색깔은 눈을 거쳐서 온 세상의 색깔이 모두 신기의 쓰임이 되고, 소리는 귀를 거쳐서 온 세상의 소리가 모두 신기의 쓰임이 되며, 냄새와 맛과 여러 촉감은 제각기 입과 코와 손발을 거쳐서 사물의 운동이 모두 신기의 쓰임이 된다. 어떤 일을 겪고 경험하는 일과 변천시키고11 변통하는 일은 몸에서 시작하여 사물에서 끝나는데, 만약 어떤 일을 드러내 쓰는 근원을 밝히지12 않고 어떻게 드러내 쓰는 말단을 가지런히 하겠는가?

色從目通, 而天下之色皆爲神氣之用, 聲從耳通, 而天下之聲皆爲神氣之用, 臭味諸觸具通於口鼻手足, 而事物之運動皆爲神氣之用. 閱歷經驗, 推移變通, 源於形體, 委於事物, 若不修明發用之源, 何以整頓發用之委哉.

인간은 하늘과 땅의 기와 부모의 형질을 이어받아 생겨난다. 눈으로 보고 귀로 듣고 코로 냄새 맡고 입으로 맛보며 손으로 집고 발로 다니며 목마르면 마시고 배고프면 먹는 일은 모두 몸에 갖추어진 작용이다. 비록 어리석고 우매한 사람들과 꿈틀거리는 벌레들도 모두 이렇게 행동

---

11 推移는 변화·변동해 가는 것으로 『禮記』, 「王制」의 "中國戎夷, 五方之民, 皆有性也, 不可推移."에 보인다. 여기서는 변통 곧 개혁과 같은 의미로 사용함.

12 修明은 닦아 밝히는 또는 닦고 밝히는 일로서 저자는 옛 제도를 개선·개혁하는 변통의 의미로 쓴다. 일찍이 정비하여 밝힌다는 뜻으로는 『後漢書』, 「滕撫傳」의 "風政修明, 流愛於人, 在事七年, 道不拾遺."에 보이고, 또 『조선왕조실록』, 『태조실록』, 2년 癸酉, 9월 18일 조에 "整頓紀度, 修明禮樂, 三韓之民, 父母愛之."라는 말에도 보임.

할 수 있으니, 이것은 자연이 그것들을 생성하여 소통하게 한다.[13]

蓋人稟天地之氣, 父母之質而生. 目視耳聽, 鼻嗅口味, 手持足行, 渴飮飢食, 乃形體
所具之用. 雖昏愚蠢動, 皆能行之, 是天生之使通也.

그러한 앎에 나아가 측험[14]한 내용을 쌓아 가되, 겉만 번드레한[15] 내용을
버리고 깨끗하고 참된 내용을 보존하며, 어둡고 애매한 것을 제거하고
밝은 것을 택한다. 사람의 평생 일[16]이란 오직 보고 듣고 겪어서 좋고
나쁨과 이롭고 해로움을 분별하여, 사물을 권장하고 징계하는[17] 데에

---

13 운동기능과 감각기능은 어리석은 사람만이 아니라 벌레들도 있다는 견해는 『천주실
   의』에도 등장한다. 이것은 아리스토텔레스의 영혼 개념 가운데 동물의 지각·운동혼
   에 해당한다. 여기서 영향을 받았을 가능성이 농후하다. 그 삼혼설은 당시 서학을
   접한 식자라면 알고 있었다. 『천주실의』에 반영된 아리스토텔레스의 영혼설은
   生魂(식물의 생장과 관계되는 능력)과 覺魂(동물의 지각과 운동 능력)과 靈魂(인간
   의 이성 능력)인데, 여기서 동물의 영혼에 관해서는 "此能附禽獸長育, 而又使之以耳目
   視聽, 以口鼻啖嗅, 以肢體覺物情(『天主實義』, 上卷, 第3篇)."라고 말하고 있어 이
   서문의 내용과 거의 일치하고 있다.

14 이것은 재거나 헤아려서 검증하는 것으로 測과 驗으로 이루어진 사물 인식 방법이다.
   이 책에 총 7회 등장하며 비록 개념을 정의하지는 않았으나 사물을 관측하여 증험하
   는 뜻으로 쓰였다. 그의 『運化測驗』(1860)에서 이것을 깊이 있게 다루고 있다(최한
   기/이종란 옮김, 『운화측험』, 한길사, 2014 참조).

15 浮華는 표면상의 화려함만 추구하여 실제에 힘쓰지 않는 일로, 王充의 『論衡』,
   「自紀」의 "其文盛, 其辯爭, 浮華虛僞之語, 莫不澄定."에 보인다.

16 事業에는 여러 뜻이 있다. 우선 功業의 뜻으로 『周易』, 「坤卦文言傳」의 "美在其中,
   而暢於四支, 發於事業, 美之至也."에 보이는데, 孔穎達은 또 "所營謂之事, 事成謂之
   業."라고 하여 사와 업을 따로 규정하였다. 또 政事나 事務를 일컫기도 하는데,
   『荀子』, 「君道」에 "故明主有私人以金石珠玉, 無私人以官職事業."에 보이며, 직업의
   의미로는 『管子』, 「國蓄」의 "君有山海之金, 而民不足於用, 是皆以其事業交換於君
   上也."에 보인다. 그 외 家業·生業·勞役·才能 따위를 의미한다. 여기서는 여러 의미를
   포괄하는 '하는 일' 정도의 의미로 쓰였다.

17 勸懲은 勸善懲惡의 준말로 『좌전』, 「成公十四年」의 "懲惡而勸善, 非聖人, 誰能修之."
   에 보인다.

있을 뿐이다. 그러니 얄팍하게 헤아려 안 내용은 심원한 것만 못하고, 치우친 내용은 보편적인 것18만 못하므로, 쓸 일을 생각하여 인정과 물리를 거두어 모으고, 쌓은 내용을 미루어 드러내 쓰는 이것뿐이니, 다시 다른 길은 없다.

就其所通, 積累測驗, 祛浮華而存精實, 除晦昧而擇光明. 人之平生事業, 惟在見聞閱歷, 分開善惡利害, 而勸懲事物. 測得淺近者, 不如深遠, 偏僻者, 不如公共, 念所用而收貯, 推所貯而發用, 如斯而已, 更無他道.

그런데도 이것을 넘어서고자 하여 하늘과 땅과 인간과 만물을 있게 한 원인이 되는 이치19를 끝까지 탐구하거나20 허(虛)와 무(無)21를 섭렵하면 대부분 알 수 없다.22 설령 말할 수 있어도 혀만 닳을 뿐이니, 누구를 믿게 만들겠는가? 또는 이것을 뒤따르고자 하여 화복과 길흉 및 뜻밖에 부응하는 이치를 고집스럽게 지키나,23 인사의 시운은 변화무쌍하여 오히려 살아있는 이 세상의 일도 믿기 어렵거늘, 더군다나 죽고

---

18 公共은 원래 公有 또는 公用 곧 모두 함께한다는 의미로『史記』,「張釋之馮唐列傳」의 "釋之曰, 法者天子所與天下公共也. 今法如此而更重之, 是法不信於民也."에 보인다. 본문은 보편적이라는 뜻임.

19 이 所以然之理는 사물을 있게 하거나 사물이 그렇게 되는 최초의 원인이 되는 형이상학적 원리로서 주희 성리학에서는 그것을 太極이라고 보며, 아리스토텔레스의 철학이 반영된 중세 기독교철학의 제1원인이자 神을 뜻하기도 함. 저자는 양자 모두 의식하고 있었음.

20 究竟은 끝까지 窮究한다는 뜻으로『史記』,「三王世家」의 "夫賢主所作, 固非淺聞者所能知, 非博聞彊記君子者所不能究竟其意."에 보인다.

21 저자가 말하는 虛는 주로 도가사상이고 無는 불교사상을 상징한다.『추측록』권2「老氏無佛氏空」을 보면 쉽게 알 수 있다.

22 주희 성리학을 비롯한 도가·불교·기독교사상을 비판하는 말.

23 固必은 고집스럽게 굳게 지키는 것으로『論語』,「子罕」의 "毋必, 毋固."에 보인다.

난 뒤의 일을 다시 보고 듣는 일이겠는가?24

欲過於此, 而究竟天地人物所以然之理, 涉於虛無, 而多不可知. 縱能說道而舌敝,
孰使之信也. 又欲後於此, 而固必禍福吉凶竟符應之理, 人事時運, 變幻無常, 猶難
諶斯, 況復見聞終閡之後乎.

이렇게 앞서거니 뒤서거니 하여 정도(定度)를 벗어난 학문과 현실을
초월한 술수를 제거하는 방법에는 자연히 참되고 바른 큰길과 좇을
만한 법도가 있다. 그러니 이 귀와 눈과 입과 코와 손과 발과 촉각 기관을
버리면, 어떤 알 만한 이치와 증험25할 일이 터럭만큼이라도 있겠는가?
비록 이러한 여러 감각기관이 있더라도, 만약 경험한 내용을 기억하고
풀어내는26 신기가 없다면, 평생 거듭 듣고 보는 사물도 모두 그때마다
처음 보는 사물일 것이다. 또 비록 이런 감각기관과 신기가 대상을 기억하
고 풀어내는 일이 있더라도, 만약 대상과 나27를 참작하며 기회를 만나
변통하는 일이 없다면, 옛것에 빠졌다는 한탄과 융통성이 없다는 비난을
어찌 면할 것인가? 그리고 또 비록 감각기관이 있고 신기가 대상을

---

24 전통 종교나 민간신앙을 포함하여 새롭게 등장한 기독교의 내세관에 대한 비판이다.

25 效驗과 檢證과 證據 따위의 의미로 쓰였는데, 저자가 그의 철학에서 감각기관의
   경험적 계기를 통한 검증으로, 곧 마음에 인식된 내용과 외부의 대상이 일치하는지
   알아보는 활동. 일찍이 效驗의 의미로 사용된 문헌은 漢 班固의 『白虎通』, 「辟雍」에
   "天子所以有靈臺者, 何. 所以考天人之心, 察陰陽之會, 揆星辰之證驗, 為萬物獲福無
   方之元."라는 말에 보이고, 또 檢證의 의미로는 『漢書』, 「薛宣傳」의 "證驗以明白,
   欲遣吏考案, 恐負舉者, 恥辱儒士."에 보인다.

26 記繹은 아리스토텔레스의 記含 곧 영혼의 능력 가운데 하나인 기억을 변용한 말.
   이때의 신기는 그의 영혼과 맞먹는다. (앞에 나옴)

27 物我는 피차 또는 대상과 나. 『列子』, 「楊朱」의 "君臣皆安, 物我兼利, 古之道也."에
   보인다.

기억하고 그 기억한 것을 드러내 사용하는 일에 결함이 없다 하더라도, 만약 쓸모없고 알맹이 없고 알 수도 증험할 수도 없는 내용이 그 사이에 끼어든다면, 그 일을 순수하지[28] 못하게 만들 것이다.

掃除前後過度之學踰越之術, 自有眞正大道可循之軌. 捨此耳目口鼻手足諸觸, 有何一毫可得之理可驗之事乎. 雖有此諸竅諸觸, 若無神氣之記繹經驗, 平生屢聞數見之事物, 皆是每每初聞見之事物也. 雖有此諸竅諸觸, 及神氣記繹, 若無參酌物我, 臨機變通, 泥古之歎, 無權之譏, 烏得免也. 雖得諸竅諸觸, 神氣之收聚發用, 無有欠缺, 若或以無用無實不可知不可驗者, 涉於其間, 使非純一也.

여기까지 생각하면 오히려 거기에 이르지 못할까 염려되는데, 어느 겨를에 다른 대상에 신경 쓰겠는가? 신기가 지식을 거두어 모음을 말하면 창업 공신이요, 몸에서 잠깐이라도 분리될 수 없음을 말한다면 좌우에서 보필하는 신하이다. 심학[29]만을 오로지 공부하는 사람들은 감각기관을 보잘것없다고 여겨 성명의 이치[30]를 탐내듯 연구하며, 청정[31]과 수진[32]에 힘쓰는 사람들은 보고 듣는 일이 정기(精氣)[33]를 소모한다고 보아

---

28 純一은 純壹과 같음. 純粹不雜 또는 純粹無僞의 뜻. 王充의 『論衡』, 「本性」의 "初稟天然之姿, 受純壹之質, 故生而兆見, 善惡可察."에 보인다.

29 心學은 보통 양명학 또는 불교를 지칭하는 말로도 쓰며, 특히 자연 사물을 내버려두고 뒤의 性命之理가 말해주는 심성의 이치만을 탐구하는 성리학을 지칭할 때도 사용한다.

30 性命之理는 本性과 天命에 해당하는 이치로, 주로 성리학과 관련된 용어이다.

31 불교에서 一心의 선천적 본성을 가리켜 淸淨無垢心이라 하고, 또는 선천적인 심성을 말할 때 淸淨本有心이라고 하는데, 淸淨이란 그러한 마음의 상태를 말함. 이 용어는 도교에서도 사용함.

32 守眞은 원래 본성을 보존하는 것으로, 『莊子』, 「漁父」의 "愼守其眞, 還以物與人, 則無所累矣."에 나온 말이다. 후대에 眞人이 되고자 하는 도교의 수행법의 하나가 되었다. 眞人은 도교에서 득도한 신선을 말하며 불교에서는 阿羅漢을 말한다.

시각 장애와 청각 장애 노릇을 기꺼이 감수한다. 의서의 설명은 밖으로
드러나는 질병을 오장육부34와 혈맥에 견강부회하게 갖다 붙이고, 상
서35의 말은 형국36과 얼굴빛의 상태37를 가지고 궁색과 영달과 장수와
요절을 점치려고 하는데, 모두 지나치거나 모자라는 잘못을 면치 못했다.

念到于此, 尙恐不逮, 何暇及他. 語其知識收聚, 刱業功臣也, 語其須叟不離, 左右輔
弼也. 專攻心學之人, 以諸竅諸觸爲卑屑, 而貪究性命之理, 淸淨守眞之人, 以視聽
爲耗精, 而甘作聾瞽之事. 醫書辨說, 以發外之疾病, 附會於臟腑穴脈, 相書所言,
以形局色態, 欲占窮達壽夭, 俱未免乎過不及之差也.

귀·눈·입·코가 어찌 한갓 그 자체의 귀·눈·입·코일 뿐이겠는가? 반드시
몸을 휩싸고 있는 신기가 있어 귀·눈·입·코에 소통하니, 그것들은 신기
의 귀·눈·입·코가 된다.38 그러니 하늘과 땅과 인간과 만물이 함께하는
소리와 색과 냄새와 맛을 미루어 통달하면, 안과 밖이 서로 호응하고
이것과 저것39이 간여하여 증험된다. 그리하여 사람에게서는 좋은 점을
취하여 선을 행하고,40 물건에서 가려내어 쓰임으로 삼으니, 방법이

---

33 精은 精氣를 줄여 썼으며 그것은 만물을 생성하거나 생명의 원천인 元氣, 또는
  생명 물질.
34 臟腑는 五臟(心·肝·脾·肺·腎)과 六腑(胃·膽·三焦·膀胱·大腸·小腸)를 말함.
35 관상하는 방법과 이치를 써 놓은 책.
36 形局은 관상이나 풍수지리 등에서 말하는 얼굴·집터·묘지 등의 겉모양과 부분의
  생김새, 또는 形貌와 格局(사주나 관상을 이해하는 일종의 틀). 여기서는 후자로서
  관상과 관련됨.
37 色態는 여러 뜻이 있으나 여기서는 관상과 관련된 얼굴빛의 상태임. 뒤에 여러
  번 등장함.
38 인식주체로서 마음이 감각기관에 관여함을 말함.
39 여기서 말하는 '안'과 '이것'은 이목구비를 통하여 인식주체의 마음에 기억된 내용을
  말하고, '밖'과 '저것'은 인식 대상으로서 소리·색·냄새·맛을 말함.

없는 데서 방법이 있고, 방법이 있는 데서 이르지 않는 곳이 없다.41
또 앎과 모름,42 변화와 불변에 대한 문제는 먼저 명백하게 분별하여서,
안 내용을 가지고 모르는 대상을 추측하고 변하지 않는 내용을 가지고
변하는 대상을 추측한다. 마치 그림자의 물체, 메아리의 소리 관계처럼
그 법칙은 가까운 데 있고43 막고 가리는 것은 멀지 않다.

耳目口鼻, 豈徒爲耳目口鼻. 必有函體之神氣, 通於耳目口鼻, 爲神氣之耳目口鼻.
推達於天地人物所同之聲色臭味, 內外相應, 彼此參驗. 取於人以爲善, 擇諸物以爲
用, 原無法而有法, 自有法而無方. 通與不通, 變與不變, 先使瞭然分開, 以所通推測
其不通, 以不變推測其變. 如形之於影, 聲之於響, 柯則在邇, 障遮不遠.

이렇게 알아서 도달한 것도 대략의 짐작한 것에 지나지 않아 그 자세한
내용을 다 알기 어렵다.44 만약 몸의 감각기관으로 알게 된 내용을 버리고
남45을 통해서만 알고자 하고, 또 남이 알게 된 내용을 버리고 오로지

40 『孟子』, 「公孫丑上」: 大舜, 有大焉. 善與人同, 舍己從人, 樂取於人以爲善. 주희는
   그 『大全』에서 "樂取於人以爲善, 言其見人之善, 則至誠樂取而行之於身."라고 풀이
   했다.
41 無方은 『周易』, 「益卦」의 "天施地生, 其益無方."과 같은 용례로, 일정한 方所가
   없다는 뜻.
42 通은 문맥에 따라 다양하게 풀이되는데 여기서는 인식의 의미로서 '알다'로 풀이한다.
   용어사전을 볼 것.
43 관련된 내용은 『詩經』, 「豳風」의 "伐柯伐柯, 其則不遠."이다. 『中庸』에 인용되어
   있다.
44 曲節은 보통 절개를 굽힘, 음악 따위의 선율, 상세한 점 등으로 쓰이는데, 저자의
   전체 글의 용례에서 보면 자세한 내용의 의미로 쓰였다. 『조선왕조실록』(가령
   『성종실록』 16년 4월 2일)에서도 저자처럼 상세한 점(예절 따위)을 일컬을 때
   사용했다. 이 논리를 심화해서 말하면 '물자체'에 가까워 완벽하게 파악하기 어렵다.
45 人物은 여러 뜻을 지닌다. 우선 사람과 만물로 『莊子』, 「庚桑楚」에 "夫至人者,
   相與交食乎地而交樂乎天, 不以人物利害相攖, 不相與為怪, 不相與為謀, 不相與為

허상(虛像)과 번뜩이는 순간의 깨달음에서만 찾는다면,[46] 덕을 이룬 사람일지라도 기운이 쇠약하여[47] 죽은 자에 가까운 행위가 되니, 밝은 학문으로 장차 막중한 임무를 띠고 먼 곳을 가려는[48] 사람의 행위가 아니다.

其所通達, 不過大略斟酌, 難得盡其曲節. 若捨形體之所通, 而求通於人物, 又捨人物之所通, 而惟究於虛影飜光, 乃成德之人, 氣質昏耗, 近死者之所爲也, 非睿學將進任重致遠者之所爲也.

그래서 이러한 기계[49]를 갖춘 사람이 기계를 버리고 쓰임을 찾는다면, 이는 이 기계의 쓰임이 아니다. 쓰거나 안 쓰는 일이 이 기계와 무슨 상관이겠는가? 몸을 가진 사람이 몸을 버리고 배움을 찾는다면, 이는 몸의 배움이 아니다. 배움과 배우지 않음이 몸과 무관하므로, 궁벽한 일을 찾고 괴상한 행동을 하는 짓[50]이 이로부터 발흥한다. 그러므로

事, 脩然而往, 侗然而來."라고 하였는데, 成玄英의 疏에 "夫至人虛心順世, 與物同波."가 그것이다. 또 사람, 타인, 영향력 있는 유명인, 사람과 동물, 사람의 됨됨이 등을 가리키는데, 여기서 옮긴 '남'은 이름난 사람의 뜻으로 영향력 있는 유명인에 가깝다.

46 飜光은 뒤에도 나오며 번뜩이는 빛 또는 굴절된 빛을 가리킨다. 여기서는 사물의 감각적이고 객관적인 경험을 무시하고 참선이나 명상 등을 통한 내부적인 깨달음을 추구하는 불교나 도교 등을 비판한 말. 그의 과학적 태도가 묻어 나오는 발언이다.

47 昏耗는 늙어 精神이 흐리고 氣力이 衰弱하다는 뜻. 『조선왕조실록』과 각종 문집 등에 자주 나오는 말.

48 원문 任重致遠은 비슷하게 『論語』, 「泰伯」의 "任重而道遠."에 등장하지만, 『墨子』, 「親士」의 "良馬難乘, 然可以任重致遠."과 완전히 일치한다.

49 器는 이 서문의 맨 앞에서 언급한 감각기관인 器械이다. 이어지는 뒷글에도 器械라는 점을 말하고 있다.

50 索隱行怪는 窮僻스러운 것을 캐내고 괴이한 일을 행한다는 뜻으로 『漢書·藝文志』의 "孔子曰, 索隱行怪, 後世有述焉, 吾不爲之矣."에 보인다.

사용은 기계를 으뜸으로 삼고, 배움은 몸을 근본으로 삼는다.51

是以, 有是器者, 捨是器而求用, 則乃非是器之爲用也. 用與不用, 何關於是器. 有形體者, 捨形體而求學, 則乃非形體之爲學也. 學與不學, 無關於形體, 索隱行怪, 由此而興. 故用以器械爲本, 學以形體爲本.

1836년52 한가을 최한기가 가산 제경루에서 쓰다.

道光丙申仲秋, 崔漢綺書于舸山齋景樓.

---

51 이 서문에는 직접 器械를 언급한 말이 두 번 등장한다. 앞에서는 인체의 감각기관을 그것에 비유했고, 여기서는 독립적인 예로 들었으나 행간에는 전자와 같은 의미를 숨겨두고 있다. 이 책이 초기 저작이므로 서학의 기계론적 인체관을 어느 정도 반영하고 있다.

52 道光은 청 宣宗의 연호이며 丙申年은 조선 헌종 2년이다.

해 설

이 서문은 앞의 『기측체의』보다 저자의 학문 내용을 더 자세히 압축하고 있다.

그 학문은 신기통이라는 말이 상징하듯 인식주체인 신기가 외부 대상을 어떻게 알게 되고, 그 앎을 어떻게 실제의 사실과 가깝게 발전시켜 나가는지 그리고 전통의 다른 학문과 어떤 차별이 있는지 말하고 있다. 이 과정에서 등장하는 저자 철학의 주요 핵심어는 인식주체인 '신기', 여러 감각기관인 '제규제촉' 또는 '이목구비', 인식의 대상인 '인정과 물리', 신기가 대상을 감각적으로 인식하는 '경험', 그 경험을 기억하는 '습염', 또는 기억하고 풀어내는 '기역(記繹)', 경험한 내용을 추리하고 판단하는 '추측', 인식된 내용을 검증하는 '증험', 인식의 오류를 수정하는 '변통' 등이 그것으로 모두 몸을 통하여 이루어진다. 그러니까 인식 이론을 밝힘에 있어서 몸의 메커니즘을 아는 일이 우선임을 강조하였다. 물론 이것들은 뒤에서 따로 항목을 두어 자세히 다룬다.

이러한 활동을 단순화하면 기억, 저장과 드러내 사용하는 세 과정으로 나누어지나, 인식 과정만 보면 경험-추측-증험-변통의 단계를 밟는다. 감각 경험을 인식의 출발로 보았으므로, 인식 대상은 인간 의식의 외부에 있는 것들이다. 이로써 보면 그의 이러한 이론은 오늘날 과학적 인식 방법과 흡사하다.

이처럼 저자의 학문은 예수회 선교사들이 전한 서양과학과 철학의 영향을 받고, 또 그것을 수용하기 위한 토대 구축을 전통을 재해석하면서 진행하였다. 특히 이 인식 이론의 경험-추측은 비록 똑같지는 않지만, 저 멀리 아리스토텔레스의 그것에 희미하게 맥락이 닿아 있다. 중세 토미즘의 영향이 당시 선교사들에게 강하게 남아 있었기 때문이다.

그러나 저자가 인식하고자 한 대상은 사물의 형이상학적 원리가 아니라 사물이 가진 법칙이므로, 아리스토텔레스가 파악하고자 했던 형상 (form)과는 거리가 있다. 특이한 점은 전통의 기철학을 유지하면서도 인체의 감각기관을 마치 기계에 비유하여 서학의 관점을 반영하고 있다는 점이다. 물론 이러한 신체관은 후기 철학에서 극복한다.

이로 보면 '신기통'은 인식주체인 신기가 사물을 어떻게 인식하는지 그리고 참된 앎이 무엇인지, 더 나아가 그 앎을 통하여 어떻게 외부의 대상과 소통하는지 그 의미를 압축한 말로 보인다.

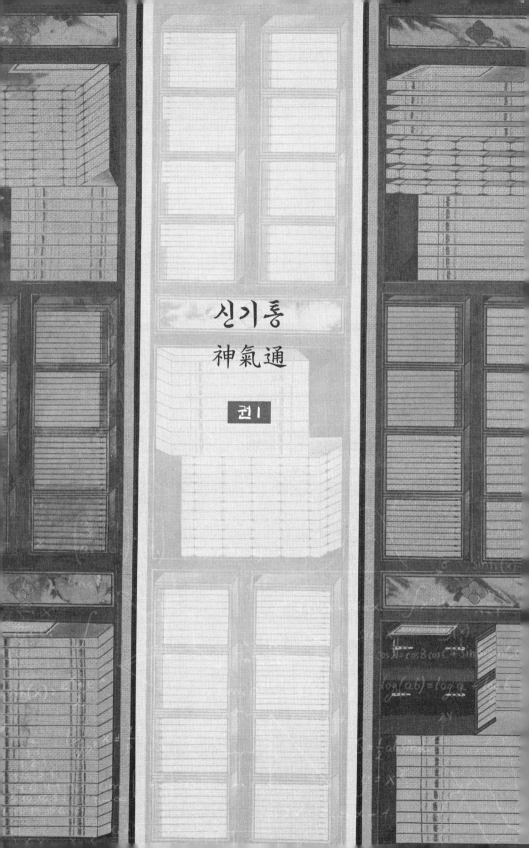

신기통

神氣通

권1

체통
體通

1. 자연과 인간의 기
天人之氣

하늘과 땅을 꽉 채우고[1] 물체를 담가 적시며 모이고 흩어지는 것이든 모이지 않거나 흩어지지 않는 것이든 모두 기가 아닌 것이 없다. 내[2]가 태어나기 전에는 오직 하늘과 땅의 기[3]만 있다가, 내가 태어날 때부터 바야흐로 몸속의 기[4]로 있으면서, 내가 죽은 후에는 하늘과 땅의 기로 되돌아간다.

充塞天地, 漬洽物體, 而聚而散者, 不聚不散者, 莫非氣也. 我生之前, 惟有天地之氣, 我生之始, 方有形體之氣, 我沒之後, 還是天地之氣.

하늘과 땅의 기는 크고 오래 있으나, 몸속의 기는 작고 잠깐 있다가 사라진다.[5] 하지만 몸속의 기는 하늘과 땅의 기를 바탕으로 생겨나 자라고, 감각기관을 따라 음식·소리·색깔을 알며, 팔다리와 몸통으로써 운용하여 살아가는 일에 관여한다. 그래서 그 처음부터 경험한 내용에 근거해서 뒤에서 증험하며, 그 앞의 경험을 미루어 그 뒤의 새로운 내용을

---

1 充塞은 기철학자들이 즐겨 쓰는 말인데, 일찍이 이 말은 '막는다'라는 뜻으로 『孟子』, 「滕文公下」의 "是邪說誣民, 充塞仁義也."에 보이지만, 공간을 충만하게 채우고 있다는 뜻은 『漢書』, 「董仲舒傳」의 "今陰陽錯繆, 氛氣充塞, 群生寡遂, 黎民未濟."에 보인다.
2 我는 한 개인만이 아니라 형체를 가진 모든 존재를 가리키는 말.
3 天地之氣는 대기나 자연의 기. 후기 저작에서는 運化氣라 불렀다.
4 形體之氣는 몸 또는 물체 속에 들어있는 기이다. 후기 저작에서는 形質氣라 불렀다. 여기서 형체 그 자체는 기가 아니라 기가 모여 이루어진 質이다. 그런데 바로 뒤의 글을 보면 인간의 형체지기는 인식과 활동의 주체로서 인간 신기와 차이가 없다. 용어사전을 볼 것.
5 사라진다는 말은 소멸한다는 뜻이 아니라 자연의 기로 되돌아간다는 의미이다.

헤아린다. 모두 분별하고 비교하고 증험하는 데서 마침내 앎6을 이루니,
이런 방식7으로 지식을 넓혀 채워나갈8 수 있다.9

天地之氣, 大而長存, 形體之氣, 小而暫滅. 然形體之氣, 資賴乎天地之氣而生長,
從諸竅而通飮食聲色, 自肢體而通運用接濟. 因其始而驗之於後, 推其前而測其後.
凡諸分別較驗, 遂成知覺, 可由此而擴充矣.

나아가 만물의 기10도 모두 하늘과 땅의 기를 타고나 그 사이에서 싸여
길러지므로, 사람은 그 냄새와 맛과 소리와 색깔이 서로 통하는 계기를
가지고 그 대략을 다 알고, 그 공통점을 따라 그 차이를 구별하고, 그
근원을 들어 그 말단을 탐구할 수 있으니, 그것 외에 어찌 다른 방법이
있겠는가?

至於萬物之氣, 同稟於天地, 函育于兩間, 則可將其氣味聲色相通之機而洞悉其大
略, 因其同而別其異, 擧其源而究其委, 豈有他哉.

---

6 知覺은 앎, 의식 작용, 알다 등의 여러 뜻이 있다. 여기서는 명사로 썼다. 동사와
  명사적 용법으로 같이 쓴 사례는 『朱子語類』 5-25의 "所知覺者是理. 理不離知覺,
  知覺不離理."에 보인다.
7 바로 앞에 등장하는 經驗-推測-證驗의 단계를 말하는데, 이것이 저자 인식 이론의
  과정이다.
8 擴充은 擴而充之의 준말. 『孟子』, 「公孫丑上」의 "知皆擴而充之矣."에서 유래함.
9 이 단락에서 몸속의 기로 옮긴 形體之氣란 뒤에 나오는 神氣이며 인간에 있어서는
  인식주체로서 마음을 가리킨다. 곧 그것이 감각적 경험과 추측 그리고 증험의 주체임
  을 밝혔다.
10 萬物之氣는 인간의 몸속에 들어있는 것처럼 각 물건에 들어있다고 여기는 形體之氣
   를 말함.

해 설

기의 존재 방식을 설명한 뒤 인간 몸속에 있는 기와 자연의 기와 관계, 그것이 인식주체로서 관여하는 과정을 밝혔다.

이때 기는 추상적으로 개념화된 기이지 개별적 기, 이를테면 공기(air)나 곡기(穀氣) 따위를 말하지는 않는다. 그래서 몸속의 기인 형체지기는 자연에서 왔다가 되돌아감을 밝혀, 기철학의 주요 개념 가운데 하나인 취산(聚散)으로 존재의 양태를 설명하였다.

저자가 그의 학술을 비록 서학에서 비판적으로 수용하여 음양 개념을 버렸더라도, 이 취산만은 전통의 기철학을 잇고 있다는 중요한 근거 가운데 하나이다. 또 "하늘과 땅의 기는 크고 오래 존재한다"라는 말도 기철학의 일기장존(一氣長存) 개념이다. 기는 생성되거나 창조되거나 소멸하지 않고 영원히 존재한다는 의미이다. 이 관점은 근본적으로 성리학이나 서학과 다른 점으로, 그가 기철학을 잇고 있는 또 하나의 근거이다.

다른 곳과 달리 신기를 말하지 않고, 여기서는 몸속의 기로서 인간의 인식 과정을 설명했다. 그런데 몸속의 기 또한 신기의 역할과 다름이 없는데도 굳이 신기라는 용어를 사용하지 않는 까닭은 먼저 전통의 기철학과 같은 맥락임을 주장하는 측면도 있고, 처음부터 신기라는 용어를 생뚱맞게 설명할 수 없었기 때문으로 보인다. 신(神)과 기의 개념 정의는 뒤에서 따로 설명하기 때문이다. 또 하나는 신기라는 용어를 주로 인간의 마음에 한정해 사용했던 전통의 영향도 고려했을 것이다. 여기서는 신기 대용으로 사용한 몸속의 기도 경험과 추측의 방법을 사용하는 인식주체임을 강조하고, 그 인식 방법은 저자의 설명 외에 다른 길이 없음을 말하였다. 마지막 문장의 "공통점을 가지고 차이를 구별하며 근원을 들어 말단을 탐구할 수 있다"에서 공통점과 근원이란 기를 말한다. 곧 모든 현상을 파악하는 데 있어서 보편과 특수도 기의 그것이며, 보편적인 기에서 특수성을 파악할 수 있다는 표현으로 보인다. 뒤에 보인다.

2. 기의 작용
氣之功用

기의 성질은 색에 비치면 그것에 따라 변화하고, 냄새와 어울리면 그것에 따라 달라진다. 또 차갑고 따뜻하고 마르고 축축한 기[11]는 때를 따라 달라지고, 기가 만드는 바람·구름·비·이슬은 지형을 따라 발생한다.[12] 또 기는 서로 부딪치면 소리를 내어 전파하며, 모이고 쌓여 힘을 발생시키기도 하고 견고하게 되기도[13] 한다. 또한 기는 투과하지 못하는 물체가 없고 적시지 않는 물건이 없다. 기에 빈틈이 있게 만들려고 해도 할 수 없고, 쳐서 없애려고 해도 할 수 없다.

氣之爲物, 映諸色而隨變, 和諸臭而隨異. 寒暖燥濕, 因時而殊, 風雲雨露, 隨地而發. 相擊成聲而轉傳, 積聚生力而堅固. 無體不透, 無物不洽. 欲要有空隙而不可得, 欲使撲滅而不可得.

대체로 보아 기는 한 덩어리[14]의 활동하는 물건으로서 그 바탕이 본래 순수하고 맑고[15] 깨끗하다. 설령 기가 소리·색깔·냄새·맛을 따라 변하더라도 그 본성은 불변하니, 그 전체의 무한한 작용[16]의 덕을 총괄하여

---

11 寒暖燥濕은 寒熱燥濕 항목의 용어사전을 볼 것.

12 여기까지는 주변의 사물에 영향을 받아 그런 특수성을 갖는 기의 성질을 말함.

13 기가 견고하다는 말은 공기가 압축된 사례를 두고 말하는데, 후기의 『운화측험』에서 기를 압축하는 실험이 나온다.

14 一團活物와 같은 용례는 주희의 경우 '一團私欲', '一團人欲', '一團天理' 등 '一團○○'처럼 사용한다. 그래서 『近思錄』에는 '一團和氣'라는 말도 등장하고, 전통 의학에서는 약품의 양을 말할 때 썼다.

15 純澹은 다른 곳에서는 純淡으로 표현하여 같은 뜻으로 쓰임. 순수하고 맑다는 뜻으로 인식주체의 백지설과 관련이 있음. 『추측록』 권1, 「本體純澹」을 참고 바람.

신이라 부른다.

大凡一團活物, 自有純澹澄澈之質. 縱有聲色臭味之隨變, 其本性則不變, 擧其全體
無限功用之德, 總括之曰神.

16 功用은 功效, 效用, 作用의 뜻인데 여기서는 作用의 뜻이 강하다.

해 설

자연적 기의 일반작용과 성질을 말하였다.

본문은 대부분 기의 물리적 성격에 한정하고 있다. 기는 주변 환경의 영향을 받아 자연현상을 일으키기도 하고, 조건에 따라 성질이 변하며, 모든 물체를 투과하고 감싸고 비어 있는 공간을 허용치 않고 압축도 가능하다. 따라서 공기가 없는 곳에서도 존재한다. 곧 기를 공기와 같은 기체만이 아니라 에너지나 열·힘·전파·자기력·중력·빛 등도 기의 범주에 넣는다면 가능한 설명이다. 모두 당시까지 과학 성과를 반영한 말이다. 훗날 그가 쓴 『운화측험』을 보면, 선교사가 4원소 중심으로 자연현상을 기술한 『공제격치』의 내용을 기 중심으로 일원화하여 비판적으로 재구성하였는데, 이 내용은 그 전 단계인 모습이다.

이런 자연의 변화 속에서도 기의 본성은 변하지 않는다고 한다. 그것은 기가 활물(活物)[17]이라는 정의 속에 들어 있는데, 기의 활동성을 강조한 말이다. 후기 『기학』에서는 기의 본성을 활동운화(活動運化)로 규정하여 활·동·운·화를 각각 생기(生氣)·진작(振作)·주운(周運)·대화(大化) 등으로 풀이하였다. 본서에서는 활(活)을 기의 본성으로 본 듯하지만, 이에 대한 개념의 정의가 보이지 않으니, 후기 철학에서 좀 더 구체화한 것으로 보인다. 그래서 본문의 활(活)은 아직 생기라는 의미로 푼 것 같지는 않다. 본서에 총 11회 등장하는 생기(生氣)는 모두 인체와 관련해

---

17 이 活物이란 표현은 朱熹 등이 주로 心을 규정할 때 많이 썼다. 여기서 저자가 말한 '活'을 生氣의 '生'과 함께 어떻게 볼 것이냐에 따라 저자 철학의 성격이 바뀐다. 생물처럼 성장과 번식하는 그 생명을 말하는지, 아니면 단순한 물리적 운동성만을 말하는지, 그것도 아니면 조건만 맞으면 생명과 정신까지도 창발할 수 있는 활동성까지도 포함하는지에 따라 다르게 볼 수 있다. 옮긴이는 그의 철학 전체를 검토해 볼 때 세 번째에 해당한다고 본다.

말했는데, 후기에 활(活)의 개념으로 본 것과 차이가 있다.

아무튼 우리는 활물이라는 정의에 주의를 기울일 필요가 있다. 이것은 기가 단순히 서학에서 말하는 질료로서 그 외부의 운동인(運動因, the efficient cause)을 필요로 하는 죽은 물질이 아니라, 운동의 원인을 스스로 갖고 생명 활동, 더 나아가 정신 현상으로도 진화할 수 있는 존재라는 점이다. 그런 점에서 기를 서구 전통의 물질 개념으로 이해하면 곤란을 겪게 된다.

그런데 여기서 신기를 본격적으로 말하기에 앞서 비로소 신의 개념을 먼저 설명하고 있다. 곧 '신기(神氣)'라고 말할 때의 신(神)에 대한 설명이 그것으로, '기의 무한한 작용의 덕을 총괄하여' 그렇게 이름을 붙였다고 한다. 다른 곳에서는 '기의 덕' 또는 '기의 능력'이나 '기의 정화(精華)'라 말하기도 했는데 같은 뜻이다. 아무튼 신은 기의 신임은 분명하다. 이렇게 말한 데는 일정한 배경이 있다. 저자는 신이 서학의 '하느님(God)'에 해당하는 비물질적인 초월자가 아니라 전통의 용례에 따라 신묘하다는 의미의 형용사로 썼다. 이것은 『주역』에서 "음양의 헤아릴 수 없는 것을 일러서 신이라고 한다(陰陽不測之謂神)"라는 말과 관련이 있다. 따라서 신은 데카르트식의 실체도, 주희의 리처럼 형이상학적 존재도 아니다. 신기는 존재의 근원으로서 만물에 깃들어 있지만, 특히 인간에게는 서학에서 말하는 영혼의 역할, 특히 그 영혼의 인식 작용에 대응해 신기의 통과 추측으로 대응하였다.

3. 감각기관은 기를 소통한다
諸竅通氣

사람의 몸은 장기가 안으로 연결되어 있어, 보고 듣고 말하고 웃고 마시고 먹는 기관18을 이룬다. 또 피부는 바깥에서 둘러싸 몸의 겉껍질을 이루고, 근육과 뼈는 끊어지지 않고 연결되어 팔다리와 몸체가 굽히고 펴는19 운용을 이룬다. 그리고 피와 진액(津液)20은 두루 흘러, 기운의 활동을 따른다.

人之一身, 臟腑內聯, 以成視聽言笑飮食之機括. 皮膚外抱, 以成胞裏之軀殼, 筋骨絡繹, 以成肢體之屈伸運用. 血液流周, 以從氣運之活動.

대개 몸속의 기21는 온몸이 기관을 이룸에 따라 생겨나서, 운용하는 방법을 익숙하게 익힌 데서 완성되니,22 이것은 곧 하나의 몸23 가운데

---

18 機括은 용어사전을 볼 것. 인체를 기관으로 보는 것은 『신기통』 서문에서 말한 기계와 관련이 있는 일종의 기계론적 인체관이다. 여기서 '보고 듣고 말하고 웃는' 일 곧 이목구비의 활동이 인체의 장기와 관련되어 있다고 여겨 전통 의학의 관점을 따랐다.

19 屈伸은 물체의 모양만이 아니라 전통적으로 기의 운동을 표현하는 말로 자주 쓰이는데, 전자의 용례는 『禮記』, 「樂記」의 "屈伸俯仰, 綴兆舒疾, 樂之文也."에 보인다.

20 血液은 한의학의 용어로 血과 液. 현재의 blood만을 말하지 않는다. 이하 똑같이 적용함.

21 形體之氣는 용어사전을 볼 것. 여기서는 인식 작용과 관련된 인간 신기의 작용을 중심으로 말하고 있다.

22 인식의 주체로서 형체지기(신기)는 그 자체로 완결된 상태가 아니라 학습을 통하여 그 기능이 완성된다는 의미. 須用은 본서에 총 64회 등장하며 대체로 사용하다, 운용하다의 뜻으로 쓰임.

23 여기서 말하는 氣質은 앞에서 말한 형체와 같은 의미로 몸의 뜻으로 쓰였다.

국한되어 이루어진 하늘의 기[24]이다. 또 몸속의 기에는 여러 감각기관이 하늘과 땅에 통달하는 기능이 있어 잠시도 끊어진 적이 없으니, 그것이 생겨나고 성숙하고 약해지고 늙어가는 일이 하늘과 땅의 기를 의지하지 않음이 없다.

蓋形體之氣, 由乎全身成機而生, 成乎熟習須用之方, 卽是一氣質中局成之天氣也. 又有諸竅之通達天地, 未嘗須臾隔絕, 則生成衰老, 無非資賴乎天地之氣.

그러므로 사물의 원래 모습대로 되돌아가는[25] 공부는 조금 쉽지만, 사물의 본성을 거스르고 그것과 배치되는 점을 익히는 일은 참으로 어렵다. 저 사리에 어둡고 무지한 사람들은 애초에 자기의 견문이 밝지 못함이 원인이 되어 마침내 남의 이목을 덮고 막는 지경에 이르렀으니, 어찌 하늘과 땅의 기를 논할 수 있겠는가? 모든 행위의 잘잘못은 일차적으로 감각기관의 기능이 적절했느냐 그렇지 못했느냐가 원인이다. 여러 감각기관 가운데서 귀와 눈이 으뜸이다.

返本還源之功差易, 拂性背馳之習誠難矣. 彼昏不知者, 始緣於自己見聞之不明, 終至於蔽遮人之耳目, 烏可論天地之氣. 百行之善不善, 先由於諸竅之功庸, 得宜與不得宜. 諸竅之中, 耳目爲最.

---

24 天地之氣를 줄여서 말함. 그러니까 形體之氣는 본래 천지지기에서 왔다는 뜻. 국한되어 이루어진 천기란 바로 신기를 가리키며, 결국 형체지기(신기)나 천지지기는 같은 기원을 갖는다는 의미.

25 원문 返本還源은 '근본으로 돌아오다'의 뜻인데, 일찍이 송대 불교 서적인 『五燈會元』, 「臨濟宗·洞山梵言禪師」의 "臘月二十日, 一年將欲盡, 萬里未歸人, 大衆, 總是他鄕之客, 還有返本還源者麼."에 보인다.

해 설

기 개념을 좀 더 분명히 하기 위하여 개체와 전체의 관점에서 설명하였다. 글의 전개는 인체의 구성과 그 구성의 핵심 가운데 하나인 몸속의 기 그리고 몸속 기의 기능 가운데 하나인 감각기관을 통한 인식 기능의 순서로 설명하였다.

우선 인간을 포함한 만물의 개체 안에 존재하는 기를 몸속의 기, 개체 안에 들어 있지 않은 기를 하늘과 땅의 기라 불렀다. 달리 말하면 개체 안의 기는 모인 기이고 개체 바깥의 기는 흩어져 있어서 모이지 않은 기이다. 물론 개체 안의 기는 개체 밖에서 들어온 기이므로 개체 속의 하늘과 땅의 기라 말할 수 있다. 후기 저작에서 이것을 형질기(形質氣)와 운화기(運化氣)로 나누었는데, 형질기를 몸 안에 들어 있는 운화기라고 표현한 것과 같은 논리이다. 그러니까 자연의 기가 더 본질적이고 근원이다. 왜냐하면 개체는 생성과 소멸이 반복되나 기는 생성과 소멸이 없는 영원불멸한 존재이기 때문이다.

여기서 몸속의 기는 인간의 몸 안에 국한된 기이므로 달리 말하면 신기이다. 신기는 몸이 갖춰지면서 생겨나, 그 기능은 외부의 기와 소통하면서 학습을 통해 발달한다. 또 잠시도 중단하지 않고 활동하면서 하늘과 땅의 기의 도움을 받는다.

현대 과학은 인간의 정신작용은 생물이 진화하면서 생겨났는데, 곧 생명 물질의 조합으로 생명이 탄생하고, 또 그 생명 속의 여러 기관이 생명 물질과 상호작용하여 창발적으로 정신을 발생시킨다고 한다. 그러니까 정신은 서양 전통에서 말하는 실체가 아니라 물질의 특수한 운동방식인 셈이다. 바로 이런 점에서 저자가 말하는 인간 '몸속의 기'도 몸이라는 총체적 기관이 갖춰진 이후에 생겨나는 것으로서 비록 자연에서 왔지만, 사람에게는 정신 현상을 포함하며, 이 또한 학습을 통해 성숙한다는 주장은 현대 과학과 맥락을 같이 한다.[26] 인간의 정신 또는 영혼을 실체 가운데 하나로 보는 서학의 관점과 완전히 다르다. 이러니 개체를 이룬 몸이 중요할 수밖에 없다. 몸에 들어 있는 기의 작용을 따라 공부하는 일이 훨씬 쉬운데, 몸의 감각기관을 통한 경험적 대상을 무시한 학문을 비판하고 있음을 행간에서 읽어낼 수 있다.

---

26 여기서 오해하면 안 되는 점이 있다. 자연에서 왔다는 점은 몸을 구성하는 물질적 근거가 자연이라는 뜻이지 그렇다고 해서 인간의 정신 현상과 자연 상태에 있는 기의 양태를 같이 보면 안 된다는 점이다. 이는 『신기통』 권1의 「氣質各異」의 논리에서 보면, 인간이 가진 정신 기능은 몸을 구성하는 질에서 비롯하기 때문이다. 곧 생명 물질의 조합에 따라 창발된 것이기 때문이다. 다만 기는 서양 전통의 물질 개념처럼 죽은 질료가 아니어서 창조주가 없어도 조건에 따라 생명과 정신 현상으로 발현될 수 있다. 기는 원리적으로 조건만 갖추면 생명과 정신을 발현할 수 있는 活物이기 때문이다. 그리고 그 정신은 학습과 경험을 통해 발전한다.

4. 앎은 서로 응한다
通有相應

대저 기를 알더라도 증험할 수 있어야 그 앎을 인정할 수 있다. 비록 알았다고 말하더라도 증험한 내용이 없으면 그 앎을 인정할 수 없다. 대개 알 수 있는 주체는 기의 역량[27]이요, 알고자 하는 대상은 눈앞을 가로막고 있는 사물이기 때문이다.

夫氣, 通之而可以證驗者, 方許其通. 雖謂通之而無所證驗, 不可許其通也. 蓋能通之者, 氣之力也, 所欲通者, 障蔽之事物也.

대상을 어떻게 아는가? 먼저 자연의 신기에서 법칙을 취하여 몸 안에 있는 신기의 범위[28]를 세운다. 그런 다음 이리저리 대상을 취하여 쓰면, 사물의 근원과 말단을 소유하게 된다. 그리하여 마음 안에 있는 내용을 가지고 마음 밖에 있는 대상을 알며 앞엣것을 가지고 뒤엣것을 알아, 어느 곳이나 앎이 정당하지 않음이 없는 것에 이르게 된다.[29]

通之如何. 先取則於天地之神氣, 以立在身之神氣範圍. 然後左右取用, 有源有委. 至於將內而通外, 擧前而通後, 無處不當.

---

27 인식주체인 신기가 가진 인식능력.
28 『周易』, 『繫辭上』: 範圍天地之化而不過. 범위는 틀을 잡아 본받는다는 뜻이지만 범위, 구분, 한계, 본받다, 틀, 구역 따위로 다양하게 쓰인다.
29 경험으로 형성된 사유의 범주에 따라 추측의 방법을 사용하면 인식의 가능성이 무한히 확장됨을 말하고 있다.

만약 마음의 이치로서 안 내용을 가지고서 스스로 먼저 규모30를 정해놓고, 그것에 근거해 온 세상의 사물을 증험하려고 한다면, 밖에서 응하는 대상이 없는데 안에서 부질없이 애쓰는 일과 같아 알 수 없다.

若先以心理所得, 自定規模, 將此而欲驗天下之事物, 如無外應而內徒勞, 不可通也.

---

30 規模는 앞에 등장한 範圍와 같은 뜻으로 쓰였음. 범주와 같은 의미.

해 설

내적인 앎과 외부의 대상이 서로 호응해야 함을 말하였다.

책 이름과 서문에도 들어 있는 '신기(神氣)'라는 용어를 여기서 비로소 사용하고 있다. 그 이전에는 신기를 직접 언급하지 않고 기와 신(神)의 의미만 따로 밝혔다. 왜 그랬는지 그 의도를 생각해 보아야 한다. 옮긴이 가 생각한 저자의 의도는 이미 앞에서 말했다.

증험이란 안 내용을 경험적 계기를 통하여 검증하는 활동으로, 본문에서 는 증험할 수밖에 없는 까닭을 말했다. 인식 주체에는 단지 그 능력만 있을 뿐, 그 대상이 주체의 외부에 있기 때문이다. 더구나 저자의 인식론 은 일종의 백지설에 근거하여 경험을 인식의 출발로 봄과 동시에 인간의 의식 자체에 앎의 진리성을 보증하는 선험적 장치가 없기 때문이다. 기껏해야 사물을 보고 들어 기억하고 추리하는 능력 정도만 인정할 뿐, 그것만으로 외부의 대상을 제대로 알았다고 확증할 수 없기 때문이 다. 그래서 앎의 내용과 외부 대상의 일치 여부를 따지는 일이 곧 증험으 로 오늘날 검증의 뜻이다.

따라서 사물을 인식하는 데 사용하는 범주도 인간 의식의 내부에 선험적 으로 고유한 것이 아니라, 외부의 대상에서 취하여 왔음을 분명히 하였 다. 다시 말하면 사물을 이해하는 틀로서 범주나 개념 따위도 경험을 통해 확립했다는 뜻이다.

여기서 세웠다는 '신기의 범위'는 전통 철학에서는 매우 생소한 말이다. 이 말은 곧 『천주실의』에 있는 포르피리오스(Porphyrius, 232경~303경) 의 종류 도표를 본뜬 '분류도표[物種類圖]'[31]와 관련이 있어 보인다.

---

31 『天主實義』, 上卷, 第4篇.

거기서는 아리스토텔레스의 실체와 속성에 관한 만물 존재 형태의
기본 범주론에 따라서 만물을 실체와 속성으로 구분하고 있다. 저자가
바로 사물을 분류하는 이러한 범주론을 염두에 두고 이런 표현을 한
것으로 본다.

5. 보고 듣고 말하고 행동하는 일은 겸할 수 없다
視聽言動不可兼

보고 듣고 말하고 행동하는32 일을 연마하여 숙련된 경지에 이르면 신기에 저절로 능력이 생긴다. 신기의 능력이 눈에 도달하면 보는 기능이 밝아져 은미한33 내용을 알고, 귀에 도달하면 듣는 기능이 밝아져 은미한 내용을 알며, 말하는 일에 도달하면 목소리가 조화로우며 운치가 있고, 행동하는34 데 도달하면 동작이 좋게 이루어져 법도가 있게 된다.

視聽言動, 到得硏熟, 自生力焉. 神氣之力, 達於目, 則視明而通隱, 達於耳, 則聽聰而通隱, 達於言論, 則聲和而有韻致, 達於動用, 則行成而有法度.

그러나 보고 듣고 말하고 동작하는 일은 동시에 작용할 수 없고, 또 작용에 능숙하지 않아 모두 차등 없이 좋을 수가 없으니, 그것은 신기가 하나이기 때문이다. 그러므로 보는 일에 전력하면 오장육부의 기가 모두 보는 일에만 응하니, 그 외의 제각기 맡은 기능을 제대로 사용할 수 없어서 듣는 기능 따위는 밝을 수 없다. 말하는 일에 전력하면 장부의 기가 모두 말하는 일에 응하니, 그 외의 제각기 맡은 기능을 사용할 수 없어서 동작 따위도 그 기능을 다 발휘할 수 없다.

---

32 『論語』, 「顔淵」: 子曰, 非禮勿視, 非禮勿聽, 非禮勿言, 非禮勿動.
33 隱은 隱微의 준말로 쓰였고, 이것은 숨겨져 있으나 미묘한 뜻으로 성리학에서는 겉으로 드러나지 않는 도의 본체를 가리킬 때 자주 사용하는 말이다. 그 용어는 일찍이 『管子』, 「九守」의 "明知千里之外, 隱微之中, 日動姦, 姦動則變更矣."에 보인다.
34 動用은 사용의 뜻으로 『書經』, 「盤庚上」의 "予敢動用非罰, 世選爾勞, 予不掩爾善."에 보이지만, 본문에서는 행동의 의미로 쓰였다.

然視聽言動, 未能一時幷用, 又未能所用, 皆善無有差等, 以其神氣一. 故專力於視,
則臟腑之氣, 皆應於視, 未得各用所司, 聽不能聰. 專力於言, 則臟腑之氣, 皆應於言,
未得各用所司, 動不能盡其道.

또 타고난 몸35의 기능과 숙련된 정도가 간혹 기관마다 고를 수가 없다.
그러므로 잘 보는 사람이 다 잘 듣는 것도 아니요, 잘 말하는 사람도
다 잘 행동하는 것도 아니다.

又其形質之稟, 所習之多寡, 或不能齊. 故善視者未盡善聽矣, 善言者未盡善動.

---

35 形質은 몸, 기질, 외형 등으로 쓰이는데 여기서는 몸이나 기질. 唐의 劉禹錫이
「祭柳員外文」에서 "意君所死, 乃形質爾. 魂氣何託, 聽余哀詞."라고 말한 이래로
송·명 철학자들이 많이 쓰는 용어. 용어사전을 볼 것.

해 설

인식능력은 향상하며 그 주체가 하나임을 사례를 들어 말했다.

이 내용은 인식론은 물론 오늘날 심리학 또는 발달심리학과도 관련되는 발언이다. 감각기관의 기능 발달과 심리는 연관되어 있고, 또 의식의 집중에 따라 감각 작용이 정밀하게 될 수 있음을 말하였다. 그것만이 아니다. 의식은 분열되지 않아서 한 가지 감각에 집중하면, 나머지 감각의 기능은 발휘하지 못하거나 제대로 발휘되지 못함을 말하고 있다.

그런데 이런 감각기능은 사람의 경험과 타고난 몸의 조건에 따라 일률적이지 않다고 한다. 이것은 철학적으로 매우 중요한 점을 시사한다. 한 사람 또는 한 감각기관의 일시적이거나 제한된 감각 경험이 인식의 보편성 곧 진리를 담보할 수 없다는 개연성을 갖고 있기 때문이다. 그래서 저자는 다른 곳에서 보편적 경험과 그에 따른 증험을 강조하고 있다.

6. 천지 만물을 아는 어려움과 쉬움
天地通難易

하늘과 땅과 인간과 만물 가운데는 앎의 깊이와 분량의 차이가 있다.

天地人物之中, 所通有淺深多少之分.

나를 비롯한 사람은 겉모습이 비슷하고 익힌 내용에 큰 차이가 없으므로, 사람에 대해 아는 내용이 가장 많다. 나와 동물이나 나무나 암석은 겉모양이 같지 않고 익힌 것도 또 다른데, 다만 그 종류에 따라 분별하여 장차 내가 안 내용을 드러내 쓸 때 참작할 수 있으므로, 아는 내용이 다음으로 많다.

我與人形貌相類, 所習不相遠, 故其所通者最多. 我與禽獸木石, 形貌不同, 所習又異, 只可從其類而分別, 將發用而參酌, 故其所通者次多.

나아가 지구³⁶는 전체가 광대하여 비록 배와 수레로 아직 두루 다녀보지 못했지만, 내가 한 지역에 거주하고 있는 땅의 형편을 가지고 온 세상을 미룬다. 바다와 육지에 있는 여러 나라의 토질³⁷과 산물은 대동소이하나, 제도와 종교·교육과 풍속은 습속에 따라 차이가 있다.³⁸ 그것은 눈으로

---

36 이 책에서 최초로 출현하는 '地球'라는 표현이다. 이것으로 보아 그는 地圓說을 의심 없이 곧장 받아들인 것으로 보인다.

37 土宜는 제각기 다른 산물에 따른 토질의 적합성. 토산물 또는 토질의 의미로도 쓰임. 『周禮』, 「地官·大司徒」에 "以土宜之法, 辨十有二土之名物"라는 말에 보인다.

38 이와 같은 논리는 훗날 『기학』에 고스란히 반영시켰다. 곧 "宇宙萬國, 小異者, 風土物産, 大同者, 神氣運化. 散處人民, 因其小異者, 以爲細行習俗, 承其大同者,

보고 귀로 들은 내용을 사신이나 상인들의 왕래를 통해 전달하였고, 기록된 내용은 서적의 번역을 통해 전했기 때문이다. 그러므로 그것에 대해 아는 정도는 다만 외면의 대강이어서, 가슴 속에 감춰진 속마음39은 상세하게 알기 어렵다.

至於地球, 全體廣大, 雖未得舟車之周遊, 以一方所居之地, 推之於天下. 海陸諸邦, 土宜物産, 大同而小異, 法敎風俗, 隨習而有異. 耳目轉達於使商之來往, 文字傳說於書卷之翻譯. 故其所通者, 特其外面大致, 而腹府所藏之神氣, 難得其詳.

더군다나 그 끝을 알 수 없는 텅 비고 광활한40 천체이겠는가? 단지 쌓인 기가 푸르고41 해와 별들이 밝게 빛나는 것만 바라볼 뿐, 천체의 범위와 배열의 만분의 일도 엿볼 수 없다.

又況天體寥廓, 不可窮其涯際. 只望其積氣蒼蒼, 日星昭昭, 則其範圍排布, 萬分之一不可窺也.

모든 물건은 그 전체를 보고 또 그것이 작용하는 현상에서 여러 번 증험해야만, 비로소 그것이 어떤 물건인지 짐작할 수 있다. 그러나 만약 그 전체의 만분의 일도 볼 수 없다면, 어찌 그 물건 됨을 논할 수 있겠는가?

以爲倫綱政敎(1-73)."이 그것이다.

39 여기서 神氣란 저술 속 저자의 내면세계 또는 의학적으로 살아있는 인체 속의 신기. 전자의 뜻으로 보임.

40 寥廓은 『楚辭』,「遠游」의 "下峥嶸而無地兮, 上寥廓而無天."에 보인다. 또 광활한 하늘의 뜻도 있다.

41 蒼蒼이 푸르다는 뜻으로 이른 시기에 보이는 글은 『莊子』,「逍遙遊」의 "天之蒼蒼, 其正色邪."이다.

이른바 '하느님'42이라 하고 '주재'43라고 한 것은 다만 그 신기가 드러나 작용하는 덕을 가리킬 뿐이지, 마치 한 가정 안에 주인이 있고 한 나라 안에 임금이 있듯이 우주 전체에 주재자가 있음을 거론한 것이 아니다.

凡物, 見其全體, 又屢驗其發用, 始可斟酌其爲物. 若於其全體, 不見其萬分之一, 何可論其爲器也. 所謂上帝云主宰云者, 特指其神氣發用之德而已, 非擧其全體有 主宰, 如一家之內有主人, 一國之內有人君也.

42 上帝는 일찍이 『周易』, 「豫卦」의 "先王以作樂崇德, 殷薦之上帝, 以配祖考."를 비롯한 『書經』 등에 보인다.
43 主宰는 『朱子語類』 4-24의 "天道福善禍淫, 這便自分明有箇人在裏主宰相似."를 포함하여 96회 등장함.

해 설

앎의 대상을 분류하여 그 앎의 깊이와 넓이를 논하였다.

인간, 동식물과 광물, 지구상의 여러 나라 그리고 우주의 천체와 하느님의 인식 문제로 확대해 나갔다. 그 순서는 저자가 주장하는 앎의 깊이와 가능 순서와 같다. 당시의 경험과 학문 수준에서 볼 때 이렇게 순서를 매기는 점을 이해할 수 있다.

그런데 전통의 서적에 등장하는 '상제(上帝)'와 '주재(主宰)'라는 낱말은 단지 신기가 작용하는 덕을 가리킨 것이라고 못 박고, 서학에서 말하는 인격을 지닌 조물주와 같은 존재가 아님을 분명히 하였다. 앞에서도 보았듯이 "그 전체의 무한한 작용의 덕을 총괄하여 신이라 부른다(「氣之功用」)"라고 하였는데, 여기서도 신이란 기의 덕이라는 점을 반복해서 지적하고 있다. 더 나아가 신이 기의 덕이라는 점에서 초월적 존재나 형이상의 원리로 볼 수 없다는 점을 분명히 알 수 있다.

사실 동아시아 고대에는 인격천(人格天)으로서 상제 신앙이 있었으나, 공자 시대에 오면 그것이 약화되었고, 더욱이 송대 성리학이 출현하면서 그것은 퇴색하고 무신론의 이법천(理法天) 성격이 강했다. 그런데 17~18세기 기독교가 중국에 들어와 활동한 초기에 데우스(Deus)를 상제 또는 천주로 옮기고, 원래 중국의 상제와 천주는 이름만 다를 뿐 우주와 만물을 주재한다고 가르쳤다. 특히 중세기 때의 우주는 지구를 중심으로 월륜천(月輪天)–수성천–금성천–일륜천(日輪天)–화성천–목성천–토성천–항성천(또는 宿象天)–종동천(宗動天)의 하늘이 순서대로 중첩해 감싸 돌고 있고, 심지어 그 종동천(Prime Mover)에 하느님과 천사들이 거주하면서 우주를 주재한다고 믿었다. 무한우주가 아닌 닫힌 우주였다. 그래서 본문의 '그 끝을 알 수 없는 텅 비고 광활한 천체'는 그에 대한 저자의 반론이었다.

그래서 우주를 아는 내용은 만분의 일도 못 된다고 하여 신학과 결합한 중세 천문학을 크게 믿지 않았으며, 하느님의 존재를 기철학을 가지고 비판하고 있다. 다만 이 책을 저술할 당시의 정치와 사회의 분위기 때문에 서학 서적, 특히 종교 관련의 책을 보았다는 증거를 감추기 위해서 이렇게 크게 노출하지 않고 표현했을 뿐이다.

7. 앎과 추측은 모두 스스로 얻었다
知覺推測皆自得

사람이 타고난 것은 한 덩어리의 신기와 기를 통과시키는 감각기관과 사지이니, 사용하는 도구는 이것뿐이요, 다시 다른 곳에서 얻어 온 것이 없다.

人之所稟于天者, 乃一團神氣與通氣之諸竅四肢, 則須用之具, 如斯而已, 更無他分得來者矣.

갓 태어난 영아로부터 장성할 때까지 얻은 앎과 사용하는 추측은 모두 내가 얻고 터득한[44] 것이지, 선천적으로 주어지지 않았다. 잘하느냐 잘하지 못하느냐는 그 사람이 선택하여 취하는 데 맡겨져 있고, 이루느냐 이루지 못하느냐는 그 사람의 힘쓰는 데 달려 있다. 그러한 까닭을 탐구해 보면, 보통 사람 이상은 장차 가르쳐 인도하고 통달시켜 점차 진보하게 할 수 있으나, 어리석은 사람은 가르쳐도 알지 못하는 상태에서 시작하여 끝내 끈끈하게 고착되는 비루한 기질[45]에 이르기 때문이다.

自孩嬰至壯盛, 所得之知覺, 所用之推測, 皆自我得之, 非天之授我也. 善不善, 任其人之擇取, 成不成, 在其人之用力. 究其所由, 中人以上, 可將敎導而通達漸進, 下愚之人, 始自敎誨之不通, 竟至於膠拘陋質.

---

44 自得의 해석 문제는 해설을 보라. 그 용례는 『中庸』의 "君子無入而不自得焉."과 『孟子』,「離婁下」의 "君子深造之以道, 欲其自得之也, 自得之則居之安, 居之安則資之深, 資之深則取之左右逢其原, 故君子欲其自得之也."에 보인다.
45 기와 질. 질은 기가 엉겨서 된 구체적 형질로 둘이 합쳐서 몸을 구성함. 질은 신기를 제한한다.

해 설

앎의 출발은 경험에서 시작함을 말하였다.

이 내용은 저자의 인식 이론을 경험주의로 오해하게 만드는 것 가운데 하나이다. 인간이 태어날 때 자연적으로 부여된 것은 인식 주체인 신기와 감각기관뿐이라는 점이 그걸 말해준다. 이른바 인식 이론에서 말하는 마음의 백지설(theory of tabula rasa)이다. 그래서 "앎과 추측도 얻었다"라는 표현에서 더욱 그렇게 확신했는지 모르겠다.

그런데 인간의 마음이 백지(저자는 샘물 또는 비단의 표현을 씀)와 같다는 설은 인식 기원의 관점에서는 받아들일 수 있지만, 그것만으로 경험주의라고 하기에는 아직 이르다. 여기서 문제가 되는 내용은 앎은 경험에서 왔으므로 얻었다 치더라도, '사용하는 추측을 얻었다'라는 표현이다. 원문 '得'을 만약 단순히 받아들이는 의미의 '얻는다'라고 하면, 특히 『추측록』의 설명에서 볼 때 추측은 사유 기능인데, 어떻게 그것을 경험적으로 얻는가 하는 의문을 자연히 가질 수밖에 없다.

미리 말한다면 사실은 이렇다. 그의 전체 글의 맥락에서 보면, 추측 기능은 경험을 통해 외부로부터 얻어 온다는 말이 아니라, 단지 추측의 능력만 잠재적으로 갖고 태어날 뿐이며,[46] 그마저도 경험을 통하여 발달한다고 말하고 있다.[47] 그래서 이 경우만은 '得'을 '터득'이라 옮기면 더 좋다. 추측은 일종의 기능이므로 계발하는 것이지 외부에서 가져올 수 있는 대상이 아니기 때문이다.

---

46 『추측록』 권2, 「流行理推測理」: 人心自有推測之能, 而測量其已然, 又能測量其未然, 是乃人心推測之理也.

47 『추측록』 권1, 「萬理推測」: 心者, 推測事物之鏡也. 語其本體, 純澹虛明, 無一物在中, 但見聞閱歷, 積久成習, 推測生焉.

이 점은 훗날 피아제(J. Piaget)의 인지발달 연구를 보면, 지적 발달은
감각운동기(sensori motor stage)에서 출발하여 전조작기(preopera-
tional stage), 구체적 조작기(concrete operational stage), 형식적 조작
기(formal operational stage)로 발전한다는 이론과 맥락을 같이 한다.
이 형식적 조작이 추측 기능과 유사하다.

따라서 이 글은 앎의 출발로서 경험을 강조하는 말이라고 보면 되겠다.
문제는 이런 앎도 각자의 능력에 따라 차이 난다는 점이다. 인간의
유전적 차이에 따라 인지능력의 차이를 인정하고 있는 셈이다.

8. 아는 데에 늦고 빠름이 있다
通有遲速

어떤 한 가지 일에서 아는 내용이 비록 같더라도 사람에 따라 빠르고 느린 차이가 있다. 이것은 타고난 신기에 밝고 어두운 차이가 있지 않으면, 연구하고 탐색하는 노력에서 잡도리했느냐 태만했느냐의 차이가 있기 때문이다.

就一事而通之雖同, 有速有遲. 如非稟賦之神氣, 有明昏之異, 卽是究索之用力, 有敬怠之分.

대개 타고난 신기의 밝고 어두운 차이는 몸을 놓고 말한 것인데, 부모의 정혈48로 임신이 된 이후에는 그 바탕을 바꿀 수 없다. 그러나 공부를 두고 말하면 닦아 기르는 일49을 통해서 그 기질이 드러내 쓰는 기능을 변통할 수 있다.

蓋所稟之明昏, 自形質言之, 父精母血成胎之後, 不可變改其質. 自功夫言之, 可將修養而變通其發用矣.

---

48 인체 생명 활동을 유지하는 영양물질인 精과 血의 통칭. 여기서는 구체적으로 아버지의 精과 어머니의 血.

49 修養은 성리학 이후 도덕의 실천력을 함양하는 修身의 의미로 많이 사용함. 원래 도교의 修鍊과 養生의 의미로서 일찍이 唐 呂岩의 「憶江南」에서 "學道客, 修養莫遲遲, 光景斯須如夢裏."에 보이며, 유가에서는 『近思錄』, 「爲學」에서 程頤의 말을 인용하여 "修養之所以引年 … 皆工夫到這裏, 則有此應."라는 말에 보인다. 본문은 학습의 의미임.

기질이 밝은 사람은 일을 보면 민첩하게 통달하여, 억지로 힘쓰고 탐색하는 노력이 필요없다. 또 능히 해결할 수 있는 대상을 한계로 삼아, 그 적절한 노력의 양과 속도를 미리 판단할 수 있어서, 무지50의 한탄을 거의 면할 수 있다. 반면 기질이 어두운 사람은 시기를 앞질러 힘을 헛되이 쓰기도 하고, 기회가 왔는데도 힘을 느긋하게 쓰기도 한다.

質明之人, 見事敏達, 不待勉强而究索之力. 以克擧爲限, 用力之多寡遲速, 豫度其宜, 庶免不及之歎. 質昏之人, 或先時而虛用其力, 或當機而緩其力.

이 두 사람의 우열은 이미 판이하고, 알고 모르는 데에도 차이가 있다. 설령 아는 대상이 비록 같다고 해도, 아는 속도와 깊이에는 저절로 차이가 있다.

二者之優劣已判, 通塞亦異. 而縱或通之雖同, 遲速淺深, 自有異焉.

---

50 여기서 말하는 不及은 不識 또는 無知의 의미로『後漢書』,「張酺傳」의 "臣實愚戇, 不及大體."에 보임.

해 설

사람 각자의 기질로서 인식능력의 차이를 설명하였다.

그것은 선천적 요소의 영향을 크게 받지만, 후천적 노력으로서 보완할 수 있다고 하였다. 따라서 유전적 요소와 후천적 노력에 따라 앎의 차이가 생기며, 사람에 따라 앎의 깊이와 속도가 다를 수 있음을 지적하였다. 조선 교육 사상사에서 매우 의미 있는 발언이다.

철학적으로 보면 기질의 본체로서 타고난 바탕은 나눌 수 없지만, 그 작용은 변화시킬 수 있다는 주장이다. 그것이 곧 공부와 수양을 통하여 인간이 유전적 한계에 머물지 않고 발전할 수 있다는 철학적 근거이다.

9. 앎에는 득실이 있다
通有得失

기란 하늘과 땅이 일하는 바탕이요, 신이란 기의 덕이다. 자연이라는 커다란 그릇51이 머금고 있는 기를 천지의 신기라고 일컬으며, 인간의 몸 안에 쌓여있는 기를 형체의 신기라고 일컫는다.

氣者, 天地用事之質也, 神者, 氣之德也. 大器所涵, 謂之天地之神氣, 人身所貯, 謂之形體之神氣.

자연과 인간의 신기는 이미 내가 생겨난 처음부터 서로 관통하고 접속해 있어 시종일관52 떨어져 있지 않다. 오직 인간의 앎만은 이미 스스로 안 것이니, 그 견문을 따라 주장하는 내용이 같지 않고, 그 주장하는 내용을 따라 아는 내용도 다르다.

夫天人之神氣, 已自我生之初, 相通而相接, 終始不違. 維人之知覺, 旣是自得之物, 從其所見而所主不同, 從其所主而所通亦異.

심학53을 공부하는 사람은 내면을 지키면서 몸 밖의 사물을 버리며,

---

51 大器는 천지 또는 저자의 확장된 세계에서는 우주를 말함. 『莊子』, 「讓王」에 "故天下, 大器也."에서 유사한 의미가 보인다.

52 終始는 사물의 발생과 변화의 전 과정을 일컫는 말. 『大學』의 "物有本末, 事有終始, 知所先後, 則近道矣."에 보인다.

53 심학은 통상 불교나 양명학을 지칭하는 말이었으나 저자는 심성의 이치만을 탐구하는 성리학을 지칭할 때 주로 사용한다. 그러나 모두를 묶어 보아도 문맥상 통한다. (앞에 나옴)

술업54에 종사하는 사람들은 몸 바깥의 일에만 내달려 내면의 일을 잃었다. 그리하여 그들이 자연과 인간이 서로 관통하고 있다는 관점을 설령 말할 수 있더라도, 옛사람이 펼친 말의 실마리를 주워 와서 모은 내용에 지나지 않는다. 심하구나! 앎의 분기점이 작은 차이55에서 잘못됨이.

心學之人, 守內而遺外, 術業之人, 外馳而內失. 天人之相通, 縱能言之, 不過掇拾古人緖論. 甚矣. 知覺之歧分, 謬於毫釐也.

신기를 인식한 뒤에야 자연과 인간이 서로 관통하는 일이 참으로 이것56을 말미암고, 공부가 온전히 힘쓰는 일도 오직 이것에 달려 있음을 바야흐로 알게 된다. 또 앎의 바른 통로와 좇을 만한 법칙57도 조리가 분명하고 널리 통하여, 어디든 적용됨을 바야흐로 알게 된다. 하지만 보거나 알거나 창작하거나 실천한 것들은 모두 나 자신부터 알고 나 자신부터 실행하여 미래의 학문을 열어주는 것58에 이를 뿐이다.

見得乎神氣, 然後方知天人之相通, 寔由於此, 功夫之專力, 惟在於此. 知覺之正路, 可循軌轍, 曲暢傍通, 無往不達. 然所見所通所作所行, 皆自我得之自我行之, 至於開來學而已.

---

54 術業은 관상이나 卜筮 등의 方術 또는 天文·地理·醫術·通譯·曆算 등의 技術과 관련된 업을 말함. 여기서는 인간 내면을 버렸다는 의미로 보아 모두 포함됨.
55 인간 내면과 외면의 어느 한쪽에만 치우쳐 중시하는 차이.
56 자연과 인간을 관통하는 신기. 이하의 '이것'도 같음.
57 循軌(轍)는 바퀴 자국을 따른다는 말로 궤도(법칙)를 따른다는 말로 쓰임. 『淮南子』, 「本經訓」의 "四時不失其敍, 風雨不降其虐, 日月淑清而揚光, 五星循軌而不失其行."와 『後漢書』, 「郎顗傳」의 "天文昭爛, 星辰顯列, 五緯循軌, 四時和睦."에 보인다.
58 원문 미래의 학문이나 학자를 열어준다는 開來學은 지나간 성인을 잇는다는 繼往聖을 이어 한 말로, 주희의 「中庸章句序」에 보인다.

저 자연과 인간을 관통하는 신기는 인간이 증감시킬 수 없고, 또한 어긋나게 할 수도 없다. 만약 이 신기를 버리고 자연과 인간을 관통하는 원리를 탐구한다면, 근거를 댈 곳과 매개물이 없어 한갓 궁리[59]의 문턱에서 스스로 고생할 뿐, 사용하는 방법에 실제적인 효과가 없다. 그러므로 뜻이 같은 사람이나 좋아하는 무리에게 전수해 주건 말건, 기에 있어서는 자연과 인간을 관통하는 원리에 방해가 되지 않는다.

若夫天人相通之神氣, 不可使之增減, 亦不可使之違越. 如或捨斯氣, 而究通天人, 末由接注, 無有媒妁, 徒自勞於窮理之門目, 無實效於須用之方便. 任他傳授於同志所好之類, 在氣, 不妨乎天人相通之道.

---

59 이치를 궁구함. 그 어원은 『周易』, 「說卦傳」의 "和順於道德, 而理於義, 窮理盡性, 以至於命."에 보인다. 주희 성리학에서 居敬窮理를 강조하여 이치 탐구의 방법으로 삼음. 하지만 저자는 본서에서 窮理를 비판하고 推測을 강조한다. 『추측록』 권6, 「窮理不如推測」을 볼 것.

해 설

자연과 인간을 매개하는 신기 파악의 중요성을 역설하였다.

자연과 인간의 신기는 서로 관통하고 있다고 한다. 그러니까 자연과 인간은 서로 기로서 연결되어 있다는 관점이다. 다만 인간에게는 앎의 기능이 있어서 자연과 다르다. 그리고 이 또한 사람마다 아는 대상과 주장이 다르다고 하였다. 이것이 자연과 대비되는 인간 영역의 출발이며 훗날 인도(人道) 성립의 근거가 된다.

신이 기의 덕이란 표현은 지금까지 세 번 등장하였다. 신은 종교적 신(God)이 아니라 기의 신으로서 기의 능력을 강조한 말이다. 앞의 「자연과 인간의 기(天人之氣)」에서 이미 하늘과 땅의 기와 몸속의 기를 등장시켰는데, 여기서는 다만 기에 신기(神氣)를 대입하였다. 그러니까 기와 신기는 같은 범주이며, 다만 기의 능력을 강조할 때나 인간 마음의 인식 활동 등의 정신 현상을 설명할 때 신기라는 표현을 즐겨 썼다.

심학과 술업의 비판에서 심학은 주로 당시의 성리학을, 술업은 대체로 방술과 잡술과 술수를 가리킨다. 그것들은 제각기 내면과 외면에만 치중하고 있다고 비판한다. 특히 자연법칙과 인간 윤리의 근거를 같은 것으로 이해한 성리학을 간접적으로 비판하고 있다. 천리라고 말하지만 실제로는 내면적 윤리의 문제를 다루고 있다는 점이 그것이다. 그러한 인식 방법으로서 궁리(窮理)를 『추측록』에서 본격적으로 비판한다. 문제는 신기를 제대로 알아야 한다고 한다. 그래야 실효가 있으며 자연과 인간을 관통하는 원리를 탐구할 때도 이 신기를 근거와 매개로 삼아야 한다고 주장하였다.

10. 심성과 이기의 변증
心性理氣之辨

단지 심이라는 글자만 거론하여 그것이 본성과 정이라는 본체와 작용[60]
을 거느리고[61], 또 만사에 관여하는 일을 맡는다.[62] 하지만 심이라는
명칭은 대상을 가리킴에 방해되지 않으나, 그 실질을 탐구해 보면 그것으
로 마음의 참모습을 드러낼 수 없다. 후학들이 연구한 것도 심의 근원과
말단을 알기 어려웠으므로, 본성은 하늘을 잇고[63] 정은 본성이 드러난
작용[64]이라고 말하였다. 여기서 주장을 나누어 소속시키고[65] 심이 몸에
서 주재하므로,[66] 많은 이치를 갖추고 만사에 응한다는 것이 모두 여기에
서 근원하고 있다.[67]

---

60 본체와 작용의 의미로 불교철학에서 주로 사용함. 그 외 『參同契』卷下의 "春夏據內體
… 秋冬當外用."에도 보인다.

61 心統性情을 말함. 이것은 원래 북송의 張載가 한 말로서 程頤의 性卽理와 함께
성리학의 주요 논리 가운데 하나. 학설에 따라 마음이 성과 정을 거느린다거나
주재한다거나 통섭한다거나 겸한다는 따위로 해석한다. 여기서 심의 본체는 성이고
심의 작용은 정이라고 규정한다(陳來/이종란 외 옮김, 『주희의 철학』, 예문서원,
2002, 270-276 참조).

62 萬事之管涉은 應萬事를 달리 표현한 말로 보임. 『孟子』, 「盡心上」의 『集注』에 "心者,
人之神明, 所以具衆理而應萬事者也."라는 말이 있다.

63 성이 하늘을 이었다는 논리는 『中庸』의 하늘이 명한 것이 성이라는 天命之謂性에서
연역할 수 있다. 또 『주역』, 「繫辭傳上」의 成之者性과도 관련된다.

64 성리학의 性情論에서 성은 심의 본체이며, 정이라는 심의 작용을 통하여 본성이
드러난다고 본다. 조선조 四端七情 논변도 이와 관련되어 있다.

65 뒤에 나오는 '심을 리와 기라는 범주로 나누어 소속시켰다'라는 말을 뜻함.

66 예컨대 『孟子大全』, 「盡心章上」의 "心則人之所以主於身, 而具是理者也."라는 말이
그런 것이다.

67 『孟子集註』, 「盡心章上」: 心者, 人之神明, 所以具衆理而應萬事者也.

特擧心字, 以統性情之體用, 以司萬事之管涉. 稱其名則不害爲指的, 究其實則不能
顯眞像. 後學之研究, 難得源委, 故言性以繼天, 言情以著用. 於是, 旨義分屬, 而心主
於身, 則衆理萬事, 皆本於此.

하지만 이것은 기억한 내용을 추측하여 스스로 터득한 앎을 심으로
삼았지, 처음부터 끝까지 타고난 신기로서 근원과 말단 이것과 저것을
통달한 사람이 명목을 따라 실제의 내용을 갖춘 일은 아니다.[68]

是乃習染之推測, 自得之知覺, 以爲心也, 非自初至終, 天賦之神氣, 通源委達彼此
者, 循名而賅實也.

옛사람이 말한 심기[69]를 대수롭지 않게 보면 비록 실상에 가까워 보이지
만, 사실은 자연법칙[70]에 상대하여 심을 리와 기라는 범주로 나누어
소속시켰다. 하지만 이런 설명은 나의 신기를 천지의 신기에서 얻어와

---

68 이전의 심에 대한 견해가 주관적 관념이지 객관적 사실이 아니라는 뜻. 곧 그들
   주장 또한 사실상 기억한 경험 내용의 추측일 뿐이라서 저자는 그 이전의 선험적
   앎이나 형이상학적 전제를 인정하지 않는다는 말.
69 心氣라는 말은 마음을 가리키지만, 분석하면 마음이 기라는 뜻이다. 『靈樞經』,
   「天年」의 "六十歲, 心氣始衰, 苦憂悲, 血氣懈惰, 故好臥"에 보인다. 하지만 마음이라
   고 할 때의 心은 성리학에서는 心統性情의 논리처럼 氣에만 한정하지 않는다.
70 저자가 말하는 性理는 성리학의 그것과 다르다. 『추측록』 권3, 「心理本於性理」에서
   "流行之理性理也, 推測之理心理也."에서 보듯 流行之理를 가리킨다. 그런 용례는
   이미 『空際格致』에서 아리스토텔레스를 性理之師라 부르고 또 그의 자연학을 소개
   할 때 '性理定論', '性理摠領', '性理正論' 등이 등장하고, 또 '性理'라는 말도 수없이
   나오는데 이때 性理는 모두 자연의 이치라는 뜻이다. 훗날 호러스 언더우드가
   1890년에 펴낸 『한영·영한사전』을 보면 'natural philosophy'를 '셩리지학·격물궁
   리·텬셩지학'으로 되어 있고, 'metaphysics'는 '의리지학'으로 된 것(김우창 외,
   『국가의 품격』, 한길사, 2010, 147쪽)을 보면 性理는 송대 성리학의 그것이 아니라
   자연과학과 관계된 용어이다(알폰소 바뇨니/이종란 옮김, 『공제격치』, 한길사,
   2012, 97쪽 참조).

저것을 들어 이것을 비교하고 이것을 가지고 저것을 증험하여, 추측한
많은 이치[71]가 그 사이에서 생겨남을 말한 내용이 아니다.

古人有言心氣也, 泛看, 雖若近之, 其實, 對性理而分屬理與氣也. 非謂在我之神氣,
得來於天地之神氣, 而擧彼較此, 將此驗彼, 推測諸理, 生於其間者也.

신기에 나아가 탐구해 알아보면, 이치란 기 가운데서 유행[72]하니 기에
앞서지도 뒤서지도 않아서 나누어 소속시킬 수가 없다.[73] 반면 말의
논리나 추측지리나 문장의 이치와 같은 것은 모두 사람이 스스로 터득한
이치이다.

就神氣而究通之, 則理在氣中而流行, 不先於氣, 不後於氣, 不可分屬也. 至若言論
之理, 推測之理, 文字之理, 皆是人所自得之理也.

기에 앞서서 범위를 미리 정하거나 기의 뒤에 서서 빈 그림자를 길게

---

71 추측한 推測之理를 말한다.
72 流行은 전파 또는 盛行, 運行, 流動의 뜻을 지님. 이른 시기에 보이는 문헌은 『左傳』,
「僖公13年」의 "天災流行, 國家代有."에, 또 『孟子』 「公孫丑上」에 "孔子曰, 德之流行,
速於置郵而傳命."라는 말이 전파의 뜻으로 보인다. 성리학자들은 '天理의 流行'이란
말을 즐겨 썼다. 저자는 이 책에서 '기의 유행' 자주 쓰는데, 후기 저작에는 '기의
運化'를 자주 썼다. 모두 기의 유동성에 따른 운동을 가리킨 말이다. 원문 '理在氣中而
流行'이라는 말을 가지고 연구자들 사이에서는 성리학처럼 저자가 리의 실체를
인정했다고 오해하기도 한다. 그러나 저자의 전체 글을 가지고 종합하면, 리는
기의 조리로서 속성일 뿐이다. 유행하는 이치란 流行之理이다.
73 저자가 주장하는 이치는 기가 유행하는 조리이므로 존재상 성리학의 태극과 리처럼
기와 분리해서 나눌 수 없다는 말. 물리법칙이란 사물이 운동하는 규칙성 또는
성질(속성)이므로 운동의 양태에 따라 얼마든지 바뀌어서 물질 그 자체처럼 어떤
실체로서 존재를 갖지 않는다.

오래 머무르게 하면,[74] 어긋나는 것은 많고 부합되는 내용은 적다. 배우는 사람은 이 이치[75]를 가지고 기에 부합할 것을 먼저 찾아서는 안 되고, 신기를 가지고 이 이치를 찾아 알아야 한다. 또한 심·성·정이라는 명칭에 구애되지 말고 그 실상을 탐구해야 한다. 이미 그 실상을 알았다면 심·성·정을 분별해서 보아야 한다.

先乎氣而豫定範圍, 後乎氣而長留虛影, 有違者多, 有合者少. 學者不宜先將此理而求合於氣也, 宜將神氣而求通此理. 抑亦勿拘於心性情之名而究其實. 旣得其實, 須看心性情之分別.

---

74 어디까지나 리는 기의 리인데, 리를 형이상학적으로 실체화시켜 기에 선행하는 것으로 보거나 기와 떨어져 있는 무엇으로 보는 일을 반대하는 생각이다.
75 성리학처럼 이미 형이상학적으로 전제된 심성의 이치.

해 설

주희 성리학과 저자의 기철학이 서로 다른 핵심 사항을 다루었다. 먼저 주희 성리학에서 말하는 심통성정(心統性情), 성은 심의 본체이고 정은 그것의 작용, 심에 많은 이치를 갖추어 만사에 응한다는 논리와 범주로서는 마음의 참모습을 드러낼 수 없다는 점을 지적하였다. 또 성리학에서 마음이 기라는 점은 자연의 이치에 대립시켜서 말하는 것일 뿐, 저자가 생각하는 것과 다르다는 점을 분명히 하였다. 곧 주희 성리학에서 리와 기는 불상잡(不相雜)과 불상리(不相離)를 주장하여 서로 상대적 독립성을 인정하는 이원론의 성격을 띤다면, 저자의 경우는 기일원론으로서 리는 기의 리, 곧 기의 조리나 법칙이며 그것이 유행지리이다.

문제의 핵심은 마음에 갖추었다는 주희 성리학의 리는 저자의 관점에서 볼 때 경험과 추측을 통하여 기억된 추측지리이지, 자연적으로 갖추어진 이치가 아니라는 지적이다. 확대해 해석하면 성리학에서 말한 리란 인간의 사유로 추리한 리 곧 관념(개념)일 뿐이라는 점이다. 만약 마음에 자연적으로 갖춰진 이치가 있다고 해도, 그것은 유행지리로서 우리 인간의 의식(consciousness) 밖에 있어서, 이 또한 경험과 추측으로서 파악해야 할 대상일 뿐이라는 점이다. 설령 성리학처럼 가리고 덮는 기질을 제거한다고 해서, 우리의 의식에 곧장 그 이치가 표상되는 대상이 아니라는 점이다. 이치란 기의 조리로서 결국 기를 탐구해서 알 수밖에 없다는 주장이다. 그래서 인식주체인 신기를 가지고 이 리를 찾아 알아내야 한다고 주장하였다. 심성의 이치라 할지라도 과학적으로 탐구해야 한다는 주장이다. 거기서는 인간적 가치가 발견될 수 없다. 하지만 그것이 추측의 산물이기는 해도 인도로서 존중된다. 뒤에 보인다.

이러한 지적은 주희 성리학에서 인간의 본성이 곧 천리라고 한 말, 특히 그 본성의 내용이 대개 윤리적이며 그 또한 본성을 덮고 가리는 기질의 병폐를 제거하면 그것이 회복된다는 전제와 그 세계관과 공부 방법이 저자의 그것과 달랐기 때문에 나올 수밖에 없는 문제였다.

11. 중첩된 관문을 거쳐 통과하다
歷通重關

큰 것은 알기 어려우나 작은 것은 알기 쉽고, 멀리 있는 것은 알기 어려우나 가까이 있는 것은 알기 쉬우며, 깊은 것은 알기 어려우나 얕은 것은 알기 쉽다.

大者難通, 小者易通, 遠者難通, 近者易通, 深者難通, 淺者易通.

힘이 적음을 항상 근심한다. 하지만 그 힘은 일시에 무거운 물건을 드는 힘이 아니며 또 위세를 부리는 목소리와 얼굴빛의 힘도 아니다. 그것은 스스로 강건하여 그치지 않고[76] 힘써 전진하여 그치지 아니하여[77] 저절로 생기는 그런 힘이다. 비유하면 중첩된 관문을 지나가는 사람은 이미 거쳐 온 관문을 통과한 경계[78]로 삼으므로 다시 힘을 들일 필요가 없고, 당면한 관문을 바야흐로 힘을 써야 하는 곳으로 삼는 일과 같다. 이처럼 몇 겹의 중첩된 관문을 지나가면, 힘을 더 들이지 않아도 통과하는 땅은 거리가 멀고도 넓다.

力微者所常患也. 然此力非一時擧重之力, 又非高大聲色之力也. 乃健健不息, 進進不已, 自生其力. 譬如歷重關者, 以已度之關爲過境, 不必費力, 以所當之關爲方用

---

76 健健은 乾乾과 같은 뜻으로 쓰임. 『周易』「乾卦」의 "君子終日乾乾, 夕惕若厲, 無咎."에서 孔穎達은 自强不息으로 풀었고, 북송의 胡瑗도 『周易口義』卷1에서 乾乾을 健健不息으로 풀었다.

77 進進不已는 『周易』의 여러 해설서 그리고 『朱子語類』 등에 자주 보이는 말.

78 過境은 국경이나 경계를 넘는 것. 『宋史』「李若谷傳」의 "知江寧府, 卒挽舟過境, 寒瘠甚者, 留養視之, 須春溫遣去."에 보인다.

力之地. 如是度幾重, 力非增益, 而所通之地, 遠且廣也.

만약 작은 대상을 알아 거치는 단계79로 삼아서 전진하기를 그치지 않으면, 그 큰 것을 알 수 있다. 멀거나 깊은 대상도 모두 그렇지 않음이 없다.

若通其小者, 以爲徑過之階級, 因進不已, 可通其大者. 至於遠者深者, 莫不皆然.

---

79 階級은 밟아 가는 단계나 순서의 뜻으로 썼다. 『朱子語類』 103-12의 "然爲學自有許多階級, 不可不知也."를 비롯하여 여러 군데 보인다.

해 설

공부의 진보를 여러 겹의 관문 통과의 일을 가지고 비유하였다.
그 공부의 힘은 일시적이거나 물리적인 힘이나 위세가 아니라 전진하여
그치지 않는 노력에서 나온다. 곧 그 힘을 『주역』의 자강불식(自强不息)
의 정신에서 가져왔다.

공부의 방법은 쉽고 가깝고 작은 대상부터 알기 시작하여 지식과 정보를
쌓아가되 마치 여러 겹의 관문을 통과하듯 전진하면, 어렵고 멀고 큰
대상도 알 수 있다고 주장한다. 그의 인식 이론에서 설명하면 쉬운
대상부터 경험을 통해 안 것을 꾸준히 쌓아가면 어려운 대상도 인식할
수 있다는 생각으로, 인간의 노력에 의한 사물의 인식 가능성을 열어
놓았다고 하겠다.

뒤에서 필요할 때 설명하겠지만 이것이 인간의 의식에 선험적 인식
범주와 내용을 거부하고 외부 대상에서 찾는 경험적 인식의 한계이자
운명이다. 진리의 증명을 점차 축적된 검증을 통하여 이룩하고자 하였던
점이 바로 그것이다. 이 글에서는 이런 싹이 보인다.

12. 소통의 방해물
通有防害

몸에 풍담이나 한기나 열기로 치우치거나 막히는 증상이 없으면, 신기가
순조롭게 통한다. 비록 통한다고 말하지 않더라도 통하지 않음이 없어서,
넓은 도량80이 활달해지고 생각이 한가롭고 편안해진다. 이때는 신기가
천지의 신기와 함께 한 몸을 이루니 소통과 불통 따위를 논할 필요도
없다.

身體之上, 無風痰寒熱之偏滯, 則神氣通暢. 雖不言通, 而無所不通, 竑量谿達, 意思
閒適. 此時神氣與天地之神氣, 打成一體, 通與不通, 亦無可論.

만약 몸에 풍담이나 한기나 열기로 치우치고 막히는 증상이 있으면,
신기가 고통스럽다. 무엇을 알려는 사람은 단지 고통스러운 일에만 매달
릴 뿐이고, 알게 되는 내용도 신기의 고통 가운데서 나온다. 그러니
풍담이나 한기나 열기가 신기를 방해하는 일은 인체의 면역력81 문제로
생겨나니, 성현들도 피하기 어려운 일이다.

---

80 竑量은 넓은 도량의 뜻. 許筠의 『惺所覆瓿稿』卷15, 「文部20·祭文」의 "以君之竑量厚
　德, 其享年位必矣."에 보인다.
81 榮衛는 榮氣와 衛氣를 일컫는 말. 榮氣는 피의 순환을 가리키고 혈맥 속으로 순환하며,
　衛氣는 기가 두루 흐르는 일을 가리키며 혈맥 밖에서 운행한다. 榮衛의 두 기는
　온몸에 퍼져 있으며 인체의 滋養과 保衛 작용을 한다. 한의학에서 營衛와 같은
　뜻으로 사용함. 榮衛는 『黃帝內經·素問』, 「熱論」의 "五藏已傷, 六府不通, 榮衛不行,
　如是之後, 三日乃死"에 보인다. 여기서 말하는 榮衛는 현대의 몸을 지켜주는 힘이나
　기운인 면역력의 뜻으로, 그것이 잘못되면 풍담·한기·열기가 발생한다는 의미이다.

如有風痰寒熱之偏滯, 則神氣痛苦. 通之者, 只在痛苦之事, 所通者, 亦出於神氣之
痛苦. 然則風痰寒熱之防礙神氣, 由於形體榮衛而生, 聖賢之所難免.

나아가 헛된 욕망이나 망상도 신기를 침해하고, 어긋난 말82이나 어그러
진 행동도 신기를 어지럽게 만들며, 음탕한 소리나 예쁜 이성(異性)을
밝히는 일도 신기를 막고 가리니, 모두 대상을 제대로 아는 일의 원수가
된다. 이런 것들은 자기의 앎을 막을 뿐만 아니라, 또한 남의 귀를 먹게
하고 눈을 멀게 하니, 보통 사람 이하는 깊이 경계할 대상이다.

至於虛慾妄想, 侵害神氣, 危言悖行, 擾亂神氣, 淫聲美色, 遮蔽神氣, 具爲通之之仇
讎. 非獨已通者, 使之塡塞, 抑亦聾瞽人之耳目, 中人以下之所深戒也.

---

82 危言은 보통 시속에 휩쓸리지 않은 직언을 말한다. 危言逆耳나 危言正色이 그런
   의미이다. 여기서는 행위에 일치하지 않고 그것을 넘어서는 말로서 『禮記』, 「緇衣」의
   "大人不倡游言. 可言也, 不可行, 君子弗言也. 可行也, 不可言, 君子弗行也. 則民言不
   危行, 而行不危言矣."에 보인다.

해 설

몸의 질병이 신기의 소통을 방해하는 점, 더 나아가 치우친 욕망이 그 앎을 방해하는 점을 지적하였다.

특히 후자는 『대학』의 "보통 사람들은 자기가 가까이하고 사랑하는 데에서 치우치고, 천하게 여기고 미워하는 데에서 치우치고, 두려워하고 공경하는 데에서 치우치고, 불쌍히 여기고 아끼는 데에서 치우치고, 제멋대로 놀고 게으른 데에서 치우친다"라는 말과 통한다. 모두 사물을 제대로 인식하지 못하게 방해하는 것들이다.

본문은 전통 의학의 관점을 적용하여 신기 활동의 이중적 의미를 드러내었다. 곧 신기는 인간의 의식이면서 동시에 한의학적으로는 신체 내부에 흐르는 생기이다. 인체 내부는 신기가 막힘없이 소통되어야 건강하다. 그래서 풍담이나 한기나 열기가 생긴 증상은 기가 한쪽으로 치우쳤거나 막혔다는 징조이다. 그뿐만 아니라 인체 외부 자연의 기와 소통해야 한다. 그래서 인체의 신기와 자연의 신기가 한 몸을 이루어 소통한다고 하였다.

여기서 더 나아가 의학적인 문제만이 아니라, 인간의 인식 활동도 신체의 질병에 영향을 받는다는 점을 제시하였다. 그래서 이중적이다.

13. 앎에는 근원과 말단이 있다
通有源委

사람 몸에는 사물을 아는 신기가 이미 있고, 앎을 가능케 하는 감각기관이 있다. 몸 바깥에는 또 증험[83]하여 아는 만물이 있어서 제각기 자신의 신기를 드러내고 있다.

一身之上, 旣有所通之神氣, 又有可通之諸竅. 一身之外, 又有驗通之萬物, 各以其神氣呈露.

그러니 앎의 방법은 길이 바르고 곧으며 단계가 잘 갖춰져 있다. 그리하여 한 가지 일을 알고 두 가지 일을 알아가는 동안 점차 알아가는 힘이 생겨난다. 억지로 힘쓰지 않아도 그 진보가 점차 용맹하여 남이 알기 어려운 대상까지 알 수 있으며, 또 알지 못하는 사람을 알게 가르칠 수 있다.

則通之術, 門路正直, 階級完全. 一事通二事通, 漸生通之之力. 不待勉强, 其進漸勇, 能通人之所難通, 又能使不通者, 敎誨通之.

이것이 어찌 다른 것에서 별다른 방법을 가져왔겠는가? 처음에는 신기에 나아가 신기를 알고, 이 사물을 가지고 저 사물을 알며, 마침내 저 사물을 가지고 멀리 있는 사물을 알며, 형체가 있는 대상을 가지고 형체가 없는 대상[84]을 안다. 그러니 평생 탐구하고 찾는 대상은 기와 물건의

---

83 만물의 본질이나 법칙은 직접 경험으로 알기 어렵다. 그래서 증험하여 만물을 안다고 표현하였다. 여기서 만물은 경험과 함께 증험의 대상도 된다는 말.

양자에서 이탈하지 않을 뿐이다. 만약 괴이하고 거짓된 학설과 허황하고 망령된 이치가 비록 한 터럭만큼이라도 그 사이에 간여하면, 앎의 큰 방법이 무너진다.

是豈從他有得別般道理哉. 始則就神氣而通神氣, 將此物而通彼物, 終至於將彼物而通遠物, 將有物而通無物. 平生究索, 不離於氣與物兩者而已. 若以怪誕之說, 虛妄之理, 雖一毫參於其間, 則大道壞矣.

---

84 형체가 없는 대상이란 『추측록』에서 추측의 종류를 보면 분명히 알 수 있다. 그 가운데 기를 미루어 리를 헤아린다는 推氣測理, 정을 미루어 성을 헤아린다는 推情測性 등의 논리에서 엿볼 수 있는데, 사물의 법칙이나 본성 따위는 직접 감각기관으로 경험되지 않는 것들이다. 여기서 『추측록』에서 사용한 논리의 前兆를 이미 발견할 수 있다. 그 논리의 근원은 『周易』, 「繫辭上」의 "形而上者謂之道, 形而下者謂之器."이다.

해 설

앎의 성립 조건과 발전 과정 그리고 그 대상에 대하여 설명하였다. 우선 앎의 성립 조건으로서 인식주체인 신기와 대상인 외부 사물 그리고 주체와 대상을 매개하는 감각기관의 세 가지를 들었다. 신기가 외부 사물을 감각기관으로 경험함으로써 일차적인 앎이 성립한다.

인식의 발전은 이러한 경험을 누적하되 가깝거나 알기 쉬운 대상에서 시작하여 점차로 멀거나 인식하기 어려운 대상에까지 단계를 거쳐서 나아간다. 특히 앎의 대상은 기와 그 기로 이루어진 물건의 두 가지에서 벗어나지 않는다. 그러니까 종교적인 신이나 경험적 계기로서 검증 불가능한 형이상학적 대상을 제외하였다. 따라서 인식 대상만을 가지고 보면 오늘날 과학에서 다루는 것과 거의 일치한다.

그런데 그 대상에는 해당 사물의 신기도 포함되어 있다는 점이다. 그래서 나의 신기가 대상의 신기를 통한다는 점에서 '신기통'이라는 논리가 등장하였다. 그런데 이게 무슨 소린가? 여기에는 예수회 선교사를 통한 동서 문명 교섭의 역사적 맥락이 들어 있다. 곧 중세 교부철학에 녹아든 아리스토텔레스의 식물혼·동물혼·영혼의 이른바 삼혼설 개념을 저자가 신기로 일원화하여 수용하면서, 그것들의 신기가 바로 인식의 대상이 되었다. 원래 아리스토텔레스가 파악하려는 인간을 포함한 생물의 혼(魂)이 마치 물건의 형상(Form)처럼 해당 생물의 본질이기 때문이다. 그래서 저자는 해당 사물의 신기와 함께 그 신기가 활동하는 법칙으로서 유행지리를 앎의 대상으로 삼았다.

14. 기질은 제각기 다르다
氣質各異

온 세상 만물이 제각기 다른 원인은 기와 질이 서로 결합하는 데 달려 있다. 처음에는 질이 기를 따라 생겨나고,[85] 다음에는 기가 질을 따라 저절로 해당 사물을 이루어 제각기 그 기능을 드러낸다.

天下萬殊, 在氣與質相合. 始則質由氣生, 次則氣由質而自成其物, 各呈其能.

하늘의 신기가 땅에 가까이 접근하면 땅에서 증발하거나 뿜어내는 기와 서로 섞여 자연의 신기를 형성한다. 그것이 흙과 암석에 부여되면 견고하고 무거운 무딘 물건이 되고, 풀과 나무에 부여되면 가지와 잎과 꽃이 있고 열매로 번식하는 물건이 되고, 꿈틀거리거나 움직이거나 날거나 물속에 잠수하며 피와 진액을 가진 무리에 부여되면 보고 듣고 지각하는 동물이 된다. 그것이 물건에 부여되지 않으면 바람·비·구름·안개나 차고 덥고 마르고 축축한 기가 되어 두루 흘러 다니고 충만하여 우주를 지탱한다.[86] 어떤 물건이든 기를 바탕으로 생겨나지 않겠으며, 어떤

---

85 주희도 "氣積爲質, 而性具焉(『주자어류』 1-7)."이라고 했고, 또는 "氣之淸者爲氣, 濁者爲質(『주자어류』 3-19)."이라고 하여 기와 질을 구분하였다. 여기서 질은 사물을 이루는 질료에 해당하며, 감각이 가능하고 질량을 가진다고 할 수 있다. 강조는 본문과 같은 맥락.

86 여기서 사물 안에 들어 있는 形體之氣[무생물·식물·동물의 신기]와 사물 밖에 존재하는 天地之氣[자연에서 유행하는 신기]의 구별을 엿볼 수 있다. 후기 저술에서는 이것을 각각 形質氣와 運化氣로 나눈다. "기가 우주를 지탱한다."라는 말은 그의 『運化測驗』에서도 "태양과 달과 별들은 기에 의지하여 제각기 멀리서 가까이서 위에서 아래에서 운행하며 돈다"(최한기/이종란 옮김, 『운화측험』, 111쪽)라는 말에서도 보인다. 원문 寒熱燥濕은 훗날 寒熱乾濕으로 공식화하고 기의 정으로

일이든 기를 말미암아 이루어지지 않겠는가!

天之神氣, 襯近於地, 與地之蒸噓, 相染相渾, 因成天地之神氣. 賦於土石, 爲堅重之
頑物, 賦於草木, 爲枝葉花實傳種之物, 賦於蠢動飛潛血液之類, 爲視聽知覺之物.
不賦於物, 爲風雨雲霧寒熱燥濕, 而周游充物, 撑支六合. 何物非氣之所資生, 何事
非氣之所由成也.

그러나 같은 무리도 또 분별된다. 흙·암석과 풀·나무의 경우는 단지
몸체의 차이만 있지만, 피와 진액이 있는 무리는 몸도 다를뿐더러 또
보고 듣고 움직이고 활동하는 기관이 되는 장기(臟器)와 팔다리와 몸통
을 가지고 있어, 몸 밖의 소리와 빛과 냄새와 맛을 알 수 있다.

然就一類之中, 又有分別. 土石草木, 只有形質之差異, 血液之類, 形質旣異, 又有臟
腑肢體, 爲視聽行動之機括, 能通在外之聲色臭味.

또 기관이 있지만 그것을 잘 갖추었거나 갖추지 못한87 차이도 있는데,
그 제대로 갖추었거나 갖추지 못한 상황 가운데에서도 제각기 맑거나
탁하거나 강하거나 약한 차이가 있다. 이것은 깃을 가진 새와 털을 가진
짐승과 비늘을 가진 물고기와 딱딱한 껍질을 가진 조개와 나나니벌88

명명하는데, 4원소설의 기의 성격과 관련이 있다. (앞에 나옴)

87 不備는 여기서는 완비하지 못했다는 뜻으로 『孟子』, 「滕文公下」의 "犧牲不成, 粢盛不
潔, 衣服不備, 不敢以祭."에 보인다.

88 蜾[나나니벌]는 글자가 螺[소라]와 비슷하다. 『천주실의』에는 후자로 나오는데,
걷지 않은 동물 중에서 나는 것[羽]과 물속에 잠기는 것[潛]의 분류에서, '毛鱗甲螺'가
그것이다. 아마도 蜾는 螺와 글자가 비슷해서 잘못되었거나 아니면 저자가 일부로
蜾로 바꾸어서 썼을 것이다. 논리적으로는 介[조개]와 같은 부류로서 螺 자로 써야
한다.

따위가 소통하는 기관을 잘 갖추었느냐 갖추지 못했느냐 능력이 있느냐 없느냐에 따라, 앎과 추측이 넓거나 치우치거나 밝거나 어둡게 됨이 그럴 수밖에 없기 때문이다.89

又有機括, 有備不備之異, 備不備之中, 各有淸濁彊弱之殊. 此所以羽毛鱗介蜾類之知覺推測, 由於所通之備不備能不能, 而周偏明昏, 不得不然也.

기는 하나이지만 사람에게 부여되면 자연히 사람의 신기가 되고, 물건에 부여되면 자연히 물건의 신기가 된다. 따라서 사람과 물건의 신기가 같지 않은 원인은 질에 달려 있지 기에 있지 않다. 만약 사람에게 부여되는 기를 사람에게 부여하지 않고 물건에 부여하면, 물건의 신기가 되지 사람의 신기가 되지 않는다. 또 물건의 기를 물건에 부여하지 않고 사람에게 부여한다면, 사람의 신기가 되지 물건의 신기가 되지 않는다.90

氣是一也, 而賦於人, 則自然爲人之神氣, 賦於物, 則自然爲物之神氣. 人物之神氣不同, 在質而不在氣. 如使賦人之氣, 不賦於人而賦於物, 則爲物之神氣, 不爲人之神氣. 又使賦物之氣, 不賦於物而賦於人, 則爲人之神氣, 不爲物之神氣.

또 인간이나 물건의 각자 무리 사이에서 저절로 우열과 좋고 나쁨의 구별이 있는 것도 이것과 다르지 않다.91 간혹 공부와 추측의 진보가

89 呂坤, 『呻吟語』卷4, 「天地」: 自然謂之天, 當然之天, 不得不然謂之天. 陽亢必旱, 久旱必陰, 久陰必雨, 久雨必晴, 此之謂自然. 君尊臣卑, 父坐子立, 夫唱婦隨, 兄友弟恭, 此之謂當然. 小役大, 弱役强, 貧役富, 賤役貴, 此之謂不得不然. 저자가 즐겨 쓰는 自然, 當然, 不得不然의 용어는 呂坤의 이 책에서 가져온 것임.
90 성리학의 理一分殊와 달리 氣一分殊의 논리이다. 리일분수에서 分殊에 해당하는 것은 기질에 갇힌 理이고 기일분수에서 分殊는 質의 영향을 받는 氣이다.

우수한 사람은 또한 우수하게 진보하는 질을 가지고 있기 때문이고,
진보하지 못하는 사람은 자연히 진보할 수 없는 질을 가지고 있다.

且於人類物類之中, 自有優劣善惡, 亦與此無異也. 或有功夫推測進於優者, 亦由有
進優之質矣, 不進者, 自有不能進之質矣.

---

91 앞에서 설명한 질에 좌우된다는 논리와 다르지 않다는 말.

해 설

보편적 신기가 사물이 가진 질에 따라 달라지는 원인을 여러 사물을 가지고 해명하였다. 이것은 사물의 보편성과 특수성의 관계를 설명하는 중요한 내용이다.

여기서 사물에 기(또는 신기)가 들어 있다고 하여, 곧바로 사물이 기로만 이루어져 있다는 점을 말하지 않는다. 형체를 가진 사물은 기와 질(질료)이 결합하여 이루어져 있다. 물론 그 질은 애초에 기가 뭉쳐서 생겨났고, 사물이 형성된 뒤에는 그 속의 기는 그 질의 영향을 받는다는 주장이다. 우주의 보편적인 존재는 기인데, 왜 제각기 다른 특수한 사물이 생겨났는가 하는 질문에 대한 해명을 이렇게 기와 질로서 설명하였다. 보편성은 우주의 근본인 같은 기에 특수성은 다양한 질에 근거를 두고 있는데, 이는 마치 주희 성리학에서 인간의 성품을 본연과 기질의 측면에서 나누어 보는 논리와 비슷하다. 주희 성리학에서도 본연지성은 누구나 같아도 사람마다 현실적으로 성품이 달라지는 원인을 기질에 두었는데, 그 기질에 따른 성품이 기질지성이다. 그러나 주희 성리학은 보편성은 리, 특수성은 기에 근거를 두었으므로 이원론으로 갈 수밖에 없었지만, 저자는 기와 거기서 파생된 질의 개념으로 이것을 일원론적으로 해결하고자 하였다. 존재하는 것 밖에서 무엇을 가져와 존재를 설명하지 않았다.

따라서 비록 원래 같은 기이지만 사물 속에서 질의 영향을 받는 신기는 사물이 갖는 질에 따라 다양하며, 같은 종(種) 내에서도 다를 수밖에 없다. 그렇다면 왜 질은 다양하게 다를 수밖에 없는가? 과학에서 보면 물리적 조건에 따른 물질의 다양한 결합과 운동방식의 차이, 곧 진화의 결과를 따랐지만, 여기에서는 구체적 언급은 없고 다만 질이 다양한 사물을 제시함으로써 끝낸다. 이것은 아마도 기가 모여서 질[形]을 만들고,[92] 제각기 부류별로 엉기고 모여 형체를 이룬다[93]는 전통의 관점을 그대로 수용한 것 같다. 다만 여기에는 형이상학적인 원리는 없다. 그래서 몸을 구성하는 질료로서 질이 사물에 따라 다르다는 점 그리고 이러한 질적인 차이는 몸을 구성한 기관의 차이를 가져와 인식능력의 차이를 드러낸다. 더 나아가 같은 인간 가운데에도 기질의 차이에 따라 인식능력의 차이가 발생한다.

이렇게 보면 몸을 구성한 물질이 해당 사물 곧 동물이든 사람이든 그 특성과 차이를 결정하는 것은 분명하지만, 이 글만 보면 결정론적인 흠이 있어 보인다. 곧 사람의 경우 유전적 요인에 모든 행동이 좌우되는 것처럼 생각할 수 있다는 점이다. 하지만 이것은 기우이다. 저자는 뒤에서 인간은 유전적 요인에 머물지 않고 경험이라는 학습을 통해 인간 자신을 변화시킬 수 있다고 하였다.

아무튼 저자가 이렇게 말한 의도는 아마도 서학에서 식물혼·동물혼·영혼의 고유한 역할과 능력 및 다양한 사물의 성질은 조물주가 그렇게 창조했다는 설명을 믿지 않고, 또 그런 종교적·형이상학적 접근을 비판하는 대안에서 나온 것으로 보인다. 근대 서양 과학이 태동할 때 목적론적인 '왜(Why)'보다 '어떻게(How)'라는 사물 내부의 원리에 집중한 일도 이와 관계된다. 중세 신학에서는 사물이 그러한 까닭이 신의 섭리였기 때문에 따질 필요가 없었다.

따라서 조물주를 인정하지 않는 기철학의 논리로서 이렇게 풀어낼 수밖에 없었다. 곧 사물의 영혼에 비견되는 신기로서 각 물건의 특징을 드러냈는데, 그는 서학의 삼혼설을 버리고 되레 무생물·식물·동물의

---

92 『太極圖說』: 氣聚而成形.
93 같은 책: 各以類凝聚而成形焉.

혼에 해당하는 것으로서 신기와 몸을 구성하는 질의 조합으로 설명하여
서학의 논리를 기철학 방식으로 변용하였다. 그리고 서학의 영혼으로
더 세분해 설명하지 않았던 같은 종 내부에서 학습의 우열도 질의
차이에서 생긴다고 덧붙였다.

더 나아가 사물 가운데에 들어 있지 않은 신기는 일종의 우주 영혼에
해당하는 것인데, 이것이 바로 서학에서 말하는 하느님과 같은 수준의
근원적 최고 존재이다. 저자는 다른 책에서 서양의 하느님[神天]도
신기여야 한다고 주장한 점이 그것을 잘 말해주고 있다.

서학의 영향이라는 근거 가운데 하나는 원문에서 동물을 분류한 '動·飛·
潛·羽·毛·鱗·介(甲을 바꿈)·蜾(螺를 바꿈)' 등의 용어와 논리가 『천주실의』
의 '물종류도(物宗類圖)'에 나오는 내용과 거의 똑같을 뿐만 아니라,
그 책을 보았다는 증거도 여러 곳에서 보이기 때문이다.

15. 앎에는 같지 않음이 있다
通有不同

이른바 '안다'라는 말은 기의 대략을 아는 상태를 가리키지만, '그것을 안다'라는 말은 정력을 다해 연구하여 기필코 대상에 통달하는 일이다.

所云通者, 指其通氣之大略也, 通之者, 指其精力鑽究, 期達於彼也.

알 수 있는 대상이라는 점을 알아 그것을 안 것을 앎이라 말하고, 알 수 없는 대상이라는 점을 알아 그것을 알지 않는 것도 앎이라 말할 수 있다. 알 수 있는 대상이라는 점을 모르면서 그것을 알지 않음이 모르는 상태가 아니라, 알 수 없는 대상이라는 점을 모르면서 그것을 안다는 것이 모르는 상태이다.

知其可通而通之, 是謂通也, 知其不可通而不通之, 亦可謂通也. 不知其可通而不通之, 非不通也, 不知其不可通而通之, 是不通也.

그것을 알다가 대상과 주체가 서로 부합하고 서로 대응하는 증거가 있는 경우는 참된 앎이지만, 그것을 안다고는 했으나 위태롭고[94] 석연치 않은 경우는 앎의 오류[95]이다.

通之而彼此有相合相應之契者, 是實通也, 通之而臲卼未釋然者, 差誤通也.

---

94 臲卼은 불안하고 위태로운 모양. 『周易』, 「困卦」의 "困于葛藟, 于臲卼."에 보인다.
95 差誤는 어긋나거나 錯誤의 뜻. 『朱子語類』 90-27의 "政和中編此書時, 多非其人, 所以差誤如此."에 보인다. 저자는 오류의 뜻으로 자주 사용함.

해 설

평범한 앎과 구체적인 대상에 대한 인식의 차이 그리고 대상에 따른 인식의 가능성과 한계를 형식적으로 진술하였다.

평범한 앎은 속견(俗見), 인식은 진지(眞知)에 비견된다. 이 내용은 『논어』에서 공자가 "아는 것을 안다고 하고 모르는 것을 모른다고 하는 것 이것이 참으로 아는 것이다"[96]라는 말과 관련이 있다. 여기서 "알 수 없는 대상이라는 점을 알아 그것을 알지 않는 것도 앎이라 말할 수 있다"라는 말은 신이나 사후세계의 존재는 인식의 대상이 되지 못함을 알아 굳이 힘써 알려고 하지 않음은 사실상 안다는 의미이다. 공자 또한 이런 태도를 견지했다. 그리고 "알 수 없는 대상이라는 점을 모르면서 그것을 안다는 것이 모르는 상태이다"라는 말은 사후세계를 확신하고 믿는 종교적 태도와 관념의 실재를 믿는 학문을 비판하는 말이다.

끝으로 "알 수 있는 대상이라는 점을 모르면서 그것을 알지 않음이 모르는 상태가 아니다"라는 말의 의미는 대상에 대한 인식의 가능성을 두고 한 말이다. 오늘날 과학의 태도처럼 언젠가 알 수 있다는 말이다. 그러니까 이 글은 인식 대상을 분류하여 그 가능성을 논의한 내용이다. 대상이 명확해야 인식할 수 있다는 뜻이다. 저자 철학에서는 신이나 형이상학적 존재는 인식의 대상에서 제외한다. 후기 저술을 보면 더 나아가 인간이 미칠 수 없는 태양계를 벗어난 우주도 거기에 포함하였다. 당시 그가 접한 과학기술의 수준으로 보아 나올 수 있는 발언이다.

---

96 『論語』, 「爲政」: 子曰, 由, 誨女知之乎. 知之爲知之, 不知爲不知, 是知也.

16. 소통으로 온 세상이 한 몸 되다
通天下爲一體

상대97는 그가 좋아하는 대상을 따라 내가 화답하여 호응하면,98 큰 소통으로 귀결된다. 만약 어떤 상황이 살리는 방도99에 어긋나면, 사람들이 모두 거절하고 관계가 막혀버리는 상태에 이른다. 이렇게 사람들이 거절하거나 화답하여 호응하는 일이야말로 교화100의 시행과 관계된다.

物, 從其所好而應之, 歸于大通. 如違於生道, 則人與物, 皆拒絶而至于閉塞. 人物之拒絶與和應, 乃敎化之所施也.

만약 소통하려는 자가 스스로 수양하고 행동하는 데는 뛰어나서 사람들과 크게 소통하는 일을 고려하지 않는 경우라면, 비록 말이 없어도 좋고 교화가 없어도 괜찮겠다. 하지만 사람들이 거절해서 소통하지 못하는 경우야말로 실로 생명을 지키는 데 큰 방해물이다. 인사가 소통되지 못하면 그 실정에 통달할 방법이 없고, 물산이 소통되지 못하면 그 재화를 전달할 길이 없으며, 재화와 기계가 소통되지 못하면 그 쓰임을 넉넉하게 할 길이 없고, 교화가 통하지 못하면 악한 사람을 교화시켜 선하게 만들

---

97 物은 사람, 만물, 동물 등 여러 의미가 있지만 여기서는 敎化를 언급하여 상대방의 뜻으로 쓰였다.

98 和應은 고대 수레에 다는 두 방울의 소리가 서로 어울리는 데서 유래. 곧 『大戴禮記』, 「保傅」의 "升車則聞和鸞之聲 … 在衡爲鸞, 在軾爲和, 馬動而鸞鳴, 鸞鳴而和應."에 보인다. 그것이 서로 화답하며 호응하는 뜻으로 쓰였다.

99 生道는 살리는 도리로서 『孟子』, 「盡心上」의 "以生道殺民, 雖死不怨殺者."에 보인다.

100 敎化가 최초로 보이는 문헌은 『禮記』, 「經解」의 "故禮之敎化也微, 其止邪也於未形." 이며, 荀子에 이르러 강조되었고, 한대의 董仲舒에 이르러 만민을 교화한다는 문교정책의 이론적 토대를 마련하였다.

방법이 없다.

如使通之者, 優於自修自行, 不顧人物之大通, 則雖無言可也, 無教亦可也. 人物之
拒絶不通, 實爲衛生之大妨也. 人事不通, 則無以達其情, 物産不通, 則無以達其材,
貨財器械不通, 則無以瞻其用, 教化不通, 則無以化惡趨善.

이렇게 생각한다면 소통하는 기술은 느슨하게 할 수 없고, 한 사람의
몸에만 머무르게 할 수도 없다. 이 도리를 맡은 사람은 부지런히 힘쓰고
일하여[101] 소통으로 온 세상을 한 몸으로 삼기를 기약한다.

念到於此, 通之之術, 不可緩也, 亦不可止於一身也. 任斯道者, 孜孜拮据, 期通天下
爲一體.

대개 하늘의 신기는 본래 온 세상을 한 몸으로 삼지만, 사람의 신기는
저절로 몸이라는 작은 형체에 국한되어 있다. 여기서 신기가 통함을
이해하지 못하면, 자기 몸만 알거나 자기 몸도 제대로 알지 못한다.
만약 신기의 통함을 알아서 앎을 미루어 넓히면, 온 세상을 한 몸으로
삼아 몸 안에 있는 신기는 하늘에 있는 신기에 통달하니, 그것이 넉넉한지
모자라는지 깨닫지 못할 것이다.

蓋天之神氣, 本來以天下爲一體, 人之神氣, 自局於軀質之肖形. 未得其通, 則或只
知有其身, 或不知有其身. 如得其通而推擴, 則以天下爲一體, 在身之神氣, 通達于
在天之神氣, 不覺其有餘不足也.

---

101 拮据는 손발을 부지런히 움직여 힘써 일하거나 힘든 일의 뜻으로 『詩經』, 「豳風·鴟鴞」
  의 "予手拮据."에 보인다.

해 설

소통의 대상을 천하 사람까지 확장해야 한다는 뜻으로 그 중요성을 강조하였다.

그 목표는 천하를 한 몸처럼 소통하는 일로서, 유기체론적 관점이 보인다. 여기서 원문 '物에 해당하는 상대의 외연은 당시 사대부들이 오랑캐로 여기던 청나라는 물론이요 자연스럽게 오랑캐로 지칭되던 서양까지도 확장됨을 행간에서 읽을 수 있다.

여기서 소통으로 옮긴 통의 의미는 인간과 사물의 앎을 전제로 한 말이다. 상대 또는 대상을 정확히 인식하지 않고 어떻게 소통하겠는가? 상대가 좋아하는 것을 알고 베풀어야만, 그가 거절하지 않고 화합하여 호응하기 때문이다.

소통은 원래 쌍방의 문제이다. 그래서 저자는 전통의 도덕 수양을 목표로 전제한 윤리적 앎의 문제에만 머물지 않고, 인식을 통한 소통의 문제를 더 중시하였다. 자연히 개인의 도덕성 함양 못지않게 실생활에서 교화와 제도와 재화의 소통을 중시하는 태도가 묻어 나온다. 이전 학문에 대한 간접 비판을 행간에서 읽어낼 수 있다.

이런 논리가 가능한 근거는 만물의 신기가 근원적으로 하나라는 점, 곧 존재의 일원성에 두고 있다. '온 세상이 한 몸'이라는 표현은 존재의 근거이자 실천의 지향이기도 하다. 이 세상을 초월한 신을 전제하지 않고도 철학적인 종교로 나아갈 수 있다. 옮긴이는 동학의 본질도 그렇다고 본다.

17. 허황하고 망령된 설의 해로움
虛妄之害

허황하고 망령된 설에 관여한 일이 얕으면 자기를 상하게 하고, 남을 해치는 정도가 작지만, 깊으면 사람과 만물이 피해를 본다. 이런 사람의 타고난 기질은 공허하고 잡되어서, 듣고 본 내용이 진실에 연결되지 않고 허황하고 망령된 일에 연결된다. 그래서 부처를 높이거나 귀신102을 섬겨 화를 피하고 복을 받으려는 일에 탐닉하고, 술수103와 방술104로서 길흉에 빠진다.

通其虛妄者, 淺則戕己與害人小, 深則人與物, 被其害. 緣稟質虛雜, 所聞所見, 不通於眞實, 而通於虛妄. 崇佛事神, 溺於禍福, 陰陽方術, 沒於吉凶.

그것들을 처음 만든 사람이 반드시 이처럼 미혹된 대상에 빠진 것은 아닐지라도 그 실마리를 조금 열어두었고, 후세에 높이고 섬기고 따르고 받드는 자들이 보태고 넓히고 붙좇았다. 그리하여 광명한 큰 도리를

---

102 부처는 세속적 불교를, 신이란 민속에서 말하는 귀신보다 당시 전파된 기독교를 상징한다. 『기학』 등에서는 신을 神天으로 표현하기도 하였고, 바로 뒤의 문장에서 창시자를 거론하기 때문이다. 또 神을 신(God)이 아닌 귀신으로 옮긴 까닭은 神이 『신기통』에서 보이는 바와 같이 저자의 주요한 철학적 개념(앞에 나옴)으로 써오던 것이기 때문에 혼동을 피하기 위해서이다. 이하 똑같이 적용함.

103 여기서 말하는 陰陽은 철학적 개념으로서 그것이 아니라 민간에서 행하는 점이나 사주 따위의 술수를 뜻함.

104 원래는 학술·학설의 의미로 쓰였다. 『莊子』, 「天下」의 "天下之治方術者多矣, 皆以其有爲不可加矣. 古之所謂道術者, 果惡乎在. 曰無乎不在."와 『荀子』, 「堯問」의 "德若堯禹, 世少知之, 方術不用, 爲人所疑."에 보인다. 도교의 鍊丹과 修鍊의 일도 그것이다. 저자는 인간의 운명이나 길흉 따위를 점치거나 화를 피하고 복을 받고자 하는 술법을 가리켜 말함.

버리고 어둡고 사악한 술법105을 얽어 만들며, 평탄한 길을 피하고 험악하고 막히고 굽은 길로 달려들어 뒷사람들을 속이고 그르친다. 그 결과 자신의 생명을 잃고106 삶을 해치는 사람들이 원근 각처에 실이나 덩굴처럼 서로 이어져 널리 이끌렸다.

唱始者, 未必若是沈惑, 而微開其端, 後之崇事遵奉, 增衍附翼. 捨光明之大道, 而搆捏晦昧之私術, 避平夷之坦路, 而趨入險塞之曲徑, 謬誤後人. 滅性害生者, 棉蔓相繼, 彌延遠近.

하지만 대부분 피해만 있고 이익은 없다. 후세에 거울로 삼고 경계하는 사람은 마땅히 이 점을 깊이 따져서, 차라리 섬기는 종교가 없이 평생을 지낼지언정 앞사람의 실패를 다시 좇아 영원토록 허황하고 망령된 종교의 부하가 되어서는 안 된다. 그 참된 실상을 아는 사람이라고 해서 반드시 모두 복록을 얻는 것은 아니지만, 기필코 그 가진 것을 온전히 보전하고 그 쓰임을 편안히 지킬 것이므로,107 스스로 해치거나 상하는 일은 없겠다. 또 하물며 말하는 내용이 광명하여 듣는 사람이 따르고 받드는 데 조리가 있으며 붙잡아 지키는 일이 평탄하고 쉬워서, 보는 사람에게는 약간108의 이익이 있음에야.

---

105 私術은 邪術 또는 邪道와 통한다. 『管子』, 「明法解」의 "喜賞惡罰之人, 離公道而行私術矣."에 보인다.
106 滅性은 『禮記』, 「喪服四制」의 "毀不滅性, 不以死傷生也."에 보이는데, 부모의 喪을 당하여 너무 슬퍼한 나머지 자신의 생명을 잃는 것을 일컫는 말.
107 이중적 의미로 해석할 수 있다. 하나는 헛된 종교로부터 자신의 소유를 보전하고 그 쓰임을 안전하게 지킨다는 의미이고, 다른 하나는 자연적인 본성과 생명을 보전하고 그 작용을 안전하게 지킨다는 의미가 그것이다. 어느 것이든 통한다.
108 尺寸之利의 尺寸은 약간이나 적은 뜻으로 『孟子』, 「告子上」의 "無尺寸之膚不愛焉, 則無尺寸之膚不養也."에 보인다.

然率多有害無益. 後之鑑戒者, 宜就此深責, 寧無所事而度平生, 不可遵覆轍而永作虛妄之卒徒. 通其眞實者, 未必皆得福祿, 必全保所有, 安守其用, 未有自戕自賊之事. 又況言論光明, 聽者有遵奉之條理, 操守坦夷, 見者有尺寸之利益乎.

해 설

세속의 종교를 허황하고 망령되다고 규정하였다.

그 대상이 세속적인 불교와 기독교 그리고 전통의 방술이나 술수 따위가 그것이다. 이런 것들을 따르는 동기는 대체로 화를 피하고 복을 받으려는 마음에서 비롯한다. 이것은 오늘날이라고 해서 크게 달라지지 않았다. 하지만 이런 비판은 행간을 살펴보건대, 자신의 욕망을 줄이거나 끊어서 세속적 자아의 영속적 존재 자체를 부정·극복하고, 세계 그 자체와 또는 진리와 하나가 되어 만물일체의 실천으로 나아간다는 철학적 성격을 띤 종교 본질의 비판은 아닌 것 같다.

저자는 기본적으로 초월적 존재를 믿는 종교를 인정하지 않는다. 기독교의 하느님, 불교의 공, 노자의 허나 무를 기로 보아야 한다고 주장하기 때문이다. 그래서 원문 허망(虛妄)도 '허황하고 망령되다'라는 거짓의 뜻으로 사용하였다. 비록 세계관이 다르지만 각 종교를 깊이 있게 연구하면, 지향하는 점이 같다든가 보편적이라는 평가를 할 수도 있지만, 거기까지는 생각해 본 것 같지 않다. 아무튼 이러한 존재론적 입장과 당시까지 세속에서 종교를 대하는 방식을 보고 비판한 것 같다. 서학이 전파된 시대 상황의 반영이다.

이러한 종교에 대한 관점은 기존 유학자의 그것과 별반 다르지 않다. 다만 저자의 여러 저술을 참고해 볼 때, 강하게 또는 극단적으로 배척하는 모습은 보이지 않음이 그 차이점이다. 종교에 대한 이런 비판 입장은 그의 저술 곳곳에서 발견할 수 있다.

18. 남과 나의 앎을 소통하다
通人我之通

나는 여러 감각기관과 몸과 팔다리와 신기라는 도구를 갖추고 있고, 남도 그렇게 갖추고 있다. 설령 그 기능과 크기에 강하거나 약하고 크거나 작고 맑거나 탁한 차이는 있겠지만, 그 갖추고 있는 감각기관은 남이 나보다 많거나 내가 남보다 많은 적은 없다.

我有諸竅支體及神氣之具, 人亦有諸竅支體及神氣之具. 縱有彊弱大小淸濁之殊, 其所有諸竅, 未嘗人多於我, 我多於人也.

오직 보고 듣고 겪어서 익히고 안 내용이 제각기 서로 같지 않아서, 남이 안 내용을 내가 알 수 없거나 내가 안 내용을 남이 알 수 없는 때가 있다. 그러니 남이 안 내용을 거두어 모아 내가 알지 못하는 점을 알고, 내가 안 내용을 펼치고 알려 남이 알지 못하는 점을 알게 해야 한다. 어찌 이러한 앎의 많고 적음을 가지고 그 사람의 앎과 알지 못함을 단정할 수 있겠는가?

惟其見聞閱歷, 所習所得, 有萬不等, 人之所通, 或我不能通, 我之所通, 人或不能通. 是當收聚人之所通, 以通我之所不通, 敷告我之所通, 以通人之所不通. 豈可以此多寡, 斷其人之通與不通也.

남이 알고 모르는 내용을 통합하여 그 실상을 알 수 있고, 또 내 몸에 갖춘 감각기관을 통솔하여 그 작용에 통달할 수 있되, 치우치고 막힘이 없어야만 바야흐로 앎이라 말할 수 있다.

有能統人之通與不通而通其情, 又能統我身之所具而通其用, 毋有偏滯, 方可謂通.

해 설

앎의 도구로서 선천적으로 갖춘 감각기관과 인식의 주체[109]는 사람마다 큰 차이가 없지만, 경험에 따라 앎에 차이가 있어서 그 앎을 소통해야 한다고 주장하고, 아울러 제대로 아는 일이 어떤 것인지 설명하고 있다. 여기서 소통의 강조는 바로 경험의 당위성을 달리 표현한 말이다. '남'과 '나'는 개인끼리의 문제로 볼 수도 있지만, 당시 형편으로 보아 동양과 서양, 조선과 청국을 대입해도 문제가 될 것은 없다. 이것은 저자 자신의 앎도 그런 방식을 통해 이루어졌음을 행간에서 읽어낼 수 있다. 더 나아가 저자가 끝에서 강조하는 점은 인식의 조건과 실상을 알고, 감각기관의 정밀성 향상과 객관적 태도의 확보 등을 거론함으로써 앎의 정확성을 지향하고 있다. 모두 경험적 앎에 한정되어 있다.

---

109 이런 생물학적 인식의 주체는 현대 과학철학에서 볼 때는 무의미하다는 주장도 있다. 관측자인 인간을 포함하여 문제의 대상을 인식하기 위한 일련의 모든 인식 장치 전체는 하나의 인식주체로 간주되어, 인식 도구가 관측자인 인간의 연장에 해당하기 때문이다(이중원, "현대 물리학의 자연 인식 방식과 과학의 합리성," 「과학철학」 7, 2001, 61쪽).

19. 감각기관에는 보태거나 덜어낼 것이 없다
九竅無增減

여러 가지 색깔을 어떻게 분간할 수 있을까? 눈을 따라 분간할 수 있으니, 만약 이 눈이 없으면 여러 색깔을 분간할 수 없다. 여러 가지 소리를 어떻게 분별할 수 있을까? 귀를 따라 분별할 수 있으니, 만약 이 귀가 없다면 여러 가지 소리를 분별할 수 없다. 냄새가 코에 있어서, 맛이 입에 있어서, 말이 혀에 있어서, 쥐는 일이 손에 있어서, 걷는 일이 발에 있어서, 감촉하는 일이 피부에 있어서 모두 그렇지 않음이 없다.

諸色, 何以得辨. 從目而得辨, 若無此目, 不可以辨諸色矣. 諸聲, 何以得辨. 從耳而得辨, 若無此耳, 不可以辨諸聲. 臭之於鼻, 味之於口, 言之於舌, 持之於手, 步之於足, 觸之於皮, 莫不皆然也.

이렇게 몸110이 외부 자극을 알게 하는 도구를 이미 갖추고 있다. 또 만물은 제각기 모습과 색깔을 나타내고, 때에 맞추어111 변하고 움직여 은미한 실태112를 다 드러낸다. 이 모두 사물을 알 만한 방법이 아님이 없으니, 이는 자연이 사람이 알 수 있게 몸에 잘 갖춘 것이다.

質旣有此通達之具. 又有萬物之各呈形色, 而隨時變動, 畢露隱微之情態. 無非可通

---

110 質은 형질로서 여기서는 몸을 말함.
111 隨時는 때와 형세에 순응하거나 시의에 적합함을 말함. 『周易』, 「隨卦」의 "大亨貞, 無咎, 而天下隨時, 隨時之義大矣哉."에 보인다.
112 情態는 情狀 또는 실태의 뜻으로 『韓非子』, 「二柄」의 "人主欲見, 則群臣之情態得其資矣."에 보인다.

之道, 則是天使之通, 無不備也.

그런데 소통해야 하는 어떤 길113이 다시 있음을 모르고, 기존의 아홉 구멍 외에 다시 다른 구멍이 없어서 소통하지 않고 있는가? 만약 혹시 아홉 구멍에 한 구멍을 첨가해 열 구멍이 되게 하거나 오장114이 육장이 되게 하거나 육부115가 칠부가 되게 하면, 다시 소통할 수 있는 하나의 길이 있게 되는가? 만약 장부를 온전히 갖춘 사람을 눈이 멀게 만들면,116 비록 장부가 그것을 보는 계기가 있더라도,117 정밀하게 드러내는 색깔을 눈동자가 보는 일은 없다. 귀먹은 것도 또한 그러하니, 비록 장부에 듣는 계기는 있으나 듣는 작용은 없다.118

未知更有何宜通之道, 而緣於九竅之外更無他竅, 而不通歟. 如或使九竅, 添得一竅而爲十竅, 五臟爲六臟, 六腑爲七腑, 則更有一可通之道歟. 如使臟腑具全之人, 目盲, 則雖有臟腑見之之機, 而無瞳精顯色之見. 耳聾則亦然, 有聽機而無聽之用矣.

이렇게 더 추가하거나 삭제할 감각기관이 없다는 점이 얼마나 다행인가? 이 아홉 구멍과 팔다리와 몸통이라는 기관을 갖추고 있으니, 그 감각기관

---

113 기존의 감각 방식 외에 또 다른 감각 방식을 가정해서 하는 말. 여기서 말하는 소통이란 외부의 대상을 감각기관으로 받아들이는 것.

114 心·肝·脾·肺·腎.

115 胃·膽·三焦·膀胱·大腸·小腸.

116 원문 盲은 원래 명치끝을 뜻하는 肓으로 되어 있었으나 바로 잡은 글자임.

117 전통 의학이나 오행에서 눈-간장, 혀-심장, 입-비장, 코-폐장, 귀-신장 등으로 그 기능을 연결하여 설명하는 방식을 말함.

118 외부의 대상과 소통하는 감각기관의 중요성을 말함. 전통 의학에서 말하는 감각기관과 연결된 내부 장기의 역할을 무시할 수는 없지만, 그것이 감각 작용에 직접 관여하지 않음을 표현한 말.

이 말은 기능을 다 발휘해야만 완전한 사람이 된다. 만약 한 감각기관이 그 기능을 다 발휘하지 못하면, 하나의 감각기관이 장애를 일으킨 사람이 된다. 두 감각기관이 기능을 다 발휘하지 못하면, 두 감각기관이 장애를 일으킨 사람이 된다. 한두 가지 감각기관이 장애를 일으키면, 비록 큰 재앙은 아닐 것 같지만, 신기가 소통하는 전체와 큰 기능[119]에는 저절로 결함이 있어, 근원을 알고 근본에 통달하는 방법에 대해서는 함께 논할 수 없다. 다만 한쪽에 치우쳐 익히는 기능만은 발휘할 수 있는데, 가령 청각 장애인이 보거나 시각 장애인이 듣는 일 등이 그것이다.

何幸無加無減. 具此九竅肢體之機括, 則當盡其諸竅所司之用, 爲完全之人. 或就一竅而不盡其用, 爲一竅病廢之人. 二竅不盡其用, 爲二竅病廢之人. 一二竅病廢, 雖若不至大害, 其於神氣通之全體大用, 自有闕漏, 不可與論於通源達本之道. 只可施行於偏習之用, 如聾之視盲之聽.

---

119 全體大用은 전통적으로 성리학자들이 태극이나 리를 本體로 보고 만물의 현상을 作用으로 보는 말로서, 원래 불교의 體用論에서 가져온 말이다. 저자는 리 대신 신기를 體로 보며 만물의 현상이 그 신기의 用으로서, 특히 인간의 인식 활동도 신기의 작용으로 본다. 全과 大는 수식어로서 '全體大用'은 직역하면 '온전한 몸체와 큰 작용'이며, 작용은 기능의 뜻으로 쓰였다.

해 설

인간에게 갖추어진 감각기관의 중요성을 역설하였다.

경험은 일차적으로 감각을 통해서 이루어진다. 경험을 중시한 저자는 자연히 감각기관의 중요성을 지적하지 않을 수 없었다. 그것을 서양철학에서는 오감, 불교에서는 안(眼)·이(耳)·비(鼻)·설(舌)·신(身)으로 분류하지만, 저자는 전통을 따라 구규 곧 귓구멍(2)·눈(2)·입(1)·콧구멍(2)·요도(1)·항문(1)의 아홉 구멍 외에 사지와 몸통까지도 포함하였다. 그러니까 일차적으로 인간이 외부 대상을 알 수 있는 것은 이 감각기관 덕분이라고 주장한다.

여기서 감각과 관련한 저자의 인체관은 장애가 없다면 그 자체로 완벽하다고 생각하는 것 같다. 그래서 인간이 갖추어진 감각기관의 종류와 수효는 더하거나 뺄 수 없이 적절하다고 평가하였다. 그러나 한두 감각기관에 장애가 있다면 앎 전체와 구체적 기능에 대해서는 결함이 있을 수밖에 없다는 점도 말했다. 청각 장애인이 음악 활동을 할 수 없고, 시각 장애인이 그림을 그릴 수 없는 이치라고나 해야 할까?

저자의 이러한 평가는 당시의 과학 수준으로서는 정당하다고 말할 수 있겠다. 그러나 사실 인간의 감각기관은 외부의 대상을 아는 데에 완벽하지 않다. 인간은 다른 생물이 보거나 들을 수 있는 적외선이나 초음파 따위를 보거나 들을 수도 없다. 더 나아가 전파나 자기장 심지어 중력 따위도 직접 느낄 수 있는 기관이 없다. 생물학적 몸으로서 인식할 수 있는 대상은 제한될 수밖에 없다. 그렇게 진화해 왔기 때문이다. 과학적으로 볼 때 우리는 3차원의 공간에 사는 데만 익숙하고 또 그렇게 진화되어서, 이 공간을 뛰어넘는 다른 차원을 직접 인식할 수 없다. 비록 인식 가능성이 차단되지는 않았지만, 몸의 감각기관으로서는 직접 인식 불가능하다는 점을 지적하고 싶다. 저자의 이런 판단은 당시 알고 있던 과학의 수준을 뛰어넘기가 힘들었다.

20. 기는 통해도 안팎으로 드나든 적이 없다
氣通而未嘗出入

신기란 여러 감각기관과 팔다리와 몸통이 모이고 합쳐 생성된 것이다. 비록 잠깐이라도 신기가 멈추거나 끊어지면 어지럽고, 날아가면 졸도하고, 몸에서 떠나면 생명이 끊어진다. 몸[120]이 쇠약해져 피와 진액이 고갈되면, 신기도 이에 따라 다하여 없어진다.

神氣者, 諸竅肢體, 集統而生成者也. 雖須史間, 停隔則眩亂, 飛越則昏倒, 離身則命絶. 及其質衰, 血液枯渴, 則神氣從而漸盡.

이로써 신기는 시종일관 몸을 주재하면서 몸 밖으로 나간 적이 없음을 알겠다. 시험 삼아 언젠가 구경했던 산수의 경치를 가지고 말해 보자. 어떤 산이 우뚝 솟은 모습이나 어떤 물결의 잔잔한 모양은 이미 자기가 눈으로 보고 신기에 기억해 놓은 장면이다. 뒷날 한가한 때에 저 산과 물을 상상하면, 뚜렷이 예전에 본 그대로이다. 심지어 그때의 바람과 구름 그리고 달빛 어린 이슬[121] 또한 그 당시와 차이가 없다. 곧 이것은 산과 물이 날아서 여기에 온 것이 아니요, 나의 신기가 그 산과 물에 당장 올라간 것도 아니다. 오직 전날 신기에 기억해 놓은 흐르는 물결과 우뚝한 산의 모습이 고요할 때를 기다려 다시 나타난 것뿐이니, 곧 하나의 마음속에 있는 뛰어난 경치[122]이다.

---

120 質은 형질로서 여기서는 몸을 말함. 앞의 「九竅無增減」에서도 질은 몸의 의미로 사용되었음.
121 月露는 杜甫의 시 「貽華陽柳少府」의 "火雲洗月露, 絶壁上朝暾."에 보인다.
122 形勝은 여러 뜻이 있으나 여기서는 산천의 장엄한 아름다움이란 뜻으로, 『魏書』,

是知神氣, 終始主身, 未嘗出外也. 試以嘗所經歷之山水言之. 某山之嵯峨, 某水之
㶁漣, 已自目視, 而染着於神氣. 及到後日閒暇, 想像彼山水, 完如宿昔之所見. 至於
風雲月露, 亦與曩時無異. 則此非山水飛到於此, 亦非我神氣遄登于彼也. 惟是前日
染着於神氣之流峙形狀, 俟靜而復現, 便一胷中之形勝也.

귀로 들을 수 있는 것도 이와 같다. 어떤 궁전을 눈으로 비록 보지는
못했더라도, 누군가 그 범위와 배치와 용마루와 기와의 장엄함과 화려함
을 상세히 전해주면, 이 또한 내 신기에 물들여 놓는다. 다른 날 고요한
때를 기다려 다시 나타난 장면은 마음속의 궁전이다.

從耳得聞者, 亦然. 某宮某殿, 目雖未覩, 有人詳傳其範圍排布, 棟甍壯麗, 則此亦染
着于我神氣. 他日俟靜而復現者, 乃胷中之宮殿也.

그런데 실지의 산과 물과 궁전은 세월 따라 변하고, 바람과 비와 흐리고
개는 날씨는 날마다 같지 않다. 하지만 한 번 기억한 뒤의 마음속 산과
물과 궁전은 다만 그 범위와 모양만 간직하므로 오랫동안[123] 변치 않는
다. 기억한 바람과 비와 흐리고 개는 날씨도 기억했던 당시와 차이가
없으니, 모습을 생각하는 신기는 몸 안에 있지 몸 밖으로 나가지 않았음을
더욱 알 수 있다.

眞形之山水宮殿, 隨歲有變, 風雨陰晴, 逐日不同. 胷中之山水宮殿, 一番染着之後,
只存其範圍形象, 終古不變. 風雨陰晴, 亦無異於染着之時, 尤可見想象之神氣, 在

「馮亮傳」의 "世宗給其工力, 令與沙門統僧暹河南尹甄琛等, 周視嵩高形勝之處, 遂
造閑居佛寺."에 보인다.

123 終古는 여기서는 오랫동안의 뜻. 『楚辭』, 「離騷」의 "懷朕情而不發兮, 余焉能忍而與
此終古."에 대한 朱熹 주석은 "終古者, 古之所終, 謂來日之無窮也."라 하였다.

內而不出於外也.

이것으로 미루어 보면 모든 소리와 색깔과 냄새와 맛과 촉감은 모두 밖에서 들어와 신기에 기억한 것으로 그 단서가 몇천만 가지인지 모른다. 그 가운데 부합하는 이치와 격동적인 일은 잊기 어렵고, 고생하여 알거나 마음속에 깊이 새겨 둔 내용은 잊지 못한다. 그 나머지 예사롭게 지나친 일이나 너저분하게 끝없이[124] 주고받았던[125] 말 따위는 다른 일을 만나면 망각하게 된다.

以此推之, 凡諸聲色臭味觸, 皆自外而入, 染着於神氣, 不知其幾千萬端. 而其中符合之理, 激動之事, 難忘, 辛苦而得者, 銘佩而留者, 不諼. 其餘尋常過境, 汗漫酬酌, 隨遇旋泯.

그리하여 고요한 때를 만나면 마음속의 온갖 모습이 모두 사라져, 깨끗하고 맑은 본체[126]는 순조롭게 통하고 쉰다. 하지만 그것이 발현할 때 사물의 모습이 차례로 마음에 드러나는 내용은 되레 안에 있다. 심지어 행동에서 목소리와 얼굴빛으로 말하고 팔과 다리를 사용[127]하여, 바깥

---

124 汗漫은 너저분하게 끝없거나 넓고 멀어 아득하다, 아득하여 표준이 없다는 등을 말함. 후자의 뜻으로는 『新唐書』, 「選擧志上」의 "因以謂按其聲病, 可以爲有司之責, 捨是則汗漫而無所守."에 보인다. 여기서는 모두 종합된 의미로 보임.

125 酬酌은 酬酢과 같이 쓰이며, 술을 주고받는 뜻에서 응대의 의미로 바뀌었다. 『周易』, 「繫辭上」의 "顯道神德行, 是故可與酬酢, 可與祐神矣."에 보인다.

126 신기를 말함. 純淡은 다른 곳에서는 純澹으로 표현하여 같은 뜻으로 쓰임. 순수하고 맑다는 뜻으로 인식주체의 백지설과 관련이 있음. 『추측록』 권1, 「本體純澹」을 참고 바람.

127 動用은 사용의 뜻으로 『書經』, 「盤庚上」의 "予敢動用非罰, 世選爾勞, 予不掩爾善."에 보인다. (앞에 나옴)

사물에 대응하며 끼치는 일도 모두 안에 뿌리를 두고 밖으로 소통하는 일이다.128

然有時靜適, 萬象俱泯, 純淡之體, 亨通休養. 及其發現, 次第呈露者, 尚在於內. 至於動作, 以聲色言論手足動用, 應之於外施之於物, 皆根於內而通於外也.

옛사람이 마음을 말할 때 '안팎이 있다'129라거나 '출입이 있다'130라고 말한 것은 단지 밖에서 여러 소리와 색깔을 거두어들였다가 밖으로 드러내어 행하는 일만 보고서, '나간다'라거나 '밖'이라고 말했을 뿐이다. 하지만 실상은 신기가 밖으로 나간 적이 없다.

古人論心, 有內外有出入云者, 只見收諸聲色於外, 施爲於外, 而謂之出謂之外. 然其實神氣, 未嘗出外也.

128 인간의 말과 행위는 자신이 기억한 내용을 바탕으로 이루어진다는 의미.
129 가령 드물게 宋의 呂祖謙이 撰한 『左氏傳說』 卷14, 「召公」에 보면 "蓋人之心有內外, 天屬之愛, 內心也."라는 말이 보인다.
130 출입이 있다는 말이 보이는 문헌은 『孟子』인데, 곧 "孔子曰, 操則存, 舍則亡, 出入無時, 莫知其鄕, 惟心之謂與(「告子上」)."이다. 여기서 맹자가 공자를 인용해 말한 심과 저자가 말한 심에는 차이가 있지만, 맹자의 이 말은 심을 내외로 구분했다는 저자 주장의 근거가 될 수도 있겠다.

해 설

이 글은 철학이나 심리학에서 볼 때 매우 중요한 의미를 내포하고
있다.

우선 인간의 마음 또는 의식이나 정신 현상의 주체인 신기의 발생
조건과 소멸에 관한 견해이다. 곧 인간의 정신 현상은 몸의 조건과
기능으로부터 생성된다는 견해이다. 이런 견해는 생명 물질의 조합으로
생명이 탄생하고, 또 생명체 속에서 여러 기관의 기능이 서로 통합되어
신경계를 통해 정신 현상을 파생시킨다는 현대의 과학적 견해와 유사하
다. 따라서 몸이 죽으면 정신 현상도 사라지는 것은 당연한 결과이다.
역으로 인간의 의식[또는 무의식]이 없으면 생명을 다하게 된다. 이 주장은
서학에서 이런 기능을 신이 부여했다는 견해에 대한 반론에 해당한다.

다음으로 경험과 기억과 망각과 표상(表象) 등에 대한 견해인데, 경험한
내용을 기억하고 후에 망각하거나 표상한다는 사례를 생생하게 설명하
였다. 본문의 상상(想象)이라는 말의 의미는 흔히 없는 것을 공상하는
그것이 아니라 기억한 것을 회상 또는 재생하는 표상의 뜻으로 쓰였다.
중요한 점은 경험했던 실제 사물은 변하더라도 표상은 변치 않고 있다는
견해이다. 이것은 심리적으로 매우 중요하다. 기억은 실제 사물과 독립
적이라는 점에서 그렇다. 또 그것과 함께 잘못된 경험이 인식의 오류가
될 수도 있다는 점도 추론할 수도 있다. 게다가 저자가 지적하지는 못했
지만, 기억은 다른 기억과 연결되어 왜곡될 수도 있어서 더욱 그러하다.
더 나아가 인간의 앎이 경험에서 출발한다는 점은 신기의 본체가 원래
순담(純澹, 또는 純淡)한데, 외부의 대상이 감각기관을 통해서 거기에
물든다는 표현이다. 이 점은 인간이 본유관념을 갖지 않고 태어난다는
점을 뜻한다.

사실 이 이론은 아리스토텔레스가 인간 영혼은 아무것도 쓰지 않은 비단과 같다는 비유에서 시작한 것인데, 중세 스콜라 철학에서 받아들였고 이것을 마테오 리치가 『천주실의』에서도 영혼은 아무것도 쓰지 않은 죽간(竹簡)과 같다고 한 말의 영향에서 비롯하였다. 중세 기독교에서 이 학설을 받아들인 근거는 하느님이 개별적 인간의 영혼을 그가 잉태될 때 부여(창조)하였기 때문에, 논리적으로 볼 때 하느님이 영혼을 부여하기 이전에 있었던 본유관념이 개인의 영혼 속에 있어서는 안 되기 때문이었다. 그래서 거기서는 영혼의 윤회설도 인정하지 않는다. 아무튼 그 영향으로 저자는 흰 비단이나 순수하고 맑은 순담한 샘물의 비유로 설명하였다. 이런 학설을 학문적으로 로크의 이론을 따라 백지설(白紙說, theory of tabula rasa)이라 부른다. 그러나 비록 저자의 철학이 경험을 중시더라도, 영국 경험주의 철학과 같다고 생각해서는 안 된다. 해당하는 곳에서 그 까닭을 밝히겠다.

또 생각해 볼 수 있는 점은 심리학만이 아니라 교육학의 학습이론과 관련된 내용이다. 곧 기억과 망각에 대한 견해가 그것으로, 저자는 의미 있는 내용이 더 잘 기억된다는 사실을 천명하였다. 의미 있는 것 가운데는 먼저 이치에 부합하는 내용인데, 쉽게 말해 논리적인 것은 비교적 잘 기억된다. 논리를 따라가면 되기 때문이다. 다음으로 격동적인 일인데, 가령 2014년에 일어난 '세월호' 침몰 사건 당시에 사람들은 각자가 무엇을 하고 있었는지 대부분 기억하는 사실이 그런 예이다. 옮긴이는 그날 오전 서재에서 글을 쓰고 있을 때였다. 끝으로 힘들여 고생하여 안 내용은 오래 기억한다. 따라서 학생들이 기억을 잘하려면 논리를 따르게 하거나 잔잔한 충격과 함께 힘들더라도 스스로 깨닫도록 도와주는 일이 그 요령이다.

끝으로 신기는 몸 밖으로 나가지 않는다는 점이다. 설령 외부 사물에 정신이 팔린 것처럼 보여도 그것은 어디까지나 마음 안에서 일어나는 일이다. 이는 그의 철학에서 매우 중요한 견해로서, 인간의 정신 현상 곧 의식은 절대로 몸 밖으로 나갈 수 없다. 적어도 인식 이론상에서는 신기가 통한다고 해서 나의 신기가 몸 안팎으로 서로 왕래한다고 오해하면 안 된다. 혼비백산(魂飛魄散)이라는 말 그대로 정신이 몸을 떠나면 사람은 죽는다. 저자가 서학의 영혼 관념을 신기로 대응하였으므로, 육체에서 영혼이 떠나면 죽듯이 몸에서 신기가 떠나면 죽기 때문이다. 따라서 신기 또는 기가 내외로 소통하는 데는 크게 두 가지 양상이 있다. 하나는 지금 말한 내용으로 인식 차원의 뜻이고, 다른 하나는 의학적·생리적 관점이다. 후자는 가령 몸이 차가우면 외부의 더운 기(열)를 흡수해서 따뜻하게 해야 하고, 더우면 그 반대로 해야 하는 경우와 또 음식이나 약재를 통해 외부의 기(영양분)를 몸에 보충하는 일과 관계가 있다. 또 호흡을 통해서도 공기를 몸 안팎으로 소통한다. 이렇게 봤을 때 '신기통'은 문맥에 따라 구분해 보아야 한다.

아무튼 여기서 저자가 말하고자 하는 의도는 인식주체인 신기가 절대로 외부에 나갈 수 없고, 신기가 통한다는 뜻은 인식주체인 신기가 앎을 이룬다는 의미이다. 그 앎도 일차적으로 외부 대상의 모습이 신기 속에 물들어지는 기억이다. 그래서 옮긴이는 이 『기측체의』 원문에 나타난 '통(通)'이라는 글자의 의미를 문맥에 따라 구분해서 옮겼고, 그 가운데 다수가 앎과 관계된 인식의 의미이다.

21. 몸의 여러 기관은 서로 반응하고 돕는다
氣質相應相援

오장육부와 각종 골격131은 제각기 그 기관132을 갖추어 저절로 서로 연결되어 있고 몸 전체에 두루 흘러 도는133 것은 피와 진액과 맥박이요, 그것을 도맡아 다스리고 조종하는 것은 신기이다.134

臟腑百骸, 各具其質, 自相聯絡, 而周遍流注者, 血液脈息也, 統攝操縱者, 神氣也.

외부로부터 들어오는 자극에 대해서 말하면, 여러 감각기관을 관장하는 신기가 먼저 움직이고, 피와 진액이 다음으로 반응하며, 오장육부와 각종 뼈가 그것을 따라서 반응한다. 일의 귀추135를 기억하며 생각과 판단을 머금어 기르는 일을 말하면, 신기가 안에서 묵묵히 알고136 피와 진액이 다음으로 그것을 위해 골똘하게 집중하고, 오장육부가 그다음에 그것을 돕는다. 안에서 밖으로 반응하는 일에 대해서 말하면, 신기가

---

131 百骸는 인체의 각종 골격으로 『莊子』,「齊物論」의 "百骸九竅六藏, 賅而存焉, 吾誰與 爲親."에 보인다.

132 質은 제목에 보이듯 氣質의 축약어이며, 대체로 몸 또는 사물을 이루는 구체적 형질 또는 그것이 표현된 특성이나 성격 따위이다. 여기서는 형질의 뜻으로 몸체를 이루는 각각의 기관을 의미함.

133 流注의 의학 용어로는 흐르면서 두루 돈다는 뜻으로 『黃帝內經·素問』,「五常致大論 篇」의 "其化凜, 其氣堅, 其政謐, 其令流注, 其動漂泄沃涌其政謐, 其令流注, 其動漂 泄沃涌."에 보인다.

134 여기서 신기의 개념이 확장된다. 인식의 주체만이 아니라 인체 생리 현상의 주체도 된다는 의미이다.

135 歸趣는 歸趨의 뜻으로 일이 되어가는 형편이나 상황.

136 黙識는 『論語』,「述而」의 "子曰, 黙而識之, 學而不厭, 誨人不倦, 何有於我哉."에 보인다. 『集註』에서는 黙識를 "不言而存諸心也."라고 풀었다.

모습이나 얼굴빛이나 말이나 행동에 드러나고, 피와 진액이 그다음에
반응하여 힘을 쏟고, 오장육부가 그것을 따라 돕는다. 그러니 이것들은
모두 신기가 먼저 앞장서고, 피와 진액과 오장육부가 순서대로 반응하여
뒤에서 돕지 않음이 없다.

自其從外入者言之, 諸竅之神氣先動, 而血液次應之, 臟腑百骸, 從而應之. 自其收
藏歸趣, 涵育思商者言之, 神氣默識於內, 而血液次爲之潛着, 臟腑次爲之助援. 自
其自內應外者言之, 神氣發於形色言動, 血液次應之注力, 臟腑從爲之助援. 莫非神
氣先唱, 而血液臟腑次序應之, 爲後援.

따라서 신기는 한 몸을 도맡아 다스려서 신체에서 여러 기관을 안고
적시는 일이 마치 술이 사람을 취하게 하여 술기운이 인체에 도달하지
않는 데가 없듯이 한다. 또 신기가 자연의 기를 의지하는 일은 마치
물고기가 물에서 노니는 것과 같아 조금도 끊어짐이 없다.

是以, 神氣爲一身之統攝, 其抱涵於身體, 如酒醉人, 無處不達. 藉賴於天氣, 如魚游
水, 少無間斷.

그러므로 신기가 소통하는 일이 가장 빠르다.[137] 신기가 떨쳐 일어나는
일로 말하면 힘이요, 신기의 뛰어난 점을 말하면 정신[138]이요, 신기의

---

137 구체적 언급은 없다. 문맥과 행간을 고려하면 신기가 대상을 보거나 들어 몸에서
   반응하는 일, 또는 생각이 물리적으로 움직이는 동작보다 빠르다는 점을 가리키는
   내용으로 보임.

138 신기의 英華가 精이라는 말은 기의 精華인 정신작용을 뜻한다. 精이 정신으로
   쓰인 사례는 『莊子』, 「在宥」의 "必靜必淸, 無勞女形, 無搖女精, 乃可以長生."에
   보인다.

범위를 말하면 분량139이요, 신기가 체득한 것을 말하면 추측이요, 신기가 이룬 덕을 말하면 천지와 어긋남이 없다.140

故其通之也最捷疾. 語其振作則力也, 語其英華則精也, 語其範圍則量也, 語其所得則推測也, 語其成德則與天地無違也.

---

139 신기를 포함한 범위는 다양한 사물이나 인간이나 자연 등으로 나누어 볼 수 있다. 따라서 여기서 말하는 量이란 각각의 인간이나 사물에 국한된 局量 또는 자연의 무한한 분량을 의미한다.

140 신기가 이룬 덕이란 마음의 덕을 말함. '천지와 어긋남이 없다'라는 말은 인간이 자연적 원리에 따르는 행위를 뜻한다. 마지막 단락에서 기 개념의 외연을 확인할 수 있는데, 곧 힘, 정신과 그 기능, 양적인 물질이 그것이다.

해 설

신기가 앎과 신체 기능의 주체임을 말하였다.

이 글은 신기와 관련된 저자의 인체관이 드러나고 있다. 신기는 인체 내에서 정신적이고 또 몸의 기능을 주재하지만, 그것이 제대로 작동하려면 피와 진액과 장부가 협력해야 함을 말하고 있다. 여기서 크게 세 가지로 나누어 설명하였는데, 외부의 자극에 반응할 때, 학습한 내용을 저장하거나 사유할 때 그리고 기억 또는 학습한 내용을 밖으로 드러내 사용할 때가 그것이다. 모두 신기가 먼저 반응하고 피와 진액과 신체 기관이 뒤따른다는 견해이다. 가령 외부의 대상을 계속 관찰하거나 무엇을 깊이 생각할 때, 일차적으로 우리의 정신이나 마음이 먼저 시작하지만, 혈액으로 계속 에너지를 공급하지 않고 신체 기관의 도움 없이는 그 일을 제대로 할 수 없다는 사실이 이를 잘 말해주고 있다.

그런데 이 세 가지 문제는 수입-저장-발용이라는 과정을 따르는데, 이미 앞의『신기통』「서문」에서 "모두 한 몸에 붙어 있고 신기가 그것들의 주재자이다. 그리하여 감각기관을 따라 외부의 인정과 물리를 거두어 들여 신기에 기억하고, 그것을 드러내 사용할 때는 신기에 기억해 두었던 인정과 물리를 그 기관을 따라 시행한다"라는 표현에 잘 반영되어 있다.

이 외부 사물을 기억하고 마음에 저장하여 드러내 쓴다는 이론은 저자가 직접 보았던 테렌츠(Johann. Terenz, 鄧玉函, 1621~1630)의 『기기도설 (奇器圖說)』등에 나오며, 자세한 내용은 해당 각주에서 다루었다. 저자는 다른 곳에서도 "인간의 신기는 명오를 따라 기역(記繹)이 있고 기억을 따라 애욕이 있다. … 대저 명오와 기역과 애욕 세 가지는 밖에 있는 사물에서 거두어 취하고, 심기에 간직하였다가, 밖에다 씀에 이른다"141

라고 하여, 이 견해를 받아들여 이해하고 있다. 어쨌든 이 말은 서양 선교사들을 통해서 서양철학과 만나는 곳이다.

여기서 신기는 인식의 주체만이 아니라 인체의 모든 기관을 거느리고 간여하는 주체이다. 따라서 일차적으로 신기는 정신적이지만 그것에만 한정되지 않는다. 곧 의식적·무의식적 인체의 모든 활동을 주관하는 존재이다. 쉽게 말해 인간의 생명력도 신기 개념에 포함된다.

사실 인간과 동식물이 가진 생명력은 일찍이 아리스토텔레스의 영혼 개념에서 다루었다. 곧 인간은 다른 생물과 달리 생혼(生魂)과 각혼(覺 魂)과 영혼(靈魂)을 모두 갖추었는데, 그가 생명 활동은 생혼, 감각 작용은 각혼, 이성적 추론 활동은 영혼의 역할로 나눈 이론을 저자가 수용하여 신기의 기능에 그대로 적용하고 있음을 알 수 있다. 다만 그 차이는 식물과 동물과 인간의 특징에 따라 세 가지로 나누지 않고 신기로 일원화하였다는 점이다. 더구나 그것은 자연계까지 확장되므로 서학에서 말하는 삼혼설에만 적용하지 않는다. 이 점이 서학의 영향을 받았어도 그것과 달리 새롭게 변용한 그만의 철학이었다.

---

141 『氣學』2-118: 人之神氣, 因明悟而有記繹, 因記繹而有愛欲. … 夫明悟記繹愛欲三 者, 收取於在外之事物, 藏在心氣, 及其須用於外. 記繹은 기억하고 풀어낸다는 뜻으로 서학의 記슴 곧 기억을 변용한 용어.

22. 앎에는 알 수 있거나 알 수 없는 한계가 있다
通有可否之限

인간이 하늘과 땅 사이에 있으니 우러러 하늘을 살펴보면 사람이 하늘 안에 있지만 멀리 바라보아도 그 전체를 아직 알 수 없다. 다만 땅에 근접한 대기와 여러 별이 운행하는 도수와 그 빠르고 느린 정도만 알 수 있을 뿐이다. 땅 쪽으로 몸을 구부려 살펴보면[142] 인간은 땅의 표면에 붙어 있어서 두루 살펴보아도 땅의 내부를 아직 알 수 없다. 다만 땅에 근접한 하늘의 기[143]가 만물을 따뜻하게 적셔주어 제각기 적절한 풍토를 이루고 있음을 알 수 있을 뿐이다.

人在天地間, 仰見則在天之內, 而遠望未能通其全體. 只可通其接地之氣, 與諸曜之行度遲疾而已. 俯察則附地之面, 而周覽未能通其內腑. 只可通其接地之天氣, 煦濡萬物, 各遂土宜而已.

또 과거와 미래 사이에서 개인이 익혀서 안 내용은 기껏해야 백 년의 경험에 지나지 않는다. 그러니 내가 태어나기 전의 일은 오직 나의 삶 이전으로 거슬러 올라가 옛것에서 알 수 있을 뿐이고, 내가 죽은 뒤의 일도 나의 삶을 미루어 훗날에 누가 알 수 있을 뿐이다.

---

142 仰見(원래는 仰觀)과 俯察은 『周易』, 「繫辭上」의 "仰以觀於天文, 俯以察於地理."에 나오는 말.

143 接地之氣(接地之天氣)는 뒤에서 蒙氣 또는 淸蒙 등으로 표현하는데 오늘날 大氣와 같은 말로서, 몽기와 청몽 등은 서학에서 자주 사용하던 말이다(원래는 『漢書』, 「京房傳」에 등장함).

又於古往後來之間, 所習而通者, 不過百年之閱歷. 我生之前, 惟可溯我生而通之於古, 我滅之後, 亦可推我生而通之於後.

그리고 사람들 사이에는 거리와 귀천이 없다. 그러니 그 좋은 점을 취하여 나의 권면으로 삼고, 그 나쁜 점을 제거하여 나의 경계로 삼는다.

又於人物之間, 無有遠近貴賤. 而取其善爲我勸, 祛其惡爲我戒.

이것이 알 수 있고 알 수 없는 대상의 커다란 한계이다. 알 수 없는 대상에 대해서 알려고 연구하는 일은 그 피해가 알 수 있는 대상을 알지 못하는 일보다 더 심하다.

是乃可通與不可通之大限也. 不可通者, 究欲通之, 其害有甚於可通者不能通也.

해설

앎의 한계를 논한 글이다.

공간과 시간과 아울러 대상의 한계를 함께 논하여, 먼 우주의 일과 지하 세계 그리고 과거(또는 전생)와 미래(또는 내세) 등에 대해서는 앎의 한계가 있을 수밖에 없다고 보았다. 하지만 저자는 다른 글에서 이런 과학적 대상은 인식의 진보를 믿었기 때문에 점차 밝혀진다고 여겼다.

다만 그 한계에는 근원적으로 알 수 없는 대상이 있다. 여기서 그것이 무엇인지 밝히지는 않았지만, 행간을 더듬어 보면 당시 전파된 기독교와 관련이 있어 보인다. 곧 중세 기독교는 우주를 구중천(九重天, 때로는 10~12중천)의 닫힌 우주로 보고, 맨 바깥의 종동천(宗動天, Prime Mover)에는 하느님과 천사들이 살면서 천체를 움직이게 한다고 생각했는데,[144] 저자는 그것과 기독교의 내세관은 알 수 없다고 못 박고 그 피해가 크다고 주장하였다. 훗날 그의 『기학』에서 "서양학에서 섬기는 신천(神天: 하느님)은 형체가 없고 가장 높은 종동천에 거주하면서, 하늘과 땅과 만물을 창조하였으니 이 신 외에 다시 섬길 만한 신이 없다"[145]라고 비판하고 있다. 이것은 당시까지 전파된 서양 과학에 대해서 완전히 믿지 못하는 근거 가운데 하나이기도 하지만, 종교적 세계관에 대한 비판이다.

---

144 畢方濟, 『靈言蠡勺』, 「論亞尼瑪之靈能」: 故天神爲天主所使, 大天下之原動者. 十重天, 各有天神主持運動, 因之運用四行化生萬物. 是神動天, 天動物, 故稱爲原動者. 여기서 天神은 천사를 가리키며, 지동설에 따른 무한우주를 주장하게 되면, 그러한 신들의 처소가 사라진다. 중세 기독교 신앙에서 보면 대혼란이 아닐 수 없다.

145 『氣學』1-9: 西洋學所事之神天無形, 居於最上之宗動天, 造天造地造萬物, 此神外更無可事之神.

이것은 어쩌면 공자가 죽음과 귀신 따위에 대해서 알려고 하지 않는 것과 또 아는 것을 안다고 하고 모르는 것을 모른다고 해야 하는[146] 지적 솔직함을 드러내는 것과 같은 맥락이다. 저자 또한 그 점에 대해서 "이 세계 밖의 문제에 대해서는 존치하되 논하지 않는다. 알지 못하는 것을 알지 못한다고 하는 이것이 아는 것이다"[147]라고 하였다.

---

146 『論語』, 「爲政」: 子曰, 由, 誨女知之乎. 知之爲知之, 不知爲不知, 是知也.
147 『氣學』 1-9: 六合之外, 存而不論也. 不知爲不知, 是知也.

23. 앎에는 크기와 미치는 거리가 있다
通有大小遠近

나라의 정치와 법령148이 원근 각처에 있는 백성들의 실정에 맞으면, 장차 평화롭게 다스려질 징조149가 있다. 반면 그것이 친근한 사람150들의 사사로운 실정에만 맞고, 원근 각처에 있는 백성들의 고통을 막고 덮으면, 장차 화를 빚을 조짐151이 있다.

國家政令, 通遠近之民情, 將有治平之象. 通於近習之私情, 而壅蔽遠近之民隱, 將有釀禍之漸.

사람 몸의 신기가 자연과 인간의 항상 통하는 도리를 알면, 장차 현인이나 성인의 무리가 될 것이다. 반면 자기 사적인 음탕한 욕망만 알아 도리어 자연의 일상적 이치에 해를 끼치면, 장차 혼란을 일으키는152 무리가 될 것이다.

人身神氣, 通天人之常道, 將爲賢聖之徒. 通於己私之淫慾, 而反害天地之常理, 將

---

148 政令은 『周禮』, 「天官·小宰」의 "掌建邦之宮刑, 以治王宮之政令."에 보이며 政事를 시행하는 일은 政이며 法令을 布告하는 일이 令이다.

149 象은 대개 『주역』에서 사물의 상징으로서 卦象이나 爻象을 말하지만, 여기서는 조짐이나 징후를 말함. 뒤의 글과 대구를 이룬 漸과 같은 의미이다.

150 近習은 친근한 사람 또는 군주가 총애하는 사람을 일컫는다. 『禮記』, 「月令」의 "省婦事, 毋得淫, 雖有貴戚近習, 毋有不禁."에 보인다.

151 漸이 일찍이 조짐의 뜻으로 쓰인 문헌에는 王充의 『論衡』, 「明雩」의 "雨頗留, 湛之兆也, 暘頗久, 旱之漸也."에 보인다.

152 悖亂은 惑亂 또는 昏亂의 뜻으로 『荀子』, 「性惡」의 "無師法則偏險而不正, 無禮義則悖亂而不治."에 보인다.

爲悖亂之類.

그래서 잘 안다는 명칭은 비록 같더라도 잘 아는 실상에는 저절로 큰[153] 차이가 있다. 그 까닭을 밝혀보면 앎이 미치는 거리와 넓이가 마침내 우열과 좋고 나쁨의 매개물을 만들기 때문이다.

是以, 通之之名, 雖同, 而通之之實, 自有倍蓰之不同. 究其故, 則所通之遠近廣狹, 竟作優劣善惡之階梯.

온 세상 사람들의 신기를 알면, 나의 신기에 참증이 완비된다. 또 고찰하여 검증할 일에 빠짐이 없어, 온 세상 사람들의 신기를 통합하고 온 세상의 교화를 확립할 수 있다.

夫通天下人物之神氣, 則我之神氣, 參證完備. 考驗無闕, 可以統天下之神氣, 立天下之敎化.

한 나라 사람들의 신기만 알면, 견문이 좁은 지방의 습속에만 달려 있어, 이웃 나라의 마땅한 점[154]을 몰라서 나에게 있는 신기가 완비될 수 없다. 또 인물의 신기를 논함에도 치우쳐 가려진 상태를 면할 수 없다.

通一國人物之神氣, 則見聞只在於禍方之蠻俗, 不知隣國之殊宜, 在我之神氣, 不得完備. 論人物之神氣, 未免偏蔽.

---

153 『孟子』, 「滕文公上」: 夫物之不齊, 物之情也. 或相倍蓰, 或相什百, 或相千萬." 倍는 1배, 蓰는 5배.
154 殊宜는 마땅함을 달리한다는 뜻으로 자기 나라와 다른 곳에도 마땅한 것이 있다는 문명이나 관습에 따른 상대적 가치를 의미한다.

한 마을 사람들의 신기만 알면, 견문은 마을에서 주선하는 일에만 있어, 나에게 있는 신기는 대부분 좁다.

通一鄕人物之神氣, 則見聞只在鄕黨之周旋, 在我之神氣, 頗多狹隘.

한 가문 사람들의 신기만 알면, 은혜를 베풀고 사랑하는 일이 친하고 가까운 사람에게만 미쳐서 이웃에게 거리두는 일이 단단해진다. 그래서 그에게 있는 신기는 대부분 자기를 제한한다.

通一家人之神, 則恩愛只及於親近, 隔關已固於隣里. 在己之神氣, 率多自畫.

한 몸의 신기만 아는 사람은 자기만 있는 줄 알고 남이 있음을 모른다. 이런 사람은 가까이 아내와 자식으로부터 하인에 이르기까지 제 몸만 생각하여 곧장 무관한 관계155를 이룬다. 이는 되레 아는 게 없는 사람보다 못하니, 족히 책망할 일도 없다.

通一身之神氣, 則只知有己, 不知有人. 近自妻子, 至於僕從, 各自圖謀, 便成楚越. 反不若不通神氣者, 無足責也.

---

155 楚越은 전국시대 초나라와 월나라로 서로 멀리 떨어져 상관이 없는 사이 또는 서로 원수처럼 지내는 사이의 뜻. 여기서는 전자의 의미.

해 설

앎의 폭과 깊이, 좋고 나쁨, 곧 인식의 질과 양을 위주로 설명하였다. 내용은 앎의 대상이 천하에서 한 몸에 이르는 과정을 설명하여, 그 한계를 논하였다. 여기서 통의 의미는 앎의 폭과 깊이 그리고 좋고 나쁨에 따라 다양하게 사용하고 있음을 알 수 있다. 곧 좋은 일을 아는 것도 통이고 나쁜 의도로 아는 것도 통이다. 그래서 그는 "잘 안다는 명칭은 비록 같더라도 잘 아는 실상에는 저절로 큰 차이가 있다"라고 말하였다.

그래서 앎의 양과 질이 우열과 좋고 나쁨의 매개물을 이룬다는 말은 철학적으로 유의미하다. 그 양과 질에 따라 사람의 우열이 나뉨은 상식에 속하지만, 좋고 나쁨의 매개를 이룬다는 점은 그 판단 자체가 정해져 있는 일이 아니라 정확한 사실에 의존하고 있다는 점을 시사한다. 가령 범죄 혐의가 있는 사람이 유죄인지 무죄인지는 사실관계에 의존하는 일과 같다. 인간 행위의 좋음과 나쁨은 그 행위의 동기가 어떤 사실에 근거해서 일어나고, 또 어떤 결과를 초래하는지 알아야 판단할 수 있기 때문이다.

뒷부분은 앎의 대상이 공간적으로 막혀 있을 때의 폐단을 점감법(漸減法) 으로 논했다. 일단 그 깊이는 제쳐두더라도 앎의 폭이 얼마나 중요한지 시사하고 있다. 이 점은 바로 경험을 중시한 그의 철학을 뒷받침하고 있다. 특히 '이웃 나라의 마땅한 점'을 인정한 것을 보면, 앞으로 그의 사상에서 전개될 문명의 상대성을 예고하고 있다고 하겠다.

24. 온 세상의 종교를 자연·인간에게 물어 바로잡다
天下教法就天人而質正

번역[156]을 기다리지 않고도 먼 나라의 사정을 알 수 있는 주체는 신기이지만, 오직 말과 글을 가지고 다른 풍속을 인도하여 교화하는 것은 종교[157]이다.

不待傳譯而可通遠國者, 神氣也, 惟將言文而導化殊俗者, 教法也.

신기가 종교에 적용되어야 무거운 책임을 맡아 원대한 목적을 달성할 수 있고[158] 커다란 공덕[159]을 일으킬 수 있다. 반면 종교가 신기를 말미암지 않으면, 비록 평생 혀가 닳도록 떠들어도, 대면하여 듣는 사람을 느껴서 움직이게 할 수 없다. 또 신기의 앎에는 저절로 크거나 작거나 보편적이거나 치우친 내용이 있어서, 그에 따라 주어지는 종교도 그렇게 된다.

神氣達於教法, 而後可以任重致遠, 克擧大德. 教法不由於神氣, 雖平生敝舌, 不能使面受者感動. 且神氣之通, 自有大小周偏, 而所得之教法, 從爲之大小周偏.

---

156 傳譯는 번역 또는 통역이다. 董仲舒의『春秋繁露』,「王道」에 "四夷傳譯而朝."에 보인다.

157 教法은 용어사전을 볼 것. 당시는 서구식 종교 개념이 아직 확립되지 않은 시기였다. 더 자세한 것은 이종란 외,『민족종교와 민의 철학』(학고방, 2020), 27-30쪽 참고할 것. 현대의 독자를 위해 모두 종교로 옮김.

158 任重致遠은『墨子』,「親士」와『後漢書』,「輿服志上」에 보이며, 이와 유사한 말에는『論語』,「泰伯」에 '任重道遠'이 보인다.

159 大德에는 큰 공덕, 덕행이 높은 사람, 큰 절개 등의 뜻이 있지만, 여기서는 큰 공덕의 뜻.『周易』,「繫辭上」의 "天地之大德曰生."에 보인다.

대체로 세계가 두루 통한 일은 지난 명나라 홍치160 연간이다. 유럽의
서쪽 모퉁이에 있는 포르투갈인 카노(Cano)161가 비로소 지구를 한
바퀴 돌았는데, 이것이 천지가 개벽한 사건이다.

蓋天下之周通, 粤在大明弘治年間. 歐羅巴西海隅布路亞國人嘉奴, 始圍地球, 是乃
天地之開闢也.

이 사건 이후로 상선이 두루 다니고 사신162들이 잇달아 문물을 전달하
니, 진기한 산물과 편리한 기계가 원근 각처에 전파되었다. 예법과 풍속
과 종교와 문화163는 멀리 전달하는 사람들에 의하여 더 보태 설명되어,
마치 한 성안에서 일어나는 흔한 일164처럼 되지 않은 게 없다.

自玆以降, 商舶遍行, 使价遞傳, 物産珍異, 器械便利, 傳播邈邁. 禮俗敎文, 爲播越傳
說者所附演, 無非城內之乳也.

---

160 弘治는 명의 제9대 황제 孝宗(朱祐樘)의 연호로 1488~1505년 동안 18년간 재임하
　　였다.
161 원명은 후안 세바스티안 엘카노(Juan Sebastián Elcano)이다. 그는 스페인 바스크
　　지방 출신으로 1919년 콘셉시온(Concepción) 호의 선장으로서 마젤란이 이끄는
　　탐험에 참여하였고, 1521년 필리핀에서 마젤란 사후 자신을 포함한 18명의 생존자
　　를 데리고 1522년 스페인으로 귀환함으로써 역사상 최초의 세계 일주에 성공했다.
　　탐험을 이끌었던 마젤란은 포르투갈 출신이다.
162 使价는 사신으로 『宋史』, 「職官志五」의 "凡四夷君長, 使价朝見, 辨其等位, 以賓禮待
　　之, 授以館舍而頒其見辭賜予宴設之式, 戒有司先期辦具."에 보인다.
163 敎文은 동서 교류 역사에서 보면 종교와 문화, 동양적 용례에 따르면 가르침과
　　문물이다.
164 城內之乳는 뒤의 『추측록』 권5의 「西敎沿革」에 城內乳와 같은 말로 쓰였다. 같은
　　성안에서 일어난 흔한 또는 유치한 일을 표현한 말로 보임. 그 용례로 李匡師
　　(1705~1777)의 『圓嶠集』 卷10, 「書訣」의 "今所傳義獻法書, 縱有佳者, 屢經鑱摹,
　　去本色遠, 不啻城內之乳, 指下之妙, 孰料至何境."에 보인다.

불교가 헛된 것[165]을 숭상하는 일은 족히 논할 것도 없지만, 하늘을 섬긴다는 종교[166]는 명칭이야 그럴듯하나 실제로는 괴이한 거짓에 관여한다. 아직 모르겠지만 그 종교를 처음 만든 사람이 그 단서를 열어두었을까? 아니면 그를 따르고 숭배하는 자들이 사사로운 뜻으로 과장한 것일까?

佛教尚虛, 無足論也, 事天之教, 號則可矣, 實涉怪誕. 未知, 唱教者, 已發其端耶. 從而崇奉者, 以私意誇張耶.

용모를 삼가고 정신을 가다듬어[167] 인간 세상의 일들을 깊이 파고들어 탐구하면, 지구상 만국의 형세와 실상은 남김없이 다 드러난다. 여러 종교의 수준[168]과 깊이와 교파의 갈래를 대략 그 근원과 말단을 거론하면, 종교는 각국의 풍속에 영향받아 달라지는 점이 있고, 또 후세 사람들의 앎에 따라 변하기도 한다. 그 변하는 사이에 점차 공허한 내용을 떨어버리고 실질을 따르며 쭉정이를 날려버리고 알맹이를 취하는 방법이 생긴다.

---

165 虛는 대개 道家에서 쓰는 말인데, 저자가 그렇게 표현한 것은 그냥 헛된 것 정도로 보인다. 그렇게 보는 근거는 불교의 諸法無我나 諸行無常 또는 緣起說 등의 가르침을 두고 평가한 것으로 보인다.

166 뒤의 怪誕이라는 말과 관련 지으면 기독교를 말함. 『기학』에서는 "以說話事天乃談天, 以禮拜事天乃祭天, 俱非誠實事天之道."라고 하여 예배로 하늘을 섬긴다고 하였음. (강조는 옮긴이)

167 會神은 聚精會神의 줄인 말. 마음을 가다듬어 한군데로 모은다는 뜻. 『文選』, 「王褒·聖主得賢臣頌」의 "故世平主聖, 俊又將自至, 若堯舜禹湯文武之君, 獲稷契皋陶伊尹呂望之臣, 明明在朝, 穆穆列布, 聚精會神, 相得益章."에 보인다.

168 『論語』, 「先進」: 由也升堂矣, 未入於室也. 『論語』의 이 堂과 室은 수준의 차이를 말한다.

惕容會神, 潛究人世事業, 地球萬國, 形勢情狀, 畢露無餘. 諸敎之堂室深淺門路歧裂, 略擧源委, 敎染於各國之俗而有渝, 又緣乎後人之通而有變. 渝變之間, 漸有祛虛就實, 揚粃取粒之方.

여러 종교 가운데 자연과 인간의 합당한 점에서 절실한 것을 선택하여 취하고, 공허하고 잡되고 괴이하고 거짓된 내용을 제거하여 온 세상 만세에 통용되는 종교로 삼는다. 그리하여 그 종교가 세속을 변화시킬지언정 세속이 종교를 변화시키게 해서는 안 된다. 하지만 이것은 인력으로 억지로 힘써 만회할 수 있는 일이 아니다. 반드시 어기거나 초월할 수 없는 자연과 인간의 신기를 따라 범위를 세우고 정하여 조리를 밝히고 말한다면, 나는 다만 말만 할 뿐이지만, 실상은 자연과 사람이 저절로 행하는 만고의 보편적 도리[169]이다.

諸敎中擇取切實於天人之宜者, 除去虛雜怪誕者, 以爲天下萬世通行之敎. 寧以敎化俗, 毋以俗變敎. 此非人力之所能勉强挽回者也. 須因天人之神氣不可違越者, 立定範圍, 明言條理, 則我惟發諸言而已, 其實, 乃天人自行之萬古經常也.

유교[170] 가운데는 윤리와 인의를 취하고 귀신과 재상[171]설을 바로잡으며, 서양 문물 가운데서는 역법과 과학[172]을 취하고 괴이하고 거짓된

---

169 經常은 여기서 常道와 같은 말. 『管子』, 「問」의 "令守法之官曰, 行度必明, 無失經常."에 보인다.
170 儒道는 유교나 유학을 도의 관점에서 달리 일컫는 말. 원래 유가의 도덕 원칙을 일컬을 말로 『荀子』, 「子道」의 "若夫志以禮安, 言以類使, 則儒道畢矣. 雖舜不能加毫末于是矣."에 보인다.
171 災祥은 길흉과 災變의 징조로 『書經』, 「咸有一德」의 "惟吉凶不僭在人, 惟天降災祥在德."에 보인다.
172 氣說은 과학과 기술에 관련된 학문 또는 사례.

화복설을 떨어 없애며, 불교 가운데서는 허무173를 실제로 있는 존재174
로 바꾸면, 세 종교를 화합시켜 하나로 돌아가게 한다. 그리하여 옛것을
좇아 새로운 것으로 바꾸면, 참으로 온 세상에 통용될 수 있는 종교가
될 것이다. 그 나머지 의복과 음식과 기물(器物)175은 그 지방의 풍토176
에서 나왔고, 언어와 예절은 그 지방의 제도와 문화이므로, 이것들은
하나로 통일할 수 없다.

儒道中取倫綱仁義, 辨鬼神災祥, 西法中取歷算氣說, 祛怪誕禍福, 佛敎中以其虛無,
換作實有, 和三歸一. 沿舊革新, 亶爲通天下可行之敎. 其餘服食器用, 出自土宜,
言語禮節, 乃制度文飾, 不可歸一.

---

173 虛無는 불교의 諸法無我와 같은 가르침을 두고 속세의 관점에서 볼 때 할 수
　　있는 말.
174 저자가 말하는 實有는 氣 또는 神氣이다.
175 器用은 뒤에서 器用學을 언급할 정도로 중요시하며 자주 등장한다. 그 뜻은 기물
　　또는 用具로서『書經』, 「旅獒」의 "無有遠邇, 畢獻方物, 惟服食器用."에 보인다.
176 土宜는 제각기 다른 산물에 따른 토질의 적합성. 토산물 또는 토질의 의미로도
　　쓰임. 여기서는 풍토의 뜻으로 쓰였음.

해 설

이 글은 저자의 종교 통일의 주장으로 연구자들이 자주 인용한다. 오해하지 말아야 할 것은 그 종교로 옮긴 '教法'은 오늘날의 종교 (religion)의 개념이 아니라, 대개 불교에서 부처의 가르침 또는 성현의 가르침 정도로 쓰는 말이라는 점이다. 그런데 저자가 유교·불교·기독교 의 가르침을 언급하기에 종교의 의미로 옮겼다. 요지는 모든 종교가 하나의 가르침으로 통일해야 한다는 주장이다. 이 문제는 후기 저술에 보이는 운화교(運化教) 또는 운화인도교(運化人道教)와 연결되는데, 일 종의 세계 종교의 구상이라 할 수 있다.

그렇다면 그가 생각한 종교는 어떤 것일까? 본문에서 "종교가 신기를 말미암지 않으면 비록 평생 혀가 닳도록 떠들어도, 대면하여 듣는 사람을 느껴서 움직이게 할 수 없다"라는 말에서도 알 수 있지만, 저자 기철학의 세계관과 관련이 있다. 곧 인격적이든 비인격적이든 이 세상을 초월한 존재를 인정하지 않는 인문 또는 과학적 태도와 관련이 있고, 달리 말하면 합리적이야 한다는 점이다.

그래서 유교에서 윤리와 덕을 계승하고 미신을 버리며, 서양 문명에서는 과학과 기술적인 요소를 수용하되 그 종교를 배격하였다. 서양의 장점이 자 핵심을 종교가 아니라 과학에서 찾았다. 특히 불교에서 모든 실체를 거부하고 연기에 의하여 만물이 생성·소멸한다는 가르침 곧 실체가 없다는 '무아'를 실유(實有)인 기로 보아야 한다는 점을 알 수 있다.

그렇다면 어떻게 기철학의 관점에서 종교가 가능할까? 본문에 저자의 구체적 언급은 없으나 옮긴이는 각종 저술에서 산발적으로 언급한 적은 있다. 그것이 옮긴이의 종교관이기도 하다. 쉽게 말해 유학과 과학과 불교의 장점을 기철학의 세계관에서 결합한 것인데, 이 세계는

진화하는 생기(生氣)의 운동방식에 따라 이루어지고 소멸한다는 세계관
에 조응하여 인간이 실천적으로 취해야 할 태도라고 보았다. 곧 인간은
생기가 취산하여 생성·소멸하는 세계의 본질을 깨달아 무지와 욕망에
갇힌 상태를 벗어나고, 그 깨달음과 행위 속에서 이웃과 사회와 우주
자연과 한 몸이 됨으로써 스스로 자유롭게 되는 길이 그것이다. 조직이나
교리를 갖춘 기존 종교의 방식이 아니라 각 개인의 주체적 삶과 태도에
가깝다.

아무튼 여기서 우리는 저자의 이런 주장이 동도서기(東道西器)의 논리라
고 생각해 볼 수 있다. 이 글만 보면 그렇다고 여길만하다. 하지만
도와 기의 범주를 명확히 규정하지 않은 채 그렇게 말하기도 어렵거니와
도에 해당하는 윤리나 규범의 근거부터가 이미 변화를 전제하고 있다면
문제가 달라진다. 곧 인간 본성과 선과 악이 전통의 고정된 규정과
달라진다면, 도는 언제든지 변할 수밖에 없고, 따라서 동도를 굳이
고집할 수 없게 된다. 물론 동도 자체를 잠정적으로 고수하더라도 그렇
다. 저자 철학의 전체를 두고 볼 때 그렇다는 뜻이다.

더구나 재미있는 점은 모든 종교에서 교조의 가르침이 변해왔다는
사실이다.[177] 해당 지역의 문화의 영향을 받지 않을 수 없다는 점을
근거로 삼았다. 특히 각국 풍속의 영향으로 달라지는 점이 있다는 사실은
바로 세속의 욕망과 가치가 종교의 가르침에 녹아 들어가 변질할 수밖에
없는 운명이라는 점이다. 그래서 현행 종교의 가르침이 보편적일 수

---

[177] 이 점은 현대 신학에서도 근거가 풍부하다. 가령 기독교의 경우 성서학자들에
의하면 공관복음과 요한복음 사이, 심지어 공관복음 안에서도 예수가 누구인지
가르침의 차이가 있고, 또 사도(제자)들과 복음서 저자 사이에서도 차이가 있다고
한다. 마가복음은 예수 사후 65~70년경, 마태복음과 누가복음은 80~85년경,
요한복음은 90~95년경 집필되었다고 하는데, 이 시간적 차이에 따른 예수에
대한 미묘한 차이를 발견할 수 있다. 게다가 같은 기독교라 하더라도 신교 구교만이
아니라 신학자에 따라 관점이 다양하다.

없는 이유이다. 그것은 해당 종교가 포교의 목적이든 아니면 성직자의 이득을 위해서든 민중들을 위협하거나 꾀거나 달래기 위해 미신적 요소를 방편으로 사용하지 않을 수 없었다는 점을 읽어낼 수 있다. 그래서 역사가 보여주는 현실은 어느 사이 방편이 본질을 압도해 버려서 가리키는 달은 못 보고 손가락만 보게 된다. 종교의 타락이다.

바로 여기서 그가 구상하는 종교 곧 가르침은 이런 세속적 욕망이나 풍습 또는 미신과 결탁하지 않고, 합리적 인문 정신을 근거로 세속을 이끌어야 한다는 점이다. 바로 "그 가르침이 세속을 변화시킬지언정 세속이 가르침을 변화시키게 해서는 안 된다"라는 말이 그것이다. 하지만 그만큼 대중과 멀어질 수밖에 없음은 또한 어쩔 수 없는 일이다.

25. 세계 문자의 변통
四海文字變通

문자는 언어를 소통하는 기호이다. 나라마다 사용하는 글자의 모양이 같지 않고 서법도 다르다. 왼쪽이나 오른쪽이나 수직 방향으로 쓰기도 하고, 왼쪽과 오른쪽과 수직 방향을 섞어서 쓰기도 하고, 획수에도 많고 적음이 있다. 여기에 어찌 고정불변의 방법이 있겠는가?

文字, 乃通言語之標識也. 各國所用, 字形不同, 畫法有異. 用左用右用直, 參用左右直者, 及畫數多少. 豈有天定不易之典哉.

한자는 사람이 상형178과 회의179 등의 방식에 따라 문자의 모양을 만들어 내어 그로부터 서로 전해 가며 익혔다. 문자가 통용되는 나라에서는 의사소통할 수 있으나 문자가 다른 나라에서는 소통되지 않는다. 바로 여기서 번역이라는 방식이 있는데, 내용이 불안해 위태롭거나 사기의 오류가 모두 번역자의 능숙함과 졸렬함, 민첩함과 둔함에 달려 있다. 이는 예전에 세계 사람들이 서로 왕래하지 않았을 세상에서는 되레 커다란 문제가 아니었고, 번역의 재능도 별 소용이 없었다.

---

178 象形은 나무를 본뜬 木 자처럼 어떤 물건의 모양을 본떠 글자 만드는 일.

179 會意는 둘 이상의 글자를 조합해 한 글자로 만드는 것으로 가령 日과 月를 합쳐 明 자를 만드는 것과 같은 것. 글자의 제작은 앞서 소개한 象形과 會意 외에 指事(上과 下, 一과 二의 글자처럼 직접 뜻을 가리키는 것), 形聲(晴처럼 뜻을 나타내는 日과 소리를 나타내는 靑으로 합쳐진 것), 轉注(樂처럼 이미 있는 한자의 뜻을 확대하여 감), 假借(이미 있는 글자의 음만 빌리는 일로, 주로 외국어 표기에 쓰임)가 있는데, 모두 합쳐 六書라 한다.

由於人之象形會意, 造出形狀, 自相傳習. 行於通文之國, 不行異文之國. 於是有翻譯之法, 辭緣之艱脆, 事機之差謬, 皆在於譯之者巧拙敏鈍. 在昔四海不通之世, 猶不爲大欠, 亦無所用其能.

하지만 지금 이후로는 서양180과 여러 큰 대륙도 통하지 않는 곳이 없을 것이다. 상선으로 교역의 기회를 엿보고, 군함으로 전쟁의 위험을 대비할 것이다. 문자가 통하지 않는 일은 선천적 청각 장애인과 상대하는 것 같아 각자가 답답한 마음을 품거나 다툼의 단서를 쉽게 이루기도 한다. 만약 문자를 같게 만든다면 서로의 사정이 소통하고, 서로 화해하고 상대를 위로하며 가르치는 방법이 숨김없이 다 발휘될 것이다. 또 서적에서 탐구하고 해석하는 일도 피차간에 장애가 거의 없을 것이다.

從今以後, 西洋諸大洲, 無不通焉. 商舶有交易之覘, 兵船有陰雨之備. 文字之不通, 如天啞之相對, 各帶鬱結之懷, 易致爭鬪之端. 若使文字相同, 事情交通, 和解之方, 慰諭之道, 曲盡無隱. 且於書冊究解, 庶無彼此防礙.

세상의 추세는 적은 무리가 많은 무리를 본받고, 흩어진 사람이 모인 사람을 본받게 할 것이므로, 서양의 여러 나라가 중국의 문자를 같이 사용한다면, 발음은 다르더라도 글자의 뜻이나 모양이 같으므로 통용할 수 있다.181 또 영화서원182과 견화서원183의 두 서원은 번역을 전문으

---

180 西洋이라는 말을 지금과 같은 유럽의 의미로 『추측록』 권2, 「地球右旋」에 西方이라는 말과 함께 그 용례가 보이며, 이것은 원래 바다를 가리킬 때 大西洋(지금의 대서양)이나 小西洋(지금의 인도양)이란 명칭에서 왔음을 알 수 있다. 그 외 泰西(『왕조실록』과 문집 등)와 西國(『星湖僿說』, 『順菴集』 등)이라는 용어도 보인다. 『幾何原本』에서 '西洋 利瑪竇 譯'이라는 표현을 보아 이미 명대에 선교사 자신(또는 중국인)이 이 용어를 썼고, 이후 『新法算書』나 『曆象考成後編』 등에서 자주 나온다.

로 하는 기관으로 서양 나라에서 중국어를 배우는 일은 쉽고, 중국의
문자를 서양의 그것으로 바꾸게 하는 일은 어렵다.

勢將使寡效衆, 使散效聚, 則西域諸國, 同行華夏文字, 而音則雖異, 字義字形同,
則可以通行. 且英華堅夏兩書院, 專事翻譯, 則西國之效華夏易, 使華夏變西文難.

이는 저들이 우리보다 낫다거나 우리가 저들보다 낫다는 점을 논할
수 있는 내용이 아니라, 다만 공통된 문자로서 소통하는 뜻을 취한 것뿐이
다. 서양의 여러 나라에서도 혹 이런 뜻을 가진 자기 있을까? 비록 짧은
시간에 이룰 수 있는 것은 아니지만, 장차 훗날을 기다려야 할 것 같다.

是非可以彼善乎此, 此善乎彼論之也, 惟取其同文通行之義也. 西方諸國, 或有斯意
者耶. 雖非一年二年之所成, 將有俟於後世.

---

181 이 모델은 조선인이 한문을 읽고 이해하는 데서 생각해 낸 것으로 보인다.
182 영화서원(Anglo-Chinese College)은 스코틀랜드 개신교 선교사 모리슨(Robert
    Morrison, 馬禮遜, 1782~1834)이 1818년에 말라카에 설립한 교회학교이다.
    여기서 華僑 교육과 아시아 선교의 인재 양성과 英中·中英 사전을 편찬하고,
    성서와 중요 서적의 번역 사업을 추진했다(야규 마코토 저, 『최한기 기학 연구』,
    경인문화사, 2008, 95쪽 참조). 여기에는 영국인으로서 한문을 학습하던 곳이기도
    하였다.
183 견화서원(American-Chinese College)은 싱가포르에 설립된 미국인이 한문을
    학습하던 곳. 구성원 가운데는 중국어로 세계에 관해서 저술하기도 하였다.

해 설

이 글은 앞서 말한 종교 통일의 주장에 이어 의사소통과 번역의 중요성, 국제 공용어의 필요성을 말하고 있다.

이 주장은 그가 한역된 서학 서적을 보았던 경험에 근거하고 있지만, 그 배경에는 지리상의 발견 이후 19세기의 서양 제국의 세계 각지 진출과 관련된다. 이처럼 세계가 이미 열려 있음을 알았기에 그렇게 주장할 수 있었다.

다만 현재 영어가 공용어가 된 사실과 달리 그는 중국어가 그렇게 될 것이라고 본 데는 당시 서양 제국이 중국을 침탈하기 위해 다투어 중국어를 학습한 결과일 테지만, 침략자인 영국의 언어로 공용어가 될 미래는 예상하지 못한 것 같다. 결과는 달라도 그의 예상대로 국제 공용어도 있고, 더 나아가 인공지능의 사용으로 번역기가 자유롭게 상용화된다면, 그의 이런 통찰력은 더욱 현실이 될 것이다.

---

26. 이치는 기를 통해서 안다
理由氣通

나의 신기에는 추측지리가 있고, 물건의 기질에는 유행지리가 있다. 외부 대상을 알게 하는 놈은 귀와 눈의 감각 기능이요, 그것을 추측하게 하는 놈은 신기의 작용이며, 물리가 알려져 나타난 놈은 물건의 기질이 드러난 내용이다.

在我之神氣, 有推測之理, 在物之氣質, 有流行之理. 所以通之者, 耳目之力也, 使之推測者, 神氣之用也, 物理之通現者, 氣質之著也.

물리적 대상과 나 사이를 막는 공기는 투명하고 가볍고 빨라서 소리와 색깔이 그것을 쉽게 투과한다. 곧 눈의 힘이 물건에 빛을 비추면 지체하지 않고 곧바로 그것을 알아보는 현상은 물건의 기가 빛의 성질을 머금고 있기 때문이다.184 소리는 투과하는 공기를 따라 귓구멍에 들어오니 귀가 곧장 듣는다. 혹은 귀가 먼저 소리를 기다려185 공기를 투과해 오면 곧장 듣는 일도 있다.

物我之間, 所隔之氣, 瀏激輕疾, 聲色易透. 目之力射光于物, 而輒通不遲者, 以其氣舍光性也. 聲隨透氣, 來到耳門, 耳輒聽焉. 或耳先俟聲, 透來輒聽者.

---

184 물건을 볼 수 있는 까닭은 빛이 해당 물건에서 반사하기 때문이다. 만약 반사하지 않으면 검게 보여 무슨 물건인지 알 수 없다. 그 과정을 정확히 알았는지 모르겠지만 이런 식으로 표현하였다. 또 '눈이 빛을 비춘다'는 설명은 맞지 않는 표현이다.
185 듣는 일에 미리 집중하거나 들려올 소리를 예상해서 듣는 경우.

소리는 발음체에서 나와 공기를 진동시켜186 사방으로 퍼지면서 중첩된 여러 원을 이루어 멀리 전달된다.187 마치 연못 수면에 돌을 던지면 파문(波紋)이 사방으로 원을 이루어 퍼지면서 점점 넓어지는 현상과 같다. 그러니 소리는 외부에서 오지만 듣는 기능은 귀에 있고, 색깔은 안188에서 알지만 보는 기능은 눈에서 발현된다.

聲出於物, 振氣四布, 重重成圓而達遠. 如投石池面, 水紋四布, 成圓漸廣. 然則聲自外來, 聽迎于耳, 色從內通, 見發於目.

만물의 유행지리는 소리와 색깔 등의 앎을 따라 추측이 생겨나서 파악할 수 있다. 유행지리는 스스로 그러한 법칙을 가지고 있어 사람이 증감시킬 수 없다. 반면 추측지리는 적합할 수도 그렇지 못할 수도 있어 변통189할 수 있다.

萬物流行之理, 可因聲色之通而推測生也. 流行之理, 有自然之則, 不可增減. 推測之理, 有宜不宜焉, 可以變通.

이것이 물리를 궁리하여 밝혀냄190에 자연히 같지 않은 까닭이다. 심지

---

186 소리는 물체가 떨면서 공기를 진동시키거나 공기가 물체에 부딪혀 진동하여 난다. 악기에 비유하면 전자는 가야금 같은 현악기, 후자는 단소나 플루트 같은 관악기의 소리 나는 원리이다. 또 드물게는 우레처럼 대기 가운데서 소리를 낸다. 어떤 경우든 소리는 공기가 진동해서 생긴다.

187 소리가 파동 곧 음파로 전달된다는 뜻임.

188 인식주체인 신기를 말함.

189 여기서 말하는 變通은 인식의 수정을 뜻함.

190 窮格은 성리학의 공부 방법 가운데 하나로 窮理와 『大學』의 格物의 합성어. 王守仁이 이 공부 방법을 사용해 보았어도 실제 효과를 얻지 못했다. 가령 『傳習錄』 卷下-318

어 사람이 남을 판단하는 일은 바로 나의 추측으로 남의 추측을 아는 것이니, 그야말로 갈림길 가운데의 갈림길191이다.

此所以窮格物理, 自有不同也. 至於以人測人, 乃以我之推測, 通人之推測, 便是歧路之歧路也.

"錢子早夜去窮格竹子的道理, 竭其心思至於三日, 便致勞神成疾."에 보인다.

191 추측이 사물의 실상을 제대로 파악하지 못할 수도 있는데, 그 추측으로 남이 추측한 것을 추측하니 실상과 거리가 더욱 멀어질 수밖에 없다는 말이다.

해 설

공기와 소리의 전파를 등장시켜 유행지리와 추측지리를 구별하였다.
이 글은 감각적 인식과 사유를 통한 인식이라는 단계가 있음을 전제하고
이론을 전개하였다. 저자의 인식 이론 가운데 매우 중요한 언급 가운데
하나이다.

먼저 물건의 기질에 있다는 유행지리는 사물의 법칙 또는 속성이다.
그것은 우리의 감각에 직접 포착되지 않는다. 법칙이나 속성 따위는
추상적인 이론이기 때문이다. 그래서 감각기관의 도움으로 사물의
여러 특성을 경험하여, 그것을 근거로 인간의 사유를 통해 법칙이나
성질을 밝혀낸다. 그 기능이 바로 신기의 추측이다. 이런 주장의 근거로
빛과 소리의 전파 과정의 사례를 들었다.

여기서 추측지리는 두 가지로 해석할 수 있다. 사물의 경험 자료를
추론하여 판단한 인식 결과가 그 하나요, 다른 하나는 인간의 신기가
사물을 추론하고 판단하는 사유 법칙을 일컫는다. "나의 신기에는 추측
지리가 있다"라는 말은 둘 다 해당한다.

그런데 이렇게 경험과 추측이라는 두 가지로 인식 과정을 나눈 점은
서학의 영향이다. 곧 아리스토텔레스의 삼혼설을 이은 서학에서는
동물혼은 외부 대상을 감각적으로 경험하는 기능, 영혼은 사유하는
기능을 맡는다고 하였다. 하지만 저자는 인간의 영혼을 이런 방식으로
나누지 않고, 단지 신기의 기능에 이 두 가지가 있다고 변용(變容)하였다.
그것은 서학과 세계관의 차이 때문이다. 서학은 인간의 육체와 영혼을
이분법으로 나누어 육체의 기능 곧 동물혼으로서는 도저히 원리나
이론적인 이데아를 알 수 없다는 점을 확고히 유지했지만, 저자는 초월적
세계를 믿지 않았을 뿐만 아니라, 이 세계는 기로서 이루어진 것으로

보아 육체와 영혼, 이데아와 현실의 분열이 없었기 때문이다. 그래서 인간의 영혼이랄까 신기의 기능은 육체에서 오는 것으로 보았다. 문제는 추측지리 곧 인간 사유의 산물인 이치가 언제나 참이 될 수 없다는 지적이다. 사유 또는 잘못된 경험에 따른 오류가 있을 수 있기 때문이다. 이것은 달리 말하면 경험을 중시하는 귀납법이 가진 한계가 될 수밖에 없고, 또 과학의 운명 또한 그러하다. 그래서 그는 이론상 추측지리가 수정될 수밖에 없는 길로서 변통을 열어 놓았다. 오늘날 과학이 반증 가능성을 허용하듯이.

마지막으로 지적하고 싶은 사항은 서양의 물질과 동아시아의 기 외연이 만나고 있다는 점이다. 그 매개가 본문에서 언급한 기로서 공기이다. 전통의 기가 곧바로 서양의 물질과 같다고는 말할 수 없지만, 여기서는 물리적인 특징으로 말미암아 서로 만나고 있다.

27. 기수의 학문
氣數之學

기수의 학문192은 물리의 오묘한 것을 탐구하여 안다. 물건 수량의 많고 적음에서 더하고 빼는 일도 그것을 분별하는데 도움이 충분히 된다. 더구나 기수에서 곱셈과 나눗셈법이 실로 조화193의 시초에 참여하는 일이겠는가?

氣數之學, 乃究通物理之要妙也. 物數之多寡, 加減亦足爲分開之助. 況氣數乘除, 實參造化之端乎.

역법194이란 하늘이 운행하고 만물을 생성하는195 기수로, 만물은 그것

---

192 氣數之學은 오늘날 자연과학에 가까운 말. 예부터 氣數는 주로 24절기, 천지 운행의 도수, 때로는 길흉화복의 운수 따위를 가리키지만, 저자가 『運化測驗』 등에서 사용하는 기수의 의미는 어떤 범위 내에서 기가 작용하는 주기·거리·정도 또는 원리로서 뒤의 내용을 보면 오늘날의 자연과 인사의 법칙에 가까이 접근하고 있다. 이 말은 漢 荀悅의 『申鑒』, 「俗嫌」의 "夫豈人之性哉, 氣數不存焉."에 보이며, 宋 程大昌이 쓴 『易原』에서는 2회 등장하며, 또 宋 楊簡이 지은 『楊氏易傳』에도 4회, 명대의 『周易傳義大全』에는 4회 등장하는데 대부분 '陰陽의 氣數'나 '기수의 스스로 그러한 것[氣數之自然]'으로 일컬어지므로 자연적 원리에 크게 벗어나 있지 않다. 그런데 이 기수는 서학 서적에서는 보이지 않아서 저자가 전통의 용례에서 찾아 쓴 것 같다. 그의 『運化測驗』 권1의 「氣之數」에서 氣數에 대한 설명이 상세하다. 자세한 내용은 앞의 책 최한기/이종란 역, 『운화측험』 참고.
193 원래는 대자연이 만물을 변화·조성하는 것 또는 신통하게 일을 꾸미는 재간. 여기서는 놀랍거나 신통하게 수학으로 파악한다는 의미.
194 저자는 曆法을 모두 歷法으로 표기하고 있음. 歷을 曆으로 같이 쓴 문헌은 『周易』, 「革卦」의 "君子以, 治歷明時."와 『장자』, 「齊物論」의 "巧歷不能得, 而況凡乎."에 보인다.
195 陶鑄는 질그릇을 만들고 쇠를 녹여 그릇을 만드는 일인데, 천지가 계절에 따라 만물이 생겨나고 자라고 열매 맺고 쉬는 따위를 은유적으로 표현한 말. 培育의 뜻으로는 『莊子』, 「逍遙游」의 "是其塵垢秕糠, 將猶陶鑄堯舜者也."에 보인다.

을 따라 변화한다. 이정(里程)이란 여러 곳의 멀고 가까움을 나타내는 기수로, 각 지역의 풍토가 이것을 따라 물건을 산출한다. 기물196이란 어떤 범위에서 대상을 받아들이는 기수로, 그림쇠와 곱자197가 그 기수를 따라 제작한다. 성음198이란 악기를 두드리고 부는 소리의 길고 짧음의 기수로, 음악199이 기수를 따라 규칙에 맞게 흐른다.200

歷法者, 天運陶鑄之氣數, 萬物隨之而變化焉. 道里者, 山海遠近之氣數, 土宜因之而產物焉. 器皿者, 範圍容受之氣數, 規矩因之而有制焉. 聲音者, 鼓噓長短之氣數, 律呂因之而節奏焉.

또 성인이 백성의 마음을 거느려 알맞게 조절하는 일이 있다. 그 가운데 전례201란 등급을 매기고 예방하며 한정하는202 기수요, 상벌이란 선을

196 器皿은 원래 잔이나 접시 등처럼 음식과 관련된 그릇이었고, 뒤에 물건을 담는 일상의 도구로 쓰였다. 『墨子』, 「節葬下」에 "使百工行此, 則必不能修舟車為器皿矣."라는 말과 『禮記』, 「禮器」에 "宮室之量, 器皿之度, 棺槨之厚, 丘封之大, 此以大為貴也."라는 말에 보인다. 하지만 저자는 그 외연을 더 넓혀 생활 용구 또는 도구만이 아니라 인식의 대상으로 하늘과 땅, 인체까지도 포함하였다. 뒤의 '變通' 항목에 보인다. 이하 器物로 통일하여 옮김.
197 컴퍼스와 자를 말함. 『禮記』, 「經解」의 "規矩誠設, 不可欺以方圓."에 보이며, 표준 또는 척도의 의미로서 『韓非子』, 「解老」의 "萬物莫不有規矩."에 보인다.
198 『禮記』, 「樂記」: 樂必發於聲音, 形於動靜, 人之道也. 음악적 느낌이 발생하는 조건이나 원리 또는 과정을 뜻함.
199 律呂는 전통음악의 한 옥타브 안에서 十二律의 陽律인 六律과 陰呂인 六呂를 말함. 六律은 黃鐘·太簇·姑洗·蕤賓·夷則·無射이고, 陰呂는 大呂·夾鐘·中呂·林鐘·南呂·應鐘이다. 여기서 律呂는 음악의 의미로 쓰였음.
200 節奏는 전통음악의 강약·장단 및 속도 따위의 규칙적인 흐름을 말하는데 『禮記』, 「樂記」의 "樂者, 心之動也, 聲者, 樂之象也, 文采節奏, 聲之飾也."에 보인다.
201 나라의 제도와 예의 등을 뜻하며 『周易』, 「繫辭上」의 "聖人有以見天下之動, 而觀其會通, 以行其典禮."에 보인다.
202 예법의 특징으로 그것은 행위나 복식·의식 따위가 신분이나 지위 등의 등급에 따라 결정되어 자기에게 정해진 분수를 넘지 않도록 사전에 경계하고 한정 지으며

권하고 악을 징계하는 기수이다. 이 두 가지는 백성의 마음에 각인된 규범203이 없으면 성인이 제작한 원래의 기수를 잃기 쉽다.

又有聖人統民之神氣而節制. 典禮者, 等級防限之氣數也, 刑賞者, 善惡勸懲之氣數也. 斯二者, 未有神氣之格式, 易失制作之原數也.

그리고 또 물건의 무게와 강약과 중심의 수선204을 따라 정해진 기수가 있는데, 무게란 물건을 들 수 있느냐 없느냐의 기수이고, 안정도란 매다는 물건의 안정되거나 불안한 상태에 따른 기수이며,205 중심의 수선이란 물건을 거듭 옮기는 기수이다. 이 세 가지는 역학(力學)206이 잘하는 일이지만, 성공과 실패 예리함과 둔함은 모두 정해진 기수가 있어 그것을 어길 수 없다.

又有因物之輕重彊弱重徑而定數, 輕重者, 擧物克不克之氣數也, 彊弱者, 懸物安不安之氣數也, 重徑者, 物重運移之氣數也. 此三者, 力藝之所能, 而成敗利鈍, 皆有分數, 不可違也.

나아가 의표207로 측량하는 기수와 화살과 포가 과녁을 맞히는 기수208

범죄를 예방하는 역할을 한다.

203 格式은 원래 고대의 律·令·格·式의 성문법 체계이지만, 여기서는 격에 어울리는 법식 또는 규범을 말함. '神氣之格式'이란 백성의 마음에 각인된 전례나 상벌 규정에 따른 규범을 뜻함.

204 重徑은 重心의 수선 곧 물체의 무게중심에서 지면과 수직인 가상의 선. 『추측록』 권6의 「重徑時中」에서 "重徑, 卽重心之垂線."라고 정의하고 있다.

205 본문의 彊弱은 오늘날 剛度나 硬度의 의미가 아니라 안정도의 의미로 보인다.

206 力藝는 힘을 다루는 기술로 역학(力學: 조선 말에는 重學으로 옮겼다)과 관련된다. 그의 『기학』에도 등장하는 용어이다.

와 각종 도량형209과 행동과 언어에 이르기까지 모두 기수가 그렇게 작용하지 않음이 없다.

至於儀表之裁量氣數, 矢礮之衝的氣數, 度量權衡, 動作言語, 無非氣數之所使然也.

수는 기를 따라 일어나고 물건도 기를 따라 생기니, 수가 아니면 기를 쓸 길이 없고 기가 아니면 만물을 궁리하여 밝힐 길이 없다. 비록 기수를 잘 아는 사람이라 하더라도 되레 심오한 물리를 다 알 수 없는데, 기수를 모르는 사람들의 이른바 궁리하여 밝힌다는 궁격이 어떤 것인지 알 수 있겠다.

數由氣而作, 物由氣而生, 非數無以用其氣, 非氣無以窮格萬物. 雖精於氣數者, 尚不能盡物理之蘊奧, 不識氣數者, 所謂窮格可知也.

---

207 나무막대를 세워 해의 그림자를 관측하는 기구로 表柱를 말함.『後漢書』,「律曆志下」
　　의 "曆數之生也, 乃立儀表以校日景. 景長則日遠, 天度之端也."에 보인다. 또는 儀와
　　表로서 儀는 천문을 관측하는 儀器로, 表는 表柱로 볼 수도 있음. 둘 다 통함.
208 이 기수는 사거리를 말함. 사거리에 대한 기수는『운화측험』권1,「氣之數」의
　　"火礮之放丸, 有遠近之氣數."에도 보인다.
209 度는 길이(또는 程度), 量은 부피, 權衡은 각각 저울추와 저울대로서 무게를
　　재는 것과 관련됨.

해 설

오늘날처럼 서구식 자연과학의 용어가 정착되기 이전 또는 자연과학을 본격적으로 수용하기 이전의 관점에서 과학적 인식의 틀을 기수의 학문이라는 이름으로 규정하고 있는 글이다.

중국이나 조선의 학인들은 서양 선교사들이 전한 서양 과학을 기설(氣 說) 때로는 기학(氣學)으로 인식하니, 저자의 철학에서 그것을 받아들이 는 것은 너무나 당연하다 하겠다.

여기서 중요한 점은 기가 막연히 추상적이거나 형이상의 존재가 아니라, 직접 관찰하고 측정할 수 있다는 주장이다. 그것을 매개하는 것이 기수였 다. 기수는 전통적으로 절기와 같은 의미로 쓰였지만, 저자는 여기서 더 나아가 기가 운행하는 범위의 무게·거리·부피·속도·강도 등의 자연 적 물리 현상은 물론이요, 인사의 제도와 행위 규범까지도 기수가 있다고 여겼다. 이는 자연만이 아니라 인간의 문제도 과학적으로 탐구할 수 있다는 사고로 이어진다. 훗날 『운화측험』에서 「기지수(氣之數)」라는 글에서 더 심도 있고 자세하게 기수를 다룬다.

서양에서 근대 과학은 모든 현상을 수학적으로 표현할 수 있다는 데서 출발했다고 해도 지나친 말은 아니다. 이런 수학의 중요성을 저자는 이 책을 포함한 다른 곳에서도 누차 주장하고, 『습산진벌(習算津筏)』 같은 책을 저술하기도 하였다. 사실 하도(河圖)·낙서(洛書)와 『주역』의 원리에 따라 동아시아 문화에 수가 적용되지 않았던 적은 거의 없지만, 그는 그런 전통적 수리관(數理觀)이 후대에 지나치게 견강부회한 천착에 빠졌다고 보고 비판적 입장을 견지하였다.[210] 하지만 만물을 이해하는

---

210 『추측록』 권6, 「河洛爲方術」을 볼 것.

데서 수를 사용한 성인의 본래 취지를 이러한 기수를 통해 되살리고자
하였다.

28. 여러 감각이 서로 간여하면 신기가 더욱 밝아진다
諸竅互通神氣益明

감각기관에서 귀와 눈의 기능이 가장 귀하고 서로 통한다.

九竅之中, 耳目最貴, 而互相貫通.

귀가 아니면 남의 말을 들을 수 없고, 세간의 인정과 사리를 알 수 없다. 또 귀를 통해 말을 배울 수 없으면 말로서 남을 깨우쳐 줄 수도 없다. 그래서 선천적 청각 장애는 반드시 언어 장애를 겸한다.

非耳, 不得聞人之言論, 而世間人情事理, 不可得通. 又不能學語, 則不可得以言說論人. 是以, 天聾必兼天啞也.

눈이 아니면 여러 색깔을 볼 수 없어 사물의 모든 모양이나 일의 기미를 하나도 알 수 없다. 단지 남이 본 색깔과 말하는 내용을 들을 뿐이다. 그래서 선천적 시각 장애는 반드시 귀가 눈의 역할을 겸한다.

非目, 不能見諸色, 凡容態機微, 一無所達. 但聽人之見色言論. 是以, 天盲必以耳兼目也.

『음부서』211에서 이르기를 "청각 장애인은 보는 일을 잘하고, 시각 장애

---

211 도교 경전 가운데 하나로 『黃帝陰符書』가 정식 명칭이다. 황제가 지었다고는 하나 驪山老母가 唐 李筌에게 전해주었다고 하며, 일설에는 이전이 황제의 이름을 假託한 것이라고 하고, 전국시대 말기 작품이라고 단정하는 사람도 있다. 내용은

인은 듣는 일을 잘한다"[212]라고 하였는데, 그것은 대체로 청각 장애인은 귀에 신경 쓸 수 없어 오로지 눈에만 마음을 쏟고, 시각 장애인은 눈에 신경 쓸 수 없어 오로지 귀에만 마음을 쏟기 때문이다. 그러므로 이들이 비록 잘 보고 잘 듣는 것 같으나, 그 실상은 귀와 눈이 모두 온전한 사람의 그것에는 미치지 못한다.

陰符書云, 聾者善視, 瞽者善聽, 蓋聾者, 不能用力於耳, 惟能專神於目, 瞽者, 不能用力於目, 惟能專神於耳. 故雖若善視善聽, 其實不及耳目皆通之視聽.

듣는 기관은 귀이지만 듣는 놈은 신기이고, 보는 기관은 눈이지만 보는 놈은 신기이다. 그러니 듣고 보는 일이 비록 다른 기관의 작용이지만 신기는 같다. 본 내용을 가지고 들은 내용에 증험하면 본 내용이 더욱 밝아지고, 들은 내용을 가지고 본 내용에 증험하면 들은 내용은 더욱 밝아지니, 이것은 귀와 눈이 더욱 밝아진 게 아니라 신기가 더욱 밝아지는 일이다.

夫聽之在耳, 而所聽者, 神氣也. 視之在目, 而所視者, 神氣也. 聽視雖異路, 神氣則一也. 以所視, 證於所聽, 則所視益明, 以所聽, 驗於所視, 則所聽益明, 其所益明, 非耳目之益明, 乃神氣之益明也.

이에 더욱 밝아진 신기를 가지고 보고 듣는 일에 드러내면, 보고 듣는

대부분 도가의 수양을 말하고, 부분적으로 縱橫家와 兵家의 말도 있다(이봉호 외 옮김, 『도교사전』, 파라아카데미, 2018, 431쪽 참조).

212 이 내용은 『陰符經』下篇의 "瞽者善聽, 聾者善視, 絶利一源, 用師十倍, 三返晝夜, 用師萬倍."에 나오는 말이다.

일에 더욱 알게 되는 내용이 있다. 나아가 냄새와 맛과 말과 팔다리와 여러 촉각에 이르기까지 서로 비교·참작하여[213] 증험하지 않음이 없으니, 또 신기의 통달에 더욱 유익하다.

爰以益明之神氣, 發之於視聽, 則視聽益有所通. 至於臭味言論肢體諸觸, 莫不參互證驗, 又有益於神氣之通達.

만약 하나라도 치우치거나 가려지면, 신기의 온전한 기능에 흠이 생긴다. 곧 냄새와 맛이 보고 듣는 데에 참여하지 않으면 거기에 밝지 못함이 있고, 여러 촉각이 보고 듣는 데서 증험이 되지 않으면 거기에도 밝지 못함이 있으며, 말이 감각기관으로 알게 된 내용에 증험되지 않으면 귀추와 운치가 자연히 대부분 밝지 않게 된다. 이는 자기가 사용하는 앎이 치우치고 가려질 뿐만 아니라, 다른 사람이 안 내용도 이미 헤아리거나 판단할 수 없게 된다.

若有一條偏蔽, 有欠於神氣之全德. 臭味不參於視聽, 則臭味有所不明, 諸觸不驗於視聽, 則諸觸有所不明, 言論無驗於諸竅所通, 則歸趣韻致, 自多不明矣. 非特自己之用, 有所偏蔽, 抑於他人之所通, 已不能量度.

---

213 參互는 서로 비교하여 參酌하거나 參證함. 『周禮』, 「天官·司會」의 "以參互攷日成." 에 보인다.

해 설

이 글은 제목에서부터 여러 감각 내용을 종합하여 판단하는 일이 사물 파악에 유리하다고 밝히고 있다.

여기서 저자는 앎의 문제에서 장애가 없는 온전한 감각기관의 중요성을 말했고, 동시에 한 기관의 감각 내용을 다른 기관의 그것과 종합해야 앎이 보다 진전된다는 점을 밝히고 있다. 오늘날 자연과학의 관찰에서 말해주듯 어떤 물리적 대상의 한 가지 감각 자료보다 여러 감각의 그것을 종합하여 판단하는 일이 해당 사물의 앎에 가깝게 접근하는 길이다.

앞의 글에서도 말했지만 여기서도 감각기관과 인식주체로서 신기를 명확히 구분하였다. 감각기관은 여러 곳이지만 신기가 하나라는 점이 그것을 말해준다. 더 나아가 밝아지는 것도 감각기관의 기능이 아니라 인식주체임을 천명하였다.

29. 남과 물건에서 나의 앎을 증험한다
物我證驗

남이 안 내용을 내가 알 수 없을 때는 나의 신기가 치우쳐 가려져 있음을 증험할 수 있다. 내가 안 내용을 남이 알 수 없을 때도 남의 신기가 치우쳐 가려져 있음을 증험할 수 있다.

人之所通, 我不能通之, 可驗我之神氣, 有所偏蔽. 我之所通, 人不能通之, 亦可驗人之神氣, 有所偏蔽.

알거나 모르는 상태를 어찌 스스로 단정하고 스스로 만족할 수 있겠는가? 반드시 남에게 증험하여 자기가 알지 못한 점을 알아야 하고, 그래도 확실치 못하면 또 물건에서 증험하여 자연과 사람의 신기가 서로 통하는 일에 어긋남이 없어야 한다.

通與不通, 豈可自斷自足. 必須驗之於人, 以通其所不通, 猶未釋然, 又須驗之於物, 要無違於天人之神氣相通也.

아느냐 모르느냐는 비록 입문하는 길이기는 하지만, 안 내용 가운데도 저절로 잘 알거나 잘못 안 것, 적합한 것과 그렇지 않은 차이가 있다. 잘못 알거나 앎이 적합하지 않은 사람도 스스로 앎이 아니라고 한 적 없지만, 잘 알거나 앎이 적합한 사람도 그 앎을 스스로 확신해서도 안 된다. 기필코 남과 물건의 신기에서 증험하되, 한 부분이 맞거나 한순간 응한다고 그 증험을 스스로 믿어서도 안 된다.

通與不通, 縱爲入門之道, 所通之中, 自有善惡之分, 得失之異. 惡者失者, 未嘗自非
其通, 善者得者, 亦不可自信其通. 必也驗之于人與物之神氣, 不可以一隅之合, 一
時之應, 自信其驗.

반드시 기질이 서로 통하여[214] 처음부터 끝까지 어긋남이 없는 상태로서
자주 시험하고 자주 증험하여, 잘못 알거나 적합하지 않은 대상은 그
앎을 고치고 잘 알거나 적합한 대상은 그 앎을 더욱 넓혀 나가야만,
바야흐로 증험이라 말할 수 있다. 만약 증거를 대고 증험했는데도 그
앎을 고치지 않거나 더욱 넓히지 않았다면, 어찌 증험이라 말할 수 있겠는
가?

須以氣質相通, 終始無違者, 屢試屢驗, 惡者失者, 變改其通, 善者得者, 益廣其通,
方可謂證驗也. 若證之驗之, 而未有變改, 未有益廣, 烏得謂證驗哉.

---

214 氣質은 여러 의미가 있는데, 여기서는 개인의 성격이나 생각 따위의 정신적 특징.
　　원문 '氣質相通'은 특히 나의 증험 대상인 남과 나의 신기가 서로 통한다는 말과
　　같은 뜻으로서 대상과 잘 소통된다는 뜻이며, 바로 다음 글인 「神氣相感」의 '神氣之
　　相通'과 '神氣幽通'과 같은 용례로 보임.

해 설

증험에 대해 논하였다.

이 글은 인식 과정에서 반드시 등장하는 증험을 언급한 중요한 내용이다. 증험은 누적된 시험으로 감각을 통한 검증의 의미로서 경험적 증명이다. 그 방법은 먼저 타인과 인식 내용을 비교하는 일이다. 사람에 따라 앎이 정확하거나 부정확할 수 있기 때문이다. 조선 후기 당시 외부 사정에 어두운 사람들이 많았음을 고려한다면 그 실효성을 이해할 수 있다.

그러나 그것만으로 충분치 않다. 사람들의 앎 자체가 주관적일 수 있고, 타인의 앎을 신뢰하지 않을 수 있기 때문이다. 특히 당시의 전통 학문의 풍토는 앎의 객관성을 담보하기 어려웠다. 곧 물리적 사실과 일정한 거리가 있는 형이상학적인 앎, 그마저도 윤리적 가치의 근거가 되는 이치를 주요 대상으로 삼았기 때문이다.

이렇게 앎에 대한 객관성을 담보하기 위해서는 타인은 물론이요, 사물에 나아가 증험해야 한다고 주장한다. 여기서 증험은 작은 부분이나 일시적인 조응에 한정하지 않고 전면적이고 반복된 증명을 통해 이루어지는데, 이것은 한정된 수의 경험적 증명만으로는 정당화할 수 없다고 여겼기 때문이다. 그 대안이 검증의 축적으로서 누적된 증험이다. 물론 축적된 검증으로 진리를 확증할 수 있는가 하는 문제는 오늘날에도 귀납법이 갖는 한계이기는 하다.

그렇다면 증험은 인식 과정 가운데 어떤 단계에서 등장하는가? 여기서는 일반적으로 언급하였지만, 저자 인식 이론의 전 과정에서 살펴볼 때 우선 경험한 내용이 정확한지 확인하는 데에 필요하다. 게다가 그 내용을 가지고 사물의 법칙을 추론해냈을 때도 필요한 과정이다. 다시 말하면 추측지리가 증험의 대상이다. 그것이 참으로 검증되면 유행지리로 확증된다.

30. 신기는 서로 감응한다
神氣相感

아주 먼 거리에 떨어져 있거나 천 년이나 백 년 이전의 사람이 있어,
내가 그 모습을 직접 본 적도 없고 그의 은혜와 사랑을 받은 적도 없지만,
단지 그의 행위215를 듣던지 저술을 보아 새롭게 알거나 느껴서 호응하는
일이 있으면, 태산북두216로 우러러보고217 딱 들어맞음을 감탄한다.
이것은 다름이 아니라 신기가 깊이 통하기 때문이다.218

有人於千萬里之遠, 或千百歲之前, 未接其容儀, 未承其恩愛, 惟聞其行事, 見其著
述, 而有所開發感應, 則景仰山斗, 欽歎符節. 此無他, 乃神氣幽通也.

위로는 도리와 덕의 연구로부터 아래로는 농업·공업·상업·의술의 종류
에 이르기까지 모두 이같이 신기가 서로 통하는 일이 있다. 다만 생업에는
귀천이 있고 일에는 쌍방의 구별이 있을 뿐이지만, 앎의 방식과 과정을
잘 모르는 사람은 먼저 몸의 이목구비로 알아야 할 내용부터 알지 못하니,
그 이목구비가 서로 참여하여219 알게 되는 점을 또 어찌 이해하겠는가?

---

215 行事는 여러 뜻이 있으나 여기서는 행동이나 행위를 뜻한다. 그 용례는 『史記』,
「孫子吳起列傳」의 "吳起兵法, 世多有, 故弗論, 論其行事所施設者."에 보인다.
216 泰山北斗는 매우 존경받는 사람이나 학문·예술 등의 뛰어난 대가를 가리키는
말. 『新唐書』, 「韓愈傳贊」의 "自愈沒, 其言大行, 學者仰之如泰山北斗云."에 보인다.
217 景仰은 仰慕의 뜻으로 『後漢書』, 「劉愷傳」의 "今愷景仰前脩, 有伯夷之節."에 보인다.
218 마음이 깊이 통한다는 뜻으로 해당 인물의 문제의식과 그 해결이 나와 같다든지
또는 내가 그것을 완전히 이해·공감·수용한다는 의미이다. 幽通은 원래는 신령과
서로 만난다는 의미로 『漢書』, 「敘傳上」의 "有子曰固, 弱冠而孤, 作幽通之賦, 以致
命遂志."에 보인다.
219 參互는 서로 비교하여 參酌하거나 參證함. 『周禮』, 「天官·司會」의 "以參互攷日成."

나아가 남이 알게 된 내용을 이해하여 논할 수도 없다.

上自格致道德, 下至農工商醫之類, 皆有此神氣之相通. 但業有貴賤, 事有彼此, 而
不識通之之義者, 先自身上之耳目口鼻, 不能通其所通, 又烏知其耳目口鼻之參互
相通. 至於通人之所通, 不可得而論也.

몸의 이목구비에서 알 수 있어 무엇을 터득한 사람은 남이 나에 앞서
알았던 내용을 들으면, 자기의 앎과 맞아떨어짐을 반드시 기뻐한다.
또 그처럼 새롭게 알게 된 내용을 기뻐하는 일에는 저절로 신기가 서로
통하는 점이 있다.

有能通之於身上之耳目口鼻而有得者, 聞人之先我有得, 必樂其契合. 又悅其開發,
自有神氣之相通.

생업의 귀천과 쌍방의 일을 따질 필요 없이 일단 알아낸 내용이 있다면,
내가 사물을 알 수 있는 방법이 아님이 없다. 그러니 농업·공업·상업·의
술의 일은 일상생활에 관계되니 총명하고 지혜로운 사람이 늘 강구하는
대상이다.

無論貴賤彼此事業, 至有所通, 則莫非我可通之術. 農工商醫之事, 卽日用所關, 而
明慧者, 常所講究也.

해서 옛날과 지금 사람들이 정신[220]을 쏟아 그 묘한 내용을 터득하고

에 보인다. 여기서는 다른 감각 자료를 비교하거나 종합하는 일.
220 精神은 오늘날 우리가 서구 사상의 번역어로 사용하는 그것과 다르다. 이것은

그 재능을 다한 일을 내가 만약 안다면, 신기가 감응하지 않을 수 없어서 저절로 도와 덕을 연구하여 아는 데 보탬이 있을 것이다. 이는 마치 감각기관을 통한 앎이 모두 신기의 앎에 도움이 되는 일과 같다.

古今人費精神, 而得其妙盡其才者, 我若知之, 則不得不神氣感應, 自有補於格致道德之通. 如九竅之通, 皆有助於神氣之通.

몸과 상대적으로 구분되는 精氣와 (元)神의 합성어인데, 분리해 말하면 精氣는 생명 활동에 긴요한 물질이고 神은 정신작용이다. 일찍이 『呂氏春秋』,「盡數」의 "聖人察陰陽之宜, 辨萬物之利, 以便生, 故精神安乎形, 而年壽得長焉."에 보인다. 때로는 인간의 의식을 일컫기도 하는데,『史記』,「太史公自序」의 "道家使人精神專一, 動合無形, 瞻足萬物."에 보인다. 이처럼 精神은 서양에서 물질과 대립하는 이데아나 영혼 같은 비물질적인 실체를 번역한 말이 아니라, 魂魄처럼 기와 연관되어 있다. 예컨대 『淮南子』,「精神訓」에서는 "是故精神者天之有也, 而骨骸者地之有也. … 夫精神者, 所受於天也, 而形體者, 所稟於地也."라고 하여 하늘의 기와 연관됨을 말하고 있다(이종란,『서양 문명의 도전과 기의 철학』, 학고방, 2020, 218-219쪽).

해 설

신기통의 의미 가운데 하나를 밝혔다.

이 글은 간접 경험의 중요성과 그에 따른 신기가 통한다는 점을 밝히고, 앎의 종류를 크게 도와 덕에 관련된 것과 일상적인 것으로 구분하였다. 간접 경험이란 타인의 경험을 통해 아는 일로서 주로 서적에 의지하였다. 곧 옛사람과 멀리 있는 사람이 경험하고 사색한 내용을 서적으로 아는 일이다.

여기서 원문 '神氣之相通' 또는 '神氣幽通'이란 본서의 제목처럼 '신기통'을 말하는데, 그것이 무엇인지 추론할 수 있다. 옛사람이나 멀리 있는 사람의 신기는 같은 시간과 공간 속에 있지 않아서 직접 또는 물리적으로는 도저히 나와 통할 수 없다. 저자가 말하는 옛사람이나 멀리 있는 사람의 신기는 그들이 표현한 주장 또는 사유의 결과물로서 사상이다. 그 사람들의 생각과 그것을 읽는 나의 그것이 일치하거나 그것을 이해하여 수용할 때 비로소 신기가 서로 통한다는 뜻이다. 이때의 '신기통'이란 사상의 소통 곧 생각의 공유를 의미한다.

이렇게 신기가 통하는 대상에는 도와 덕 그리고 일상생활에 필요한 각종 지식이다. 본문에서 그것을 굳이 '위'와 '아래'로 구분한 까닭은 당시에 직업의 귀천이 있을 수밖에 없었던 사회의 통념을 반영한 흔적으로 보인다. 하지만 직업으로 말미암아서 앎에 귀천이 있는 일은 아니라고 보아, 점차 귀천의 의미가 해소될 조짐은 보인다. 우리 역사에서 직업 귀천에 대한 의식은 20세기까지도 강하게 남아 있었다. 오늘날 대중은 돈만 많이 번다면 그 직업을 최고로 여긴다!

31. 글과 말 속의 신기
文言神氣

내가 하는 말이 신기의 움직임에 근거하면,[221] 남은 반드시 듣고 그의 신기를 움직인다.[222] 또 내가 저술한 글이 생기와 활력이 넘치는 신기에서 나왔다면, 이를 보고 이해한 사람은 반드시 그의 신기를 계발할 것이다. 나아가 초상화나 글씨나 그림도 그런 신기에서 나왔다면, 남이 우러러보도록 움직일 수 있다.

我之發言, 由於神氣之動, 則人必聽之, 而動神氣. 我之著書, 出於神氣之活潑, 則人之見解者, 必開發神氣. 至於寫眞書畫, 達於神氣, 則能動人之瞻望.

내가 하는 말이 만약 신기의 움직임에 근거하지 않으면, 비록 꾸며서 빛나게 하더라도 그것을 듣는 사람은 자기의 신기를 움직일 리가 없다. 또 내가 저술한 글이 생기와 활력이 넘치는 신기에서 나오지 않았다면, 비록 글자를 잘 배치해 지었더라도[223] 그것을 보는 사람이 자기의 신기를 계발할 수 없게 만든다. 또 내가 제작한 초상화와 글씨와 그림도 거침없이 뻗어가는 신기가 없으면, 남의 마음을 기쁘게 할 수 없다.

我之發言, 若不由於神氣之動, 則雖文飾照耀, 聽之者, 無以動其神氣. 我之著書,

---

221 '신기의 움직임에 근거한다'란 뒤의 원문 '於此可見人我之神氣不異, 天下皆同.'을 보면, 타인의 감동이나 호응을 불러일으키는 보편적 정서나 생각에 바탕을 둔다는 뜻. 즉 남의 정서에 부합하는 보편적인 발언을 말함.
222 감동하거나 이해하는 등의 마음에 긍정적 변화를 일으킨다는 뜻.
223 한글이 아니라 한자로 글을 지을 때, 특히 시의 경우에 글자의 배치에 신경을 많이 씀.

不出於神氣之活潑, 則雖善其排譔, 不能使見之者開發神氣. 寫眞書畫, 無神氣之暢
達, 不能使人心怡神悅.

남의 말과 저서와 초상화와 글씨와 그림도 신기가 있으면 나의 신기를
움직이고, 신기가 없으면 그렇지 못할 것이다.[224] 바로 여기서 남과
나의 신기는 다르지 않고, 온 세상 사람이 모두 같음을 알 수 있다. 만약
온 세상 사람의 신기가 제각기 다르다면, 내가 어떻게 남의 신기를 움직이
며 남 또한 어떻게 나의 신기를 움직이겠는가?

他人之言語也, 著書也, 寫眞也, 書畫也, 有神氣, 則動我神氣, 無神氣, 不然. 於此可
見人我之神氣不異, 天下皆同. 若天下人之神氣各異, 我何以動人之神氣, 人亦何以
動我之神氣.

---

224 원문 '有神氣'와 '無神氣'의 神氣는 작가 정신 또는 예술혼을 말함. (해설 참조)

해 설

이 내용은 '신기통'의 의미 가운데 또 하나의 관점을 밝혔다.

앞의 글에서도 언급했지만, '신기가 서로 통한다'라는 말의 의미가 정보와 지식의 소통이나 물리적 에너지나 힘이 양자 또는 다자 사이에서 직접 왕래하거나 영향을 미친다는 관점에서 더 나아가, 그런 힘이나 에너지를 매개하지 않고도, 각자의 신기 곧 사상이나 미적 가치 등이 타인에게 영향을 미치는 일도 신기가 통하는 일이다. 이때의 신기는 마음으로서 그것을 확장하면 마음이 만들어낸 사상, 가치, 정서 등이다. 예술에서 말한다면 예술혼이나 작가 정신이다. 그래서 이 글은 저자의 예술론이나 작가론에 해당한다. 저자는 예술을 언급한 일이 적은데 이 글이 그래서 더욱 가치 있다.

그 신기는 언어, 저술, 예술(품) 등이 매개한다. 물론 이것들은 일단 독자나 남이 인식하는 대상이기도 하다. 그것들 속에는 말하거나 저술하거나 창작한 사람의 생각으로서 사상이나 가치 또는 의도가 들어 있기 때문이다. 그것들을 내가 이해하고 공감하고 수용할 때 신기가 통한다고 말했다. 다시 말하면 남의 신기를 움직이는 일은 감동을 전제로 한다. 적어도 내가 공감할 수 있어야 감동한다. 특히 작품 속에 '신기가 있어야 한다'라고 할 때의 신기는 작가의 정신이나 개성 또는 기백과 생명력 등이다. 감동이 가능한 까닭은 작가의 정신이나 미적 가치가 감상하는 주체인 나의 그것과 서로 일치하거나 내게 새로운 무엇을 계발해 줄 때 일어난다.

이 글은 일반 인식론과 결을 달리하면서 미적 가치에도 나름의 보편성을 적용했다. 감동을 전제하기 때문이다. 그래서 "남과 나의 신기는 다르지 않고, 천하 사람이 모두 같다"라고 주장한 말이 그것이다. 곧 저자는 인간이 갖는 보편적 심리나 정서 또는 미적 도덕적 가치를 공유한다는 점을 전제하고 이 글을 서술하고 있다.

하지만 예술의 경우에는 좀 지나친 점이 있어 보인다. 미적 가치는 세계관과 문화에 따라 다를 수 있어서, 한 문화권에서 우수한 예술이 다른 문화권의 사람들이 반드시 감동할 수 있으리라는 보장이 없기 때문이다. 그러나 일단 남이 이해할 수 없는 작품은 신기통에서 제외되더라도, 드물게 난해한 작품도 언젠가는 변증법적 과정을 거쳐 이해될 수 있지만, 이해되기 이전에는 그렇다는 뜻이다.

그래서 예술품을 만드는 그 작가의 정신은 삶이나 세계를 이해하여 표현한다는 점에서 보편성이 있다. 신기에 대한 이해의 폭을 좁히지 않는다면 그렇다.

32. 앎에는 거짓과 바름이 있다
通有邪正

신기의 앎이 자연과 인간의 참됨을 따랐다면 바른 앎이다. 반면 화복에 미혹되어 사사로운 의도로 천착하여, '자연과 인간'이라는 명칭을 빌려 둘러대는 내용[225]은 거짓된 앎이다.

神氣之通, 由於天人之誠實者, 通之正也. 惑於禍福, 以私意穿鑿, 假託天人之名者, 通之邪也.

대체로 유행하는 자연의 이치가 어찌 인간의 생사를 알겠는가? 하물며 인간의 화복에서 어찌 원하는 것을 들어주고 기도에 응답해 주는 일이랴. 예부터 지금까지 바르고 큰[226] 군자가 자연의 이치를 따르고 인도[227]를 실천한 일은 모두 참됨에서 나왔다. 그래서 자기 몸으로 시험해 보고 후세를 가르치면서도, 되레 후세 사람들이 자연 이치의 참된 길을 따르지 않을까 봐 염려하였다.

蓋流行之天理, 何嘗知人之生死. 況於人之禍福, 有何從願應禱之事乎. 自古及今, 正大君子, 循天理而行人道, 皆出於誠實. 試之於身, 詔之於後, 猶恐後人, 不循天理誠實之道也.

---

225 이 天人이 함축하는 의미는 뒤 문장의 '천리를 따르고 인도를 실천한 일'로서 행위의 정당성을 상징하는 말. 용어사전을 볼 것.
226 『周易』, 「大壯卦」: 正大, 而天地之情可見矣. 象曰, 雷在天上, 大壯, 君子以, 非禮弗履.
227 天道와 대비되는 사람의 길. 『周易』, 「繫辭下」의 "有天道焉, 有人道焉."과 『中庸』의 "誠者, 天之道也, 誠之者, 人之道也."에 보인다.

하지만 실제의 견문에서 터득한 내용이 없는 사람은 오로지 화복과
재상228에 미혹되어, 화복이 자신의 언행에서 비롯됨을 모르고,229 마침
내 하늘과 땅과 귀신을 탓하거나 거기에 빈다. 심지어 별에 제사를 지내거
나230 빚어 만든 신상(神像)에 예배231하여 정성과 힘을 낭비하되,232
그것을 지극하게 사용하지 않음이 없다. 이 또한 신기의 앎에서 나온
일이지만, 점차 사특한 함정으로 빠져드니, 터럭만 한 차이가 천 리의
어긋남을 이루는 일이 이처럼 심하다.

然無得於實見者, 惟惑於禍福災祥, 而不識禍福, 由自己之言行, 乃責求于天地鬼神.
至於醮禳星辰瞻禮塑像, 殫竭誠力, 無所不用其極. 是亦出乎神氣之通, 而漸趨於邪
慝之坑塹, 毫釐差千里謬, 若是甚也.

외도233가 어리석은 사람들234에게 권하고 꾀는 일도 대부분 죄악을

228 災祥은 재앙과 상서로움. 또는 그 징조. 『書經』, 「咸有一德」의 "惟吉凶不僭在人,
　　惟天降災祥在德."에 보인다.
229 화복을 스스로 불러들인다는 생각은 『左傳』, 「襄公二十三年」의 "禍福無門, 唯人所
　　召."에 보인다.
230 醮禳은 도교의 행사 가운데 醮와 禳을 말함. 醮는 도사가 壇을 설치하여 지내는
　　제사. 禳은 재앙이나 화를 물리쳐 달라고 비는 제사나 푸닥거리. 별에 제사를
　　지내는 星辰醮祭의 사례는 조선시대 昭格署에서 지낸 星宿醮, 太陽星 및 火星醮,
　　北斗醮, 金星醮, 太陰醮 등이 있었다(李能和 輯述/李鍾殷 譯註, 『朝鮮道敎社』,
　　普成文化社, 1986, 165-169쪽, 참조).
231 瞻禮는 원래 祝日을 뜻하나 여기서는 동사로 쓰였다. 塑像이란 佛像이나 천주교의
　　예수상과 마리아상을 말함.
232 殫竭誠力은 殫竭心力과 같은 말. 殫竭은 다 소진되었다는 뜻으로『後漢書』, 「方術傳
　　上·折像」의 "君三男兩女, 孫息盈前, 當增益産業, 何爲坐自殫竭乎."에 보인다.
233 전통적으로 유교가 아닌 불교(불교에서는 불교가 아닌 다른 종교를 뜻함)나 도교
　　등을 두고 쓰던 말이었으나, '죄악을 사하여 준다'라는 맥락에서 볼 때 당시 조선에
　　들어온 천주교를 가리킨 말. 그래서 외도는 외부에서 들어온 종교의 의미.
234 下等人은 유학자의 시각에서 어리석고 배움이 짧아 수준이 낮은 사람. 문맥상

사하여 준다는 구실로서 한다. 그리하여 괴이한 참언235을 오활하게 행하는 일이 있어도, 거기에 빠져드는 어리석은 지아비나 지어미를 아직 책망할 수는 없지만, 또한 그것을 권하고 유혹한 사람이 깊이 부끄러워할 일이다.

外道之勸誘下等人, 亦多以罪惡獲免. 有所迂行怪讖, 未可以責之於趨向之愚夫愚婦, 抑亦勸誘者, 所深恥也.

일반 백성(원문의 愚夫愚婦) 또는 일부 양반으로서 천주교에 입교한 사람을 일컬음.
235 讖言은 예언과 같은 말. '괴이한 참언'이란 예수의 동정녀 출생과 부활과 승천 그리고 최후의 심판 등 그리고 그것이 포함한 信經(Credo).

해 설

이 내용은 저자의 종교에 대한 기본 관점을 잘 보여주고 있다. 그 종교에는 기존의 도교와 불교만이 아니라, 미신과 결탁한 민간신앙 그리고 외래 종교인 기독교가 있다. 저자가 종교를 비판하는 이유는 거기서 주장하는 화복이 신앙의 결과인지 알 수 없고, 그것을 검증하거나 인과관계를 확인할 수 없다는 점이다. 더 근원적으로 종교에서 말하는 신의 존재를 경험하거나 증명할 수 없다는 점에 있다. 특히 전통에서 하늘을 종교적으로 숭배하는 일을 두고, 자연은 인간에게 냉담하고 인사와 무관하다고 비판하였다. 이러한 하늘 곧 자연에 대한 관점은 노자나 순자 사상의 연장선에 있다.

다만 원문 '天理' 또는 '循天理'는 성리학과 형식적 논리는 같아도, 저자의 그것은 인간의 윤리와 무관한 자연의 이치로서 인간은 그것을 잘 파악하여 따라야 한다. 『주역』의 논리처럼 인간에게 유익하기 때문이다. 쉽게 말해 자연의 질서를 알아 거기에 순응하는 일이다.

잘 알다시피 우리는 서양의 근대적 요소 가운데 하나가 기독교의 신 중심의 세계관을 극복하고 자연을 있는 그대로 보고자 한 과학 혁명과 관련이 있다. 저자의 사유도 자연을 미신과 방술·주술, 종교적 자연관에서 벗어나고자 하는 모습이 강하게 드러내었다. 그런 점에서 서양 과학도 수용한다. 되레 이 점에서 동아시아 고대의 인문적 자연관을 회복하고 있다.

33. 앎과 모름의 극치
通不通極致

감각기관을 통하여 앎을 얻은 신기와 그러지 못한 신기에는 차이가 있다.

九竅肢體得其通者之神氣, 與九竅肢體不得其通者之神氣, 有異.

감각기관을 통해 앎을 얻는 사람은 자연의 이치와 사물의 실정을 신기에 기억한다. 날씨가 맑거나 비 오는 모습을 보면, 나의 신기에도 맑고 비 오는 모습이 저절로 있게 된다. 남이 슬퍼하거나 즐거워하는 모습을 보면, 나의 신기에도 슬퍼하거나 즐거워하는 모습이 저절로 있게 된다.

得其通者, 天理物情, 習染於內. 見天之雨暘, 而自有神氣之雨暘. 見人之哀樂, 而自有神氣之哀樂.

이렇게 실제 있는 일의 기미를 따라 신기의 배치를 결정하고, 사물의 모습을 따라 신기의 좋아함과 싫어함을 드러내면, 까닭도 없고 터무니없는 내용은 신기에 머물러 있을 수 없고, 사리사욕이 신기를 막아 가릴 수 없다. 그리하여 신기가 안 내용에 참고하여 증험한 내용이 잘 갖추어져, 그것이 드러내 사용하는 내용이 모두 참되다.

因機微而定神氣之排布, 因形質而著神氣之好惡, 無緣無稽者, 不可得而留接, 私慾私利, 不可得而壅蔽. 神氣所通, 參驗備至, 發用皆誠實矣.

감각기관으로 앎을 얻지 못하는 사람은 자연의 이치와 사람의 실정에
대해 일찍이 바깥 사물을 경험하여 거두어 모은 내용이 없고, 한 덩어리의
신기236에 아직 절차탁마한237 일이 없어서 만사를 대하는 일이 어두워
학문의 방도를 모른다.238 그리하여 마음은 흐릿하고 어둡고 바깥 행동
은 아득한 옛날의 모습이니,239 이는 해와 달을 가리고 방안 등불의
심지를 돋우는 격이다. 때에 따라 간혹 한 감각기관으로 얻은 앎이 있더라
도 전체가 이미 혼탁하니, 한 잔의 맑은 샘물로 큰 물독의 탁한 물을
맑게 할 수 없다. 이것이 바로 감각기관으로 제대로 알았느냐 못 알았느냐
에 따른 극치이다.

不得其通者, 天理人情, 曾無通於外而收集者, 一團神氣, 未有磨琢研淬, 萬事酬應,
無非冥行擿埴. 內渾沌而外太古, 遮日月而挑室燈. 時或有一竅之通, 全體旣渾, 一
盂淸泉, 不能救大甕之濁水也. 是乃通與不通之極致也.

그사이 기질240의 맑거나 흐림이 같지 않고, 이것저것을 익힌 일의 내용

---

236 一團神氣는 앞에서도 나왔다. 기는 저자의 철학에서 만물이 존재하는 실체이므로
    개체의 마음을 두고 이렇게 표현할 수 있다.
237 切磋琢磨는 切瑳琢磨와 같이 씀. 원래 기물을 가공하는 일로서 『爾雅』, 「釋器」의
    "骨謂之切, 象謂之磋, 玉謂之琢, 石謂之磨."에 보이며, 학문과 도덕을 수양하는
    비유로 쓰인 것은 『詩經』, 「衛風·淇奧」의 "有匪君子, 如切如磋, 如琢如磨."에 보인
    다. 『論語』에서 인용하고 있다.
238 冥行擿埴은 깜깜한 길을 가고 시각 장애인이 지팡이를 더듬어 가는 것. 곧 어두워
    학문의 방도를 모른다는 뜻. 漢 揚雄의 『法言』, 「修身」의 "擿埴索塗, 冥行而已矣."에
    보인다.
239 渾沌과 太古는 道家의 입장에서는 도의 본래 모습과 가까운 모습이나 저자는
    인식의 진보를 믿기 때문에 부정적인 것으로 보았다. 渾沌은 『莊子』의 渾沌의
    고사에, 太古는 上古의 뜻. 『老子』 14장에 '執古之道'라는 말이 보인다.
240 形質은 일반적으로 몸이나 기질을 말하는데, 여기서는 인식능력을 결정하는 기질적
    특성을 말함.

에도 차이가 있다. 그래서 신기가 아는 일에서 치우침과 덮어 가리는 정도의 많고 적음, 혼잡하고 순수하지 못한 깊이에 따른 수많은 차이가 있다.

其間有形質之淸濁不同, 習業之彼此有異. 則神氣通之偏蔽多少, 駁雜淺深, 有萬差等.

그 가운데 때로는 좋은 데로 나아가거나 혹은 나쁜 데로 달려가기도 한다. 또 겨우 알다가 다시 막히거나 혹은 알려고 하다가도 알지 못하기도 한다. 모두 기회가 오기를 기다려[241] 앎을 대기하는 데 방해되지는 않는 다. 다만 허황하고 망령되며 거짓되고 괴이한 일을 아는 내용은 실제로 알지 못한 일이지만, 자신하는 그 앎도 설명하기 어렵다.

或進於善, 或趨於惡. 或纔通旋塞, 或欲通不通. 總不害於待時候通. 至於虛妄迂怪 之通, 實未得通, 而自信其通者, 難說也.

---

241 『孟子』, 「公孫丑上」: 雖有智慧, 不如乘勢, 雖有鎡基, 不如待時.

해 설

앎과 모름을 감각기관의 사용 여부에 따라 극명하게 대비하여 설명하였다. 먼저 감각 경험의 중요성을 말했는데, 감각 경험 자체가 인식의 완성 또는 완벽한 인식이라고 말할 수는 없지만, 적어도 그것을 통하지 않고는 객관적 사물을 제대로 알 수 없다는 주장이다. 인식의 기원, 곧 앎의 뿌리는 경험에 있다는 뜻이다. 그래서 까닭이 없는 내용은 기억에 머무를 수 없다고 한다. 그 감각 경험이란 일차적으로 외부 사물의 모습을 기억하는 일이다. 뒤의 다른 곳에서 소개하겠지만, 그의 인식 과정은 이런 감각 경험에만 머무르지 않는다.

다음으로 이런 감각 경험을 소홀히 하면, 사물을 제대로 알 수 없고 식견이 어둡게 된다. 이로써 알 수 있는 점은 인간의 사고 발달에 경험이 매우 중요하다는 점을 추론할 수 있다. 이는 어린 학생들이 배울 때도 경험이 중요하다는 점을 시사한다. 충분한 사전 경험 없이 학생들이 어려운 수학의 문제를 해결하게 하거나 상상해 글을 쓰고 그림을 그리거나, 또 추상적 문장을 이해하게 하는 교육 방식은 그들에게 가혹한 일이 될 수 있다. 공부를 어렵게 또 싫어하게 만드는 일이 될 뿐이다. 또 앎에 개인차가 있는 점은 기질과 학습의 차이 때문이라는 말은 현대적 관점에도 부합한다. 기질이란 지능과 학습 능력이라 말할 수도 있고, 또 학습의 차이라는 것도 경험에 따라 달라진다. 그렇지만 이런 문제는 원리적으로 극복될 가능성이 있다고 한다.

문제는 앎의 대상으로서 전제가 잘못되면 그 앎을 설명하기 어렵다고 단언한다. 경험할 수 없는 대상 또는 경험 내용을 추론하여 추상적 원리를 구축할 수 없는, 다시 말해 존재론적 기반이 없는 초월적 대상 따위에 대해서는 결코 알 수 없다는 주장이다. 마지막 문장에 보인다.

34. 옛날과 지금의 경험은 같지 않다
古今人經驗不等

옛날 사람들이 고생하고 힘들여 안 내용을 내가 눈과 귀를 통하여 힘들이지 않고 곧장 알거나 또 약간 힘들여 천천히 알기도 한다. 이것은 참으로 옛사람들이 앎을 깨우쳐 인도해 준 은공이다. 내가 만약 눈과 귀로 접촉하지 않아 그것을 알 수 있는 길이 없었다면, 이 또한 옛사람들이 후세 사람들에게 끼친 은공을 모를 것이다.

古人之辛苦費力而通者, 我乃接於耳目, 有不費力而卽通者, 有差費力而遲通者. 是實古人開導之功也. 我若未接於耳目, 無由得通, 亦不識古人之有功于後生也.

지금 세상은 쓸모없는 기묘한 대상을 버리고[242] 쓸모 있고 참된 길로 나아가고 있다. 알 만한 무엇이 있는데도, 고금의 사람들이 연구하여 안 내용이 하나도 없는 경우가 있겠는가? 이미 옛사람들이 안 내용이 있다면, 후세에 전하지 못한 것이 얼마나 있는가? 있는데도 내가 아직 보고 듣지 못한 게 얼마인가?

方今天下, 捨其無用奇巧之物, 就有用誠實之道. 有何可通, 而古今人一無究通者, 有乎否. 已有古人所通, 而無傳於後世者, 有幾條否乎. 有之而我未得視聽者, 有幾許耶.

---

242 奇巧는 대체로 기이하고 교묘하다는 솜씨나 기술을 표현하는 말. 뒤에 등장하는 有用誠實과 대조를 이루어, 기술이 奇妙하더라도 無用하면 안 된다는 말이다. 기이하고 교활하다는 의미로는 『莊子』, 「人間世」의 "且以巧鬪力者, 始乎陽, 常卒乎陰, 泰至則多奇巧."와 『管子』, 「治國」의 "是以先王知衆民强兵廣地富國之必生於粟也, 故禁末作止奇巧而利農事."에 보인다.

대개 옛사람들이 사물의 실마리를 조금 밝혀 놓고 끝까지 밝히지243
못한 내용은 후세 사람들이 쌓인 경험을 가지고, 그들이 미진한 내용을
뒤쫓아 밝혀 점차로 알 수 있으니, 그렇게 함으로써 광명한 방법을 이룬
다. 이것은 바로 고금의 사람들이 서로 도와 알아내고 힘을 모아 통달했으
니, 이것이야말로 평상의 보편적인 큰 방법이다.

蓋古人微發其端, 而未及究竟者, 後人將積累之閱歷, 追明其未盡, 漸次得通, 以成
光明之道. 古今人協贊而通, 幷力而達, 乃經常大道也.

옛사람들의 지혜가 어찌 후세 사람들의 그것보다 못하겠는가? 후세
사람들의 지혜라고 해서 반드시 옛사람들의 그것보다 나은 것도 아니다.
다만 후세 사람은 인류의 경험이 오래되었기에 많은 사람의 의견을
수집하고 참작하여 올바름을 취하되,244 옛사람들이 밝힌 내용을 발판
으로 더욱 밝혔을 뿐이다. 그러니 옛사람들이 얻지 못한 내용을 후세
사람들은 도리어 가진다. 만약 옛사람들을 지금 세상에 살게 해도 의당
후세의 경험을 가지고 변통한 내용이 있을 것인데, 이것은 시대가 그렇게
만들기 때문이다.

古人之知, 何嘗不及于後人. 後人之知, 未必有加于古人. 但經歷悠久, 收集衆論,
參酌折衷, 階古人之所明, 益有所明. 則古人之所未得, 而後人之所固有. 若使古人,

243 究竟은 끝까지 窮究한다는 뜻으로『史記』,「三王世家」의 "夫賢主所作, 固非淺聞者
所能知, 非博聞彊記君子者所能究竟其意."에 보인다. (앞에 나옴)
244 折衷은 折中과 같이 쓰이며 取正의 뜻이다.『楚辭』,「九章·惜誦」의 "令五帝以折中
兮, 戒六神與向服."에 보이며 朱熹의 그「集注」에서는 "折中, 謂事理有不同者,
執其兩端而折其中, 若史記所謂六藝折中于夫子, 是也."라고 하여 중용을 취한다는
의미로 쓰였다.

生當今世, 宜將後世經驗, 有所變通, 時使之然也.

옛날과 지금의 앎을 참작하는 일이 비록 학문의 완비를 위하더라도,
옛날을 알고 지금을 모르는 일보다는 차라리 지금을 알고 옛날을 모르는
게 낫다. 옛날과 지금에 불변하는 일상의 도리는 옛날과 지금이 다르지
않기에 반드시 옛것을 빌려다 지금에 쓸 필요가 없기 때문이다.

酌古參今, 雖爲學問之完備, 與其通古而不通今, 寧通今而不通古也. 古今不變之經
常, 古今無異, 不必借於古而用於今.

나아가 지난 여러 세대 동안 경험하고 밝힌 앎에는 역법의 이치245와
지구보다 더 큰 대상이 없다. 하늘과 땅의 이치를 점차 밝혀내면, 인간의
일에도 이것을 따라 밝힐 만한 방법이 있으니, 이것이 바로 자연과 인간이
관여하는 신기이다. 만약 역법의 이치와 지구를 비록 점차 밝힐 수 있더라
도 인간의 길을 더욱 밝히는 데 관계가 없다고 말한다면, 하늘은 하늘대로
땅은 땅대로 사람은 사람대로일 뿐 전혀 서로 무관하니, 어찌 이런 일이
있겠는가?

至於歷世經驗而著明者, 莫大乎歷理地球也. 天地之理漸明, 則人事從此有可明之
道, 卽是天人之神氣也. 若謂歷理地球, 雖得漸明, 無關於人道之益明, 是天自爲天,

---

245 歷理는 曆理의 의미로 쓰였다. 저자의 『人政』 卷8,「曆」의 "太陽運轉, 則勢將以地靜
立算, 地球運轉, 則勢將以太陽靜立算, 此所以曆法有二也. … 曁具於儀象理數星氣
運化, 是乃歷代以來, 漸致詳密之歷理歷法也."의 문맥을 고려하면, 歷理와 歷法이
모두 曆理와 曆法의 뜻으로 쓰였다. 저자는 대부분 曆을 歷으로 표기함. 歷을
曆으로 같이 쓴 문헌은 『周易』,「革卦」의 "君子以, 治歷明時."와 『장자』,「齊物論」의
"巧歷不能得, 而況凡乎."에 보인다.

地自爲地, 人自爲人, 了無關涉, 豈有是哉.

하늘과 땅과 사람과 만물은 하나의 신기가 조성했다. 하늘과 땅의 이치를 점차로 밝힌 이후로 과학246이 점점 번창하자, 하늘과 땅과 사람과 물건을 밝히는 데는 더욱 증험하고 시험하는 방법이 있게 되었다.

天地人物, 乃一神氣之造化也. 自天地之理漸明, 氣說漸暢, 天地人物, 益有驗試之道.

사람은 감각기관과 팔다리와 몸통을 갖추고, 하늘과 땅과 사람과 물건의 기를 안다. 거기에는 근본과 말단이 있어 서로 간여하여 증험하면 모르지 않은 것이 없으나, 또한 다른 길은 없다. 바로 여기서 옛날과 지금 사람들의 허황하고 망령된 술책과 근본이 없는 학문과 잘못 안 학설과 사이비 논의는 모두 들통난다. 그 우열과 깊이는 신기 가운데서 도망가기 어렵고, 교묘한 말과 기이한 담론은 신기의 세상247에서는 용납하기 어렵다. 만약 신기의 인식 방법을 따르지 않고 이 같은 것을 말한다면, 이는 터무니없는 말이요, 남을 속이는 행위이다.

人賅九竅肢體, 以通天地人物之氣. 有源有委, 參互證驗, 無有不通, 亦無異路. 於是古今人虛妄之術, 無本之學, 錯認之說, 似是之論, 莫不呈露. 優劣淺深, 難逃於神氣之中, 巧言奇談, 難容於神氣之世. 若不由神氣之通, 而如此說道, 是無稽之言, 誣人之行也.

---

246 氣說은 전통적으로 기에 대한 학설 또는 이론. 근대 전환기에 기철학자들은 서양 과학을 전통의 氣說(또는 氣學)로 인식하였다.

247 저자가 말한 인식의 메커니즘에 따라 앎을 보편적으로 이룬 세상. 과학이 발달한 곳에 미신이 발붙일 수 없는 것과 같은 맥락임.

해 설

역사의 진행에 조응하며 인류 인식의 진보를 말하였다.

이 글의 제목에서 '옛날과 지금의 경험이 같지 않다'라는 주장은 매우 중요한 사실을 시사한다. 결론부터 말한다면 저자는 인류 인식의 진보를 믿었기 때문에 이런 진술이 가능했다. 그런 취지로 연구자들은 이 글을 즐겨 인용한다. 그것이 가능한 근거로 경험의 축적, 달리 말하면 인류의 지식이 후대로 내려올수록 더욱 축적된다는 사실이다.

여기서 인식 이론상 매우 중요한 발언을 하고 있는데, 곧 인식의 주체가 인간 개인에서 인류 차원으로 확대하고 있다는 점이다. 이를 "고금의 사람들이 서로 도와 알아내고 힘을 모아 통달한 것이다"라는 표현에서 잘 보여주고 있다. 이는 훗날 마르크스주의 유물변증법에서 인식의 주체를 개인에서 인류로 확장하는 모습을 보였는데, 이보다 훨씬 앞서 이런 견해를 가진 점은 참으로 탁월하다 하겠다.

그런 앎의 대상 가운데 가장 큰 것은 역법의 이치와 지구에 관한 내용이라고 말했는데, 이는 천문학이나 지구과학에 속한 지식이다. 과학이라는 용어를 사용하지 않았어도, 그것이라고 말할 수 있는 근거는 원문 '기설(氣說)'이라는 말에 있다. 그리고 그 뒤에 "하늘과 땅과 사람과 물건을 밝히는 데는 더욱 증험하고 시험하는 방법이 있게 되었다"라는 발언도 그것이다. 이는 17~19세기 동아시아에 전파된 서양 과학의 영향이라 하겠다. 이 과학에는 중세와 르네상스 시기의 그것만이 아니라 과학 혁명 뒤의 그것도 일부 포함되어 있다.

35. 지구와 여러 별
地體及諸曜

지구[248]에 통달하는 일이 비록 마음속에서 상상하는 둥근 모습일지라도, 그것이 갖춘 이치는 텅 비고 광활한[249] 우주의 그것보다 더욱 필요하고 중요하다. 우주는 너무나 커서 그 끝을 연구할 수 없는데, 더구나 다시 그 규모[250]가 어떤지 논의하는 일이랴.[251]

地球通達, 雖是臂中之一丸, 所該諸理, 尤緊切于寥廓之天. 天體至大, 不可窮其涯涘, 況復議到其體制之如何哉.

지구에서 멀리 내다보아 알 수 있는 사실은 겨우 태양과 달과 별이 운행하는 속도의 느림과 빠름, 일식과 월식 그리고 그 위치의 높낮이뿐이다.

---

248 地球라고 표현함에 주목해 보면, 전통의 天圓地方의 우주관이 아니라 고대 그리스 이후 '땅이 둥글다'라는 서학의 地球說을 받아들인 결과이다. 제목의 地體도 그런 뜻이고 뒤에 등장하는 丸(환, 알약)도 그런 배경에서 쓰인 말이다. 그러나 지구가 우주의 중심이라는 설은 받아들이지 않았다. 뒤의 "滿天諸曜, 豈專爲此地而排設也."에서 알 수 있다.

249 寥廓은 『楚辭』, 「遠游」의 "下崢嶸而無地兮, 上寥廓而無天."에 보인다. 또 광활한 하늘의 뜻도 있다. (앞에 나옴)

250 體制는 制度가 아니라 글의 맥락상 우주의 체계(구조)와 천체의 운행 방식이나 규모 등을 말함.

251 이 단락은 서학의 천문학을 대표하는 9(또는 10~12)중천설 곧 우주의 끝을 宗動天(아리스토텔레스의 Prime Mover)이라 하여 하느님과 천사들이 거주하면서 천체의 운동을 주관한다는(故天神爲天主所使, 大天下之原動者. 十重天, 各有天神主持運動, 因之運用四行化生萬物. 是神動天, 天動物, 故稱爲原動者. 畢方濟, 『靈言蠡勺』, 「論亞尼瑪之靈能」) 관점의 비판이다. 저자는 그 이론을 받아들이지 않았다. 본문의 '그 끝을 연구할 수 없다'라는 말에서 무한우주를 인정하는 것 같다.

그 천체의 운행 체계252에 대해서 설령 시계의 톱니바퀴처럼253 저절로
서로 연결되어 있다고 말하더라도, 이는 기물을 가지고 천체를 추측하고
비유하는 일에 지나지 않는다. 어찌 별도로 인간이 판단하기 어려운
신묘한 원리254가 있다는 사실을 알겠는가?

自內遙瞻, 不過日月星行度遲疾掩蝕高低而已. 其所幹運機括, 縱云如時鐘之塔輪,
自相聯綴, 是不過將器用而推測比論也. 烏知其別有神機, 人所難測也.

다만 태양과 달은 그 몸체가 크고 지구에 가까워 증험할 수 있는 내용이
분명하다. 가령 추위와 더위의 길이는 태양을 말미암았고, 밀물과 썰물
의 가득 차고 줄어드는 현상은 달과 반응한다. 이것은 유달리 드러나서
가릴 수 없는 내용이다.

但太陽太陰, 體大而近於地, 應驗昭著. 寒暑長短, 由於太陽, 潮汐盈縮, 應於太陰.
是則特著而不可掩者也.

나아가 위성255과 항성256 또한 아무 근거 없이 펼쳐 나열해 있겠는가?
반드시 그럴 수밖에 없는 원인이 있겠지만, 항성을 범위로 삼아 늘어

---

252 機括은 용어사전을 볼 것. 여기서는 system의 뜻.
253 천체 운행을 본떠 자동으로 종(북)을 쳐 시간을 알리는 臺 위에 설치한 장치
　　또는 큰 시계로 천체를 상징하는 8개의 톱니바퀴가 있다. 宋 蘇頌이 贊한『新儀象法
　　要』卷2에 도해와 함께 설명이 자세하다. 선교사들은 우주를 시계에 자주 비유했다.
　　그 의도는 신의 창조를 말하기 위해서였다.
254 여기서 말하는 神機는 헤아리기 어려운 우주의 원리 또는 계기.
255 떠돌이별. 수성·금성·화성·목성·토성을 五緯라 부른다. 行星.
256 붙박이별. 서학에서는 經星을 恒星이라 불렀으며 지금도 그렇게 부른다.

펼치고257 위성은 태양과 달과 지구에 조응하기258 위해 갖춰졌는가? 지구와 달과 태양이 위성에 조응하기 위해 갖춰졌는가? 위성이 항성에 조응하기 위해 갖춰져, 차례로 연결되어 그 체계를 이루는 것인가? 아니면 연결하거나 조응하는 것이 없고, 하나인 기 가운데 포함되어 제각기 하는 일이 있어 하나의 체계를 이루는 것인가? 이것은 놔두고 논하지 않을259 수는 없으나, 또한 그 대략을 바로잡아 말할 수도 없다.

至於緯星經星, 亦豈無緣佈列哉. 必有所不得不然者, 以經星爲範圍陳列, 而緯星爲日月地助應之具歟. 地月日爲緯星助應之具. 緯星爲經星助應之具, 遞次聯絡, 以成其爲體歟. 抑亦無所聯綴助應而涵容於一氣之中, 各有所司, 以成一體歟. 是不可存而勿論, 亦不可質言其槩也.

지구는 천체260에 둘러싸여 있다. 곧 여러 별과 같이 우주에 나열되어 있다. 그것이 우주에서 어떤 일을 맡아 간여하는지 알 수 없으나, 반드시 해와 달과 같은 여러 별을 의지하고 그것들 또한 지구를 의지하니, 거기에는 저절로 빠뜨려서 안 되는 뭔가 있다.261 하지만 하늘에 가득 찬 별들이

---

257 붙박이별을 기준으로 하늘을 나누는 방법을 일컬음. 가령 28수 등의 별자리가 그것이다.
258 보조적으로 응함. 곧 행성의 운동에서 지동설이나 천동설처럼 어떤 별을 중심에 두고 그 나머지를 보는 관점.
259 存而勿論은 存而不論과 같은 뜻으로『莊子』,「齊物論」의 "六合之外, 聖人存而不論, 六合之內, 聖人論而不議."에 나오는 말. 이 말은 훗날『氣學』1-9에 "六合之外, 存而不論也."로 다시 인용된다.
260 天府는 여러 뜻이 있으나 여기서는 '하늘의 마을'로 직역되므로 곧 천체를 가리킴.
261 중력에 의하여 태양과 그 주변의 행성들이 서로 간여하고 있는 사실을 그가 정확하게 알았는지 알 수 없으나 '서로 의지한다'라는 말은 그것과 맥락을 같이한다. 그의 후기 저술을 보면 뉴턴의 중력설에 의하여 별들의 운동이 서로 영향을 주고받음을 알았다. 그 원인을 그의 독특한 氣輪說로 다시 설명하였다.

어찌 오로지 이 지구를 위하여 나열해 있겠는가?[262]

地球胞於天府. 卽是諸星曜之等列. 其所參攝於天者, 未知何司何任, 而地必依賴乎
諸曜, 諸曜亦依賴乎地, 自有不可闕者也. 滿天諸曜, 豈專爲此地而排設也.

사람은 지면에 두루 퍼져 제각기 해당하는 땅 위에서 노닐며 태어나고
죽지만,[263] 지구의 몸체와 작용을 모두 다 알 길은 없다. 지금 천하만국에
언어가 전달되고 서적이 두루 유통되는 상황에서 지구의 둥근 몸체가
다 드러나고 지구 대기[264]가 크게 밝혀져, 세계 내의 사물을 연구하는
마음을 부르짖어 인도하였다. 오래전부터 전해 온 의문과 무지는 이것을
따라 밝혀지고 바로잡힌 게 꽤 많아 정리된 앎이 적지 않다.

人生遍塗於地面, 各游其地而生滅, 無由統悉體用. 到今天下萬國, 言語傳達, 書籍周
通, 球體畢露, 蒙氣大現, 唱導宇內格致之神氣. 千古疑晦, 從此就質, 頗多, 歸整不鮮.

추위와 더위의 다가옴과 물러남, 낮과 밤의 길이는 지구가 둥글기 때문에

---

262 이 내용은 동아시아 전통의 天圓地方의 우주론과 중세 서양의 천문학을 대표하는
　　9중천의 지구 중심설과 그 신학의 목적론적 관점을 간접적으로 비판한 말이다.
　　저자는 그리스 이래 서양 중세의 우주관이 포함된 서학을 잘 알고 있었다.
263 生滅은 utpāda-bhaṅga의 불교 용어로 因緣의 和合에 의하여 있게 되었다가
　　因緣의 離散에 따라 없게 되는 것인데,「維摩經」,「十譬贊·電」의 "倏爍驚電過,
　　可見不可逐, 恆物生滅後, 誰復蹔遲速."에 보인다.
264 蒙氣는 淸蒙 또는 淸蒙氣로도 일컬어지며 지구의 대기를 말함. 이하 대기 또는
　　지구 대기로 옮김. 이 용어는 일찍이『한서』,「京房傳」에 보이며, 서학에서 지구대기
　　를 번역할 때 사용했다. 이때 명의 徐光啓·李之藻·李天經이 예수회 선교사 롱고바르
　　디(Nicolas Longobardi), 테렌츠(Johann. Terenz), 로(Jacobus Rho), 아담샬
　　(Adam Schall von Bell) 등이 소개한 이론을 종합하여 편집한 책인『新法算書』에
　　도 등장하며, 홍대용과 저자 모두 이 책을 보았다.

생기는 현상으로 지역에 따라 그 정도가 같지 않다.265 바람·구름·우레·
번개·비·이슬·서리·눈은 땅의 기운266이 증발하여 엉겨 이루어진
다.267 어지럽게 반짝이는 여러 별도 그 규모가 한결같지 않고, 그 변화하
는 여러 색깔이 다양한 현상은 대기가 흔들리고 움직여, 사람이 쳐다볼
때 시야를 어른거리게 하기 때문이다.268 지구상 여러 곳 산물의 양이
많고 적음과 품질의 좋고 나쁨은 풍토의 차이를 따르고, 인간사의 의복과
음식과 사용하는 물건은 풍속이 같지 않음을 말미암는다.

進退之寒暑, 長短之晝夜, 由於體球而隨處不同. 風雲雷霆雨露霜雪, 由於地氣蒸發
盤結而成也. 幻映諸曜, 不一其規, 變化諸色, 有萬其態, 由於蒙氣搖盪, 纈人瞻望.
物產之盛衰美惡, 由於土宜有異, 人事之服食動用, 由於風俗不同.

사람이 하나의 마을이나 한 나라의 습속에만 얽매이면, 이웃 나라나
먼 나라의 사정을 같이 논할 수 없다. 또 누가 천하만국의 겉모습에만
빠져 고착되면, 땅의 기운이 만물을 생성하는 흔적을 알 수 없다. 또

---

265 이는 홍대용의 『醫山問答』에도 보이는 내용이며 『新法算書』에 들어 있는 내용으로
　　지구가 둥글고 또 자전한다는 증거로 사용하는 사례이기도 하다. 좀 더 엄밀히
　　말하면 밤낮의 길이와 계절의 변화는 지구가 둥글면서 자전과 공전을 하기
　　때문이다.
266 地氣는 수증기와 땅의 요소를 포함한 기운이다.
267 각종 기상 현상에 대한 서학 자료는 아리스토텔레스의 기상학을 기초로 이탈리아
　　선교사 알폰소 바뇨니(Alphonsus Vagnoni 또는 Alphpuso de Nagnoni, 高一志
　　초명 王豐肅)가 다시 쓴 『空際格致』에 자세하다. 저자는 훗날 그것을 저본으로
　　자신의 기철학적 관점에 따라 『運化測驗』으로 다시 썼다. 기상학적 견해는 거기에
　　자세하다, 더 자세한 것은 최한기/이종란 역, 『운화측험』, 앞의 책을 참고 바람.
268 별빛이 지구 대기의 영향으로 굴절되어 맨눈으로 볼 때 그렇다는 뜻이다. 빛의
　　굴절을 설명할 때 홍대용과 정약용 등도 바로 대기에 대한 이 설명을 따랐다.
　　현대 과학은 대기의 영향을 최소화해 별빛의 밝기와 크기, 색깔 등을 가지고
　　지구와 별과의 거리 성분 따위를 밝혀냈다.

누가 땅의 기운이 생성하는 일만 알아 스스로 만족한다면, 태양과 달의 모든 기운이 서로 응하는 규모269에 도달할 수 없다. 지구에 통달하고 우주에 신기가 충만하고 여러 별이 돌면서 운행한다는 사실을 알 수 있어야 지구의 대강270을 논할 수 있다.

夫人拘束於一鄕一國之習俗, 則不可與論於隣國遠邦之事. 又或泥着於天下萬國之形狀, 則不可得通於地氣造化之跡. 又或只知地氣造化而自足, 則不可梯達于日月諸氣相應之體. 有能洞達地體, 見得神氣充滿, 諸曜幹運, 可論地球之大體.

밀물과 썰물271은 항상 지구를 끼고 왼쪽으로 끌고 오른쪽으로 밀어272 달과 서로 응한다. 나아가 달이 높으면 조수가 줄어들고 달이 낮으면 조수가 넘친다.273 이것이 지구가 도는 첫 번째 증거이다.274 여러 별

---

269 『星氣運化』 같은 저자의 후기 저술에는 뉴턴의 중력설을 보았다는 점이 확인된다. 거기서 氣輪說이 나온 사실이 그것을 보았다는 증거이다. 또 『運化測驗』을 쓸 당시에는 행성을 기가 싣고 운행(공전)한다고 하여 아직 그것을 접하지 못했다. 이 글을 쓸 당시에도 그것을 보았는지 아직 확인된 바는 없어서, 이런 표현은 그의 또는 전통의 기철학적 관점에서 보아야 할 것 같다. 그 증거는 바로 뒤에서 밀물과 썰물의 원인을 설명할 때 등장한다. 따라서 여기서 표현되는 氣는 힘으로서 오늘날 중력이다. 원문 體는 맨 앞 단락에 나온 體制의 축약어로, 그다음 단락의 機括과 맥락이 같다.

270 大體는 여기서는 槪略, 大要, 大槪의 뜻이다. 『史記』, 「貨殖列傳」의 "山東食海鹽, 山西食鹽鹵, 領南沙北固往往出鹽, 大體如此矣."에 보인다.

271 潮水는 아침에 들어왔다가 나가는 물, 汐水는 저녁에 들어와서 나가는 물. 밀물과 썰물의 통칭.

272 훗날 달이 동쪽으로 돌므로 달과 연관되어 조수가 동쪽으로 돈다고 밝힌다. 그 근거는 그의 『運化測驗』 卷1, 「用器驗試」에 "況復太陰傍氣之輪轉, 與地傍氣之輪轉, 相切而成左擊右推之勢乎."라는 글에 보인다. 즉 달과 지구의 傍氣(물체 주변의 기)가 서로 맞물려 마찰을 일으켜 돌아간다는 표현에서 찾아볼 수 있다.

273 조수의 간만은 달이 보름과 그믐인 사리 때 그 차이가 가장 심하고, 상현과 하현인 조금 때 차이가 가장 적다. 저자가 여기서 말한 내용의 달의 '높음'은 상현과 하현에, '낮음'은 보름과 그믐에 해당하는데, 이 '높고' '낮음'의 표현은 어느 시점에서

가운데 낮은 별은 운행 속도가 빠르고 높은 별은 느린데,[275] 이것은 지구가 돈다는 두 번째 증거이다. 항해하는 범선이 서쪽을 향해 갈 때는 쉽고 동쪽을 향해 갈 때는 힘든데,[276] 이것이 지구가 돈다는 세 번째 증거이다.

潮汐水常挾地球, 左挈右推, 與月相應. 至於月高而潮減, 月低而汐溢, 是爲地運之一證也. 諸曜中低者運速, 高者運遲, 地運之二證也. 海舶之風帆, 向西則易, 向東則難, 地運之三證也.

지구가 하루에 한 번 도는 현상을 가지고 하늘이 하루에 한 번씩 돈다는

지상에서 관측되는 달의 고도를 두고 한 말인지, 아니면 지구와 달과 태양과의 위치 관계(달과 태양과 지구의 위치가 일직선일 경우 사리가 되고, 지구를 중심으로 달과 태양이 수직일 경우 힘이 상쇄되어 조금을 이룬다. 일직선을 이룰 때 달의 고도가 '낮다', 수직을 이룰 때는 '높다'라고 표현했을 가능성이 있음)를 나타내는 도표를 보고 표현한 것인지 알 수 없다. 원문에 潮와 汐으로 한 글자씩 썼지만, 의미는 潮汐으로 통합하여 표현함.

274 밀물과 썰물이 지구가 돈다는 사실과 관련되어 있다는 그의 발언은 『추측록』권2, 「地球右旋」의 "地球日周之論, 實爲理勝也. 且於潮汐之理, 其動尤爲端的."라는 말에도 보인다. 강조는 유사한 표현.

275 별의 높고 낮음은 지상에서 관측할 때 별이 뜨고 지는 고도가 아니라, 지구를 중심으로 천체의 궤도를 따라 동심원을 그렸을 때, 중심에서 멀거나 가까운 별을 가리키는 지구와의 거리를 말한다. 이런 표현은 이론상 지상에서 관측할 때 지구의 자전과 무관하게 태양계의 행성이 운동·운행하는 속도에 해당하는 말로서 공전과 관련된 말이다(『추측록』권2, 「地球右旋」에서 지구와의 거리에 따라 별의 속도가 다르다고 말하고 있다). 자전의 경우에는 관측 시 모든 별이 거리와 상관없이 똑같이 하루에 한 번씩 지구를 돌므로 실제로는 가까운 별이 느리고 먼 별의 속도가 빠르게 된다.

276 이 내용은 『空際格致』卷2, 「海水之動」의 "二曰, 自東而西. 凡從歐羅巴航海, 西向而行, 則順而速, 東向而行, 則逆而遲."과 관련된 말이다. 원래 천동설을 중심으로 쓴 이 책에서 해수의 이동을 설명하는 말이지만, 저자는 해수의 이동이 지구 운동의 영향을 받는다는 점을 알아서 그 증거로 사용하였다. 강조는 같은 표현.

설에 비교해 보면, 이는 천체와 지구의 운동과 정지277를 서로 바꾼 것이다. 이것은 땅이 둥글다는 사실이 밝혀진 일만이 아니라, 지구가 돈다는 사실이 더욱 분명해진 일이다. 이미 지구의 몸체와 작용을 알았다면, 만물과 만사의 변화278와 변통에는 가까스로 방법이 있을 것이다.

以地之一日一周, 較諸天之一日一周, 是乃動靜相換也. 非獨地體之圓球有所明, 抑亦地運, 益有所明也. 旣有得於地之體用, 則萬物萬事之推移變通, 庶有其方.

---

277 운동은 지동설, 정지는 천동설을 말한다. 전통의 천원지방설이나 서학의 지구 중심의 천동설은 모두 지구가 우주의 중심에 정지해있다고 믿었다.

278 推移는 變化 또는 移動·發展의 뜻.『禮記』,「王制」의 "中國戎夷, 五方之民, 皆有性也, 不可推移."에 보인다.

해 설

지구와 관련된 여러 지식을 다루었다.

이 글에서는 과학적 주제를 많이 다루고 있다. 대부분 오늘날 지구과학과 천문학에 속한 내용이긴 하지만, 그 가운데 대기와 그 현상, 지구의 공전과 자전, 조석 운동, 천체의 운동 등 과학사와 관련지어 다루어야 할 내용들이다. 물론 이것들은 당시까지 알려진 과학 지식을 저자가 비판적으로 받아들이고 주장해서, 현대 과학에 맞거나 안 맞을 수도 있지만, 19세기 전반의 당시 조선 사회에서는 획기적인 내용임은 틀림없다.

우선 저자는 지구를 설명하기에 앞서 서학의 우주론을 간접적으로 비판하였다. 곧 "우주는 너무나 커서 그 끝을 연구할 수 없는데, 더구나 다시 그 규모가 어떤지 논의하는 일이겠는가?"라는 말에서 당시 전파된 서학의 우주 중천설(重天說)을 무한우주설로 비판한 말이다. 중천설은 지구가 우주의 중심에 있고 그것을 중심으로 가까운 순서대로 동심원을 그리는 달-수성-금성-태양-화성-목성-토성의 천체와 항성천과 종동천(宗動天: Prime Mover)으로 이어지는 우주 구조이다. 이는 아리스토텔레스의 천문학을 수정하여 정리한 2세기경 활동한 천문학자 프톨레마이오스(Ptolemaios 혹은 Ptolemy)의 그것을 계승한 지구를 중심으로 여러 천체가 9~12개의 동심원을 그리며 운행하는 닫힌 우주였다. 종동천에 천사들이 거주하면서 천체의 운동을 주관한다고 믿었으니, 서양에서 무한우주설을 주장하는 일은 신들을 우주에서 추방하는 결과를 초래하므로 위험한 견해였다. 다만 홍대용과 저자는 기독교에 비판적이었으므로 그것을 비판할 수 있었다. 그래서 그는 지구 중심의 우주관을 비판하면서 "하늘에 가득 찬 별들이 어찌 오로지 이 지구를 위하여 나열해 있겠는가?"라고 말하였다. 이는 전통의 천원지방설과 서학의 지구 중심의 천문학과 신학적 목적론을 모두 비판한 말이다.

여기서 저자는 전통의 '시종(時鐘)'으로 불린 자동으로 시각을 알려주는 자명고(自鳴鼓)도 우주의 천체를 본떠 제작한 기계 장치로만 보고, 우주의 실상을 제대로 반영하고 있다고 보지는 않았다. 문헌을 보면 이미 송나라 때에 이런 자동 시계가 있었다. 원리는 조금 다를지라도 같은 목적으로 제작한 조선의 자격루도 그것이다. 행간에서 서학의 창조론과 그 목적론의 비판을 엿볼 수 있다.

또 추위와 더위는 태양에, 밀물과 썰물은 달에 관련짓는 일은 과학사에서는 매우 중요한 견해이다. 사실 추위와 더위의 변화는 음기와 양기가 생겨났다 없어졌다 하는 현상이 아니라, 그 실상은 태양열의 영향이라는 견해는 홍대용의 『의산문답』에서 밝힌 바 있다. 아무튼 추위와 더위, 밤낮의 길이 변화 등은 지구가 둥글고 자전·공전하기 때문에 생기는데, 태양과 그리고 지구가 둥글다는 사실에 연결 짓는 점은 타당하다. 더 이상 음양 개념으로 자연을 설명하지는 않는다.

그리고 몽기(蒙氣)를 지구과학에서 말하는 대기로 본 것은 서학의 영향이다. 용어 자체는 전통에 있었던 말이지만, 서학에서 그것을 가져다 옮겼다. 다른 말로 청몽(淸蒙) 또는 청몽기이다. 본문의 "여러 색깔이 다양한 현상은 대기가 흔들리고 움직여, 사람이 쳐다볼 때 시야를 어른거리게 하기 때문이다"라는 말은 바로 이 몽기의 설명으로, 지구의 대기가 우주에서 오는 빛을 굴절시켜 왜곡할 수 있음도 알고 있었다. 오늘날 우주를 관측하는 대형 망원경이 사람이 살지 않은 사막 같은 곳에 설치한 사실은 그런 것을 방지하기 위해서이다.

그런데 홍대용과 정약용도 저자가 본 책을 본 것으로 확인된다. 저자는 이 두 사람보다 그 이론을 기철학의 관점으로 더 끌고 나가 재구성한다. 가령 아리스토텔레스의 기상 이론을 서학의 관점에서 다시 쓴 알폰소 바뇨니의 『공제격치』를 『운화측험』에서 다루는데, 제1권에서는 4원소설에 대응하여 기철학적 관점에서 여러 주제를 다루고, 제2권에서 기상학적 내용을 자신의 기철학적 관점에서 재구성하였다. 그래서 본문의 "바람·구름·우레·번개·비·이슬·서리·눈은 땅의 기운이 증발하여 엉겨 이루어진다"라는 말은 지상에서 증발한 수증기가 기상 현상을 이루고 있음을 표현한 말이다. 본서를 쓸 때 그 내용을 이미 알고 있었던 증거이다. 『추측록』에 직접 인용된 내용이 보인다.

그리고 또 "태양과 달의 모든 기가 서로 응한다"라는 견해는 오늘날 관점에서 보면 중력을 말하지만, 뉴턴의 중력 이론을 접하기 전에 이런 견해를 갖는다는 사실은 이미 그 수용의 토대가 준비되었음을 알 수 있다. 그가 중력설을 접한 시기는 존 허셜(Sir John Frederick William Herschel, 候失勒, 1738~1822)이 쓴 『천문학 개요(Outline of Astronomy)』가 『담천(談天)』으로 중국에서 번역·출간된 1858년 이후이다. 그의 『성기운화(星氣運化)』에서 중력의 원인을 기륜(氣輪)설로 제시했는데 그때가 1867년이다. 그러니까 10여 년 사이에 그 책을 보고 중력설을 알았는데, 이 『신기통』은 그 이전에 썼으므로 그것을 알 리가 없었다. 중력설을 알았다는 증거는 『담천』이라는 책 이름과 함께 "여러 행성이 서로 이어 연결되어 몸체를 이루고 끌어 움직이고 밀어 구르는 것"[279]이라는 말이 그것이며, 여기서 원문 '섭동(攝動)'이라는 말의 뜻은 "당겨 잡고 움직이는 것"[280]으로 설명하고 있다. 저자가 이 중력을 섭력(攝力)으로 표현하였다.

드디어 그는 지구가 도는 증거를 제시한다. 원문 '地運'은 자전을 말하는

---

279 『星氣運化』, 序: 諸行星之聯綴成體, 攝動推轉. 여기서 저자는 『담천』에서 지구의 자전과 공전을 따르고 있다고 한다(같은 책, 범례).

280 같은 책, 凡例: 攝動者, 引持而動也.

지 공전을 말하는지 아니면 둘 다 함께 말하는지 분명하지 않지만, 내용을 분석해 봐야 한다. 후기 저작인 『운화측험』에서는 자전(自轉)과 공전[輪轉]을 엄격히 구별해서 쓰고 있는데, 이 글에서는 그것이 확실하지 않다. 왜 그럴까? 그 까닭을 말하기 전에 내용부터 먼저 분석해 보자.

우선 첫 번째 증거는 조수가 주로 달과 관련되어 시각과 지역에 따라 달라지므로 지구의 자전과 관련된 진술이다. 두 번째 증거는 공전과 관련된 말인데 복잡한 설명이 필요하다. 세 번째 증거는 해수의 이동과 관련된 것으로서 공전과 자전 모두 관련이 있다.

사실 지구의 자전과 공전을 증명하는 일은 쉽지 않다. 하늘이 돈다고 해도 천문현상을 관측하는 데는 그 결과가 같기 때문이다. 저자의 표현대로 천체와 지구의 운동과 정지를 바꾸어도 설명되기 때문이고, 그가 말한 증거도 결정적이지 못하다. 서양에서 코페르니쿠스가 지동설을 주장했지만, 그의 말대로 계산의 편리에서 그랬던 일이지 관측상의 증거가 있어서 그런 일은 아니다. 유럽에서 그 이론을 쉽게 받아들이지 않았던 까닭은 단지 신학적 이유만은 아니었다.

지구의 자전은 19세기 중엽에 이르러 푸코의 진자 진동면의 겉보기 회전 현상으로, 또 코리올리의 효과에 의하여 확실히 증명되었다. 마찬가지로 지구의 공전도 증명하기 매우 까다로운 현상이었다. 그것을 증명한 이론에는 별빛의 광행차(aberration)와 별의 시차(parallax)와 또 지구의 세차운동(precession)이 있다. 사실 저자의 두 번째 증거는 시차와 관련이 있어 보이는데, 코페르니쿠스와 케플러의 태양중심설은 항성의 시차가 19세기 초에 처음으로 관측될 때까지 확고한 기반을 얻지 못했다. 저자는 19세기에 살았으므로 이 사실을 접했는지 우리는 알 길이 없지만, 가능성은 충분히 있다.

아무튼 저자는 이 자전과 공전을 구분하지 않고 좀 애매한 표현인 지구가 돈다는 '地運'을 사용하여 그 증거를 대고 있지만 그런 사정이 있었다. 그 자신도 그때까지 구분해서 사용하고 있지는 않아도, 『추측록』에서 다만 "지구의 자전 이론이 실제로 이치상 낫다. 또 밀물과 썰물의 이치에서 지구가 돈다는 사실이 더욱 명백하다"[281]라고 말할 뿐이었다. 그는 『운화측험』(1860)을 저술할 때 비로소 자전과 공전을 확실히 구분해서 설명하고 있다.

---

[281] 『추측록』 권2, 「地球右旋」: 地球日周之論, 實爲理勝也. 且於潮汐之理, 其動尤爲端的. 여기서 日周는 一日一周의 준말이다.

36. 앎이 머물 곳과 형질통 추측통
通之所止及形質通推測通

아는 데는 방법이 있다. 알 수 있는 것은 알 만한 대상을 알아가되, 알 수 있는 땅에 머문다. 알 수 없는 것은 알 만한 경계를 거쳐서, 알 수 없는 한계에서 그친다.

通之有術焉. 可通者, 通其可通而止於可通之地. 不可通者, 歷其可通之界, 而止於不可通之限也.

참의 정화는 거짓[282]의 땅과 서로 닿아 있지만, 앎이 참의 정화에 이르면 그것이 바로 앎이 머무를 수 있는 한계가 된다. 만약 앎을 넘어서 버리면 거짓의 땅에 들어간다. 바탕이 가볍고 꾸미기가 능한 사람은 늘 대부분 앎을 넘어서 버리는 병통이 있는데, 머물러야 하는 이 경계(警戒)를 침범하면 무한한 거짓이 끝[283] 없을 것이다.

誠實之精華, 與虛誕之地接界, 通之至於誠實之精華, 是爲可止之限. 若過通, 則入于虛誕之地. 質輕而文勝者, 常多過通之患, 犯此所止之戒, 無限虛誕, 罔有紀極矣.

또 가까이는 몸[284] 안의 소이연자[285]와 바깥으로는 온 세상 사람들의

---

282 虛誕은 저자가 자주 사용하는 虛妄과 怪誕의 축약어로 참(성실)과 대비되는 거짓의 의미로 쓰였다.

283 紀極은 끝, 한도의 뜻으로 『左傳』, 「文公十八年」의 "聚斂積實, 不知紀極."과 『資治通鑑』, 「漢獻帝建安元年」의 "且董卓貪淫驕陵, 志無紀極." 등에 보인다.

284 形質은 인간의 몸을 비롯한 모습을 지닌 물건의 뜻으로 쓰이지만, 여기서는 인식주체의 몸에 한정함.

귀와 눈이 미칠 수 없는 대상286이 있으니, 이것을 일러 '알 수 없는 것'이라 한다. 설령 누가 그것을 알았다고 스스로 말하더라도 누가 그 앎을 믿겠는가? 만약 몽땅 알 수 없는 대상으로 돌려서,287 그것과 함께 알 수 있는 범위 안의 대상까지 쓸어내 버린다면 이 또한 옳지 않다. 그러므로 알 수 있는 것과 알 수 없는 것 사이에서 밝고 지혜로운 선비는 정력을 다 쓰니 옛날부터 그래왔다.

且在近, 則形質之內所以然者, 在外, 則天下人耳目之所不及者, 是謂不可通也. 縱或自言其通, 誰信其通也. 若全歸乎不可通, 而幷與其可通之界, 拼抛, 則是亦不可. 故可通與不可通之間, 睿知之士, 費盡精力, 從古然也.

대개 인사와 사물의 이치를 이른바 '안다'라고 하는 사람은 그 작용만 알고 본체를 모르며, 그 대강을 아나 상세한 내용을 모르고, 넓게 작용하는 일은 알아도 본질적으로 감춰진 이치288는 모른다. 또 사물을 자주 경험하고 접하여 눈과 귀에 익숙하면, 비록 그것을 아는 것 같아도, 그 실상을 따져보면 자연히 알지 못하는 사람이 많다. 이는 모두 사람이 노력한 추측지통289으로서 말한 것인데, 추측에 일정한 규칙이 없다.290

---

285 성리학에서 말하는 형이상학적 사물의 원리로서, 여기서는 인간이 인간일 수밖에 없는 天理를 말함. 형이하의 사물이 갖는 물리적 법칙과 구별된다.

286 형이상학적 존재와 함께 신(God)처럼 감각으로 파악할 수 없는 존재.

287 全歸는 죽을 때까지 몸을 보전하고 아름다운 이름을 얻는 일로 『禮記』, 「祭義」의 "父母全而生之, 子全而歸之, 可謂孝矣. 不虧其體, 不辱其身, 可謂全矣."에 보인다. 여기서는 온전히 한 군데로 몰아간다는 뜻.

288 費而隱은 『中庸章句』第12章의 "君子之道, 費而隱."에 나오는 말인데, 朱熹의 주석에 "費, 用之廣也, 隱, 體之微也."라고 하여 역시 體用의 관점에서 풀이했다.

289 形質之通과 대비되는 사유에 의한 인식으로 제목처럼 推測通으로도 일컬음.

290 그의 『추측록』에는 각종 추측의 방법을 제시한다. 그러니까 여기서는 이전 사람들은

그래서 안 내용의 진정한 자취는 매우 적다.

蓋人事物理之所謂通者, 通其用而不通其體, 通其槩而不通其詳, 通其費而不通其
隱. 且於事物, 屢經屢接, 慣熟于耳目, 則雖若通之, 究其實, 自有不通者多. 是皆以人
功推測之通言之也, 推測無一定之規. 故所通之眞跡無幾矣.

자연이 만물을 생성할 때는 제각기 몸을 갖추었는데, 색깔을 아는 일은
눈에, 소리는 아는 일은 귀에, 맛과 냄새를 아는 일은 입과 코에 관계되니,
이것이 형질지통[291]이다. 그 형질지통을 따라 추측지통이 생긴다. 만약
형질지통과 추측지통의 구분이 없다면, 본체와 작용이 뒤섞여[292] 본체
가 없는 작용이나 작용이 없는 본체가 있게 되니, 어찌 알 수 있는 대상과
알 수 없는 대상의 나뉨을 알겠는가?

天之生物, 各具形質, 色通于目, 聲通于耳, 味臭通于口鼻, 是乃形質之通也. 從其形
質之通, 而推測之通生焉. 若無分於形質之通與推測之通, 則體用混淆, 或有無體之
用無用之體, 烏知其可通與不可通之分.

　　그런 일정한 방법을 몰랐다는 의미로, 자신의 추측법이 우수하다고 간접적으로
　　말함.
291 감각기관으로 인식하는 것, 곧 감각적 경험을 일컫는 말로 제목처럼 '形質通'으로도
　　일컬음.
292 混淆는 혼잡하거나 착란하거나 한계가 모호한 뜻으로 晉 葛洪의 『抱樸子』, 「尙博」의
　　"眞僞顚倒, 玉石混淆."에 보인다.

해 설

이 글은 저자의 인식 이론에 있어 학문 태도의 알파와 오메가 그리고 그 관점에서 비판하는 대상을 엿볼 수 있다. 큰 틀에서 보면 공자의 "아는 것을 안다고 하고, 모르는 것을 모른다고 하는 일이 참으로 아는 것이다"[293]라는 가르침을 잇고 있다. 지적 정직성을 강조함과 동시에 앎의 한계를 분명히 해두자는 태도이다.

우선 그의 논의는 인식의 대상을 분명히 하는 데서 출발한다. 후기 저술인 『기학』에서도 보이지만, 검증할 수 없는 형이상학적 대상이나 종교, 특히 기독교에서 말하는 신의 존재 그리고 전통의 방술에서 다루는 미신적 견해 따위를 알 수 없는 대상으로 여겨 더 이상 논하지 않는다고 한다. 더 나아가 원리적으로 알 수는 있지만, 당시의 인식 수준에서 아직 밝히기 어려웠던 먼 우주의 일도 그 가운데 하나였다.

본문의 '몸 안의 소이연자'란 다름 아닌 그 사물을 그 사물이게끔 만드는 성리학의 리 또는 태극을 말하고, 또 한편 서학에서 소개하는 아리스토텔레스의 형상(form)이 거기에 해당한다. 그러면서 저자는 또 불가지론도 경계하였다.

드디어 마지막 단락에서는 감각적 경험과 사유에 의한 인식의 두 방법이 있음을 말하였다. 그것이 각각 형질지통(형질통)과 추측지통(추측통)이다. 저자가 인식에 이런 근본적 차이가 있다고 본 데에는 앞에서 논의하였지만, 아리스토텔레스 인식 이론이 반영된 서학의 영향이 크다. 서학은 그의 삼혼설을 계승하여 그 세 가지 영혼이 갖는 기능상의 차이에 따라 인식능력의 차이를 설명하였고, 조선 후기 웬만한 식자들도 알고

---

293 『論語』, 「爲政」: 子曰, 由, 誨女知之乎. 知之爲知之, 不知爲不知, 是知也.

있었다. 곧 아리스토텔레스가 말한 감각 경험은 각혼인 동물혼의 기능이고, 이에 반해 이성적 사유를 통한 추론은 인간 영혼의 고유 기능으로 보았다. 곧 후자의 경우 질료에 들어 있는 사물의 형상을 영혼의 기능을 통해 추론해 낼 수 있다고 여겼다. 그러니까 자연히 각혼을 소유한 동물은 형상을 알 수 없고, 영혼을 소유한 인간만이 알 수 있다는 결론에 도달한다. 훗날 서학에서는 그의 이론을 계승하여 당연히 하느님이 부여한 인간 고유의 영혼만이 할 수 있는 기능으로 여겼다.

사실 아리스토텔레스의 형상에 대한 추론은 애초부터 불가능한 가정이었다. 그의 형상은 사물의 법칙이 아니라 성리학의 리처럼 사물을 이룬 질료와 본질적으로 다른 형이상의 그것으로 단지 추론으로 파악하는 대상이었기 때문이다. 그의 형상이 사물 속에 있다는 것뿐이지 플라톤의 이데아와 다를 바 없었다. 근대 과학에서 다루는 법칙과 그의 형상은 전혀 다른 성질의 그것이다. 저자의 유행지리와 추측지리의 구별도 성리학 리에 대한 회의와 함께 또 이 문제와도 연관되어 있다.

이렇게 서학의 식물혼·동물혼·영혼의 이른바 삼혼설 개념을 저자가 신기로 일원화하면서, 동시에 인식 과정에 본질적으로 성격을 달리하는 두 측면이 있다는 점을 알고, 그것을 형질통과 추측통이라 명명하여 변용하였다. 그러니까 형질통은 각혼의 기능에서 추측통은 영혼의 기능에서 변용했다. 이상이 신기의 형질통과 추측통이 등장한 배경으로, 그것은 저 멀리 아리스토텔레스 철학에 닿아 있는 동서 철학 교섭의 결과이다.

37. 형질통과 추측통은 다르다
形質推測異通

색깔은 눈을 따라 알고 소리는 귀를 따라 알며 냄새와 맛은 코와 입을 따라 아니, 이것은 신기가 귀와 눈과 입과 코를 기다려서 앎을 가지는 일이다. 눈은 여러 색깔을 통과시키고 귀는 여러 소리를 통과시키며 입과 코는 여러 맛과 냄새를 통과시키니, 이것은 소리와 색깔과 냄새와 맛이 밖으로부터 들어와 신기에 알려지는 일이다. 모두 형질지통이고, 바깥 사물을 신기가 기다려서 아는 일과 밖에서 들어옴에 따라 아는 일의 차이는 있으나, 사람마다294 모두 같다.

色從目通, 聲從耳通, 臭味從口鼻通, 是神氣俟於耳目口鼻, 而有所通也. 目通諸色, 耳通諸聲, 口鼻通諸臭味, 是聲色臭味, 從外而來通於神氣也. 皆形質之通, 而但有俟於外而通者, 從外來而通之之別, 人人皆同矣.

이미 있는 형질지통의 내용을 말미암아 구별하고 헤아리는 일이 있다. 만약 그것이 이전에 경험한 내용을 미루는 일이 아니라면, 현재에 경험하는 대상을 가지고 이것을 저것에 비교하고 저것을 이것에 비교함으로써, 우열과 득실을 헤아려 통달하는 내용이 있게 된다. 이것이 추측지통이고, 사람마다 같지 않다.

旣因形質之通, 而有所分開商量者. 如非推前日之見聞閱歷, 卽因現在之物, 以此較

---

294 人人은 사람마다 또는 모든 사람의 뜻으로『禮記』,「表記」에 "子曰, 仁之難成久矣. 人人失其所好, 故仁者之過易辭也."와『孟子』,「離婁上」의 "人人親其親, 長其長, 而天下太平."에 보인다.

彼, 以彼較此, 測度其優劣得失, 有得通達者. 是乃推測之通, 人人自有不同也.

만약 여러 사람에게 우레와 대포 소리를 듣게 한다면, 그들의 귀에 들리는 소리는 모두 같더라도, 그 소리를 분별하고 판단하는 내용은 저절로 같지 않을 것이다. 소리를 듣는 모든 일이 이와 같고, 여러 색깔과 냄새와 맛을 아는 데도 모두 같고 다름이 있다.

如使諸人, 聞雷與砲, 其通於耳則皆同, 其分別商度, 自有不同. 一切聲聞, 莫不皆然, 至於諸色及臭味之通, 皆有同有異矣.

그러므로 형질지통을 따라 추측지통에 이르게 되는데, 이때 나를 위주로 하는 것295은 경솔하고 대상을 위주로 하는 것296은 심원하여, 자연과 사람을 거의 알게 되어서 오류가 적을 것이다.

然則因形質之通, 而達之于推測之通, 主我者輕, 主物者深, 庶幾通天人而少差謬.

---

295 주관적인 태도를 말함.
296 객관적인 태도를 말함.

해 설

여기서는 앞의 글을 이어 형질통과 추측통을 더 심화시켜 나갔다. 먼저 감각적 경험이라 할 수 있는 형질통에도 차이가 있는데, 인식주체인 신기가 대상과 감각기관의 기능에 집중할 때와 그렇지 못할 때의 차이를 설명하였다. 곧 능동적인 관찰과 수동적인 대응이 그것이다.

다음으로 추측통이 생기는 근거랄까 영향을 말하고 있다. 곧 과거의 경험이나 현재의 경험을 가지고 추측하는데, 추측할 대상이 경험에서 오므로 경험이 추측의 기능을 촉발한다고 하겠다. 경험은 그 자체로서 중요할 뿐만 아니라, 추측의 자료를 제공하며 더 나아가 추측을 촉발하는 계기가 된다. 이는 아리스토텔레스가 이성적 인식의 기능이 잠재태에서 현실태로 전환하는 논리와 흡사하다. 이는 유아기의 경험이 이후의 사고 발달에 지대한 영향을 끼친다는 발달심리학의 이론과 같은 맥락이다.

그런데 이 추측통은 형질통에 비해 사람마다 다르다고 한다. 사실 감각기관과 정신에 이상이 없다면 감각 경험은 사람마다 차이가 별로 없다. 하지만 사유 기능은 현실적으로 사람마다 엄청난 차이를 보인다. 그것은 경험과 학습 또는 훈련의 여부에 따라 사람마다 천차만별이다. 서학은 그 차이를 신이 부여한 영혼의 능력 차이라고 하겠지만, 저자의 이론에서는 기질과 경험 곧 유전적 요인과 학습의 차이가 그것을 말한다고 하겠다. 이것을 더 거슬러 올라가 보면 곧 공자가 『논어』에서 "성품은 사람마다 서로 비슷하나 습관으로 인해 서로 멀어진다"297라는 말도 이 이론에 적용된다. 저자는 이 문제를 『추측록』 권3에서 심도 있게

---

297 『論語』, 「陽貨」: 子曰, 性相近也, 習相遠也.

논의한다.

이 글에서 현대적 관점에 부합하는 또 하나의 지적은 추측통도 주관성을 배제하고 객관성을 유지해야 한다는 점이다. 추측의 전제로서 그 자료가 되는 경험 내용도 그래야 하겠지만, 바로 '내 위주'가 아니라 '대상 위주'로 하는 것이 '앎이 깊고 오류가 적다'라는 말도 추측의 객관성을 강조한 말이기도 하다.

38. 가르침을 소통함
通教

많은 백성을 이끄는 방법은 오직 가르침298뿐이다. 온 세상 만민이 함께하는 신기에 통달한 사람299은 만민의 일상을 따라 예법을 제정하고,300 그들에게 있는 것301을 따라 이끈다. 하지만 때에 맞추어 옛것을 개혁하여 변하는 민속을 바로잡는 일은 반드시 어둡고 막힌 곳을 반드시 소통하게 한다. 이에 스승의 도리302는 잠시도 폐지할 수 없다.

統率烝民之道, 惟敎耳. 通天下萬民所同之神氣者, 因其常而品節, 因其有而導率. 然隨時沿革, 以正民俗之趨變, 必使蔽塞者通達. 乃師道之不可暫廢也.

스승의 도리는 군신유의·부자유친·부부유별·장유유서·붕우유신을 윤리의 조목으로 삼고, 인의와 예악으로 만민을 이끌어 교화하는 방법으로 삼는다. 이것은 실로 인간의 도리에 본래 있지만, 성인이 유독 그 조목에 이름을 붙여 말했을 뿐이다. 설령 성인이 다시 나타난다고 해도 이 도리를 바꿀 수 없다.

---

298 해설을 보라.

299 더 이어지는 내용을 보면 전통적으로 聖人이 그렇게 하는 사람으로 보았다. 『기측체의』 서문에 따르면 周公과 孔子가 거기에 해당함.

300 品節은 등급과 계층에 따라 제한하거나 나누는 일. 곧 예법을 제정하여 시행하는 일. 『禮記』, 「檀弓下」의 "品節斯, 斯之謂禮."와 『朱子語類』 62-68의 "道亦是自然之理, 聖人於中為之品節以教人耳."에도 보인다.

301 백성들의 처지나 형편.

302 師道는 저자가 사용한 용례를 이 책의 서문에서 "周公孔子所以爲百世師者", 또는 "後之師周孔者"라고 말한 내용과 이 아래 단락의 글을 보면 주공과 공자처럼 가르침과 예법을 펼친 사람이 스승이며, 師道란 성인의 도리 또는 가르침이다.

君臣有義, 父子有親, 夫婦有別, 長幼有序, 朋友有信, 以爲倫常之目, 仁義禮樂, 以爲導化之方. 是實人道之所固有, 聖人特名言其條目而已. 縱使聖人復起, 不可變換此道.

요임금·순임금·주공 이래로 수천 년 동안 억조창생들은 이 가르침을 따르고 그 속에서 자라왔다. 세상이 한때 잘 다스려졌다가 한때 혼란해지는 일303은 이 가르침이 밝거나 밝지 못한 데304 따랐다. 가르침이 만약 밝지 못하여 장차 세상의 도리가 무너지고 혼란해질 조짐이 있으면, 지각이 있는 사람은 근심하고 탄식하지 않음이 없었다. 반면 가르침이 아름답고 밝아 장차 세상이 잘 다스려지고 융성하게 될 조짐이 있으면, 뭇 생명들이 기뻐하지 않음이 없었다. 바로 여기서 많은 백성의 신기가 통하는 데는 지역의 차이가 없고 보편적임을 증험할 수 있다.

自堯舜周公以來數千載, 億兆民, 涵育於斯敎中. 一治一亂, 由於斯敎之明不明. 敎若不明, 將有壞亂之漸, 則有知者莫不憂歡. 敎若休明, 將有治隆之漸, 則動植羣生, 莫不悅豫. 於此可驗烝民神氣之通, 無有乎彼此遠近.

고금을 통하여 스승의 도리를 잘 닦아 밝힌 경우는 천 년에 한 번도 이루기 어렵다. 반면 스승의 도리를 침해한 일이 나날이 이어져 오지만, 되레 그것이 없어지지 않은 까닭은 이 사람들305이 있으면 이 가르침이

---

303 一治一亂은 전통의 역사관 가운데 하나로 일종의 순환 사관이다. 『孟子』, 「滕文公下」의 "天下之生久矣, 一治一亂."에 보인다.
304 이 가르침 자체는 밝지만, 그 현실적 적용이 역사적 정치 상황에 따라 그렇게 되었다는 것.
305 이 사람의 뜻으로 곧 사도를 잘 체득하고 따르는 사람들. 『論語』, 「雍也」의 "斯人也, 而有斯疾也."에 용례가 보인다.

있고, 이 사람들이 없으면 이 가르침이 없기 때문이다.

古今師道之修明, 千載難得. 師道之侵害, 日月接續, 尚不至泯滅者, 以其有斯人則
有斯敎, 無斯人則無斯敎也.

온 세계306는 모두 임금과 스승이 백성들을 가르치고 이끌고 다스리고
있으므로, 이 지역의 가르침을 가지고 저 지역의 그것에 비교하면, 온
세계를 비교하고 참작하지 않음이 없어 저절로 같은 점이 있게 된다.
또 저 지역에는 이 지역에 없는 것이 있고, 이 지역에는 저 지역에 없는
것도 있다.

四大世界, 皆有君師, 敎導御民, 則以此界之敎, 較諸彼界之敎, 四大界無不參較,
自有所同. 又有彼有此無, 此有彼無者.

그러나 온 세상 사람들이 모두 같이 하는 가르침은 천인307의 가르침이
다. 이 가르침을 닦아 밝히는 자가 온 세상의 스승이 된다. 만약 부당한
종교의 가르침을 거기에 섞는다면 온 세상 사람들의 스승이 아니다.
저 지역에는 있는데 이 지역에는 없고 이 지역에는 있는데 저 지역에는

306 四大는 『老子』에서 道·天·地·王(人)을 말하는데, 여기서는 모든 세계의 뜻으로
 뜻이 서로 통한다. 정확히 알 수는 없으나 아마도 19세기 당시의 관점에서 아시아
 유럽·아메리카·아프리카 대륙으로 전 세계를 칭하는 말일 수도 있다. 또 『추측록』
 권5, 「西敎沿革」에 "至於佛說之四大州及諸天說, 見其不是."라는 말에서 '四大州'
 도 보인다. 또 불교의 세계관에서 세계를 구성하는 地水火風을 일컫고 또는
 우주를 삼천 대천세계라고 표현하고, 須彌山이 세계의 중앙에 솟아 있고, 사방에는
 四大州가 있다고 함. 종합하면 사대는 인간이 사는 모든 세상을 의미함.
307 天人은 용어사전을 볼 것. 여기서 말하는 天人之敎는 보편적이란 뜻이며, 훗날
 天人人道敎, 天人運化敎 등으로 발전시켜 나간다.

없는 가르침 따위는 후미진 지역의 낡은 풍습이 아니라면 화복으로 유인하는 말이다. 처음에는 바른 가르침을 빌어서 행하다가, 끝에 가서는 바른 가르침을 해치고 잘못된 곳으로 서로 몰아 이끄니,308 되레 온갖 장인(匠人)의 스승만도 못하다.

天下皆同之敎, 卽天人之敎也. 修明此敎者, 爲天下師. 若雜以不當敎之敎, 便非天下師也. 彼有而此無, 此有而彼無之敎, 如非僻處之弊俗, 卽是禍福之誘說也. 始則假正敎而行焉, 末乃害正敎而淪胥, 反不若百工之師也.

기용학309과 역산학310은 온 세상에 보편적인 학문으로 민생에서 빠뜨릴 수 없으니, 차라리 그 학문에 능숙한 사람을 스승을 존중하는 대열에 참여시킬 수 있다. 오직 저 보편적이지 않은 가르침과 되레 해가 되는 종교311는 마땅히 함께 도태시켜야 하겠지만, 점진적으로 교화시켜야지 갑자기 고치게 할 수 없고, 형세를 따라 이롭게 인도해야지 위협하여 꺾고 억눌러서도 안 된다. 저들도 오랫동안 전해진 종교에 저절로 효험이 없으면 반드시 고칠 것이다. 이미 고치게 되면, 근원으로 되돌아올 일을 거의 기대할 수 있다.

器用學歷算學, 是亦天下之所同, 民生之不可闕, 寧可參於師尊之列. 惟彼不同之敎, 反害之道, 宜幷汰棄, 可漸化而不可猝變, 可以因勢利導, 不可將威摧抑. 彼自有久傳無驗, 必至變遷. 旣至變遷, 庶望返原.

---

308 淪胥는 『詩經』, 「小雅·雨無正」의 "若此無罪, 淪胥以鋪"에 나오는 말.
309 저자의 학문 분류 가운데 하나로 기술 분야. 『추측록』 권6, 「器用學」을 볼 것.
310 저자의 학문 분류 가운데 하나로 천문학과 연관된 책력·역법에 관련된 분야.
311 원문 道는 敎와 같은 의미. 종교 이름에 '○○도'라고 하는 것을 생각해 보라.

해 설

이 글은 보편적 가르침을 주장하였다.

가르침을 뜻하는 교(敎)는 유교 성인의 가르침을 말한다. 성인의 가르침이란 점에서 또 전통적 교화의 의미가 들어 있다. 가르침의 본질은 민생의 삶과 관련되며 진리의 세계와 현실이 일치된 보편성을 띤다. 바로 여기서 저자의 종교 개념을 엿볼 수 있다. 사실 종교(宗敎: religion)라는 말은 구한말 개신교가 본격적으로 전파되면서 알려진 번역어인데, 서양에서 말하는 이 종교 개념으로 동아시아의 유학이나 불교 그리고 저자의 교 개념을 정확히 설명할 수 없다. 더욱이 한자 종(宗) 자와 교(敎) 자의 용례에서 볼 때 둘을 붙여 종교(宗敎)라고 쓰는 경우는 드물고, 혹 있더라도 서구식 종교 개념과는 다르다. 그래서 '가르침'이라는 말로 옮겼다.

원래 교라는 말은 유교 전통에서 예악형정(禮樂刑政)처럼 인물이 마땅히 실천해야 할 내용을 성인이 규격 지운 법도였다.[312] 다시 말해 유교의 성인이 만든 가르침으로 저자는 그것을 '사도(師道)'로 표현했다. 따라서 저자는 세계 각 지역에 분포한 각종 종교도 유교처럼 해당 지역의 성인이 남긴 가르침 정도로 이해했다. 다만 그것이 합리적이고 보편성을 가지고 있느냐 하는 점은 별개의 문제였다.

이런 전통에서 우리의 근대 전환기 대다수 지식인이 생각한 종교는 서양 종교의 영향을 받았음에도 불구하고 이런 전통적 교의 의미, 곧 성속일치(聖俗一致)를 유지하되 다만 이전의 정교일치에서 정교분리의

---

312 이종란·김현우·이철승 지음, 『민족종교와 민의 철학』, 28쪽. 이와 관련된 문헌은 『中庸章句』, 第1章의 朱熹 주석에 "聖人因人物之所當行者, 而品節之, 以爲法於天下, 則謂之敎, 若禮樂刑政之屬是也."이다.

관점을 유지하고자 하였다.313 저자의 교 개념에서 내세나 피안을 유지하는 종교를 비판하는 일도 바로 이런 전통과 관계 있다. 이는 서양종교의 개념에서 보면 내세와 우주 밖에 존재하는 초월적 신을 믿지 않는 완전 무신론적 태도이다.

하지만 저자는 여기서 보편적 가르침을 제안한다. 각 지역의 문화와 풍습에 따른 특수성에 갇힌 가르침이 아니라, 천하 사람들이 공감하는 '천인의 교'를 제시한다. 이것은 합리적이고 과학적인 근거를 갖는 가르침이다. 곧 그 가르침이 합리적이고 보편적이라면, 정치만이 아니라 인사의 모든 영역, 모든 문화권에 적용해야 한다는 게 저자의 관점이다. 이것은 오늘날 특정 문화나 가치를 초월해 합리적이고 보편적 내용이 모든 국가나 사회 영역에 적용되는 일과 같다. 그런 점에서 정교일치라고 보아도 좋다. 저자의 정교일치가 가능한 근거는 기존의 종교와 달리 교조의 가르침이나 특수한 문화나 의식을 강요하지도 않고, 그것이 합리적이고 보편적이기 때문이다. 비로 유교의 형식과 태도를 따르고 있지만, 논리의 방향에서 보면 그렇다. 앞의 글에도 말했듯이 일종의 철학적인 종교이기 때문이다.

이와 달리 그런 특수성에 갇힌 종교를 그는 "후미진 지역의 낡은 풍습이 아니라면 화복으로 유인하는 말이다"라고 비판하는데, 여기서는 동서 모두를 비판하고 있다. 그의 다른 글에서도 보이지만 '후미진 지역의 낡은 풍습'이란 일찍이 홍대용이 『의산문답』에서도 지적하다시피 『주역』을 미신적으로 적용한다든지, 하도(河圖)와 낙서(洛書)를 견강부회하게 방술(方術)과 연결 짓는 일 따위이다. 그리고 화복으로 유인하는

---

313 같은 책, 29 참조. 이 聖俗一致의 전통은 유교에서도 그러하지만, 우리의 단군신화 속에서 엿볼 수 있는 태도이기도 하다. 곧 우리의 전통 종교는 弘益人間의 정신처럼 내세보다 현세의 일에 중점을 둔다. 동학·대종교·증산교·원불교 등의 민족종교도 그런 모습을 보인다. 이에 대한 더 자세한 내용은 같은 책을 참고 바람.

말의 대표적인 종교는 당시 전파된 기독교(천주교)를 일컫는다. 그리고
"처음에는 바른 가르침을 빌어서 행하다가, 끝에 가서는 바른 가르침을
해치고 잘못된 곳으로 서로 몰아 이끈다"라는 말도 그런 방술도 처음에는
『주역』 같은 성인의 가르침을 빌어서 행하였고, 또 천주교가 중국에
들어왔을 때 '상제(上帝)'가 등장하는 유교 경전의 가르침이라 여겨
유교와 크게 다르지 않다고 한 것을 지칭한다.[314] 그들은 유교의 상제와
서양의 데우스(Deus, 陡斯)가 같은 신이라고 퍼뜨렸다.

그리고 끝에 "점진적으로 교화시켜야 한다"라는 견해는 천주교를 탄압
한 역사적 경험을 두고 한 말이다. 저자는 1803년생이고 본서의 집필
전후에 적어도 신해박해(1791)와 신유박해(1801)와 기해박해(1839)
를 비롯한 크고 작은 천주교 탄압을 직접 경험하거나 들었을 것이다.
그는 천주교라는 종교는 반대했으나 그 교인들을 억압하거나 탄압하는
데는 찬성하지 않았다. 효험이 없으면 더 이상 믿지 않을 것이라 낙관적으
로 전망했기 때문이다. 이 점은 그가 종교의 본질에 대한 이해의 결여에서
나온 입장이다. 해당 종교가 진리를 담보하고 있는지는 차치하고, 일단
현실의 고통을 잊게 하고, 또 내세의 복락을 보장하는 유용성이 있어서
21세기에 와서도 여전히 성행하고 있기 때문이다. 모든 인간이 철저하게
합리적이고 이성적이지만은 않기 때문이다.

---

314 선교사들은 처음에 유교와 기독교의 비슷한 점을 내세워 저술하기도 했다. 가령
   프랑스 선교사 馬若瑟(Joseph Henry Marie de Prémare)이 쓴 『儒教實義』가
   그런 각도에서 저술한 것이고, 훗날 중국 천주교 신자 張星曜도 그것을 모방해
   『天儒同異攷』를 저술한 바 있다. 『天主實義』도 상제라는 명칭을 그대로 사용한다.

39. 재물의 소통
通貨

경영하는 일의 소통은 재물315의 소통에 달려 있으니, 재물을 어찌 아무런 이유 없이 소통할 수 있겠는가? 반드시 사람의 신기가 일의 주선과 경영을 따라 일의 크기와 경중을 막론하고 많은 사람의 화합과 협력을 이끌어야만, 소기의 목적을 거의 이룰 수 있다.

營事之通, 在於貨財之通, 貨財豈得無緣而通哉. 必由神氣之周旋營濟, 無論事之大小輕重, 得人衆之和協, 庶可諧矣.

말투와 표정과 언어를 서로 소통하는 매개로 삼고, 예물316과 재물을 서로 소통하는 바탕으로 삼아, 상대가 나에게 호응하며 나를 찾는 마음을 일으키게 하여, 나를 잊거나 버리기 어려운 뿌리를 마음에 심어주는 일이 어진 사람의 재물 소통이다. 베풀 때는 반드시 보답이 되고, 찾을 때는 반드시 이득이 되게 함은 지혜로운 사람의 재물 소통이다. 재물을 주고받는 사이에 인심의 향배를 고려하지 않거나, 재물을 모으거나 뿌릴 때 물정의 이해를 고려하지 않는 일은 어질지도 지혜롭지도 못한 사람의 재물 소통이다.

以辭色言論, 爲相通之媒, 以儀物貨財, 爲相通之質, 使彼起應我求我之志, 植難忘

---

315 貨財는 財物의 뜻이다. 『禮記』, 「曲禮上」의 "貧者不以貨財為禮, 老者不以筋力為禮."에 보인다.
316 儀物은 의식에 쓰이는 도구나 물건. 또는 예의상 사용하는 예물. 『書經』, 「洛誥」의 "儀不及物."에 보인다.

難捨之根, 仁者之通貨也. 施必爲其報, 求必爲其得, 知者之通貨也. 授受之際, 不慮
人心之向背, 聚散之間, 不顧物情之利害, 不仁不知者之通貨也.

재물의 소통이 좋은지 나쁜지는 신기가 통했느냐 불통했느냐에 달려
있다. 신기의 통함을 재물의 소통으로 삼는 사람은 재물을 주고받고
모으고 뿌리는 일이 신기를 좇아 따른다.317 그래서 재물 없이 소통할
수 있는 상황과 재물로 소통해서는 안 되는 상황에서는 오직 신기로서
재물을 대신해 소통한다.

通貨之善不善, 由於神氣之通不通也. 以神氣通爲貨財通者, 授受聚散, 隨神氣而是
從. 無財可通之地, 不可以財通之地, 惟以神氣, 代貨財而通焉.

신기의 통함과 재물의 소통을 두 가지 다른 일로 보는 사람은 재물로
소통해야 할 상황에는 신기가 통하지 않고, 재물의 소통이 마땅하지
않을 상황에는 신기가 통한다. 때로는 재물을 베풀어도 도리어 경영하는
일에 손해가 되며, 때로는 재물이 없어서 경영하는 일이 없다.

以神氣通與貨財通爲二者, 宜通貨之地, 神氣不通, 不宜通貨之地, 神氣通焉. 或施
財而反害所營, 或無財而因無所營.

신기가 한 가문에만 통하면 재물로 경영318하는 일이 한 가문에만 통용되

---

317 원문 是從은 따르기만 한다는 뜻으로 『左傳』, 「昭公12年」의 "今周與四國服事君王,
　　將唯命是從, 豈其愛鼎."과 『老子』 21장의 "孔德之容, 惟道是從."에 보인다.
318 經綸은 국가나 천하 등의 큰 조직을 다스리는 것. 『周易』, 「屯卦」의 "雲雷屯, 君子以經
　　綸."과 『中庸』의 "唯天下至誠, 爲能經綸天下之大經, 立天下之大本, 知天地之化育,"
　　에 보인다. 여기서는 經營과 같은 의미로 쓰였음.

고, 한 나라에만 통하면 한 나라에만 통용되며, 온 세상에 통하면 재물의
경영이 온 세상에 통용된다.

夫神氣通於一家, 則貨財經綸, 通於一家, 神氣通於一國, 則貨財經綸, 通於一國,
神氣通於天下, 則貨財經綸, 通於天下.

해 설

재물로 소통하는 문제를 다루었다.

저자의 글에서 한자 '通'을 해석할 때 그 의미는 알다·소통하다·통용되다·능통하다·유효하다·통과하다·전달되다·유통하다 등 다양하므로 문맥에 따라 그 의미를 정확하게 살펴보아야 한다. 그래서 이 책의 주제가 비록 인식론에 치중하고 있어도, '通'이 반드시 거기에만 적용되지 않음에 유의해야 한다.

이 글에서 말한 신기통은 인식론의 성격이 기본적으로 깔려 있지만, 그 바탕 위에 상대와 나의 마음이 통하거나 나의 진정성이 상대에게 전달된다는 뜻이고, 재물의 그것은 유통이 아니라 소통에 해당한다. 유통은 오늘날 상업적 방면에서 주로 사용하는 말인데, 여기서는 상업적 유통을 다루지 않고 사람과 관계해서 일이 성사될 때 마음이 서로 통하고 거기에 맞는 재물의 소통을 말한다.

이 내용은 오늘날 관점에서 뇌물을 주고받는 일로 오해할 수 있으나, 근대 전환기까지만 해도 사회적으로 지위 있는 리더로서 구성원들에게 재물을 하사하거나 그것으로 백성들을 구휼(救恤)하기도 하였다. 역으로 아랫사람이 윗사람에게 진상할 수도 있으나, 마음과 실정이 맞지 않으면 예물이 뇌물로 둔갑할 수 있다. 신기가 통해야 한다는 주장은 그런 점을 고려해서 나온 말이다. 그래서 "재물의 소통이 좋은지 나쁜지는 신기가 통했느냐 불통했느냐에 달려 있다"라고 분명히 말하였다.

재물의 소통은 결국 일을 이루기 위해서이다. 특히 당시 사회의 리더로서 구성원들을 이끌 때 실정에 맞춰 재물로 소통함은 말할 필요도 없고, 현대에도 제도적 장치를 통해 국가나 지자체에서 재물을 소통하는 일은 자본주의의 폐단을 줄이고 사회를 건강하게 유지하기 위해서 꼭 필요한 일이다. 게다가 존경받는 자본가나 부자가 되려면 재물로 소통해야 함은 두말할 필요도 없다. 이것이 저자 기철학의 핵심 가치 가운데 하나인 소통의 사회적 실천 방법 가운데 하나이다.

주의할 점은 우리 속담에 '주고도 욕을 먹는다'라는 말처럼 때와 상황에 맞게 재물을 소통해야 한다. 특히 지난번 코로나19의 유행으로 정부에서 재난지원금을 줄 때 그 대상자를 선정하는 방식이 실정에 맞게 세밀하지 못해서, 일부 사람들로부터 비난받았던 일도 여기에 해당한다.

40. 신기는 장부를 말미암으나 사람마다 차이가 있다
神氣由臟腑而有異

의서에서 말하기를 "폐는 코에 응하고, 심장은 혀에 응하고, 비장은
입에 응하고, 위장은 치은(齒齦)에 응하고, 간은 눈에 응하고, 신장은
인후와 귀에 응한다"319라고 하였는데, 『영추경』320 이후로 모두 이
학설을 숭상해 왔다.

醫書云, 肺應鼻, 心應舌, 脾應口, 胃應牙齦, 肝應目, 腎應喉耳, 自靈樞以後, 皆尚此
說.

한 나라에 이르러 태의원321 의원에게 명하여 사형당한 죄수의 시신을
조사하여 살펴보게 하였는데, 신체와 그 경맥과 낙맥322을 자세히 관찰
하지 않음이 없었다. 그리하여 신체 장기의 무게와 크기를 비록 상세히
전했지만, 모두 죽은 사람의 오장육부와 경락을 조사하여 살펴본 것뿐이
다. 그러니 이것은 살아 있는 사람의 오장육부를 볼 수 있었던 것은

---

319 이 설명과 관련된 내용은 대체로 "故肺氣通於鼻, 肺和則鼻能知臭香矣. 心氣通於舌,
　　心和則舌能知五味矣. 肝氣通於目, 肝和則目能辨五色矣. 脾氣通於口, 脾和則口能
　　知五穀矣. 腎氣通於耳, 腎和則耳能聞五音矣. 五臟不和, 則七竅不通, 六腑不合則
　　留爲癰(『靈樞經』, 「脈度第十七」)."과 관련이 있다. 본문에서 저자는 六府에 해당하
　　는 위장을 하나 더 첨가하였다. 여기서 저자가 '應한다'라고 한 것은 기가 응한다는
　　것으로 원래는 '通'으로 되어 있음을 알 수 있는데, 저자의 통의 철학이 단순히
　　서학의 영향만은 아님을 알 수 있다.
320 『黃帝內經靈樞經』이며 『靈樞經』이라고도 부름. 곧 『黃帝內經』의 구성 부분 가운데
　　하나이다.
321 조선 시대 內醫院의 별칭도 이것이다. 한 나라 황실의 의무를 담당한 부서.
322 脈絡은 經脈과 絡脈을 말함. 經絡. 그 구분은 『靈樞經』, 「脈度第十七」의 "經脈爲裏,
　　支而橫者爲絡."에 보인다.

아니었다. 곧 음식을 먹으면 배부르고 먹지 않으면 굶주리는 차이, 기뻐하거나 화를 내면 어떤 오장이 움직이고 어떤 육부가 멈추는지, 질병으로 인한 허증과 실증323의 오한과 신열324이 제각기 오르고 내리는 살아 있는 몸의 상황을 알 수 있는 일은 아니었다.

至漢令太醫院醫, 驗視刑戮之人, 身體脈絡, 無不詳察. 斤重大小, 雖有詳傳, 是皆驗視死人之臟腑經絡而已. 非得見生人之臟腑. 飲食則飢飽有異, 喜怒則某臟動, 某腑靜, 疾病則虛實寒熱, 各有低仰矣.

신기가 관여하는 일에는 저절로 본떠서 알325 수 없는 내용이 있다. 의서에서 말하는 오장육부를 따라 생체의 그것을 관측326하고, 생체의 장부를 따라 신기가 드러나 작용하는 모습을 관측하고, 신기가 드러나 작용하는 모습을 따라 신기의 전체를 헤아리고, 신기의 전체를 따라 천지 만물의 신기를 알게 되니, 이것이 좇을 만한 앎의 조리이다.

神氣之管涉, 自有不可模着者. 從醫論之臟腑, 而測生人之臟腑, 從生人之臟腑, 而測神氣之發用, 從神氣之發用, 而測神氣之全體, 從神氣之全體, 而通天地萬物之神氣, 是乃可循之條理.

---

323 虛實은 한의학의 虛症과 實症.

324 寒熱은 惡寒과 身熱.

325 模着은 본떠서 짐작하듯이 모형이나 죽은 사람으로 산 사람을 헤아린다는 뜻으로 쓰였다.

326 測은 관찰하거나 측정한다는 의미. 그의 『運化測驗』에서 말하는 測도 측정의 의미이다. 사물을 대상으로 관찰할 때는 서학의 관측·측정이라는 방법에서 가져왔다. 이 단락의 내용을 보면 구체적인 관측에서 출발하여 추상적인 판단으로 이어지는 추측이 연계되어 있다.

바야흐로 그 신기가 눈에 힘을 기울일 때, 어찌 간장에 딸린 경락만 홀로 응하고 그 나머지 오장육부는 모두 응하지 않겠는가? 한 몸의 기가 눈에 집중하면,327 간장은 그루터기가 되고 그 나머지 장부는 가지와 잎이 되어 보는 기능을 이룬다. 그러므로 보는 일은 듣는 일을 겸할 수 없다. 바야흐로 듣는 일에도 신기가 귀에 힘을 기울이면, 한 몸의 기가 귀에 집중하여 다른 감각 기능을 보는 일과 겸할 수 없다. 나아가 냄새와 맛과 여러 촉각도 각자 고유의 일을 맡지 않음이 없으므로, 동시에 다른 작용을 겸할 수 없다.328

方其神氣之注力于目也, 豈獨肝經應之, 而其餘臟腑, 皆不應哉. 一身之氣, 輻湊於目, 則肝爲株, 而其餘臟腑爲枝葉, 以成視. 故視不可以兼聽. 方其聽也, 神氣注力于耳, 一身之氣, 輻湊於耳, 而不可兼視. 至於臭味諸觸, 莫不各自專司, 不能一時幷用.

이렇게 신기의 움직임과 그침을 좇아 눈에 집중하면, 한 몸의 기는 눈에 모여 극치를 이룬다. 또 귀에 집중하면 귀에서, 코에서 집중하면 코에서 극치를 이루는데, 혀와 여러 촉각도 모두 그러하다. 이것이 바로 신기가 만나 처리할329 대상에 따라 차례로 거기에 맞게 대응하는 일이다.

---

327 輻湊는 輻輳와 같은 단어로 집중된다는 뜻. 『管子』,「任法」의 "群臣修通輻湊以事其主, 百姓輯睦聽令道法以從其事."에 보인다.

328 우리의 의식 곧 신기가 한 감각에만 고도의 힘을 집중했을 때 다른 감각이 상대적으로 작용을 멈춘다는 뜻이다. 극단적이지만 논리적으로 가능한 설명이다. 하지만 영화 관람이나 텔레비전 시청과 같이 동시에 감각이 작용하는 일도 많다. 어떻든 이 진술은 신기가 인식의 주체가 된다는 뜻이다.

329 區處는 변통하여 처리한다는 뜻으로 『漢書』,「循吏傳·黃霸」의 "鰥寡孤獨有死無以葬者, 鄕部書言, 霸具爲區處."에 보인다.

從神氣之動靜, 而注於目, 則一身之氣, 會極於目. 注於耳, 則一身之氣, 會極於耳, 注力於鼻, 而會氣於鼻, 舌與諸觸皆然. 是乃隨遇區處, 次第酬應也.

일이 중첩하여 신기가 해결하는 데 겨를이 없을 때는 이목구비와 여러 촉각이 돌아오는 순서대로 응접하고 옮겨가며 힘을 기울인다. 마치 마주 보며 칼춤을 추듯이 번쩍 날아오르고 상하좌우를 두루 살피면서, 상대의 빠르고 예리함을 막고 자신의 느리고 둔함을 가리는 일과 같다. 이 찰나에 어찌 한가하게 눈이 간에, 귀가 신장에 응하는 따위를 논하겠는가? 이는 한 덩어리의 신기330가 정력을 모아 익숙하게 되어 규모를 이루었기에, 일을 맞이해 해결하는 데 빠뜨리는 일이 없기 때문이다.

其於事務重疊, 接濟無暇, 耳目口鼻諸觸, 遞次接應, 轉移注力. 如拔釖對舞, 閃忽飛騰, 周察於上下左右, 防遮乎遲速銳鈍. 方是時, 何暇論目應肝耳應腎哉. 一團神氣, 聚會精力, 習熟成規, 接濟無闕.

소리와 색깔이 함께 귀와 눈에 다가오고, 여러 촉각이 모두 머리와 발에 이를 때에는 강도가 강한 자극에는 응하고 약한 것은 버리며, 중요한 대상은 선택하고 가벼운 것은 뒤로 밀려난다. 여기서 신기의 작용은 집중하는 방향이 한 가지 일에만 있고 두 가지를 겸할 수 없어서, 보는 일은 듣는 일을 겸할 수 없고, 위험으로부터 손으로 머리와 눈을 막으면서 동시에 손을 보호할 수 없음331을 알 수 있다.

---

330 一團神氣는 앞에서도 나왔다. 기는 저자의 철학에서 만물이 존재하는 실체이므로 개체의 마음을 두고 이렇게 표현할 수 있다.

331 원문 '捍頭不可兼衛足'은 『孟子集注』, 「梁惠王下」의 "是以民親愛其上, 有危難則赴救之, 如子弟之衛父兄, 手足之捍頭目也."에서 가져와 저자가 문맥에 맞춰 편집한 내용이다. 이 말이 들어 있는 문헌은 매우 많으나 저자는 일찍이 이 책에서 직접

至若聲色幷値於耳目, 諸觸俱臻於頭足, 應大而捨小, 就重而留輕. 於此可見神氣之
用, 注力之方, 在一事而不可兼二, 視不可以兼聽, 捍頭不可兼衛足.

대체로 신기는 오장육부가 이룬 기관에 뿌리를 두고, 보고 듣고 말하고
행동할 수 있다. 나아가 경험한 내용을 저장하여 힘을 내는 일, 연마하고
익혀 이룬 습관, 상징을 벗어난332 신통한 견해, 무리보다 뛰어난333
행동은 신기가 얻은 것들이지 오장육부에 본래 갖춰진 것이 아니다.

蓋神氣根於臟腑成器, 而能視聽言動. 及其貯聚生力, 硏熟生習, 離象之見, 出類之
行, 乃神氣之所得, 非臟腑之素具也.

그러나 내 신기의 넉넉함과 부족함이나 평상시의 모습을 남의 그것과
비교하되, 한 사람만이 아니라 많은 사람과 비교하고, 또 위로는 성현으
로부터 아래로 보통 사람, 또 그 아래로는 어리석은 사람들에 이르기까지
모두 비교하면, 익힌 내용에 따라 차이가 있다. 이것을 잠시 제쳐두고,
익힌 내용이 같아도 우열은 있다. 그 까닭은 장부에 차이가 있지 않음이
없기 때문이다.

然以我神氣之所有餘所不足所平常者, 較諸人之神氣所有餘所不足所平常, 非特一
人, 必較諸衆人, 上自聖賢, 下及中人, 次及下愚, 無所不較, 則由於所習而有異者.
姑捨旃, 就其所習同, 而有優劣者. 其故, 未嘗不由於臟腑之有異也.

　보았을 것이다. 강조는 가져온 곳.

332 離象之見은 현상 너머의 신묘함을 아는 離象得神으로 보았음.

333 出類는 같은 무리보다 뛰어나다는 出類拔萃의 축약어. 『孟子』, 「公孫丑上」의
　　"聖人之於民, 亦類也. 出於其類, 拔乎其萃, 自生民以來, 未有盛於孔子也."에 보인다.

해 설

신기가 의식의 주체이며 몸의 생리와 경험에 따른 그 역량의 차이를 설명하였다.

이 글은 동서 철학 교섭에 있어서 매우 중요한 부분을 다루고 있다. 대다수 독자는 눈치채지 못했겠지만, 서학을 접한 저자로서는 반드시 해결해야 할 문제였다. 기독교 철학은 일찍이 그리스 철학의 영향으로 인간의 육체와 정신을 이분법으로 나누어 설정하였다. 육체를 성장시키는 힘, 저급한 영혼, 고급의 영혼이라는 삼혼설로 나누어 식물혼과 동물혼을 육체에, 고급의 인간 영혼은 하느님이 준 것으로 이해하였다. 인간이 감각적으로 경험하는 작용은 서학에서는 동물혼에 속한 각혼(覺魂), 신체의 생명력은 식물혼에 속한 생혼(生魂)의 기능이다.

그런데 저자는 이 영혼을 분리하지 않고 식물이든 동물이든 사람이든 또는 무생물이든 우주 그 자체든 신기 개념으로 통일하였다. 서학의 용어를 빌리면 신기는 각각 개체의 영혼이면서 동시에 우주의 영혼인 셈이다. "신기가 드러나 작용하는 모습을 따라 신기의 전체를 헤아리고 신기의 전체를 따라 천지 만물의 신기를 알게 되니, 이것이 좇을 만한 앎의 조리이다"라는 말이 그것이다. 물론 만물에 공통적인 신기가 있어도, 만물의 특수성은 결국 각각의 사물이 이루고 있는 몸의 영향을 받는다고 한다. 이 문제는 앞서 「기질은 제각기 다르다(氣質各異)」라는 항목에서 다루었기 때문에 더 언급하지는 않겠다.

문제는 저자가 서양 종교의 가르침을 따르지 않았기에, 영혼이라 할 수 있는 신기 기능의 차이를 인간의 몸을 통해서 해명해야 했다. 그 해법을 위해 전통 의학을 소환했다. 그것이 그의 철학 형성에 중요한 역할을 한 점은 여기서 길게 다루지 않겠다.334 다만 신기의 기능이 몸, 더 구체적으로 말하면 오장육부와 일련의 연관이 있다는 점이다. "신기가 오장육부가 이룬 기관에 뿌리를 두고 있다"라는 말이 그것이다. 이는 신기가 단순히 인간의 정신 작용에만 한정되지 않음을 뜻하기도 하지만, 여전히 정신도 일정하게 인체의 장부와 연결되어 있음을 말하고 있다.

이는 뇌 연구가 활발하게 이루어진 현대 과학에서도 밝히고 있지만, 전통 의학에서 장부와 정신의 연관성을 폐기하지 않고 있는 점과 관계있다. 곧 전통 의학에서 말하는 오장은 꼭 해당하는 장기에 일대일로 적용하는 개념이 아니다. 인체의 생리 기능상의 관점에서 그렇게 관계 짓고 분류한 개념이라는 점도 잊어서는 안 된다. 그런 점에서 정신 현상은 뇌만이 아니라 몸의 통합적 기능의 산물인 셈이다. 달리 말하면 오장 가운데 한 가지 기능에 이상만 있어도, 정신 기능에 모종의 영향을 미친다는 생각과 통한다.

아무튼 이런 생각은 신기의 기능이 몸에서 오기는 하지만, 인간의 경우 선천적·육체적 조건에만 고정되지 않는다. 바로 경험과 학습을 통하여 신기의 기능이 향상되기 때문이다. 그래서 개인차가 생긴다. 물론 선천적 요소에 우열의 차이가 없지 않지만, 다만 유전과 학습이라는 두 측면에서 볼 때는 인간의 지적 성장은 유전적 요인보다 학습의 요인이 더 크다는 견해에 속한다.

---

334 그의 철학의 핵심 용어 가운데 하나인 神氣·運化·經驗이라는 말도 전통 의학과도 관련이 깊다. 더 자세한 것은 이종란, "기독교철학에 대한 최한기의 비판적 수용," 「인문학연구」 제52집 (2016), 177-179쪽을 참고 바람.

41. 네 가지 요소로 이루어진 하나의 신기
四一神氣

자식의 몸은 아비의 정기와 어미의 피335를 전해 받아 남녀의 기운이 융화하는336 가운데서 이루어져, 반드시 부모의 그것과 서로 비슷하고 닮은 데가 있다. 반면 신령스럽고 밝은 기337는 몸을 따라 생기고, 기억을 따라 외부와 소통한다. 마치 곡식의 씨앗이 밭에 따라 달라지는 차이는 다만 적은 살을 많게 하거나 작은 모양을 크게 만드는 정도에 지나지 않지, 보리가 벼가 되고 콩이 팥이 되게 하지는 못하는 사실과 같다.338

子之形質, 傳受於父精母血, 氤氳而成, 必有相類相肖. 而神明之氣, 隨形質而生, 隨習染而通. 如穀種之隨田有異, 特不過變膌爲肥換小差大, 不能使麥爲稻使菽爲豆.

---

335 精이 精氣의 의미로는 『管子』, 「內業」의 "精也者, 氣之精者也, 氣道乃生."에, 精이 생명 물질인 精液의 의미로는 『周易』, 「繫辭下」의 "男女構精, 萬物化生."에 보인다. 『신기통』권3의 「精氣衝發」에서의 精液은 『周易』의 용례처럼 남녀 모두에 해당하여 번식을 위한 생명 물질에 해당하여 남성의 정액(semen)을 포함해도 그것과 차이가 있다.

336 氤氳은 陽의 성질을 띤 하늘과 陰의 성질인 땅의 기운이 합하여 엉긴 것으로 만물이 생기는 일. 氤氳은 絪縕으로도 표기하며 『周易』, 「繫辭下」의 "天地絪縕, 萬物化醇, 男女構精, 萬物化生."에 나온다. 여기서는 남녀의 그것을 말함.

337 神明之氣은 인간의 마음을 이룬 기가 신령스럽고 밝다는 뜻으로 신기를 달리 표현한 말. 神明은 여러 뜻으로 쓰이나 『周易』에서 처음 말할 때는 하늘과 땅 사이에 신령스럽거나 신비한 모든 대상의 총칭으로 서학의 神처럼 존재하는 실체가 아니다. 「繫辭下」의 "陰陽合德, 而剛柔有體, 以體天地之變, 以通神明之德."에 보이고, 또 「繫辭上」의 "聖人以此齊戒, 以神明其德夫."에도 나오는데, 이때는 동사로 쓰였다. 신명을 마음으로 표현한 사례는 주희가 『孟子』, 「盡心上」의 『集注』에 "心者, 人之神明, 所以具衆理而應萬事者也."라는 곳이다.

338 신기 자체는 몸에 따라 생성되어 種差를 벗어날 수 없지만, 그 기능은 경험과 학습에 따라 다를 수 있다는 점을 비유한 말.

그런데 그 곡식이 하늘과 땅의 신기를 바탕으로 삼고 있다는 점은 올해의 곡식이나 지난해의 곡식이나 나아가 천·백 년이 지나도 모두 같다. 그러니 사람의 조상과 자손도 하늘과 땅의 신기를 말미암아 시작하여 몸을 이루고 대대로 자손을 남긴다. 몸은 하늘과 땅의 신기 가운데서 처음과 끝을 이루지만, 저절로 몸의 신기를 갖는다.339

其資賴乎天地之神氣, 則今年穀昨年穀, 至於千百歲穀種皆同. 然則人之父祖子孫, 肇因天地神氣而成質, 次次傳嗣. 形質終始於天地神氣之中, 自有形質之神氣也.

신기는 하늘과 땅과 인간이 모두 같다. 하지만 이 셋의 몸체는 같지 않아서, 몸체가 크면 신기가 크고 그것이 작으면 신기도 작다. 큰 몸체는 작은 몸체에서 바탕으로 삼는 게 없고, 작은 몸체는 큰 몸체를 헤아리기 어렵다. 인간이 하늘과 땅의 신기를 헤아리는 일은 겨우 작은 몸으로 접하여 감각기관으로 경험한 정도이니, 그것은 마치 바다의 작은 물방울이나 육지의 티끌 하나 수준이다. 이렇게 작은 물방울과 티끌로서 어떻게 바다와 육지의 큰 몸체와 작용을 다 할 수 있겠는가? 하물며 한 몸의 신기로서 하늘과 땅의 신기를 모두 헤아리는 일이랴.

神氣則天地人皆同. 形質則天地人各不同, 形質大則神氣大, 形質小則神氣小. 大者無資於小者, 小者難測其大者. 人之所測於天地之神氣, 只是微軀之所接, 耳目之所通, 則海洋之點水. 陸地之微塵, 以此點水微塵, 何能盡海洋陸地之大體大用. 況以一身之神氣, 測盡天地之神氣乎.

---

339 몸 그 자체도 천지의 신기 가운데서 생멸하지만, 몸이 존속하는 동안은 독립적인 신기를 갖는다는 말.

이미 사람의 몸이 되었으니 마땅히 몸이 생긴 유래를 탐구하여, 타고난 신기가 몸에 따라 차이가 있음을 알아야 한다. 거주하는 곳의 물과 토질과 부모의 정기와 피는 몸의 토대가 되어 몸이 생성되고, 익힘은 하늘과 땅의 신기에서 형성된다.340 키 큰 사람이 사는 나라와 작은 사람이 사는 나라와 또 기이하거나 괴상한 모양의 사람이 사는 고장이 있는 까닭은 풍토341 때문이다. 그런 같은 풍토 속에서도 인품의 강인함과 약함, 기질의 맑음과 혼탁함, 외모의 아름다움과 추함의 차이는 부모의 정기와 피의 결합에 달려 있다.

旣爲人身, 宜究形質之所由生, 以達所禀神氣隨形質而有異也. 所居之水土, 父母之精血, 爲形質之根基而生成, 所習陶鑄乎天地之神氣. 大人國小人國及奇形怪像之鄕, 卽是土宜也. 就其中, 又有彊弱淸濁醜美之分, 在於精血之和合.

이런 까닭에 몸의 신기가 생겨나 형성되는 요소에는 네 가지가 있다. 첫째 하늘342이요, 둘째 풍토요, 셋째 부모의 정기와 피요, 넷째 보고 듣고 기억하는 일이다. 앞의 세 가지 요소는 이미 선천적으로 타고나 고칠 수 없으나, 마지막 하나는 참으로 변통343하는 공부가 된다.

---

340 陶鑄에는 빚다 외에 培育의 뜻이 있다. 『莊子』, 「逍遙游」의 "是其塵垢秕糠, 將猶陶鑄堯舜者也."에 보인다. 여기서는 학습이 형성되거나 이루어진다는 뜻.
341 土宜는 제각기 다른 산물에 따른 토질의 적합성. 토산물 또는 토질의 의미로도 쓰임. 『周禮』, 「地官·大司徒」에 "以土宜之法, 辨十有二土之名物"라는 말에 보인다. 여기서는 풍토의 뜻. (앞에 나옴)
342 공기라는 공통 요소 외에 기후나 날씨 등과 관련된 요소.
343 變通은 여기서는 경험과 학습으로 신기의 능력을 향상해 나감을 뜻함.

是故, 人身神氣生成之由有四. 其一天也, 其二土宜也, 其三父母精血也, 其四聞見習染也. 上三條, 旣有所稟, 不可追改, 下一條, 實爲變通之功夫.

해 설

사람의 몸과 정신의 생성을 기철학의 관점에서 설명하였다.

이 글도 저자의 중요한 철학 쟁점에 나름의 답을 제시하는 내용으로 이루어져 있다. 그의 초기와 말기 저술에서는 신기가 만물의 근원이면서 동시에 인간의 마음을 지칭하는 용어인데, 이에 대한 세밀한 해명이 필요하다.

본문에서도 언급하고 있듯이 인간을 비롯한 만물은 근원적으로 천지의 신기로부터 생성되었다. 바로 이때 하늘과 땅의 신기 또는 사물의 그것과 인간의 마음을 이룬 신기가 같은 것인가 하는 문제, 더 나아가 인간처럼 자연의 신기도 정신적 요소가 있는지 그리고 인간이 태어날 때 갖는 신기는 몸과 무관한 만물이 공유하는 그것인지 답해야 하는 무거운 문제이다. 곧 신기의 동일성과 차별성, 보편과 특수에 대한 문제가 그것이다.

이 문제는 철학만이 아니라 종교 사상에서도 매우 중요하다. 인간의 영혼은 어디서 유래하는지, 서양 중세에 논쟁이 있었듯이 사후 영혼의 단일성 문제, 우주의 영혼(또는 동학의 지기처럼 기로 이루어진 신)을 인간이 보편적으로 갖추고 있는지, 또 선의 근거가 보편적 존재인 신기에 있는지 없는지 모두 신기의 해명에서 밝혀야 할 문제이다. 달리 말하면 전통의 기독교, 이이(李珥) 계열의 성리학, 임성주(任聖周, 1711~1788)식의 기철학, 동학, 도교 등과 구별되는 저자의 기에 대한 관점이 그것이다. 그리고 부차적으로 교육학 등에서 다루는 유전과 환경 또는 선천적 요인과 경험·학습의 관계이다.

먼저 신기의 동일성과 차별성에 대한 문제를 살펴보자. 그는 인간의 정신 작용에 해당하는 신기는 몸을 말미암아 생성되었으므로, 그것을 떠나서 존재할 수 없음을 말하고 있다. 따라서 신기는 자연히 몸에 따라 차이가 날 수밖에 없다. 게다가 경험과 학습에 따라 신기 기능의 차이는 더 벌어질 수밖에 없을 것이다. 그러니까 인간의 신기는 자연적 요소(하늘, 땅)와 유전(엄밀히 따지면 이것도 자연적 요소이지만 논점을 이어가기 위해 일단 구별함)과 학습이라는 요소에 의하여 이루어지므로, 보편적인 요소는 자연적 요소뿐이다. 만약 자연적 조건, 예컨대 기후나 풍토 등이 다르면 그 또한 벌어질 수밖에 없다. 여기서 자연적 요소는 전혀 무시할 수는 없지만, 현실적으로 인간의 정신은 유전과 학습에 좌우된다. 어떻든 그의 신기 개념은 자연적 또는 형이상학적으로 고정된 무엇은 확실히 아니다. 게다가 개체의 영혼에 해당하는 신기는 몸에서 분리될 수 없다.

그런데 본문의 "신기는 하늘이나 땅이나 인간이나 모두 같다"라는 말에 오해의 소지가 있다. 곧 사람의 마음처럼 자연의 신기도 의식(consciousness)을 갖는다고 생각할 수 있기 때문이다. 도교사상과 관련된 종교, 가령 동학의 경우 지기(至氣) 개념으로 천지의 기와 사람 마음의 그것을 연결하지만, 저자의 그것은 개체의 몸에 종속된 기의 특징일 뿐이다. 비록 신기에 하늘이라는 요소가 있어도 단지 존재의 근거로서 그 활동성으로 몸이 형성되는 바탕이 될 뿐이다. 그래서 서구식 종교를 반대하는 저자는 몸을 떠난 인간의 신기가 영원히 존재한다고 인정하지 않는다. 그 신기의 기능은 몸에 종속되어 결국 종차(種差)를 따를 수밖에 없다. 단지 사람이 죽어 육체의 소멸과 함께 자연의 신기로 돌아가므로 자연이나 인간이나 모두 같게 되는 것이다.

또 자연의 신기가 만물에 보편적으로 들어 있다고 해서, 성선설의 근거가 된다든지 수양을 통해 그 기의 본질에 도달하고자 하지 않는다. 그것은 단지 그 존재의 기반이 자연의 신기에 있다는 뜻이다. 경험과 학습에

따라 인간은 변하고 또 인간은 욕망하는 존재이므로, 선악은 다른 차원에
서 다룰 문제이다. 이는 진부하므로 해당하는 곳에서 설명하겠다.
종합하면 인간의 마음은 하나의 기로서 신기이며, 이는 몸이 갖는 자연적
요소(유전을 포함해서)와 인간의 행위에서 나오는 경험적 요소가 결합한
총체이다. 비록 만물에도 신기가 들어 있지만, 그 특징은 각각의 몸을
이룬 형질의 차이에 따라 달라진다.344 이는 사람의 정신 요소에 네
가지가 있다는 점에서, 정신적 요소는 하늘에서, 몸의 요소는 땅에서
왔다는 전통의 혼백 관념을 온전히 따르지 않고,345 또 정신적 요소는
하늘과 땅에서, 몸의 요소는 부모의 기혈(氣血)을 타고난다346는 관점과
도 온도 차이가 있다.

---

344 『신기통』 권1의 「氣質各異」에 보임.

345 『淮南子』, 「精神訓」: 是故精神者天之有也, 而骨骸者地之有也. … 夫精神者, 所受於
天也, 而形體者, 所稟於地也.

346 葛洪, 『抱樸子』, 「勤求」: 夫人生, 先受精神於天地, 後稟氣血於父母.

42. 눈과 귀와 신기의 만 가지를 통합하여 하나로 만든다
耳目神氣統萬爲一

한쪽으로 치우쳐 알면 고루하게 막히고, 두루 알면 탁 트여 거침이 없다. 몸의 여러 감각기관이 각각 경험한 내용을 서로 참작·비교해서, 한 가지 일의 본말을 확정하는 것이 한 가지 감각기관으로 한 가지 사물을 판단하는 일보다 되레 낫다.

偏通則固滯, 周通則豁達. 以一身之諸竅諸觸, 參互比較, 以定一事之本末, 猶勝於通一竅而斷一事.

반드시 내 몸으로 아는 내용은 많은 사람이 안 내용에서 미루어 알되, 많은 사람의 귀와 눈을 나의 귀와 눈으로 삼고, 많은 사람의 신기를 나의 신기에 통하게 한다면, 나는 비록 두 귀와 두 눈을 가지고서도 만 개의 귀와 눈이 되게 하여, 만 개의 귀와 눈이 안 내용을 모아 거두어 나의 두 귀와 눈에서 쓸 수 있다. 또 내게는 비록 하나의 신기이더라도 일만·일억 개의 신기가 되게 하여, 그 신기를 모아 거두어 한 몸의 신기에서 쓸 수 있다.

必使我身之所通, 推通於諸人所通, 以諸人之耳目, 爲我之耳目, 以諸人之神氣, 通我之神氣, 則我雖雙耳雙眼, 可作萬耳萬目, 收聚萬耳萬眼之所得, 須用於雙耳雙眼. 我雖一神氣, 可作萬億之神氣, 收聚萬億神氣, 須用於一身之神氣.

그런 뒤에 치우치지 않고 올바른 큰 도리는 일만·일억 사람이 통용하는 보편의 도리를 따른다. 다만 그것에 이름을 붙이니 바로 윤리와 인의이다. 이것은 한 사람만이 체득했거나 한 시기에만 알맞은 일은 아니다. 윤리와 인의를 닦아 밝히는 사람이 일만·억만 사람이 공유하는 보편의 도리를 고려하지 않고, 단지 한 몸이 한 시기에 지키는 것만 좇는 일은 <u>스스로</u> 치우치고 막힌 데 빠진다.

然後中正大道, 從萬億人所通經常. 特揭建號, 卽倫綱仁義也. 非一身之所得, 一時之適然. 修明倫綱仁義者, 不顧億萬人所同經常, 而只循一身一時所守, 自陷於偏滯.

이는 유독 한 몸이나 한 시기만이 아니라 한 고장이나 한 나라나 온 세상에 통용되느냐에 따라 자연히 등급이 있고, 일 년이든 백 년이든 일천 년이든 혹은 일만 년 동안 통용되느냐에 따라 또 차등이 있다. 그래서 윤리와 인의는 이런 기준에서 보면 치우치거나 막히거나 두루 통용되는 차이가 있고, 또 적용 규모가 크거나 작거나 멀거나 가까운 구분이 있다.

非獨一身一時, 通一鄉通一國通天下, 自有等分, 通一年通百年通千年通萬歲, 又有差等. 而倫綱仁義, 從此而有偏滯周通之異, 大小遠近之別.

해 설

이 글의 핵심 요지는 두 가지이다. 하나는 간접 경험의 중요성과 의의이고, 다른 하나는 그것을 바탕으로 세계인에게 적용해야 하는 보편 규범의 가능성 언급이다.

우선 전자의 내용은 개인의 감각 경험의 통합만이 아니라, 많은 사람의 그것을 통합하여 각자의 인식 지평을 넓히는 문제로 삼았다. 곧 앎의 양과 질과 객관성과 관계된다. 그런데 이것은 저자 자신이 독창적으로 생각해 낸 논리가 아니라, 북송 때의 소옹(邵雍, 1011~1077)의 『관물편(觀物編)』에 들어 있는 논리로서, 본문의 "온 세상의 눈과 귀를 자신의 그것으로 삼는다"[347]라는 말이 그것이다. 이 논리는 저자의 『추측록』에서도 그대로 활용한다.[348] 거기서 '觀物'이라는 용어를 사용하고 있어 그것을 보았음을 간접적으로 드러내었다.

하지만 저자는 이것을 단순히 모방하지 않았다. 곧 그 논리를 신기가 경험하는 인식 논리에 그리고 추측이라는 사유의 논리 속에 재구성하고 있다. 이로 보면 그가 서학에서 말하는 경험이라는 인식의 논리를 수용하기에 앞서 전통에서 수용의 기반을 이미 확립하고 있었음을 뜻한다. 뒤에서 살펴보겠지만 추측 또한 그러하다. 그의 철학이 단순 수용이나 계승이 아니라는 뜻이다. 다시 말하면 동서의 철학을 융합할 수 있는 플랫폼을 마련하여 그 기반 위에서 자신의 학문을 전개하였다.[349] 옮긴

---

347 邵雍, 『觀物編』第2卷, 「觀物內篇下」: 旣能以物觀物, 又安有我于其間哉. 是知我亦人也, 人亦我也, 我與人皆物也. 此所以能用天下之目爲己之目, 其目無所不觀矣. 用天下之耳爲己之耳, 其耳無所不聽矣. (강조는 옮긴이)

348 『추측록』 권6, 「觀物有五」: 推天下之目以爲見, 推天下之耳以爲聽, 推前物測後物, 推左物測右物, 是謂以物觀物也. 앞 각주에서 소옹의 '用~爲~' 구문을 저자가 '推~以爲'의 논리로 변용했음을 알 수 있다. (강조는 옮긴이)

이는 그의 논리를 종합하여 전통의 발전적 계승과 극복 및 외래 사상의
수용과 변용이라고 줄곧 주장해 왔다.350

저자는 그러한 인식 논리에서 누구나 만인의 경험을 통합할 수 있으므로,
인류가 통용하는 보편 규범을 건립할 수 있다는 방향으로 나아간다.
그것이 억만 인이 공유하는 윤리와 도덕규범이다. 여기서 인의라는
가치 또는 이념이 한 시기나 한 지역에 국한되어서는 안 된다는 점이다.
구한말 도학자들이 타 문명과 구별하는 그런 유교의 이념이자 절대
가치가 아니라, 세계인 누구나 가지고 있는 보편적 인간의 성품으로
재해석한다. 그는 『추측록』에서 "죽음이나 해(害)를 당하는 일을 미워하
고 생성을 좋아함이 인(仁)이요, 과실과 어긋남이 있으면 불안하고
마땅함에서 편안함을 찾으므로 마땅함을 일러 의(義)라고 한다"351라고
한 데서도 충분히 엿볼 수 있다.

이런 저자의 모습은 당시 서학의 영향으로 상상할 수 있는 일이다.
그래서 그 당시 이미 세계화를 염두에 두고 나온 생각이다. 이는 20세기
후반에 와서야 본격적으로 세계화가 된 점을 고려한다면, 너무 섣부르게
멀리 내다봤다는 비판도 가능하다. 당시 제국주의의 침략에 대응하는
면보다 이런 개방적 자세는 그들의 침략을 용인할 수 있기 때문이다.
하지만 그렇다고 문을 걸어 잠그고 고루한 풍속과 전통의 가치만 고집할
수는 없다는 게 저자의 기본 입장임은 분명하다. 문제는 주체적으로
개방할 수 있느냐이지 구더기가 무서워 장을 못 담그는 데 있지 않다.

---

349 플랫폼 구축의 논리를 『주역』의 通에서 찾았으며, 그 플랫폼이 그의 기철학이다.
   더 자세한 것은 이종란, "『주역』을 통해 구축한 동서 융합 철학의 플랫폼," 한중철학회,
   『주역의 연원과 한중 역학의 지평』(경인문화사, 2019)을 참고 바람.
350 이는 '우리 철학'의 방법론으로서 이종란, 『서양 문명의 도전과 기의 철학』 참고.
351 『추측록』 권3, 「仁義禮知」: 惡戕害喜生成者曰仁, 戁怩於過差, 而采帖於適宜, 故適
   宜者曰義.

43. 밖에서 거두어 와서 밖으로 드러내 쓰다
收入於外發用於外

인정과 물리는 감각기관의 소통을 좇아 밖에서 얻어 와 안에 기억하고, 그것을 드러내 쓸 때는 몸 밖으로 베푸는데, 이 과정에는 들어오고 머물고 나가는 세 단계의 자취가 있음이 분명하다.

人情物理, 從竅通而得來於外, 習染於內, 及其發用, 施之於外, 完然有此入也留也出也三等之跡.

옛날 사람들은 대부분 알아 온 앎의 유래를 말하지 않고, 단지 안에서 밖으로 드러내 쓰는 실마리만 말하였다. 만약 스스로 안에서 알게 된 유래를 따져 물으면, "태극의 이치352를 애초부터 타고났으나 기질의 가림으로 말미암거나 그 앎에 도달하지 못함이 있을 뿐이다"353라고 말한다.

古之人多不言得來之由, 只言自內發用之端. 若詰自內所得之由, 則謂有太極之理, 自初稟賦, 而緣於氣質之蔽, 或有所未達耳.

---

352 주희 성리학에서 말하는 所以然之理와 所當然之則이라는 사물의 존재와 가치의 궁극적 근원이 되는 형이상학적 원리.

353 주희 성리학의 인간 존재에 대한 기본 전제로서 性善의 근거이며 本性이 같아도 사람마다 차이 나는 현상에 대한 이론적 설명. 가령 주희의 「大學章句序」에서 "蓋自天降生民, 則旣莫不與之以仁義禮智之性矣. 然其氣質之稟, 或不能齊. 是以不能皆有以知其性之所有而全之也."와 『朱子語類』 14-165의 "人本有此理, 但爲氣稟物欲所蔽."의 표현 따위가 그것이다.

그렇다면『주역』의 이른바 "옛 성현들의 말과 행위를 많이 알아 그 덕을 쌓는다"354라는 말과『논어』의 "많이 듣고 많이 본다"355라는 말과『대학』의 "사물을 궁리하여 앎을 이룬다"라는 말은 과연 몸 밖에 있는 인정과 물리를 거두어들이는 말이 아니라, 기질의 가림을 제거하는 공부란 말인가? 이런 말에 대하여 우열을 따져서 해명하려면, 비록 한평생이 걸리더라도 해결할 수 없다. 그래서 이런 것은 제쳐두고 조리와 실효가 있는 곳에 나아가 일을 끝냄이 옳다.

然則易所謂多識前言往行, 以蓄其德也, 論語所謂多聞多見也, 大學所謂格物致知也, 果非收聚在外之人情物理也, 乃是祛氣質蔽之功夫也. 欲與斯言, 辨釋優劣, 雖窮年而不可得也. 姑捨之, 可就有條理有實效者, 終事耳.

대개 사람 몸의 신령스럽고 밝은 기356에는 오직 알아 살피고 기억하는 능력만 있지, 별도로 언어를 본떠서 나타낸 단서는 없다.357 그래서 몸 밖의 인정과 물리는 감각기관을 좇아 알아 안으로 거두어 모은다. 그런데 인정과 물리를 거두어 모을 때는 좋은 것을 받아들이고 나쁜 것을 버리는 사람이 있고, 나쁜 것을 받아들이고 좋은 것을 버리는 사람도 있고, 좋은 것을 칭찬하고 나쁜 것을 미워하는358 사람도 있고, 좋고

354 「大畜卦」, 〈大象傳〉: 象曰, 天在山中, 大畜, 君子以, 多識前言往行, 以畜其德.
355 「爲政」: 子張, 學干祿. 子曰, 多聞闕疑, 愼言其餘則寡尤, 多見闕殆, 愼行其餘則寡悔. 言寡尤, 行寡悔, 祿在其中矣.
356 神明之氣는 神氣를 말함. (앞에 나옴)
357 신기에는 기능 또는 어떤 능력만 있지 언어로 표현되는 개념이나 관념을 지닌 내용이 없다는 말.
358 彰善癉惡은 彰善瘅惡과 같은 말로서『書經』, 「畢命」의 "旌別淑慝, 表厥宅里, 彰善癉惡, 樹之風聲."에 보인다.

나쁜 것을 모두 취하는 사람도 있고, 좋고 나쁜 것을 모두 취하지 않는 사람도 있다. 좋음과 나쁨은 바로 여기서 나뉜다.359 심지어 인과 불인, 의와 불의 또한 이러한 과정을 따라 발원하고, 앎의 진퇴와 조종은 온전히 여기360에 달려 있으니, 어찌 중차대하지 않겠는가?

蓋人身神明之氣, 惟有通察習染之能, 無他模著言論之端. 在外之人情物理, 從諸觸諸竅而通, 收聚於內. 方其收聚也, 有取善而遺惡者, 有取惡而遺善者, 有彰善而癉惡者, 有幷取善惡者, 有善惡俱無取者. 善惡之分, 於斯判焉. 至於仁不仁義不義, 亦由斯而發源, 進退操縱, 專係於斯, 豈不重且大歟.

안에다 거두어 쌓을 때는 그 표피적인 사물을 걷어내고 그 이치를 보존하며, 거친 내용을 버리고 정밀한 내용은 보존하여 신기에 기억한다. 밖으로 드러내 사용할 때는 만나거나 부닥치는 상황에 따라, 이전에 기억했던 내용 가운데 해당하거나 유사한 상황을 선택하여, 말과 표정과 행동으로 상대에게 나타낼 뿐이다. 이것이야말로 근본과 말단이 서로 호응하고 처음과 끝에 근거가 있다. 곧 인정과 물리에서 얻어 인정과 물리에 쓰니, 어찌 별도의 방법이 있어 그사이에 간여하겠는가?

其收貯於內, 則袪其事而存其理, 遺其麤而存其精, 習染於神氣. 其發用於外, 則隨其所遇所値, 而擇於收貯中相當相類者, 以辭色言動, 加諸彼而已. 是乃本末相應, 源委有據. 得之於人情物理, 用之於人情物理, 豈有別般道理, 參於其間哉.

359 좋은 경험과 나쁜 경험이 곧장 선악과 연결된다는 의미보다 경험의 질이 선악 판단에 영향을 미친다는 생각이다. 이 문제는 뒤의 『추측록』에서 자세하게 다룸.
360 바로 앞에서 말한 인식의 메커니즘.

애당초 기억할 때의 내용이 정밀하고 깊이가 있으면 나중에 드러내 쓰는 내용도 그렇지만, 거칠고 흐릿하면 드러내 쓰는 내용도 거칠고 흐릿하다. 기억할 때 망각하면 드러내 쓸 내용이 없고, 최근의 일은 기억하기 쉬우나 오래된 일은 기억에서 사라진다. 하지만 오래된 일이라도 종종 언급하는 내용은 잊지 않고, 최근의 일 가운데도 대수롭지 않은 일은 돌아서면 잊어버린다.

當初收入精深, 則其後發用亦精深, 收入麤微, 則發用亦麤微. 收入忘却, 則發用無所, 近事易記, 而遠事泯滅. 遠事之中, 往往提及者不忘, 近事之中, 泛忽者旋忘.

이것을 가지고 미루어 보면 사람 몸의 신기는 맑고 텅 비고 밝다.361 그래서 참으로 무궁하게 기억해 두는 일이 없고 거두어 저장한 흔적도 없다. 다만 그것이 인정과 물리가 안팎에서 작용하는 일에 올해와 내년과 평생토록 종사하니, 안팎으로 출입하여 순환하기에 겨를이 없을 뿐이다.

以此推之, 人身神氣, 澹然虛明. 實無久遠之染着, 亦無收藏之痕跡. 惟從事於人情物理之內外酬應, 今年明年, 以至平生, 內外出入, 旋環無暇而已.

---

361 心體가 虛明하다는 사상은 불교와 성리학에도 있다. 가령 『주자어류』113-118의 "以前看得心只是虛蕩蕩地, 而今看得來, 湛然虛明, 萬理便在裏面."도 그것이다.

해 설

앎은 경험에 뿌리를 두고 있다고 주장하고, 기억과 표상의 심리를 설명하
였다.

이 글도 여러 방면에 걸쳐 의미가 있는 매우 중요한 자료이다. 크게
세 가지 관점에서 살펴볼 수 있다. 하나는 서양철학의 수용 또는 변용
문제이고, 다음으로 주희 성리학의 이론적 비판이며, 끝으로 신기의
작용에 대한 심리학·교육학적 견해가 그것이다.

먼저 서양철학에서는 중세 기독교 철학과 관련된다. 앞에서도 필요할
때마다 언급하였지만, 중국에 왔던 예수회 선교사들이 저술한 책에서
주장한 내용을 수용하거나 변용한 내용이 그것이다. 이 글의 '밖에서
거두어 와서 밖으로 드러내 쓰다'라는 제목에서 그것을 보여주고 있다.
곧 외부 사물을 기억하고 마음에 저장하여 드러내 쓴다는 이론은 테렌츠
(Johann. Terenz, 鄧玉函, 1576~1630)[362]의 『기기도설(奇器圖說)』에 등
장한다. 저자가 그 책을 보았다는 결정적 증거는 1842년에 편찬한
『심기도설(心器圖說)』인데, 거기에 이 책의 내용이 꽤 수록되어 있다.[363]
본 내용과 관련된 『기기도설』의 언급은 이렇다.

"인간의 정신에는 세 가지 역할이 있다. 하나는 명오(明悟, 지성 또는
이성)이고 둘은 기함(記含, 기억)이며 셋은 애욕(愛欲, 의지 또는 욕구)이다.
무릇 배우는 사람들이 취한 바깥의 사물은 모두 명오를 따라 들어와

---

362 중국에 체류한 기간은 1621~1630. 스위스 출신의 선교사이며 의사·수학자·기계공
   학자이다. 그의 책 원제목은 『遠西奇器圖說錄最』(*Diagrams and explanations
   of the wonderful machines of the Far West*)이다.

363 테렌츠의 이 책은 王徵(1571~1644)이 그림을 그려 도왔다. 훗날 왕징은 1626년에
   『新製諸器圖說』을 저술하였는데, 다음 해에 『기기도설』과 함께 합본을 출간하였
   다. 저자의 『心器圖說』에는 두 책 모두 등장한다.

기함 속에 저장되어 있다. 다른 날 명오가 그것을 좋아해서 쓰고자 하면 곧바로 기함한 내용 가운데서 취하면 족하다."364

바로 여기서 '들어오고', '저장하고', '취하여 쓴다'라는 말은 저자가 "밖에서 얻어 갖고 와 안에 기억하고, 그것을 드러내 쓸 때는 몸 밖에 베푼다"라고 한 말 안에 들어 있다. 이것이 경험하고 기억하고 드러내 쓰는 과정을 수용한 결과이다. 저자의 표현을 빌리면 '세 단계의 자취'이다.

그런데 앞의 서학에서 말하는 감각 작용은 지성의 기능이 아니라 각혼의 기능이지만 그 인식의 주체는 지성이다. 물론 인간도 식물혼인 생혼과 함께 동물혼인 각혼도 가지고 있지만, 그것이 인식의 주체가 되지 못하고 있다. 이 점은 마테오 리치가 저술한 『천주실의』에서 아리스토텔레스의 이론을 따라 "유형한 육신은 귀·눈·입·코·사지의 다섯 기관을 가지고서 사물들과 접촉하여 지각하고, 무형한 정신은 세 가지 기능이 있어서 이것들을 받아들이고 소통시킵니다. 기함(기억 능력), 명오(이성 능력), 애욕(의지력)입니다"365라는 말에서도 형체가 없는 정신의 기능임을 분명히 하였다.

저자가 신기에 "알아[通] 살피고[察] 기억하는[習染] 능력[能]이 있다"라는 내용은 서학에서 말하는 정신 기능의 지성과 기억에 해당하는 내용이다. 게다가 이것들 외에 "언어를 본떠서 나타낸 단서는 없다"라는 말은 서학에서 유지하는 영혼의 백지설과 통한다. 이 부분은 앞서 소개했다. 다만 저자는 서학의 삼혼설을 따르지 않고 신기로 일원화하고 사물을 이룬 몸체에 따라 신기의 능력이나 특징의 다양함을 말하여, 서학의

---

364 『奇器圖說』 卷1: 人之神有三司, 一明悟二記含三愛欲. 凡學者所取外物外事, <u>皆從明悟而入, 藏于記含之內. 異日明悟愛之而欲用之,</u> 直從記含中取之足矣. 강조는 본문의 내용과 관련된 곳.

365 『天主實義』 下卷, 「第7篇」: 有形之身, 得耳目口鼻四肢五司, 以交覺于物. 無形之神, 有三司以接通之, 曰司記含, 司明悟, 司愛欲焉.

영혼을 하나로 통일하여 신기로 변용했을 가능성이 크고,366 서학에서
말하는 내용을 넘어서고 심화시켜 이론을 전개하였다.

두 번째 문제는 저자가 주희 성리학을 인식론의 관점에서 비판한 내용이
다. 저자 본인이 소개하는 유교 경전에 등장하는 사례는 모두 경험하여
기억하는 내용인데, 그 경전의 내용과 주희 성리학에서 본성을 덮어
가리는 기질을 바로잡으면 된다는 논리는 서로 어긋난다는 지적이다.
다시 말하면 그 논리에 따라 기질만 맑게 하면 될 일을 굳이 격물이라는
경험이 필요한가에 대한 의문이다.

아이러니하게도 양명학을 공부했던 조선 후기 기철학자 심대윤(沈大允,
1806~1872)도 저자와 똑같이 지적하고 있다. 그는 "주씨367는 항상
성(性)과 성경(誠敬)을 말하고, '마음이 만 리를 갖추고 있어서 그 덮어
가리는 것을 제거하면 저절로 족하다'라고 말했으면서, 지금 또 말하기
를 '무릇 천하의 물건에 나아가 그 이치를 궁구한다'라고 하니, 또 얼마나
사리에 어긋난 것인가?"368라고 하여, 마음이 뭇 이치를 갖추고 있다고
여겼다면 덮어 가리는 기질만 제거하면 되지, 천하의 물건에 나아가
일일이 리를 궁구한다는 발상 자체가 모순임을 찾아냈다. 인식론적으로
보면 대단히 날카로운 지적이다.369 이렇게 동시대의 두 인물이 똑같이
주희 격물설을 지적하여 비판하였다. 두 사람 모두 재야학자이고 기철학
자이며 양명학만이 아니라 서학의 문제점을 잘 알았다. 다만 심대윤의
기철학은 『주역』에 근거하여 서학과 일정한 거리가 있었고, 그의 서학
비판의 대상은 천주교였다.

---

366 이종란, "기독교철학에 대한 최한기의 비판적 수용," 181.
367 朱熹를 말함.
368 沈大允, 『沈大允全集』 1, 『大學考正』, 2005, 5쪽: 朱氏有恒言, 曰性與誠敬, 萬理俱
存, 去其蔽而自足, 今曰卽凡天下之物, 而窮其理, 又何乖戾耶.
369 이종란, 『서양 문명의 도전과 기의 철학』, 130.

끝으로 저자의 교육학 또는 심리학적 견해는 상당한 타당성이 있다. 우선 인간 판단과 행위의 중요성은 '기억된 앎의 좋음과 나쁨'에 달려 있다는 견해가 그것이다. 인간은 그가 무엇을 경험했느냐에 따라 인식과 행위의 수준이 결정되지 않는가? 그리고 기억 방법에 있어서 사물의 상(象)보다는 이치를, 거친 것보다는 정밀한 내용을 마음에 보존한다는 점은 개념적·이론적 인식과 통한다. 또 망각에 대한 견해, 마음에 대한 현상적 접근은 현대의 그것과도 상통한다. 당시로서는 실로 놀라운 견해이다.

44. 몸을 거쳐 신기를 통한다
自形質通神氣

전체[370]를 말할 때는 사람에게 몸의 온전한 본체가 있어서 반드시 신기의 온전한 본체를 가지고 있다. 몸을 구분하여 말할 때는 몸의 눈이 있으니 신기의 눈이 있고, 몸의 귀가 있으니 신기의 귀가 있고, 코와 입이 있으니 신기의 코와 입도 있고, 팔다리가 있으니 반드시 신기의 그것도 있다.[371]

以統體言之, 人有形質之全體, 則必有神氣之全體. 以分體言之, 有形質之目, 則必有神氣之目, 有形質之耳, 則必有神氣之耳, 有形質之鼻口, 則必有神氣之鼻口, 有形質之手足, 則必有神氣之手足.

사용하는 기관을 따라 말할 때는 이미 신기의 눈이 있으니 온 세상의 색깔은 모두 나의 눈이요,[372] 이미 신기의 귀가 있으니 온 세상의 소리는 모두 나의 귀요, 신기의 코와 입이 있으니 온 세상의 냄새와 맛은 모두 나의 코와 입이요, 신기의 팔다리가 있으니 온 세상의 붙잡거나 다닐 수 있는 것도 모두 나의 팔다리이다.

以須用言之, 旣有神氣之目, 則天下之色, 皆我目也, 旣有神氣之耳, 則天下之聲, 皆我耳也, 旣有神氣之鼻口, 則天下之臭味, 皆我鼻口也, 旣有神氣之手足, 則天下之執持行步, 皆我手足也.

---

370 統體는 總體 또는 全體의 뜻으로 『朱子語類』 15-113의 "心, 言其統體, 意, 是就其中 發處."와 같은 책, 69-92의 "只乾便是氣之統體."에 보인다.

371 신기는 하나이지만 감각의 종류에 따라 나누어 인식할 수 있다는 말.

372 신기가 보는 작용을 주관하므로 모든 색깔은 나의 눈에 있어서 감각의 대상이라는 말. 이하의 언급도 똑같은 논리로 적용됨.

그 앎을 따라 미루어 넓혀 나가면 온 세상에 도달할 수 있고, 그 앎을 따라 거두어 모으면 가슴속에 저장할 수 있다. 신기가 고요할 때는 그 속에 아무것도 없고, 오직 신기만이 맑고 밝고 텅 비고 트여서 앎을 갖고 있지 않으나, 또한 알지 못하는 일이 없다. 이때의 기상373이 바로 신기가 본래의 모습을 회복한 상태374이다.

從其通而推擴, 可達於天下, 從其通而收斂, 可藏於胸中. 及其靜寂, 無一物在中, 惟有神氣, 澹明虛通, 無有所通, 亦無所不通. 此時氣像, 卽神氣之返本還源也.

---

373 기개, 품격, 성품 또는 몸가짐.
374 원문 返本還源은 '본래의 모습을 회복하다' 또는 '근본으로 돌아오다'의 뜻인데, 일찍이 보이는 문헌은 宋贊寧의 『宋高僧傳·護法·唐朗州藥山惟嚴』의 "大抵謂本性明白, 爲六情玷污, 迷而不返, 今奉復之, 猶地雷之復見天地心矣,卽內敎之返本還源也."이다.

해 설

모든 인식 작용과 그것의 주체인 신기는 몸이 있어서 가능한 일이라고 설명하였다.

저자 나름의 신기에 대한 분석으로 인식의 가능성과 신기의 특징을 설명한 내용이다. 우선 몸과 신기는 분리되지 않는다는 점을 전제하고, 몸이 하나인 만큼 신기도 전체로서 하나라는 점을 강조한다. 신기가 인식과 행동의 주체이니 당연한 일이다. 더 나아가 감각 작용에 따른 신기가 있음도 말하였는데, 감각의 종류에 따른 몸의 각 부분과 신기로 분석하였다. 이는 사람의 마음이 감각 종류에 따라 거기에 분산해 집중할 수 있어서 이렇게 표현하였다.

불교에서는 감각기관인 안(眼)·이(耳)·비(鼻)·설(舌)·신(身)의 오근(五根)이 있다고 하고, 이것은 제각기 분산되어 종합하여 통일할 수 없는 기관이다. 종합하고 통일하는 일은 정신의 기능인 의(意)가 한다고 본다. 의와 오근을 합하여 육근(六根)이라 하는데, 그것이 일차적인 감각적 인식이다. 여기서 눈과 귀 등의 신기는 오근에 해당하고, 그 오근과 전체의 신기를 통합하면 불교의 육근에 해당한다. 이런 유사성과 본문 끝부분의 원문 반본환원(返本還源)이 주로 불교에서 사용하는 낱말임을 고려하면, 이런 설명은 불교의 영향을 생각해 볼 수 있다. 그러니까 감각 작용에 신기가 간여하지 않으면 인식이 성립할 수 없고, 각각의 감각을 종합하거나 분리해서 인식할 수 있다는 점을 지적하고, 더 나아가 그 감각기관에 대응하는 신기도 분리할 수 있다는 점을 강조하였다.

따라서 인간의 감각기관에 포착되는 대상은 모두 인식의 대상으로서 열려 있다고 하겠다. 안 것을 '가슴속에 저장한다'라는 말은 아직 인간의 뇌 연구가 덜 소개된 상태에서 나온 말이다. 그는 훗날 서양의학을 접하고 뇌에 관한 지식을 인지하였다.

끝으로 신기에 대한 현상적 설명이다. 이 자료는 특별히 새로운 내용은 아니다. 이미 불교나 성리학에서 거울을 비유로 마음의 본체가 허명(虛明)하다고 자주 사용하는 말이다. 물론 그 허명한 마음이 어떤 것이냐에 따라 철학이 갈라진다. 저자는 순담(純澹)을 그대로 적용하여 마치 맑은 샘물과 같은 것으로 보았다. 『추측록』에 보인다.

45. 앎에 이르기 어려운 네 가지 사례
四者難通

허황하고 망령된 대상에 빠진[375] 사람과 정도(正道)를 벗어나 굽은 데[376] 빠진 사람은 비록 안다는 말을 사용해도 사실은 알지 못한다. 반면 신체장애로 알지 못하고, 기질이 혼탁하여 알지 못하는 사람은 비록 안다는 말은 없어도 사실은 알 수 있는 조짐을 가지고 있다. 이 네 사람은 알지 못한다는 점에서는 같지만, 그들을 알도록 가르치는 데는 저절로 어렵거나 쉽거나 깊거나 얕은 차이가 있다.

通於虛妄者, 通於邪曲者, 雖有通之名, 其實不通也. 與夫病蔽不通者, 質濁不通者, 雖無通之名, 其實有可通之漸也. 斯四者, 不通雖同, 欲教四者通之, 則自有難易淺深之別.

허황하고 망령된 대상에 빠진 사람이 거기에 깊이 물들었다면, 그에게 그 대상의 근원을 더욱 탐구하여 끝내 효험이 없음을 알게 해야만, 마침내 거짓을 버리고 진실에 나아가서 전날에 허공을 향하여 넘어 오르려는 힘을 되돌려, 진실이 가진 사다리와 계단을 밟아 높은 집[377]에 오를 수 있을 것이니, 어찌 마음이 편치[378] 않겠는가?

---

375 여기서 通은 안다는 뜻보다는 왕래 곧 사귀어 빠져든다는 의미이다. 『漢書』, 「季布傳」의 "吾聞曹丘生非長者, 勿與通."에 그 용례가 보인다.

376 邪曲은 정도를 벗어나 곧지 못한 것으로 『荀子』, 「非相」의 "故鄕乎邪曲而不迷, 觀乎雜物而不惑."에 보이는데, 대체로 저자의 비판 대상인 미신과 方術이 여기에 해당한다.

377 단계적으로 공부하여 오른 학문의 높은 경지를 비유한 말.

378 安舒는 마음이 편안함. 『漢書』, 「匡衡傳」의 "勇猛剛強者戒於大暴, 仁愛溫良者戒於

通於虛妄者, 習染深, 則使之益窮其源, 見得畢竟無效驗, 乃可捨虛就實, 回前日向
空超騰之力, 踐此有梯級而登高堂, 豈不安舒哉.

허황하고 망령된 대상에 빠진 사람이 거기에 얕게 물들었다면, 그 퇴보를
만회하는 일이 결코 갑자기 이뤄질 수 없다. 설령 말로는 그것을 후회한다
고 하더라도 속마음이 참으로 그런지 어떻게 믿겠는가? 다만 그 배움을
멈추게 하고, 이보다 낫고 우수하여 실효가 있고 헛되이 낭비하는379
힘이 없다는 점을 가리켜 보여줄 뿐이지만, 저가 만약 우열을 보고 안다면
방향 전환을 거의 기대할 수 있다.

其習染淺, 則挽回退步, 決非蒼猝間可得. 縱有言說之追悔, 豈信中情之實然. 第停
其學, 而指視勝於斯優於斯, 有實得效, 無枉費力, 彼若見得優劣, 庶望改路.

그러나 허황하고 망령된 대상에 빠진 사람이라도 계속 나아가서 멈추지
않는380 노력이 있으면, 혹시 허황하고 망령된 대상을 경험하고 시험해
보아 바른 데로 옮기거나, 혹은 거짓되고 참된 대상을 함께 좇다가 우열을
비교해 보고 바른 데로 돌아온다. 만약 앞으로 나아가는 노력이 없으면,
죽을 때까지 허황하고 망령된 일에 나아갈 것이다.

然虛妄之人, 有進進不已之力, 則或歷試虛妄而遷善, 或虛實幷就, 比較優劣而歸正

無斷, 湛靜安舒者戒於後時,廣心浩大者戒於遺忘."에 보임. 이 자료는 모두『추측록』
권3의 「養性」에서 그대로 인용됨.

379 枉費는 허비·낭비하여 무익한 것.『朱子語類』115-141에 "如今要下工夫, 且須端莊
存養, 獨觀昭曠之原, 不須枉費工夫, 鑽紙上語."에 보인다.

380 進進不已는『朱子語類』, 57-22의 "蓋道是造道之方法, 循此進進不已, 便是深造之,
猶言以這方法去深造之也."외에 자주 보인다.

焉. 若無進就之力, 則冒虛妄而終身矣.

정도를 벗어나 굽은 데 빠진 사람은 그 깊이의 수준을 막론하고 몸에 원인이 있다. 몸에는 본래 젊음과 장년과 늙음과 쇠잔함에 따른 변화와 차이가 있다. 만약 몸의 기질을 변통할 수 있어서381 가까스로 바른 것을 본다면, 바른 데로 옮기는 방법이 그것을 따라 많이 듣고 많이 보아서382 정도를 벗어남을 해소할 수 있다.

通於邪曲者, 無論淺深, 有所由於形質. 而形質自有少壯之變, 衰老之異. 如得形質 之變通, 庶有見善, 則遷之道, 又從而多聞多見, 可以和解邪曲也.

허황하고 망령된 대상과 정도를 벗어나 굽은 대상에 빠진 일은 일찍이 감각기관을 인식의 방법으로 삼지 않았고, 또 인정과 물리를 증험의 바탕으로 삼지 않았다. 이미 이러한 인식의 근원과 말단383을 상실했으니, 신기의 빈 그림자와 미혹된 모습에만 종사했다. 비록 조예가 깊더라도 빠지지 말아야 할 대상을 알거나 알 수 있는 대상을 인식하지 않았다. 그러나 그 알려고 하는 노력만은 마땅히 알아야 하는 영역에 적용할 수 있다. 만약 험하고 막힌 길을 버리고 큰길로 간다면, 어찌 앞으로 나아가는 공부에 도움이 없겠는가?

---

381 形質은 기질과 같은 뜻으로 쓰였다. 그것을 변통한다는 말은 성리학의 기질 변화와 같은 의미이다. 다만 그것은 선천적 몸의 조건만이 아니라, 늙음에 따라 동반하는 지적 쇠퇴와 안일함까지 학습과 수양을 통하여 나쁜 성격이나 어리석은 마음 상태나 태도 등의 개선을 말함.

382 多聞多見은 『論語』, 「爲政」의 "子曰, 多聞闕疑, 愼言其餘則寡尤, 多見闕殆, 愼行其 餘則寡悔. 言寡尤, 行寡悔, 祿在其中矣."에 보인다.

383 경험에 근거한 인식의 종합적 메커니즘을 일컫는 말. 앞의 「通有源委」 참조.

虛妄之通, 邪曲之通, 曾不以諸竅諸觸, 爲通之之門路, 又不以人情物理, 爲所通之
驗質. 旣失此源委, 乃從事於神氣之虛影幻態. 造詣雖深, 是通於不宜通, 非通其可
通也. 然其通之之功, 可推用於宜通之地. 如得捨險阻而遵大路, 豈不有補於進就之
功哉.

신체장애로 알지 못하는 사람은 설령 시각 장애인이 잘 듣고 청각 장애인
이 잘 보더라도, 비장애인의 그것처럼 알기는 어렵다. 반드시 남이 보고
들은 내용을 이들 장애인에게 전달해야만, 그들의 신기가 보고 듣는
일에 참으로 결함이 없을 것이다. 시각 장애인에게 글자를 가르치는
사람이 손으로 판각384을 만지게 하고, 청각 장애인에게 편종385 치는
일을 가르치는 사람이 눈으로 악보386를 보게 하는 일은 몸에 비록 장애
가 있어도, 신기는 변통387할 수 있기 때문이다.

病蔽不通者, 縱有瞽之善聽, 聾之善視, 難通其視聽之全也. 必須資賴人之視聽, 傳
通於聾瞽, 則聾瞽之神氣視聽, 實無欠闕. 敎瞽文字者, 以手摩板刻, 敎聾叩鐘者,
以目視節奏, 是由於形質雖病蔽, 神氣可以變通也.

기질이 혼탁하여 알지 못하는 사람은 몸이 혼탁하여 좋지 않은 피388가

384 목판에 글자를 새겨 놓은 것.
385 鐘은 악기로서 종, 보통 編鐘을 말함.
386 節奏는 음악 연주의 규칙으로서 강약·장단 등의 총칭인데, 여기서는 악보[律譜]를
　　말함.
387 신기를 변통한다는 말은 몸의 한계를 극복하여 마음이 주재하는 능력을 향상할
　　수 있다는 말.
388 濃血은 직역하면 '짙은 피'인데, '피고름'을 의미하는 膿血과 발음이 유사하여
　　그것을 뜻할 수도 있다. 좋지 않은 피이다. 『素問』, 「通評虛實論篇」의 "帝曰, 腸澼下
　　膿血何如. 岐伯曰, 脈懸絶則死, 滑大則生."에 보인다.

어지러이 뒤섞인다. 신기가 그것을 따라 혼탁하니,389 아는 내용도 모두
혼탁하고 분별하는 내용도 매우 적어 돌아서면 곧장 잊어버린다. 이처럼
아무리 알지 못해도 그가 원하고 기뻐하는 일과 의복·음식·기물·부귀·
이익·영달에 있어서는 그것들을 이루는 길390을 따르지 않거나 얻을
만한 일을 하지 않고, 한갓 획득하려는 생각만 간절하여 마치 끊어진
다리의 냇물을 건너는 시도하니, 그리하여 마침내 가시 돋친 원망과
나무람391을 면치 못한다. 만약 그런 혼탁한 기질이 쇠약해지고 또 경험
이 제법 많아서 차츰 그런 병통이 줄일 수 있을 때 자신을 반성하고392
남을 자세히 살피게 한다면, 사물을 알 수 있는 조짐이 거의 있게 될
것이다.

質濁不通者, 形質混濁, 濃血雜亂. 神氣從而混濁, 所通皆混濁, 頗鮮分開, 旋卽遺忘.
雖若不通, 至於所欲所喜之事, 服食器用, 富貴利達, 不由其夤緣, 不做其可得, 徒切
攫取之志, 欲涉斷橋之川, 終未免怨尤之蝐興. 若到氣質向衰, 閱歷頗多, 差可少病,
因使反求諸己, 詳察乎人, 庶有可通之漸也.

옛사람이 가르침을 말할 때 비록 현명하든 어리석든 모두 알게 하여
온 세상에서 사람을 버리는 일을 없애려고393 하였지만, 어찌 사람마다

---

389 인간의 인식능력은 몸에 좌우된다. 그것을 당시 의학적 용어로 표현하였다. 보통
   유전적 요인으로 돌리는데, 저자도 앞의 글에서 부모의 精血을 언급한 바 있고,
   신기의 차이가 몸에 좌우된다는 생각은 앞의 「氣質各異」에서 말한 바 있다.
390 夤緣은 원래 권력의 연줄을 타서 지위에 오름을 비유한 말. 『宋史』, 「神宗紀一」의
   "秋七月庚辰, 詔察富民與妃嬪家昏因夤緣得官者."에 보인다. 여기서는 부정적 의
   미로 쓰이지 않음.
391 怨尤는 『呂氏春秋』, 「誣徒」의 "人之情, 惡異於己者, 此師徒相與造怨尤也."에 보인다.
392 『孟子』, 「公孫丑上」: 射者正己而後發, 發而不中, 不怨勝己者, 反求諸己而已矣.
393 『老子』 27장: 是以聖人常善救人, 故無棄人, 常善救物, 故無棄物.

모두 알기를 보장하겠는가? 온 세상에 알지 못하는 사람은 많고 아는 사람은 적으니, 아는 사람이 알지 못하는 사람을 인도하게 하고, 알지 못하는 사람이 아는 사람을 의지하게 하면, 번잡하고 어수선한 사람들이 통달한 가르침 속에서 길러지고, 앎이 깊거나 얕거나 우수하거나 열등한 사람 모두 통달한 가르침 속에 포용 될 것이다.

古人之說敎, 雖欲使賢愚皆通, 天下無棄人, 豈必人人皆通也. 天下不通者多, 通之者少, 使通者唱導不通者, 不通者依賴乎通之者, 紜紜紛紛, 涵育於通達之敎, 淺深優劣, 皆容於通達之敎.

해 설

제대로 아는 일이 어려운 네 가지 사례를 말하였다.

우선 알기 어려운 사례 가운데 원문 虛妄과 邪曲이 상징하는 근거 없는 형이상학과 종교와 미신에 대해 언급하였다. 그것들이 원래 인식할 수 없는 대상을 전제하기 때문이다. 곧 그것은 몸으로 경험할 수 없는 존재나 초월자나 어떤 신비적인 대상이다. 과학적 인식을 표방하는 저자의 태도에서 볼 때 당연하다.

하지만 이것들을 제대로 철저하게 탐구한다면 바른 데로 돌아온다고 한다. 이는 일리 있는 말이기도 하다. 특히 종교나 미신을 믿으면서 그것을 더욱 철저하게 공부해 보면, 허황함을 알아 그것을 버린 사람들이 있기 때문이다. 옮긴이도 소싯적에 개신교 신자였고, 동료 학자나 지인 가운데도 그 경우가 수두룩하다. 저자의 이 발언의 취지는 조선 후기 정부의 천주교 탄압에 대한 간접적 대안이기도 하다. 제대로 알게 가르치면 돌아온다는 낙관적 견해이다.

문제는 철저하게 공부하지 않아 앎에 진보가 없는 데에 있다. 종교도 제대로 믿어보지 않은 어설픈 사람이 문제라는 뜻이다. 광신도나 맹신하는 사람의 문제도 사실 제대로 철저하게 해당 종교를 공부하지 않고 지엽적인 방편만을 굳게 믿는 데 있다. 그런 사람은 해당 종교에서 절대로 헤어 나오지 못한다. 종교를 제대로 안 사람은 자기 종교를 고집하지도 않거니와 과학을 배척하지도 않고 모든 가능성을 열어둔다. 이런 사람과는 대화가 통한다. 옮긴이는 종교에 대한 사람들의 태도가 어린아이와 성인의 수준처럼 차이가 있다고 본다. 세속 종교는 신자들을 어린아이처럼 취급하여, 종교의 본질보다 방편에 몰두하게 만든다. 그래서 방편을 종교의 본질처럼 설교하고 떠받든다. 하지만 방편을 넘어서 진실을 추구하면 종교나 철학이나 심지어 과학의 세계관과 다르지 않다. 철학과 과학으로 그 종교의 본질을 이해할 수 있다. 몸에 장애가 있어도 앎의 방해 요소가 된다. 비록 그렇더라도 자신의 노력에 따라 앎을 향상할 수 있다고 본다. 또 선천적으로 인식능력이 부족한 사람은 가르치기 어렵고 욕망만 크다고 여겼으나, 원리적으로 가르칠 수 없다고 여기지는 않았다.

인식할 수 없는 대상에 빠졌던 사람이든 잘못된 곳에 빠졌던 장애인이든 기질이 혼탁하든 인간 신기를 변통할 수 있다는 점은 바른 앎의 가능성을 열어 놓은 견해이다. 결국 노력 여하의 문제이다. 그런 각도에서『논어』에 네 단계의 사람을 분류했는데, 인식능력을 잘 타고난 천재를 생이지지(生而知之), 배워서 아는 학이지지(學而知之), 무식하여 곤경에 처해서 배움을 통해 아는 곤이학지(困而學之), 무식하여 곤경에 처해도 배우지 않는 곤이불학(困而不學)으로 분류하였다. 이 글은『논어』의 분류와 달리 공부 대상과 몸에 따른 방식의 버전이다.

46. 지식을 거두어들이는 것과 드러내 쓰는 데는 근원과 말단이 있다
收得發用有源委

감각기관을 거치지 않은 채 인정과 물리에 통달할 수 있는 사람이 있을 까? 또 감각기관을 거치지 않은 채 인정과 물리를 거두어 모아 신기에 기억할 수 있는 사람이 있을까? 또 감각기관을 거치지 않은 채 타인과 접촉해서 일을 해결하고 알맞게 대응할 수 있는 사람이 있을까?

有能不由諸竅諸觸, 而通達人情物理者乎. 又有能不由諸竅諸觸, 而收聚人情物理, 貯染於神氣者乎. 又有能不由諸竅諸觸, 而接濟酬應於人物者乎.

만약 "사물을 알고 거두어 모아 기억하고 그것을 접촉하여 일을 해결하고 또 알맞게 대응하는 일이 모두 감각기관과 관련이 없다"라고 말한다면, 그에 대해 논할 필요가 없다. 하지만 만약 "감각기관이 모두 관련이 있다"라고 말한다면, 하나의 감각기관이라도 장애가 있다면 잘 갖춘 사람은 아니다. 비록 다 알아 막힘이 없더라도 자세히 살피지 못하므로, 혼탁한 사람을 면하기 어렵다. 또 비록 상세히 살폈더라도 신기에 기억한 내용이 깊고 적절하지 않았다면, 그것을 드러내 쓸 때 실정에 어두운 사람을 면하기 어렵다. 만약 기억한 내용이 깊고 절실했다면 뒷날 그와 비슷한 일을 만났을 때, 그게 무엇인지 알려고 하기도 전에 기미가 먼저 노출하고, 이미 알고 있는 귀추394와 부절395처럼 합한다. 그것은 전날에

394 歸趣는 歸趨의 뜻으로 일이 되어가는 형편이나 상황.
395 옛날에 信標로 삼았던 물건.

기억한 내용과 지금 만난 일이 저절로 서로 부합하기 때문이다.

若謂之通達也, 收聚習染也, 接濟酬應也, 皆無關於諸竅諸觸, 則不須論也. 若謂之
諸竅諸觸, 皆有關係, 則一竅一觸, 有所偏廢, 便非完備之人. 雖盡通無礙, 未得詳察,
難免混濁之人. 雖得詳察, 其習染於神氣, 不至深切, 及其須用, 難免罔昧之人. 若習
染深切, 則後日當其比類之事, 未及究索, 機微先露, 旣得歸趣, 有若符合. 以其前日
有所習染與今所値, 自相符合也.

만약 전날에 기억한 사실을 고려하지 않고, 단지 지금 부합한 내용만
보고서 스스로 기뻐하여, "마음속에 태극396이라는 본래 갖추어진 이치
를 이미 타고났다"397라고 말한다면, 이 말에는 혹시 괴이하게 여길
점도 없다. 하지만 말을 배워서 말이 나오고, 얼굴빛을 보고서 얼굴빛을
지으며, 소리를 들어서 목소리를 내는 일은 모두 외부에서 얻어 왔다가
안에서 밖으로 드러내어 쓰지, 밖에서 얻어 온 내용이 없이 안으로부터
밖으로 쓰는 일이 아니다.398 인정과 물리도 밖에서 얻어 와 안에 저장했
다가 밖으로 드러내 쓰는데, 아침에 얻어 저녁에 쓰기도 하고 얻자마자
되돌려 쓰는 것도 있다.

若不念前日之習染, 只見今日有所符合, 自有悅樂, 以謂心中已稟太極素具之理, 無

---

396 성리학에서 말하는 所以然之理와 所當然之則이라는 사물의 존재와 가치의 궁극적
　　근원이 되는 형이상학적 원리. (앞에 나옴)
397 이는 성리학의 기본 전제인 '性卽理'의 다른 표현이다.
398 여기서 '태극이 마음속에 있다'라는 현상 자체를 부인하지는 않는다. 다만 그것은
　　경험하여 마음에 저장한 뒤 表象한 말이라는 점을 주장한다. 여기서 경험의 대상은
　　남이 말한 내용일 수도 있고, 경험한 내용을 추상한 관념도 포함한다. 인용은
　　주희 성리학과 관련 있다.

或怪也. 學語而出語, 見色而作色, 聞聲而作聲, 皆由外得來, 自內出用也, 非無外得
而內自用也. 人情物理, 亦自外得來, 貯之于內, 發用於外, 有早得晩用, 有卽得旋用
者矣.

인간이 오랫동안 하늘을 우러러보고 땅을 굽어보아399 공부하여 얻은
내용에는 갖추지 않은 말이 없다. 영혼400 담론은 신이(神異)하고 괴이
한401 데 빠져 있고, 마음을 밝히는 설402은 천착하는 데 빠졌는데, 제각
기 깨달은 바를 나타내 따르는 무리에게 전해주고 있다.

俯仰千載, 功夫攸得, 無言不具. 性靈之談, 沒於神怪, 明心之說, 陷於穿鑿, 各呈所
悟, 衆徒傳授.

이런 담론403의 실상을 탐구해 보면, 모두 감각기관이 인정과 물리를

---

399 俯仰는 『周易』, 「繫辭下」 2장의 "古者包犧氏之王天下也, 仰則觀象於天, 俯則觀法
　　於地, 觀鳥獸之文與地之宜, 近取諸身遠取諸物, 於是始作八卦, 以通神明之德, 以
　　類萬物之情."에 등장하는 말.
400 性靈은 중세 기독교에서 말하는 영혼 곧 anima(亞尼瑪)를 말함. 저자는 『靈言蠡勺』
　　을 소개하면서 이 아니마를 중국말로 靈性이라 했다(亞尼瑪者, 華言靈性也. 『地球
　　典要』 卷12, 「洋回敎文辨」)고 전하고 있고, 『靈言蠡勺』에는 靈魂 또는 靈性으로
　　번역한다고 한다. 그런데 조선 말 李圭景은 이 anima를 중국인이 性靈으로 옮겼다
　　고 하고, 『大學』의 明德과 같다고 소개하고 있다. 본문의 性靈은 이규경의 소개와
　　같다. 더 자세한 것은 이종란, 『서양 문명의 도전과 기의 철학』, 48-49쪽을 참고
　　바람.
401 神怪는 神仙과 鬼怪로 『史記』, 「封禪書」의 "復遣方士求神怪采芝藥以千數."에 보이
　　고, 귀신과 괴이한 대상으로서 漢 揚雄의 『法言』, 「重黎」의 "神怪茫茫, 若存若亡,
　　聖人曼云."에 보이며, 또 神異하다는 의미로 漢 王充의 『論衡』, 「吉驗」의 "后稷之母,
　　履大人跡 … 妊身. 怪而棄之隘巷, 牛馬不敢踐之, 置之冰上, 鳥以翼覆之, 慶集其身,
　　母知其神怪, 乃收養之."에 보인다. 여기서는 기독교의 神觀을 비판하는 말로서
　　신이하고 괴이하다는 뜻.
402 明心은 불교에서 세속의 모든 잡념을 버리고, 잡념으로 인해 잃어버린 본성을
　　철저히 깨닫는다는 明心見性의 줄인 말로 보임.

거두어 모아 신기가 사용하는 앎으로 여기는 점을 알지 못하고, 다만 알고 난 이후의 일과 사용하기 이전의 이치를 따라 마음과 본성의 본래 모습이라고 인정한다. 이는 알게 된 인정과 물리의 원천이 도리어 어둡게 감춰졌으므로, 드러내어 사용하는 것마다 영혼과 괴이한 것404이나 텅 비고 맑은 마음의 본체405에 돌려버린다. 이는 또한 맑은 신기가 참모습을 잃고, 감각기관이 인정과 물리를 거두어들인 공에 도리어 실효가 없게 만들어 버린다.

究其實, 則皆不覺諸竅諸觸, 收聚人情物理, 以爲神氣之須用知覺, 只從知覺以後之事, 須用以前之理, 認作心性之本然. 是人情物理之源頭所得, 乃反晦藏, 故隨處發用, 歸屬于靈異虛明. 抑亦使澹然之神氣, 失其眞矣, 諸竅諸觸收入之功, 反無效也.

---

403 앞의 글과 바로 뒤에 이어지는 문장의 내용을 참고하면 성리학, 기독교, 불교의 학설을 말함.
404 靈異은 神奇怪異의 뜻이나 앞의 문맥을 고려하면 기독교의 性靈과 神怪에 해당한 내용.
405 불교와 성리학을 말함. 곧 虛明한 心體에 불교는 佛性, 성리학은 온갖 이치를 갖추고 있다는 것을 말함.

해 설

감각기관을 통한 경험의 중요성을 다시 강조하였다.

특히 주희 성리학에서 형이상의 이치가 마음에 선천적으로 갖추고 있다는 '성즉리(性卽理)'의 논리를 저자 자신의 인식 이론을 가지고 반박하고 종교적 관점도 비판하였다.

그 이론적 근거가 감각기관을 통해 외부의 모습과 지식을 거두어 모아 마음에 기억해 두었다가 그 내용을 표상하여 사용할 때 등장하는 과정인 수용(경험)-저장(기억)-발용(표상)이 그것이다. 이 이론이 확립된 영향은 앞의 「밖에서 거두어 와서 밖으로 드러내 쓰다(收入於外發用於外)」에서 밝힌 바 있다.

기독교의 영혼 비판에 대한 자세한 논거를 여기서 밝히지 않았지만, 그 영혼설이 괴이하다는 점은 그것을 하느님이 부여하여 영원불멸하고, 이치를 추론하는 능동 이성[지성]을 갖는다는 서학에 대한 그것이다. 하지만 저자의 이론을 보면 영혼설에 대해 모두 비판하는 것은 물론 아니다. 영혼이 백지와 같다든지 감각을 중시하여 경험을 통해 앎이 출발한다는 점은 그도 인정한다. 다만 앞에서 비판한 것 이외에 추론 능력[推測]이 경험으로 촉발되어 발달한다는 점과 그 추론 기능이 인간에게만 한정하지 않는다는 점이 다르다. 서학에서는 그것이 인간 영혼의 고유 기능이므로 동물에게는 없는 기능이다. 나중에 『추측록』의 「동물의 추측(動作物推測)」에서 다룬다.

47. 신기의 밝음은 신에서 힘은 기에서 생긴다
明生於神力生於氣

신기에는 별다른 능력이 없으니 밝음은 신406에서 나오고 힘은 기에서 생긴다. 오직 밝음과 힘에서 무한하고 오묘한 작용이 나온다.

神氣無他能, 而明生於神, 力生於氣. 惟明與力, 乃無限妙用所由出也.

사람이 태어나자마자 움직이고 울부짖는 일은 힘이니, 힘은 근육과 뼈가 장성함에 따라 점차 자라고 음식을 섭취하여 거침없이 뻗어나간다.407 분별하고 헤아리고 판단하는 정신작용은 밝음이니, 밝음은 많은 경험을 따라 연마되어 빛나고, 넓은 견문을 따라 비추어 살핀다.

人之始生, 運動啼號, 力也, 力隨筋骨之壯而漸進, 飮食之灌而條達矣. 分開量度, 明也, 明隨閱歷之多而磨光, 見聞之博而照察矣.

힘이 기에서 발동하는 경우는 다른 것에 기대지 않고 바로 쓰이며,408 밝음이 신에서 생기는 경우는 경험과 견문을 기다려 점차로 진보한

---

406 神에 대한 정의는 앞의 「氣之功用」에서 다루었다. 그것은 실체가 아니라 기의 무한한 작용의 덕을 총괄하여 부르는 명칭이라는 점이다. 이는 동아시아 철학의 전통이다. 독립된 존재로서 명사가 아닌 주로 형용사나 부사, 때로는 동사적 용법으로 쓰였음을 보면 알 수 있다. 이미 개념화된 용어로 사용함.

407 條達은 暢達의 뜻으로『淮南子』,「俶眞訓」의 "若夫神無所掩, 心無所載, 通洞條達, 恬漠無事, 無所凝滯, 虛寂以待, 勢利不能誘也."와『傳習錄』卷上-24의 "至於日夜之所息, 條達暢茂, 乃是上達."에 보인다.

408 이는 기가 바로 힘이라는 뜻으로 일반적으로 기의 범주에 힘도 포함된다. 저자는 중력 현상도 기로 보았다. 생체 에너지는 바로 힘과 연결된다.

다.409 아이가 갓 태어났을 때는 옆에 있는 사람이 놀리거나 웃거나 속이거나 꾸짖어도 막연하여 그것을 알지 못한다. 그러다가 시일이 지나고 보고 듣는 기능이 익숙해지면, 옆 사람의 기쁨과 성냄을 조금씩 알게 된다. 또 만나는 대상에 대해서도 점차 좋아하거나 싫어할 줄 알고, 행동하는 일에서도 이익과 손해를 안다. 또한 빠름410과 느림,411 성공과 실패, 힘듦과 편안함 등에 대해서도 점차로 앎이 진보한다.

力發於氣, 無所待而須用, 明生於神, 有待於閱歷見聞而漸進. 兒之始生, 傍人之嬉笑譏責, 漠然不知. 及其時月經歷, 而見聞慣習, 則微覺人之喜怒. 又於所接之物, 漸覺好惡, 又於所行之事, 漸覺利害. 又於便捷迂遠成敗勞逸, 漸次進就.

이렇게 분별하고 헤아리고 판단하는 정신작용에는 완전히 스스로 터득하는 게 있다. 마치 높은 산에 오르거나 먼 길을 갈 때처럼 단숨에 뛰어넘어412 가기를 재촉해서는 안 되고, 한 걸음씩 앞으로 나아가는 일과 같다. 그리하여 날마다 알아가더라도 하루나 한 달 사이에 그 진보를 보기 어렵고, 수년이 지나야 그 진보를 증험할 수 있다. 10년 산 사람은 20년 산 사람보다 못하고, 20년 산 사람은 30년 산 사람보다 못하며, 40년50년 이상이더라도 자연히 그 이상의 사람보다 못하는 차등이 있다.

409 인간의 정신 기능은 경험의 영향으로 발달한다는 말.
410 便捷은 敏捷의 뜻으로 『荀子』, 「君道」의 "其應變故也, 齊給便捷而不惑."에 보인다.
411 迂遠은 迂闊의 뜻으로 실정과 거리가 있다는 의미로, 『史記』, 「孟子荀卿列傳」의 "適梁, 梁惠王不果所言, 則見以爲迂遠而闊於事情."에 보인다. 여기서는 便捷의 반대 의미로 쓰였음.
412 躐等은 등급이나 순서 또는 절차를 뛰어넘는 뜻으로 『禮記』, 「學記」의 "幼者聽而弗問, 學不躐等也."에 보인다. 여기서는 등산에 비유하여 단숨에 산길을 뛰어넘는 일.

分開商量, 完有自得. 如登高山行遠程, 不可趣進躐等, 有步步之進. 日日之得, 時月
之間, 難見其進, 積年以後, 可驗其進. 十歲之人, 不及二十歲之人, 二十歲人, 不及三
十歲之人, 以至四十五十以上, 自有不及之差等.

이처럼 사람이 분별하고 헤아리고 판단하는 정신작용은 경험과 견문의
양과 깊이에 따라 차등이 있음을 알 수 있다. 또 감각기관이 그 발달을
따라 통하는 상태가 민첩하여, 사물의 기미만 보고서도 나타나지 않은
내용까지도 본다는 점을 알 수 있다.413

可見分開商量, 隨其閱歷見聞多寡遠近, 而有差等. 又可見諸竅諸觸, 隨其所進, 通
達敏捷, 察於機微, 覩於未形.

몸이 쇠하여 늙어 정신이 흐릿하고 기력이 떨어지면, 맨 먼저 감각기관부
터 활동력414이 고갈되고 신기 또한 그것을 따라 점차 줄어들어, 분별하
고 헤아리고 판단하는 작용도 차츰 줄어들고 소멸한다.415

及其衰老昏耗, 先自諸竅諸觸, 枯渴精力, 而神氣亦從而減殺, 分開商量, 漸至消鑠.

대개 사람의 한평생 신기의 밝음과 힘은 젊어서 얻고416 장성하여 쓰며

---

413 감각과 정신작용이 통합되어 사물을 직관적으로 인식하는 것을 말함.
414 精力은 용어사전을 볼 것. 여기서는 감각기관이 제대로 기능하게 하는 힘으로서
    활동력이다.
415 消鑠은 消爍과 같이 쓰이며 점차 줄어들어 사라진다는 뜻. 京房의 『京氏易傳』,
    「否卦」의 "陰陽升降, 陽道消鑠, 陰氣凝結."에 보인다.
416 얻는다는 말은 음식 섭취로 기력이 향상되고 경험에 따라 정신작용이 발달함을
    표현한 말.

늙어서는 점차 작아지니, 몸이 죽은 뒤에는 밝음과 힘이 소멸하고 신체는
썩어 없어져 의식417도 없다. 그러니 신기가 흩어지는 사실이 어찌 분명
하지 않겠는가?

蓋一生之間, 神氣之明力, 少而得之, 壯而用之, 老而漸微, 則身沒之後, 明力消滅,
身體朽落, 無有知覺. 神氣渙散, 豈不端的.

---

417 知覺은 용어사전을 볼 것. 여기서는 감각과 관련된 意識의 뜻으로 朱熹 「中庸章句
序」의 "心之虛靈知覺, 一而已矣."에 보이며, '사후에 知覺이 없다'라는 말은 유학자
들이 종교적 내세의 삶을 부정할 때 자주 쓴다.

해 설

신기의 힘과 밝음, 곧 정신력과 그 기능은 몸의 성장과 쇠퇴에 의존함을
말하였다.

이 내용은 저자가 자기 철학의 주요 개념으로 사용하는 인간 신기에
대한 철학적이며 실증적 해명이다. 자연히 인간의 인지발달 사례를
가지고 설명함으로써 교육학 특히 조선 교육 사상사에서 매우 중요한
자료를 남겼다. 또 특정 종교의 영혼불멸설을 간접적으로 비판하며
죽음의 두려움을 극복할 수 있는 모종의 힌트도 남겼다.

더 나아가 정신과 물질의 두 실체를 주장한 데카르트 이후 서구철학에서
자주 논의하는 실체 개념을 무너뜨리는 발언이기도 하다. 다만 여기서
저자의 신기를 기존의 유물론이나 과학적 세계관의 방식으로만 오해하
면 안 된다. 유물론에서 말하는 물질은 서구의 전통에 따라 죽은 질료에
불과하고, 근대 과학에서 말하는 정신 현상은 죽어 있는 물질의 상호작용
과 결합에 따른 우연한 파생물에 지나지 않는다. 반면 저자의 기는
생기나 활물로서 조건만 맞으면 생명과 정신으로 발현될 가능성을
지닌 실체이다. 물론 그 조건은 결합과 상호작용을 포용하며, 전통의
용어로 말하면 그것은 취산과 운화와 유행 등의 활동이다. 그런 점에서
기를 정신과 물질의 이분법적 실체로 나눌 수 없다. 단지 정신은 기가
응취(凝聚)한 몸이 있어야 생겨난다.

사실 서학의 영혼불멸설은 보통 인간 육체와 무관하게 영혼의 실체를
인정한다. 영혼과 그 기능을 창조주가 부여해 준 것으로 설명한다.
하지만 저자의 신기와 그 기능은 육체에 종속되어 있으며, 몸의 성장에
비례하여 발달하고 쇠퇴에 따라 소멸하는 것임을 분명히 하였다.
여기서 정신력에 해당하는 신기의 힘은 기에서 오며, 이는 음식의 섭취에

따른 몸의 성장에 의존한다. 또 정신작용이라 할 수 있는 '밝음[明]'은 기의 신(神)으로서 경험에 의존하여 발달한다고 규정하였다. 더구나 이러한 추론과 판단 등의 정신작용은 몸의 성장과 별개로 계속 발달함을 주장하고 있다. 모두 현대의 인지발달 이론과 거의 같은 관점이다. 물론 이는 각자의 경험의 양과 질에 좌우되는 문제로 사람마다 차등이 있다. 나이만 많다고 해서 지적 수준이 반드시 똑같을 수 없는 이유가 된다.

하지만 언제까지나 계속 발달하지는 않는다. 몸의 노쇠에 따라 감각기관의 기능도 떨어지고 따라서 정신작용도 쇠퇴해진다. 사람이 늙으면 사리 분별도 약해지고 활동력이 줄어드는 현상도 이런 까닭이다. 가장 극단적인 경우가 치매이다. 이는 나이 든 사람이라면 일상에서 경험하는 일이다.

그리고 나이가 들면 신기의 기능이 떨어지는 현상은 슬픈 일이기도 하지만, 뒤집어 생각해 보면 기뻐할 일이기도 하다. 보통 신기의 기능, 곧 정신력이 왕성할수록 자아가 강하다. 그래서 종교적 믿음이 없는 사람이라면, 죽음을 두려워하는 일도 그에 비례하여 강할 수밖에 없다. 하지만 신기의 활동력이 약해지면서 자의식도 저절로 그만큼 엷어지면, 그 두려움 따위를 별로 느끼지 않는다. 더 나아가 의식까지 희미해지는 단계에 이르면 삶과 죽음의 경계도 없다. 신기가 흩어져 의식이 없으니 어찌 두려움 따위가 있을 수 있겠는가? 죽음의 두려움은 의식이 뚜렷한 사람의 몫일 뿐이다.

48. 앎의 우열은 신기를 따라 생긴다
知覺優劣從神氣而生

신[418]이란 기의 정화요, 기란 신의 기본 바탕이다.[419] 앎은 신기[420]의 경험을 따라 생기며, 몸의 활동[421]은 기력이 나아가는 것을 좇아 이루어진다. 행동은 앎을 말미암아 드러나고 앎은 행동을 따라 성립하니,[422] 모두 신기의 사용을 벗어나지 않는다.

神者, 氣之精華, 氣者, 神之基質也. 知覺從神明之閱歷而生, 運行從氣力之進就而成. 行由知而發, 知由行而立, 總不外乎神氣之須用也.

피와 진액은 신기의 기본 바탕이고, 오장육부와 살은 피와 진액의 기본 바탕인데, 근육과 뼈와 피부가 오장육부와 살을 지탱해 나간다. 이렇게 한 몸 안에서는 갖춘 기관이 서로 의존하여 신기를 배양하지 않음이 없고, 몸 밖으로는 사물을 접하고 해결할 때 이리저리 돌려서 드러내는 것은 통달한 신기가 아님이 없다. 이것은 사람마다 본래 있는 일이다.

---

418 정신에 해당하며, 『천주실의』 등에서는 정신을 神이라는 글자로 옮기기도 했다.
419 이는 신기를 분석해 定義한 내용. 곧 신기의 신(정신)이 기를 떠나서 있지 않음을 표명한 견해이다. 여기서는 정신작용과 힘(에너지)으로 분석하였다.
420 원문 神明은 앞의 「明生於神力生於氣」를 참고하면 마음인 신기이다. 신명을 마음으로 표현한 사례는 주희가 『孟子集註』, 「盡心上」에 "心者, 人之神明, 所以具衆理而應萬事者也."라는 곳이다. 본문의 "앎은 신명의 경험에 따라 생긴다"라는 표현에서 신명은 신기임을 알 수 있다. (앞에 나옴. 강조는 옮긴이)
421 運行은 뒤 문장을 참고하면 신기를 포함한 행동이 일어나는 신체의 활동으로 보임. 활동의 의미로 쓰인 사례는 『朱子語類』 59-7의 "告子只說那生來底便是性, 手足運行, 耳目視聽, 與夫心有知覺之類."에 보인다.
422 知行觀이다. 해설을 볼 것.

血液爲神氣之基質, 臟腑肌膚爲血液之基質, 筋骨與皮爲維持臟腑肌膚也. 一身之
內, 所具機括, 互相資賴, 無非培養神氣, 在外之接濟事物, 輪鑷呈露, 無非通達神氣
也. 是人人之所固有也.

신이 밝게 아는 일과 기가 힘 있게 운행하는 일은 각자의 공부에 달린
문제로, 스스로 알고 쓰는 데 우열이 있고 사람마다 같지 않다. 그 같지
않은 까닭은 익힌 내용과 행동의 차이 때문만은 아니다. 우선 근원423에
서부터 그 따라야 할 길을 잃지 않아야 참으로 효과를 얻어 공을 이루기
쉽고, 헛되이 힘을 낭비하여 평생을 보내는 일이 없다.

神之明知, 氣之力行, 乃其人之功夫, 自得而用之有優劣, 人人之所不同也. 不同之
由, 非特所習有異, 所行各殊. 先自本源上, 不失所循之路, 有實得效而易爲功, 無枉
費力而度平生矣.

신기가 감각기관을 통해 아는 일에 따라 인정과 물리를 거두어 모을
때, 일마다 우열을 비교하고 여러 번 헤아려 그 성패를 시험하여, 신기의
밝은 앎은 점차 열리고 그 안에 기억한다. 다만 이와 같으면 우수하고
이와 같으면 열등하고 이렇게 하면 좋고 이렇게 하면 나쁘고 저와 같으면
이롭고 저와 같으면 해롭고 이와 같으면 어렵고 이와 같으면 쉽다는
판단이 있을 뿐이요, 다시 다른 무엇이 터럭만큼이라도 쌓이는 일은
없다.424

---

423 그것에 해당하는 구체적 내용은 다음 단락을 볼 것. 이는 앞에서도 누차 등장한
그의 인식 이론에 있어서 핵심 논리이다.

424 신기의 인식능력이 점차 계발되어 기억하는 일은 경험 범주 안의 일이라는 뜻.

從神氣之通於諸竅諸觸, 而收聚人情物理, 一事二事, 比較優劣, 再度三度, 試驗成
敗, 神氣之明知漸開, 而習染于內者. 只有如是則優, 如是則劣, 若此則善, 若此則惡,
如彼則利, 如彼則害, 如斯則難, 如斯則易, 更無他一毫積累.

쌓은 것을 밖으로 드러내 사용할 때는 앎이 밝은 곳에서는 힘이 생기고,
힘이 집중된 곳에는 앎이 통달한다. 그 앎의 크기와 깊이에 따라 공부와
일에도 크기와 깊이가 있다. 이것[425]을 가지고 처음부터 끝까지 일관성
있게 하면, 자연과 인간의 큰 도리에 흠이 없을 것이다. 만약 이러한
방법을 버리고 달리 신비하고 괴상한 무엇[426]을 찾는다면, 잘못된 길로
감[427]과 속임수와 사특함을 면하기 어렵다.

及其發用于外, 知明處力生, 力專處知達. 隨其通之大小遠近, 而功夫事業, 亦有大
小遠近矣. 以此終始, 無欠於天人之大道. 若捨此道, 而別求神奇, 難免盤蹊曲逕,
詭譎邪愿.

가만히 생각해 보면 옛사람이 탐구한 방법은 쉬운 데 있었으나 정밀함은
적었다. 뒷사람이 탐구한 방법은 한 부분만 깊게 파서 가혹하고 각박한
점이 많았다. 이는 도움이 없지는 않지만, 해를 끼치는 단서가 좀 있다.

---

425 앞에 등장한 내용을 포함해서 수용(경험)-저장(기억)-발용(표상)의 과정을 말함.
426 神怪는 신선과 鬼怪로 『史記』, 「封禪書」의 "復遣方士求神怪采芝藥以千數."에 보이
고, 귀신과 괴이한 대상으로서 漢 揚雄의 『法言』, 「重黎」의 "神怪茫茫, 若存若亡,
聖人曼云."에 보이며, 또 神異하다는 의미로 漢 王充의 『論衡』, 「吉驗」의 "后稷之母,
履大人跡 … 妊身. 怪而棄之隘巷, 牛馬不敢踐之, 置之冰上, 鳥以翼覆之, 慶集其身,
母知其神怪, 乃收養之."에 보인다. 주로 기독교의 신관과 내세관을 비판하는 말로
사용하며, 여기서는 전생에 대한 앎이나 종교에서 말하는 啓示, 환상 등이 여기에
해당한다. (앞에 나옴)
427 盤蹊曲逕는 盤溪曲徑와 같은 말.

그 까닭은 논리가 미세하면 논지의 파탄이 많고, 고상하면 현실과 거리가
동떨어지기 때문이다. 생각이 여기에 미칠 수 있다면, 신기 이론의 앎과
행동은 거의 그 올바름을 얻을 것이다.

竊想古人之究道, 在平坦而少精微. 後人之究道, 深一節而多刻斅. 不無所補, 而頗
有貽害之端. 以其微細則多罷綻, 高遠則易迂闊也. 有能念及于此, 神氣之知行, 庶
得其善.

해 설

이 글은 크게 보아 두 가지 문제를 다루고 있다. 하나는 신기에 있어서 신의 근원에 관한 문제이고, 다른 하나는 인식과 행동의 문제인 지행관(知行觀)이다.

먼저 신의 문제를 다룬 이유는 신에 대한 오해를 불식시키기 위해서이다. 이 신이 흔히 말하는 신(God)이 아니라는 점은 『주역』에서 거론한 이후 전통 학문의 상식에 속하는 문제이다. 이것은 원칙적으로 명사화할 수 없는 용어이다. 예외적으로 설명의 편의를 위해 부득이 개념화해서 신이나 신명 따위의 명사적 용법으로 말하기도 하고, 따로 인간의 정신을 가리켜 말할 때는 신이나 신명으로 말하기도 한다.

저자가 여기서 신을 따로 거론한 까닭은 『천주실의』와 같은 서학 서적에서 실체로서 말한 정신(영혼)과 구별하려는 의도에서였다. 동아시아 전통에서는 신을 실체화하지 않기 때문이다. 그것은 기 또는 사물이 갖는 하나의 신비하고 설명하기 어려운 현상이지 실체가 아니다.

사실 신과 기는 각각 양초와 그 불꽃으로 비유할 수 있다. 신이 기의 정화라는 점은 마치 양초의 불꽃이 양초에서 나오는 현상과 같다. 불꽃 자체는 양초가 아니지만, 양초가 일정한 조건에서 갖는 현상이다. 양초가 없으면 양초의 불꽃도 존재할 수 없는 것처럼 기가 없으면 신도 없다. 그래서 신은 몸의 독립된 실체가 아니라, 몸의 여러 기관과 조직이 서로 의존하여 만든 결과라는 점을 강조한다. 그러니까 신은 어디까지나 기의 신일 뿐이다. 그런 전제를 인정한다면, 신이란 정신과 같은 의미로 보아도 무방하다.

하지만 정신은 그 자체가 완결된 상태가 아니다. 경험과 학습을 통해 그 기능이 발달한다는 점을 강조한다. 그래서 사람마다 우열이 있다.

만약 정신이 실체로서 몸의 조건과 무관하게 존재한다면, 다시 말해
서학의 영혼처럼 하느님이 창조한 육체의 형상으로서 잠재태에서 현실
태로 전개한다면, 정신에 대한 저자의 이런 설명은 불필요한 말이 되고
만다. 서학의 관점을 인정하지 않기에 이런 설명이 필요했다.

전통의 지행관은 대부분 도덕 가치의 인식[知]과 실천[行]의 문제를
다룬다. 여기에는 선지후행(先知後行), 선행후지(先行後知), 지행합일
(知行合一), 지행병진(知行竝進) 등이 있다. 본문의 '행동은 앎을 말미암
아 드러난다[行由知而發]'는 선지후행과 '앎은 행동을 따라 성립한다[知
由行而立]'는 선행후지와 연관되는 듯 보이나 이 말만 가지고는 저자의
지행관을 온전히 이해하기 어렵다. 행에 대한 개념이 학파마다 같은지
따져보아야 하겠고, 무엇보다 저자의 그것이 무엇인지 살펴보아야
한다. 그의 저술인『추측록』과『인정』등을 종합해 보면, 그것이 반드시
도덕적인 일에만 한정하지 않고 인간 활동 전부를 포함한다.428 이
경우 행은 사회적 실천만이 아니라, 그와 무관한 개인적 행동도 포함한다.
그래서 관련된 내용을 종합하면 형식적으로는 선행후지를 통하여 선지
후행으로 나아가고 있다.『추측록』에 보면 "그 처음을 말하면 행동을
따라서 앎이 있게 되고, 이미 앎이 있으면 간혹 앎을 따라서 행동이
있게 된다"429라는 말도 앞의 설명과 같다. 이는 경험을 통해 앎이
성립한다는 저자의 철학 방향에 맞는 진술이다. 곧 수용(경험)-저장(기
억)-발용(표상)의 과정 안에서 일어나는 앎과 행동이기 때문이다. 바로
이런 과정을 통하여 신기 이론의 지행관을 알아야 한다고 역설하였다.

---

428 더 자세한 것은 이종란, "최한기의 인식이론의 성격,"「동서철학연구」11-1 (1994),
    13쪽을 참고할 것.
429『추측록』권4,「知行先後」: 知行先後, 自有進就之序. 語其初, 則由行而有知, 旣有
    知, 則或由知而有行.

49. 알 수 있는 17가지 일
十七條可通

온 세상에서 알 수 있는 일은 비록 갈래가 많다고 하지만, 그 근본을 말하면 나의 신기가 대상의 신기를 알고, 대상의 신기가 나의 신기에 도달하는 일이다.[430]

天下可通之事, 雖云多端, 語其本, 則我神氣通於彼神氣, 彼神氣達於我神氣也.

그 일의 종류를 말하면 윤리, 인의, 예법과 음악과 형벌과 정치, 경전과 역사[431]와 저술,[432] 선비의 일과 농업과 공업과 상업, 재물[433], 수학[434], 역법,[435] 기물이다. 모두 인정과 물리에 통달하여 인사와 사물의 성질[436]에 적용하는 일을 근본[437]으로 삼아, 가까운 것을 미루어 멀리 있는 대상을 헤아리고 작은 것을 미루어 큰 대상을 헤아린다.[438] 그러니 일의

---

430 외부의 대상을 인식하는 정의를 이렇게 표현하였다. 여기서 대상의 신기가 대상의 특징을 갖는 무엇임을 알 수 있는데, 주로 대상이 갖는 이치이다. 『추측록』의 「推氣測理」가 그 대표적 논리이다.

431 經史는 經典과 歷史.

432 記述은 문자로 기록하거나 서술하는 일. 『晉書』, 「司馬彪傳」의 "而時無良史, 記述煩雜."에 보인다.

433 財用은 재물. 또는 재물의 사용. 『管子』, 「重令」의 "民不務經産, 則倉廩空虛, 財用不足."

434 算數는 算術로도 불리며 수학적 계산을 말함.

435 歷象은 용어사전을 볼 것. 『書經』, 「堯典」의 "乃命羲和, 欽若昊天, 歷象日月星辰, 敬授人時."에 보임. 厤은 歷과 같으며 曆의 古字.

436 物宜는 사물의 성질·도리·준칙 등을 가리키는데, 『周易』, 「繫辭上」에 "聖人有以見天下之賾, 而擬諸其形容, 象其物宜, 是故謂之象."에 보인다.

437 本原은 근본의 뜻으로 쓰였다. 『管子』, 「水地」의 "水者何也. 萬物之本原也, 諸生之宗室也."에 보인다.

갈래가 많다고 무슨 걱정을 하겠는가?

語其事類, 則倫綱也, 仁義也, 禮樂刑政也, 經史記述也, 士農工商也, 財用也, 算數
也, 歷象也, 器皿也. 皆以通達乎人情物理, 適用乎人事物宜, 爲本原, 而推近測遠,
推小測大. 有何事務多端之憂.

이것은 모두 신기가 아는 영역 안의 일이어서 거기에는 자연히 따르는
방법과 성취하는 업무가 있다. 그 나머지 신기가 안 내용이 없거나 알
수 없는 외도와 이단[439]의 일은 그들의 성쇠에 맡겨 두고 마땅히 스스로
바른 데로 돌아오기를 기다려야 한다.

總是神氣通之分內事, 自有所由之門路, 所濟之營業矣. 其餘, 神氣無所通與不可通
之外道異端, 任其熾滅, 當俟自反也.

그래서 윤리에서는 규범을 유지하고 거기에 벗어나는 일을 막을 줄
알고, 인에서는 사람들이 화합함을 알고, 의에서는 일을 마땅하게 마름
질할 줄 알고, 예법에서는 차례를 좇음이 문란하지 않음을 알고, 음악에
서는 답답한 기운을 펴서 화기가 넘치게 인도함을 알고, 형벌에서는
악을 예방하고 선으로 교화함을 알고, 정치에서는 지배자와 백성의 실정

---

438 원문에 포함된 '推A測B'는 'A를 근거로 추리하여 B라는 사실을 판단한다'라는
   인식 방법으로, 뒤의 등장할 『추측록』의 핵심 논리이다. 감각적 경험을 이론적
   지식으로 추상화시키는 과정이다. 저자는 본서의 서문에서 이것을 지식 확장의
   방법으로 보았다.
439 원래 이단은 같은 학문(종교)에서 정통에 벗어난 것, 외도는 그것과 다른 것을
   의미한다. 저자는 이를 특별히 구별하지 않고 있으나 아마도 불교나 기독교 등의
   종교를 가리킨 것으로 보인다.

이 서로 소통됨을 알고, 경전과 역사에서는 옛 자취의 거쳐온 과정을 알고, 저술에서는 뒷사람들이 취할 증험을 알고, 선비의 일에서는 성인의 가르침을 이어 후학을 열어줌440을 알고, 농업에서는 토질과 수리(水利)를 알고, 공업에서는 실용에 이롭고 힘과 비용의 줄임을 알고, 상업에서는 상품의 유무에 따른 교역441을 알고, 재물에서는 그것을 모으고 흩고 베풀고 갚음을 알고, 수학에서는 비례와 측험442을 알고, 역법에서는 별들의 운행과 지구의 운동을 알고, 기물에서는 적절한 용도를 따라 제작하여 사용함을 안다. 이것은 인생으로서 마땅히 알아야 할 일이요, 하나라도 소홀히 할 수 없다.

於倫綱, 通其維持拱御, 於仁, 通其和協人物, 於義, 通其裁制攸當, 於禮, 通其循序不紊, 於樂, 通其宣鬱導和, 於刑, 通其過惡敎善, 於政, 通其上下達情, 於經史, 通其古蹟閱歷, 於記述, 通其後人取驗, 於士, 通其繼往開來, 於農, 通其土宜水利, 於工, 通其利用省費, 於商, 通其貿遷有無, 於財用, 通其聚散施報, 於算數, 通其比例測驗, 於歷象, 通其曜幹地運, 於器皿, 通其隨宜制用. 是乃人生當通之事, 不可偏廢之務也.

몸에는 여러 감각기관으로 알 수 있는 갈래가 있고, 몸 밖에는 17가지의 앎의 대상인 일이 있다. 이 한 덩어리의 신기443를 가지고 밤낮으로

---

440 「中庸章句序」: 若吾夫子, 則雖不得其位, 而所以繼往聖開來學, 其功反有賢於堯舜者.
441 貿遷有無는 내게는 있는 상품이 상대에게는 없고, 또 상대에게 있는 상품이 나에게 없을 경우에 교역한다는 말. 貿遷은 교역의 의미로 漢 荀悅의 『申鑒』, 「時事」의 "貿遷有無, 周而通之."에 보인다.
442 測驗은 수를 이용하여 관측·측정하여 증험하는 일로서, 수학에서 양을 잰다는 測度(measure)의 뜻에 가깝다. 그의 『運化測驗』에 주로 사용하는 용어이다.
443 一團神氣는 앞에서도 나왔다. 기는 저자의 철학에서 만물이 존재하는 근원이므로 개체의 마음을 두고 이렇게 표현할 수 있다.

탐구하되, 활동에서 증험하고 시험하며, 세월을 거치면서 경험하고, 여러 해를 거쳐 진보한다. 그러기를 40~50년이 되면 오직 17가지에서 일을 접하고 해결하고 경험하니, 그 일은 아마도 몇천만 번만은 아닐 것이다.

在身, 有諸竅諸觸能通之條路, 在外, 有十七條所通之事務. 將此一團神氣, 而晝夜究索, 動靜驗試, 經歲而閱歷, 積年而進就. 以至四五十年, 而惟於十七條接濟經驗, 殆不啻幾千萬番也.

또 17가지 일에서 종신토록 푹 잠기면, 신기가 애초에 탐구하여 안 내용에서 거듭 익혀 기억한 내용에 이르고 또 변통에 이르는데, 그 형세가 본래 그렇다. 그러나 기가 맑은 사람은 아는 일이 빠르고 남김이 없으나, 기가 혼탁한 사람은 아는 일이 느리고 두루 알기도 어렵다.

且於十七事務之中, 游潛而終身, 則神氣之自初究得, 以至習染, 又至變通, 勢所固有也. 然氣淸者, 通之速而無遺, 氣濁者, 通之遲而難得其遍.

해 설

인식할 수 있는 대상으로서 17가지 조목을 들었다.

이 글은 저자의 학문관이 보이는 내용으로 당시 인사에서 알 수 있는 일을 대부분 다루었다. 곧 윤리와 도덕, 사회제도, 정치, 경제, 경전과 역사, 예악, 기술과 산업, 생산도구 등이다. 그 성격을 보면 이전의 성리학이 주로 윤리 도덕적 앎에 치중한 것과 다르게 그것을 포함하면서도 실용적이다. 이런 학문의 태도를 종합해 학자들은 그를 조선 후기 실학자로 간주한다.

중요한 점은 이 분야의 일들을 알 수 있다는 점이다. 그의 학문에서는 알 수 없는 종교나 미신과 형이상학적 대상은 제외된다. 특히 "그들의 성쇠에 맡겨 두고 마땅히 스스로 바른 데로 돌아오기를 기다려야 한다"라는 진술은 사실상 유교가 국교로 기능하면서 천주교를 탄압하던 당시의 시대상을 반영한 진술이다. 이런 태도는 앞에서도 언급했는데, 그는 학문적으로는 천주교를 반대하지만, 사람들이 그것을 신봉하는 일은 그들의 무지 때문이라고 여겨 실효성이 없으면 되돌아올 것이라 보았다. 하지만 이런 낙관적 태도는 인간 이해에 있어서 단견이다. 21세기에도 종교는 번성하고 있다. 종교의 진리성을 떠나 인간의 삶에 실용적 측면이 있다는 점을 간과한 듯하다.

또 하나 간과한 점은 실용적이지 못해도 학문적 관심이나 호기심, 또는 예술적 취향에서 탐구하는 일도 있는 사실이다. 심지어 오늘날은 종교 그 자체도 탐구의 대상이다.

50. 널리 시험하고 증험하여 안다
廣試驗通

몸이 아래로 구부리고 위로 쳐다보고 굽히고 펴고 가고 머물고 앉고
서는 일에는 모두 무게중심의 수선444이 있어, 전후좌우로 이동할 때
무게와 힘을 알맞게 하는 기준으로 삼는다. 무게는 몸을 이룬 바탕445에
서 생기고 몸의 힘은 기에서 생기니, 몸446에는 이동에 따른 무거움과
가벼움이 있다.447

人身之俯仰屈伸行住坐立, 皆有重心之垂線, 轉移于左右前後, 以爲重力均適之準
則. 重生於質, 力生於氣, 而氣質有隨移之重輕矣.

눈이 보는 데는 시선이 있어 직선, 사선, 좌시선, 우시선, 규관선,448
표지선449으로 이루어져 있으므로, 사물을 관찰할 때 두루 고찰해야만

---

444 垂線은 직선이나 평면에 수직으로 만나는 선. 무게중심과 관련해서는 중력 방향의
　　연직선(vertical line)이다. 重心之垂線은 『추측록』 권6, 「中徑時中」에서 "重徑,
　　卽重心之垂線."라는 저자의 정의에 따라 重徑線과 같은 말로 쓰였다.
445 質이란 저자의 철학에서 기가 엉겨서 이루어지고, 질량을 가지고 있는 물질이다.
446 여기서 氣質은 앞서 말한 質(몸의 바탕)과 氣(몸의 기운)를 합쳐서 한 말. 몸은
　　신기와 질로 이루어졌다는 『신기통』 권1의 「氣質各異」의 논리와 같다. 여기서는
　　앞에서 설명한 몸의 움직임을 뜻함.
447 몸 자체의 무게가 바뀔 수는 없다. 여기서는 앞의 내용을 종합하면 이동에 따른
　　힘의 크기로 보인다.
448 여기서는 관을 통해 보는 시선.
449 表識線은 문헌에 보이지 않고, 한국 DB 자료에서도 저자의 문헌 외에 보이지
　　않는다. 다만 表線은 『簡平儀說』과 『新法算書』에 보이는데, 표에 나타낸 선이다.
　　선교사 Urisis(熊三拔)의 『簡平儀說』에서는 시각별로 표시한 태양의 고도를 이은
　　선을 말함.

바르게 알 수 있다.[450]

目視有線, 以成直線斜線左視線右視線窺管線表識線, 遍考周察, 庶得其正.

귀로 듣는 일은 반드시 소리가 공기를 진동하여[451] 그것을 투과해서 귀에 들어오는 것을 기다려야 한다. 바람이 공기를 진동시키면 공기가 흔들려 이르는데, 물건이 소리를 막으면 선회하여 이르고, 왼쪽을 막으면 오른쪽으로 들어오고 오른쪽을 막으면 왼쪽으로 들어오니, 미루어 보고 찾고 상세하게 살펴야 착오가 없다.

耳聽必待聲振氣而透竅. 風動氣則搖盪而至, 物遮蔽則旋回而到, 掩左則右入, 掩右則左入, 推繹詳察, 庶無擾奪.

냄새와 맛과 촉각도 모두 그러하다. 반복해서 따져보고, 운동과 정지를 서로 미루어 보고, 앞뒤를 참조해 보고,[452] 지나치거나 모자라는 것과 허상[453]을 헤아리고 판단하여, 참되고 치우치지 않은 올바름을 취해야

---

450 기하학적, 천문학적 線에 관한 사례는 『乾坤體義』, 『新法算書』, 『曆象考成』, 『曆算全書』 등에 이것들을 포함한 온갖 선이 보인다. 다만 그 용어가 直線과 斜線을 제외하고 左線, 右線, 管線, 表線 등으로 되어 있지만, 저자가 시선과 관련하여 글자를 첨가했음을 알 수 있다.

451 소리는 공기의 진동이 그 파동에 의하여 전달된다는 뜻. 『신기통』 권2, 「聲氣遠近」을 보면 소리 전달을 파동설로 설명하고 있다. 여기서 '소리가 공기를 진동한다'라는 뜻은 파동을 의미하는 것으로 보임.

452 傍照는 꼭 필요한 법문이 없을 때 그와 비슷한 다른 법문을 참조하는 것. 여기서는 비교·참조의 뜻으로 쓰임.

453 過不及, 虛影은 전통적으로 인간의 도덕적 행위를 표현하는 말이었으나 여기서는 그와 무관한 관찰의 결과를 말함. 적절한 용어가 없어 그것으로 대체한 것으로 보임. 뒤의 誠實, 中正도 그러함.

지, 짧은 시간에 갑자기 알거나 접촉한 내용을 가지고 급하게 바르다고
결론지어 쉽게 착오를 일으켜서는 안 된다.

至於臭味諸觸, 莫不皆然. 反覆究詰, 動靜互推, 前後傍照, 量度過不及與虛影, 以取
誠實中正, 不可以蒼猝所通所觸, 遽然質定, 易致差謬.

지구 밖에 있는 대상을 알거나 접촉하는 일은 엷은 구름454에 의하여
가려져 그것이 차고 덥고 흔들리고 움직이는 것에 따른 차이가 있다.455
몸에는 영기(榮氣)와 위기(衛氣)456가 고르지 않으면, 풍담이 생겨 자라
나서457 신기의 소통을 혼미하고 어지럽게 만들 수 있다. 그러니 비록
한 가지 일을 아는 데도 반드시 여러 번 시험하고 여러 번 증험하여, 몸
안팎에서 때때로 앎을 방해하는 일의 영향을 받지 않아야 그 진실을 안다.

---

454 游氣는 전통적으로 떠서 움직이는 구름, 미약한 호흡, 남아 있는 생명을 가리키는
　　말이었으나, 저자는 지구 대기 가운데 낮은 곳의 기로 蒙氣와 관련이 있다.『추측록』
　　권2의「蒙氣飜影」을 보면 "蒙氣者, 地中遊氣上騰."이라는 말이 나오는데 遊氣는
　　떠다니는 엷은 구름이다. 글자는 다르나 같은 뜻이다.
455 여기에 해당하는 인식의 대상은 주로 지구 밖의 천체에 관한 일이다.『추측록』
　　권2의「蒙氣飜影」에 상세하다. 곧 지구 대기의 여러 조건에 따라 실제의 별빛을
　　방해하거나 왜곡하는 현상을 말한다.
456 榮衛는 榮氣와 衛氣를 일컫는 말. 榮氣은 피의 순환을 가리키며 혈맥 속으로
　　순환하고, 衛氣는 기가 두루 흐르는 일을 가리키며 혈맥 밖에서 운행한다. 榮衛의
　　두 기는 온몸에 퍼져 있으며 인체의 滋養과 保衛 작용을 한다. 한의학에서 營衛와
　　같은 뜻으로 사용함. 榮衛는『黃帝內經·素問』,「熱論」의 "五藏已傷, 六府不通,
　　榮衛不行, 如是之後, 三日乃死."에 보인다. 여기서 말하는 영위는 현대의 몸을
　　지켜주는 힘이나 기운인 면역력의 뜻으로, 그것이 잘못되면 풍담·한기·열기가
　　발생한다는 의미이다. (앞에 나옴)
457 作息은 漢 王充의『論衡』,「偶會」"作與日相應, 息與夜相得也."에 보이는데, 훗날
　　일(활동)과 휴식의 뜻으로 쓰였고, 動靜의 뜻으로도 쓰이며 질병의 경우 증상의
　　발생과 소멸. 그런데 질병이 생겨 커지는 뜻으로도 쓰였는데, 이때 息은 '자라다'의
　　뜻임. 저자도 질병의 경우 후자의 뜻으로 주로 사용함.

在外之所通所觸, 爲游氣所遮, 有寒熱搖動之異. 在身, 有榮衛之不調, 風痰之作息,
能令神氣之通迷亂. 則雖一事之通, 必須屢試屢驗, 勿奪於內外之有時拘礙, 方通其眞.

해 설

경험으로 사물을 알아갈 때 구체적인 방법을 제시하였다.

우선 첫째 단락은 물체의 무게와 힘과 운동을 설명하는 물리학적 자료를 보고 작성한 느낌이 든다. 물체 대신에 몸을 가지고 설명하고 있다. 그래서 질량을 가진 물체가 곧 그 물체의 무게에 해당한다. 저자는 그것을 질이라 하였고, 그의 철학에서는 물체의 구성요소의 총합이다. 대신 힘은 기에서 생긴다고 하여, 기가 힘의 원천으로 보았다. 그런 점에서 기를 힘으로 보아도 무방하고, 전통적으로 몸의 기운과 힘을 같은 의미로 사용하기도 했다.

여기서 생각을 조금 더 발전시키면, 질량[무게]에 힘[기]을 가했을 때 속도가 생기는 뉴턴의 운동법칙인 힘(F)=질량(m)×가속도(a)의 원리로 나아갈 수 있다. 다시 말해 "무게는 몸을 이룬 바탕에서 생기고 힘은 몸의 기에서 생기니, 몸에는 이동에 따른 무거움과 가벼움이 있다"라는 진술을 단순화하면 '바탕'은 질량, '이동에 따른 무거움과 가벼움'을 가속도로 보고 힘을 생각해 볼 수 있다.

그런데 이 내용은 그다음 단락에 설명하는 인식 이론과 연결이 자연스럽지 않다. 뒤 문장의 내용을 종합하면 다양한 조건과 방식에 따른 관찰과 연결되지만, 앞의 내용은 물리적 설명만 있고 어떻게 관찰해야 한다는 말이 없어, 상대적으로 독립된 내용으로 보여 연결이 매끄럽지 않다. 다만 물리적 현상을 다룬다는 공통점은 있다.

아무튼 다양한 시선과 감각과 소리가 전달되는 방식의 예를 통하여 사물을 관찰할 때 다양하고 세밀한 과정을 거쳐야 함을 주장하였다. 그리고 증험 곧 검증의 누적을 주장하였는데, 이는 그것으로 경험적이고 귀납적 방법이 가진 한계를 극복하려는 시도였다. 이는 근대 과학에서 귀납법의 한계를 극복하려는 시도와 맥락이 통한다.

그는 더 나아가 인식을 방해하는 요소까지 언급한다. 그것은 인간 내부와 외부에 다 있다는 점을 밝혔는데, 타당한 지적이다.

51. 신통
神通

아는 일에 익숙하면 신기의 능력이 감각기관에 통달하고 거기에 넘친다.
눈에는 보는 능력이, 귀에는 듣는 능력이, 코와 혀와 피부 감각에는
해당하는 능력이 생긴다면, 총명이 유달리 발달하여 보통 사람의 보고
듣고 냄새 맡고 맛보고 접촉하는 능력보다 점점 우월하게 될 것이다.

慣熟于通, 而神氣之力, 達於諸觸, 溢於諸竅. 目有視之力, 耳有聽之力, 鼻舌諸觸,
各有鼻舌諸觸之力, 則聰明特達, 稍優於尋常視聽臭味觸之人矣.

만약 신기가 보는 능력이 눈을 잊고도 대상을 알고, 신기가 듣는 능력이
귀를 잊고도 대상을 알며, 냄새와 맛과 촉각을 느끼는 능력이 코와 혀와
피부를 잊고도 대상을 통달하는 데 이른다면, 이것을 신통하게 보고,
신통하게 듣고, 신통하게 냄새 맡고, 신통하게 맛을 알고, 신통하게
촉감을 느낀다고 말한다.

若至於神氣之視力, 忘目而通於物, 神氣之聽力, 忘耳而達於事, 臭味諸觸之力, 忘
其鼻舌諸觸, 而通達於事物, 是謂神視神聽神臭神味神觸.

이른바 신은 기의 정화로, 기의 곁에서는 기의 희미한 무리가 있고,
기에 앞서서는 전면에서 이끄는 빛이 있고, 기의 뒤에서는 거두어들이는
여운이 있다. 이 신은 기가 잘 통하여 거침없는 펼침을 따라 생겨나고,
물고기와 짐승을 잡으면 통발과 올무458를 잊는 일처럼 점차 자라난다.

이것은 보통 사람에겐 거의 없으나 통달한 사람이 닦아 길렀고, 보통 사람은 알기 어려우나 통달한 사람이 사용한다.

所謂神者, 乃氣之精華, 傍於氣而有氣之微暈, 先於氣而有前導之光, 後於氣而有餘韻之收. 斯神也, 由於氣之通暢而生, 由於忘筌蹄而漸長. 凡夫之所少有, 通達者之所修養也, 凡夫之所難見, 通達者之所須用也.

기가 미치지 못하는 곳에 신은 미칠 수 있으며, 기가 통하지 않은 것에 신은 통할 수 있지만, 한계가 정해져 있어 그 바깥을 넘어서지 않는다. 이는 마치 물체의 그림자, 촛불의 빛과 같아서, 항상 기를 따라 피어나지만 기를 떠나서 홀로 존재할 수 없다.

氣所不及, 神能及之, 氣所不通, 神能通之, 限定不越乎其外. 又如影之於形, 光之於燭, 常隨氣而發, 不能離氣而獨存.

---

458 비유로 쓰였다. 통발과 올무가 물고기나 짐승을 잡는 것처럼 감각기관도 외부의 사물을 인식하는 도구인데, 신통의 경지에 이르면 그 도구가 더는 필요 없다는 말. 忘筌蹄는 『莊子』, 「外物」의 "筌者所以在魚, 得魚而忘筌, 蹄者所以在兔, 得兔而忘蹄."에 보이며 筌과 筌, 蹄와 蹏는 서로 통한다.

해 설

뛰어난 감각 능력의 발휘를 신이라는 말로 표현하고 있다.

여기서 말하는 신이란 탁월한 지적 능력이다. 신통이라는 말은 요즘도 쓰고 있다. 예상을 뛰어넘어 잘 알 때 신통하다고 표현한다. 이 글의 핵심 문제는 크게 두 가지이다.

먼저 감각기관의 기능이 최대한 발달하여 최고의 경지에 이르면, 대상을 직접 보거나 듣는 감각기관의 도움 없어도 사물을 알 수 있다는 주장이다. 이를 뒷받침하는 사례 또는 근거 가운데 하나는 『노자』 47장의 "방에서 나오지 않아도 천하를 알고, 창밖을 내다보지 않아도 천도를 본다. 멀리 나갈수록 아는 것은 적어진다. 그래서 성인은 나가지 않아도 알며, 보지 않아도 이름을 붙이고, 하지 않아도 이룬다"[459]라는 말이 그것이다. 다만 저자의 논리는 『노자』의 말처럼 되기 위해서는 오랜 경험이 있어야 한다. 그러니까 신통한 인식을 군이 부정하지는 않지만, 그렇게 되기 위해서는 경험을 통한 인식능력의 진보가 있어야 한다는 설명이다. 이는 저자의 다른 글에서 맹자가 말한 양지(良知)·양능(良能)의 성리학적 관점을 비판할 때 사용한 논리이기도 하다. 신통한 인식능력 자체를 부인하지는 않았다.

그것이 가능한 까닭은 기에 신이 있기 때문이다. 바로 여기서 기철학적 신의 개념이 등장한다. 앞의 글에서도 신은 기의 덕, 다른 글에서는 기의 능력이라고 언급한 적이 있지만, 여기서는 더 구체적이고도 명확하게 재차 강조하였다. 곧 신은 기의 정화로서 어디까지나 기의 신이라는 점이다. 그 사례로 물체와 그림자, 양초와 빛의 관계를 들었다. 이는

---

459 不出戶, 知天下, 不窺牖, 見天道. 是以聖人不行而知, 不見而名, 不爲而成.

전통사상에서 신을 실체화하지 않는 연장선에 있다. 결코 독립적 존재가
아니다. 더구나 그것은 서양인들이 말한 신(God)과 전혀 무관하다.
신은 기가 있는 곳이면 원칙적으로 있을 수 있지만, 그 특수한 사례는
이 책 이름이 '신기통'이라는 데서 알 수 있듯이, 인간의 정신작용을
설명할 때 자주 쓴다. 본문에서 "기가 미치지 못하는 곳에 신이 미칠
수 있다"라는 말에서 보면, 기는 시공간의 제약을 받는 것에 비해 정신은
그것을 초월하기 때문에 가능한 표현이다.

이렇게 신을 따로 떼어내 설명한 배경이 있다. 보통 한자로는 정신을
神으로 표기할 때가 많다. 선교사들이 고등 정신작용을 하는 영혼을
표기할 때도 신이라는 용어를 즐겨 썼다. 그때의 정신은 영혼과 같은
것으로 독립적인 존재로서 실체이다. 바로 여기서 저자는 서양인들이
정신의 뜻으로 옮겨서 사용한 神과 자신의 그것이 다르다는 점을 밝혔다.
서양의 그것은 육체와 독립된 존재이지만, 저자의 그것은 기의 신으로서
실체 개념이 아니다. 굳이 말한다면 모종의 기의 부수적 작용인 셈이다.
이 글에서도 저자는 인간의 정신 현상마저도 기일원론적인 존재의
근거를 확실히 하였다.

52. 허황한 대상을 아는 일
通虛

물건과 일이 없는데 신기만 부질없이 발동하면 앎이 없다. 물건과 일이 있더라도 신기가 발동하지 않으면 앎이 없다. 있는 일과 물건을 따라 신기가 발동해야 바야흐로 앎이 생긴다.

無物無事, 而神氣徒發, 無所通也. 有事有物, 而神氣不發, 無所通也. 有事有物, 而神氣隨發, 方有所通也.

대개 신기는 본래부터 활동하는 물건460이어서 늘 가만히 있지 못하고, 허황하고 망령되기 쉽다. 그래서 사물을 가지고 연구하고, 또 사물을 가지고 증험하고 시험해야 한다. 증험하고 시험할 수 없는 대상은 연구할 필요가 없으나, 마땅히 증험하고 시험할 대상을 기다려야 연구도 할 수 있다.

蓋神氣, 原是活動之物, 難得常靜, 易致幻妄. 須從事物上研究, 又從事物上驗試. 不可驗試者, 不必研究, 當待驗試者, 亦可研究.

만약 증험과 시험을 고려하지 않은 채 부질없이 사물을 알려고만 하면, 깊고 망망한 바다처럼 기준이 없으니, 밝은 앎에 어찌 나아가 그것을 이룰 수 있겠는가? 신기도 점차 허황하고 혼란스러운 데로 달려갈 것이

---

460 여기서도 신기가 활물이라 규정했는데, 일반적으로 기도 그렇다는 말과 같다. 후기 철학에서 生氣 개념으로 발전한다.

다. 하물며 구체적 사물을 먼지·때·쭉정이·겨로 삼고, 한갓 신기에만 매달린 사람이 허황한 대상만 알고, 참된 대상을 모르는 일이랴.

若不顧驗試, 徒欲通事物, 混瀁無準的, 明知何可進就. 神氣漸趨荒亂. 況以事物爲塵垢秕糠, 而徒從事於神氣者, 通於虛而無通於實乎.

참된 대상을 아는 사람에게는 오류[461]가 쉽게 드러나, 잘못을 바꾸는 데 조리가 있고 적용할 곳이 있어서, 노력의 효과가 남에게 미친다. 허황한 대상을 아는 사람은 오류를 알 방법이 없고, 옳고 그름을 받아들임이 없어 사용하는 데 조치할 방도가 없고, 단지 고담준론만 심할 뿐이다.

通於實者, 差誤易見, 而改轍有條, 適用有所, 而功效及人. 通於虛者, 差錯末由得見, 而是非無所容, 須用末由措施, 而惟高大言論甚矣.

허황한 대상을 아는 피해는 자기의 평생을 망치는 일만이 아니라, 또한 뒷사람이 기대는 학설이 되게 만든다. 그리하여 뒷사람이 그 폐단을 의지하고 근거 삼아, 처음부터 사물을 버려두었기에 알아가는 진정한 방법은 까마득하게 어두워[462] 알지 못한다.

通虛之害, 非獨誤自己之平生, 亦使後人, 有所資說. 依據其蔽, 始由於遺事物, 而通之之眞正道理, 漠眛不知.

---

461 差誤는 어긋나거나 錯誤의 뜻. 『朱子語類』 90-27의 "政和中編此書時, 多非其人, 所以差誤如此."에 보인다. 저자는 오류의 뜻으로 자주 사용함. (앞에 나옴)
462 漠眛는 茫眛와 같은 뜻으로 쓰였다.

그러므로 허황한 대상을 아는 사람은 참된 대상을 아는 일이 무엇인지 모르나, 참된 대상을 아는 사람은 허황한 대상을 아는 사람이 하는 일을 다 알 수 있다.

是故, 通虛者, 不知通實之所爲, 通實者, 可悉通虛者之所爲也.

해 설

이 글은 근거 없고 검증할 수 없는 대상의 문제점을 설명했는데, 크게 세 가지 논점으로 나눌 수 있다.

첫째는 인식 작용의 가장 기본적 요소로, 앎의 대상과 주체의 문제이다. 대상과 주체 가운데 하나만 없어도 앎이 성립하지 않는다는 말이다. 주체인 신기가 있고 대상이 있어도, 신기가 제 역할을 하지 않으면, 앎이 성립할 수 없다는 말이다. 그 역할을 신기의 발동으로 언급했다.

둘째는 사물을 인식할 때 구체적 사물을 가지고 증험하거나 시험해야 한다고 주장한다. 앞에서 나왔듯이 증험은 경험과 추측의 결과를 검증하는 앎의 과정이다. 시험은 검증의 방법 가운데 하나이다.

첫째와 둘째는 셋째를 말하기 위한 전제로 사용된 설명이다. 저자가 강조해 말하려는 점은 세 번째 내용으로, 앎의 대상으로서 허와 실에 관련된 문제이다. 허와 실은 사용된 문맥이나 학설의 성격에 따라 다양하게 사용하는 용어이지만, 여기서는 검증할 수 있는 구체적 사물이 실에 속하고, 외부의 대상을 버리고 마음에서만 찾는 앎의 대상이 허에 속한다. 논리에서 보면 참과 거짓이고, 그것에 따라 인식 대상을 분류했다. 여기서는 허가 구체적으로 어떤 종교나 학문·학파와 관련되는지 드러나 있지 않다. 그것이 "구체적 사물을 먼지·때·쭉정이·겨로 삼는다"라는 말을 보면 불교 같기도 하지만, 꼭 그렇게 한정할 필요는 없다. 이런 논조는 앞의 『신기통』「서문」에서 '심학'이라고 말했을 때도 반드시 양명학이라고 단정할 이유가 없는 표현과 같다. 그는 자연 사물을 내버려 두고 심성의 이치만을 탐구하는 성리학을 지칭할 때도 사용한다. 실제의 일에서 탐구하지 않는 학풍을 싸잡아 말했을 것이다. 허를 탐구하는 가장 큰 약점은 과학적으로 검증할 수 없다는 점이다.

앎을 구체적 사물에서 실험하여 검증할 수 있다면, 근대 과학적 학문 태도와 연결된다. 또 그와 함께 실과 허를 대비해서 설명했다는 점에서 조선 후기 '실학(實學)'의 인식론적 근거가 되고 있다.

53. 앎의 근원
知覺根源

옛 성현의 경전은 성현이 안 내용이고, 후세 사람의 기술은 후세 사람이 안 내용이다. 그 저술 속에서 안 내용은 그들이 기억에서 드러내 사용한 이후의 그것이다. 거기에는 널리 호응하고 자세한 부분까지 들어맞아463 옳지 않은 내용이 없지만, 또 그 가운데 실정과 거리가 먼 논설이나 치우친 말이라고 해서, 어찌 한 모퉁이 정도 부합하는 내용이 없겠는가?

古聖賢經傳, 聖賢之所通也, 後人記述, 後人之所通也. 其所通, 在於發用以後. 泛應曲當, 無攸不可, 迂論偏辭, 亦豈無一隅之合.

기억에서 드러내 사용하기 이전의 일에 대해서는 참인지 밝은 내용인지 알기 어렵다. 식견이 높은 사람은 중요한 핵심을 알기 어려운 하늘의 도리464에 돌리니, 되레 알기 쉬운 인사의 절실한 일을 소홀히 다룬다. 식견이 낮은 사람은 얄팍한 습속에 빠져 날마다 쓰면서도 알지 못한다.465 중간 정도의 사람은 오로지 미발과 이발을 말하거나 본체와 작용466을 나누기도 한다.

---

463 泛應曲當은 汎應曲當과 통하며, 광범위하게 응하여 자세한 부분까지 잘 들어맞는다는 뜻으로『朱子語類』13-99의 "學者若得胸中義理明, 從此去量度事物, 自然泛應曲當."에 보이며, 曲當은『荀子』,「王制」의 "三節者不當, 則其餘雖曲當, 猶將無益也."에 보인다.

464 자연의 원리나 법칙. 노자의 道 같은 것이 이 문맥에 해당할 것 같다.

465 이 표현은『周易』,「繫辭上」의 "仁者見之, 謂之仁, 知者見之, 謂之知, 百姓日用而不知. 故君子之道, 鮮矣."에서 가져왔다.

466 體用은 원래 불교에서 자주 쓰는 용어. 體는 불변의 진리인 實相으로 분별이 없고, 用은 작용으로 차별 현상의 구체적 표현. 성리학에서 그것을 가져와 이론

至於發用以前之事, 難得其誠實光明. 高者歸重于所難知之天道, 而反忽易知之人事切至. 下者泥着于淺近瞽俗, 而日用不知也. 中者惟言未發已發, 或分體用.

이 세 종류의 사람 모두 감각기관으로 안 내용을 갖고 있으니, 아는 내용은 비록 같더라도 거기에는 저절로 현명함과 어리석음, 우월과 열등의 나눔이 있다. 오직 이 신기의 앎에 있어서 큰 공적467과 큰 이익468은 알아가는 방법에 달려 있다. 그래서 애초에 안 내용부터 번번이 삼가살펴서, 스스로 얻은 앎469의 근원을 수립한다.

三者, 皆有諸竅諸觸之通, 則通之雖同, 自有賢愚優劣之分. 惟此神氣通, 大勳大益, 在於通之之術. 自初攸通, 每每欽察, 以植自得知覺之根源也.

대저 앎이란 내가 얻어 온 것을 말미암았지 신기가 본래부터 갖춘 것이 아니다. 그러므로 얻은 앎에는 저절로 좋고 나쁨470과 우월과 열등이 있다. 처음 알 때부터 그 근본을 바르게 하면, 그 앎도 분명하고 그것을 사용하는 일이 통달한다. 반면에 처음 알 때부터 그 근본이 바르지 않으면, 그 앎도 분명하지 않고 사용하는 일도 어둡다. 제대로 안 성과는 오로지 앎이 출발하는 시초에 기반471을 바르게 하고, 앎을 북돋우는 데 달려 있다.

전개의 논리로 활용. 철학에서는 본질과 현상의 논리로도 사용한다.
467 『書經』, 「泰誓上」: 天震怒, 命我文考, 肅將天威, 大勳未集.
468 『墨子』, 「經上」: 服執說, 巧轉則求其故, 大益, 儇俱秪.
469 自得知覺의 구체적 내용은 앞의 『神氣通』 권1, 「知覺推測皆自得」을 볼 것.
470 여기서 원문 善惡은 앞 문장의 賢愚 대신에 들어간 말인데, 윤리적인 그것이 아니라 인식 결과의 참과 거짓에 가까운 뜻으로 쓰였다.
471 根基는 앞의 本과 같은 뜻으로 쓰였다.

夫知覺, 乃自我得來, 非神氣之素具也. 故所得之知覺, 自有善惡優劣. 自其始得,
正其本, 則其得也明, 而須用通達. 自其始得, 不正其本, 則其得也不明, 而須用亦固
昧. 通之之功, 專在於初頭之正根基培知覺也.

옛사람들은 대부분 앎을 자기가 태어날 때부터 갖춘 것으로 여겨,472
다만 본성과 천명의 시초에서 근본을 단정히 하고 근원을 맑게 하는
일을 탐구하나,473 이는 타고난 기질을 따라 노력을 쏟는 일이다. 이것을
가지고 저것을 비교하면, 저절로 효험의 어려움과 쉬움, 공부의 명암474
이 있다.

古之人多以知覺, 已有所稟, 只究端本澄源之功於性命之初, 是從稟質之始而用功
也. 以此較彼, 自有效驗之難易, 功夫之顯晦.

---

472 대표적인 사례가 『孟子』, 「盡心上」의 "萬物皆備於我."라는 표현이다.

473 본문의 端本澄源이 상징하는 내용은 이른바 성리학에서 본성을 회복하는 復初,
氣質變化, 矯氣質 등의 공부를 말함. 端本澄源은 宋 羅大經의 『鶴林玉露』 卷2의
"春秋之時, 天王之使, 交馳於列國, 而列國之君, 如京師者絶少. 夫子謹而書之, 固以
正列國之罪, 而端本澄源之意, 其致責於天王者尤深矣."에 보인다.

474 顯晦는 밝음과 어두움.『舊唐書』, 「魏謨傳」의 "臣又聞, 君如日焉, 顯晦之微, 人皆瞻
仰, 照臨之大, 何以掩藏."에 그 용례가 보인다.

해 설

인식 이론에서 이전 학문의 전제와 방법의 잘못을 비판하였다.
그것이 성현이 남긴 경전이라 하더라도 예외가 될 수 없다는 점이
행간에서 묻어 나온다. 당시 학문과 문화 풍토에서 유교 경전을 드러내
놓고 비판하는 일은 조심스럽기 때문이다.

비판의 대상을 식견의 상·중·하로 나누었는데, 오늘날의 학문·학파의
용어로 구분하지는 않았지만, 내용 안에 숨겨 놓았다. 여기서 주목해
보아야 할 점은 성리학을 중간 정도의 식견을 가진 사람이 종사하는
학문쯤으로 여기는 표현이다. 이에 대한 구체적인 비판은 "미발과 이발
을 말하거나 본체와 작용을 나눈다"라는 말과 "옛사람들은 대부분 앎을
자기가 태어날 때부터 갖춘 것으로 여겨, 다만 본성과 천명의 시초에서
근본을 단정히 하고 근원을 맑게 하는 일을 탐구한다"라는 말에 드러난
다. 여기서 '태어날 때부터 갖춘 것'이 바로 잘못된 전제라는 뜻이다.
그래서 "대저 앎이란 내가 얻어 온 것을 말미암았지 신기가 본래부터
갖춘 것이 아니다"라고 재차 확인하였다. 이는 인식의 출발이 경험에서
시작한다는 점을 분명히 한 발언이다.

그래서 본문에서 거듭 '근본'을 강조하면서 그것을 바르게 해야 한다고
주장했는데, 그 근본이란 앎은 오로지 삶의 경험에서 출발한다는 사실을
말한다.

54. 경험이 곧 앎이다
經驗乃知覺

신기는 앎의 터전이고 앎은 신기가 경험한 것이니,[475] 신기를 앎이라 불러도 안되고 또 앎을 신기라 불러도 안된다. 경험이 없으면 한갓 신기만 있을 뿐이고, 경험이 있으면 신기에 저절로 앎이 있다. 경험이 적은 자는 앎도 적고, 경험이 많으면 앎도 많다.

神氣者, 知覺之根基也, 知覺者, 神氣之經驗也, 不可以神氣謂知覺也, 又不可以知覺謂神氣也. 無經驗, 則徒有神氣而已, 有經驗, 則神氣自有知覺耳. 經驗少者, 知覺亦少, 經驗多者, 知覺亦多.

사람이 스스로 배고픔과 추위를 아는 시초는 배고픔과 추위의 경험에서 출발해, 배고픔과 추위와 그렇지 않음을 안다. 또 남의 배고픔과 추위를 많이 경험해서, 남의 배고픔과 추위와 그렇지 않음을 안다. 이렇게 수십 년 경험하고 그들의 앎과 소통하여 평생의 쓰임으로 삼고, 뒷사람들의 쓰임에도 베풀어 미칠 수 있다.

肇自知饑知寒, 出於經驗饑寒, 而知覺饑寒與不饑寒. 又多經驗於人物之饑寒, 而知

---

475 '知覺者, 神氣之經驗也'와 제목의 '經驗乃知覺'을 이해할 때는 주의가 필요하다. 경험은 이론상 인식의 방법이지 그 자체는 인식의 결과가 아니다. 지각을 여기서 인식 결과인 앎의 뜻으로 보면, 인식 방법인 경험과 논리상 같지 않아서, 이때의 경험은 '경험의 결과'라는 내용이어야 한다. 아마도 언어 습관상 경험이라는 말을 두고 과정과 결과를 섞어 사용하기에 그렇게 표현한 것 같다. 여기서 '경험한 내용(또는 결과)이 앎이다' 또는 '앎이란 신기가 경험한 내용이다'라고 읽어내면 그 의미가 분명하다.

覺人物之饑寒與不饑寒. 以數十年經驗, 通其知覺, 以爲平生之用, 亦可施及于後生
之用.

만약 경험한 것을 앎으로 삼지 않고[476] 앎이 생긴 유래를 찾으려 한다면,
그 형세는 어쩔 수 없이 깊고 아득한 대상을 탐구할 것이다. 그래서
신기의 밝음이나 기의 신에서 찾으려고 하여,[477] 근원을 궁리하는 노력
이 헛되이 낭비되고 마음만 괴롭힌다. 이는 앎을 찾다가 이미 그 근원을
지나칠 뿐만 아니라, 맑은 신기에 혼란만[478] 있게 만든다.

若不以經驗爲知覺, 而欲求知覺之所由生, 勢不得不究之深而探之遠. 或求之於神
氣之明, 或求之于氣之神, 窮源之勞, 徒費苦心. 非特知覺之求, 已過其源, 抑使神氣
淸澹, 有所混淆.

---

476 여기서도 원문을 직역하면 '경험이 앎'이라는 논리적 충돌이 발생한다. 경험은
    곧 경험한 내용을 뜻한다.
477 여기서 두 가지 학문적 방법을 비판한다. 우선 '신기의 밝음'이란 가령 心이 虛靈不昧
    하고 온갖 이치가 갖추어져 있다는 성리학과 불교의 전통을 상징하고, '기의 神'이란
    神을 몸과 무관하게 보려는 실체로서 서학의 영혼 개념과 관련된다. 서학은 육체와
    무관한 영혼의 능력이 사물의 본질을 인식하는 근거이다. 반면 감각 작용은 동물혼
    인 覺魂에 속한 일이다. 저자를 연구하는 현대 연구자 가운데도 이 神을 별도의
    실체로 파악하려는 사람도 있다.
478 混淆는 혼잡하거나 착란하거나 한계가 모호한 뜻으로 晉 葛洪의 『抱樸子』, 「尙博」의
    "眞僞顚倒, 玉石混淆."에 보인다. (앞에 나옴)

해 설

앎은 경험에서 시작함을 말하였다.

이 내용은 저자를 연구하는 사람들이 가장 많이 인용하는 글 가운데 하나이다. 초기 연구자들은 이 내용만 가지고 저자를 '경험주의자'라고 규정했는데, 현대의 일부 연구자도 그것을 따른다. 저자의 경험 강조는 곧 인식의 기원과 출발, 양적 확대, 때로는 질적 깊이 심화 그리고 검증을 강조하는 데 있다.

옮긴이는 여러 글에서 저자는 경험을 강조해도, 서양철학사에서 말하는 경험주의자가 아님을 밝혔다. 비록 유사점과 영향이 있더라도, 서양철학의 그것으로 보기에는 너무 거친 판단이다. 그의 인식론에서 경험이 인식의 출발이고, 또 앎의 검증 방법으로서 경험이 중요한 역할을 하지만, 직접적인 경험 그 자체만으로는 인식의 완결이 아니기 때문이다. 뒤의 『추측록』에서 보게 되겠지만, 그 추측을 통하여 인식하고자 하는 최종 대상은 직접 경험한 감각의 내용이 아니라, 그것을 추론하고 검증한 유행지리라는 일종의 자연법칙이다. 이 이론적 지식은 구체적 경험을 넘어서 있다. 서양철학과 비교는 하되, 그 철학사의 범주에 끼워 넣으려는 시도는 위험하다. 각자 고유하고 독특한 문화와 사유체계가 있기 때문이다.

아무튼 이 글에서는 인식의 주체인 신기와 인식 방법인 경험 그리고 그 경험의 결과인 앎을 엄격하게 구분할 것을 주장한다. 그래서 지식의 양은 경험의 양에 의존한다고도 하였다. 이어서 이렇게 경험한 내용에서 인식의 근원을 찾지 않고, 마음 그 자체만을 파고든다면 실효성이 없고 마음만 혼란하게 할 것이라 경고하였다.

55. 앎에는 등급이 있다
通有等分

초학자인 선비는 알기 쉬운 대상을 알기 어렵다고 하거나 혹은 알 수 없는 대상을 알 수 있다고 말한다. 중급의 선비는 조금 깊은 곳에서 막힌 미세한 장애를 어렵게 알아, 처음 듣고 보는 사물에서 앎을 찾는다. 상급의 선비는 옛사람과 지금 사람의 앎을 모으고 합해 자기의 앎으로 삼아, 알만한 방법을 널리 알려서 아직 알지 못하는 사람을 깨우쳐 인도한다.

初學之士, 以其所易通謂難通, 或以不可通謂可通. 中等之士, 難通於深一節隔微障, 求通於初聞初見之事物. 上等之人, 裒合古今人之所通以爲通, 佈告可通之方, 曉牖未通之人.

세 등급의 사람이 몸에 갖춘 것은 모두 같으나, 단지 맑고 탁하고 순수하고 잡박한 구별은 있다.479 또 사용하는 윤리와 복식과 집과 기물 등은 모두 같으나, 단지 익힌 내용과 생업에 차이가 있다. 그리고 일상 접하는 물리와 인정은 모두 같으나, 단지 탐구하여 밝거나 그렇지 않은 구별이 있다.

三等之人, 形質所具皆同, 而但有淸濁純駁之別. 倫綱服食宮室器皿所用皆同, 而但有所習所業之異. 物理人情所接皆同, 而但有究明與不究明也.

---

479 몸이 갖춘 것이란 인식기관을 비롯한 몸의 여러 조직. 구별이 있다는 말은 전통의 설명을 따른 기질의 차이를 말함.

공부의 진보를 말하면, 원칙적으로 기질의 제한은 없다.[480] 정해진 기질을 말하면, 크게 진보하거나 작게 진보하거나 크지 않게 진보하거나 작지 않게 진보하는 등 모두 정해진 구분이 있다. 변화를 따르는 기질을 말하면, 자연히 젊고 장성하고 늙고 쇠약한 한도가 있어 겪는 경험도 그에 따라 확충[481]된다.

以功夫進就言之, 原無氣質之攸限. 以氣質之有定言之, 大進小進, 不大進不小進, 皆有定分. 以氣質隨變言之, 自有少壯老衰之限, 而閱歷經驗, 從而擴充也.

앎과 알지 못함의 구분이 어찌 이 세 가지 등급뿐이겠는가? 저절로 몇 곱절[482] 이상의 다름이 있을 것이다. 권하거나 징계하는 일을 가지고 말하면, 잘하거나 못하는 사람 모두 스승이라 말할 수 있고,[483] 백성을 교화하는 일을 가지고 말하면, 어찌 가르치고 인도하는 일에 점점 갈고 닦는 일이 없겠는가?

通與不通之分, 豈惟此三等哉. 自有倍蓰之不同. 以勸懲言之, 皆可謂之師也, 以教化言之, 豈無教導之漸磨乎.

---

480 원칙적으로 누구에게나 학습의 가능성이 열려 있다는 말.
481 擴充은 擴而充之의 준말로 넓혀서 채워나간다는 말. 『孟子』, 「公孫丑上」의 "知皆擴而充之矣."에서 유래함.
482 『孟子』, 「滕文公上」: 夫物之不齊, 物之情也. 或相倍蓰, 或相什百, 或相千萬." 倍는 1배, 蓰는 5배. (앞에 나옴)
483 못하는 일이 스승이 될 수 있음은 反面教師를 말한다.

해 설

세 등급의 앎의 수준 차이를 세밀하게 분석하였다.

하지만 대체로 분류하였다고 말하면서 다양하다고 결론지었다. 성리학은 수준 차이를 보통 기질의 차이 곧 '맑고 탁하고 순수하고 잡박한' 차이에 그 원인을 둔다. 저자는 그것을 인정하면서도 다른 요소까지 추가하여 분석하였다. 곧 앎의 수준 차이가 나는 요소는 기질이라는 유전적 요소와 경험(학습)과 공부 의지의 차이에 따라 그 등급이 생긴다고 분석하였다.

그런데 성리학에서는 격물치지를 중시하여 경험을 배제하지는 않더라도, 그것은 어디까지나 본성을 덮어 가리는 기질의 병폐를 제거하기 위함이었다. 하지만 저자는 그걸 인정하지 않고, 경험과 그 경험이 이루어지는 환경과 공부를 중시하였다. 결국 그 공부의 차이는 인간 본성의 내용이 무엇이냐에 따른 문제이다. 본성에 대해서는 『추측록』에서 다룬다.

교육학적으로 주목되는 점은 앎의 진보를 기질의 한계로 제한하지 않았다는 점이다. 단지 기질의 역할은 크게 성취하느냐 작게 하느냐의 차이뿐이라고 한다. 그것마저도 그 한계에 머물러 있지 않고, 살아가는 동안 경험의 누적에 따라 앎을 넓혀 나갈 수 있다고 여겼다. 누구에게나 학습의 가능성을 열어두었다고 하겠다.

56. 남의 앎을 취한다
取人之通

인정과 물리를 말과 표정으로 나타내는 일에 통달한 사람에게 그것을 나에게 전달하게 하면, 내가 그것에 통달하는 일이 몸소 보고 듣는 내용과 차이가 없고, 또 때로는 나 혼자서 보고 듣는 일보다 더 낫다.

人情物理之發於聲色者, 使通達人, 傳及於我, 則我之通達, 無異於躬睹躬聆, 又或有勝于我之孤獨見聞也.

하지만 잘 알지 못한 사람에게 전달하게 하면, 내가 그 내용의 대강을 듣고 그가 알지 못한 깊이를 짐작한다. 그리하여 그 일을 따져 묻고, 아직 드러나지 않은 기미에 대해서는 많이 헤아려 본다. 그 과정에서 때로는 헤아려 아는 내용도 있고 때로는 헤아리지 못하기도 하니, 모두 몸소 보고 듣는 일보다 못하다. 또 혹시 잘못 전하여 되레 알 수 있는 단서에 방해가 된다면야.

使未通之人, 傳及于我, 則我聽其大槩, 而斟酌其人未通之淺深. 詰問其事, 未露之機微, 多費商量. 或有揣得, 或未克忖度, 總不及躬睹躬聆. 又或傳之以錯誤, 反害其可通之端耶.

이렇게 함께 같은 세상을 살아서 습속이 서로 같은 경우라도 마땅히 그 사람이 알고 모르는 내용을 가려서 나의 신기가 안 내용을 증험해야 한다. 더군다나 수천 년 수백 년 이전의 시대가 다른 때의 일과 만 천백 리나 멀어 풍속이 다르고 단절된 곳의 일이랴.

生幷一世, 習俗相同者, 宜擇其人之通與不通, 以驗我神氣之通. 況時之不同, 在於
數千百年之前, 俗之殊絶, 在於萬千百里之遠乎.

만약 옛사람과 지금 사람, 가까운 지방과 먼 지방 사람의 안 내용이 서로
같다면, 그 형세는 지금 사람과 친근하고 옛사람과는 소원하며, 가까운
지방의 사람과는 친근하고 먼 지방의 사람과는 소원할 것이다.

如使古人今人近人遠人, 所通相等, 則勢將親今而疎古, 親近而疎遠. 如使古人遠人,
所通多於今人近人, 則勢將親古而疎今, 親遠而疎近.

이는 억지로 시켜서 되는 일이 아니다. 오직 알고 모름의 많고 적음과
앎의 우열로서 취사하고 따를지 말지를 결정하는 일이지, 전하는 사람이
살았던 시간이나 공간이나 신분의 차이를 가지고 높이고 낮추는 문제가
아니다. 지금 사람을 믿는 일이 옛사람을 믿는 일보다 못하고, 가까운
지방의 사람을 믿는 일이 멀리 있는 지방의 사람을 믿는 일보다 못하며,
천한 사람을 믿는 일이 귀한 사람을 믿는 일보다 못한 따위는 기준이
없어서 치우치고 막힌 사람이나 하는 일이다.

是非出於勉強. 惟以其通不通, 多寡優劣, 定取捨決從違, 不以其人之古今遠近, 貴
賤過差, 有所低仰也. 若其信今人, 不及信古人, 信近人, 不及信遠人, 信賤人, 不及信
貴人, 乃無有準的, 有所偏滯者所爲也.

해 설

이 글은 간접 경험으로서 정보를 취사선택하는 기준을 논하였다. 저자는 개인이 직접 경험한 것 이상의 우수한 정보가 있음을 인정하였다. 반면 그 반대의 경우도 있다고 한다. 따라서 시간과 공간이 정보를 취사하는 기준이 아니라, 정보의 양과 질이 그것이라는 점을 분명히 하였다.

저자가 이런 주장을 한 배경을 행간에서 알아차려야 한다. 잘 알다시피 당시 지식과 정보의 기원은 크게 두 가지로 나뉘는데, 전통 지식과 서양에서 전파된 그것이다. 그에 대한 조선 선비들의 태도도 여러 방향으로 나뉜다. 옛 성현이 남긴 지식 곧 유교 경전을 금과옥조로 그마저도 주희의 해석을 주류로 여기는 부류, 그에 대한 새로운 해석을 가하는 부류, 또 양명학의 관점에서 다시 보는 부류가 있었고, 서학에 대해서는 종교를 포함해 모두 받아들이는 경우, 종교는 배척하고 과학만 받아들이는 경우, 모두 배척하는 부류가 있었다.

저자의 학문은 어느 한쪽에 치우쳐 있지 않다. 주자학이든 양명학이든 필요한 부분은 계승하고 불합리하다고 여긴 부분은 극복하였다. 서학에서도 신앙은 배척해도 과학기술과 일부 철학은 받아들인다. 하지만 과학 자체도 가령 4원소설, 4원인설, 신학적 목적론 따위는 받아들이지 않는다.[484] 바로 이런 태도가 정보의 출처가 중요한 일이 아니라, 정보의 양과 질에 기준을 두고 있는 점이다. 그래서 지식이 생산된 지역, 시기, 생산한 자의 지위라는 점에 편견을 두지 않았다. 첫 단락의 글은 교육학적 관점에서 보면 우수한 교사의 자질을 시사하고 있다.

---

484 더 자세한 점은 이종란, 『서양 문명의 도전과 기의 철학』, 58-63쪽 그리고 최한기/이종란 옮김, 『운화측험』(한길사, 2014), 80쪽을 참고 바람.

57. 경험은 속이기 어렵다
經驗難欺

옛날의 인정과 물리는 지금 세상의 인정과 물리의 경험 대상이 된다. 쓸모 있거나 없는 대상에서 안 내용이 없는 사람은 지식을 빼거나 더하는 일을 모르나, 이롭거나 해로운 대상에서 알아낸 내용이 있는 사람이라야 그것을 곱하거나 나누는[485] 일이 있다.

古昔之人情物理, 爲今世人情物理之經驗閱歷. 無攷得於有用無用者, 不知損益, 有所通於攷利攷害者, 乃有乘除.

옛날의 허황하고 망령된 일은 효과가 없음을 경험해서 뒷사람들이 기꺼이 본받지[486] 않는다. 옛날의 더러운 풍속은 점점 염치[487]를 가리므로, 뒷사람들이 그대로 본받아 따르려 하지[488] 않는다. 이렇다면 참으로 걱정할 필요가 없다.

古之虛妄, 歷驗無效, 後人不肯依倣. 古之陋俗漸被廉恥, 後人不欲蹈襲. 是誠不足憂也.

---

485 乘除는 곱셈과 나눗셈인데, 여기서는 앞의 損益에 비해 그 효과가 큰 계산을 비유한 말. 곱셈이 같은 수를 누적해 더하는 것이라면, 나눗셈은 같은 수를 누적해 빼는 계산이다.

486 依倣은 依放과 같이 쓰이며 본받거나 모방하는 일. 王充 『論衡』, 「奇怪」의 "此或時見三家之姓, 曰姒氏子氏姬氏, 則因依放, 空生怪說."에 보인다.

487 廉恥는 청렴결백하여 부끄러움을 아는 일로서 『荀子』, 「修身」의 "偸儒憚事, 無廉恥而嗜乎飮食, 則可謂惡少者矣."에 보인다.

488 蹈襲은 蹈常襲故 또는 蹈常習故의 준말.

하지만 근세489에 이르러 그것을 다른 모습으로 일으킨 사람들은 옛날의
허황하고 망령된 일을 미화하고, 옛날의 더러운 풍속을 부풀렸다. 이렇
게 겉모습만 바꾸어 새롭고 기묘하다고 과장하였다. 그리하여 우매한490
사람이 휩쓸린 행동은 그렇다 치더라도, 약간의 재주가 있는 사람은
따르고 화답하여 앞뒤에서 호위하는 역할을 부끄러워할 줄 모른다. 그것
이 왕성할 때는 진중한 사람도 더욱 심하게 미혹되고, 그것을 격려하는
사람은 시비가 분분하다. 심하구나! 고금의 마땅함을 알지 못하여 여기
에 이름이!

至若近世, 有別般唱起者, 將古之虛妄而文飾之, 又將古之陋俗而增衍之. 變換皮面,
誇張新奇. 愚迷者風靡, 姑捨之, 薄有才藝者, 從而和之, 不恥其後戈前矛. 及其熾盛,
鎭重者, 致惑滋甚, 激勵者, 是非紛紜. 甚矣. 不通於古今之宜, 至於斯乎.

그러니 이미 지나간 허황하고 망령된 일을 부끄러워하면서도, 지금 하는
허황하고 망령된 일을 부끄러워하지 않으며, 또 지나간 더러운 풍속을
천하게 여기면서도, 지금의 더러운 풍속은 그렇게 하지 않는다. 다만 그
차이는 저것은 옛날의 일이고 이것은 지금의 일이며, 저것은 미화하거나
부풀리는 일이 없으나 이것은 그런 일이 있을 뿐이다.

已過之虛妄恥之, 方作之虛妄不恥之, 已過之陋俗鄙之, 方作之陋俗不鄙之. 但所異

---

489 저자가 시대를 구분하는 용어에는 上古-中古-近古-方今으로 보는데, 여기서 方今
은 청대를 가리키고, 近古는 송·원·명대이다. 따라서 近世는 近古에 해당하지만,
저자의 기준에서 바로 이전 세대일 수 있다.
490 愚迷는 우매하여 갈피를 못 잡거나 그런 사람. 『資治通鑑』, 「唐高祖武德九年」의
"遂使愚迷妄求功德, 不憚科禁, 輕犯憲章." 등에 보인다.

者, 彼古而此今, 彼無文飾增衍, 而此有文飾增衍耳.

만약 옛날과 지금을 알고 이것과 저것을 알아 꿰뚫어 보면, 미래의 사람이 지금의 일을 증험하는 일이 지금 사람이 옛것을 증험하는 일과 유사하다. 어찌 굳이 경험을 기다려 판단할 문제인가?491 그 내세우는 종지를 한 번 들으면 유추하여492 알 수 있다. 그러므로 옛날에는 사람을 속이기 쉬워도 미래에는 속이기 어렵고, 옛사람이 지금 사람을 속이는 일이 간혹 있더라도 지금 사람은 미래의 사람을 속이기는 어렵다.

若通古今通彼此, 而洞觀之, 則後之驗今, 猶今之驗昔. 何必待經驗而決哉. 一聞其所宗, 可推類而知也. 故古之欺人易, 後之欺人難, 古人或有欺今人者, 今人難以欺後人.

---

491 구체적 경험이 없어도 핵심을 가지고 논리적으로 확인할 수 있는 문제라는 뜻. 뒤의 설명이 이를 보충한다.

492 推類는 類推의 뜻이다. 『墨子』, 「經下」의 "推類之難, 說在名之大小."에 보인다.

해 설

역사의 흐름에서 지식이 축적되고 전달되어 후세를 속일 수 없다고
주장하였다.

이 내용은 기본적으로 인식의 진보를 전제하고 있다. 현재의 경험은
역사적 경험의 총체라는 점에서 그렇다. 그래서 옛날보다 지금, 지금보
다 미래에 참과 거짓을 더 잘 분별하게 될 것이라는 낙관론이 지배하고
있다. 옛날과 지금의 일을 비교하여 옛것을 비판하는 일로 보인다.
더 나아가 옛것을 부활시킨 근고(近古)의 가르침도 비판의 대상이다.
그렇다면 구체적으로 무엇을 비판한 말일까? 말한 '허황하고 망령된
일'과 '더러운 풍속'이 상징하는 대상이 행간에 숨어 있다. 이는 저자
학문이 성립한 배경과 관련된 일로, 그가 비판하는 학문과 종교에 해당한
다. 전통의 학문과 종교도 여기에 포함되겠지만, 특별히 기독교에 대한
말이기도 하다. "근세에 다른 모습으로 일으켰다"라는 말은 아마도
송·명대에 성립한 신유학과 또 명대 이후 전파된 기독교를 두고 한
말로 보인다. 특히 "내세우는 종지를 한 번 들으면 유추하여 알 수
있다"라는 말은, 기독교의 신의 존재, 창조설, 예수 탄생설과 승천설,
천당과 지옥의 존재 등을 믿지 않는 그로서는 아무리 그럴싸하게 미화하
고 포장해도 그 본질이 바꾸지 않는다는 점을 간파한 말이다.

이러한 역사적 경험에 따라 미래에 대한 예측이 이목을 끈다. 당사자가
살았던 동시대 사람들을 속일 수 있을지는 몰라도, 미래의 사람들을
속일 수 없다는 주장이 그것이다. 지금 우리가 생각해도 맞는 말이다.
우호적 언론과 유튜브를 통해서 온갖 근거 없거나 사실과 다른 학설과
주장과 가짜뉴스를 퍼트려 놓지만, 먼 훗날 누가 그것을 작정하고 비판하
려고 들면 숨김없이 탄로 날 것이기 때문이다. 아마도 인공지능이 그

진위를 더 쉽게 밝혀주지 않을까? 실로 두려운 일이다. 크고 작은 이익을 위해 염치도 없이 저지른 일이 결국 본인에게 되돌아간다는 점을 아는 사람이 얼마나 될지? 더 나아가 저자의 논리대로 미신을 용납한 종교도 미래에 더 속일 사람이 있을지 두고 볼 일이기도 하다. 종교가 개혁되지 않는 한. 그러니 성실, 곧 진실하여 망령됨이 없음이 만고의 진리이다!

58. 앎에는 처음·중간·끝이 있다
通有始中終

알고 거두어 모으는 일은 앎의 앞뒤와 양에 구애받지 않고, 증험에 참여하여 어긋남이 없는 내용을 참으로 삼는다.

通而收聚, 不拘先後多寡, 以參證無違爲實.

하지만 앎을 밖으로 드러내 사용할 때는 앞뒤의 순서가 있어야 한다. 순서를 잃으면 도리어 안 내용에 착란이 생기게 하고, 앞뒤를 잃지 않으면 점차 밟아 실천하는 앎이 있다. 그리하여 미처 알지 못했던 내용을 더욱 알고, 종국에는 증험한 앎이 있게 된다.[493]

通之發用, 宜有先後次序. 失其次序, 則反使所通錯亂, 不失先後, 則漸有踐行之通. 益覺所未覺, 及其終閱, 有證驗之通.

대체로 보아 앎에는 세 등급이 있다. 일에 앞서 범위를 아는 게 있고, 일을 밟아 가서 점점 나아가는 앎이 있고, 일을 뒤따라 증험한 앎이 있다. 어찌 범위를 아는 것만으로 스스로 만족하여 증험하는 앎을 돌아보지 않고 혼자 기뻐하겠는가?

凡通有三等. 先事而有範圍之通, 踐事而有漸進之通, 後事而有證驗之通. 豈可以範

---

493 앎은 처음 기억하는 순간 완성되는 일이 아니라 행위를 통해 더욱 발전한다는 뜻. 이는 先知後行에서 더 나아가 先行後知의 과정에서 더욱 앎이 분명해진다는 뜻이다.

圍之通, 自滿自足, 而不顧證驗之通, 自有悅樂哉.

하지만 만약 증험을 누적하여 처음부터 끝까지 통달하고, 일에 앞서 뒷일을 헤아리고, 머리를 쳤는데 꼬리가 이르면,494 어찌 세 등급으로 앎을 나눌 수 있겠는가?

若積累證驗, 通達始終, 先事而酌後事, 擊首而尾至, 則豈可以三等, 分其通耶.

---

494 擊首而尾至는 『孫子兵法』의 "擊其首則尾至, 擊其尾則首至, 擊其尾則首至, 擊其中則首尾俱至."에 나오는 말. 用兵을 잘하면 뱀을 쳤을 때처럼 그렇게 된다는 말. 많은 경험과 검증의 누적으로 인식능력이 고도로 이르렀을 때의 경지를 빗대 표현함.

해 설

참된 앎과 그 등급을 논하였다. 자연히 저자의 지행관이 드러난다. 먼저 앎이 참이 되려면 증험을 거쳐야 한다고 주장한다. 검증되지 않은 앎은 사실을 제대로 반영하지 못한다는 주장이다. 이렇게 증험을 강조할 수밖에 없는 까닭은 앎이 경험으로부터 이루어지기 때문이다. 그러니까 단일한 경험 그 자체만으로 진리를 보장할 수 없다는 생각이 전제되어 있다. 잘 알다시피 감각은 여러 요인에 의하여 속기 쉽다. 이는 이미 심리학에서 밝혔다. 가령 똑같은 길이의 선분도 주변 환경에 따라 달라 보이기도 한다. 맛, 냄새, 온도 등도 그러하다. 그래서 누적된 검증으로 진리를 확보하려고 하였다.

전통 철학의 지행관은 앞서 설명한 바 있다. 학파에 따라 행(行)과 지(知)의 개념이 달라서 일률적으로 그 성격을 규정하기는 어렵다. 다만 저자의 그것을 다른 글을 참고해 정리하면, 대체로 선행후지의 논리에 따라 앎이 이루어진다. 곧 경험을 통해 알게 되는데, 경험 그 자체가 행동을 통해 이루어지므로 그 논리가 나올 수밖에 없다. 본문의 "일을 밟아 가서 점점 나아가는 앎이 있고, 일을 뒤따라 증험한 앎이 있다"라는 말도 거기에 해당한다.

하지만 선지후행의 논리가 전혀 적용되지 않는 것은 아니다. "일에 앞서 범위를 아는 게 있다"라는 말이 그것이다. 곧 이전의 앎이 이후의 행위에 영향을 준다는 표현이다. 따라서 선지후행도 고려되고 있음을 알 수 있다. 그러니까 선행후지-선지후행-선행후지의 과정이 그것이다. 여기서 행은 성리학처럼 윤리적 실천에만 한정하지 않는다. 일반적 동작이나 행동도 포함한다.

59. 서적과 앎의 표준
書籍準的

옛날과 지금의 서적은 모두 저술한 사람의 신기가 안 일을 그려냈다. 윤리와 정치·교화495에 능통한 사람은 그에 관한 저술을 남기고, 인의와 예법·음악에 능통한 사람은 그에 관한 저술을 남기며, 역법과 수학에 능통한 사람은 그에 관한 저술을 남기고, 일용의 사물에 능통한 사람은 그에 관한 저술을 남겼다. 이는 모두 백성의 삶에 있어서 알지 않으면 안 되는 앎이다.496

古今書籍, 儘是畵出著述人之神氣通也. 通於倫綱政敎者, 有倫綱政敎之著述, 通於仁義禮樂者, 有仁義禮樂之著述, 通於歷象算數者, 有歷象算數之著述, 通於日用事物者, 有日用事物之著述. 是皆民生不可不通之通也.

시문을 꾸미기에497 능통한 사람, 의례적인 말을 너저분하고 끝없이498 하는 데 능통한 사람, 기이하거나 격동적인 일을 권하고 징계하는 데 능통한 사람도 모두 저술을 남겼다. 이것은 옛사람들이 안 내용의 곁가지

---

495 政敎는 현대적 의미로는 정치와 종교(때로는 교육)를 말하지만, 전통적으로는 政事와 敎化이다. 이때의 敎는 원래 성인의 가르침이다. 이하 문맥에 따라 선택함.
496 이와 관련된 내용은 앞의 「十七條可通」을 참고 바람.
497 詞藻는 시문을 짓는 재주 또는 詩賦를 가리킨다. 후자의 사례는 唐 吳兢의 『貞觀政要』, 「論任賢」의 "太宗嘗稱世南有五絶, 一曰德行, 二曰忠直, 三曰博學, 四曰詞藻, 五曰書翰."에 보인다.
498 汗漫은 너저분하게 끝없거나 넓고 멀어 아득하다, 아득하여 표준이 없다는 등을 말함. 후자의 뜻으로는 『新唐書』, 「選擧志上」의 "因以謂按其聲病, 可以爲有司之責, 捨是則汗漫而無所守."에 보인다. 여기서는 모두 종합된 의미로 보임. (앞에 나옴)

와 말단에서 나와 그 그림자를 희롱하거나 덧칠했으니,499 알아도 좋고
몰라도 무방하다.

通於詞藻文章者, 汗漫例談者, 勸懲奇激者, 皆有著述. 是乃出於古人所通之支流末
節, 弄影潤色也, 通之可, 不通亦無妨也.

불교와 노자의 앎을 저술한 내용은 상식적 범위를 넘어서서500 증험이
없다. 또 어리석게 미혹된 사람들501의 앎은 모자라면서도 제멋대로
저술한다. 심지어 간지502와 방술과 화를 피하고 복을 빌며, 남에게
무엇을 구하고 먹을 것을 찾는 데에 능통한 부류는 그 앎을 이어가며
전해주고, 그것에 보태고 펴서 그 방법을 새롭게 하고, 내용을 더하고
도와서 그 술법을 기이하게 만드는데, 이에 관한 저술 또한 많다. 이것들
은 참으로 앎을 구하는 데 장해물이요, 앎을 방해하는 억센 적503이다.
가령 훔친 장물을 찾아내고 악인을 변화시키려는 의도로 장차 알려는
일504은 되레 괜찮겠지만, 만약 모든 내용을 거두어 갖추고505 하나도

---

499 『論語』, 「憲問」: 爲命, 神諶草創之, 世叔討論之, 行人子羽修飾之, 東里子產潤色之.
　　본문의 潤色은 과장해서 꾸미는 의미로 쓰였다.
500 逾節은 일정한 규칙이나 분수 또는 한도를 넘어서는 뜻으로 『禮記』, 「曲禮上」의
　　"禮不踰節, 不侵侮, 不好狎."에 보인다.
501 愚迷는 우매하여 갈피를 못 잡거나 그런 사람. 『資治通鑑』, 「唐高祖武德九年」의
　　"遂使愚迷妄求功德, 不憚科禁, 輕犯憲章." 등에 보인다. (앞에 나옴)
502 十干과 十二支로 여기서는 그것을 이용한 술법을 말함.
503 勍敵은 强敵의 뜻으로 『左傳』, 「僖公二十二年」의 "勍敵之人, 隘而不列, 天贊我也."
　　에 보인다.
504 가령 범죄 수사의 필요에서나 악인을 변화시키기 위해 범인과 악인이 하는 일을
　　미리 공부하는 일.
505 具收並蓄은 俱收並蓄와 같은 말로 씀. 俱收並蓄은 모든 걸 거두어 갖춘다는 사자성
　　어. 唐 韓愈의 『進學解』의 "玉札丹砂, 赤箭青芝, 牛溲馬勃, 敗鼓之皮, 俱收並蓄,

빠뜨리지 않는 일에 뜻을 두고 알아가는 따위는 옳지 않다.

佛老所通, 逾節而無證. 愚迷所通, 不及而妄作. 至於干支方術, 禍福禱禳, 通於千人求食之類, 棉聯傳授, 附演而新其方, 增翼而奇其術, 記述亦多. 是實求通之戕害也, 妨通之勍敵也. 若將探贓化惡之志而通之, 猶可也, 若以具收並蓄, 無攸遺漏, 爲志而通之, 不可也.

이렇게 세상의 서적을 통틀어 헤아려 보면, 앎에 도움이 되는 책은 얼마 안 되고, 앎에 방해되는 책은 상당히 많으며, 이롭지도 해롭지도 않은 책도 많다.

統計天下書籍, 益於通者無幾, 妨於通者頗多, 無益無害於通者亦多.

그런데 크게 통하는 정치는 상과 벌을 겸하여 쓰고, 크게 통용되는 학문은 선을 권장하고 악을 징계하는 일을 갖추고 있다. 모두 알맞고[506] 바름을 얻은 인정과 물리를 표준으로 삼아야만, 상벌과 권장·징계하는 일의 시행에 가까스로 경계(境界)가 있게 된다. 하지만 표준을 확립하지 못한 사람의 경우는 상벌이 그의 애증을 따르고, 권하고 징계하는 일이 치우친 습속에 빠진다. 이처럼 표준의 유무는 다만 서적을 취사하는 요령에만 해당하는 문제는 아니다. 대체로 보아 옳고 그르거나 따르거나 어기는 일에 있어서 모두 그 표준으로 바로잡는 방법이 있으니, 어찌 중요하고

___

待用無遺者, 醫師之良也."에 보임.

506 折衷은 折中과 같이 쓰이며 取正의 뜻이다. 『楚辭』,「九章·惜誦」의 "令五帝以折中兮, 戒六神與向服."에 보이며 朱熹의 그 『集注』에서는 "折中, 謂事理有不同者, 執其兩端而折其中, 若史記所謂六藝折中于夫子, 是也."라고 하여 중용을 취한다는 의미로 쓰였다. (앞에 나옴)

절실하지 않겠는가?

然大通之政, 兼用賞罰, 大通之學, 備存勸懲. 當以人情物理之折衷得正爲準的, 賞
罰勸懲, 庶有當施之界限. 若未得準的者, 賞罰從其愛憎, 勸懲溺於偏習. 準的之得
與不得, 非特爲書籍取捨之要也. 凡於是非從違, 皆有就質之方, 豈不重且切歟.

표준이란 사물이 귀속할 때 으뜸으로 삼는 것이다. 이것은 한 부분이나
짧은 기간의 부합으로 급히 정해서는 안 된다. 앎이 두루 익숙하여 상하나
사방 어느 쪽에도 치우치고 막힘이 없고, 옛날부터 지금까지 시종일관
막힘이 없기를 기다려야 한다. 그러면 자연히 세울 표준이 있게 되니,
때에 맞게 변통하되 원칙과 융통성507에 맡겨야 한다. 그러므로 앎의
지극한 노력은 표준에 달려 있고, 앎이 머무는 곳도 표준에 달려 있다.

夫準的, 乃事物歸屬之所宗也. 是不可以一隅之合, 片時之契, 遽然質定. 須待所通
周遍慣熟, 上下四方無偏滯, 古今始終無梗塞. 自然有所立之準的, 而隨時變通, 任
其經權. 是以通之極功, 在準的, 通之所止, 在準的.

---

507 權經의 經은 常道, 權은 權道 요즘 말로 원칙과 융통성이다.

해 설

서적의 취사 문제와 앎의 표준을 다루었다.

이 글에서도 저자의 학문관이 간접적으로 드러난다. 앞의 「알 수 있는 17가지 일(十七條可通)」에서 다루었다. 그 대상은 윤리와 도덕, 사회제도, 정치, 경제, 경전과 역사, 예악, 기술과 산업, 생산도구 등 인사에 관련된 내용이다. 이 글에서 긍정하는 서적은 윤리와 도덕, 정치, 교육(교화), 예악, 천문역법, 수학, 일용의 사물 등이다. 양자는 대동소이하며 근본적 차이는 없다. 모두 인간의 실생활과 관련이 깊다.

반면 종교와 방술 및 미신의 잡술을 비판한다. 그리고 문학에 대해서도 있어도 그만 없어도 그만이라는 태도를 보인다. 특히 노자와 불교를 거론한 까닭은 학문의 태도와 철학적 세계관이 달랐기 때문이다. 하지만 그의 철학의 세부 사항에서는 『노자』와 『장자』 그리고 불교와 서학의 장점을 취하기도 하였는데, 모두 민생의 실용과 사물의 실상에 관계된 내용에 한정된다.

이런 학문관을 배경으로 삼아 서적을 취사선택하는 그것만이 아니라, 앎의 기준이랄까 표준까지 제시하였다. 원문 준적(準的)은 원래 수준기(水準器)와 과녁을 뜻하지만, 저자가 재규정하여 쓴 말은 '사물이 귀속할 때 으뜸으로 삼는 것'이다. 사물이 지향하거나 또 그것을 분류·결정·정리할 때의 기준과 함께 최상의 결과라 할 수 있다. 곧 '으뜸'이라는 말에서 목표, 사물이 '귀속'하는 과정에서 기준이라는 개념이 녹아 있는데, 목표와 기준의 양자를 고려하여 '표준'으로 옮겼다.

이렇게 앎의 표준이란 다름이 아니라 보편적으로 검증된 앎으로서 인정과 물리이다. 이것은 이 책의 서문에서부터 등장한 용어로서, 인정이란 인간의 각종 사정과 실상을 뜻하며, 물리는 사물의 이치로서 사리를 포함한다. 오늘날 물리학의 대상보다 외연이 넓다. 하지만 이 표준도 고정불변은 아니다. 때에 맞게 변통해야 한다는 말을 보면 알 수 있듯이, 인식의 진보에 따라 변할 수밖에 없다. 지식이란 원래 그렇지 않은가? 특히 과학 지식은 이론의 패러다임에 따라 변하지 않던가?

60. 표준과 습속의 사라짐과 자라남
準的習俗消長

앎이 통달하여 극진하면508 반드시 뛰어나게 수립되는 무엇이 있다. 그것은 구체적 형체가 없으니 '얻은 게 있다'라고 말할 수 없고, 저절로 표준이 있으니 '얻은 게 없다'라고 말할 수도 없다. 전날의 치우친 견해가 고수하는 고정되고 낡은 법식은 여기에 이르러 모두 소멸한다. 또 일을 당해 상황에 따라 해결하며, 변통하여 발전해 가는509 일도 여기에 이르러 따를 법칙510이 있다.

通達備至, 必有卓然所立. 而未有形塊, 不可謂有得, 自有準的, 不可謂無得也. 前日之偏見所執定法死套, 至此而皆消滅. 當事而隨遇接濟, 變通推移, 至此而有循軌.

온 세상 사람들이 실천할 만한 도리를 신기에 적용하면, 그것은 신기의 표준이 된다. 온 세상 사람들이 통용할 만한 도리로 몸을 닦으면, 그것은 몸을 닦는 표준이 된다. 온 세상 사람들이 통용할 만한 도리로 가정을 가지런히 하면, 그것은 가정을 가지런히 하는 표준이 된다. 또 만국에서 통용할 만한 도리로 나라를 다스리면, 그것은 나라를 다스리는 표준이

---

508 備至는 여기서는 지극하다는 뜻이다. 北齊 顔之推의 『顔氏家訓』, 「序致」의 "慈兄鞠養, 苦辛備至."에 보인다.

509 推移는 變化 또는 移動·發展의 뜻. 『禮記』, 「王制」의 "中國戎夷, 五方之民, 皆有性也, 不可推移."(앞에 나옴)

510 循軌(軌)는 바퀴 자국을 따른다는 말로 궤도(법칙)를 따른다는 말로 쓰임. 『淮南子』, 「本經訓」의 "四時不失其敍, 風雨不降其虐, 日月淑清而揚光, 五星循軌而不失其行."와 『後漢書』, 「郎顗傳」의 "天文昭爛, 星辰顯列, 五緯循軌, 四時和睦."에 보인다. (앞에 나옴)

된다. 그리고 온 세상 사람을 포용하는 불멸의 가르침인 인의와 윤리로
어리석은 사람을 깨우치고 악한 사람을 교화하며, 온 세상의 백성을
편안하게 하는 일은 온 세상을 평화롭게 하는 표준이 된다.

以天下人可行之道通神氣, 則是爲神氣之準的. 以天下人可通行之道修身, 則是爲
修身之準的. 以天下人可通行之道齊家, 則是爲齊家之準的. 以萬國可通行之道治
國, 則是爲治國之準的. 以包容天下之仁義倫綱不泯之敎, 牖迷化惡, 安天下之民,
是爲平天下之準的也.

고금 사람들의 평생 고심은 이 표준을 얻으려고 한다. 하지만 그것을
얻지 못하기도 하고 치우치게 얻기도 하고 거짓을 얻어 참으로 여기는데,
모두 신기의 통함을 따르지 않은 채 알아가기 때문이다.

古今人平生苦心, 要得此準的. 而或不得焉, 或得其偏焉, 或得虛以爲實, 皆由於不
從神氣通而通之也.

나아가 더럽고 고루한 풍습은 어느 곳이나 있고, 나라마다 숭상하고
고을마다 따르는 일이 있다. 그래서 예법을 배운 사람은 더러운 풍습을
따르지 않아서 생기는 비난을 구차하게 피하려 하지 않고, 더러운 풍속을
따르는 사람들은 그 일이 남에게 뒤처질까 부끄러워한다.[511] 이것은

---

511 苟免과 恥의 용례는 『論語』에 "道之以政, 齊之以刑, 民免而無恥. 道之以德, 齊之以
禮, 有恥且格."의 『集注』에 나오는 말로서, "免而無恥, 謂苟免刑罰, 而無所羞愧."에
등장한다. 곧 본문의 의미는 예법을 따르는 사람은 '더러운 풍습을 지키지 않아서
생기는 비난을 구차하게 피하려 하지 않아' 예법을 지키고, 반면 더러운 풍습을
좇는 사람은 당연히 부끄러워해야 하는데도, 그 좇는 일이 되레 '남에게 뒤처질까
부끄러워한다'라는 뜻으로 『논어』의 無恥를 드러내고야 만다는 의미.

모두 표준을 세운 이후의 일이지만, 표준을 침해하는 일이 대부분 여기에서 생긴다.512

至於汙俗陋習, 無處不存, 國各有尙, 鄕各有循. 學禮者, 不苟免焉, 趨風者, 恥後於人. 是皆準的以後之事, 而侵害準的, 多由於此.

나라에서 능력자513를 쓰는 일은 큰일인데, 더럽고 비루한 습속에 빠져 거기에 이끌리면 능력자를 등용할 수 없다. 신기가 순수하게 맑고 깨끗한 상태는 본래 타고난 모습인데, 비루한 습속이 그것을 혼탁하게 하고 더러운 풍속이 그것을 덮어 가려서, 맑은 본성이 그 본래의 모습을 잃게 한다.

國家之用賢俊, 大事也, 陷於汙俗, 牽於陋習, 不克登庸賢俊. 神氣之純澹澄澈, 天性也, 陋習混濁之, 汙俗遮蔽之, 使純澹之性, 失其天也.

그렇게 대대로 신기가 오염된 원인을 말하면 집안의 병514이요, 그 병을 얻은 것을 말하면 젖먹이의 병515이다. 이런 습속을 씻어내고 물리친 다음에 신기를 알고 기준을 세울 수 있다. 또 때로는 먼저 신기를 따라 점차 알아가면, 이런 습속을 점차 벗어날 수도 있다.

---

512 풍습이나 예법을 지키는 여부는 앎의 표준이 섰을 때의 일이나, 되레 그 일 때문에 표준을 세우는 데 방해가 된다는 말. 편견이나 선입견이 그것을 방해한다는 말.
513 賢俊은 才德이 출중한 사람. 『漢書』, 「元帝紀」의 "延登賢俊, 招顯側陋."에 보인다.
514 門疾은 집안 대대로 내려오는 병 또는 나쁜 버릇이지만, 인식론의 관점에서는 집안이나 문벌에서 내려오는 학문의 태도를 비유한 말로 보임.
515 胎毒의 원뜻은 갓난아이에게 생긴 선천적 병. 여기서는 어릴 때 경험이 시작할 때부터 앎을 직접 얻게 된 부모나 스승의 가르침을 은유적으로 표현한 말.

語其世染, 則門疾也, 語其受病, 則胎毒也. 蕩拓此習, 然後可以通神氣而立準的.
又或先從神氣而漸通, 則亦可漸脫此習.

그런데 남이 이런 습속을 완전히 제거하였는지 알려면, 그의 말과 글만
보고 믿어서는 안 되고, 그의 행위를 보고 제거 여부를 믿어야 한다.
더럽고 고루한 습속과 신기의 표준은 한쪽이 자라나면 다른 쪽이 줄어드
는 관계여서 양립할 수 없다. 저쪽이 반쯤 없어지면 이쪽이 반쯤 자라나
고, 저쪽이 완전히 소멸하면 이쪽이 크게 자라난다.[516] 마치 병 속의
물이 공기를 받아들이는 현상과 같다.

欲知人之頓除此習, 不可以言論信其行也, 可將其行事, 而信其未除與頓除也. 汙俗
陋習, 與神氣準的, 相爲消長, 勢不兩立. 彼半消而此半長, 彼全消而此長進, 如瓶中
水與氣之容受也.

---

516 長進은 長足進步의 준말. 『朱子語類』 卷8-39의 "爲學須覺今是而昨非, 日改月化,
便是長進." 등 자주 보인다.

해 설

앎의 표준을 세우는 데 방해되는 습속을 비판한 글이다.

바로 앞의 글에서 검증된 앎으로서 인정과 물리를 표준으로 삼았고, 여기서는 그 앎의 표준을 보편성에 두었으므로 결국 보편타당한 앎이다. 앎의 기준 또는 표준이란 인식론에서 진리 문제와 관련된다. 다시 말하면 경험을 중시하는 학문에서는 우리의 앎이 대상과 정확하게 일치하는지가 문제이다. 경험주의자들은 대체로 외부의 대상이 우리의 의식과 일치 또는 반영하는 데서 찾았고, 칸트 같은 경우는 비판적으로 고찰하였다. 곧 후자는 대상과 그것을 파악하는 주체의 관계를 그 특유의 '비판철학'517으로 구성하였다고나 할까?

신기와 감각기관으로 외적 대상을 인식하려는 저자의 관점에서도 경험을 중시하지만, 그 경험을 검증한 보편성으로 앎의 기준을 세우려고 하였다. 곧 기준은 정확한 경험과 검증을 통한 보편성에서 나온다. 이로 보면 그의 학문은 귀납적 보편주의의 성격을 띤다. 심지어 인의와 윤리도 보편적 도리로 보았는데, 그것의 외연을 좁히지 않고 인과 의를 '사랑'과 '옳음'이라는 현대적 관점에서 재해석하면, 보편적 가치가 될 수 있고, 또 윤리도 어느 사회에나 있기 때문이다.

이 과정에서 저자는 앎의 보편성을 방해하는 요소를 지적하여 비판하였다. 이는 경험주의 창시자 프랜시스 베이컨(Francis Bacon: 1561~1626)의 우상론을 연상케 한다. 곧 더럽고 비루한 풍속과 습속이라는 말속에 녹아 있다. 이는 사물을 제대로 보지 못하게 만드는 방해 요소로서

---

517 그의 순수이성비판에 등장하는 직관으로서 감성과 그 형식(시간과 공간), 오성의 범주로서 사유의 형식, 물 자체 등. 그의 인식은 직관 능력으로서의 감성과 사유 능력으로서의 오성과의 총합으로 구성된다.

온갖 편견과 선입견의 근거이다. 지식의 원천이 의식의 외부에 있으므로 그것을 방해하는 요소 또한 비판할 수 있기 때문이다.

여기서 고루하고 더러운 습속과 앎의 기준은 양립할 수 없다고 하였다. 쉽게 말하면 우상을 제거하는 정도에 비례해 정확한 인식도 증가하고, 반대로 우상이 많을수록 진리와는 거리가 멀어진다는 주장이다. 베이컨의 사상과 유사한 점이 우연이라기보다 경험을 강조하는 철학에서 볼 때 그것을 방해하는 요소로서 충분히 나올 수 있는 발언이다. 이는 당시 조선 사회의 학풍과 학문 태도에 대한 간접적 비판이다. 그 비판을 다시 베이컨의 우상론에 적용하면, 인간의 관점에서 하늘을 바라본 천리(天理)나 천심(天心)이니 하는 따위의 '종족의 우상', 당시 동쪽 한 모퉁이 조선 땅에 갇힌 개인의 앎으로서 '동굴의 우상', 사람과 접촉하면서 언어와 말로 이루어진 온갖 미신과 귀신과 잡술로 현혹하는 '시장의 우상', 학문적 체계로서 성현의 이름으로 권위를 내세우는 주회 성리학 등이 '극장의 우상'이 아니었을지 짐쳐본다. 원문 우속루습(汙俗陋習)이 상징하는 지적 풍토를 그렇게 비판하고 있다!

61. 표준에도 크기가 있다
準的有大小

신기의 표준518은 겪은 경험에서 시작하여 온 세상 사람들이 통용하는 곳으로 나아가 결정된다. 그래서 한 사람이 스스로 인정하는 과장이나 한 고을의 파다한 경향으로 결정할 수 없고, 또 타인을 추종하여 얻을 수도 없다. 반드시 고금과 온 세상의 민생 사업이 종결된 상태에서 다시 시작하여 어둠에 묻혔다가 다시 드러난 가운데에 저절로 가지런히 할 만한 불일치, 조화롭게 할 만한 높낮이, 범위의 핵심처, 사방을 고르게 함이 있게 된다.519

神氣之準的, 肇生於閱歷經驗, 就定於天下人之所通行. 不可以一人之自許誇張, 一鄉之頗多趨向質定, 又不可以從他求得. 須從古今天下民生事業之終而復始, 晦而復顯之中, 自有參差之可齊, 高低之可和, 範圍之輻湊, 四方之均平.

이것을 가지고 옛날의 현명하거나 어리석은 사람에 대한 후세의 평가,520 먼 나라의 현명하거나 어리석은 사람을 이 나라 사람이 한 논평521을 참고하여 증험한다. 또 후세의 평가나 지금 사람이 지금 사람을 논평하는 내용에서 온통 살펴보면, 인간 세상에서 하는 일이 모두 범위 안에

---

518 형식적으로는 마음의 식견이지만 내용상으로는 신기가 알게 된 지식의 표준.
519 변증법적 사유를 보여주고 있다. 어떤 모순 또는 불일치와 대립을 극복하고, 더 높은 단계의 인식으로 지양함을 보여줌.
520 褒貶은 시비와 선악과 공적 따위를 평가하는 일. 董仲舒『春秋繁露』,「威德所生」의 "春秋采善不遺小, 掇惡不遺大, 諱而不隱, 罪而不忽, □□以是非, 正理以褒貶."에 보인다.
521 葛洪,『抱樸子』,「自敍」: 未嘗論評人物之優劣, 不喜訶譴人交之好惡.

들어오고 통달하는 데 치우침이 없을 것이다.

將此而參證於古昔賢愚之後世襃貶. 遠國賢愚之此邦論評, 又通察於後世之襃貶,
今人論評今人, 則人世事業, 盡入範圍, 而通達無偏.

그러니 공부해서 알아낸 내용이 이것을 넘어서지 말아야 표준이 저절로
수립된다. 이것을 넘어서면 아득하여 앎이 머물 데가 없고, 이것에 도달
하지 못하면 방향을 알 수 없다. 이것을 가지고 앎의 근원과 말단을
드러내 밝히고, 먼 곳과 가까운 곳에 이것을 널리 알리는 사람이 스승의
도리를 맡아야 한다. 하지만 이런 분은 천 년 백 년 사이에 쉽게 나타나지
않는다. 나타난다면 신기의 표준이 그의 말과 글에 드러날 것이나, 나타
나지 않는다면 인간 세상에 숨어서 흘러가는 대로 내버려 둘 것이다.

功夫攸得, 無過於此, 而準的自立. 過此, 則茫無止泊, 不及此, 則不識向背. 擧此而發
明源委, 佈告遠邇者, 當任師道. 而千百歲之間, 未易作焉. 作則神氣之準的, 發於言
文, 不作則隱於人世, 而任其流行.

옛사람의 이른바 요령522과 척도523는 모두 표준이라 말할 수 있다.
하지만 그것을 크게 통용하는 데서 얻은 사람은 적고, 치우치고 적은
데서 얻은 사람은 많다. 그래서 한두 가지 일에서만 처음부터 끝까지
요령을 얻는다면, 다른 일에서는 그 요령과 어긋나기도 한다. 또 한두

---

522 사물의 요긴하고 으뜸 되는 골자. 이른 시기에 보이는 곳은 『禮記·檀弓下』의
    "是全要領以從先大夫於九京也."에 보이는데, 孔穎達의 疏에 "領, 頸也, 古者罪重要
    斬, 罪輕頸刑."라고 하여, 要는 허리 領은 목으로서 몸의 중요한 부분.
523 權衡은 저울추와 저울대로서 사물의 척도를 의미함.

가지 물건의 본말에서만 그 척도를 얻는다면, 다른 물건에서는 그 척도와 어긋나기도 한다. 또한 옛것에서 요령을 얻었더라도 때로는 지금의 그것과 어긋나고, 가까운 지역에서 척도를 얻었더라도 때로는 먼 지역의 그것과 어긋난다.

古人所謂要領也權衡也, 皆可謂之準的. 然得於大通者寡, 得於偏小者多. 若從一二事之始終, 而得其要領, 則或於他事有違其要領者. 若從一二物之本末, 而得其權衡, 則或於他物有違其權衡者. 又若從古而得要領, 或有違於今之要領, 從近地而得權衡, 或有違於遠地之權衡.

고금과 온 세상 만물과 만사의 신기를 통달하여 표준을 얻으면, 무슨 엉클어지는[524] 실마리가 있겠는가? 여기서 신기가 아는 일이 완전하게 되고 표준은 신기의 앎에 통합된다. 이는 대상의 신기에서 얻어 대상의 신기에 쓰지, 자기의 생각에서 얻어 자기의 생각을 쓰는 일이 아니다.

夫通古今天下萬事萬物之神氣, 而得準的, 則有何緯繣之端耶. 於是, 神氣之通得全, 而準的乃神氣通之湊合也. 得於人物之神氣, 而用於人物之神氣, 非得於己之意思, 而用己之意思也.

---

524 緯繣은 서로 엉클어져 합쳐지지 않음을 뜻한 말로 『楚辭』, 「離騷」의 "紛總總其離合兮, 忽緯繣其難遷."에 보임.

해 설

이 글은 보편적 앎의 표준을 확립하는 방법을 논한 내용이다. 소수의 사람이나 한 지역이나 한 시대의 그것이 아니라, 동서고금을 망라한 보편적 지식이 앎의 기준이자 표준이라는 생각이다. 이른바 인류 집단지성으로 확립한 앎이라고 할까?

여기서 저자는 앎의 표준이 점점 보편화한다고 여겼다. 경험적 지식의 보편성 확립은 같은 조건에서 표집 집단의 크기에 비례한다. 물론 진리가 반드시 다수에 의하여 결정되지는 않지만, 당시 조선의 학자로서 그가 선택할 수 있었던 보편성의 확립 방법은 그것밖에 없었던 것으로 보인다. 이는 저자 철학의 강점이면서 약점이기도 하다. 그래서 그 약점을 보완하기 위해 특정 지역과 시대를 초월한 다수 사람의 평가와 의견을 내세운다. 논리의 방향에서 보면 자연히 그 표준은 인류의 총체적 인식 수준과 관련된다.

62. 수학은 기에서 생긴다
數學生於氣

하늘과 땅과 사람과 만물의 신기에는 저절로 쌓이고 모이며 흩어짐이
있다. 그 양과 크기와 거리와 두께에는 제각기 한계를 정하더라도, 한계
가 있다. 또 때를 따라 종잡을 수 없는 변화가 있어 한계를 정하기 어렵다.

天地人物之神氣, 自有積累聚散. 多寡大小, 遠近厚薄, 各定界限, 又有隨時變幻,
難定界限.

만물의 신기에서 같지 않은 점을 비교하고 차이를 헤아리고 판단하되,
그 회전운동을 표기[525]하고 그 앞뒤를 추측하려면, 어쩔 수 없이 수학[526]
을 두어 사물을 구별하는 조리와 한계의 처음과 끝을 결정한다. 이것은
고금과 온 세상 사람들에게 공통되며, 사람과 만물과 일의 형세에 본래
있다.[527]

欲就神氣, 而比較其不等, 商度其差異, 表識其斡運, 推測其前後, 則不可不設爲算
數, 以定分開之條理, 界限之始終. 古今天下之所同然, 人物事勢之所固有也.

따라서 신기의 앎은 크게는 하늘을 헤아리고 땅을 살피며,[528] 작게는

---

525 表識는 標記 또는 標識의 뜻이다. 『漢書』, 「王莽傳下」의 "初, 京師聞青徐賊衆數十萬
　　人, 訖無文號旌旗表識, 咸怪異之."에 보인다.
526 원문 算數는 뒤에 등장하는 算數之學의 줄인 말이며, 이 글의 제목을 참고하면
　　수학의 뜻으로 쓰임. 算術과 같은 말.
527 여기서 말하는 인물은 인간과 동식물을 포함한 물건. 모든 사물을 수리적으로
　　파악할 수 있다는 표현.

털을 쪼개고 실을 가르듯이 한다.529 천문 관측과 계산에서는 기의 쌓임을 논하고, 기구와 기계530는 기의 쓰임을 드러내었다. 그리하여 기의 차갑거나 덥거나 마르거나 축축한 상태는 기구531에서 증험하고, 힘을 다루는 기술532에서 무게도 기계에서 증험한다. 그리고 포의 발사 거리,533 관악기와 현악기가 기를 진동하여 소리를 내는 현상은 모두 기수(氣數)534에서 나온다.

是以, 神氣之通, 大而揆天察地, 細而毫分縷析. 歷象論氣之積, 器械著氣之用. 寒熱燥濕, 驗於器, 力藝輕重, 驗於械. 毬砲之築發, 管絃之振作, 皆出於氣之分數.

---

528 揆天察地은 『新法算書』 속의 『曆象考成』 42권에 '揆天察紀'를 활용한 것으로 보임.

529 毫分은 아주 작은 도량 단위로서 漢 班固의 『答賓戲』의 "牙曠清耳於管弦, 離婁眇目於毫分."에 보이며, 縷析은 작게 쪼갠다는 뜻으로 『明史』, 「雲南土司傳序」의 "而土司名目淆雜, 難以縷析, 故係之府州, 以括其所轄."에 보인다. 따라서 毫分縷析은 아주 작게 쪼개거나 가른다는 뜻.

530 원문은 器械이다. 오늘날의 機械(machine)와 차이가 있다. 뒤에서 器와 械를 나누어 설명하여서 분리했다.

531 온도계와 습도계 같은 관측이나 측정 도구. 『추측록』에 보임.

532 力藝는 힘을 다루는 기술로 역학(力學: 조선 말에는 重學으로 옮겼다)과 관련된다. (앞에 나옴)

533 毬砲는 정확히 어떤 모양, 어떤 구조의 포인지 아직 알 수 없다. 『운화측험』에 '氣銃'이라는 공기총이 등장하며, 공기총으로 공기를 압축하고 탄환을 발사해 사거리를 언급하는 내용이 있는데, 여기서는 공기를 압축하거나 화약을 다져 넣어 공 같은 탄환을 발사하는 물건임은 분명하다.

534 氣之分數를 줄여 氣數라 한다. 앞의 「氣數之學」에도 나왔으며, 훗날 이것들은 『운화측험』의 「氣之數」에서 자세히 설명한다. 기수는 전통적으로 節氣와 자연적으로 결정된 일 등을 뜻하지만, 저자는 그것을 확장하여 기가 운동하는 범위·주기·정도 등을 아우르는 법칙에 가까운 개념이다. 더 자세한 것은 최한기 지음·이종란 옮김, 『운화측험』, 179-187쪽을 참고 바람. 여기서 기는 無形의 감각이 불가능한 무엇이 아니라 有形의 관측·측정할 수 있는 물리적 대상으로서 물질의 개념으로 전환되었다. 毬砲의 발사에 관한 기수는 사거리이며, 관악기와 현악기가 기수와 관련된다는 말은 음의 높낮이가 진동하는 관이나 현의 길이와 관련됨을 뜻한다.

이렇게 인간 세상에서 쓰는 물건이 기수를 말미암지 않음이 없다. 그리하여 입과 손가락으로 하는 계산이 미치지 못하는 일에는 크기를 비례로 알고, 갑절과 절반을 덧셈과 뺄셈으로 알고, 모나거나 둥근 도형을 합쳐 보거나 차이를 비교해 보아535 알고, 각도와 면적을 곱하거나 나누어 안다.536

人世須用, 莫不由之. 而口計指算所不及者, 大小比例而通之, 倍半加減而通之, 和較方圓而通之, 乘除角面而通之.

그러나 규정하기 어렵게 종잡을 수 없게 변하는 대상이나 일정한 장소가 없는 물건537에 대해서는, 설령 규정되고 장소가 있는 형체를 미루어 헤아릴 수 있어도, 끝내 그 규모를 알기 어렵다. 어찌 파악할 수 없는 대상이 있다고 해서, 파악할 수 있는 대상을 소홀히 할 수 있겠는가?

然難定之變幻, 無方之形質, 縱能推有定有方之形而測之, 竟難得其規模. 豈可以有所不能, 忽略於其所能哉.

기의 이치를 통달하려는 사람이 수학을 알지 못하는 일은 헛것만 보는 고질병자538와 비슷하다. 기에는 반드시 이치가 있고, 이치에는 반드시

---

535 和較는 옛날 수학 용어로 和는 합침, 較는 차이를 알기 위해 빼는 일. 저자의 『人政』 권8, 「數學」과 『習算津筏』에 보임. 여기서는 도형의 합동이나 닮음 등 모양의 차이 등을 구별한다는 의미.

536 수학에서 면적과 각도에 곱셈과 나눗셈이 활용됨을 지적한 말.

537 일정한 방향과 장소가 없다는 뜻으로 『周易』, 「益卦」와 "天施地生, 其益无方."과 같은 책, 「繫辭上」의 "神无方而易无體."에 보인. 여기서는 '無方之形質'이라 하여 일정한 공간에 머무르지 않는 물질의 뜻으로 쓰였다.

상징이 있고, 상징에는 반드시 수가 있다. 수를 따라 상징을 알고, 상징을 따라 이치를 알고, 이치를 따라 기를 아니, 기와 수는 서로 드러내고 서로 길러주는 보탬이 있다. 한갓 수학만 익히고 신기의 앎을 모르는 상태는 악사(樂士)가 악보만 배우는 일과 비슷하다.

夫欲通達於氣之理者, 不通於算數之學, 其類無相之肓乎. 氣必有理, 理必有象, 象必有數. 從數而通象, 從象而通理, 從理而通氣, 有交發互將之益. 徒習算學, 而不知神氣之通, 其類樂工之學譜乎.

538 肓은 고질병인 膏肓을 축약한 말. 無相은 불교에서 모양이 없다는 범어 animitta의 번역어로 有相의 반대어로서 더 나아가 一切皆空의 의미로 쓰인다. 여기서는 실제가 아닌 헛것을 보는 곧 장님과 같다는 뜻으로 '無相之瞽'의 용도도 있음. 따라서 본문의 無相之肓을 無相之盲으로 보아도 뜻이 통함.

해 설

신기와 그 앞에 수학을 도입하여 과학의 대상으로 삼는 매우 소중한
내용이다.

『신기통』의 주요 내용이 인간의 인식 문제, 곧 서학의 영혼에 대응한
신기의 작용과 역할의 문제로 여기서는 사물의 신기가 물리적 탐구
대상이 됨을 논하였다. 따라서 이 글은 신기로 표현하는 저자의 초기
과학적 견해이다. 이 문제는 후기 『기학』과 『운화측험』 등에 이르면,
신기에서 운화기 개념으로 전환하여 전개하는데, 그때의 신기는 인식과
관련된 마음에만 한정된다.

이 글에서는 먼저 신기가 과학 탐구의 대상인 물질 개념에 근접하고
있다. 곧 물리적 대상의 운동·크기·양·거리·무게·온도·습도·정도 따
위를 신기와 관련시켰다. 이것들은 대상을 파악하는 일종의 범주인데,
바로 여기서 기는 과학에서 다루는 물질에 근접한다. 후기 철학에서는
모든 기를 형체가 있는 유형지기(有形之氣)로 확신하여 물질 개념으로
사용하고 있다. 물론 그렇다고 해도, 이러한 기가 기계론적 죽은 물질이
라는 뜻은 아니다. 생기(生氣) 개념을 포기하지 않았기 때문이다.

더욱이 자연과학적 방법으로 사물을 인식하려는 방법에는 대상을 수학
적으로 파악하려는 데 있다. 근대 과학도 이와 관련되어 있다. 사실
자연을 수리적 질서로 파악하려는 노력은 동서가 다르지 않다. 천문과
역법은 물론이요, 생활과 음악 등에서도 이미 수와 관련되어 있음을
알고 활용해 왔다. 저자는 여기서 더 나아가 특수한 경우를 제외하고
거의 모든 현상을 수학적으로 파악할 수 있다고 여겼다. 마지막 단락의
글에서 그 철학적 근거를 제시하고 있다.

그런데 마지막 단락의 글은 형식적으로 『주역』에서 상(象)과 수(數)로서

괘사와 효사를 설명하는 문제와 관련된다. 이와 관련해 상수학(象數學)이라는 학문이 파생되기도 했다. 상이란 괘가 가지고 있는 일종의 상징으로 그 대상은 자연물이다. 『주역전의』에서 정이(程頤)는 상과 수와 리의 관계를 이렇게 말하고 있다. "리가 있고 난 뒤에 상이 있고 상이 있고 난 뒤에 수가 있는데, 역에서는 상을 따라 수를 안다(有理而後有象, 有象而後有數, 易因象以知數)"라고 하였고, 또 "리가 있으면 기가 있고, 기가 있으면 수가 있다(有理則有氣, 有氣則有數)"라고 하였는데, 그는 이학의 창시자답게 리의 존재를 우선시하였으나, 결국 수란 기에서 생긴다는 점을 부정할 수는 없었다. 주희 또한 여기서 "천지 사이 음양의 기에는 비록 제각기 상이 있으나 애초부터 수는 없었다(天地之間, 陰陽之氣, 雖各有象, 然初未嘗有數也)"라고 하여, 수가 존재의 영역에 속한 것이 아니라, 인간이 사물을 파악하는 도구로 보아 곧 정이가 '상이 있고 난 뒤에 수가 있다'라고 한 말도 그런 뜻으로 이해한 듯하다.

그런데 이학이 자연을 상징적·수리적으로 파악하였어도 결국 자연과학으로 진행하지 않았던 까닭은 윤리적 실천과 처세술과 같은 인간학에 갇혔기 때문이다. 그것이 『주역』이 점을 통해 인간의 길흉화복을 알려고 한 일과 무관하지 않다.

그런데 저자가 『주역』에 등장하는 정이의 표현을 비록 계승했지만, 그 의도는 다르다. 우선 그가 말하는 상과 수와 리와 기의 개념을 확인할 필요가 있다. 저자의 『습산진벌(習算陳筏)』의 서문을 보면 "수는 상의 가감승제에서 생기고, 상은 리의 상세함을 형용하는 상황에서 나오며, 리는 기의 전후를 추측하는 데서 생긴다. 기는 수의 몸체이고 수는 기의 작용인데, 그것으로 기의 길이를 재고 기의 부피를 헤아리며 기의 무게를 단다"[539]라고 하였는데, 일단 기는 물질처럼 기구를 이용하여 수학적으로 파악할 수 있는 물리적 대상이다.

이렇게 봤을 때 그의 "기에는 반드시 리가 있고, 리에는 반드시 상징이 있으며 상징에는 반드시 수가 있다"라는 말을 그의 기철학적 관점에서 온전히 이해할 수 있다. 그의 기-리-상-수는 앞의 정이가 말한 리-(기)-상-수의 표현을 따랐지만, 리기의 순서가 다르다. 존재의 근거와 인식의 최종 목표를 기에서 찾았기 때문이다.

따라서 저자가 "상징을 따라 리를 알고 리를 따라 기를 안다"라고 하였는데, 비록 수를 말하지 않았어도 본문에서 자연히 '상징을 따라 수를 아는 것'을 인정하고 있다. 저자는 상징을 따라 수를 알고 수를 통해 리를 알고 리를 따라 기를 알아가는 순서, 곧 현상에서 수리적 질서나 관계를 찾고, 그 수리적 질서를 체계화하여 법칙을 발견하고, 그 법칙을 통해 기의 성질을 파악하는 귀납적 방식을 따른다. 결국 앎의 최종 목표가 기인데, 오늘날 물리학자들이 인식하고자 하는 최종 대상이 물질인 점과 흡사하다.

이렇게 『주역』의 논리를 채용하였으나 인간학의 단계에 머물지 않고, 자연 탐구의 논리로 전환하였다.

---

539 『習算陳筬』, 序: 數生於象之加減乘除, 象生於理之形容曲節, 理生於氣之前後推測. 氣爲數之體, 數爲氣之用, 度氣之尺寸, 量氣之斗斛, 稱氣之權衡.

63. 남의 변화를 알다
通人之遷移

사람 마음이 때와 상황의 변화를 따르는 일은 착한 사람이 변하여 나쁜 사람이 되고, 나쁜 사람이 바뀌어 착한 사람이 되게 할 수 있다. 남이 착하거나 나쁘게 되는 변화를 내가 알지 못하면, 나의 앎은 미진하다.

人心之隨時隨變, 能使善變爲惡, 惡化爲善. 我不能通人之善變惡化, 則是我之所通未盡也.

사람의 마음이 일을 만나 바뀌고540 외물에 팔려 황폐하게541 되는 배경에는 자연히 일정하지 못한 기질이 있다. 그것이 얼굴과 눈에 반영되고 행동으로 노출되니, 낌새는 드러나고 조짐은 감추기 어렵다. 이것이 바로 애초부터 남을 알 수 있는 실마리이다.

夫人之遇事遷徙, 逐物荒亡者, 自有氣質之未定. 達於面目, 著於行動, 機微呈露, 兆朕難掩. 是乃自初可通之端.

또 타고난 품성이 괜찮은 사람도 때로는 추측이 부족하여 처리하는 일에 오류를 일으키고, 식견이 부족하여 이로움과 해로움을 알지 못하여 착한 쪽으로 변하지 못하는 잘못을 이룬다. 이것은 차례대로 남을 알 수 있는 실마리이다.

---

540 遷徙는 변화거나 바뀐다는 말. 『荀子』, 「非相」의 "與時遷徙, 與世偃仰."에 보인다.
541 荒亡은 욕심에 이끌리고 빠져 법도가 없는 상태. 『孟子』, 「梁惠王下」의 "從獸無厭謂之荒, 樂酒無厭謂之亡. 先王無流連之樂, 荒亡之行."에 보인다.

且資品近似者, 或推測未達, 而所執致惧, 識見淺短, 而不知利害, 以致不善變之過. 是乃挨次可通之端.

또 간혹 함께 어울리는 사람이 올바른 사람이 아니고,542 마음에 물든 내용이 바른 도리가 아니며, 이익을 버리고 손해를 찾고 착한 쪽을 버리고 나쁜 쪽으로 달려간다. 이것은 남을 쉽게 아는 실마리이다.543

且或所與遊者非其人, 所習染者非其道, 遺利而探害, 棄善而趨惡. 是乃易通之端也.

내가 만약 여기서 알 수 있는 실마리를 소홀히 한다면, 남을 통솔하고 부리는 방법에 방해가 될 뿐만 아니라, 또한 남의 나쁜 점을 변화시키거나 그에게 그것을 깨우치는 일 가운데서 하나를 버리게 될 것이다. 만약 남이 바르지 않은 쪽으로 옮겨가는 일을 보고, 내가 미워하고 싫어하는 얼굴빛과 목소리를 함부로 내면, 관계가 끊어지는 걱정거리를 쉽게 이루므로, 제대로 소통하는 방법이 아니다.

我若於此可通之端, 有所忽略, 非特有妨於御人使人之道, 抑亦於敎人化惡, 使人諭惡, 庶不免有所偏廢. 若見人之遷徙非正, 而肆我疾惡之聲色, 易致隔絶之患, 便非通之之道也.

한 집안사람으로서 서로 인정과 의리544로 소통하지 않으면 점차 사이가 벌어지고, 친구로서 인정과 의리로 소통하지 않으면 쉽게 소원해지며,

542 『孟子』, 「盡心下」: 好名之人, 能讓千乘之國, 苟非其人, 簞食豆羹, 見於色.
543 남이 사귀는 사람과 익혀 기억한 내용으로 그를 쉽게 알 수 있다는 말.
544 해설을 볼 것.

적국 사이에도 사기가 소통되지 않으면 평화를 유지할 방법이 없고, 각자의 길545이 달라서 사기가 소통되지 않으면, 그 오류를 밝힐 방법이 없다. 하물며 좋음과 나쁨의 바뀜이 미세한 갈림에 달려 있음에야.

家人而情義不通, 則漸致睽異, 朋友而情義不通, 則易臻疎遠, 敵國而事機不通, 則無以制和, 道殊而事機不通, 則無以明其差謬. 況善惡之變遷, 在毫釐之分.

이런 차이를 밀어버리고 멀리하면 서로 등지는 걱정이 있고, 소통하며 끌어당기면 바른 곳으로 돌아오는 보탬이 있다. 먼저 사기를 소통하고 다음으로 인정과 의리를 소통하면, 미혹됨을 깨우쳐 제자리로 돌아오게 할 수 있어 버리는 사람이 거의 없을 것이다.

推而遠之, 有相背之患, 通而挽之, 有歸正之益. 先通其事機, 次通其情義, 則可以牖迷而回轅, 庶無廢棄之人.

---

545 道는 여기서는 따르는 학문, 원칙, 가르침 등을 아울러 일컫는 말.

해 설

내용의 전반부는 남을 파악하는 요령, 후반부는 이 요령을 바탕으로 남과 소통하는 문제를 다루었다.

매 순간 변할 수도 있는 남의 착함과 나쁨을 알 수 있는 실마리를 다루었고, 동시에 소통의 당위성을 강조하였다. 이는 순수한 이론적 담론이라기보다 남을 파악하는 일종의 처세술이나 관계하는 태도의 문제를 다루고 있다. 이런 내용은 저자의 후기 저작 『인정』의 「측인문(測人門)」에나 나올법하다.

하지만 이것은 전통 철학에서 다루는 인식과 실천의 문제이기도 하다. 원문 '通'에 대한 해석은 문맥에 따라 여러 가지로 가능한데, 이 글에서는 크게 두 가지 해석 곧 '앎'과 '소통'을 의미하고 있어, 인식과 실천의 문제를 동시에 함유하고 있다.

저자는 사람 마음의 착함과 나쁨이 수시로 변한다고 전제한다. 이해관계에 놓여 있는 역동적 삶 속에서 인간을 파악하려는 태도가 반영되어 있다. 저자 철학의 전체 흐름에서 볼 때 좋음과 나쁨의 주관적 평가를 넘어선 객관적으로 존재하는 선악의 실체는 없다. 선악이란 인격적 주체가 평가하는 데서 성립하며, 주체에 따라 보편성을 띨 수도 그러지 못할 수도 있다. 바로 이런 관점에 근거하면 소통의 필요성이 등장한다. 선악의 상대성을 지양하고 보편적인 데로 나아가야 하기 때문이다. 그 소통의 과정에서 오류와 미혹됨을 바로잡을 수 있다.

본문에서 소통의 대상을 정의(情義)로 들었다. 이것은 인정과 의리로서, 인정은 인간의 감정과 실정(實情)과 사정(事情) 및 상정(常情)을 포함하는 포괄적 의미이며, 의리란 윗사람이나 아랫사람 또는 조직의 구성원으로서 지켜야 할 바른 도리를 말한다. 흔히 인정과 의리를 대립하는 개념으로 취급하는데, 그때의 인정은 개인의 사정(私情)에 가까워 인정에 치우치면 의리를 해치고, 의리를 내세우면 인정을 해쳐 두 사람의 관계가 소원해진다. 저자는 인정과 의리 모두 고려하는 소통이어서, 이때의 인정은 외연이 더 큰 실정에 가깝다. 실정을 알아야 의리에 맞게 일을 합리적으로 처리할 수 있기 때문이다. 물론 그 실정에는 의리를 해치지 않는 범위 안에서 개인 사정도 포함될 수 있다.

64. 집대성
集大成

사회적 분업546은 평범한 사람도 쉽게 알지만, 신기를 알아 집대성하는 일은 천·백 년에 한 번 만나기도 어렵다.

通功易事, 凡人之易知, 通神氣而集大成, 千百載難遇也.

선비의 일과 농업과 공업과 상업이 소통하고 소통하지 않거나 조화를 이루고 이루지 못하는 까닭이 설령 "일의 성취547가 선비와 농부와 장인과 상인에 달려 있다"라고 말하더라도, 그 실상은 이들을 통솔하는 일이 정령548과 교화549에 달려 있다. 일의 성취야 적절하다면 소통하고 조화할 수 있지만, 통솔하는 일이 적절하지 못하면 소통도 조화도 되지 않는다.

士農工商之通與不通, 和與不和, 縱云事功在於士農工商, 其實, 統率在於政令敎導. 事功得宜, 則可通可和, 而統率失其宜, 則不通不和矣.

---

546 通功易事는 남의 노력을 서로 소통하여 일을 이루는 것으로 사회적 분업을 뜻함. 『孟子』,「滕文公下」의 "子不通功易事, 以羨補不足, 則農有餘粟, 女有餘布. 子如通之, 則梓匠輪輿皆得食於子."에 보임.

547 事功은 원래 힘써 노력해 나라에 큰 공을 세운 의미로서 『周禮』,「夏官·司勳」의 "事功曰勞."에 보인다. 여기서는 일의 성취 또는 효과의 뜻으로 쓰였다.

548 政事와 法令으로 政令은 『周禮』,「天官·小宰」의 "掌建邦之宮刑, 以治王宮之政令."에 보이며, 政事를 시행하는 일은 政이며 法令을 布告하는 일이 令이다. (앞에 나옴)

549 敎導는 四民을 가르쳐 인도하는 일. 敎化와 같은 뜻.

선비와 농부와 장인과 상인이 신기를 안다면 일의 성취가 적절하겠지만, 신기를 모르면 적절하지 않게 된다. 정령과 교화의 일에서도 신기를 안다면 통솔이 적절하게 되지만, 신기를 모르면 적절하지 않게 된다. 또 그 통솔에도 대상의 크기와 거리에 따른 구별이 있는데, 작고 가까운 대상이 차라리 적절하지 못할지라도, 크고 먼 대상이 소통되고 조화롭지 않음이 없어야 그게 집대성이다. 이 신기의 집대성이 사회적 분업의 근원임을 알아야만, 그 뒤에 다스리는 방법을 결정하고 백성의 생업을 안정시킬 수 있다.

士農工商, 得通於神氣, 則事功得宜, 不得通於神氣, 則事功不得其宜. 政令教導, 得通於神氣, 則統率得宜, 不得通於神氣, 則統率失其宜. 且夫統率, 有大小遠近之別, 小者近者, 寧失其宜, 大者遠者, 無所不通不和, 是乃集大成也. 須知神氣大成, 爲通功易事之本源, 然後可以定治道安民業.

하지만 기를 아는 일은 사실 쉬워도 아직 쉽지 않고, 사실 드러나 있으면서도 아직 드러나지 않는다. 그것은 사람이 항상 기에 잠겨 있어서 그 기를 보기 어렵고, 항상 기와 통하고 있어서 그 통함을 알지 못하기 때문이다. 이것이 기의 일정한 모습[550]을 보지 못하고 알지 못하는 일이다.

然見得乎氣, 實易而未易, 實顯而未顯. 以其常潛於氣, 故難見其氣, 常通於氣, 故難知其通. 是卽不見其常, 不通其常也.

---

550 원문 常은 '늘' 또는 '항상'의 뜻이지만, 여기서는 기의 본질적 모습인 성격이나 법칙에 관련된 말.

만약 기 밖으로 나갔다가 다시 기 가운데로 들어오는 때가 있다면, 기를 알고 또 기가 아님을 알 수 있다. 하지만 인간과 만물은 항상 기를 떠나지 않아서, 늘 기를 잊고 있다. 마치 물고기가 강과 호수의 물을 잊는 일과 유사하다.[551]

若使有時出於氣外入於氣中, 則可以知氣, 又可知其非氣也. 人與物, 常不離氣, 而常忘其氣也. 猶魚之相忘於江湖也.

기를 알아 앎이 점차 진보할 수 있으면, 몸의 신기를 보고 하늘의 신기를 알 수 있어, 집대성의 경지에 이를 것이다.

有能見乎氣而漸進, 則可見身之神氣, 而通於天之神氣, 以臻於集大成也.

---

551 현대 물리학자들이 흔히 시공의 차원을 인식할 때 자주 사용하는 비유가 이것이다. 물고기가 (만약 생각할 수 있다면) 그것이 물을 인식할 방법은 물 밖에 나왔다가 들어오는 방법과 같은 설명이다.

해 설

신기를 알아야 모든 일을 집대성할 수 있다고 주장하였다.

이 글은 앞으로 전개될 저자의 학문적 관심과 방향에 대한 단서를 알 수 있는 중요한 내용이다. 그 상징적 표현이 '신기를 알아 집대성'하는 일이다. 여기서 저자는 소통을 위한 정치의 중요성을 언급하고, 사농공상의 사회적 분업이든 국가의 정치와 교육도 신기를 밝히는 일이 근원이 되어야 한다고 역설하였다. 여기서 사농공상은 대등한 입장에서 소통과 조화를 이루어야 하는 사회의 직능으로 보아, 신분의 구별과는 다르게 적용하였다.

그런데 집대성을 위해 신기 또는 기를 일관된 이론으로 종합하는 작업은 저자의 표현대로 쉽지 않은 일이다. 무엇보다 기가 무엇인지 파악하는 일이 급선무였다. 그것은 기에 대한 기존의 인식과 방법만으로는 불충분하다고 믿었기 때문이다. 이 점이 그가 기를 파악하기 위해 서양 과학과 손잡지 않을 수밖에 없는 까닭이다. 그래서 기에 대한 인식의 진보를 희망하였다.

집대성이랄까 그 결과가 후기의 대표 저술인 『기학』의 사상이다. 기학은 저서의 이름이자 그가 규정한 학문의 이름으로 기를 밝히는 일이 핵심이다. 오늘날의 인문과학과 사회과학과 자연과학, 공학 등이 통합된 학문으로, 대부분 학문을 여기에 포섭한다.

이렇게 설명하면 도대체 이런 학문이 기와 무슨 상관이 있겠냐고 생각할 수 있겠다. 좀 거친 표현이지만 역으로 현대 학문에 기를 적용해 이렇게 말할 수 있다. 사실 과학이라 이름을 붙인 모든 학문의 분야에서 사실 기를 다루고 있기 때문이다. 다만 기가 근대학문의 용어에 채택되지 않아서 인식하지 못하고 있을 뿐이다. 물리학에서 최초의 물질을 탐구하는 작업이 기의 원형을 찾는 일이라면, 일반 과학이나 공학은 그 기로 이루어진 물질의 운동이나 성질을 탐구하고 응용하며, 의학이란 신기운화(身氣運化)를 밝혀 신기가 잘 소통케 하는 학문이다. 또 심리학이란 신기(神氣) 곧 마음의 이치를 밝히는 학문이며, 교육학은 인간 신기의 소통 능력 향상을 연구하고, 정치학은 인기(人氣: 인간의 기)를 통민운화(統民運化)[552]가 잘 되게 조직하고 소통하는 원리를 탐구하는 학문이며, 법학은 통민운화 가운데서 형벌을 밝히는 학문이다. 이렇듯 이 세상에서 경험할 수 있는 일은 기를 대상으로 하지 않은 일은 없다. 다만 기라는 용어를 쓰지 않을 뿐이다.[553] 따라서 그의 기학은 실제로 존재하는 대상을 다룬다는 점에서 과학의 이름으로 정당화할 수 있고, 이 글은 그것을 향해 나아가야 함을 시사하고 있다.

---

552 저자의 후기 철학에서 運化氣가 활동하는 영역을 개인 영역인 一身運化, 국가사회 영역인 統民運化, 자연의 영역인 大氣運化로 나누었다.

553 이종란, 『기란 무엇인가』(새문사, 2017), 245쪽.

65. 몸이 소멸하면 의식도 사라진다
形滅則知覺滅

의식[554]이란 사용의 앞뒤를 미리 생각하는 작용이다. 사용에 헤아림이 없으면 의식도 멈추고, 몸이 안 내용이 없으면 사용할 곳도 없다.[555]

知覺者, 須用之先後豫度也. 無所度於須用, 則知覺亦息, 無形體之所通, 則須用無所.

인물[556]이 죽은 뒤에는 혼은 공중에 흩어지고 백은 땅으로 내려가며,[557] 의식이 없어서 태어나기 전과 같으니, 이것이 원시반종[558]의 길이다. 만약 '죽은 뒤에 앎이 있다'라고 말한다면, 이 몸은 앎과 무관하니 살아 있는 사람이 잘못 추측한 데서 나온 말이다.

---

554 知覺은 보통 동사로는 알다, 명사로는 앎으로 쓰이며, 드물게 제목처럼 인간의 의식(consciousness) 또는 아는 일을 포함한 의식 작용으로도 사용하고 있다. 의식의 의미로 쓰인 용례는 주희 「中庸章句 序」의 "心之虛靈知覺, 一而已矣."에도 보이며, 유가들이 내세를 믿는 종교를 비판할 때, '死後에 知覺이 없다'라는 말을 자주 쓴다.

555 문단 전체를 고려하면 사용의 대상은 앎이다.

556 知覺의 유무에 따라 人物에서 物의 범위가 정해진다. 『荀子』, 「王制」의 "水火有氣而無生, 草木有生而無知, 禽獸有知而無義, 人有氣有生有知, 亦且有義, 故最爲天下貴也."에 보면 인간과 동물만이 知가 있다. 하지만 이글의 전체 내용의 맥락에서 보면 인간의 의식에 한정해서 쓰고 있다.

557 魂散魄降은 魂飛魄散과 같은 의미로 전통의 인간 죽음에 대한 개념이다. 인간의 구성에서 魂은 氣的 요소, 魄은 質的 요소로 본다.

558 『周易』, 「繫辭傳上」 4장의 "仰以觀於天文, 俯以察於地理. 是故知幽明之故, 原始反終. 故知死生之說, 精氣爲物, 游魂爲變. 是故知鬼神之情狀."에 등장하며 元始要終과 비슷한 말. 주희의 해석에 따르면 "시작을 미루어[推之於前] 끝을 요약한다[要之於後](『周易本義』)" 또는 "그 처음을 미루어[推原其始] 되돌려 그 끝을 본다[摺轉來看其終](『周易傳義大全』)"라는 뜻이다. 여기서는 그런 논리를 적용하면 모든 존재는 처음에 시작하였던 곳으로 되돌아간다는 의미.

人物死後, 魂散魄降, 無有知覺, 與未生時同, 乃原始反終之道也. 若謂死後有知, 是形質無攸關於知也, 由於生在者之誤推測也.

대개 앎은 몸이 사물을 경험한 데서 생기며, 몸의 경험이 아직 없으면 아는 내용도 없다. 경험이 적으면 아는 내용이 적고 경험이 많으면 아는 내용도 많다. 몸이 비록 온전하더라도 기의 흐름이 막혀버리면 아는 일이 없고, 바깥의 기가 통하지 않아도 아는 일이 없다. 더구나 몸이 해체된 이후에 앎이 있는 일이겠는가?

蓋知生於形質之經驗事物, 形質未有經驗, 則未有所知. 少經驗, 則所知少矣, 多經驗, 則所知多矣. 形質雖完, 氣運室塞, 無所知, 外氣不通, 無所知. 況於形質澌解之後, 有所知乎.

사후에 영혼559을 말하는 모든 논의는 모두 외도가 미혹하는 일이다. 다만 살았을 때의 언행이 죽은 뒤에 맞아떨어진560 일은 당사자의 평생 경륜이 장구히561 전달되었기 때문이니, 이것이 어찌 사후에 안 내용이 겠는가? 그것은 바로 생전에 안 내용이다.

---

559 한자 靈魂은 본서에서는 여기서만 등장하며, 『기학』에는 총 4회 등장한다. 앞의 「收得發用有源委」에서는 이것을 달리 性靈이라 표기했다. 靈魂은 마테오 리치가 anima를 중국어로 번역한 말이다. 또 저자는 『靈言蠡勺』을 소개하면서 이 anima를 중국말로 靈性이라 했다고 전하고 있다(亞尼瑪者, 華言靈性也. 『地球典要』卷12, 「洋回敎文辨」). 『靈言蠡勺』에는 靈魂 또는 靈性으로 번역한다고 되어 있고, 자주 등장한다. 또 李圭景(1788~1856)은 이 anima를 중국인이 '性靈'로 말한다고 소개하며, 이 용어는 훗날 동학의 3대 교주 孫秉熙(1861~1922)가 영적인 실재를 말할 때 쓴 말이기도 하다(이종란, 『서양 문명의 도전과 기의 철학』, 48-49쪽).
560 符驗은 符節처럼 증거가 되는 물건으로 符合의 의미이다. 『荀子』, 「性惡」에 "凡論者, 貴其有辨合, 有符驗."에 보인다.
561 久遠은 장구하다는 뜻으로 『孟子』, 「萬章上」의 "舜禹益, 相去久遠."에 보임.

凡論死後之靈魂者, 皆外道之迷惑也. 但生時之言行, 有符驗於死後者, 平生經綸,
有傳達於久遠者, 此豈死後之所知也. 卽是生前之所知也.

해 설

사람이 죽은 뒤에 의식이 없어 사후세계가 없음을 논하였다.

이 내용의 논리는 간단하다. 『주역』에 근거한 전통의 생사관을 가지고 종교 특히 기독교의 그것을 비판하였다. 보통의 그것과 다른 점은 흔히 육체와 영혼의 일로 구분되는 몸과 의식, 몸과 앎, 앎과 의식의 관계를 기철학의 관점에서 논증한 내용이다.

한국철학사에서 이 논리의 원조는 정도전(鄭道傳, 1342~1398)의 『불씨잡변(佛氏雜辨)』이고, 이후 유학자들이 불교의 윤회와 극락을 비판할 때 주로 사용하였으며, 저자는 기독교의 영혼불멸설을 비판하면서 같은 논리를 소환하였다. 기독교와 연관된 결정적 증거는 '영혼'이라는 단어이다. 『불씨잡변』도 저자처럼 생사관을 『주역』의 논리로 가져왔는데, 거기서 불교를 비판할 때는 영혼이 아닌 '정신'으로 보아 정신 불멸562이란 용어를 사용하였다.

현대 철학자와 심리학자들 가운데는 의식이 대개 '마음속 경험'과 같은 말이라고 동의한다. 그 특징 가운데 하나가 마음이 드러내는 마음의 내용물들이 느껴진다는 점이다. 그런 맥락에서 서두에서 진술한 저자의 주장은 시사하는 바가 크다.

---

562 『佛氏雜辨』, 「佛氏輪廻之辨」: 佛之言曰, 人死, 精神不滅, 隨復受形. 於是輪廻之說, 興焉. 易曰, 原始反終. 故知死生之說. 又曰, 精氣爲物, 游魂爲變. (강조는 옮긴이)

66. 사물을 체인하다
體認事物

사물의 체인563은 오랜 세월을 기다려 길러야 한다. 형체가 있는 대상은 마음 가운데 완전한 모습이 있게 하고, 기회564를 가진 대상은 기회가 마음 가운데 환하게 있게 해야, 비로소 체인이라 말할 수 있다.

事物體認, 須待年久就養. 使有形體者, 形體完然於神氣之中, 有機會者, 機會皎然 於神氣之中, 方可謂體認也.

단시간 또는 며칠과 몇 달 정도의 보고 듣는 경험으로는 꽤 총명한 사람이라도 대상의 모습과 비슷하게 알 뿐, 완전한 틈새와 자리로 가슴속에 저장된 것은 아니다.565 하물며 저 총명이 흐려진 사람이 처음 직면하여 보고 듣는 경험을 가지고 스스로 만족하게 여기거나 그것을 저지하는 일이랴.

見聞閱歷, 在於片時, 或在於日月之間, 而聰明稍優之人, 惟知倣似儀形, 不是完全

---

563 경험이 누적된 높은 수준의 인식. 이 용어가 인식의 의미로 사용된 이른 시기의 문헌은 북송 張載의 『張子語錄·後錄下』에 "大抵心與性情, 似一而二, 似二而一, 此處最當體認."이라는 말에 등장한다. 하지만 그것은 몸으로 체득하거나 살펴 안다는 의미이다.

564 어떤 일을 하는 데 있어서 적절한 時機나 關鍵 따위. 시기의 뜻으로는 葛洪의 『抱樸子』, 「交際」의 "世俗之人, 交不論志, 逐名趨勢, 熱來冷去 … 或事便則先取而 不讓, 值機會則賣彼以安此. 凡如是, 則有不如無也."에 보이며, 관건의 뜻으로는 『三國志』, 「蜀志·楊洪傳」의 "漢中則益州咽喉, 存亡之機會, 若無漢中則無蜀矣."에 보인다.

565 사물을 완전히 알고 있지 못하다는 뜻. 가슴의 언급은 기억이 머릿속에 저장된다는 현대 의학과 다른 견해이지만, 대개 기억을 가슴으로 느끼기 때문이다.

間格, 藏在胸中. 況夫聰明昏迷者, 以初值之見聞閱歷, 爲自足而尼之哉.

사물을 체인하는 방법은 가령 식물의 씨앗을 심어 적합하게 재배하는
일과 같다. 곧 잊지도 말고 억지로 조장하지도 말고566 그것이 성장하기
를 기다리면, 뿌리와 줄기와 가지와 잎 그리고 꽃과 열매의 향기와 모양에
이르기까지 뚜렷이 헤아릴 수 있어 드러나지 않음이 없는 모습과 같다.
이것들을 어찌 씨앗을 심을 당시에 모두 다 볼 수 있겠는가? 한 달의
자람에는 한 달 동안 보아 안 모습이 있고, 한 해의 자람에는 한 해
동안 보아 안 모습이 있으며, 십 년의 자람에는 십 년 동안 보아 안
모습이 있다. 대개 하루 동안 경험한 견해는 아무리 상세해도 체인이라
말할 수 없고, 수십 년 동안 누적한 경험에 이르러야 바야흐로 체인이라
말할 수 있다.

體認事物之方, 如種草木之核實, 隨宜培養. 勿忘勿助, 待其成長, 根株枝葉, 以至花
實影香, 歷歷可數, 無不呈露. 是豈種核時, 所可盡睹哉. 一月之長, 有一月見得之形,
一年之長, 有一年見得之形, 十年之長, 有十年見得之形. 蓋一日之見, 縱得詳細,
未可謂體認, 及到數十年積累之見得, 方可謂體認也.

체인 여부는 반복된 논란과 적절한 변통에서 볼 수 있다. 가령 천체가
황도567와 적도568와 경도와 위도569를 따라 회전하는 현상과 제곱570

---

566 勿忘勿助는 『孟子』, 「公孫丑上」의 "必有事焉而勿正, 心勿忘, 勿助長也, 無若宋人
然."에 등장하는 말. 미리 기대하지 말고 마음으로 잊지 말며 억지로 조장하지
말고 자연스럽게 자라기를 기다린다는 뜻.
567 천구상에서 태양의 궤도. 곧 지구의 공전에 따른 결과로 드러나는 천구상의 태양의
겉보기 운동 경로.
568 지구의 남과 북을 정확히 반으로 나누는 또는 천구상의 남극과 북극을 반으로

과 세제곱571과 염·우572의 계산573에서 체인을 얻지 못하고, 단지 셈법에만 의지하여 익힌 사람은 변통이 없어 흐리멍덩하여 쉽게 잊어버리지만, 그것들을 체인한 사람은 변통이 있고 후학을 열어준다.574

體認與未得體認, 可見於反覆之論難, 隨宜之變通. 黃赤道經緯度之周旋, 平立方廉隅數之加減, 未得體認, 而只依數法肄習者, 無變通而易昏忘, 得其體認者, 有變通而開來學.

나아가 인정에 통달하고 사기를 참작하는 일도 체인의 노력과 관계된다. 한 모퉁이의 체인은 네 모퉁이의 체인으로 나아가고, 네 모퉁이의 체인은 전체의 체인으로 나아가며, 전체의 어렴풋한 체인은 완전한 모습의 체인으로 나아가야 한다. 만약 숙달된 체인이 아니면 어떻게 추측의 기준을 알 것인가? 사람이 매양 땅 모양이 둥글다고 말하지만, 말하는 지식의

나누는 상상의 선. 여기서는 후자에 해당함.
569 지구의 경선과 위선의 도수 또는 천구상의 그것. 여기서는 후자에 해당함.
570 平方은 넓이를 구하는 제곱의 옛 용어. 그의 『習算陳筏』에 자세하다.
571 立方은 부피를 구하는 세제곱의 옛 용어. 『習算陳筏』에 자세하다.
572 廉과 隅는 옛날 算學에서 계산할 때 쓰던 용어로 아래 도표 참고. 또는 모서리와 각의 뜻. 둘 다 통함.

573 加減은 덧셈과 뺄셈. 여기서는 계산의 의미로 쓰임.
574 開來學은 주로 공자의 업적을 찬미한 말로 繼往聖開來學(朱熹의 「中庸章句序」에 보임)의 준말.

단서를 아직 엿볼 수 없는 점은 체인이 미숙하기 때문이다.

至於人情之通達, 事機之參酌, 亦係體認之功. 一隅之認, 須進於四隅之認, 四隅之
認, 須進於全體之認, 全體依俙之認, 須進於完形之認. 若非體認之熟, 何以識推測
之準的. 人常說地形之球, 而未能窺發用之端倪者, 由於體認之未熟也.

해 설

이 글의 주제는 체인이다.

체인은 저자가 재규정한 용어로 그의 인식 이론에서 장기간 누적한 경험에서 오는 일상적 앎보다 더 높은 수준의 앎의 과정 또는 그 단계에 속한다. 그 뜻이 보통 체득(體得) 또는 체찰(體察)과 비슷하나 뉘앙스가 다르다. 체득과 체찰은 성리학에서 윤리적 본질을 깨달아 실천과 일치시키는 인식 방법으로 사용하였지만, 여기서는 외연이 더 넓다.

사실 체인이라는 말은 북송의 도학자들이 본격적으로 사용하였다. 주희의 스승은 이동(李侗: 1093~1163)이고, 이동의 스승은 나종언(羅從彦: 1072~1135)이며, 나종언의 스승은 이정(二程)의 뛰어난 제자 양시(楊時: 1053~1135)이다. 학계에서는 양시-나종언-이동-주희 전승 계통을 일반적으로 도남학파(道南學派)라 부른다. 여기서 양시는 '미발(未發)의 기상을 체인'하는 일을 강조하였고, 그 흐름은 이동에게 이어지며 주희 초기 학설에 영향을 미친다. 곧 묵좌(默坐)를 통해 천리(天理)를 체인하고자 하였다.[575] 여기서 체인이란 도리를 내 속에 집어넣는 것, 다시 말하면 사상의 육체화를 말한다.[576] 바로 체득의 뜻이다. 성리학에서 사용하는 뜻은 대체로 이렇다.

하지만 본서에서는 그 용어를 빌려왔어도 그 뜻은 사뭇 다르다. 인간 도리의 인식에만 한정하지 않고 일반적 지식도 포함한다. 대상에 대한 장기간 경험의 누적을 통하여 향상된 높은 수준의 인식이다. 이 지식은 본문에서도 등장하는 바와 같이 과학과 수학의 그것을 포함한다. 자연히 지식의 양과 질이 문제가 되며, 체인의 누적은 사물에 대한 종합적

---

575 陳來/이종란 외 옮김, 『주희의 철학』, 145-155 참조.
576 미우라 쿠니오/김영식·이승연 옮김, 『인간 주자』(창작과 비평사, 1996), 86쪽.

지식으로서 앎을 수정하거나 사물을 추리하고 판단하는 기준이 된다. 이 글에서 당시에 새로운 지식 습득에 따른 저자의 자신감이 우러나온다. 동시에 "사람이 매양 땅 모양이 둥글다고 말한다"라는 말에서 지구 구형설은 19세기 중반 조선 지식인들 사이에 보편화되었지만, 그들과 다른 저자의 지적 우월 의식을 읽어낼 수 있다.

67. 기에는 가벼움과 무거움이 있다
氣有輕重

기가 변화에 따라 맑거나 흐려진다면, 반드시 그것을 따라 가볍거나 무거워진다.

夫氣有隨變之淸濁, 則必有隨變之輕重.

시험 삼아 열 말577이 들어가는 빈 용기를 맑은 날 용량을 재고 또 장마나 안개로 흐린 날에 용량을 재면 반드시 어느 정도의 차이가 있다. 또 혼탁한 샘물의 무게는 무겁고 맑은 샘물의 무게는 가볍다. 이것이 근거 있는 명확한 증거이다.

試將容斛之空䤵, 於淸明日稱量, 又於霖霧霪濕之日稱量, 必有所差之分數. 且泉水之濁者, 斤兩重, 淸者, 斤兩輕. 是乃引據之明證也.

어찌 하늘의 기에만 가볍고 맑고 무겁고 혼탁한 변화가 있겠는가? 땅의 기에도 저절로 맑고 혼탁한 변화가 있고, 사람의 기에도 저절로 맑고 혼탁한 변화가 있는데, 안팎의 기가 서로 섞여578 피차가 같지 않다. 그렇지만 대개 몸의 맑고 혼탁한 기가 있고, 또 주위 환경579의 맑고 혼탁한 기도 있어서, 비록 몸이 혼탁한 사람이라도 거처하는 땅의 기에서

---

577 1斛은 10斗이다. 『儀禮』, 「聘禮」에 "十斗曰斛."이 보인다.
578 混淆는 혼잡하거나 착란하거나 한계가 모호한 뜻으로 晉 葛洪의 『抱樸子』, 「尙博」의 "眞僞顚倒, 玉石混淆."에 보인다. 여기서는 '섞이다'의 뜻.
579 接境은 맞닿은 경계로 전체 문맥을 고려하면 환경의 뜻으로 쓰임.

맑은 기를 고르고, 먹는 음식에서 맑은 음식을 고르며, 소통하는 감각기
관이 맑은 대상을 선택하면, 가까스로 그 드러내 사용하는 몸이 차츰
맑아질 수 있다. 만약 몸이 맑은 사람이 거처하는 땅의 기와 먹는 음식과
소통하는 감각기관이 모두 혼탁하면, 드러내 사용하는 몸도 혼탁하지
않음이 없을 것이다.

奚獨天氣, 有輕淸重濁之變易. 地氣又自有淸濁之變易, 人氣亦自有淸濁之變換, 內
外混淆, 彼此不齊. 然蓋有氣質之淸濁, 又有接境之淸濁, 雖質濁之人, 所處之地氣,
擇其淸, 所灌之飮食, 擇其淸, 所通之諸竅, 取其淸, 庶得其用之稍淸. 如使質淸之人,
所處之地氣, 所灌之飮食, 所通之耳目皆濁, 則其所發用, 莫非濁也.

그래서 가벼운 기를 무겁게 할 수 있고 무거운 기도 가볍게 할 수 있는데,
무겁고 가벼운 사이에 노력의 효과가 드러난다. 착수하는 기술과 해결
가능한 방법은 소통하는 기에 있지, 피차의 한정된 기에 있지 않다.580

是以, 輕氣可使爲重氣, 重氣可使爲輕氣, 輕重之間, 功效著焉. 着手之術, 克擧之方,
在於所通之氣, 不在彼此攸定之氣也.

기란 가벼워도 무겁게 될 수 있고 또 무거워도 가볍게 될 수 있다. 그래서
온 세상의 물건 가운데 같은 크기에서 말하면 기보다 가벼운 물건은
없고, 크기를 따지지 말고 쌓여 넓고 커서 여러 천체를 덮고 싣는 현상을
가지고 말하면 기보다 무거운 물건은 아직 없다.

---

580 '피차의 한정된 기'란 각자가 타고난 기로서 사람으로 말하면 유전적 기질을 말함.

夫氣, 能輕而重, 又能重而輕. 天下之物, 以大小同者言之, 未有輶於氣者, 勿論大小, 而以積累浩盪, 覆載諸曜言之, 未有重於氣者也.

해 설

이 글은 기에는 무게와 청탁이 있고, 또 그 변화 가능성과 방법을 말하였다. 여기에는 서양 과학 내용이 반영되어 있고, 동시에 전통의 기질 변화 개념도 들어 있다. 해서 물리적 기의 청탁과 심성론적 기질의 청탁을 같이 다루고 있어, 이것을 같은 선상에서 논의할 성질인지 다소 혼란스럽다. 하지만 원문 氣質을 몸으로 옮기면 그 점을 해소할 수 있다. 몸은 기의 영향을 받고, 기질의 외연이 몸의 그것이기 때문이다.

일단 물리적 현상에서만 본다면, 지구의 대기는 온도와 습도에 따라 무게와 부피의 변화가 생긴다. 또 같은 물도 바닷물과 민물의 무게가 다르다. 물속에 어떤 물질이 용해되거나 또 물이 무엇과 혼합되어 있느냐에 따라 그렇다.

문제는 자연의 물리 현상과 인간의 심성을 같은 선상에서 청탁 따위를 논의할 수 있는가이다. 그렇게 하려면 다음의 문제를 먼저 해결해야 한다. 곧 물리적 청탁이란 인간의 인식능력에서는 명석과 우둔으로 대체할 수 있는데, 인간의 선천적 인식능력을 뇌와 인체 기관의 상호작용에 따른 결과 차이로 설명하는 일, 더 자세히는 명석과 우둔을 초래하는 물리적인 질의 차이를 유전자의 역할이나 뇌와 신경계의 상세한 기능으로 신경생리나 과학적으로 밝혀야 하는 일이 그것이다. 이는 저자만이 아니라 전통 철학자들의 기질 변화를 오늘날 해석할 때 생각해 보아야 할 내용이다.

하지만 그런 세부 사항을 몰라도 기질을 몸으로 본다면, 후천적 환경과 노력으로 바꿀 수 있는 점이 분명히 있다. 달리 말하면 기질의 본체는 유전의 영향으로 바꿀 수 없지만, 그 작용은 후천의 그것으로 바꿀 수 있다. 좋은 환경과 먹는 음식과 노력을 통해 몸과 그 기질의 작용을

변화시킬 수 있다. 그래서 기질의 청탁이 선천적으로 고정되었다는
점에 찬성하지 않고, 환경과 상호작용하며 변화시킬 수 있다는 점은
오늘날 교육학에서 인간의 성장이 유전적 요인과 환경적 요인의 상호작
용에 따라 결정된다는 이론에서 볼 때 타당하다.

사실 이 기질 변화는 전통의 계승이다. 그것은 율곡 이이와 주희 등이
말했는데, 저자가 말한 그 방법의 연원은 『논어』의 사물(四勿)[581]처럼
보고 듣는 일을 가려야 하고, 어진 이가 산을 좋아하고 지혜로운 자가
물을 좋아하여[582] 풍광이 좋은 데 거처하며, 또 음식을 가려 섭취하는
일[583]로 거슬러 올라간다. 다만 여기서는 기의 관점에서 그러한 환경과
음식을 통해 몸의 물리적 변화를 가져올 수 있다는 점, 기질 변화가
추상적인 마음의 문제만이 아니라 몸과 관련하여 물질적 근거가 있다는
점을 보여주고 있다.

마지막 부분의 "기란 가볍지만 무겁게 될 수 있고, 또 무겁지만 가볍게
될 수 있다"라는 말의 예시로서 "여러 천체를 덮고 싣는 현상을 가지고
말하면 기보다 무거운 물건은 아직 없다"라는 말에서 기 개념이 중력과
유사하게 쓰이고 있는데, 이 같은 견해는 『운화측험』에서 더 발전시켰
고,[584] 『성기운화』에서는 중력설을 받아들여 '섭동(攝動)'이라는 말로
설명하고 있다.

『신기통』 권1 끝. 神氣通 卷一 終

---

581 『論語』,「顏淵」: 子曰, 非禮勿視, 非禮勿聽, 非禮勿言, 非禮勿動.
582 같은 책,「雍也」: 子曰, 知者樂水, 仁者樂山.
583 같은 책,「鄕黨」을 볼 것.
584 『運化測驗』,「氣之層包」: 日月星賴氣, 而運轉遠近上下, 各循軌轍, 不浮不沈. 是乃
　　層包之氣有輕重淸濁, 與日月星之體, 各適其宜. 月天之氣, 可載運月體, 日天之氣,
　　可載運日體, 火木土經星天之氣, 可載運化木土經星之體. 如舶運於海, 人行於陸,
　　不可換易其輕重淸濁之氣數.

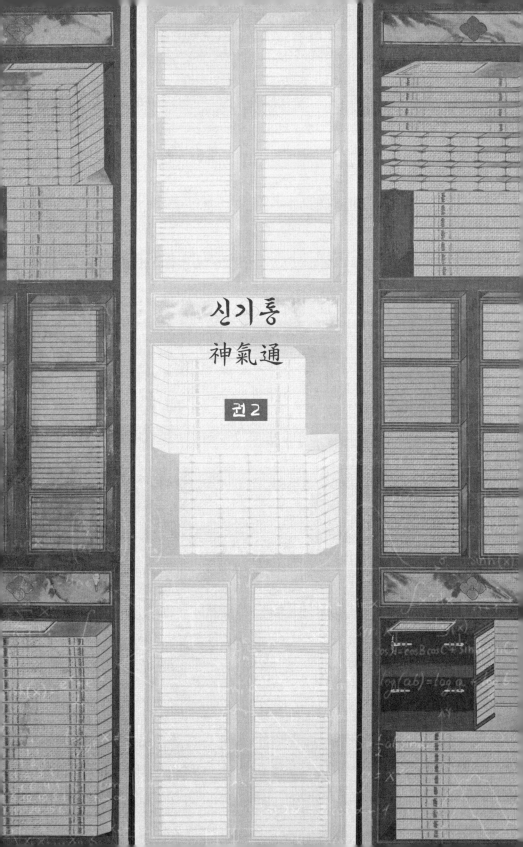

신기통

神氣通

권2

목통
目通

1. 물체의 색은 눈동자에 비친다
物色映眸

눈은 한 몸의 창문이고, 눈동자는 그 창문의 볼록거울[1]이니, 외부의
모든 색깔과 물체의 모습이 나타내는 대로 눈동자에 와서 비친다. 가령
가운데가 주변보다 높은 볼록거울은 물체의 모습을 거두어 모아 큰
모습을 작게 비출 수 있으니,[2] 비록 큰 산악이라도 한 점의 눈동자에
거두어 모으고, 산봉우리와 산등성이와 시내와 골짜기와 초목과 암석까
지도 눈을 굴려 찾으면, 거기에 들어 있지 않음이 없다. 사람의 모습을
마주할 때도 머리와 허리와 팔다리와 이목구비와 섬세한 눈썹과 머리카
락까지도 눈을 굴려 자세히 살펴보면, 모두 눈동자 안에 갖춘다. 또
눈을 들어 하늘을 바라볼 때 아득하고 푸르게 쌓인 공기와 날아다니는
조각구름과 빛나는 해와 달과 별도 모두 눈동자에 들어온다.[3]

眼爲一身之牖, 瞳爲牖之球鏡, 在外之諸色諸像, 隨現而來照於瞳. 如中高之球鏡,
能斂聚物像, 映大爲小, 則雖山岳之大, 斂聚於一點瞳子, 而峯巒谿壑, 草木巖石,
轉輾推尋, 莫不具焉. 對人像, 則頭腰手足耳目口鼻, 眉髮纖細, 轉輾詳察, 皆具於瞳
矣. 擧眼瞻天, 蒼蒼積氣, 片雲飛揚, 三光照曜, 皆入于瞳.

이러하므로 여러 물체가 비추어 보이는 현상은 눈의 힘[4]이 물체에 미치

---

1 원문 球鏡은 뒤에 등장하는 '中高之球鏡, 能斂聚物像, 映大爲小'라는 말을 보면 볼록거
  울로, 창문이라는 말에서 볼록렌즈로도 해석할 수 있다. 더 자세한 것은 해설을
  참고 바람.
2 정확히 말하면 볼록거울의 反射이다. 타인이 남의 눈을 들여다보면 눈동자는 볼록거울
  역할도 한다.
3 아무리 큰 물체라도 그 상이 한 곳에 모여 보이는 볼록거울의 역할이다.

지 않고, 물체의 모양과 색깔이 눈동자에 와서 비친다. 눈동자가 맑으면
비추어 보이는 모습이 모두 맑고, 눈동자가 흐리면 비추어 보이는 모습도
다 흐리다.5

則凡物之照見, 非眼力之及於物也, 乃物之形色, 來照于瞳子. 而眸淸則所映皆淸,
眸濁則所映皆濁.

하지만 안에 있으면서 앞뒤의 경험과 이로움과 해로움을 추측하는 작용
은 한 몸의 신기가 알아가는 일이다. 신기가 눈동자에 있어서도 곧 같은
기이다.6 이 점을 알 수 있다면, 눈동자가 받아들인 물체의 모습은 신기의
그것이고, 신기에 있는 물체 모습은 눈동자의 그것이다.7

然在內而推測前後經驗利害者, 乃一身之神氣通也. 神氣之於瞳眸, 卽一氣也. 有能
通之, 則瞳眸之物形, 乃神氣之物形也, 神氣之物形, 卽瞳眸之物形也.

신기의 물체 모습은 깊이 물드니 비록 오래되어도 망각하지 않고, 눈동자의
물체 모습은 얕게 물들어 지나가자마자 사라진다.8 비록 자주 와서 비치는
물체라도 신기가 기억하는 일이 없으면 비치자마자 곧장 잊어버린다.

---

4 오늘날 눈의 기능을 말하는 視力이 아니라, 마치 어떤 발광체에서 물건에 빛을
  쏘듯이 눈에서 어떤 힘을 물체에 작용한다는 의미.
5 이 경우 눈동자를 볼록거울과 같은 것으로 본다면 거울 면의 청탁에 따라 일어나는
  일이다. 하지만 실제로는 수정체가 탁하게 되면 잘 안 보이는데 이것이 백내장이다.
6 인식의 주체 또는 생리적 기능의 주체로서 신기를 말함.
7 앞의 설명을 이해한다면 눈동자가 받아들인 상과 신기의 인식 대상이 같다는 뜻.
  物形은 班固의 『白虎通』, 「八風」의 "淸明風至, 物形乾."에 보인다.
8 忘은 물체의 상이 사라진다는 뜻. 눈동자는 거울처럼 물리적 단순 기능만 하는
  것으로 인식함.

神氣之物形, 染着深, 則雖久而不忘, 瞳眸之物形, 染着淺, 則隨過而隨忘. 雖頻數來照之物, 不有神氣之通, 則隨照旋忘.

해 설

외부 물체의 상이 마음에 기억되는 과정을 소략하게 설명하였다.
이 글은 눈에 대한 광학이나 생리학적 지식이 없으면 이해하기 어려운
내용이다. 그 과정에서 한두 가지 중요한 관점을 드러내었다.

우선 현대 생리학에서는 눈으로 사물을 보는 일이 대체로 빛(외부의
상)→각막→동공→수정체→유리체→망막→시신경→뇌로 이루어지
는 과정으로 본다. 이 글을 읽어보면 이것과 상당히 다르다. 물체의
상→눈동자의 상→신기의 상으로만 설명하고 있기 때문이다. 후자는
눈동자의 상이 바로 망막의 그것으로 대체된다.

이 과정에서 원문 '球鏡'을 볼록거울과 볼록렌즈 가운데 어느 것에
해당하는지 문제가 발생한다. 그것이 한 몸의 창문이라는 관점에서
본다면, 물리적으로 창 안쪽에서 보므로 볼록렌즈라고 할 수 있지만,
창문을 단지 눈을 통해 외부의 사물을 볼 수 있는 도구의 은유적 표현으로
보아 볼록거울로 봐야 한다.[9]

실제의 관찰에서 볼록거울을 통해 물체가 축소되어 보이는 경우나
사람이나 동물의 눈동자를 보면 바깥 물체가 축소되어 반사됨을 볼
때, 또 원문 '瞳眸之物形, 染着淺'도 외부의 상이 볼록거울에 보이듯이
눈동자에 맺힌다고 볼 수 있기 때문이다. 해서 그런 경험을 토대로
눈동자의 상이 바로 신기의 상으로 연결된다는 설명을 보면, 눈동자가
망막의 역할까지 한다는 내용으로 보여 그런 해석에 무게가 실린다.

아무튼 이 저술을 쓸 당시에 저자는 눈에 대한 해부·생리학적 정보가
불충분했던 것 같다. 훗날 『신기천험(神機踐驗)』(1866)의 「안관묘용(眼

---

9 이 점은 특히 『신기통』, 「서문」에서 '目爲顯色之鏡'라고 하여 잘 말하고 있다.

官妙用)」에서는 보는 일이 뇌와 연결되어 있다는 비교적 근대 의학의 방식으로 설명하고 있다. 사실 이 책은 영국인 홉슨(Benjamin Hobson, 1817~1873)의 『전체신론(全體新論)』을 참고한 것인데, 홉슨은 중국에 온 의료 선교사였다. 저자는 『전체신론』의 과학적 내용만은 대체로 그대로 옮겨 적었다고 한다.[10]

따라서 본문에서는 각막, 수정체, 망막의 기능을 세분하지 않고 다만 동공 곧 눈동자로만 설명하고 있어서, 자신의 『신기천험』이나 오늘날의 생리학적 설명과도 거리가 있다.

또 하나 주의해 보아야 할 관점은 외부의 상이 직접 눈으로 들어오는 현상으로, 마치 손전등처럼 눈에서 어떤 힘이나 에너지가 나가서 사물에 영향을 미쳐 보는 일이 아니라는 주장이다. 이는 빛의 직진 원리에 따른 반영론이다. 카메라로 사진을 찍을 때 카메라에서 빛이 나가지 않고 빛이 들어와 필름에 찍히는 현상과 같다.

---

10 이현구, 『최한기의 기철학과 서양 과학』(성균관대학교 대동문화연구원, 2000), 63-69 참조.

2. 기를 사이에 두고 와서 비친다
隔氣來照

눈앞의 시야를 가리는 대상은 유독 물체만이 아니라, 맑아 보이는 지구의 대기[11]도 시야를 가로막을 수 있다.

眼前遮蔽, 非特物形, 天氣之澄澈, 亦能遮蔽.

쌓인 대기의 거리가 멀고 두꺼우면, 멀리 있는 물체의 모습이 와서 눈동자에 비치지 못하게 한다. 반면에 물체와 관측자 사이에 가로막은 대기의 거리가 가깝고 또 얇으면, 물체의 모습이 와서 비치게 할 수는 있지만, 또렷하거나 흐릿하다.

積氣遠厚, 則不能使遠物, 來照於瞳. 隔氣近且薄, 則能使物色來照, 而或分明或昏迷.

또 낮이 되어 날이 밝으면 멀리 있거나 가까운 물체의 모습이 눈에 와서 비치게 하지만, 밤이 되어 날이 어두우면 가까운 물체조차도 와서 눈에 비칠 수 없게 한다. 여기서 대기가 가로막거나 날이 어두우면, 시야를 가림이 더욱 심하다는 사실을 증험할 수 있다.

且晝而氣明, 則能令遠近物色來照, 夜而氣黑, 則不能使近物來照. 於此, 可驗氣之遮隔而氣黑, 則尤甚焉.

---

11 天氣는 여기서 蒙氣 또는 淸蒙(氣)과 같은 말로 쓰였다.

만약 등불이나 촛불로 물체를 비추어 밝은 빛에 의지하여 물체의 모습을 드러내면, 그것이 와서 눈동자에 비친다. 여기서 외부의 빛12이 밝아야 물체의 모습이 드러나고, 그것이 눈동자에 와서 비칠 수 있음을 증험할 수 있다.

若以燈燭照之, 借得明光, 以顯物色, 來照於眸. 於此, 可驗外氣得明, 以著物色, 可以來照矣.

보통 사람13은 기에 대해 아는 게 없어서 오로지 물체가 시야를 가리는 현상만 알 뿐, 대기도 그렇게 한다는 사실을 모른다. 또 "눈의 힘14이 물체를 비추어 그 모습을 드러낸다"라고 말하지만, 물체의 모습이 눈동자의 둥근 동자15에 와서 비치고 신기의 앎에 기억됨을 모른다. 그러므로 눈으로 아는 이치에 착오를 일으키면, 끝내 시끄럽고 떠들썩하게 된다.

几人無見乎氣, 惟知物形之遮隔, 而不知氣之遮蔽. 又謂目力, 射物而現形, 不識物形來照於瞳之球精, 而染着於神氣之通. 故錯謬眼通之理, 則竟致紛紜.

---

12 여기서 기는 등불이나 태양처럼 관찰 대상인 물체를 비추는 광원을 말함.
13 几은 굳이 내용에 맞추면 '몇' 또는 '얼마'의 뜻인데 문맥상 어울리지 않아 凡 또는 几의 오자로 보았음.
14 오늘날 눈의 기능을 말하는 視力이 아니다. (앞에 나옴)
15 球精의 精은 睛과 같은 뜻으로 『荀子』, 「解蔽」의 "瞽者仰視而不見星, 人不以定有無, 用精惑也."와 漢 劉向의 『說苑』, 「辨物」의 "蛇頭龍翅, 左精象日, 右精象月."에 보인다. 따라서 球精은 둥근 동자를 형용한 말.

해 설

시야를 가리는 대상은 물체만이 아니라, 대기도 거기에 해당한다는 주장이다.

지구의 대기는 투명한 것 같지만 온갖 물질이 섞여 있어서 물체와 관측자 사이의 거리가 멀수록 불투명해진다. 그래서 날씨에 따라 멀리 있는 물체가 보이지 않기도 한다. 당시 지구의 대기를 몽기(蒙氣) 또는 청몽(淸蒙)이라고 불렀고, 저자는 서학에서 말하는 몽기설을 익히 알고 있었다. 그에 대해서는 이미 앞에서 설명하였다.

또 하나 앞에서 언급하지 않은 내용은 밤낮의 밝음과 어두움을 기로 설명한 점이다. 날씨의 청음(晴陰), 밤낮의 명암 따위를 설명하는 근대 과학의 용어법이 아직 정착하지 않은 때였으므로 기라는 용어로 설명했다는 점을 이해할 수 있다.

아무튼 멀리나 가까이 있는 물체를 볼 수 있는 외부의 조건은 빛과 거리 그리고 거리에 따른 대기의 두께이다. 그리고 눈에서 어떤 에너지나 힘을 쏘아서 사물이 보이게 하는 일이 아니라, 사물의 모습이 눈에 다가와서 보게 된다는 점은 과학적 사실에 부합한다. 카메라로 물체를 촬영할 때도 그러하다. 다만 마지막 단락에서 눈에 의식을 집중하는 일과 눈의 힘은 다르게 사용하였다.

3. 보이는 물체의 지름은 실물의 그것보다 작다
視徑小於眞徑

거울이 물체의 모습을 반사하는 현상을 눈이 그렇게 하는 일에 비유할 수 있다. 거울의 모양이 가운데가 들어간 오목거울16을 눈에 가깝게 보면 작은 모양을 확대할 수 있고, 가운데가 튀어나온 볼록거울17을 눈에 가깝게 보면 큰 모습을 축소할 수 있다.18

鏡之照物, 可諭眼之照物. 凡鏡之形, 中窪而類釜鏡者, 近目, 則能拓影之小爲大, 鏡之形, 中高而類球鏡者, 近目, 則能收斂影之大爲小也.

인간 눈의 모습은 이미 공처럼 둥글고, 눈동자는 비록 작아도 그와 같다. 그러므로 와서 비치는 어떤 물체의 모습도 반드시 실물보다 작다. 가까이 있는 물체는 크기의 차이가 작으나 멀리 있을수록 그 차이는 점점 크게 된다. 이런 이치는 증험과 근거가 있어 실로 명백한데도 옛사람 가운데 혹 논의한 사람이 있는가?

人眼之形旣球圓, 而眸雖小, 亦有球圓之形. 故凡物來照之形, 必小於物之眞形. 在近之物, 微有差分, 在遠之物, 其差漸大. 此理有驗有據, 實爲明白, 古人, 或有論及者乎.

---

16 釜鏡은 솥처럼 가운데가 오목하여 붙여진 이름.

17 球鏡은 볼록거울로 (앞에 나옴).

18 鏡은 거울이나 렌즈 모두로 옮길 수 있어 '近目'이라는 말로 인해 렌즈로 볼 수 있으나, 전체 내용을 보면 거울에 해당함. 거울을 가지고 가까이서 본다는 의미로 보임. 다음 단락의 내용을 보라.

과학자[19]가 원근에 따른 물체의 크기를 논할 때 눈을 이용해 각도로 삼는다.[20] 곧 가까운 물체의 양쪽 끝에서 눈까지 선을 긋거나, 또 멀리 있는 물건의 양쪽 끝에서 눈까지 선을 그어 제각기 하나의 각을 이루게 한다. 그러면 멀리 있는 물체가 비록 커도 각도가 작고 보이는 모습도 작으나, 반면 가까운 물체는 비록 작아도 각도가 크며 보이는 모습도 크다.

歷算家論遠近物之大小也, 以眼爲角. 而從近物兩邊畵線, 又從遠物之兩邊畵線, 各成一角. 則遠形雖大而角小, 見形亦小, 近形雖小而角大, 見形亦大.

이 이치는 설령 바깥에 있는 물건에는 명백하고도 실제적 근거이지만, 그것이 눈으로 보는 미세한 차이는 그 근원을 바로잡지 않을 수 없다. 대개 눈의 시선이 표[21]를 의지하나 물체의 한쪽 끝에만 있으면 시각의 큰 차이가 거의 없다. 만약 표에 의하여 물체의 양쪽 끝을 잇는 지름[22]을 동시에 취한다면, 보이는 것은 반드시 물체의 실제 지름보다 작다.[23]

此理縱爲在外物之明白實據, 其於目視之微差, 不可不正其本源. 蓋目之視線, 依表

---

19 歷算家는 주로 천문을 관측·연구하는 옛날의 과학자를 저자가 부르던 말.
20 視角(visual angle)을 말함. 곧 뒤의 설명과 같이 보고 있는 물체의 양 끝에서 눈에 이르는 두 직선이 이루는 각.
21 表는 지상에 수직으로 세운 막대. 또 圭는 표의 아래 끝에 붙여서 수평으로 북쪽을 향하여 누인 자[尺]를 말하는데, 圭表는 해가 남중할 때 막대기의 그림자를 측정해 1년의 길이를 측정하고 24절기를 알기 위한 관측 의기이다. 表는 전통적으로도 쓰이고 서학의 여러 서적에서 자주 등장한다.
22 徑線은 원이나 구 따위의 중심을 지나는 선분으로 지름을 말함. 여기서는 물체의 지름.
23 視角은 물체의 크기에 비례하지만, 거리에 반비례하기 때문이다.

而在一邊, 則庶無大段之差. 若使依表, 而幷取兩邊之徑線, 必小於物形之眞徑.

반드시 자를 가지고 10보 바깥에 있는 물체를 실험하면, 보이는 물체의 지름24은 실물의 그것보다 몇 치25 몇 분26이 짧고, 20보 바깥의 물체도 그러한데, 이것으로써 비율을 찾아 정하여, 멀고 가까운 여러 물체의 보이는 지름과 실제 지름을 미루어 알 수 있다.

須以尺寸, 驗十步外物, 視徑小於眞徑之幾寸幾分, 二十步外物, 視徑小於眞徑幾寸幾分, 以爲定率, 可推於遠近諸物之視徑眞徑也.

또 눈동자의 모양은 볼록하게 둥글거나 평평하게 둥근 구분이 있어 사람마다 같지 않고,27 게다가 또 시야를 가로막은 대기가 어른거리거나 요동치는 차이도 있어, 때에 따라 보는 데 차이가 있으므로, 자주 관측하고 깊이 살펴야 가까스로 오차를 면할 수 있다.

且眸形, 有高圓平圓之分, 人各不同, 又有隔氣之纈澁搖動之異, 隨時異焉, 屢測詳審, 庶免差謬也.

---

24 보이는 물체의 크기와 관련되는데, 그 크기를 측정하는 방법은 생략되어 있다. 곧 눈에서 얼마의 거리에서 재느냐에 따라 크기는 천차만별이므로 눈에서 자까지의 거리가 같아야 저자처럼 말할 수 있다. 그래서 눈과 자 곧 表의 거리를 무시하고 있다.

25 한 치[寸]는 한 자[尺]의 십분의 일로서 약 3.03cm.

26 分은 1의 십분의 일에 해당하는 수량으로서, 한 치의 1분은 0.303cm.

27 각막의 두께와 모양이 사람에 따라 다른 근시와 원시를 말하는 것으로 보임. 근시와 원시는 예수회 선교사 아담샬(Adam Schall von Bell, 湯若望)의 『遠鏡說』에 등장하며 李圭景의 『五洲衍文長箋散稿』의 「靉靆辨證說」에서 『遠鏡說』을 보았다는 말이 있고, 저자의 다른 글에도 『遠鏡說』의 내용이 등장한다. (뒤에 보임)

해 설

물체를 관측하는 눈의 각도와 거리 등을 다루었다.

이 글은 저자가 당시에 접한 광학 지식이 들어 있는 다소 복잡한 글이어서 서학이나 광학 관련 지식이 없으면 이해하기 쉽지 않다. 광학적 사실을 언급한 뒤 멀리 있는 물체의 크기를 측량하는 방법을 소개하고, 끝으로 사물을 제대로 볼 수 없는 요인을 설명하였다.

우선 우리의 눈에는 사물이 축소되어 비친다는 점을 주장하였는데, 당연한 설명이다. 그래서 망막에 외부의 큰 상을 다 받아들일 수 있고, 그 역할을 볼록렌즈인 수정체가 한다. 이 볼록렌즈처럼 볼록거울도 중심 가까이 가면 상을 축소하는 성질을 갖고 있기 때문이다. 이 과정을 말하지 않았으나 그 결과가 "와서 비치는 어떤 물체의 모습도 반드시 실물보다 작다"라는 말 속에 들어 있다. 앞의 글에서도 보이지만, 눈동자가 볼록거울과 같은 역할을 하므로 그렇게 말할 수 있었다.

다음으로 시각(visual angle)에 대한 설명이다. 시각은 물체의 양 끝에서 눈에 이르는 가상의 두 직선이 이루는 각이다. 그것은 실물의 크기에 비례하고 거리에 반비례한다.

이어 이 시각의 원리를 이용하여 멀리 있는 물체의 크기를 재는 방법을 말하였다. 이 과정에 등장하는 물건이 보통 측량할 때 사용하는 푯대로 지상에 수직으로 세운 표(表)이다. 이것은 전통적으로 태양의 고도에 따른 그림자의 길이를 잴 때 사용하였다. 여기서 저자가 설명하는 방법은 표를 기준으로 물체의 양쪽 끝을 이으면 시각이 생긴다. 이때의 시각은 표와 관측자의 거리를 무시하고 있다.

하지만 실제 측량에서는 관측자와 표의 거리 그리고 관측자와 실물과의 거리 그리고 시각을 알아야 멀리 있는 산이나 호수 따위 실물의 길이나

높이나 폭을 측량할 수 있다. 그렇게 하면 두 개의 닮은 삼각형이 만들어
지는데, 곧 시각인 꼭지각이 같으므로 관측자와 표의 거리, 관측자와
실물 사이의 거리 그리고 작은 삼각형 밑면의 길이인 표의 값으로써
큰 삼각형의 밑변을 구하는 방식이다. 이 밑변이 실물의 크기에 해당하므
로 닮음비를 이용하여 측정할 수 있다. 이때 관측자와 표 사이의 임의
거리를 a, 그것에 대응하는 관측자와 실물 사이의 거리를 b, 표에 드러난
물체의 길이를 c, 실물의 크기를 x라 한다면, 비례식에 의하여 a:b=c:x가
성립하므로 실물의 크기 x=$\frac{bc}{a}$가 된다.

하지만 저자의 설명은 그런 과정을 간단히 "비율을 찾아 정하여 멀고
가까운 여러 물체의 보이는 지름과 실제 지름을 추리할 수 있다"라고만
말하여, 이해하는 데 어려움이 있다. 더구나 관측자와 표 사이의 거리를
거의 무시했는데, 이론상으로는 가능할지라도 실효성이 거의 없다.
아니면 표를 등장시킴으로써 생략했을 수도 있다.

마지막 언급은 경험을 중시하는 인식론상에서 등장하는 매우 중요한
발언이다. 사람들은 자기가 직접 본 것만이 확실하다고 믿는 습성이
있는데, 그 자체에 오류의 가능성이 있다고 지적하였다. 곧 대기가
멀리 있는 물체의 상을 가로막거나 관측을 방해하는 점, 관측자의 시력
등의 요인으로 말미암아 오류가 있을 수 있다는 점을 밝혀, 자주 그리고
잘 관측해야 한다고 주장하였다.

4. 눈동자는 안팎을 연결하는 목구멍이다
眸爲內外咽喉

하나의 방에 빛이 들어오지 않도록 빈틈없이 휘장을 두루 치고, 오직 창문의 작은 구멍으로만 빛이 통하게 유리 눈을 붙이면 보이던 풀과 나무와 새와 짐승 따위가 모두 밖으로부터 방 안에 비춰 보인다. 하지만 그 통과한 영상은 실내의 기가 모두 반응하여 뒤집혀 움직인다.[28]

一室中, 周遮屛帳, 勿留間隙, 惟通竈之一小孔, 而貼琉璃眼, 則自外所現草木鳥獸 之類, 皆射照於室中. 而其經過之暈影, 室內之氣, 擧應而飜動.

이것으로 미루어 보면, 눈에 비친 물체의 모습은 한 몸의 신기가 그것을 따라 반응하고 온통 움직이게 한다. 간혹 늘 보던 대수롭지 않은 대상에는 신기가 거의 반응하지 않거나 전혀 몰라서 반응하지 않는 경우는 나타난 모습에 대한 경험 때문이다.

以此推之, 眼中所現之色, 能令一身之神氣, 隨應而盡動. 或尋常而微應, 或罔昧而 不應, 由於經驗所現之色.

하지만 보이는 대상의 좋음과 나쁨, 이로움과 해로움을 안다면, 비록 짧은 순간에 그 기미만 드러나더라도, 그 좋음과 이로움을 알아 신기가 기뻐서 움직이고, 그 나쁨과 해로움을 알아 신기는 놀라서 움직인다. 또 그것이 좋지도 나쁘지도 이롭지도 해롭지도 않음을 아는 때는 신기가

---

28 해설을 보라.

건성으로 반응하며 움직이지 않는다.

而知其善惡利害, 則雖閃忽之間, 現其機微, 知其爲善與利, 而神氣喜動, 知其爲惡
與害, 而神氣驚動. 知其爲不善不惡, 無利無害, 而神氣漫應而不動.

이러니 눈동자는 물체의 영상이 나가고[29] 들어오는 목구멍이 된다. 외부
에 널리 퍼져 있는 모습을 눈동자에 수렴하고 안으로 들여보내, 한 몸의
신기에 두루 기억한다. 또 여러 감각기관의 경험 내용을 거두어 모았다가
눈동자를 따라 밖으로 소통해, 만사 만물이 부합됨을 증험할 수 있다.

是乃點瞳, 爲影色出納之咽喉. 在外廣布之形色, 收斂于瞳, 而納之于內, 習染遍于
一身之神氣. 又能收聚諸竅諸觸所得之經驗, 從眸子而通之於外, 以證萬事萬物之
符合.

---

29 눈동자를 통해 기억한 영상이 나간다는 말을 이해하기 어렵다. 뒤의 설명을 종합하면
   기억된 영상을 행동으로 반응하는 과정이다. 가령 몽타주를 그려내는 일이나 막대기
   를 보고 뱀으로 오해하여 놀라는 일처럼 시각적 기억을 눈으로 보는 작용을 통해
   드러낸다는 말. 기억한 영상이 광학적으로 나온다는 설명은 아니다.

해 설

눈에 외부 물체의 상이 들어가는 원리, 그 상의 내용에 따라 신기의 반응 모습 그리고 눈동자의 중요성을 설명하였다.

눈에 외부 물체의 상이 들어가는 방식을 바늘구멍사진기(pinhole camera)의 원리로 설명하였다. 이는 망막에 상이 맺히는 현상과 같은 원리이다. 바늘구멍사진기에는 빛의 직진 성질에 의하여 물체의 상은 거꾸로 맺힌다. 온통 어두운 건물 속에서 출입문을 여닫을 때 반대쪽 벽에서 흔히 볼 수 있는 장면이다. 렌즈가 없어도 자연 상태에서 이렇게 될 수 있지만, 사진기에 렌즈를 붙이고 눈에 수정체가 있는 까닭은 물체가 더 선명하게 보이게 초점을 맞추기 위해서이다.

이렇듯 눈동자는 안팎을 연결하는 역할을 하므로 매우 중요하다고 평가하였다. 다만 여기서 눈동자와 목구멍과 같다는 비유는 광학적으로는 어울리지 않지만, 안의 기억과 바깥의 상을 연결한다는 점에서는 의미가 있다. 하지만 이러한 바늘구멍사진기 원리에 따라 망막에 외부의 상이 거꾸로 맺힌다는 점은 설명하지 못하고 있다.

끝으로 신기는 그 상에 따라 반응이 달라진다고 하는데, 이는 사람이 어떤 사물을 볼 때, 그의 관심이나 이전 경험에 따라 반응이 달라지는 점을 이렇게 표현하였다. 그 좋고 나쁨, 이익과 손해, 안전과 위험 등에 따라 당연히 반응은 달라진다.

5. 시선을 미루어 이용하다
視線推用

눈동자는 밝음을 드러내는 바퀴로, 보는 범위가 아무리 넓어도, 그것을 분명하고 자세히 살피는 곳은 한 점에 지나지 않는다. 곧 이 점은 물체의 모양에서 생기지 않고, 물체의 평면 영상이 둥근 눈동자에 비치어 생긴다. 이는 마치 둥근 구슬을 책상 위에 두면, 책상에 닿는 구슬의 면이 한 점에 지나지 않는 현상과 같다.

眸子, 現明之輪, 雖廣, 其所分明詳察者, 不過一點. 則此點非生於物形也, 乃物影之平面, 照於球眸而生. 如以圓珠, 置於案上, 所接不過一點也.

만약 눈동자를 굴려서 물체의 가장자리로 향하면, 그 변두리는 눈동자에 비치어 점을 이루는데, 이 점에서 물체의 변두리로 향하여 가상의 선을 만들면 이것이 시선이다. 또 눈동자를 굴려 물체의 위와 아래 왼쪽 변두리와 오른쪽 변두리와 중심까지 향해도 모두 시선을 이룰 수 있다.

若轉眸, 而向物形之邊, 則其邊照眸而成點, 自此點, 向物形之邊而成虛線, 是爲視線也. 又轉眸, 而向物形之上之下之左邊之右邊之中心, 皆可以成視線也.

사람에겐 두 눈이 있어서 그것으로 동시에 하나의 표[30]를 보면, 표의 영상이 균일하게 두 눈에 비치지만 각시선을 이룬다. 또 각의 후방에는 대각시선을 이루는데, 표의 앞뒤에 X자의 시선을 이룬다.[31]

---

30 表는 관측이나 측량을 위해 지상에 수직으로 세운 막대. (앞에 나옴)

人有雙眸, 而雙眸幷視一表, 則表影均照雙眸, 而成角視線. 又於角之後, 成對角視
線, 表之前後, 成乂字視線.

그래서 왼쪽 눈을 가리고 오른쪽 눈으로 보면, 각시선[32]의 좌시선은
보이지 않으며 우시선만 있고, 대각시선의 우시선은 보지 못하며 그
좌시선만 본다. 오른쪽 눈을 가리고 왼쪽 눈으로 보면, 각시선의 좌시선
과 대각시선의 우시선만 볼 뿐, 각시선의 우시선과 대각시선의 좌시선은
보지 못한다.

及其掩左眸, 而以右眸視之, 前角之左視線不見, 而惟有右視線, 對角之右視線不見,
而惟見左視線. 掩右眸, 而以左眸視之, 則惟見前角之左視線, 後角之右視線, 不見
前角之右視線, 後角之左視線.

그러므로 보통 일정하고 확실한 표점[33]을 취하는 사람은 한쪽 눈을 가리
고 다른 쪽 눈을 떠서 시선을 정한다. 지면에 있어도 나무 끝과 누각의
뿔까지의 높이, 산의 고도와 하천의 폭을 측정하고 여러 천체[34]와 하늘의
도수까지 미루어 계산하는 일까지 모두 작은 직각삼각형의 시선을 가지
고 큰 직각삼각형의 시선에, 작은 삼각형의 시선으로 큰 삼각형의 시선에

---

31 두 눈이 함께 표를 보면 하나로 보이지만, 사실은 양쪽 눈이 따로 보는 시선은
   X자(본문은 乂 자)로 교차하며 각이 생긴다. 이때 눈과 표 사이 가상의 선이 각시선이
   며, 각각 좌시선과 우시선이다. 그리고 X자로 교차하는 표 뒤의 시선이 대각시선
   이다.
32 前角이란 시각이 X자 모양으로 만나서 생긴 두 각 가운데, 관측자 쪽의 각으로
   각시선 방향임. 뒤에 나오는 後角도 그런 뜻으로 표 뒤에 생기는 각으로 대각시선의
   방향임.
33 표에 의하여 표지로 삼는 점.
34 七曜는 해·달·수성·금성·화성·목성·토성.

적용한다.35

故凡取一定眞的之表點者, 掩一眸開一眸, 以定視線. 在地而測驗樹杪樓角, 山高河廣, 推及於七曜天之度者, 皆以小勾股之視線, 推之於大勾股之視線, 以小三角之視線, 推及於大三角之視線.

무릇 천하만사에 눈의 기능36을 정치하게 사용하는 데는 시선을 정하는 것보다 지나친 게 없고, 크게 쓰는 일도 시선을 정하는 것보다 나은 게 없다. 하지만 사용하는 데가 생소하면 눈의 기능이 둔하고 대부분 불안하지만, 익숙하면 눈의 기능이 날카로워 대부분 민첩하고 이롭다.

凡天下萬事, 目力之用精緻者, 莫過於定視線, 大用者, 莫過於定視線. 然生疎, 則目力鈍而多難脆, 慣熟, 則目力銳而多捷利.

장인은 그렇게 해서 물건을 만들고, 천문을 담당한 관리는 그렇게 해서 책력을 바로잡으며, 선비는 그렇게 해서 그림과 모양으로 저술해서37 만민이 사용하게 한다. 이런 일이 어찌 눈이 비추는 것에만 달려 있겠는가? 사실은 신기로 아는 일의 효험이다.38

---

35 시선은 삼각형의 변에 해당한다. 표를 기준으로 각각 닮음인 두 개의 크고 작은 삼각형이 구성되는데, 가령 지면에서 나무의 높이를 측정할 때는 두 개의 직각삼각형의 닮음비를 이용하여 큰 삼각형의 높이를 구하는 방식을 따른다.

36 目力은 視力의 의미라기보다 눈 기능 또는 작용의 의미로 쓰였음.

37 서학의 『新法算書』 같은 책도 그렇고 저자의 『儀象理數』 등에도 圖와 象이 많이 포함되어 있다. 그는 유학자의 외연을 확장하였다.

38 단순한 눈의 기능상의 효과만이 아니라 인간의 知的 기능이 간여한 효과라는 뜻.

工匠得之而制器, 星官得之而正歷, 儒者得之, 以著圖象, 詔萬民之須用. 豈獨在於目之映. 其實乃神氣通之效驗也.

해 설

시선을 활용하는 일을 논하였다.

이 내용은 단순히 눈의 광학적 원리나 기능보다는 눈으로 멀리 있는 사물을 측정하는 데 더 비중을 두고 있다. 곧 삼각형의 닮음비를 활용하여 비례식으로 멀리 있는 사물의 높이, 폭, 길이 따위를 측정하는 일이 그것이다.

당시의 보통 사람에게는 대단한 것이지만, 요즘은 초등학교 수학에도 등장한다. 가령 지면에서 나무의 높이를 구할 때, 표를 기준으로 올려 쳐다본 각도가 같으므로, 관측지점에서 작게 만들 수 있는 삼각형과 실제 나무의 높이에 해당하는 두 개의 직각삼각형을 만들 수 있다. 이때 관측자와 표 사이의 거리를 a, 관측자와 나무 사이의 거리를 b, 표의 높이를 c라고 한다면, 두 삼각형은 닮음이므로 비례식에 의하여 높이를 구할 수 있다. 높이를 x라 한다면 a:b=c:x에서 x의 값에 관측자의 눈높이를 더하면 나무의 실제 높이이다.

문제는 기하학적 방법으로 할 수 있는 일을 굳이 눈을 동원하여 '시선'을 거론한 점이다. 곧 삼각형의 두 변을 말할 때 시선이란 용어를 선택한 데 있다. 사실 이런 용어법과 물체를 측정하는 방법은 서학을 따른 데서 왔다. 『신법산서』를 보면 이런 표현이 있다.

"대체로 보아 도수를 말할 때는 반드시 크고 작음과 멀고 가까움을 말한다. 삼각형은 두 시선과 하나의 경선[39]으로 이루어지는데, 경선이란 측정하는 물체의 너비이다. 경선의 두 끝에서 두 직선이 나와서 눈동자의 중심에 들어와 교차하여 형체를 이룬다. 분·촌·지·척은 가까이 있는 작은

---

39 徑線은 두 점을 잇는 선분으로 물체의 지름을 말함. (앞에 나옴)

형태에 해당하지만, 하늘이나 칠정은 멀고 큰 형태에 해당한다. 사물의 형태는 절대로 같지 않지만, 그 삼각형이 되는 것이 같다면[40] 비례가 반드시 같다. 그에 따라 작은 것을 써서 큰 것을 미루고, 가까운 것을 써서 먼 것을 미루면 부합하지 않음이 없다. 그래서 '크고 작은 것과 멀고 가까운 것을 안다'라고 말하였다."[41]

바로 이 인용에서 저자가 사용한 용어나 측정 방법 그리고 눈의 문제와 관련성이 등장한다. 시선이라는 용어는 서학에서 주로 천문을 관측하면서 사용되었기 때문이다. 저자의 이 글은 천문관측 또는 측량과 관련한 서학 서적을 참고하였음을 알 수 있다.

---

40 닮음을 말함.

41 『新法算書』, 87권, 『測量全義叙目』: 凡言度數, 必通大小通近遠者也. 三角形, 繇兩視線一徑線, 徑線者, 所測物之廣也. 徑之兩端, 出兩直線, 入交於目睛之最中而成形, 如分寸咫尺, 爲近小之形, 乃至大圜七政, 爲遠大之形. 形絶不等, 然其爲三角等, 則比例必等. 因而用小推大, 用近推遠, 亡不合者. 故曰通大小通遠近也. 강조는 본서와 유사한 내용.

6. 서적을 보고 알다
見通書籍

인정과 물리를 아는 사람들이 지금 동시대에 살면서, 함께 본 한 가지 일을 비교하여 논하는 데도 저절로 앎의 깊이와 폭에 우열이 있다. 그러니 옛사람이 남긴 경전이나 역사책과 같은 수많은 저술에도 어찌 우열이 없겠는가?

見得于人情物理者, 以今生幷一世, 同視一事, 比較論之, 自有淺深周偏之優劣. 則古人之經傳史策, 許多著述, 亦豈無優劣哉.

오늘날 사람의 지식으로 옛사람의 저술을 읽을 때 단지 책 속에서 전하는[42] 문자만 접할 뿐, 옛사람의 음성과 볼만한 용모[43]의 참모습을 대면할 수 없고, 오직 지금의 사물만 몸소 볼 수 있을 뿐, 옛날의 사물을 그렇게 할 수 없다.

以今人之見得, 讀古人之著述, 只對卷中傳寫之文字, 未對古人聲音容儀之眞蹟可觀, 惟能躬覩方今之事物, 未能躬覩古昔之事物.

또 옛사람이 저술한 소견에는 깊이와 폭에서 차이가 있고, 옛사람의 저술을 해석하는 지금 사람의 소견에도 깊이와 폭에서 차이가 있다.

---

42 傳寫는 돌려가면 베껴 쓴다는 뜻으로 『漢書』, 「師丹傳」의 "大臣奏事, 不宜漏泄, 令吏民傳寫, 流聞四方."에 보인다. 여기서는 글로 전한다는 뜻.

43 容儀는 달리 儀容으로도 불리며 몸을 가지는 태도로서 용모와 행동거지이다. (앞에 나옴)

그러니 지금 사람이 옛사람의 저술을 해석하여 옛사람의 소견을 알면 좋은 해석이라 말할 수 있다. 해서 옛사람의 수고로운 저술은 온전히 그 저술자의 소견을 뒷사람이 보아 알기 위한 것이다.

且古人著述之所見, 有淺深周偏之異, 今人究解古人著述之所見, 亦有淺深周偏之異. 則其所究解古人著述, 而得古人之所見, 可謂究解之善矣. 古人之勞苦著述, 專爲後人見得其著述者所見也.

그런데 옛사람이 안 인정과 물리는 단지 눈으로 본 내용만 아니라, 반드시 여러 감각기관으로 누적된 시험과 누적된 증험을 거쳐 서적으로 저술한 것으로서 뒷사람은 단지 두 눈으로만 책을 보고 이해한다. 이것을 '보는 일이 고금과 소통하고, 눈이 여러 감각기관을 겸한다'라고 한다.

古人之得乎人情物理, 非獨出於目格而已, 必由於諸竅諸觸屢試屢驗, 而得著于書籍者, 後人惟將雙眸, 照冊而究解. 是謂見通古今, 眼兼諸竅諸觸也.

만물 가운데 오직 인간이 가장 귀한 까닭은 유독 윤리가 있어서만이 아니라, 또 서적의 효과에서도 나온다. 『사고전서』[44]의 수십만 권을 통계 내어 보면, 실질을 숭상한 책은 반이 안 되고 헛된 대상을 높이는 책은 반을 넘으니,[45] 이미 그 3분의 2가 제외된다.

---

44 청나라 때 편집된 총서로 총 3만 6,000여 책(수록된 책은 계산 방식에 따라 다르며 대체로 3,458종, 79,582권)의 편찬물로서 經·史·子·集으로 분류하고 있다.

45 實과 虛는 학문의 관점에 따라 학자나 학파의 기준이 다르겠으나, 저자는 종교, 형이상학, 미신, 방술처럼 검증할 수 없는 것을 虛로 규정하고, 기에 근거를 두고 경험·검증할 수 있는 것을 實로 여겼다. 앞의 『신기통』 권1, 「虛妄之害」, 같은 책, 「通虛」 등에 보인다.

萬物之中, 惟人最貴, 非特有倫綱而已, 亦出於書籍之功效也. 統計四庫書籍數十萬卷, 尚實者未半, 宗虛者過半, 則已除其三分之二矣.

그 남은 3분의 1에서도 또 옛날과 지금 시대에 맞는 것이 달라서 현재에 어울리지 않는 책을 제외하면, 그 또한 3분의 2에 해당한다. 또 그 남은 3분의 1[46]에서 자질구레하고 너저분하며 쓸모없는 책을 제외하면 또 3분의 2가 된다.

就其一分, 又除其古今異宜, 而不合于今者, 則又爲三分之二矣. 又就其一分, 除其鄙瑣無用, 則又爲三分之二矣.

또 남은 그 3분의 1[47]에서 옛 저술의 깊이와 폭을 지금 사람이 읽어서 안 깊이와 폭에 서로 참조하여 취사하되, 옛사람이 안 내용을 지금 사람이 혹 모르거나 지금 사람이 안 내용을 옛사람이 혹 모르는 것 가운데, 그 안 내용만 보존하고 모르는 내용을 제외하면 또 3분의 2가 된다.

又就其一分, 以古人著述之淺深周偏, 今人讀得之淺深周偏, 參互取捨, 古人得見, 今人或不得見, 今人得見, 古人或不得見, 存其得見, 而除其不得見, 則又爲三分之二矣.

그 알 수 있는 서적[48]에 나아가 실마리를 찾아 풀어서 연구한다면, 천하만사는 두 눈을 가지고 알 수 있고, 천고의 성현도 두 눈으로 찾아뵙기를 청할 수 있다.

---

46 전체의 9분의 1에 해당한다.
47 전체의 27분의 1이다.
48 전체의 81분의 1이다.

就其可得見之書籍, 抽繹研究, 則天下萬事, 可將雙眸而得通, 千古聖賢, 可將雙眸
而求對.

해 설

눈을 통해 알 수 있는 서적의 중요성을 피력하였다.

이 과정에서 몇 가지 중요한 관점을 드러내었다. 저술자의 인식 수준, 저술을 해석하는 자의 해석 능력, 간접 경험, 저술 내용의 객관성 등이 그것이다.

우선 저술자의 인식 수준은 저술 내용의 객관성과 연동되어 있다. 저자가 말하는 객관성이란 검증 가능한 지식이다. 『사고전서』 가운데 아무리 좋게 잡아도 81분의 1에 해당한다고 여겼고, 그 가운데는 서학 서적도 포함한다. 이 81분의 1이라는 말에서 그의 학문적 태도를 엿볼 수 있다. 이는 훗날 그의 『기학』에서 분명히 드러낸다. 검증 불가능한 형이상학적 성격이 짙은 전통 학문, 불교와 도교 및 서학의 종교 신학적 견해, 온갖 억측과 잡술과 방술이 혼합된 미신적 견해 따위가 제외하는 대상이다.

그런데 저자의 초기 저술에도 『사고전서』에 들어 있는 책의 내용이 많이 인용된 걸로 보아 비교적 이른 시기에 보았음을 알 수 있다. 각종 경·사·자·집의 내용만이 아니라 서학의 내용까지도 그것을 통해 알았을 것이다. 본서에 자주 인용되는 『신법산서』도 거기 들어 있는데, 이 책은 여러 서학 서적이 편집·수록된 100권으로 이루어진 방대한 분량의 총서로 명대 서광계(徐光啓)와 예수회 선교사 롱고바르디(Nicolas Longobardi, 龍華民) 등이 편찬하였다.

다음으로 직접 경험 못지않은 간접 경험의 중시이다. 서적을 읽는 일 자체가 타인의 경험을 간접적으로 맛보는 일이다. 저자가 인식론에서 경험을 중시하지만, 그조차도 인식주체가 직접 보고 듣는 감각적 경험만을 그랬던 것은 아니다. 간접 경험의 대상은 대부분 경험의 결과로 직접 경험과는 질적으로 다르다. 이론적 사유가 동원되기 때문이다. 다만 그 내용을 눈으로 보기 때문에 "눈이 여러 감각기관을 겸한다"라고 하였다.

끝으로 해석에 관한 중요한 견해이다. 옛사람의 저술한 내용을 아는 일 자체가 후세 사람의 해석일 뿐이라는 견해가 그것이다. 곧 모든 견해는 해석자의 해석일 뿐이라는 논리가 성립한다. 더구나 해석자가 모르는 일도 말할 필요도 없거니와 옛사람도 모르는 내용을 해석하는 일도 난감하다. 오늘날 학자 가운데 경전을 해석할 때 옛사람이 모르는 내용을 억지로 해석하거나 옛사람의 명성에 의지해 그를 전지전능한 사람으로 만드는 오류를 범하기도 하니, 딱한 노릇이다. 종교의 경전 또한 예외가 될 수 없다. 사실 눈앞에서 대화하는 사람의 말도 해석해야 한다. 근원적으로 모든 정보가 해석의 대상이다.

7. 소견을 가려 세우다
擇立所見

여러 감각기관으로 아는 방식 가운데 오직 눈으로 아는 방법이 가장 범위가 넓고 확실하다.[49] 여러 감각기관이 증험하는 내용도 눈이 본 뒤에야 결정하고, 여러 감각기관이 미치지 못한 대상도 오직 보는 기능만이 미칠 수 있다. 이것은 신기가 눈의 작용에 익숙해서 기준을 명쾌하게 가진 사람의 능숙함을 가리킨다.[50]

諸通之中, 惟眼通, 最廣最實. 諸竅諸觸所證驗者, 待見而決焉, 諸竅諸觸所不及者, 惟見能及之. 此指神氣慣通於眼, 快有準的者所能也.

사람의 눈동자는 단지 대상을 나타낼 수 있을 뿐이고,[51] 오직 신기가 눈동자에 관여하여 인정과 물리를 마음에 기억하고 외부로 그것을 드러낸다.[52] 한 가지 일을 증험하고 두 가지 일을 증험하여, 누적된 증험을

---

49 서학에서 이와 달리 귀의 역할을 최고로 여기는데, 마테오 리치는 "人身五司, 耳目為貴, 無疑也. 耳與目, 又孰為貴乎. 昔亞利斯多, 稱耳司為百學之母, 謂凡授受以耳, 學問所以彌精彌廣也. 若目司, 則巴拉多, 稱為理學之師, 何者(『新法算書』卷23, 『遠鏡說』, 題)."라고 하여 눈도 귀하지만 귀의 역할이 더 중요하다고 아리스토텔레스의 말을 인용하여 주장하였다. 본문은 이에 대한 반론의 성격이다. 亞利斯多는 아리스토텔레스, 巴拉多는 플라톤의 음역.

50 이는 감각 경험의 역할을 동물혼인 覺魂의 그것이라고 보는 서학에 대응해서, 인식의 주체로서 신기가 감각을 통제하거나 기준(범주)을 가지고 주관한다는 의미이다.

51 顯色의 의미는 앞의 「物色映眸」을 보라.

52 여기에 반영된 외부 사물을 기억하고 마음에 저장하여 드러내 쓴다는 이론은 『靈言蠡勺』에서 집중적으로 다루며 또 테렌츠(Johann Terenz/鄧玉函, 1621~1630)의 『奇器圖說』에도 등장한다. 자세한 내용은 서문의 각주를 보라.

쌓아야 마침내 앎에 기준이 있게 된다.53

夫人之眸子, 但能顯色, 而惟神氣之通於眸者, 收聚人情物理於內, 而發用人情物理於外. 一事證驗, 二事證驗, 至於累證積驗, 乃有知覺準的.

그리하여 기준이 있으면 사물의 여러 모습은 눈에 띄자마자 알게 되고, 대상이 좋은지 나쁜지 이로운지 해로운지 깊이 생각하지 않아도 드러난다. 심지어 드러나지 않은 대상을 헤아리거나 일을 처음 경륜하여 혼란스러운54 때에도, 일의 틈새와 자리를 조리 있게 배치함이 가슴 속에 품은 내용처럼 훤하고, 수미일관 살피는 일이 눈앞에 대하는 듯하다. 이것을 일러 소견이라 하니, 식견과 의견이 이것이다.

凡諸形色, 遇目輒達, 善惡利害, 不待思商而現. 以至於測量未著之象, 經綸草昧之事, 排布間格, 皦如胸次, 首尾照察, 若對眼前. 是謂之見也, 識見及意見, 是也.

소견은 눈동자가 사물을 비추는 데서 비롯되어, 헤아리고 판단하는 기준에서 모습을 이룬다. 하지만 안팎으로 드나들 때55 언제나 인정과 물리를 벗어나지 않으면, 소견에 오류가 없을 것이다. 만약 조금이라도 거칠고 엉성한 데가 있으면, 그 소견은 쉽게 오류를 이룰 것이다.

___

53 앞의 다른 곳에서도 등장하였지만, 이 표현은 귀납법이 갖는 한정된 수의 경험적 증명만으로 정당화할 수 없다고 여겼는데, 그 대안이 검증의 누적으로 해결하려는 생각이다. 물론 검증의 축적만으로 진리를 확증할 수 있는가 하는 문제는 오늘날에도 귀납법적 인식론이 갖는 한계이기는 하다.
54 草昧는 세상이 처음 열리는 때의 혼돈 상태를 말한다. 『周易』, 「屯卦」의 "天造草昧."에 보임. 여기서는 사업의 초기에 잘 몰라서 허둥댄다는 뜻.
55 앞에서 말한 대상을 마음에 기억하거나 거기서 드러내 쓸 때를 말함.

見始由於眸子之照物, 成形於量度之準的. 然內外出入, 常不離於人情物理, 則見無
差誤矣. 若小有疎漏, 易致差誤也.

대체로 보아 온 세상에서 진리를 찾는 사람의 바름과 바르지 않음, 참됨과
참되지 않음은 오로지 소견을 얻어와 세울 수 있느냐에 달려 있다. 한
사람의 그것을 따라 세운 소견은 두 사람의 그것을 통합하여 세운 소견만
못하고, 두 사람의 그것을 통합하여 세운 소견은 백 명이나 천 명의
그것을 통합하여 세운 소견만 못하다. 나아가 만인이나 억조인의 그것을
통합한 것에도 모두 소견상의 차등이 있다.[56]

凡天下求道之人, 正與不正, 誠與不誠, 惟在所見之得來而得立. 從一人之所見而得
立者, 不如通二人而得立所見, 通二人而得立所見者, 不及通百人而通千人而得立
所見. 以至通萬人通億兆人, 皆有所見之差等.

한때 세운 소견은 일 년의 앎을 통틀어 세운 소견만 못하고, 나아가
백 년 일천 년 일만 년의 앎과 비교하면 모두 소견의 차이가 생긴다.
또 한 고을이나 한 나라로부터 천하의 만사와 만물에 이르기까지 모두
알아가는 데 차등이 있어서 소견도 그에 따라 차등이 있다.

從一時之所見而得立者, 不如通一年而得立所見, 以至百年千年萬年之通, 皆爲所
見之差等. 又自一鄕一國, 達于天下萬事萬物, 皆有通之之差等, 而所見從爲之差等.

---

56 한 사람의 확실한 경험이나 논리가 천 명의 그것보다 나을 수 있다. 하지만 저자가
귀납적 지식의 보편성을 추구한다는 관점이나 인류의 앎을 통합한다는 관점에서
볼 때는 타당성이 있다.

대체로 앎이 적으면 소견도 적어서 자신이 치우치고 막힌 데 빠져 있음을 스스로 알지 못한다. 그래서 천하만사를 쓸모없고 케케묵은 방식으로 간주하니, 그 적은 앎이 또한 불통의 원인이 됨을 또 어찌 알겠는가?

大略通小則見小, 而不自知其陷於偏塞. 天下萬事看作死法死套, 又焉知其所通之 小者, 亦爲不通也.

그러니 앎의 폭이 넓은 경우는 경험이 극진하여57 방도가 없는 가운데도 방도가 있음을 알 수 있고, 또 방도가 있는 가운데서도 그것이 없음을 알 수 있다.58 마침내 한 사람 한때의 소견을 만인과 만 세대의 소견에 어울리게 하여 합치고, 또 만인과 만 세대의 소견에서 그 핵심을 한데 모으되, 어긋나거나 벗어나지 않게 소견을 우뚝 세우는 일이야말로 진정한 도리이다.

若所通廣博, 經驗備至, 無方中, 見得有方, 又於有方中, 見得無方. 遂將一人一時之 所見, 而和合於萬人萬世之所見, 又將萬人萬世之所見, 而湊會要領, 無違無悖, 卓 立所見, 乃眞正道理也.

---

57 備至는 여기서는 지극하다는 뜻이다. 北齊 顏之推의 『顏氏家訓』, 「序致」의 "慈兄鞠 養, 苦辛備至."에 보인다. (앞에 나옴)

58 無方과 有方이 함께 등장하는 표현은 『莊子』, 「人間世」의 "有人於此, 其德天殺, 與之爲無方, 則危吾國, 與之爲有方, 則危吾身."에 보이는 데, 方이 道의 뜻으로 쓰였다.

해 설

소견을 다룬 내용이다. 한자 所見을 직역하면 '본 것'이다. 그래서 그 내용을 목통(目通)에 배치한 일로 보이지만, 그 의미는 저자의 정의대로 식견이나 의견과 같은 말이다. 소견을 설명하기 위해 소환한 저자의 철학 개념은 앞서 다루었던 신기와 그 작용으로서 기억과 발용, 눈의 작용, 간접 경험, 누적된 증험, 준적 등이다.

소견은 사람마다 다르고 같은 사람이라도 시기에 따라 다를 수 있다. 인간의 인식 수준은 꾸준히 변하기 때문이다. 개인이 가진 소견은 직접 경험에서 출발하지만, 남의 경험을 통합하는 과정에서 간접 경험도 동원하므로, 시간과 공간의 제약을 초월할 수 있어 그 폭과 깊이와 객관성을 높일 수 있다.

저자는 이렇게 소견을 넓혀 나가 지식의 객관성과 보편성을 확보하려고 하였다. 그것은 그의 인식론이 귀납적 경험을 중시하는 태도에 숨어 있는 필연적 결과이다. 따라서 어떤 진리가 절대적이라는 근거는 없고, 단지 인류가 합의하거나 공감하는 수준에 머무른다. 다시 말하면 과학 지식과 같은 운명이다. 이론체계의 새로운 패러다임이 등장하면 지식은 바뀌기 마련이다. 해서 저자도 만 세대의 그것을 통합해야 한다고 주장했다. 장기간의 다수에 의한 누적된 검증이 지식의 확실성에 도달한다고 믿었다.

당시 중세와 르네상스 시기의 지식이 뒤섞인 서양 과학을 받아들이면서, 과학철학에 대한 논의가 없던 시절에, 더구나 서양 근대 과학에 대한 이해가 거의 없었던 때에 조선의 지적 풍토 속에서 한 개인이 이런 견해를 내놓았다는 점은 매우 이례적이고, 지식의 운명에 대한 통찰력이 깊다고 하겠다.

8. 사람을 관찰하여 취한다
觀人取人

여러 사람의 용모[59]는 제각기 달라서 순수하고 바른 사람, 어긋나고 간사한 사람,[60] 추악한 사람, 아름다운 사람이 있는데, 나는 눈동자로 비추어 그 모습을 구별할 수 있을 뿐이다.

衆人之容貌不齊, 有純正者, 有回邪者, 有醜惡者, 有美麗者, 我能照眸, 而辨其色而已.

나아가 순수하고 바른 사람의 일 처리는 순수하고 바르며, 어긋나고 간사한 사람의 일 처리 또한 어긋나고 간사하고, 추악한 사람의 행동거지는 추악하며, 아름다운 사람의 그것은 아름답다.

至於純正者, 處事純正, 回邪者, 處事回邪, 醜惡者, 行止之醜惡, 美麗者, 行止之美麗.

이전에 겪어 경험한 일에 있어서도, 전해 듣는 것은 직접 듣는 것만 못하고, 직접 듣는 일은 직접 보는 일만 못하며, 직접 보는 일은 몸소 스스로 당해 보는 일만 못하다.

---

59 사람의 얼굴 모양으로 단순한 외모가 아니라, 이어지는 말을 참고하면 거기서 풍겨 나오는 품격을 뜻하는 것으로 보임. 그것의 근거가 되는 자료는 『論語』, 「泰伯」의 "君子所貴乎道者三, 動容貌, 斯遠暴慢矣, 正顏色, 斯近信矣, 出辭氣, 斯遠鄙倍矣."라는 말과 또 『史記』, 「老子韓非列傳」에 "良賈深藏若虛, 君子盛德, 容貌若愚."에 보인다.

60 回邪는 『禮記』, 「樂記」에 "倡和有應, 回邪曲直, 各歸其分, 而萬物之理, 各以類相動也."라고 하는데, 孔穎達의 疏에서는 "回謂乖違, 邪謂邪辟."라고 말하고 있다. 다른 뜻에는 邪佞之人이 있는데 용모와 태도를 포함한 말이다.

曾有閱歷經驗, 而傳聞不如躬聞, 躬聞不如親見, 親見不如親自當之.

이것을 미루어 헤아리면, 지금 마주 대하는 사람도 대략 이 범위를 벗어나지 않는다. 하지만 그 가운데 저절로 같지 않음이 있다. 곧 순수함과 바름, 어긋남과 간사함이 반드시 고금이 같은 방식이 될 수 없고, 또 추악과 아름다움도 앞과 뒤가 하나의 원칙으로 일치하지도 않는다.[61]

推此而測之, 于今接對之人, 大略不出於範圍. 然其中自有不同. 純正回邪, 未必古今一套, 醜惡美麗, 亦非前後一規.

밖으로 드러나는 대상은 용모이지만, 그 내면의 소통하는 대상은 신기이다. 밖으로 드러나는 나의 눈동자로서 밖으로 드러나는 남의 용모를 비추는 일은 보통 하나의 방식과 원칙을 좇는다.[62] 하지만 나의 신기로 남의 신기와 소통할 때, 순수하고 바르거나 아름다운 모습에서도 때로는 받아들이지 않는 점이 있고, 어긋나고 간사하거나 추악한 모습에서도 때로는 받아들이는 점이 있다. 여기서 받아들이는 대상에는 단지 재능이나 기예만이 아니라, 위세와 부유함[63] 속에서도 모두 귀와 눈이 전달해주는 도움이 있다. 받아들이지 않는 대상은 겉모습을 꾸미고 거짓된

---

61 아랫글은 이 단락의 부연 설명이다. 그것을 참고하면 남의 외모에만 국한하는 상투적 격식과 원칙에는 한계가 있어, 남의 마음까지도 포함해 안다면 장점 속에 단점을, 단점 속에 장점을 알아서 받아들이거나 거부한다는 표현.

62 보는 일은 기계적으로 있는 그대로 외모만 본다는 뜻. 눈동자가 '남의 용모를 비춘다'라는 말은 앞의 「物色映眸」을 고려하면 눈동자가 볼록거울의 역할을 하는 일, 그것이 망막의 역할이다.

63 殷實은 부유하다는 뜻으로 『後漢書』, 「寇恂傳」의 "今河內帶河為固, 戶口殷實."에 보인다.

이름[64]을 구하며, 헛된 것을 얻어 교만하게 자랑하는 일이다.

現於外者, 容貌也, 通於內者, 神氣也. 以我外現之精睟, 照彼外現之容貌, 無非一套
一規也. 以我神氣, 通於彼之神氣, 純正美麗, 或有所不取焉, 回邪醜惡, 或有所取焉.
所取者, 不獨在於才能技藝, 至於位勢殷實, 皆有耳目傳達之助益. 所不取者, 外飾
而假名, 得虛而驕伐也.

사람을 관찰하는 방법[65]은 여기에 이르러서 받아들이고 버릴 대상을
결정할 수 있다. 일을 맡겼을 때는 그가 맡긴 사람이 헤아린 내용을
위반하지 않고, 처자를 맡겼을 때는 친구의 의리를 배반하지 않는 일[66]의
경우도 현재 소견을 가지고 기초를 삼을 수 있다. 하지만 이후에 위반하지
않고 변심하지 않는 일이 어찌 해당하는 사람의 일 처리에만 달려 있겠는
가? 사실은 일을 맡길 때의 말투와 낯빛의 기미가 그 사람이 위반하거나
변심하지 않게 할 수 있어서, 그가 오래될수록 점점 더 도탑게 하여
시종일관 한결같을 수 있기 때문이다. 만약 한 점 의혹이나 불신하는
말투와 낯빛을 그 사람에게 보이거나 노출한다면, 매우 쉽게 그 사람이
중도에 어기도록[67] 만들 것이다.

觀人之術, 到此而取捨可定. 若夫任職事, 而不違所料, 託妻子, 而不變舊義, 亦可將
今所見, 以植根源. 而自後之無違無變, 豈獨在其人之處事. 實由於任之者辭色機微,

---

64 假名은 虛名의 뜻으로 실상과 다른 명예나 명성 따위. 일종의 欺世盜名해서 얻는 것.
65 훗날 저자의 『人政』의 「測人門」에서 測人의 방법으로 구체적으로 전개한다.
66 어떤 일을 성취하기 위해 멀리 떠나면서 처자를 친구에게 맡긴 고사에서 유래한
   말. 『맹자』, 「梁惠王下」에 "孟子謂齊宣王曰, 王之臣, 有託其妻子於其友而之楚遊者,
   比其反也, 則凍餒其妻子, 則如之何. 王曰, 棄之."라는 말에 보인다.
67 緯繣은 어긋난다는 뜻. 『楚辭』, 「離騷」의 "紛總總其離合兮, 忽緯繣其難遷."에 보인다.

能使其人, 無違無變, 而愈久采篤, 到得始終如一也. 若或以一毫疑惑不信之辭色見
於其人, 或漏洩於其人, 易致其人, 中塗緯繣.

이 때문에 신기가 남과 소통하는 일은 대개 중간에 사이가 벌어지거나
막히게 해서는 안 되고, 소통이 빠르고 느리고 드물고 잦음은 오직 일의
낌새를 보고 살피는 데 달려 있다.

是以, 神氣之通於人者, 蓋不可使之中間阻隔, 而緩急疏數, 惟在事機之見察.

해 설

이 글은 크게 보면 사람을 관찰하는 방법과 남의 장점을 수용하는
일 그리고 소통의 문제를 다루었다.

우선 사람을 관찰하는 문제는 훗날 그의 경세론이 들어 있는 방대한
저술인 『인정』의 첫 번째 항목의 「측인문」의 주요 주제이다. 곧 국가
경영을 위해 인재를 헤아리고[測人] 가르치고[敎人] 선발하고[選人] 등용
하는[用人] 네 가지 일의 맨 처음 주제가 사람을 관찰하여 그 됨됨이를
판단하는 일이다. 그 책의 씨앗이 벌써 이 저술에 등장하고 있다.
거기서 사람을 판단하는 중요 요소 가운데 하나가 용모였다. 전통적으로
용모는 『예기』의 구용(九容)에서 다루기도 했는데, 단순히 선천적 외모
만을 가리키지 않았다. 인간의 외모는 항상 내적인 마음과 연결되어
있어서, 정신이 밖으로 표출되는 모습을 겸해서 판단했다. 전통 수양론
에서는 눈에 보이는 자기 용모를 단속함으로써 눈에 보이지 않는 속마음
을 잡도리하고자 한 까닭도 바로 여기에 있었다.

이 글에서 저자도 보통 상식적 견해를 따르지만, 상투적 기법에 매몰되어
서는 곤란하다고 말한다. 단점 가운데서도 장점을 보며 장점 가운데서도
단점을 보아야 하는데, 오늘날 관점에서 생각해 보면 사람의 행동거지는
문화의 산물이어서 천편일률적인 기준으로 살핀다면, 오류가 있을
수 있기 때문이다.

여기서 자연스럽게 남의 단점 가운데서도 장점을 알아보아 받아들여야
한다는 생각에 이른다. 이는 『대학』에서 "좋아하면서도 그 추악함을
알며, 싫어하면서도 그 아름다움을 안다"[68]라는 논리의 연장선에 있다.

---

68 『大學章句』 傳8章: 好而知其惡, 惡而知其美者, 天下, 鮮矣.

그리고 사람에게 직분과 일을 맡길 때도 사람을 잘 헤아려 판단해야 한다고 한다. 그가 나중에 직분을 잘 수행할지 배반할지는 관찰하는 자의 역량에 달려 있다. 더 나아가 일을 맡기는 사람이 배반할 만한 낌새를 보이지 않고 한없는 신뢰와 진정성을 보여야 한다고 한다. 이런 일의 성패는 현대의 인사 문제에서도 잘 보여주고 있다.

바로 여기서 신기의 소통 문제가 등장한다. '신기통'이라고 할 때는 인식의 문제만이 아니라 소통의 문제가 포함됨을 알 수 있다. 그러니까 리더의 역할은 단순히 사람을 판단하고 일을 맡기는 차원에서 끝나는 일이 아니라, 일을 잘 성취하기 위해서는 소통의 문제가 중요하다. 리더의 진정성이 타인에게 온전히 전달되어야 한다는 의미이다. 그런 점에서 눈으로 파악되는 용모의 역할도 중요하게 생각했다.

9. 눈으로 본 결과는 신기에 따라 차이가 있다
眼視隨神氣有異

나의 눈동자로 남의 눈동자를 관찰하여 상대가 좋은지 나쁜지 순수한지 잡된지 즐거운지 웃는지 성내는지 원망하는지 안다. 상대 또한 그의 눈동자로서 나의 눈동자를 관찰하여 그렇게 아니, 눈동자로 아는 일은 피차가 서로 같다.

以我之眸子, 觀人之眸子, 知其人之善惡純駁嬉笑怒怨. 彼亦將其眸子, 觀我之眸子, 知我之善惡純駁嬉笑怒怨, 則眸子之通, 彼此相同.

나아가 그 관찰한 내용을 가지고 이미 일어난 일과 앞으로 일어날 일, 참과 거짓, 얻음과 잃음을 추측할 때는 깊이와 우열에서 차이가 없지 않은데, 그것은 각자 신기의 앎에 저절로 같지 않음이 있기 때문이다.

至於將其所觀, 而推測已然與將然, 誠僞與得失, 不無淺深優劣之分, 以其神氣之通, 自有不同也.

대개 눈동자가 해당하는 사람을 보는 일은 현재에 있고 과거의 있지 않으나, 신기가 경험하여 기억한 일은 과거에 있지 현재의 있지 않다. 만약 과거의 기억에 빠져서 눈앞에 당장 대하는 사물을 변통[69]하지 못하면, 어찌 오류를 면할 수 있겠는가?

---

69 이 變通은 인식의 수정을 말함.

蓋眸子之通於此人, 在今而不在於昔, 神氣之經驗習染, 在昔而不在今. 若泥着於昔日習染, 而不能變通於眼前方對之物, 烏得免差謬也.

신기의 기억에는 애초부터 뿌리박힌 근원적인 차이가 있다. 무겁고 혼탁한 흔적을 거두어 모았으면,[70] 거기에 빠져 고착된 내용이 꽤 많아 변통의 방법이 없다. 반면 정밀하고 밝은 이치를 포개어 쌓았다면 기억을 풀어내는 일[71]이 쉬워 변통도 매우 넓다. 또 거두어 모아 포개어 쌓은 기억이 없다면, 늙을 때까지 보는 대상이 모두 처음 보는 사물일 뿐이고, 죽을 때까지 사용하는 것은 단지 몸이 본래 갖춘 기능뿐이리라. 만약 허황하고 망령된 외도에 빠졌다면, 기억이 모두 허황하고 망령스럽다.

神氣之習染, 自初有植根濬源之不同. 收聚重濁之痕跡, 則泥着頗多, 變通無術. 積累精明之理致, 則記繹最易, 變通甚廣. 無所收聚積累, 則至老所見, 莫非生面, 終世所用, 只在形質之固有. 若沈淪於虛妄外道, 則習染皆虛妄.

이렇게 서로 다르게 쌓은 기억으로 눈동자를 통해 사물을 보면, 보는 내용 또한 그로 인해 다르니,[72] 이것이 어찌 눈동자의 잘못이겠는가?

---

70 뒤의 精明之理致와 반대 상황으로 대상을 고정 불변한 것으로 또는 분명하지 않은 상태로 기억하는 일.

71 記繹은 서학에서 말하는 영혼의 세 가지 능력인 明悟(이성 또는 지성), 記含(기억), 愛欲(의지) 가운데 記含을 저자의 방식으로 변용하여 '기억하고 그것을 풀어낸다'라는 뜻으로 단순히 서학처럼 기억만을 뜻하지는 않는다. 후기 저작에서도 "人之神氣, 因明悟而有記繹, 因記繹而有愛欲. 從明悟之淺深而記繹有多少, 從記繹之多少而愛欲有大小. 未有明悟, 何以記繹, 未有記繹, 何以愛欲. 夫明悟記繹愛欲三者, 收取於在外之事物, 藏於心氣, 及其須用於外(『氣學』 2-118)."라고 하여, 초기의 생각이 바뀌지 않았음을 알 수 있다. 여기서는 기억을 풀어내는 일로 쓰였다.

72 어떤 사물을 볼 때 순수하게 있는 그대로 보는 것이 아니라 각자가 이전에 확립한 개념이나 편견으로 본다는 점.

이렇게 신기가 기억하는 양상이 다른 까닭은 비록 선천적 몸의 기능을 말미암는 부분도 있지만, 그런 병통이 생긴 근원을 찾아보면, 모두 다 과거와 현재의 세계 모든 인류73를 통틀어 살피지 못하고, 자기가 경험한 내용만 굳게 지키기 때문이다.

將此不同之積中者, 通之於眸子, 則所見亦從而不同, 是豈眸子之過歟. 神氣習染之不同, 縱由於形質所賦, 究其受病之源, 儘是不能通觀宇宙諸人, 膠守自己所習也.

만약 과거와 현재와 세계를 통틀어 살펴서 현명하고 어리석은 사람들이 안 내용의 우열을 비교·분간하되, 어떤 사람은 정밀하고 밝은 이치를 포개 쌓고 때에 맞춰 변통하여 성인이 되고, 어떤 사람은 무겁고 탁한 흔적을 거두어 모아 곳곳에 빠지고 고착되어서 완고하고 둔하며 고집스러운74 사람이 되고, 어떤 사람은 쌓아 모은 앎이 없어 일을 만나면 몽매하여 어리석고 무용한 사람이 되며, 어떤 사람은 허황하고 망령스러운 내용을 기억하여 정상적인 것을 버리고 기이한 것을 좇아 색은행괴75 하는 사람이 되는 상황을 시원하게 분별한다면, 누군들 어찌 기꺼이 중간이나 그 이하의 사람이 되기를 바라겠는가? 용감하게 진보하는 방법은 더러운 풍속과 비루한 습속을 씻어내고, 맑고 밝은 세계의 사람으로 탈바꿈하는 일이다.

---

73 宇宙는 space나 the universe가 아니라, 宇는 天地四方으로서 無限空間을, 宙는 古往今來로서 無限時間을 가리켜 곧 宇宙는 시공간을 통합한 말. 宇宙諸人은 과거와 현재와 모든 지역의 인류를 말함.

74 固必은 고집스럽게 굳게 지키는 것으로 『論語』, 「子罕」의 "毋必, 毋固."에 보인다. (앞에 나옴)

75 숨겨진 것을 찾고 괴이한 짓을 행하는 말로 『中庸章句』 第11章의 "子曰, 素隱行怪, 後世有述焉. 吾弗爲之矣."에 보인다. 여기서는 주로 종교에 대한 비판이다.

若能通觀宇宙, 較閱賢愚諸人, 所得優劣, 快覩乎某人以積累精明之理致, 隨遇變通, 爲聖爲賢, 某人以收聚重濁痕跡, 到處泥着, 爲頑鈍固必之人, 某人以無攸積聚, 臨事罔昧, 爲下愚無用之人, 某人以嚮染虛妄, 捨常趍異, 爲索隱行怪之人, 則豈肯學得中下之人. 勇進之方, 洗滌汙俗陋習, 幻作淸明世界之人.

그리하여 정밀한 이치가 들어가고 나오는 일76을 눈을 통해 시험하면, 눈동자와 신기는 저절로 한 몸을 이루어77 어긋나는 근심이 없고, 서로 응하고 서로 돕는 이익이 있을 것이다.

精理出納, 通眼而試驗, 則眸子神氣, 自成一體, 無違戾之患, 有相應相助之益.

---

76 出納은 人情과 物理의 收得과 發用을 다르게 표현한 말.
77 눈으로 직접 보는 내용과 신기에 기억된 보편적 지식이 일치한다는 표현.

해 설

사물을 보는 일도 과거의 경험과 인식 수준에 따라 다를 수 있다는 주장이다.

그 차이는 선천적 감각기관의 능력 차이를 배제할 수는 없지만, 그것보다는 애초에 얼마나 정확하고 정밀하며 보편적인 내용을 기억했느냐에, 또 상황에 따라 판단하는 지적 유연성에 달려 있다고 한다.

그래서 사물을 제대로 보아 알려면, 먼저 경험의 폭이 넓고 깊어야 하며, 기억한 내용이 보편적이어야 한다고 주장한다. 그리고 앎의 유연성은 변통이라는 말로 표현하는데, 앞서 소개했듯이 그것은 앎의 오류에 따른 수정이다.

사물을 직접 보아 아는 일은 사람마다 대동소이하지만, 보는 대상을 조금만 깊게 들어가면 차이가 나는 까닭은 이렇게 경험과 기억을 통해 발달한 인간의 사유가 개입하기 때문이다. 그 사유는 그가 자주 언급하는 추측의 능력과 관련된다. 보는 대상도 아는 만큼 보인다는 말이 여기서도 그대로 적용된다.

여기서 중요한 심리학의 사실 하나를 전하고 있다. 사람이 무엇을 보아 판단할 때는 이미 기억한 내용을 토대로 그렇게 한다는 사실이다. 곧 어떤 사물을 있는 그대로 보지 않고 각자의 기억이 구성한 개념에 따라서 본다는 점이다. 가령 유치원생이나 초등학생이 나무를 그릴 때 줄기는 갈색으로 잎은 온통 녹색으로 그리는 따위가 그런 사례이다. 이는 종교인은 종교적 신념에 따라, 과학자는 과학적 개념으로 현실과 사물을 바라보는 습성을 면하기 어려운 점과 같다. 부처님 눈에는 부처가, 돼지 눈에는 돼지만 보이는 법이니까.

10. 눈을 치료하는 약
治眼藥

눈을 씻는 약에는 저절로 안팎을 동시에 치료하는 게 있다.[78] 인정과 물리를 삶고 달여 농축액[79]이 되면 태화탕[80]에 섞어 복용하여 안을 치료하는 방법으로 삼고, 스승과 벗이 갈고닦는 학문과 서적에서 탐구한 일과 물·불·금석·초목·열매·오곡·동물·어패류·흙기[81] 등의 성질과 맛과 재질과 품질로서 밖을 치료하는 방법으로 삼는다. 그러면 안을 치료하는 효과는 밖을 치료하는 일에서 영향받지 않음이 없고, 밖을 치료하는 효과 또한 안을 치료하면서 얻은 효험에 영향받지 않음이 없다. 이 치료에 거의 삼십 년 의지해야 두 눈의 안목이 뛰어난 사람[82]의 그것을 이루게 할 것이다.

洗眼之藥, 自有內外兼治. 以人情物理, 煮煎成膏, 和服於太和湯, 爲內治. 以師友之講磨, 書籍之硏究, 水火金石草木果蓏五穀羽毛鱗介土氣之性味材品, 爲外治. 則內治之效, 未嘗不由於外治矣, 外治之效, 亦嘗由於內治之得驗. 依此治療數三十載, 使雙眸, 便成天人眼目也.

---

78 眼目을 교정하는 일을 눈병을 치료하는 것에 비유한 말. 이하 모두 약으로 비유한 말.
79 膏는 찐득찐득한 상태의 內服藥 또는 연고. 중국어로 膏劑 또는 膏子.
80 熟湯의 다른 이름으로 白沸湯·麻沸湯이며 끓는 물이다.
81 전통의 문헌에는 이것을 부분적으로 다루었지만, 『천주실의』에서 「物種類圖」와 함께 사물의 분류에 따라 자세한 설명을 하고 있다. 이것은 3세기 Porphyrius가 작성한 도표를 참고한 내용으로 보이는데, 저자는 서양 4원소와 신학적 견해를 배제하지만, 이 책의 논리에 따라 원소·무생물·식물·동물 순으로 제시하고 있다. 처음의 원문 앞의 水火와 끝의 土氣는 서학에서 다루는 4원소이다.
82 天人은 안목이 몹시 뛰어나다는 말. 『莊子』, 「天下」의 "不離於宗, 謂之天人."과 같은 용례.

만약 치료하지 않아 병통이 발작하면 살아 있는 동안 병을 멈추거나 막을 수 없는 지경에 빠진다. 그리하여 보아도 보지 못하며[83] 보여도 알지 못하여, 자기의 고질병이 되어 눈뜬장님을 면치 못한다. 그 때문에 본 내용이 사실을 어기거나 넘어서고 안 내용이 어그러지고 바르지 않아,[84] 뒷걸음질과 밖으로 향하는 길로 익숙하게 달려간다.

若無治療之施, 病痛發作, 限平生不可止遏. 視而不見, 見而不知, 適爲自己之痼疾, 未免具眼之盲也. 所見違越, 所通邪僻, 馴馳於背走外向之途.

그 결과 공허한 글[85]과 함께 놀면서 세월을 보내기도 하고, 혹은 잡기에 빠져 술과 음식 내기로 다툰다. 그래도 이것은 특별히 마음 쓰는 데가 없는 사람이 가만히 있는 것보다 되레 낫다.

或遊戲虛文, 消遣歲月, 或酖惑雜技, 爭賭酒食. 是無所用心者, 猶賢乎己也.

반면 아둔한 관리가 되기를 원해 몸을 해치는 일을 고려하지 않거나, 또는 욕망의 불꽃이 치솟아 무리수를 두는 일[86]을 달갑게 저질러, 일가친

---

83 『大學章句』傳10章: 心不在焉, 視而不見, 聽而不聞, 食而不知其味.

84 邪僻은 邪辟과 같이 쓰며, 어긋나 바르지 못하다는 뜻으로 『管子』, 「正世」의 "夫民貪行躁, 而誅罰輕, 罪過不發, 則是長淫亂而便邪僻也."에 보이며, 또 병의 원인이 되는 사기와 정상이 아님을 두루 일컬음. 둘 다 통함.

85 虛文은 알맹이 없는 형식적 제도 또는 공허한 글. 여기서는 후자의 뜻으로 주로 문학적 수사를 표현한 말.

86 段越은 『戰國策』, 第8篇, 「韓策」에 등장하는 段干越人이 秦나라 재상 新城君에게 자신을 배려해 달라는 고사와 관련된 말로도 볼 수 있는데, 식견이 없는 하찮은 자가 무리수를 두어 段干越人의 흉내를 내는 일로 보임. 또는 단계(분수)를 범하여 넘어서는 일. 둘 다 통함.

척을 결딴내고 마을의 이웃에게 피해를 주는 데까지 이른다.

或探戀昏官, 不顧戕賊, 或慾火熾激, 甘犯段越, 以至覆滅宗族, 害及隣里也.

또는 세상에 알려지는 일을 하고자 하여 인륜과 물리[87]를 버리고 별도로 허공 가운데 문호를 열며, 평상의 보편적 도리를 버리고 허황하고 거짓된 사적을 펼쳐 말하며, 화복으로서 어리석은[88] 백성을 두루 꾀고, 허상(虛像)을 가지고 경솔한 선비들은 불러들인다. 하지만 실제로는 본뜨고 좇을 만한 방도가 없어 결국은 평생을 포기해 버린 뉘우침으로 보낼 것이다. 널리 남을 속이고 해치는 일이 이보다 더한 게 있겠는가?

或欲做出世之事業, 遺倫物而別開空中之門戶, 棄經常而演說虛誕之事蹟, 以禍福轉誘愚蠢之氓, 以虛影招納輕佻之士. 實無模着可循之方, 終遣平生抛棄之恨. 欺人害人, 遍及許多, 有加乎此否.

이것들은 모두 애초부터 본 내용의 치료 방법이 적절하지 못해서 오류를 일으켰기 때문이다. 그리고 그에 따른 피해는 그 추구하는 종류에 따라 대소와 경중이 있다.

是皆由於自初所見之治療, 不得其方, 以至差謬. 而所從之戕害, 隨其異趨, 而爲之大小輕重.

---

87 원문 倫物은 人倫物理의 축약어로, 명나라 양명 좌파 李贄(1527~1602)의 『焚書』, 「答鄧石陽」에서 "穿衣喫飯, 卽是人倫物理, 除却穿衣喫飯, 無倫物矣."에 그 용례가 보인다. 이는 人之常情과 사물의 常理로 저자가 자주 언급하는 '人情과 物理'의 유사 표현이다.

88 愚蠢은 愚昧無知의 뜻으로 『後漢書』, 「虞詡傳」의 "愚蠢之人, 不足多誅."에 보인다.

해 설

이 글은 잘못된 안목을 고치는 방법과 그것이 잘못되었을 때 일어나는 일의 사례를 열거하였다.

먼저 안목을 바로잡는 방법으로 안팎의 일을 제시하였는데, 안으로는 사물의 실태와 이치를 알고, 밖으로는 폭넓은 공부와 경험을 요청하였다. 요약하면 사물에 대한 보편적·객관적 지식의 확립이다. 안목은 달리 식견이라 할 수 있는데, 이것을 바로잡는 데 실패하면 잡기로 세월을 허송하거나 탐관오리가 되거나 더 크게는 거짓된 종교나 가르침을 세워 세상 사람들은 잘못된 길로 인도한다고 한다. 특히 종교의 폐해는 현대에도 자주 본다. 곧 신앙의 이름으로 잘못 형성된 신념이 상식을 벗어나 남에게 피해를 주는 일만이 아니라, 공직자가 일 처리에서 종교적 편견을 갖거나 종교인들의 몰역사적인 집단행동도 식자들의 눈살을 찌푸리게 한다. 세계 분쟁지역의 다툼에는 항상 종교를 배제할 수 없다.

사실 종교의 장점은 보편적이며 일반 인문학의 견해와 크게 다르지 않아 사람들을 바른길로 인도할 수 있다. 종교마다 문화나 의식(儀式)은 달라도 교조가 말한 진의는 보편적이기 때문이다. 그렇지 않다면 참된 가르침을 찾아 종교를 따를 이유가 없다. 저자의 머릿속에는 서학의 영향으로 기독교를 염두에 두고 지적한 일로 보인다. 천주교와 연관된 여러 사옥을 경험하면서 경솔한 백성만이 아니라 선비들을 불러들인다는 지적도 그 근거 가운데 하나이다. 그런데 저자의 이런 논리에 대한 반론도 가능하다. 사물을 제대로 인식했다고 해서 인간의 행위가 언제나 올바르다고 할 수 없기 때문이다. 인식과 욕망과 신앙의 관계는 또 복잡하게 설명해야 하는 문제 가운데 하나이다.

11. 관상가와 의원의 신통한 눈
相人醫人之神眼

상서89에서 눈을 설명한 내용은 길흉과 화복에 빠져 있고, 의서에서
눈을 설명한 내용은 풍담과 한열90에 관련된다.

相書之論眼, 陷於吉凶禍福, 醫書之論眼, 在於風痰寒熱.

그 책을 저술한 사람과 그 내용을 전하고 익힌 사람은 모두 얼굴에 있는
눈만을 눈으로 여겨 신체의 내부에 본래 신기의 눈91이 있음을 모른다.
길흉과 화복은 신기의 눈에서 비롯하여 얼굴에 있는 눈에 드러나고,
풍담과 한열도 신기의 눈에 먼저 침범하여 얼굴의 눈에 퍼진다. 그러니
눈의 관상과 눈병의 근원은 모두 신기에 달려 있다.

述作之人, 傳習之人, 皆以在面之眼爲眼, 不識身體之內, 自有神氣之眼. 吉凶禍福,
肇作於神氣之眼, 而發見於在面之眼. 風痰寒熱, 先侵於神氣之眼, 而施及于在面之
眼. 則眼相眼病之根源, 俱在於神氣.

만약 남의 신기가 진취하는 일이 어떠하고 진취할 수 없는 일이 어떠한지
알 수 있다면, 관상을 보는 방법이나 치료하는 병에 있어서 거의 외모를
떠나 약을 쓸 수 있다.

---

89 관상 보는 법과 관련된 책. 『麻衣相書』도 그 가운데 하나이다.
90 풍담은 용어사전을 볼 것. 한열은 오한과 발열 증상 또는 寒症과 熱症.
91 이어지는 설명을 보면 대상자의 눈으로 표출되는 현상은 그 신기의 상태가 그것들을
   통해 드러난다는 뜻. 길흉화복과 질병도 마음에서 먼저 시작한다는 뜻.

若能知人之神氣, 進就之如何, 不克進就之如何, 觀人之術, 療人之病, 庶得離形貌
而施藥.

관상을 보는 사람이 비록 상을 보이는 사람의 신기를 알지 못해도, 그가
화복과 길흉을 말할 때 헤아려 자주 맞추는 까닭은 그의 신기가 간혹
아는 게 있기 때문이다. 남의 병을 고치는 일도 신기를 동반해 약을
쓰면 거의 효험을 얻을 수 있다.

相人者, 雖不知現相者之神氣, 其論禍福吉凶, 億則屢中, 以其相人者之神氣, 或有
所通也. 治人之病, 亦將神氣施藥, 庶得其效.

하지만 풍담과 한열은 자연의 변화92에 반응하고, 또 사람 몸의 혈맥은
저절로 선후에 맞게 드나듦이 있어 기한을 기다리면 정상으로 회복되기
도 한다.93 나아가 치료하기 어려운 병증은 침과 약으로도 고칠 수 없다.

然風痰寒熱, 應天地之運行, 人身血脈, 自有先後出入, 待期限而復常者. 至於難治
之證, 有非鍼藥所能止也.

이른바 신통한 관상과 신통한 의술은 기술상의 신이만 말할 뿐, 신기로
아는 신통94은 아니다. 그래서 상서에서 말하는 방위와 색태,95 소싯적

---

92 運行은 원래 천체의 그것이다. 『周易』, 「繫辭上」에 "日月運行, 一寒一暑."라는 말에
　　보인다. 여기서는 天地의 運行은 자연의 변화를 말함.
93 자연에 순응하는 자연적 치유력을 말함. 出入이란 증세가 나타나거나 사라지는
　　것을 의미함.
94 神은 神通의 의미로 썼다. 神通은 용어사전을 볼 것.
95 方位는 『麻衣相書』에서 말하는 이목구비 등의 위치를 별자리와 지형과 관련해서

과 장년의 운세를 간지96와 상생과 상극97설로 부연하여 길흉을 판단한
다. 또 의서에서 말하는 오장육부와 맥락, 약성과 기미98는 모두 오행에
돌려 기운을 보충하거나 덜어낸다.99

所謂神相神醫, 乃指術中之神異也, 非神氣通之神也. 故相書之方位色態, 少壯年運,
附會于干支生克, 以斷吉凶. 醫書之臟腑脈絡, 藥性氣味, 俱屬于五行, 以施補洩.

이것이 바로 몸의 형질 밖에 거짓되고 헛된 방법을 첨가하여 보고 듣는
것을 현혹하고, 도리어 알 수 있는 몸을 어둡게 만드니, 어느 겨를에
신기를 논하겠는가?

此乃人身形質之外, 添附假虛之法, 眩惑視聽, 反晦可知之形質, 何暇論神氣哉.

설명하는 宮, 또는 해당하는 사람의 출신 지역을 뜻하며, 色態는 얼굴빛과 태도를
말함.
96 天干과 十二支.
97 오행의 상생설과 상극설.
98 氣味는 약효의 대강을 분류한 약의 성질과 맛. 곧 약물의 차고 덥고 따뜻하고
서늘한 네 가지 성질과 맵거나 달거나 시거나 쓰거나 짠 다섯 가지 맛의 기본
속성을 가리키는데, 약리작용과 직결되는 약성이다.
99 補洩는 補瀉와 같은 의미로, 한의학의 치료에서 精氣가 虛한 증상인 虛證에는
補하고, 實證에는 瀉하는 방법을 쓰는데, 이 두 가지를 아울러 이르는 말. 洩이
瀉의 뜻으로 쓰였음.

해 설

이 글은 관상이나 의술의 견해를 빌려와 저자 신체관(身體觀)의 일부를 드러내고 있다. 그 중심에 있는 것이 신기이다.

언급한 관상이나 의술은 겉으로 드러난 외모나 증상을 가지고, 도식적으로 남의 길흉과 화복을 예측하고 건강을 진단한다고 비판하고 있다. 현대의 서양의학도 이런 점이 없지 않다. 대신 그는 대상자의 신기까지 알아야 한다고 한다.

여기서 신기는 대상자의 내면 상태, 관상의 경우는 심상(心相) 곧 대상자의 욕망, 성향, 성격적 특성 등이 그것이겠고, 의학에서는 이런 내면의 특징만이 아니라 무의식적 생리 기능까지 해당하겠다.

앞서 신기는 인식의 주체만이 아니라 인체의 모든 기관을 거느리고 간여하는 주체라고 말한 적 있다. 곧 신기는 의식적·무의식적 인체의 모든 활동을 주관하는 주체이다. 쉽게 말해 인간의 생명력도 신기 개념에 포함된다. 이는 서학에서 말하는 생혼·각혼·영혼을 저자가 신기로 일원화할 때 이미 예고된 내용이었다. 생혼은 생명력과 관련된 생리적 기능, 각혼은 감각적 인식, 영혼은 이성적 인식(추론)를 담당한다고 하였는데, 생리적 기능의 주체가 신기라는 점은 전통에 이어 서학의 영향도 무시할 수 없다.

그런데 신기를 마음으로 보는 점에서도 서구식으로 접근하면 안 된다. 서구 전통은 영혼과 육체의 관계에 따라 심신이원론이나, 저자는 우리 전통을 따라 마음도 기이므로 몸과 분리할 수 없는 점을 전제하고 있다. 그의 신기는 인식의 주체만이 아니라 몸의 생리기능을 주관하고, 우주의 본체로서 통합된 개념이다. 따라서 본문에서 말하는 '남의 신기'란 해당 인물의 내면 모습과 몸의 생리를 주관하는 신기로서 신기(身氣)

를 말한다.

그가 의학에서 어떤 병증을 몸의 한 기관에만 한정하지 않고 신기로 통합해서 보는 점은 전통 의학을 계승하고, 또 서학의 영혼설을 하나로 통합했어도, 몸과 영혼을 분리하지 않고 신기로 통일하였다. 자연히 병증 치료를 신기와 분리된 몸만의 일로만 보지 않았다. 그는 사체(死體) 해부에 대해서 살아 있는 인체의 그것에 못 미친다고 여겼고, 훗날 뇌와 관련된 정보를 어느 정도 받아들였어도 신기 개념을 포기하지는 않았다.

12. 땅의 모습을 알다
見得地形

산천의 풍물을 유람하다가 수려한 풍경을 만나면, 만족스럽게 눈앞이 확 트이면서 신기가 맑고 상쾌해진다.[100] 만약 험악하고 황폐한 풍경을 만나면 눈앞이 스산하고 괴로워 신기가 우울해진다. 이것은 막 사물을 접할 때 장소에 따라 신기가 반응하는 잠깐 사이의 일이다. 며칠이 지나면, 눈앞이 확 트여 맑고 상쾌했거나 스산하고 괴로워 우울했던 감정이 점차 소멸한다. 그러다가 열흘이나 한 달쯤 오래되면, 눈앞에 마주하는 대상이 모두 대수롭지 않게 보이고, 온몸의 신기도 본래의 모습으로 돌아간다. 이러는 사이에 경험이 없을 수 없고, 무릇 온 세상 산천의 풍물에서부터 말이나 글에 나타난 바다나 육지의 장관에 이르기까지 모두 추측할 수 있다.

遊覽山川風物, 如遇形勝景槩, 則足爲眼界之開豁, 神氣之和暢. 若値險阻荒廢, 則眼界辛酸, 神氣紆鬱. 是乃接對之初, 遇境須應, 暫時間事也. 留延數日, 開豁和暢, 辛酸紆鬱, 漸至消滅. 淹久旬月, 眼界所對, 皆成尋常之色, 遍體神氣, 還其本分之通. 於斯之際, 不無經歷, 而凡天下之山川風物, 以至海陸壯觀之著於言文者, 皆可得而推測.

그러니 신기가 통달하고 두루 보는 일에는 이것밖에 다시 여지[101]가

---

100 和暢은 원래 날씨가 온화하고 맑다는 뜻.

101 餘地는 남은 땅의 뜻으로 원래 『莊子』, 「養生主」의 "彼節者有間, 而刀刃者無厚. 以無厚入有間, 恢恢乎其於遊刃, 必有餘地矣."에 보이며, 훗날 희망이나 가능성을 뜻하는 말로 바뀜. 여기서는 신기가 아는 일에 직접·간접의 경험과 추측 외에는 달리 다른 방법이 없다는 뜻.

없다. 이처럼 민생의 산업을 경륜하는 일에도 달리 뾰족한 수가 없다. 이 또한 처음 그것을 알 때의 마음이 상쾌하게 밝고 선명한 일이 있다면, 그것에 비교할 나위가 없다. 그 일도 오래되면 저절로 버릴 수 없는 게 있고, 다시 더욱 힘쓰는 일이 있게 된다.

神氣之通達周覽, 更無餘地. 民生之産業經綸, 別無他能. 是亦方其始通也, 快闊洞彰, 無攸比擬. 及其愈久, 自有不能捨, 而更有所益勉焉.

기에 대한 견해도 오래되지 않으면, 그 견해의 형태를 이룰 길이 없다. 비록 견해의 형태를 얻었더라도 또 오래되지 않으면, 견고한 견해를 이룰 길이 없다. 또 사물의 한 부분만 본 사람은 이미 그 전체 쓰임에 통달하지 못했으므로, 자연히 잇달아 빠뜨리거나 잊게 된다. 만약 전체의 큰 쓰임을 안다면, 일삼을 만한 게 없을 수 없어서 늙음이 장차 이르는 것도 모를 것이다.102 경륜은 여기에서 생기고 사업103은 이것104을 따라 정해진다. 하지만 아직 깨닫지105 못한 사람을 인도하고, 이미

---

102 즐거이 근심을 잊고 할 일이 많다는 뜻. 이 말은 『論語』, 「述而」의 "子曰, 女奚不曰其爲人也, 發憤忘食, 樂以忘憂, 不知老之將至云爾."에서 인용된 말.

103 事業에는 여러 뜻이 있다. 우선 功業의 뜻으로 『周易』, 「坤卦·文言傳」의 "美在其中, 而暢於四支, 發於事業, 美之至也."에 보이는데, 孔穎達은 또 "所營謂之事, 事成謂之業."이라고 하여 사와 업을 따로 규정하였다. 또 政事나 事務를 일컫기도 하는데, 『荀子』, 「君道」에 "故明主有私人以金石珠玉, 無私人以官職事業."에 보이며, 직업의 의미로는 『管子』, 「國蓄」의 "君有山海之金, 而民不足於用, 是皆以其事業交接於君上也."에 보인다. 그 외 家業·生業·勞役·才能 따위를 의미한다. 여기서는 功業 또는 政事의 의미로 쓰였다. (앞에 나옴)

104 앞의 '여기'와 '이것'은 앞 문장의 내용을 받는데, 오래된 경험으로 전체의 쓰임에 통달하는 일.

105 開悟는 깨닫다, 이해하다의 뜻으로 『史記』, 「商君列傳」의 "吾說公以帝道, 其志不開悟矣."에 보인다.

오류를 일으킨 사람을 밝혀주려고 한다면, 어찌 오래이냐 그렇지 못하느냐를 논할 수 있겠는가?

有見乎氣者, 非久, 無以成見形. 雖得見形, 又非久遠, 無以成堅固之見. 且見物之一隅一角者, 旣不能達其全體須用, 則自然遺忘旋至. 若見得乎渾體大用, 則不得不有所事, 而不知老將至矣. 經綸於是乎生, 事業從此而定. 未開悟者, 欲使之牖, 旣差誤者, 欲使之明, 何可論其久與不久也.

해 설

글의 요지는 사물을 오랫동안 폭넓게 경험한 내용을 바탕으로 경륜과
사업을 이루어야 한다는 주장이다.

특히 한순간이나 한때의 특별한 경험은 당시는 깊은 인상을 주지만,
장기적 경험에서는 그 또한 많은 경험 가운데 하나일 뿐이고, 별다른
영향력을 미치지 못한다고 한다. 심리적인 면에서 특별한 경험도 일상화
되면 그 또한 특별하지 않다는 점을 보이는데, 대개 사람은 습관의
노예가 되기 때문이다.

문제는 일상에서 오랫동안 무엇을 어떻게 익혔는가이다. 곧 쌓인 경험의
폭과 질이 경륜과 사업의 바탕이 된다고 주장한다. 쌓인 경력 곧 오래된
경험과 추측의 중요성을 말했다.

13. 기물을 궁리하여 밝힌다
窮格器用

인간의 몸은 하나의 기계106이다. 그것은 안으로는 신기를 담고, 밖으로는 외물을 응대하거나 사용하는 일에 접한다.

人身形體, 是一器械也. 內盛神氣, 外接酬用.

귀·눈·입·코와 손발과 머리와 몸통에는 또 제각기 외부와 접하여 사용하는 기물107이 있다. 귀에는 관과 통이 있고, 입에는 수저와 음식이 있고, 코에는 냄새를 맡는 기물이 있고, 손에는 물건을 집는 기물이 있고, 발에는 밟고 신는 기물이 있고, 머리에는 관이나 두건이 있고, 몸통에는 의복이 있다.

耳目口鼻手足頭體, 又各有所接用之器物. 耳有管筒, 口有匙箸飲食, 鼻有臭物, 手有執持之器, 足有履納之物, 頭有冠巾, 體有衣服.

---

106 器械는 현대적 의미로 동력장치가 없는 공구 또는 기구에 가깝다. 『莊子』, 「徐無鬼」에 "百工有器械之巧則壯."이라는 말이 보인다. 또 무기의 의미로도 쓰였는데, 『管子』, 「地圖」에 "繕器械, 選練士, 為教服, 連什伍, 遍知天下, 審御機數, 此兵主之事也."라는 말이 보인다. 저자의 표현에서 때로는 機械의 의미도 포함된다. 원문과 유사한 표현에는 이미 『신기통』, 「序」에서 "天民形體, 乃備諸用, 通神氣之器械也."라고 한 바 있다. 이런 표현은 서학의 영향이다. 가령 예수회 선교사 Francesco Sambiasi(1582~1649, 畢方濟)가 쓴 『靈言蠡勺』에서 "本軀, 爲亞尼瑪所用器械."라고 말하고 있다. (앞에 나옴)

107 뒤의 내용을 종합하면 여기서 器物은 기구(도구) 또는 물건이고, 각 기관과 그것과 관계된 외부의 물건도 포함하고 있다.

오직 눈이 사용하는 기물만은 어찌 한 몸이 사용하는 기물만 통틀어 살피겠는가? 사용하는 기물의 기계와 재료에 나아가 또 그 기계와 재료가 사용하는 기계와 재료[108]에서 말미암은 기계와 재료가 모두 눈으로 보는 기물이 된다.

惟目之所用器物, 奚特統察一身所用之器物. 至於所用器物之器械物料, 又於所用器物之器械物料, 所由之器械物料, 皆爲眼見之器物.

대체로 보아 온 세계에서 사물의 이치를 궁리하여 밝혀내는[109] 사람은 마땅히 기물[110]을 표준으로 삼아 기물의 기물에까지 미치고, 우열과 날카로움과 둔함을 구별하는 일이 눈의 기능[111]과 신기의 소통에 간여한 뒤에야 이치를 밝혀내는 일이 알맞게 되어 가까스로 오류를 면할 것이다. 만약 기물을 표준으로 삼지 않으면, 이른바 이치를 밝혀내는 일에는 눈의 기능이 소용없고, 또한 그 대상을 본떠 나타내기도 어렵다. 또 눈의 기능과 신기가 간여하여 헤아리지 않으면, 우열과 날카로움과 둔함을 장차 어떻게 분별하며 의와 불의를 장차 무슨 수로 바로 잡을 것인가?

凡天下窮格物理者, 當以器用爲準的, 以及於器用之器用, 而辨別優劣利鈍, 則參涉于眼力神氣之通, 然後格致得宜, 庶免差謬也. 若不以器用爲準的, 所謂格致, 無攸用其能, 亦難得其模着. 又不以目力神氣參商, 則優劣利鈍, 將何以辨別, 義與不義,

---

108 가령 제품 생산에서 원료가 1차 2차 등의 가공으로 전환하는 것, 가공하는 기계도 그런 식으로 달라짐을 표현한 말로서 눈이 보는 대상이 중층적이라는 말.
109 窮理와 格物의 합성어. 여기서는 기수를 통해 자연법칙을 탐구하는 의미이다. (앞에 나옴)
110 器用은 그릇과 용구로 앞의 글에서도 器物의 뜻으로 사용하였다.
111 眼力은 그 아래 目力과 그리고 其能과 함께 눈의 기능의 뜻으로 쓰였다.

將何以質正.

이로 보아 온 세상의 물건은 기물이 아님이 없고, 물건이 있으면 반드시 그것을 만든 기계가 있음을 알겠다. 인간의 일에도 모두 기물이 있어서, 일이 있으면 반드시 그에 해당하는 기물이 있다. 이미 있는 기물을 개량하거나[112] 없는 기물을 발명하는 일은 모두 눈의 기능과 신기의 소통에서 출현한다. 하지만 기물이 있어도 사용하지 않거나 기물을 완성하고도 훼손하여 폐기하는 일은 눈의 기능과 신기가 불통하기 때문이다.

是知天下之物, 莫非器用, 而有物, 則必有所制之器. 人間事務, 皆有器用, 而有事務, 則必有其器. 從其有而變通, 從其無而創制, 皆出於目力神氣之通. 有器而不用, 成器而毀棄, 由於目力神氣之不通.

---

112 變通은 여기서는 개량의 뜻으로 쓰임.

해 설

이 글은 서학의 영향이 강하면서도 전통의 기론과 결합한 신체관을 보이는 중요한 글 가운데 하나이다. 요지는 기물의 중요성과 아울러 각 인체 기관의 고유 기능과 신기의 그것을 결합해야 한다는 주장이다. 우선 몸이 기계로 비유된 말은 이미 『신기통』「서문」에서도 보이지만, 사실 우리 전통 의학에서 찾아보기 어렵다. 전통은 기계처럼 각 기관이 독립해서 기능하기보다 대체로 전체 관계 속엣 각부 장기와 음양오행의 기가 연결되어 있다고 보았기 때문이다. 서양의학이 인체의 각 부분을 쪼개서 보는 요소론이라면 전통의 그것은 관계론이다.

여기서 "인간의 몸은 하나의 기계이다"라는 선언은 얼핏 요소론으로 보여 대단히 파격적이다. 이 말이 서학에도 있기도 하고, 이런 식의 사고방식은 중세 기독교에서 하느님이 이 세상을 창조했다는 관점에서 자주 인용된다. 곧 저자도 『기학』에서 지적했듯이, 서학에서 세계와 우주를 하나의 시계처럼 비유하는 일도 그런 설명 방식이다. 당시의 자연신학(natural theology)도 이렇게 하느님이 창조할 때 부여한 섭리 또는 그 원리를 파악하는 것이었고, 서양의 자연과학도 적어도 그 출발은 그런 관점을 유지했다. 그 영향으로 중세 이후 서양과학과 철학이 하나의 기계론적 세계관을 따른 적이 있었다. 그 섭리에 따라 만물과 인체가 기계처럼 작동한다는 서학의 관점은 매우 자연스럽다.

저자는 서학의 영향으로 그 점을 부분적으로 수용·변용한 것으로 보인다. 하지만 맹목적 수용도 아니어서 신체관이 온통 서구식으로 탈바꿈하지도 않았다. 바로 다음 구절인 "(몸은) 안으로는 신기를 담고, 밖으로는 외물을 응대하거나 사용하는 일에 접한다"에서 그 점을 분명히 하였다. 다만 인체의 각 기관 특히 감각기관은 상대적으로 독립된 기능을 가지고 그 기계의 역할을 완수한다고 여긴 듯하다. 여기서 또 등장하는 내용이 기물이다. 기물은 달리 기용(器用) 때로는 기명(器皿)으로도 사용하여, 일종의 기구나 도구 또는 기계 장치를 포함한 개념이다.

이런 기물을 등장시킨 배경에는 서학에서 소개한 각종 관측 도구와 관련이 있다. 물론 전통에도 기물이 없지는 않았지만, 서학에서 소개한 것이 실증적이고 실제에 가깝다고 인식한 데 있다. 이른바 지구도(地球圖)나 천리경이나 자명종 따위가 조선 선비들의 마음을 놀라게 만든 것도 그런 까닭이다.

그래서 이런 관측 기구로 물리를 탐구하는 일이 『대학』에서 말하는 격물치지를 제대로 할 수 있다고 보고, 기물의 사용은 관측과 측정의 자료를 근거로 활용하므로 검증이 이루어질 수 있다. 따라서 기물을 등장시킨 일은 이렇듯 경험적이고 실증적인 과학 태도의 발로였다. 이러한 기물을 가지고 감각적으로 인식한 내용이 신기에 관여되어야 한다고 주장한다. 여기서 감각 자료를 신기가 종합하고 해석하는 과정이 필요하다. 물론 기물을 통한 감각의 정밀성과 신기의 추측은 상호작용을 통해 인식이 발전하며, 추측이라는 사고의 자율성에 따라 기계론에 매몰되지 않는다. 다만 옛날 사람과 지금 사람의 눈의 기능과 안력(眼力)에는 차이가 없겠지만, 이 상호작용의 결과가 인식의 진보를 이루게 한다. 신기의 역할이 그만큼 중요하다는 뜻이다.

서학에서 말하는 기계론적 육체와 인간의 지적 능력으로서 영혼의 기능은 이원론이고 따로 놀 수밖에 없다. 하지만 저자의 그것은 몸과 신기는 일원론의 배경을 지니고 있기에 서구의 육체-영혼의 관계와 다르다. 비록 부분적으로 인체 기관의 기능상 '기계'라는 표현을 수용했어도, 서학에 또는 전통에 매몰되지 않고 자기만의 신체관을 확립하였다.

이통

耳通

1. 천지와 인간과 만물의 소리
天地人物聲

자연은 말이 없으나 다만 기가 움직이는 소리만 있고,[1] 인사에는 분별하는 일이 있어 가리켜 구별하는 말을 전하고 익힌다.[2] 기의 소리와 사람의 말은 귓바퀴를 울리고 귓속을 떨게 하여 신기에 연결된다.[3]

天道無言, 而只有氣動之聲, 人事有辨, 而傳習指別之言. 氣之聲人之言, 振於耳郭, 戰於耳筒, 以通乎神氣.

무슨 소리를 처음 들을 때는 의문이 생기고, 두 번 들으면 어떤 소리와 유사하다고 여기면서 처음 들은 내용이 미루는 대상이 된다. 이어 서너 번 듣게 되면서 헤아림과 판단이 생긴다. 이처럼 듣는 일에 점차 익숙하면 듣는 능력[4]이 깊이 자라나, 소리와 말이 있기 전에 듣고 또 말과 소리의 뒤를 살필 수 있다.

初聞而疑, 再聞而似, 初聞爲推. 三聞四聞, 而測量生焉. 漸致慣熟, 聽力深長, 能聽於

---

1 기에 소리가 있다는 생각은 후기 저작 『運化測驗』 卷1, 「氣之聲」에 "人所聞之聲, 惟在於地氣蒙包之內, 氣擊氣而成聲, 物擊物而成聲, 氣擊物而成聲, 物擊氣而成聲, 物是氣之凝聚者也, 其實皆是氣擊氣也."에 잘 표현하고 있다.

2 傳習은 『論語』, 「學而」의 "曾子曰, 吾日三省吾身, 爲人謀而不忠乎. 與朋友交而不信乎. 傳不習乎."에 등장하는 말. 王守仁 『傳習錄』의 이름도 여기서 가져왔다.

3 소리의 인식은 소리가 발생하면 귓바퀴가 소리를 모아 고막을 진동시키고, 귓속뼈가 그 진동을 증폭시키면 그 진동을 받아 신경 자극으로 바꾸는 달팽이관을 거쳐 청신경을 통해 뇌에 전달한다.

4 내용을 종합하면 聽力은 단순 기능이 아니라 내용을 종합하면 경험·추측이 결부된 신기의 그것이다.

聲言之前, 又察於聲言之後.

듣는 기물은 귀에 있기에 소리가 도착하자마자 곧장 통하나, 들어서 아는 일은 신기의 앎에 달려 있어서 점차로 안다.5 해서 천지와 사람과 만물의 소리와 음성을 설령 다 들을 수는 있지만, 그 까닭과 귀추를 아직 많이 알지 못한다.

聽之器在耳, 而聲到輒徹, 聽之知覺, 在神氣之通, 而漸次得來. 以至於天地人物之 聲音, 縱得皆聽, 未達其緣由歸趣者多.

우레와 지진과 새와 짐승의 소리는 기질이나 익힌 일이 제각기 달라서 그런 것이지만,6 대개 쌓인 기가 떨려 분출하는 데서 나오거나7 좋음과 싫음에 따라 나온다.8 옛사람들이 음양이 서로 부딪쳐서9 나온다는 이론 이나 새와 짐승 소리를 알아듣는다10는 말은 억측하는11 데 힘만 낭비해

---

5 물리적 소리와 인식 내용상의 속도 차이를 설명한 말. 바로 앞 문장에서 그 까닭을 설명하였다.

6 기질과 익힌 일은 제각기 우레와 지진의 물리적 성격과 새와 짐승의 습성을 말함.

7 이 내용은 후기 저작『運化測驗』卷2,「地震」에 자세한데, 가령 "地外之熱氣奮發, 爲雷電, 地內之熱氣衝發, 爲地震."이 그것으로, 이 내용은 서학의『空際格致』를 참고 하여 저자의 관점으로 수정한 내용이다.

8 동물 소리의 경우.

9 相薄은 서로 묶인다(迫近)거나 또는 相搏 곧 搏擊으로도 쓰이는데, 여기서는 후자의 뜻임.『周易』,「說卦傳」의 "天地定位, 山澤通氣, 雷風相薄."에 보이고, 陰陽相薄은 『朱子語類』77-9의 "問, 戰乎乾, 何也. 曰, 此處大抵難曉. 恐是簫鬸殺收成底時節, 故曰, 戰乎乾. 問, 何以謂之陰陽相薄. 曰, 乾, 陽也, 乃居西北, 故曰, 陰陽相薄. 恐是如 此, 也見端的未得."에 보임.

10 『韓詩外傳』卷5에 "夫鳥獸魚猶知相假, 而況萬乘之主乎."라는 말이 보인다.

11 揣摩는 억측의 뜻으로 쓰였다. 원래 縱橫家의 말을 가리킨 것인데 북송 張載의 『張子語錄』卷中에 "詖淫邪遁之辭, 古語孰近 … 遁辭無守, 近於揣摩."라는 말에

한갓 후인의 의혹만 증폭시킬 뿐이다.

在雷霆地震及鳥獸之音, 以其氣質所習, 各異而致, 然大略以所蓄之氣, 或發於振吹, 或發於好惡. 古人陰陽相薄之論, 鳥獸知音之說, 費力揣摩, 徒滋後人之惑.

오직 사람의 언어는 습속이 서로 비슷하고 몸이 같은 부류에서 나온 것이므로, 그 말에 간혹 완벽하지 못한 의미가 있더라도, 먼저 일의 낌새를 헤아리고 말을 들으면 그 말을 쉽게 살핀다. 또는 먼저 그 말을 듣고 일의 낌새를 뒤쫓아 살피면 그것이 쉽게 드러난다.

惟人之言語, 出於所習相近, 形質相類, 則其言或有未盡之意, 先揣事機, 而聽言, 則其言易察. 或先聽其言, 而追察事機, 則事機易露.

보인다.

해 설

물리적으로 듣는 소리와 그 의미를 아는 차이를 밝혔다.

소리의 의미를 제대로 파악하려면 인식주체로서 신기가 간여해야 하는데, 곧 경험과 그 연장선에서 추측이 동원되어야 한다는 생각이 보인다. 따라서 경험과 그에 따른 추측이 적으면, 보아도 보지 못하고 들어도 듣지 못하는 현상이 생긴다.

귀로 소리를 인식하는 해부학적 메커니즘은 이 글에서는 볼 수 없다. 다만 지진이나 우레에 따른 소리의 발생은 훗날 『운화측험』에서 상세히 설명하는데, 여기서는 소리에 대한 단편적 견해만 보인다. 눈여겨보아야 할 내용은 이런 물리적 현상을 음양이론으로 설명하는 일을 더 이상 신뢰하지 않는다는 점이다.

2. 소리 무리와 거리
聲暈遠近

물체에서 소리가 발생할 때 가까이서 들으면 크고, 멀리서 들으면 작으며, 더 멀리서 들으면 미세하여 도달하지 못한다. 이는 중간에서 소리를 가로막은 공기[12]가 거리에 따라 두껍거나 얇기 때문인데, 공기가 두꺼우면 소리의 진동이 투과하기 어렵고, 얇으면 투과하기 쉽다.

聲發於物, 而聽在通, 則聲大, 聽在遠, 則聲小, 聽在尤遠, 則聲微不達. 是所隔之氣, 隨遠近而有厚薄, 氣厚, 則聲振難透, 氣薄, 則聲振易透.

그런데 비록 거리는 가까워도 담이나 벽이나 휘장이 가로막으면, 소리가 굼뜨면서 이어져 굽이쳐 도는데, 이는 물체가 귀를 가로막기 때문이다.[13] 소리를 전달하는 매질이 느슨하면 소리가 작고 팽팽하면 귀가 울린다.[14] 소리는 공기가 가로막지 않음이 없으나, 그것을 투과할 수 있으면 전달되고, 투과하지 못하면 전달되지 않는다.

雖近, 而墻壁帷帳遮隔, 則聲遲連而灣廻, 以物充耳. 漫則聲微, 緊則耳鳴. 無非氣之所隔, 聲能振透, 則得通, 不能振透, 則不通.

대개 공기와 물체가 서로 부딪쳐 또 공기끼리 불어서 소리가 발생한다.[15]

---

12 여기서 기는 대부분 공기(air)에 해당한다.

13 입자의 직진과 달리 소리의 파동이 장애물 뒤쪽으로 돌아서 들어가는 현상인 소리의 회절(diffraction)에 대한 설명이다.

14 그 사례로 종이컵을 실로 연결한 장난감 전화기를 생각해 보라.

진동이 발생하는 물체의 옆에 있는 공기에서 점차로 충격이 사방으로 퍼지면, 중첩된 소리 무리가 생긴다. 이때 소리가 크면 무리도 크고, 소리가 작으면 무리도 작다. 소리나는 곳에 가까운 소리는 빠르고 무겁고 탁하지만, 멀리 있는 소리는 느리고 가볍고 맑은데, 그것은 가까우면 진동하는 공기에 힘이 있고 음파가 용솟음치며, 멀면 힘이 없고 음파가 고요하기 때문이다.16

蓋氣與物, 相擊成聲, 吹噓成聲. 振發在傍之氣, 漸次衝激施及四圍, 以成重暈. 聲大則暈大, 聲小則暈小. 而近聲, 急疾而重濁, 遠聲, 遲緩而輕淸, 以其所振之氣, 近有力而波湧, 遠微力而波靜也.

소리를 내는 물체를 중심으로 삼고, 소리가 진동시키는 공기를 둘레로 삼으면, 그 사방 둘레의 모든 방향에서 귀로 들을 수 있다.17 그러나 바람이 고요할 때는 사방으로 퍼지는 소리 무리와 중심과의 거리가 균일하지만, 만약 서풍을 만나면 서쪽의 소리 무리와 중심과의 거리는 가깝고 동쪽의 그것과는 멀어져, 전체는 중심이 치우친 타원을 이룬다. 동서남북의 각 방향에서 부는 바람도 이처럼 제각기 타원을 이루는데, 풍력의 세기에 따라 짧거나 긴 타원이 늘어나거나 줄어드는 데 기준이

---

15 소리 발생에 대한 이 내용을 더 발전시킨 설명이 후기 『運化測驗』 卷1, 「氣之聲」의 "氣擊氣而成聲, 物擊物而成聲, 氣擊物而成聲, 物擊氣而成聲, 物是氣之凝聚者也, 其實皆是氣擊氣也."이다. 본문 吹噓成聲은 『運化測驗』의 氣擊氣에 해당한다.

16 소리 나는 곳에서 가까이에서 들으면 온갖 거친 소리까지 들리다가, 멀리서 들으면 맑게 들리는 까닭은 온갖 잡소리와 작은 소음이 공기에 막혀서 상쇄되기 때문이다. 가령 관악기의 연주를 가까이서 들으면 숨소리까지 들리면서 거칠지만, 멀리서 들으면 깨끗하게 들리는 이치와 같다.

17 방해물이 없으면 소리의 진원지에서 음파가 공기를 매질로 사방으로 퍼진다는 말이다.

있다.18

以作聲之物爲心, 以聲振之氣爲周圍, 可從其四面周圍, 皆得以耳聽. 然其周圍之暈,
若値風靜, 則四圍之去心均適, 若値西風, 則西圍之去心近, 東圍之去心遠, 以成僻
心之撱圓. 東南北風, 各依此成撱圓, 而隨風力之勁微, 而短撱長撱, 進退有準.

소리의 윤곽19도 이 무리를 따라 모습이 변한다. 만약 풍력(풍속)이 빠르
면 무리가 찢어지고 소리가 나부껴 원형을 이루지 못하다가, 소리가
끝나면 소리 무리도 소멸하나 풍력(풍속)은 그대로이다.【빛무리, 냄새
무리도 모두 이 소리 무리처럼 측험해야 한다.】

聲之輪郭, 從斯暈而變形. 若風力急疾, 暈裂聲飄, 不成圓形, 及其聲闋, 則聲暈消滅,
風力自如.【色暈, 臭暈, 皆當依此聲暈, 測驗.】

---

18 대기 중의 음속은 대기의 온도와 밀도의 영향을 받는다. 따라서 바람은 공기의
   밀도에 영향을 미치므로, 당연히 소리의 속도에 영향을 미친다. 소리의 속도는
   소리 무리(파동)의 전파 속도를 말한다.
19 소리 무리가 파동이 중첩된 것이라면 윤곽은 전체의 모습이다.

해 설

소리의 발생과 전파와 관련된 소견을 펼쳤다.

물체의 진동, 파동으로 소리의 전파, 소리의 회절, 매질의 크기와 밀도에 따른 소리의 전파 정도, 파동의 모양 등을 설명하였다. 비록 현대 과학에서 사용하는 용어, 정확히 말하면 서양 과학 용어를 일본식으로 번역한 말은 아니지만, 현대 과학에 근접하는 내용이다. 후기 저작에 가면 소리의 발생을 구체적으로 진술한다.

다만 이 내용에서 눈으로 확인할 수 없는 소리의 전파 과정을 눈에 보이듯 설명한 점은 나름의 정확한 개념 없이는 설명하기 어려운 일이다. 더구나 그것이 빛과 냄새까지 적용할 수 있다는 설명이 그것을 잘 말해 준다. 저자가 이런 사실을 알기 전에 어떤 서적에서 설명이나 도표를 봤을 가능성을 조심스럽게 점쳐본다.

3. 온갖 소리를 미루어 안다
推通萬聲

모든 소리는 귀에 의하여 사용되니, 귀는 소리를 소통하는 기물[20]이다. 귀가 소리를 소통할 수 없으면 족히 귀가 되지 못하고,[21] 소리가 귀에 사용되지 않으면, 소리는 소리가 되는 일[22]에 소통되지 않는다.

凡聲爲耳之所用, 耳爲通聲之器. 耳不能通聲, 則耳不足爲耳, 聲不爲耳所用, 則聲不通其爲聲矣.

온 세상의 만물에는 제각기 소리[23]가 있고 공기를 빌어서 전달된다.[24] 소리는 바다와 육지의 지면에 널리 가득하고, 네 계절과 밤낮을 가리지 않고 미묘하게 통하여 떠들썩하고 그치지 않는다.[25] 내 귀로 듣는 대상은 가까운 거리 안에서 오직 섬세한 음향을 구별할 뿐이나, 십 리의 바람결에는 잘 들어야 큰 종소리를 들을 수 있고, 수십 리 바깥에서는 뇌성과 대포 소리만 겨우 들을 수 있다.

---

20 기물에 대해서는 앞의 『신기통』 권2의 「窮格器用」을 참고 바람.

21 외형상의 귀와 기능상의 귀를 분리해서 말함.

22 '소리는 소리가 되는'에서 전자는 물리적 소리, 후자는 인간이 인식하는 소리를 말함.

23 音聲은 정확히 말하면 音과 聲이다. 『禮記』, 「樂記」에 "聲成文謂之音."이라고 하여 聲은 소음을 포함한 일반적인 소리이고, 音은 기악이나 성악처럼 질서 있게 꾸민 소리이다. 이하는 구별 없이 音聲을 聲音과 번갈아 사용하고 있다.

24 傳發은 『史記』, 「淮陰侯列傳」에 "夜半傳發, 選輕騎二千人, 人持一赤幟, 從間道草山而望趙軍."이라고 하여 원래 傳令出發의 뜻이다.

25 저자는 훗날 『運化測驗』 卷1, 「氣之聲」에서 "寥廓之中, 諸曜運轉, 積氣充滿, 縱有聚散迭蕩之聲, 不可得聞也. 人所聞之聲, 惟在於地氣蒙包之內."라고 하여, 들을 수 있는 것과 없는 소리를 구별하였다.

天下萬物, 各有音聲, 借氣而傳發. 遍滿海陸地面, 通微四時晝夜, 聒鬧不息. 我耳所聽, 尺丈之內, 惟辨纖細之響, 十里風便, 善聽之, 而洪鐘得達, 數十里外, 雷霆大礮, 纔能到耳.

그리고 가까운 소리는 멀리 있는 소리를 빼앗을 수 있고, 큰 소리는 작은 소리를 누를 수 있다. 또 간혹 신기가 어떤 일로 얽매이면 소리가 도달해도 들리지 않고, 설령 듣더라도 이해하지 못하고26 좇아 행할 수 없어, 듣지 못한 상태와 차이가 없다. 그러니 들은 내용을 아무리 인정해도 실로 얼마 안 되고, 들을 수 있는 대상을 선택해도 그 갈래가 많지 않다.

而近聲能奪遠聲, 大聲能壓小聲. 且或神氣, 有所係累, 聲到而不聞, 縱或聞之, 而不能開悟, 不克遵行, 與不得聞, 無異. 則許其所聽, 實無幾何, 擇其能聽, 亦非多端.

그러니 여러 시끄러운 소리는 모두 쓸모없는가? 아니면 장차 여러 곳에서 각 사람에게 사용될 것인가? 텅 비고 광활한 세계의 많은27 생물이 제각기 자신의 숨을 불어내는 일이 한갓 생겨나고 없어지는 현상에 저절로 수고로울 뿐인가? 무지한 사람은 예사롭게 듣고 버리지만, 잘 듣는 사람은 추측을 따라 활용할 것이다.

然則凡諸紛紜之聲音, 皆爲無用之聲音乎. 抑將爲各處各人之所用乎. 寥廓世界, 林總羣生, 各吹其氣, 徒自勞於起滅乎. 不知者, 尋常而抛棄, 善聽者, 因推而爲用.

---

26 이와 유사한 논리는 이미 『大學章句』 傳7章의 "心不在焉, 視而不見, 聽而不聞, 食而不知其味."라는 말에 보인다. 따라서 神氣는 心과 같은 뜻으로 쓰였다.
27 원문 林總은 總總林林 또는 林林總總의 축약으로 많다는 뜻.

저 만물이 스스로 불어 소리를 내고 스스로 우는[28] 데는 반드시 까닭이 있다. 곧 그것이 스스로 터득한 일을 드러내거나, 그가 타고난 바탕이나 본성대로 토해내거나, 그가 숨긴 자취를 터트리거나, 그가 은폐한 내용을 열거나, 대상을 만나 그의 좋고 싫은 감정을 드러내거나, 시간이 지나 변화를 이루어서인데, 모두 스스로 드러냄과 스스로 나타냄이 때를 기다려서 한다.

夫萬物之自吹自鳴者, 必有所由. 或露其自得, 或吐其資稟, 或綻其掩蹟, 或開其所蔽, 或遇物而發其好惡, 或歷時而成其變化, 皆是自露自呈, 待時而發.

세월이 지나면 모르는 까닭이 남아 있지 않아, 내가 반복 연구해 찾아내는 수고를 덜 수 있다. 내가 들은 내용을 가지고 나의 신기에 소통하여 듣지 못한 일에 통달하면, 온 세상 만물의 갖가지 소리가 모두 나의 귀에 쓰인다.

經歷歲月, 無攸餘蘊, 可損我反覆究索之勞矣. 以我所聽, 通我神氣, 達之於所不聽, 天下萬物, 不齊之聲音, 皆爲我耳之所用.

---

28 『莊子』, 「齊物論」의 天籟·地籟·人籟처럼 만물은 제각기 소리를 가지고 있다는 의미.

해 설

소리가 들리는 물리적 특징과 그 소리를 인식하는 문제를 다루었다. 이 세상은 소리로 가득 차 있다는 생각은 『장자』의 견해를 따랐다. 사람은 일정한 주파수 범위 내의 소리만 듣지만, 소리가 들리지 않는다고 없는 것은 아니다.

그리하여 소리는 귀를 통해 마음으로 인식한다는 점을 강조하여, 만물에는 소리가 있으며 소리를 듣고 못 듣는 물리적·심리적 조건을 나열하였다. 또 추측으로 소리의 활용 가능성을 언급하고, 소리가 나는 까닭을 다소 추상적인 은유로 표현하였으며, 끝으로 장차 소리를 잘 아는 때가 온다고 전망하였다. 비록 당시의 인식 수준으로 보아 그 내용이 제한적이지만, 시간이 지나면 소리에 대해 이전보다 더 잘 알고 활용할 수 있다고 본 점은 정확한 예측이다. 과학의 진보를 믿었기 때문이다.

4. 선천적 청각 장애와 신기의 청각 장애
天聾神氣聾

태아 때부터 선천적 청각 장애가 있어 사람의 말과 물건의 소리를 들을
수 없으면, 적막한 천지요 들리는 일이 없는 세계이다.

自胎天聾, 不可聞人之言物之聲, 則寂寞天地, 無聞世界也.

타인이 그를 볼 때, 측은한 마음이 없는 사람은 "몹쓸 병이다"라고 말하며
홀대한다. 반면 가엽게 여기는 사람은 그를 애석하게 여기고 답답해하며,
"부모와 형제의 말을 어떻게 듣느냐? 물건의 이름과 글자를 어떤 식으로
배우느냐?"라고 묻는다. 이렇게 사람의 모습을 하고서도 사람 구실 못하
고, 감각기관을 갖추고 있으면서도 귀로 인해 모든 기관이 어둡다.

自他人觀之, 無矜憐者, 以謂廢疾而忽待之. 有愛憐者, 爲之嗟惜, 爲之發鬱, 以謂父母
兄弟之言, 何以得聞, 物名書字, 何以得學. 有人形, 而無人之行, 有諸竅, 而緣耳俱蔽.

이와 달리 청각 장애인이 자신을 볼 때는 '사람이 태어날 때 원래부터
눈으로 보고, 코로 냄새 맡고, 입으로 먹고 마시고, 대소변을 배설하고,
손으로 집고, 발로 다니는 일만 있어서 남과 다르지 않다'라고 생각해,
남이 갖춘 기관이 자기의 그것보다 많다는 사실을 보지 못하고, 또 자기가
갖춘 기관이 남보다 적다는 사실도 보지 못한다.

自其聾者視之, 以爲人生原來惟有目之視, 鼻之臭, 口之飮食, 水穀通道, 手持足行,
與諸人無異, 未見人之所具, 多於己也, 又未見己之所具, 少於人也.

사실 청각 장애인의 일거수일투족은 보통 사람과 달리 남의 손과 턱이 가리키는 것을 기다려야 하고,29 만사 만물이 모두 어둡고 아무것도 없는 곳에 맡겨져 평생을 보낸다. 그래서 끝내 남의 말을 듣고 소리가 들리는 일이 인간의 삶에 큰 쓰임이 됨을 모른다. 또 말을 배울 수 없으면, 자기에게 비록 절박한 사정이 있어도 남에게 설명할 수 없으니, 이는 바로 구멍이 닷새 동안 뚫린 혼돈30의 신세이다.

一動一靜, 殊待人之手指頤點, 萬事萬物, 都任置于罔昧烏有, 以度平生. 終不知聽言聞聲, 爲人生之大用. 且不能學語, 則己雖有切迫情勢, 不可說道于人, 便是鑿五日混沌也.

무릇 들어도 그 내용을 알지 못한 상태는 신기의 청각 장애이다. 이것을 선천적 장애와 비교하면, 설령 배와 대추를 찾는 말을 하거나 닭 울고 개 짖는 소리 따위는 알아들어도, 남을 대할 때는 그가 기뻐할지 화를 낼지 감정의 저촉을 생각하지 않아, 일 처리가 대부분 전도되게 행동한다. 이런 사람에게 누구 하나 측은하게 여기는 사람은 없고, 평생 깜깜하게 헤매는31 부끄러움만 있으니, 도리어 선천적 청각 장애인이 남이

29 手話가 없던 시절에 자연스러운 의사소통법을 말함.
30 『장자』, 「應帝王」에 등장한 고사와 관련된 내용이다. 곧 남해의 제왕 儵과 북해의 제왕 忽이 중앙의 제왕 混沌이 사는 토지에서 만났을 때, 儵과 忽은 혼돈의 융숭한 대접에 보답하기 위해서 아무 구멍이 없는 밋밋한 혼돈을 인간처럼 만들어 주기 위해서 신체에 매일 하나씩 구멍을 뚫어주었다. 그런데 7개의 구멍(귀 2, 눈 2, 콧구멍 2, 입 1)을 다 뚫는 순간 혼돈이 죽었다는 고사이다. 본문의 "닷새 동안 뚫었다"라는 말은 귓구멍 2개를 아직 안 뚫었다는 뜻으로, 두 구멍이 아직 혼돈 상태인 청각 장애를 비유한 말. 渾沌으로 된 『장자』 판본도 있다. 여기서는 이 고사를 부정적으로 쓰지 않았다.
31 擿埴는 지팡이로 땅을 더듬어 가는 것. 漢 揚雄의 『法言』, 「修身」의 "擿埴索塗, 冥行而已矣."에 보인다.

가리키는 대로 따르거나 남의 동작을 의지하는 일보다 못하다.

凡有聞而無攸知覺者, 卽神氣聾也. 比諸天聾, 縱有覓梨索棗之言, 雞鳴犬吠之聽,
待人不念喜怒之觸, 處事率多顚倒之行. 無一人矜憐之者, 有平生摛埴之恥, 反不若
天聾之隨人指使, 依人動止也.

해 설

청각 장애인의 어려움과 신기로 듣는 장애를 비교해 말했다.

청각 장애인에 대한 약간의 오해가 담겨 있다. 저자의 그런 생각은 당시 상황이 반영된 것이지만, 오늘날 청각 장애인은 특수 교육의 효과로 저자의 표현대로만 살지는 않는다.

사실 저자가 더 하고 싶은 말은 뒷부분의 내용이다. 남과 소통에 문제가 있는 마음의 장애가 더 심각하다는 점을 꼬집었다. 옛날을 기준으로 말하면 신하의 간청을 듣지 않는 임금이 대표적인 사례이다. 그 외 자기 수양을 게을리하여 남의 감정을 전혀 고려하지 않고 자기 말만 하는 사람, 자기 고집만 피우는 사람도 여기에 해당하겠다.

저자 기철학의 실천적 논리 가운데 하나가 소통인데, 남과 잘 소통하려면 열린 귀가 있어야 한다. 그 열린 귀는 바로 남의 신기와의 소통을 상징한다.

5. 말을 듣는 조리
聽言條理

누가 벗들이 멀거나 가까이서 겪은 내용을 모아, 내가 미처 듣고 보지 못한 사물에까지 넓히거나, 그것으로 내가 이미 듣고 본 사물을 증험하는 일은 오로지 그 전해주는 말을 알아듣는 능력에 달려 있다. 그래서 말을 들을 때는 신기의 역량에 집중하고, 말하는 사람의 말과 표정을 엄밀하게 살피며, 다른 대상에 마음이 쏠리거나 흔들리지 않아야 한다. 그러고는 먼저 명목32의 조목별로33 자세히 살피고, 다음으로 사기34의 주선에서 순조롭게 풀어간다.

集朋友之遠近閱歷, 以擴我未及聞覩之事物, 以驗我已聞已睹之事物, 惟在於聽言之優劣. 專注神氣之力, 顯察言者之辭色, 勿爲他物所遷搖. 而先詳審於名目之條別, 次順繹於事機之周旋.

명목이란 연대와 지방과 사람과 물건의 이름과 수량이다. 말을 들을 때 만약 명목의 구분을 소홀히 하면, 사기가 펼쳐지고 풀리는 현상을 비록 상세히 듣고자 하더라도, 맥락이 문란하고 처음부터 끝까지 혼란스러워, 끝내 그 전체의 요지와 핵심을 알기 어렵다. 만약 누가 명목을 처음 말할 때 정신을 모아 잘 기억하고 생각하여, 떠오르는 대로 빠뜨리지 말고, 어느 해에 어느 지방 어느 사람이 어떤 물건의 수량을 주고받았는지

---

32 名目은 바로 뒤 단락에서 저자의 정의가 나옴.
33 條別은 분류의 세목.
34 용어사전을 볼 것. 그리고 바로 뒤에서 저자의 정의가 나옴.

분명히 기억한다면, 대강의 내용이 이미 갖추어져 통괄하여 거느리는 일이 꽤 쉬울 것이다. 나아가 주선하는 사기에서 설령 소홀하여 빠뜨리는 부분이 있어도, 끝내 전체의 큰 요지를 잃지 않는다. 그리고 두루 아는 데에 여력이 있어서, 때로는 말의 귀추를 미리 헤아려 그 결론에 부합함을 기대하기도 하고, 혹은 다른 조치를 따로 연구하여 피차의 우열을 비교하기도 한다.

名目者, 年代地方人物之名號及數目也. 聽言時, 若忽略於名目條別, 則事機舒繹, 雖欲詳聞, 而脈絡紊亂, 頭尾渾淪, 竟難得其大旨要領. 若於名目初言之時, 會神記念, 隨現勿遺, 分明記得某年代某地方何許人某物數目之授受與奪, 則大略已具, 總領頗易. 至於周旋之事機, 縱有忽略, 竟無失於大旨. 而周通有餘力, 或豫度其歸宿, 以待其終言符合, 或別究他措畫, 以較其彼此優劣也.

사기란 경륜과 책략35의 착수가 때에 따라 어떤 대상을 만나는 기회36이다. 이 또한 명목의 구분을 순서대로 시행하는 것이 마치 옷깃을 들면 옷자락이 따르고 벼리를 들면 그물의 구멍이 딸려 오는 양상과 같다.

事機者, 經綸計謀之設始, 隨時遇物之期會也. 亦是名目條別之循序施行, 如挈領而裾從, 擧綱而目隨也.

또 말을 전하는 사람도 아는 상태의 깊음과 얕음이 있다. 그래서 어떤 이는 간단하게 말해도 이치가 명료하나, 어떤 이는 많이 말해도 이치는

---

35 計謀는 謀略 또는 策略의 뜻으로 『史記』, 「李斯列傳」의 "秦王乃除逐客之令, 復李斯官, 卒用其計謀."에 보인다.

36 期會는 약속 또는 정기적인 모임의 뜻이나 여기서는 機會의 뜻으로 쓰였다.

불투명하다. 또 어떤 이는 듣는 사람의 이해 여부를 살펴서 기어이 이해시
키려고 노력하나, 어떤 이는 듣는 사람의 이해 여부는 헤아리지 않고
오로지 자기 말만 늘어놓는다.

且夫傳言者, 有所得之深淺. 或略言而理明, 或多言而理晦. 或察聽者之得通與否,
期達其未達, 或不揣聽者之通不通, 惟陳己言.

말을 듣는 사람들 또한 아는 상태의 깊음과 얕음이 있다. 그래서 어떤
이는 말한 사람의 부족한 부분을 찾아서 보완해 주고, 어떤 이는 말한
사람의 상세함을 이해하지 못해서 매우 현혹된다. 또 어떤 이는 좋은
점과 나쁜 점을 아울러 취하여 권장하거나 징계하는 일로 삼고, 어떤
이는 자기가 익힌 일을 따라 좋은 점만 취하거나 나쁜 점만 취한다.
따라서 말하는 사람과 듣는 사람이 먼저 조예를 알아 참작하고 취사해야
피차간의 실수가 거의 없을 것이다.

聽言者亦有所得之淺深. 或探言者之未盡, 而補完之, 或不達言者之詳, 而眩惑滋甚.
或幷取善惡, 以爲勸懲, 或遂其所習, 而偏取善惡. 言者聽者, 先通造詣, 而參酌取捨,
庶無彼此攸失.

해 설

말을 잘 알아듣는 조리와 말을 듣고 전달하는 양상을 사례로 들어
소통을 설명하였다.

이 글은 내용이 다소 추상적이라 이해가 쉽지 않다. 사실 물리적으로
듣는 일은 귀의 기능이지만, 내용을 이해하고 전달하는 일은 신기인
마음이 하는 일이다. 자연히 소통의 요령과 방법이 없을 수 없고, 그래서
먼저 정신 집중과 이어서 요령을 말하였다.

그 과정에서 중요하게 등장하는 개념이 명목과 사기이다. 전자는 '연대
와 지방과 사람과 물건의 이름과 수량'으로서 명사화할 수 있는 대상이
고, 후자는 '경륜과 책략의 착수가 때에 따라 어떤 대상을 만나는 기회'로
서 사건의 진행과 관련된다. 듣든지 말하든지 전달하려는 현실의 사건은
이 둘이 서로 착종(錯綜)되어 진행된다.

남의 말을 잘 듣는 일은 일단 잘 이해하고 기억해야 한다. 그러기 위해서
는 조리 또는 요령이 필요하다. 그 방법이 일종의 육하원칙이다. 본문의
어느 해(When), 어느 지방(Where), 어느 사람(Who), 어떤 물건(What),
수량을 주고받는다(How)는 말이 거기에 해당한다. 물론 왜(Why)라는
항목이 빠져 있지만, 그것만 해도 대단한 내용이다.

문제는 남의 말을 듣고 그것을 전달하려면 말하는 내용을 잘 이해해야
한다. 이 또한 단순한 귀의 역할이 아니라 신기와 관련된 일로서 사람에
따라 천차만별이다.

6. 성률37과 언어
聲律言語

성음38의 학문은 오로지 소리의 높낮이39와 장단40을 분별하여 사람의
목소리에서 화합하게 하는 데 있을 뿐이다.

聲音之學, 惟在分別淸濁長短, 以和協於人聲而已.

팔음41 가운데는 관악기와 현악기가 으뜸이다. 관악기의 음은 관 속의
공기에서 발생하는데,42 쌓인 공기가 많으면 소리가 낮고, 쌓인 공기가
적으면 소리가 높다.43 현악기의 음은 현 주위의 공기 진동에서 발생하는

---

37 五聲(宮·商·角·徵·羽)과 12律(黃鍾·大呂·太蔟·夾鍾·姑洗·仲呂·蕤賓·林鍾·夷則·南呂·應
   鍾)로, 여기서는 음악의 통칭.
38 원래 聲은 일반적 소리이고 音은 소리가 질서를 이룬 음악으로『禮記』, 「樂記」에
   "聲成文謂之音."에 보임. 聲音은 일차적으로 음악과 관련되는데, 같은 책에 "樂必發
   於聲音, 形於動靜, 人之道也."라는 말이 있고, 또 음악과 아울러 詩歌의 의미도
   함유하는데, "聲音之通, 與政通矣(같은 책)"에 보인다. 나아가 발음이나 목소리와
   관련되는데,『孟子』, 「告子下」에 "訑訑之聲音顔色, 距人於千里之外."라는 말이 보인
   다. 본서의 의미는 음악과 관련된다.
39 淸濁은 음악 외에 철학·물리학·의학·음성학 등에서도 쓰이는 말이지만, 여기서는
   단순히 소리가 맑고 탁하다는 의미보다 전통음악의 전문 용어이다. 곧 원 음역인
   中聲에서 한 옥타브 이상 높은 소리는 淸聲이라 하고, 한 옥타브 이상 낮으면
   濁聲으로 분류한다. 여기서는 음의 높낮이.
40 長短이란 보통 길이의 리듬형(rhythmic pattern)이라 하지만, 박자와 빠르기와
   강약과 패턴의 종합적 요인에 따라 정해진다.
41 전통악기의 제작에 쓰이는 여덟 가지 재료로 金(금속)·石(돌)·絲(실)·竹(대나무)·匏
   (바가지)·土(흙)·革(가죽)·木(나무)이 그것이다.『書經』, 「舜典」의 "三載, 四海遏密
   八音."과『周禮』, 「春官·大師」의 "皆播之以八音, 金石土革絲木匏竹."에 보인다.
42 정확히 말하면 관악기 소리는 관 속의 공기가 진동하여 난다. 곧 피리와 클라리넷처럼
   reed가 떨게 하여 공기를 진동하거나 단소와 플루트처럼 reed 없이 직접 공기를
   불어 넣어 진동시켜서 분다.

데, 현이 가늘면 소리가 높고, 현이 굵으면 소리가 낮다.44

八音之中, 管絃爲最. 管音, 生於管中之氣, 而積氣多則聲濁, 積氣少則聲清. 絃音, 生於絃傍氣之振拂, 絃細則聲清, 絃巨則聲濁.

가장 낮은 음에서 가장 높은 음까지 차례로 똑같이 나누어 10개 혹은 12개로 하되 처음부터 끝까지 1균을 만든다.45 나아가 금속이나 돌로 된 악기의 두께, 바가지와 가죽과 나무로 된 악기의 울림통 부피가 모두 그러하다.46 이 같은 방식으로 크게 하고 싶다면 갑절이나 두 배 세 배를 더하고, 작게 하고 싶다면 반이나 갑절 줄이는데,47 문제는 차례로 등급을 두어 정해진 한도를 어기지 않아야 한다.

自最濁至最清, 挨次遞等, 分之于十二, 爲終始之一均. 以至金石之厚薄, 匏土革木之容氣, 皆然. 依此, 而欲大之則加倍, 或加二倍三倍, 欲小之則減半, 或減一倍, 要取其遞次有等, 無違分數.

---

43 쌓인 기의 多少는 관의 지름이 같다면 관의 길이에 따라 정해지는데, 관이 길면 낮은 음인 濁聲, 짧으면 높은 음인 清聲이 난다. 곧 관악기는 대개 손가락으로 氣孔을 눌러 진동하는 공기의 量에 해당하는 관의 길이를 조절한다. 참고로 국악에서는 원 음역에서 두 옥타브 낮거나 높은 음을 각각 倍濁, 重清이라 한다. 또 관악기 소리의 높낮이는 또 부는 공기의 압력 영향도 받는다. 따라서 清濁은 음높이를 나타낸 용어임.

44 현악기의 음의 높낮이는 현의 굵기만이 아니라 길이의 영향도 받는다.

45 '가장 낮은 음에서 가장 높은 음까지'는 한 옥타브이며 그것이 1균이다. 그것을 균등하게 10개 또는 12개의 음으로 고르게 나눈다는 뜻. 전통음악의 12律이 여기에 해당한다. 곧 黃鍾에서 應鍾까지 12개의 음이 그것이다. 정확히 일치하지는 않으나 서양음악의 평균율과 비슷하다.

46 이들 악기는 울림통의 크기에 따라 소리의 높낮이를 정한다는 말.

47 大와 小는 앞의 '依此'라는 말에 근거하면 악기의 두께나 부피를 말한 것으로 보임.

그것을 배우고 익히는 사람은 가장 낮은 음을 첫 번째 소리로 삼고, 그다음의 낮은 음을 두 번째 소리로 삼고, 또 그다음의 낮은 음을 세 번째 소리로 삼아, 가장 높은 음에 이르러 열두 번째 소리로 삼는다. 이렇게 불고 두드리고 소리를 들어 첫 번째, 두 번째, 세 번째에서 열두 번째에 이르기까지 모두 일정한 수로 차등이 있게 하는데, 지나치면 덜어내고 모자라면 보태어 성조가 어긋나거나 넘지 않도록 한다.[48] 또 하나의 소리가 시작하여 끝나는 동안 사람의 호흡하는 수를 장단의 마디로 삼는다.

學習者, 以最濁爲第一聲, 以其次濁爲第二聲, 又以其次濁爲第三聲, 以至于最淸爲第十二聲. 吹叩而聞聲, 使第一二三, 至于十二聲, 皆有次等之定數, 過者損之, 不及者益之, 俾無聲調之違越. 又以一聲始終之間, 人之呼吸所至之數, 爲長短之節.

배워서 익숙한 사람은 소리가 귀에 흡족하고 역량이 손에 나타나, 자기가 악기를 불거나 현을 튕기든지 아니면 남의 연주를 듣든지 간에 어느 율(律) 어느 조(調)의 장단과 높고 낮은 소리인지 얼른 기억한다. 반면 그것을 아직 익히고 배우지 못한 사람은 안으로는 분별함도 밖으로는 구별함도 없다. 귀가 둔하여 이 소리가 저 소리와 같고 저 소리가 이 소리가 같다.

慣習之人, 聲洽於耳, 力發於手, 自吹自彈, 與聞人之吹彈, 輒記某律某調之長短淸

---

48 여기서 聲調는 낱말의 뜻을 분별하는 음성학의 그것이 아니라 정확한 음높이인 pitch를 말함. '지나치다'라는 말은 음이 올라간(sharp) 것, '모자라다'라는 말은 내려간(flat) 것을 의미한다. 여기서 말하는 淸濁은 한 옥타브 안의 12개 음에서 가장 낮은 음에서 가장 높은 음에 이르는 음높이의 정도를 일컫는 말.

濁. 未曾習學之人, 內無分開, 外無條別. 耳鈍, 而此聲如彼聲, 彼聲如此聲.

생소함과 익숙함의 구별이 어찌 음악뿐이겠는가? 언어의 운치[49]나 독서의 절조[50]에도 소리의 힘은 저절로 드러난다. 곧 서사[51]하는 곳은 평탄하고 순조롭고, 글의 첫머리에는 떨치고 일어나며, 사물의 모습을 잘 형용한다. 또 기미의 경우는 감춰진 것이 드러나기를 기다려서 듣는 사람의 신기가 활동하게 한다. 이 언어와 독서에서도 처음 배우는 사람은 문리[52]를 연속해 붙이지 못하고, 음향이 자연히 많이 난삽하여 듣는 사람의 신기를 혼미하게 만든다.

奚獨於此, 有生熟之別. 至於言語之韻致, 讀書之節調, 聲力自著. 序事處平順, 起頭處振作, 物象則善形容. 機微則待藏發, 使聽者, 神氣活動. 若其言語讀書, 如初學之人, 文理不能聯屬, 音響自多艱澁, 使聽者, 神氣昏迷.

---

49 고아한 품격을 갖춘 멋.
50 절도 있고 어울린다는 뜻으로 일종의 멋. 앞의 운치와 같은 뉘앙스.
51 序事는 조리가 있게 사항을 安排하는 일. 『周禮』, 「春官·樂師」의 "凡樂, 掌其序事, 治其樂政."에 보인다.
52 文理는 문장의 조리 또는 의미. 전하여 보통 글의 뜻을 깨달아 아는 힘으로 쓰임. 여기서는 전자의 뜻.

해 설

음악과 언어를 듣는 문제를 다루었다.

이 글에는 저자의 전통음악 이론의 조예가 약간 돋보인다. 요지는 전통음악의 이론을 소개하면서 음악처럼 언어와 독서에도 잘하려면, 학습이라는 경험이 필요하다고 하였다. 이러한 학습을 통한 익숙한 경험은 신기를 활발하게 한다고 주장한다. 이것을 일반화하면 무슨 일이든지 아는 것만큼 보이고 들려서, 그것에 비례하여 인간의 능력이 발휘되고 동시에 사고가 활발하게 된다고 말할 수 있다.

사실 예술에서 기와 음악은 매우 밀접하다. 음이란 기의 질서 있는 떨림이라고 재정의할 수 있는데, 여기서 연주하고 그 음악을 듣는 일에는 모두 기를 매개로 한다. 다시 말해 연주자의 연주하고자 하는 내면의 예술혼도 기이지만, 그것을 그의 입이나 손으로 전달하는 매개물도 기이고, 그의 입김이나 손이 악기를 진동하여 소리 내는 물리적 작용도 기이다. 또 그 기를 매개로 음악 소리가 감상자의 귀에 들어오고, 들어온 소리가 몸의 기를 타고 마음에 들어와 마음과 몸을 움직이는 일도 기의 작용이다.[53] 기는 공기를 포함하지만, 공기만을 기라고 할 수 없는 이유가 바로 이런 점에도 있다. 정서나 감정에 따른 느낌이나 물리적 표현의 힘이나 에너지 등도 모두 기의 범주에 들어가기 때문이다.

---

[53] 이종란, 『기란 무엇인가』 (새문사, 2017), 255-260쪽 참조.

7. 신기로 듣다
神氣聽

말을 마쳤는데도 들리는 말이 있고, 소리가 멈췄는데도 여운이 남는다.
이것이 바로 신기의 잠청[54]이다.

言終而猶有所聽, 聲閟而尙留餘韻. 是乃神氣之潛聽也.

바야흐로 말과 소리를 들을 때에는 자연히 기회를 자세히 살피고 순서를
미루어 살피는 일이 있기에 실제로 다른 일을 할 겨를이 없다. 그러다가
말이 끝나고 소리가 멈추면, 그 처음과 끝을 통괄하였으므로, 편안하게
마음 놓고 귀추가 어떻게 될지 그 실마리를 찾아본다. 혹은 그에 따라
달리 처리할[55] 일을 찾아 우열을 비교하기도 하고, 또는 그 궁극적 이로움
과 해로움을 생각하여 권면하고 징계할 점을 만든다.

方其聽言聞聲, 自有機會之詳察, 次序之推尋, 實無餘暇. 及其言終而聲閟, 旣統領
其始終, 乃舒氣遊神, 紬繹歸趣. 或探其從他區處, 以較優劣, 或思其畢竟利害, 以作
勸懲.

이는 단지 그 말이 끝났을 때만 이러한 숙고의 과정이 있는 일은 아니다.
신기가 들은 내용을 머물러 두었기에 또 시간이 지난 뒤에 대상을 만나

---

54 뒤의 설명을 종합하면 潛聽은 외부 자극이 사라진 뒤에도 감각 경험이 지속되어
나타나는 청각적 잔상으로, 기억의 청각적 재생이다. 현대에 관용적으로 쓰이는
'정신을 모아서 잘 듣다'와 '몰래 엿듣다'의 뜻은 아니다.
55 區處는 변통하여 처리하다의 뜻. (앞에 나옴)

기억이 드러나기도 하고, 또는 한가로운 때에 그것을 미루기도 한다.

非特因其終闋, 而有此媚習. 以留神氣之聽, 又於時月已過, 或因遇物而發, 或因靜閒而推.

신기의 기억을 각성시킴에 있어서, 아득하고 희미한 지난 일의 경우에는 마치 어두워지는 등불의 심지를 다시 돋우고 거울에 쌓인 얇은 먼지를 다시 닦듯이 서너 번 반복해야 종신토록 잊지 않고 신기의 기억으로 바뀌지 않을 수 있다. 한 가지 일을 이미 분명하게 알았으면, 나머지 일은 힘이 덜 들고 또 따라서 조리가 분명하고 두루 통하는 방법이 생긴다.

提醒神氣, 遠迷之過景, 將暗之燈復挑, 薄垢之鏡更洗, 至三至四, 可以終身不護, 神氣染着不渝. 一事旣澈, 餘事省力, 又從有曲暢傍通之術.

만약 들을 때에 잠깐이라도 다른 일에 신기를 소모하여 시간이 지나자마자 곧장 잊어버려 사사건건 이와 같다면, 비록 40~50년이 되어도 신기를 닦아 밝힐 날이 없어 평생 몽매한 사람이 되어버린다.

若於聽時, 暫費神氣, 而過則便忘, 事事如此, 雖到四十五十之年, 神氣無修明之日, 平生作闇昧之人.

해 설

기억과 그 증진 방법을 개진하였다.

제목을 '신기로 듣다'로 한 까닭은 신기 자체가 감각기관이 아니어서, 상대의 말이 끝난 뒤에 신기가 그것을 이해하고 추리하려면 기억이 필수적이기 때문이다. 저자도 그 점을 지적했다. 정작 말이나 소리를 들을 때 듣기에 바빠서 그 말을 분석하거나 추리할 겨를이 없다고 하여, 그것은 기억한 이후의 일임을 말했다. 본문의 '잠청(潛聽)'도 기억의 잔상으로 그것을 재생한다는 의미에 가깝다.

기억력 증진 방법, 달리 말하면 망각을 방지하는 방법은 등불과 거울의 비유에서 알 수 있듯이 기억의 재생을 되풀이하는 일이다. 곧 시간이 지나면 망각이 생기므로, 기억을 유지하는 시도로서 재생을 통해 망각을 지연시키는 방법이다. 그 재생을 반복하는 횟수에 따라 평생 잊지 않는다고 강조한다.

또 하나의 방법은 기억할 당시의 집중력에 달려 있다. 보통 일상적인 일은 쉽게 잊히지만, 특별한 경우는 평생 기억하는 일이 많다. 그것은 그 특별한 일에 관심의 집중도가 높기 때문이다. 들을 때 다른 일에 신기를 소모해서는 안 된다는 말이 그런 뜻이다.

저자의 이런 주장은 그의 경험을 추론한 데에서 나왔지만, 훗날 독일의 심리학자 에빙하우스(H. Ebbinghaus, 1850~1909)의 망각 이론 연구 (1885)보다 앞선 주장이라는 점에서 놀라운 일이다. 다만 실험적으로 연구하지 않았다는 한계는 있지만, 그 내용이 대체로 일치한다는 점에서는 큰 의미가 있다고 하겠다.

8. 말로 아는 깊이의 차이
言通有淺深

듣는 일이 끝난 뒤 나의 신기가 말한 대상을 훤히 파악하는 데에는 깊이의
차이가 있다. 대상의 피부만 아는 사람도 있고, 살과 근육까지 아는
사람도 있고, 골수까지 아는 사람도 있고, 그 신기까지 아는 사람도
있다.56

聽罷而我之神氣, 通達於人物, 有淺深之異. 有達於人物之皮膚者, 有達於人物之肌
肉者, 有通於人物之骨髓者, 有通於人物之神氣者.

얕은 데서 깊은 곳으로 들어가고, 비근한 곳에서부터 심원한 곳으로
도달하고, 흐릿한 곳에서 시작하여 분명한 곳에 이르고, 차근차근 쌓아
서57 크게 이르는 과정은 신기가 본래 그러한58 모습이고, 공부의 당연한
과정이다. 이는 대상의 신기를 오래되어야 점차 아는 일만이 아니라,
천지의 신기를 아는 일도 또한 더욱 오래되어야 점차 알 수 있어, 밟아서
나아가는 단계와 전변(轉變)하여 들어가는 높은 경지59가 차례대로 있다.

由淺而入深, 自近而達遠, 始迷而至著, 積漸而成大, 神氣之所固然, 功夫之所當然.

---

56 피부, 살과 근육, 골수, 신기는 앎의 깊이를 몸에 비유한 말. 이 비유를 계속 이어감.
57 積漸은 점차 쌓여 형성된다는 뜻으로 일찍이 보이는 문헌은 『管子』, 「明法解」의
　"姦臣之敗主也, 積漸積微使王迷惑而不自知也."이다.
58 固然은 여러 뜻이 있으나 여기서는 사물의 자연 상태를 가리킨다. 『莊子』, 「養生主」의
　"依乎天理, 批大郤, 導大窾, 因其固然."에 보인다.
59 洞府는 神仙이 사는 곳으로 여기서는 단계적 앎과 그 앎의 질적 변화를 통해 도달하는
　높은 경지를 은유적으로 표현한 말.

非但人物之神氣, 須久而漸通, 見得天地之神氣, 亦可愈久漸達, 次次有歷進之階級, 轉入之洞府.

무릇 듣는 방법은 정성껏 힘쓰지 않으면 밝게 살필 수 없고, 차근차근 쌓지 않으면 깊이 도달할 수 없다. 남을 만나 응대할 때 잠깐[60]의 대화만 있고, 다시 마주하는 자리의 만남이 없으면, 나의 신기가 아는 내용은 겨우 그 사람의 피부에 미치는 정도여서 쉽게 잊어버린다.

凡聽聞之道, 非精力, 不可以明察, 非積漸, 不可以深達. 與人接待, 言論只在半嚮, 更無對筵之晤, 則我神氣之所通, 纔及其人皮膚, 而易至旋忘.

만약 내가 어떤 사람과 함께 오래 살아서, 서로 간에 말이 소통되고 친한 사람처럼 사사로운 정까지도 숨김없이 오랫동안 서로 영욕을 함께 하면, 나의 신기가 그를 알지 못함이 없고 그의 신기 또한 나를 알 것이다. 그리하여 내가 알지 못하는 일을 그가 먼저 알면 그것을 그가 알려주기도 하고, 그가 알지 못하는 일을 내가 먼저 알면 그것을 내가 알려주어, 금란지교(金蘭之交)[61]처럼 서로 들어맞고, 교칠지교(膠漆之交)[62]처럼 화합할 것이다.

若與人久居, 彼我之言語交通, 情私無隱, 榮辱相濟, 以到年久, 則我之神氣, 無不通於彼, 彼之神氣, 亦通於我. 而我所不通, 彼或先通, 以通我之不通, 彼所不通, 我或先

---

60 半嚮은 半晌의 뜻인 반나절의 의미. 여기서는 잠깐의 뜻으로 쓰였다.
61 원문 金蘭은 친구 사이의 매우 두꺼운 情誼의 뜻으로 쓰임. 원래『周易』,「繫辭上」의 "君子之道, 或出或處或默或語, 二人同心, 其利斷金, 同心之言, 其臭如蘭."에 보임.
62 아주 친밀하여 떨어질 수 없는 교분. 唐의 白樂天과 元微之의 고사에서 유래한 말이다.

通, 以通彼之不通, 契同金蘭, 和合膠漆.

나아가 살과 근육을 알고 골수를 아는 일은 제각기 사귄 시간에 따라
통달의 차이가 있다. 여기서 한도63를 넘는 일에는 깊이 알 수 없고,
공부의 한계에도 저절로 멈춰야 할 곳이 있다. 그러나 피부만 겨우 아는
수준의 사람은 많지만, 신기를 서로 알아보는 사람은 매우 드물다. 그러
니 차라리 천 년 이상의 일이나 넓은 세상을 알 수 있을지언정, 옛 책에서
말한 내용을 알아 구두 사이에서 수작64을 펼치는 일이겠는가?【보고
아는 데도 깊이의 차이가 있다.】

至於肌肉之通, 骨髓之通, 各有交接之久近, 達知之差等. 分數之外, 不可深通, 功夫
之限, 自有所止. 然皮膚之纔通, 多見其人, 神氣之相通, 罕有其人. 寧可通於千載之
上, 天下之廣, 通言語於黃卷之上, 展酬酢于句讀之間乎.【見通, 亦有淺深.】

---

63 分數는 보통 上下尊卑의 구별로서 자기에게 알맞은 신분의 한계를 말하지만, 여기서
　 는 뒤의 '공부의 한계'처럼 인간의 인식능력의 한계이다.
64 酬酢은 酬酬과 같이 쓰이며, 술을 주고받는 뜻에서 응대의 의미로 바뀌었다.『周易』,
　 「繫辭上」의 "顯道神德行, 是故可與酬酢, 可與祐神矣."에 보인다. (앞에 나옴)

해 설

제목처럼 상대의 말을 듣고 아는 데는 사람마다 깊이의 차이가 있는데, 그 정도를 사람의 몸에 비유하였다.

듣고 아는 일도 일반적 앎과 다름이 없는데, 그 과정은 점진적으로 단계를 밟아 간다고 하였다. 곧 얕은 데서 깊은 곳으로, 비근한 곳에서 심원한 곳으로, 흐릿한 곳에서 분명한 곳으로 진행하고 있다. 결국 이런 방식의 인식은 경험을 중시하지 않고는 설명될 수 없는 내용으로, 성리학에서 일찍부터 주장한 것이기도 하다.

전통적으로 유학은 이치를 궁구할 때 단계를 뛰어넘는 이른바 엽등(躐等)을 찬성하지 않았다. 주희의 경우 경험의 누적을 통하여 인식의 질적인 변화인 활연관통으로 나아가고자 하였다. 저자가 이렇게 경험을 통해 단계를 밟아 인식하고자 하는 점은 확실히 전통의 계승이다. 사람을 제대로 아는 데도 오래 사귀고 함께 생활해 보아야 한다는 점은 단계적 경험을, 상대의 생각과 서로 들어맞음이 금란지교나 교칠지교와 같다는 점은 활연관통의 다름이 아니다.

하지만 저자의 학문적 관심사는 성리학의 그것과 다르다. 나아가 본문에서 한도나 한계의 언급은 그것을 간접적으로 비판한 내용이다. 곧 남의 신기나 천지의 신기 또 천하를 알려고 한다는 점은 형이상의 윤리적 근거를 찾는 그것이 아니라, 민생에 필요한 과학적 또는 지리적 지식 탐구이다. 본문의 "옛 책에서 말한 내용을 알아 구두 사이에서 수작을 펼친다"라는 말은 그 공부 방법의 비판이다. 성리학은 이치를 탐구한다고 말하면서도, 실은 옛 성현이 남긴 서책을 벗어나지 않았기 때문이다.

9. 통합과 막힘을 따라 말을 취사한다
隨通塞而取捨言論

사람이 경영하는 사업에는 제각기 주력하는 게 있고, 거기서 벌어지는 취사는 남의 말을 들어보는 데 달려 있고, 그 우열은 통하느냐 막히느냐에 달려 있다.

人之營繕事業, 各有所主, 而取捨在於聽聞, 優劣在於通塞.

왕정65과 스승의 도리66는 군자가 연구해서 남이 묻기를 기다린다. 이는 넓은 도량67을 가지고 두루 알아서, 되는 것도 없고 안 되는 것도 없는68 사람만이 할 수 있는 일이지, 고상하거나 과격·엄혹하거나69 재주가 뛰어난 사람이 할 수 있는 일이 아니다. 그 까닭은 대체를 들어서 세밀한 것을 거느리며, 세밀한 것을 모아 대체를 이루기 때문이다.

王政師道, 君子之所講究, 以待問焉. 洪量周通, 無可無不可者, 所能爲也, 或高尙,

---

65 보통 왕의 政事를 말하나, 『맹자』에서는 仁政의 뜻으로 쓰이기도 함.

66 師道는 직역하면 스승의 도리이나 저자가 사용한 용례를 이 책의 서문에서 "周公孔子所以爲百世師者", 또는 "後之師周孔者"라고 말한 것을 보면 師道란 성인의 도리이다. (앞에 나옴)

67 洪量은 弘量과 같은 말.

68 고정불변의 원칙이 아니라 유연한 중용의 태도를 지킨다는 말로서 『論語』, 「微子」에서 공자의 "我則異於是, 無可無不可."라는 말에서 나온 표현이다. 곧 벼슬을 해야 할 때는 하고, 하지 말아야 할 때는 안 한다는 그의 時中의 자세를 가리킨 말로 쓰였다. 여기서는 그런 능력과 도를 지닌 자.

69 刻深은 가혹하거나 엄격하다는 뜻으로 『戰國策』, 「秦策一」의 "刻深寡恩, 特以强服之耳."에 보임.

或撟激, 或刻深, 或巧勝者, 非所能也. 以其擧大體而統纖微, 聚纖微而成大體也.

역법과 수학과 예법70과 형벌 제도71와 인재를 알아보는 일72과 과학·기술73과 농업과 공업과 상업의 사업은 학자가 연구하는 것으로 증험을 기다린다. 그것에 통달한 사람은 정해진 길을 따라 순조롭게 나아가지만, 치우쳐 막힌 사람은 익힌 것에 따라 오류가 많으니,74 그것은 자연과 인간75의 마땅한 바를 받들어 섬기고 잃지 말아야 하기 때문이다.

歷象數學, 典禮刑律, 知人用氣, 農工商賈之事, 學者之所講究, 以待證驗. 通達者, 遵軌而順行, 偏滯者, 緣習而杜撰, 以其天人攸宜, 可奉事而勿失.

그런데 심학76과 이학77과 글쓰기78와 문예79와 서화와 기예의 모든 학술80에는 제각기 통하는지 막히는지 이로운지 해로운지의 구별이

---

70 典禮는 왕실이나 나라의 의식이지만 여기서는 전통의 예법을 상징함.
71 刑律은 형벌에 관한 법률 및 그와 관련된 제도.
72 知人은 여기서는 人事와 관련된 인재를 알아보는 일을 뜻함. 저자의 『人政』에 자세함.
73 用氣는 과학과 기술의 사용을 옛날식으로 표현한 말.
74 杜撰은 원래 典據가 불확실하거나 격식에 맞지 않는 시문을 가리키는 말.
75 天人攸宜는 天人之宜와 같은 말로서 용어사전을 볼 것.
76 心學은 통상 陽明學 또는 불교를 지칭하는 말이었으나 저자는 자연 사물을 내버려 두고 心性의 이치만을 탐구하는 性理學을 지칭할 때 주로 사용한다. 하지만 본문에서 만은 뒤에 理學이 나오므로 전자일 가능성이 크다.
77 성리학을 말함.
78 文章에는 복잡한 무늬, 예악 제도, 수레와 의복과 깃발, 문자, 글로 표현한 것 등의 뜻이 있다. 여기서는 글쓰기.
79 詞藻는 시문을 짓는 재주 또는 詩賦를 가리킨다. 후자의 사례는 唐 吳兢의 『貞觀政要』, 「論任賢」의 "太宗嘗稱世南有五絶, 一曰德行, 二曰忠直, 三曰博學, 四曰詞藻, 五曰書翰."에 보인다. (앞에 나옴) 여기서는 문예.

있다. 하지만 애초에 주력하는 사업을 선택하여 정하는 일은 남의 언론81
이 취사한 결과를 따른다. 통달하거나 치우쳐 막히는 기준도 남의 언론의
취사를 따르고, 일의 성공과 실패와 이익과 손해도 또한 그 언론의 취사를
따른다.

以至於心學理學文章詞藻書畫技藝一切術業, 各有通塞利害之別. 而自初擇定所主
事業, 由於言論之取捨. 通達偏滯, 亦由於言論之取捨, 成敗利鈍, 亦由於言論之取捨.

사실 그 취사하는 일에는 신기를 따라 하는 것도 있고, 주력하는 일을
따라 하는 것도 있다. 여기서 신기를 앞세우고 주력하는 일을 나중에
하면, 그 나머지 일에 두루 통할 수 있다. 반면 주력하는 일을 앞세우고
신기를 따르는 일을 나중에 하면, 저절로 치우치고 막히는 데 쉽게 빠진
다. 그래서 남이 말한 언론에서 취하여 선택할 때, 그 치우치고 막힌
내용을 함께 버리고 두루 통하는 내용을 찾아 취한다. 그때 천착이 너무
심하여 조예82가 협소해지면, 설령 자각하거나 자득한 내용이 있다고
하더라도, 그것은 단지 자기 한 몸이 설명하는 자료일 뿐이다.83

其所取捨, 有由於神氣而取捨者, 有由主事而取捨者. 先神氣而後主事, 則可周通於

---

80 術業은 學術과 技藝 또는 學業의 뜻으로 『晉書』, 「束晳傳」의 "鱗翼成而愈伏, 術業優而
    不試"에 보인다. 또는 術業을 天文·地理·醫術·占卜·通譯·曆算 등의 雜業을 말하기도
    하지만, 앞의 글에서 이미 天文과 曆算 등을 다루었기에 취하지 않았음.
81 심학과 이학과 문학과 예술 등의 평가는 주로 타인에 의해 이루어지기에 여기서
    言論은 남의 말이나 글이다. 현대어의 언론은 media의 번역어이다.
82 造詣는 학문이나 소양 따위의 깊은 경지. (앞에 나옴)
83 오늘날 철학적 진술에서 논리 또는 典據의 세부 사항에 너무 천착하면, 소통이
    막히고 대의나 본질을 잃기 쉬운 일과 유사한 발언이다.

餘事. 先主事而後神氣, 則易自陷於偏滯. 而取擇於言論, 幷捨其所偏滯, 探取其所
遍通. 穿鑿益深, 造詣轉換, 縱有自覺而自得, 只爲一身說道之資.

통달한 사람은 남의 언론에서 취할 때 쓸모없는 내용에서 쓸모 있는
점을 취하기도 하고, 쓸모없는 내용을 쓸모 있는 점의 기반으로 삼기도
한다. 또 허황하고 망령된 것에서 진실84을 취하고, 허황하고 망령된
것을 진실 외부의 걱정거리로 삼는다. 그래서 유용과 진실로서 말하고
행동하면,85 사물에 통하지 않음이 없고, 남의 말을 듣든지 행위를 관찰
할 때도 모두 남을 잘 알 수 있다.

通達者, 取諸言論, 從無用, 而取有用, 以無用, 爲有用之基址. 從虛妄, 而取眞實,
以虛妄, 爲眞實之外患. 以其有用眞實, 發言行事, 無非通於物, 聽言觀行, 皆是通於人

---

84 虛妄과 眞實(또는 誠實)은 저자가 학문이나 종교를 크게 분류하는 방식이다. 전자는
   종교와 미신과 형이상학적 학문이며 후자는 자신이 종사하는 기와 연관된 철학과
   과학과 실용적 학문 등을 말함.
85 行事는 여러 뜻이 있으나 여기서는 행동이나 행위를 뜻한다. 그 용례는 『史記』,
   「孫子吳起列傳」의 "吳起兵法, 世多有, 故弗論, 論其行事所施設者."에 보인다. (앞에
   나옴)

해 설

이 글의 요지는 주력하는 일을 경영할 때 남의 말을 들어 취사할 수는 있지만, 그 우열은 해당하는 일에 통달했느냐 치우치고 막혔느냐에 따라 판가름 난다고 주장하였다. 통달하려면 그 일에 대한 객관적 인식의 중요성을 간접적으로 피력하였다.

자연히 그의 학문관도 간접적으로 표출하였다. 증험할 수 있는 학문으로는 이를테면 과학이나 수학과 법학 등의 실용적인 것을 들었고, 남의 말을 듣고 취사하는 분야에는 철학 일부와 문학과 예술 등이 그것이다. 후자 가운데서 오로지 남의 말만 듣고 취사하는 학풍을 에둘러 비판하였다. 예술과 인문학의 특성상 남의 비평과 비판에 신경 쓸 수밖에 없지만, 그 때문에 저자의 학문에서 문학이나 예술이 차지하는 비중이 작다. 그렇더라도 이 분야도 신기를 따라야 한다고 주장한다. 문제는 원문 '由於神氣'가 무엇을 의미하는가이다. '신기를 말미암는다'라거나 '신기를 따른다'라고 풀 수 있는데, 그 말의 의미가 명확하지 않기 때문이다. 신기는 자연 속에도 인간의 몸속에도 있고, 인식주체인 마음을 가리키기도 한다. 그 속에서 의미를 파악하려면 긴 설명이 필요한 새로운 연구주제이기도 하다.

다만 이 글에서 해법을 찾는다면 위 단락에서 말한 원문 '天人攸宜'에 주목할 수밖에 없다. 본서 서문과 아울러 총 8회 등장하며, 모두 기가 자연과 인간에게 일관되게 운행되는 원리를 따르는 인간의 실천 논리이다. 곧 천도와 인사, 본서에서 자주 말하는 물리와 인정에 합당함이다. 결국 문학이나 철학이나 예술 등도 인정과 물리를 따르거나 거기에 바탕을 두고 있어야 한다는 의미이다.

또 이 글에서 중요한 논리를 하나 발견할 수 있다. 곧 "대체를 들어서

세밀한 것을 거느리며, 세밀한 것을 모아 대체를 이룬다"라는 표현이
그것이다. 곧 '대체를 들어서 세밀한 것을 거느린다'라는 말은 연역적
방법과 '세밀한 것을 모아 대체를 이룬다'라는 말은 귀납적 방법과
유사하다. 달리 보면 전자는 일반(보편)에서 개별(특수)로, 후자는 개별
에서 일반으로 진행하는 인식 방법과 통한다. 이런 논리는『추측록』
권1의「추측원위(推測源委)」에서 추일측만(推一測萬)과 추만측일(推萬
測一)로 재현되는데, 바로 앞의 논리를 더욱 정교화한 것이다.

그리고 "사람이 경영하는 사업에는 제각기 주력하는 게 있고, 거기서
벌어지는 취사는 남의 말을 들어보는 데 달려 있고, 그 우열은 통하느냐
막히느냐에 따라 나눠진다"라는 일반적 진술은 현대 조직의 운영이나
기업의 경영에도 그대로 적용된다. 통하느냐 막히느냐는 조직 구성원,
국민, 소비자 그리고 현실 상황에 따른 합리적 소통에 달려 있다.

10. 남의 말을 들을 때의 순함과 거스름
聽言順逆

남의 말이 나의 신기에 순하면 귀에 쉽게 들어온다. 반면 그 말이 나의 신기를 거스르면 그 말은 헤아려볼 만한데, 그것이 나를 연마하게 하고 격려하는 뜻으로 한 말이라면 내게 보탬이 없지 않기 때문이다. 하지만 남이 한 말에 반드시 마음을 빼앗길 필요도 없고, 내 생각만을 고수해서도 안 된다. 반드시 서로 소통하는 신기와 주관하는 일의 기준에 어긋남이 없어야 하는 것뿐이니, 이것이 나의 신기가 순하게 여기는 일이다.

人之言順我神氣, 其言易入. 逆我神氣, 其言可以商量, 以其磨琢激勵言之, 不無所益. 然不必奪於彼, 亦不可固守於我, 要無違於所通之神氣, 主事之準的而已, 是我神氣之所順.

남이 때로는 이러한 뜻을 이해하지 못했거나 나와 소견이 다를 경우, 처음부터 천천히 부드럽게[86] 깨우쳐 형세를 따라 바로잡으려 하지 않고, 급한 말과 험한 얼굴로 나를 격동시키고, 조금도 좋게 인도하려는 의도가 없이 비방하고 헐뜯는 흔적이 현저하다면, 이는 나의 신기를 거스르는 일이다.

人或不達此意, 或所見不同, 而不曾緩頰開諭, 因勢挽回, 以疾言遽色, 衝激掀動, 少無善導之意, 顯有沮毀之迹, 是我神氣之逆也.

---

86 緩頰은 직역하면 뺨을 부드럽게 한다는 뜻인데, 부드럽게 차근차근 말한다는 뜻. 『史記』, 「魏豹彭越列傳」의 "緩頰往說魏豹, 能下之, 吾以萬戶封若."에 보임.

그래서 나의 신기에 순하고 거스르는 점을 가지고 남의 신기에 순하고 거스르는 점과 소통하고, 내가 주관하는 일의 기준을 가지고 남이 주관하는 일의 기준을 헤아린다.[87] 말로 드러내는 내용도 남의 들음을 헤아린다. 그러니 희로애락과 시비와 선악은 모두 남의 말을 들어서 생겨나고, 또한 남의 말을 듣고 종식되는데, 이 점은 나에게나 남에게나 모두 같이 적용된다.

以我神氣之順逆, 通人神氣之順逆, 以我主事之準的, 測人主事之準的. 發於言說, 亦忖人之聽聞. 喜怒哀樂, 是非善惡, 皆由聽聞而發, 亦由聽聞而息, 人我之所同也.

정작 일이 없을 때 일의 이치를 데면데면 말하면, 들을 만한 일이 적어 대부분 계발하는 점이 없다. 하지만 처리할 일에 당면해서 들을 만한 말을 듣지 않으면 일에 해롭다. 게다가 들어서 안 될 말을 들으면 일에 해로울 뿐만 아니라, 근거 없는 기쁨과 분노와 대수롭지 않은 풍파가 허황하고 착실하지 못한 사람을 마구 만든다.

方其無事, 泛論事理, 可聽者少, 無有所發者多. 當其處事, 可聽之言, 不聽, 則害於事. 不可聽之言, 聽之, 則非特害於事而已, 無根喜怒, 等閑風波, 謾作虛浪之人.

---

87 이 원문의 논리는 以A測B인데, 곧 推A測B의 논리이다. 『추측록』은 以는 推의 뜻이라고 설명하였다.

해 설

남의 말을 제대로 듣고 소통하는 방법을 논하였다.

남의 말은 내 귀에 순하게 들리기도 하고 거스르기도 한다. 주체적인 청취는 "남이 한 말에 반드시 마음을 빼앗길 필요도 없고, 내 생각만을 고수해서도 안 된다"라고 말 속에 보인다. 이는 내게 충고하는 말이든 아첨하는 말이든 다 적용될 수 있다.

전통적으로 남의 말을 들을 때는 듣기 좋다고 기뻐한 나머지 본심을 잃어서는 안 되고, 내 마음에 거슬린다고 짜증을 낼 필요도 없었다. 나에게 진정한 이익이 되는 말이라면 들을 수 있다. 옛사람들은 주로 자기의 수양을 위해서 그렇게 듣기도 했다.

저자는 소통을 중요하게 여겼다. 나의 말도 상대가 듣기에 거북할 수 있다는 점을 알아야 한다고 한다. 이는 내가 당한 일을 미루어 남을 이해하거나 그 처지를 고려해 소통해야 한다는 뜻이다. 해서 들어야 할 말과 들어서는 안 될 말을 구별할 줄 알아야 한다고 마무리지었다. 그런 사상의 뿌리는 멀리 『논어』의 "내가 원치 않는 일을 남에게 베풀지 말라"[88]라는 가르침에 닿아 있다.

---

88 『論語』, 「顏淵」: 己所不欲, 勿施於人.

11. 속이는 말의 청취 여부
欺言聽否

속이는[89] 말도 살피지 않을 수 없다. 그것은 잠시 확실한 사실을 빌어 감춘 재물[90]을 끌어들이고, 눈과 귀를 어지럽혀 잘못된 길로 유인하여 들어간다. 짧은 순간에 나온 계책이라 할지라도 정말로 속일만한 방법이라면, 보통 사람은 쉽게 말려들고 또한 쉽게 알아차리기도 한다. 해서 이미 속았다고 알아차리면 돌이키는 일은 어렵지 않고, 또한 앞 사람의 전철을 밟지 않는 경계[91]가 되기에 충분하다.

欺謾之言, 亦不可不察. 暫借實蹟, 而招引潛貨, 眩換耳目, 而誘入誤途. 苟出於倉猝之間, 可欺之方, 則常人之所易犯, 亦所易覺者也. 旣覺見欺, 回程非難, 抑足爲覆轍之戒.

나아가 어긋난[92] 글과 학문[93]을 펼쳐 말하는 일로 남의 자제를 해치는

---

89 欺謾은 欺瞞의 뜻으로 쓰였다.

90 潛貨는 한국 고전 자료에서는 거의 밀수품의 뜻으로 쓰였다.

91 覆轍之戒는 먼저 간 수레가 엎어진 것을 보고 警戒한다는 말로, 남의 실패에서 敎訓을 얻는다는 말.

92 差誤는 어긋나거나 錯誤의 뜻. 『朱子語類』90-27의 "政和中編此書時, 多非其人, 所以差誤如此."에 보인다. 저자는 오류의 뜻으로 자주 사용함.

93 文學은 오늘날의 문학(literature)이 아니라 복합적 의미를 지닌다. 우선 『論語』, 「先進」의 "德行, 顔淵閔子騫冉伯牛仲弓, 言語, 宰我子貢, 政事, 冉有季路, 文學, 子游子夏."라고 한 말에 보이듯이 文章과 博學의 뜻을 지닌다. 다음으로 文學은 文章과 經籍을 일컫기도 하는데, 『呂氏春秋』, 「蕩兵」의 "今世之以偃兵疾說者, 終身用兵而不自知悖, 故說雖彊, 談雖辨, 文學雖博, 猶不見聽."에 등장한다. 그리고 儒家 學說을 지칭하는데 唐 韓愈의 『上兵部李侍郎書』에 "性本好文學, 因困厄悲愁, 無所告語, 遂得究於經傳史記百家之說."에 보인다. 본서에서는 복합적 의미로 글과 학문의 의미로 쓰였음.

일 그리고 폐단이 있는 정령에 붓끝을 함부로 놀려94 군주가 맡긴 직무를
저버리는 일은 큰 기만이다. 그것을 직접 실천하는95 사람은 크게 기만당
하는 사실을 스스로 알지 못하고, 곁에서 듣는 사람은 간혹 끝난 뒤에
짐작하고, 애초에 발언할 때 알아차릴 수 있는 사람은 거의 없으니,
기만이 커지는 일이 참으로 여기에 기초하고 있다.

至於演說差誤之文學, 以賊人之子弟, 舞弄蠹弊之政令, 以負君之勤託, 乃欺謾之大
者. 躬行者, 不自知其大爲欺謾, 在傍聽聞者, 或斟酌於竟闋之後, 鮮能於發言之初
認得, 欺謾之大, 實基於此.

무릇 기만의 방식은 옛날과 지금이 판이하고, 사리에 어두운 사람과
밝은 사람에 따라 같지 않다. 옛날에 속았던 사례를 모방해서 후세 사람들
에게 써먹을 수 없고, 어두운 사람이 속은 일을 가지고 밝은 사람 앞에
꾸며 늘어놓을 수 없다. 그래서 남을 속이는 사람은 반드시 속을 만한
사람이 욕심내는 대상을 가지고 유인하여, 그 빈틈을 엿보고 기회를
탄다. 또 좋은 말투와 표정으로 다가오거나 가까운 사람을 끌어들여
돕게 한다.

凡欺謾之方, 古今判異, 昏明不同. 以古昔見瞞之事, 不可倣行於後世之人, 以昏者
見欺之事, 不可飾陳於明者之前. 是以, 欺人者, 須引可欺人之所欲, 而覘其釁隙,
乘其機會. 又善辭色而至, 或引傍人而贊助.

왜곡하여 잘못을 저지르는 일. 『史記』, 「貨殖列傳」의 "吏士舞文弄法, 刻章僞書, 不避
刀鋸之誅者, 沒於賂遺也."에 보임.
95 躬行은 『論語』, 「述而」의 "躬行君子, 則吾未之有得."에 보인다. 여기서는 잘못된
학문이나 정령을 실천하는 사람의 의미로 쓰임.

여기서 듣고 속는 사람은 말할 필요도 없다. 만약 말투와 얼굴빛을 미리 살핀 뒤에 그 말을 들을 수 있고, 말을 다 듣고 나서 이쪽저쪽 일의 낌새를 참고하여 증험할 수 있고, 혹 묻지도 않은 일에 스스로 떠벌리는 단서가 있거나 혹은 작은 단서에서 헤아린 내용이 있으면, 반복해 따져 묻는다면 반드시 탄로 난다.

聽而見瞞者, 不須說也. 若能先察辭色, 而後聽其言, 聽罷言論, 而參證彼此事機, 或有涉於不求問, 而自衒之端, 又或微末事端, 有所揣摩, 則反覆詰問, 必有綻露矣.

어쩌다가 당한 기만이 충분히 수치스럽지는 않고, 기만당했는데도 그것을 알지 못한 일이 수치스러울 만하다. 한 번 속고 두 번 속고 나아가 평생 그런 사람에게 속은 사람들을 어떻게 한정하겠냐만, 젊어서 탐관오리로 시작해서 늙어 죽을 때까지 부귀를 편안하게 누리기도 하니 알 수 없는 일이다.[96]

時或見欺, 不足爲恥, 旣有見欺, 而不覺見欺, 是爲可恥. 一次見欺, 再次見欺, 以至平生見欺於其人者, 何限, 而自少年貪官汗吏, 迄于老死, 安享富貴, 是未可知也.

어떤 글이나 학문을 처음 만든 사람은 자기를 속인다는 사실을 몰랐고, 그것은 전하는 사람도 속은 사실을 몰랐으며, 그 가르침을 받는 사람 또한 속았다는 사실을 모르니, 천하에 이런 게 있는가? 그것은 오직 어긋난 글과 학문일 뿐이리라!

---

96 앞의 "至於演說差誤之文學, 以賊人之子弟, 舞弄蠹弊之政令, 以負君之勤託, 乃欺謾 之大者."와 다음 단락의 글을 보면, 수치스럽게도 본인도 그런 학문에 속고 또 탐관오리가 되어 속이는 일이 일상화됨을 비꼰 말.

創始之人, 不知自欺, 傳之者, 不知見欺, 受之者, 亦不知見欺, 天下有如此者乎.
其惟差誤之文學歟.

기를 알지 못하고 오로지 리만 말하면, 대부분 기에 오류를 일으킨다.
또 외부 사물에서 아는 게 없고 단지 심만 논하면,97 외부 사물에 대해서
오류를 일으키고, 옛글을 끌어 인용해 지금의 글을 크게 꾸며 가르침을
주고받는 자료로 삼는다.

不通乎氣, 惟言理, 則多差誤於氣. 無得乎物, 只論心, 則多差誤於物, 而援引古文,
賁飾今文, 以爲傳授之資.

---

97 심을 말하면 불교나 양명학이 떠오르지만, 저자가 자주 비판하는 논지에서 볼
때는 성리학에서 심만을 따로 논할 때, 가령 人心·道心이나 心性情 따위를 다룰
때 자주 쓰는 말.

해 설

기만을 분석하여 그것을 당하는 경우와 당하지 않는 법, 기만이 증폭되는 까닭을 소개하고, 기만의 범주를 점층적으로 논하였다. 처음에는 남을 속여 이득을 취하는 작은 사기에서 시작하여 글과 학문으로 남을 속이는 역사적 현실까지 확대하였다.

전통적으로 남을 기만하지 않는 일은 물론이고, 자신을 속이지 않는 점을 수양의 큰 덕목으로서 매우 강조하였다. 그래서 『대학』에서는 자기를 기만하지 않는 무자기(毋自欺)를, 『중용』에서는 성실[誠]을 강조하였다. 사실 이것은 정언명법처럼 수양을 위한 형식적 진술로서 반론을 제기할 수 없다.

하지만 이런 덕목을 실천하기 위해서는 학문적 뒷받침이 필요하다. 이때 그 학문이 사실에 기반하고 있지 않다면, 이 또한 저자의 관점에서 볼 때 기만이다. 바로 본문에서 잘못된 '문학(文學)'으로 표현된 그릇된 글이나 학문이 그 대상이다. 마지막 문장에 그것이 보인다. 여기서 '평생 속는다'라는 말은 의미심장하다. 그 학문의 영향 아래 있는 모든 사람에게 다 적용되므로, 당시 기준으로 볼 때 매우 충격적 발언이다. 하기야 지금도 평생 속고 있는 사람이 많으니, 딱한 노릇이다.

앞에서도 자주 언급되었듯이 저자가 비판적으로 바라보는 학문은 형이상학과 신의 존재를 믿는 종교나 미신 따위이다. 당시 그것을 대표하는 일이 주희의 성리학과 기독교였다. 전자와 관련하여 그 점을 행간에 드러내었다. 그것을 처음 만든 사람이나 전하는 사람이나 가르침을 받는 사람도 기만이라는 사실 자체를 모른다고 한다. 그것이 부끄러운 일이라 여겼다. 저자 자신의 학문에 대한 자부심이 묻어있다.

12. 상반된 말을 가려듣기
擇聽相反之言

양쪽 다 좋은 말은 선택이 어렵지 않고, 그 결과의 성패[98] 차이도 그리 크지 않다. 하지만 상반된 말은 취하거나 버림이 참으로 어렵다. 만약 일의 형세가 결과적으로 동쪽을 가리킬 것으로 알면 갑의 말을 따르고, 서쪽을 가리킬 것으로 알면 을의 말을 따른다. 하지만 일의 낌새가 동쪽이나 서쪽으로 가리킬지는 사람의 변하는 상황에 달려 있다. 그런데도 나에게 찾아 아는 기미와 헤아려 알만한 음성과 기색[99]이 없다면, 곁에 있는 한 사람은 동쪽으로 가는 일의 형세를 가지고 권하고, 다른 한 사람은 서쪽으로 가는 일의 형세를 가지고 선택하도록 권할 것이니, 일의 허실은 여기서 갈라지고 성패도 여기서 정해진다.

兩可之言, 擇取非難, 畢竟利鈍, 不甚相遠. 相反之言, 取捨誠難. 若知畢竟事勢指東, 則當從甲言, 畢竟事勢指西, 則當從乙言. 然事機之指揮東西, 在人之轉移間. 而我無探知之機, 揣得之聲氣, 在傍之一人, 勸以東之之事勢, 一人, 勸以西之之事勢, 虛實從此而分, 成敗從此而定.

여기서 신기의 추측이 매우 좋았다면, 양쪽 말을 조화시키거나 절충하는 방식도 있고, 양쪽 말을 떠나서 동쪽과 서쪽으로 갈라지기 이전에 주선할 점을 찾는 방식도 있고, 양쪽 말을 모두 취하되 그 해결점[100]이 동쪽을

---

98 利鈍은 날카로움과 둔함 외에 成敗나 吉凶의 뜻도 있다. 성패의 뜻으로는 『新唐書』, 「李德裕傳」의 "惟陛下聖策先定, 不以小利鈍爲浮議所搖, 則有功矣."에 보인다.
99 聲氣는 음성과 기운 또는 음성과 기색.
100 區處는 변통하여 처리한다는 뜻으로 『漢書』, 「循吏傳·黃霸」의 "鰥寡孤獨有死無以

가리키면 동쪽으로 응하고 서쪽을 가리키면 서쪽으로 응하며, 동쪽과 서쪽을 아울러 가리키면 동쪽과 서쪽을 모두 응하는 방식도 있다. 그 가운데는 저절로 정대하거나 치우쳐 어긋나는 구분이 있지만, 차라리 치우쳐 어긋나면서 성공하는 쪽보다 정대한 것을 따르다가 실패하는 쪽이 더 낫다.

於是, 神氣之推測備至, 或因兩說, 而求其參和折衷者, 或離乎兩說, 而求得周旋於 東西未判之前者, 或幷取兩說, 而其所區處, 有東麾則東應之, 西麾則西應之, 東西 幷麾, 則東西幷應之者. 箇中自有正大偏邪之分, 與其從偏邪而成, 不若從其正大而 敗也.

이것으로 미루어 보면, 이전 역사의 옳고 그름의 단서를 옛사람도 어찌 상반되는 말에서 선택하지 않았겠는가? 뒷사람들은 다만 결말의 자취[101]만을 보고, 역사 기록[102]에서 남긴 풍조를 비판한다. 그러니 옛사람의 일 처리에 대해서는 뒷사람이 평가한 옳음과 그름을 함께 봐야 하고, 거울과 경계로 삼으면 될 뿐이지, 함부로 옳고 그름을 첨가하여 미래 사람의 비방을 받아서는 안 된다.

以此推之, 前史是非之端, 在古人, 豈無擇取於相反之言. 在後人, 只見結末之陳跡, 呵噓史筆之遺風. 是可以幷觀後人之是非, 於古人處事, 以爲監戒而已, 不可妄添是 非, 以取後人之通謗.

葬者, 鄕部書言, 霸具爲區處."에 보인다. (앞에 나옴) 여기서는 해결한다는 뜻.

101 陳跡은 남긴 자취, 유적의 뜻으로 『莊子』, 「天運」의 "夫六經, 先王之陳跡也. 豈有所 以跡哉."에 보인다.

102 史筆은 역사책 또는 역사를 기록하는 정신 또는 원칙으로 筆法. 가령 공자의 春秋筆法 같은 直筆, 그와 상반된 曲筆이 있다. 현대적 관점에서 볼 때 史觀이다.

또한 예론103의 같고 다름에는 자연히 인정과 의리와 풍속을 참작하여 선택하고 결정한 것이 있다. 또 인정과 의리와 풍속에 모두 선택할 만한 단서가 없다면, 당면한 기회와 일의 형세를 기다려 따를 수 있다.

且於禮論之異同, 自有參酌乎情義俗, 而擇定者. 又有情義俗, 俱無可擇之端, 則須以所値之期會事勢, 可以聽從.

---

103 예법에 대한 논의 또는 논쟁. 조선 후기 예송논쟁이 있었다.

해 설

서로 반대되는 논쟁에서 선택의 어려움과 그것의 방법을 말했다. 그러기 위해서는 우선 일반적으로 진행될 일의 결과를 예측해서 선택하지만, 일의 낌새와 상황에 따라 달라지므로, 판단 근거의 자료를 갖고 주체적으로 선택해야 한다고 주장한다. 그렇지 않으면 어느 한쪽으로 휘둘릴 가능성이 있다고 한다.

따라서 주체적으로 확보한 자료를 가지고 추측을 잘하면, 몇 가지로 전개할 수 있다고 하는데, 상반되는 의견의 대립에서 선택하는 요령은 조화와 절충, 갈라지기 이전으로 되돌아가 해결하기, 양쪽 설의 공통점 취하기, 한쪽으로 치우쳐 어긋나는 것보다 정대한 것 취하기 등이다. 이렇게 양쪽의 상반된 논쟁에서 선택하는 문제는 역사를 기록하는 데도 적용된다고 한다. 역사 기록에는 역사가의 평가도 들어가기 때문이다. 여기서 저자는 역사를 후세에 감계(鑑戒)로 삼는다는 전통적 관점을 견지하고 있다. 해서 후인이 이미 서술된 역사를 함부로 재평가해서는 안 된다고 한다. 하지만 근대 이후 역사가는 이와 다르다. 근거를 갖추고 있다면 재평가는 얼마든지 가능하다. 역사적 사건은 해석할 수밖에 없어서, 역사 기록자의 주관적 관점이 개입될 수밖에 없기에 그것도 평가의 대상이 되기 때문이다.

또 하나 눈여겨보아야 할 점은 예법에 대한 저자의 생각이다. 조선 후기 예송논쟁에서 예법을 정하는 기준은 대개 유교 경전에 따른 고례(古禮)와 주자가례(朱子家禮)와 국제(國制) 곧 경국대전(經國大典) 등에서 찾았지만, 철학적으로는 성리학의 이념을 따랐다. 예법이란 하늘의 도를 본받아서 사람의 행동과 마음을 절도에 맞게 통제하는 것으로서, 하늘의 이치를 알맞게 마름질한 것이자 인간사의 규범이다.[104] 그러니까 성리학의 성격에 비추어 보면, 예법이란 인간의 본성을 잘 발휘함과 동시에 지나친 욕망을 제어하는 규범인 셈이다.[105]

그런데 그 예법이란 존비(尊卑)와 상하(上下)라는 계급 등급과 남녀의 구별도 포함하므로 전통사회의 질서 유지 성격이 강하고, 게다가 하늘의 이치이므로 고정불변의 상도(常道)이다. 여기에는 어떠한 변혁이 허용되거나 용납되지 않는다. 그걸 벗어나면 오랑캐와 금수가 된다.

이 글에서 저자는 예법이란 인정과 의리와 풍속에 따라 제정했을 것이라고 보았다. 여기서 인정을 거론한 것은 예법이 인간의 일반적 정서를 바탕으로 형성되었다는 관점[106]을 따른 생각이다. 의리는 또한 전통을 따랐다. 문제는 풍속이다. 풍속은 저자가 평소에 경험의 차이를 설명할 때 자주 거론한다. 이는 풍속이 다르면 예법도 다를 수 있다는 생각을 전제하는데, 중화주의와 성리학의 관점과 상반된다. 거기서는 이른바 성인이 제정했다는 중국식 예법을 적용하지 않은 문화를 오랑캐나 야만으로 취급하기 때문이다. 실제로 조선의 예송논쟁이나 예론에서 조선의 풍속을 어느 정도 비중 있게 고려했는지는 알 수 없지만, 저자가 다른 저술에서 타 문화의 풍속을 인정하는 모습을 보면, 이는 그의 생각을 반영한 말일 것이다. 전통 예법에서 근거로 삼는 것과 다른 표현이다. 홍대용 『의산문답』의 역외춘추론(域外春秋論)도 중국 바깥의 풍습을 고려한 문화 상대적 발상에서 나왔다.

---

104 『論語集註』, 「學而」: 禮者, 天理之節文, 人事之儀則也.

105 본성의 발휘는 맹자식 접근이고, 욕망의 제어는 순자식 접근이다.

106 『禮記』, 「問喪」: 此孝子之志也, 人情之實也, 禮義之經也, 非從天降也, 非從地出也, 人情而已矣.

13. 재판에서 참작과 증거
聽訟參證

재판107을 주관하는 방법은 참작과 증거로서 해야 한다. 윤리·도덕과 인정과 일의 형세를 참작하고, 집안사람과 이웃과 마을 사람과 물증으로 증인이나 증거로 삼는다.

聽訟之道, 須以參證. 參以倫常, 參以人情, 參以事勢, 證以家人, 證以隣里, 證以物象.

죄의 경중과 법전에 해당하는 죄목이 없어 유사한 법률108에 근거하는 죄는 한결같이 현재의 정해진 법에 따라 판단하되, 크고 작은 재판109을 막론하고 모두 참작과 증거의 범위를 벗어나지 않는다. 이른바 공평하고 밝고 신통한 판결110도 모두 이런 참작과 증거를 좇아 감춘 죄를 찾아내 흔적을 도려내고, 신기에 떠올리며,111 말로 드러내어 남긴 흔적에서 끝낸다.

---

107 聽訟은 訴訟을 처리하는 일로서 재판을 주관하는 일이다. 『論語』, 「顏淵」의 "聽訟, 吾猶人也, 必也使無訟乎."에 보인다.

108 여기서 比擬는 比附와 같은 말. 범죄에 해당하는 刑律이 없을 때, 그 범죄에 가까운 다른 刑律을 적용하여 처결하는 일로서 比擬照勘의 줄인 말. 가령 『承政院日記』, 「仁祖7年 3月10日」에 "此律之外, 更無他比擬之律." 등에서 보인다.

109 獄訟은 獄事(대역죄, 살인죄와 같은 큰 범죄를 다룸)와 訟事(개인끼리 분쟁을 다룸)를 아울러 일컫는 말. 또는 형사와 관련된 송사. 여기서는 재판의 의미로 쓰였음.

110 神決은 神判神決과 같은 말.

111 發於神氣는 증거나 상황 등을 고려하여 마음속에서 사건을 재구성하는 일로 보임.

輕重比擬, 一依時王典律以斷之, 無論大小獄訟, 俱不出於參證範圍. 所謂明斷神決, 亦皆就此參證, 探藏挑痕, 發於神氣, 著於言辭, 終於形跡.

그러기 위해서는 기와 얼굴빛을 몰래 살펴거나 반복해서 따져 물어 혐의가 저절로 탄로 나기를 기다려야,112 내 생각만으로 피의자를 치우치게 믿거나 돕거나 억눌러서는 안 된다. 또 갑의 말을 들을 때는 마음이 갑과 통하며 을의 말을 들을 때는 을과 통하되,113 말을 다 듣고 나서는 갑의 장단점을 가지고 을을 깨우치며 을의 장단점을 가지고 갑을 깨우친다.114 이 또한 법의 취지를 명확하게 알려서 법에 근거하여 심리하고 판결115해야지, 어찌 내가 그사이에 관여하겠는가?116

或潛察氣色, 或反覆詰問, 以待其自綻自露, 不可將我神氣, 有所偏依扶抑. 聽甲言時, 神氣通於甲, 聽乙言時, 神氣通於乙, 聽訟, 以甲之長短, 牖於乙, 以乙之長短,

---

112 재판관이 피고의 기를 살펴서 혐의를 판단하는 것을 氣聽이라 하고, 안색을 살펴서 피고가 하는 말의 진위를 판단하는 일을 色聽이라 함. 『周禮』, 「秋官」에 보면 "以五聲聽獄訟求民情. 一曰辭聽. 二曰色聽. 三曰氣聽. 四曰耳聽. 五曰目聽."라는 다섯 가지 방법이 등장한다. 또는 氣色은 얼굴빛으로 쓰이는데 『荀子』, 「勸學」의 "不觀氣色而言謂之瞽."에 보인다. 여기서는 氣와 色을 분리한 전자의 뜻으로 보임. 기를 살핀다는 말은 뒤에서 氣質을 살피는 일로 봄.

113 피고와 원고 또는 피의자의 말을 들을 때 재판관이 갖는 마음의 상태나 태도를 함축적으로 표현한 말. 신기가 통한다는 말은 제대로 소통하면서 심문하는 일을 말함.

114 재판에서 '깨우친다'라는 말은 오늘날 생소하지만, 지금까지도 형사 재판의 경우 敎化의 의미를 함유하고 민사 재판의 경우도 화해를 권장하므로 敎化와 관련이 있다. 『論語』, 「顏淵」에 "子曰, 聽訟, 吾猶人也, 必也使無訟乎."라는 표현도 敎化를 잘해서 분쟁이 없게 하는 일이 정치의 으뜸으로 본 것이다. 민사 재판의 경우 상대의 장점과 자기의 단점을 들어 합의를 유도하는 과정이다.

115 勘斷은 죄를 심리하여 형벌을 정함.

116 재판관의 주관적 감정이나 가치관이나 판단이 작용해서는 안 된다는 말. 공정성을 강조하는 말.

膈於甲. 洞諭法旨, 依律勘斷, 我何與於其間哉.

대질하여 변론하는 사람들117은 자연히 죄가 될 만한 단서를 가지고
있고, 국법118에는 본래부터 그에 해당하는 법이 정해져 있어서, 나는
오직 그 죄를 밝히고 해당하는 법률을 증빙할 뿐이다. 또 반드시 귀천과
빈부와 노소와 강자·약자에 구애받지 않아야 하며, 살필 수 있는 대상은
오직 기질119과 말과 표정과 이전의 행위와 마음 그리고 일 처리의 좋음
과 나쁨이다.

對辨之人, 自有可罪之端, 金石之典, 素定當勘之律, 我惟聲其罪證其律而已. 又不
必拘礙於貴賤貧富老少彊弱, 所可察者, 惟氣質辭色, 及前日行心處事之善惡.

이것이 어찌 수령120이 백성 사이 송사의 판결에만 해당하겠는가? 대체
로 강학할 때 같은 생각을 지닌 사람과는 무리 짓고 다른 생각을 가진
사람을 공격하는 일121과 시비를 가릴 때 잘잘못을 다투는 일 따위는
마땅히 자연과 인간에게 상통한 성실122을 받들어 시행하는 법전으로

---

117 재판관 앞에서 이해 관계자 두 사람이 서로 대면하고 진술로 시비를 가리는
   일. 南九萬, 『藥泉集』 第13, 「因災異會議書啓」의 "況翊戴旣死, 獄旣絶矣, 無可對辨
   之人."에 보인다. 翊戴는 人名.
118 金石之典은 쇠나 돌처럼 변함이 없는 법전을 말함. 조선의 왕조실록 등에 자주
   등장하며 『經國大典』을 그렇게 불렀음.
119 여기서 말하는 기질은 성향이나 성격 따위.
120 官長은 수령을 일컫는 말. 지방에서는 각 고을의 수령이 재판을 담당했음.
121 黨同伐異는 같은 편끼리는 당을 만들고, 다른 편에 대해서는 공격한다는 뜻으로
   『後漢書』, 「黨錮傳序」의 "自武帝以後, 崇尚儒學, 至有石渠分爭之論, 黨同伐異之
   說, 守文之徒, 盛於時矣."에 보임.
122 誠實은 저자가 虛妄과 怪誕의 상대어로 자주 쓰는 표현. 주로 인식과 실천에서
   '참'의 의미로 사용함.

삼아야 하고, 사사로운 의도로 천착하거나 편견으로 고집하는 일은 비판받아야 할 허물로 삼아야 한다.[123]

是豈獨爲官長, 而決民訟. 凡於講學之黨同伐異, 是非之爭長競短, 宜以天人攸通之誠實, 爲奉行之法典, 以私意穿鑿, 偏見固執, 爲勘斷之罪過.

---

123 죄를 심리하여 형벌을 정하는 勘斷이 비유로 쓰였다. 강학에서 시비의 분별도 비판의 대상으로, 잘못되면 罪過가 된다는 뜻.

해 설

이통(耳通)의 마지막 글로서 재판에 관련된 내용이다.

재판관의 역할은 대부분 피고와 원고 또는 피의자와 증인의 진술을 듣고 판단하므로, 듣는 일의 응용이다. 조선시대의 재판은 크게 민사재판에 해당하는 송사와 역모와 살인죄 등의 큰 범죄를 다루는 옥사로 나누고, 또 형사상의 송사를 다루는 옥송(獄訟)이 있었다. 지방에서는 중범죄가 아닌 경우에는 대개 수령이 재판을 주관하였다.

이 글은 저자의 재판에 관한 의견을 알 수 있는 자료로서, 우선 재판은 공정하고 명확해야 하는데, 그를 위해 참작과 증거(증언)를 중시하고 있다. 참작의 대상은 윤리·도덕과 인정과 일의 형세이다. 곧 법이 행위의 결과에 치중하고 있지만, 그 행위의 동기로서 윤리적 관점, 어쩔 수 없이 그럴 수밖에 없는 사정과 인정을 참작해야 한다는 뜻이다. 그리고 빈부와 귀천과 노소와 강자·약자에 따라 재판이 영향을 받아서는 안 된다고 하였다. 오늘날 전관예우 따위에 귀감이 될 만한 발언이다. 문제는 사건을 다루는 방법이다. 자세한 사례를 들어 소개하였다. 저자는 재판의 문제에서만 끝내지 않고, 공정의 문제로 일반화하였다. 강학에서 의견 충돌이 생겼을 때, 일의 시비를 가릴 때도 적용된다고 하였다. 이때 판단의 기준이 필요하다. 성리학에서는 추상적이기는 하지만 천리(天理)에 두었고, 저자는 그것에서 더 나아가 '자연과 인간에게 상통하는 성실'에 두었는데, 천리만이 아니라 인간의 일인 인정(人情)에도 합당해야 하는 기준이며, 후기 철학에서 말하는 '운화의 승순'과 연결된다. 그 천리도 형이상의 윤리적 규범이 아니라 자연법칙과 자연적 본성이며 인정이란 인간의 정서를 포함한 실정이다. 그런 점에서 보면 그가 자주 거론하는 물리와 인정이라는 기준에 시비의 판단이 부합해야 한다는 뜻이다. 현대식으로 말하면 그 기준은 물리에서 보면 보편적이고 객관적이며, 인정에서 보면 합리적이고 현실적이다.

비룡

鼻通

1. 몸의 기를 풀무질하다
橐籥身氣

코는 공기가 통하는 문이다. 그것은 한 몸의 풀무로서 공기[1]를 빨아들여 혈맥을 고동시키고, 항상 천성과 목숨의 근원[2]을 잇고 타고 난 이치[3]를 끊지 않아,[4] 사지의 기를 활동하게 하고 눈과 귀의 기를 총명하게 한다. 그 공로는 오로지 코로 하는 호흡이 밤낮으로 쉬지 않고 평생 한결같아 잠시도 끊어지지 않기 때문이다.

鼻爲通氣之竇戶. 一身之橐籥, 而吸引天氣, 鼓動血脈, 常繼性命之源, 不絶稟賦之道, 使四肢之氣活動, 耳目之氣聰明. 其功專由鼻通之晝夜不息, 平生如一, 未嘗須臾間隔絶也.

호흡하는 공기는 많이 나가 적게 들어오는지 아니면 적게 나가 많이 들어오는지 비록 딱 잘라 말할 수는 없지만, 언젠가 독한 연기를 마신 사람을 보니 그 호흡으로 어지럼증을 느꼈고, 악취에 취한 사람은 그 호흡으로 끝내 넘어졌다. 그것은 마신 공기가 몸의 신기에 서서히 스며들어서 내쉬는 공기로 아직 독과 악취를 완전히 토해낼 수 없었기 때문이다.

---

1 天氣는 하늘의 기로서 여기서는 공기인데, 공기는 개화기 때에 영어 air의 일본식 번역어이다. 당시 손병희(孫秉熙, 1861~1922)는 至氣를 精神과 空氣로 병용해 표현했다. 더 자세한 것은 이종란, 『서양 문명의 도전과 기의 철학』, 273-274쪽. 참고 바람.

2 性命의 근원이란 한 몸에서 천성과 목숨이 존재하게 만드는 물리적 조건.

3 稟賦之道는 성리학에서 稟賦之理로도 일컫는다. 저자의 그것은 자연의 이치로서 생명 현상의 원리.

4 호흡으로써 생명을 이어간다는 말.

噓吸之氣, 出多入少, 出少入多, 雖未質言, 嘗觀飮毒烟之人, 因噓吸而致眩, 醉惡臭
之人, 因噓吸而竟倒. 則吸之氣, 漸漬于神氣, 噓之氣, 未能盡吐惡毒也.

그러니 순수하고 맑은5 공기가 호흡을 따라 신기에 스며들고, 피와 살을
채우고 기르며, 영기(榮氣)와 위기(衛氣)6를 고동시키는 일이 어찌 분명
하지 않겠는가?

然則純澹之天氣, 因吸而漬於神氣, 充養血肉, 鼓動榮衛, 豈非端的耶.

---

5 저자는 기의 바탕이 본래 純澹한 것으로 본다. 이 용어는 본서에서 제목을 포함하여
  총 26회 등장함. 자세한 설명은 『신기통』 권1, 「氣之功用」 참조.
6 榮은 營氣로서 전통 의학에서 혈맥 속으로 순환하면서 혈을 생기게 하고 온 몸을
  자양하는 물질을 말함. 衛는 衛氣로서 몸 겉면에 분포된 양기로서 몸을 보호하는
  기능을 함. (앞에 나옴) 또는 榮은 동맥의 피, 衛는 정맥의 피를 말하기도 함.

해 설

호흡할 때 공기가 통과하는 코의 역할과 맑은 공기의 중요성을 논하였다. 코로 산소를 흡입하여 그것이 탄수화물 등의 영양물질과 반응하여 에너지를 만들고, 그 부산물로 이산화탄소를 배출한다는 생리적 지식은 아직 접하지 않았을 때의 표현이다. 사실 코는 공기가 들어가고 나오는 통로는 되지만 그 작용과는 상관없다. 호흡은 입으로도 가능한데 이는 폐와 횡격막과 주변 근육의 운동으로 그것이 이루어지기 때문이다. 다만 냄새를 지각하고 외부에서 들어오는 찬 공기를 데우고 습도를 조절하며 탁한 공기를 깨끗하게 거르는 등의 기능을 할 뿐이다. 저자는 오염된 공기를 흡입했을 때의 현상을 역으로 생각해서 맑은 천기(天氣)가 몸에 좋다고 추론하였다.

2. 여러 냄새 가운데 순수하고 맑은 것이 최고다
諸臭中純澹爲最

시내와 계곡의 물에서 헤엄치며 노는 물고기는 늘 맑은 물을 마시고 맑은 냄새를 맡는다. 그러다가 장맛비로 물이 불어나 넘쳐 모래와 흙이 함께 흐르면, 물고기는 혼탁한 물을 마시고 혼탁한 냄새를 맡게 된다. 또 상류에서 생선을 씻으면 물고기는 비린내 나는 물을 마시며 비린내 나는 냄새를 맡고, 상류에서 여뀌 잎이 썩거나 문드러지면7 물고기는 더러운 물을 마시고 악취를 맡는다.8

魚之游泳于溪澗者, 常飲淸淡之水, 而聞淸淡之臭. 及其霖雨漲溢, 沙土幷流, 魚飲混濁之水, 而聞混濁之臭. 自上流洗鮮肉, 則魚飲腥羶之水, 而聞腥羶之臭, 在上流糜亂蓼葉, 則魚飲穢惡之水, 而聞惡臭.

코로 통과하는 공기에 있어서 사람도 이와 유사하다. 순수하고 맑은 공기가 코를 통과하면 순수하고 맑은 냄새를 맡으나, 날씨가 흐려 흙비가 공기를 타고 코를 지나가면 흙비의 냄새를 맡는다. 또 향불의 연기가 실오라기처럼 코에 닿으면 향기로운 향기를 맡으나, 더러운 악취가 공기에 섞여 코를 지나가면 냄새를 맡자마자 얼굴을 찡그린다.

人於鼻通之氣, 亦猶乎此. 純澹之天氣, 通於鼻, 則嗅純澹之臭, 晦霾乘氣, 而通於鼻, 則嗅土雨之臭. 香烟如縷, 而觸鼻, 則嗅其馝馥, 穢惡和氣, 而過鼻, 則嗅而嚬顣.

---

7 糜亂은 糜爛의 뜻으로 쓰였다.
8 물고기 처지에서 그렇다는 말. 여뀌는 한해살이풀로 식물 전체에 매운맛이 있고, 잎과 줄기에서 즙을 내어 물고기를 잡기도 한다.

대개 냄새9가 신기에 맞으면 좋음과 나쁨을 의식하지 못하고 잊어버리지만, 신기에 거슬리면 생각할 겨를도 없이 코에 스치자마자 싫어하게 된다. 냄새는 오래 맡으면 반드시 상해가 생긴다. 설령 향기가 더러운 냄새보다 낫다고 말하더라도, 이 또한 오래 맡으면 반드시 해로운 데가 있다.

蓋臭氣之適宜於神氣, 則不識好惡而忘之焉, 臭之逆於神氣者, 不待思想, 而過鼻輒惡之. 若久吸必有傷害. 縱云香氣, 勝於穢惡, 久聞之, 必有攸損也.

더러운 냄새를 맡아 병이 난 사람은 향기로운 냄새 맡기를 기뻐하나, 여러 냄새로 인해 병을 얻지 않은 사람은 늘 순수하고 맑은 냄새를 적합하게 여기고 향기나 악취10에 치우치지 않는다. 이로 보아 감각기관 가운데 가장 신속하고 거짓이 없는 것은 오직 코로 냄새 맡는 일임을 알겠다.

受病於穢惡之臭者, 喜聞芬馥之氣, 無受病於諸臭者, 常適於純澹之臭, 無所偏於薰蕕. 是知諸竅諸觸之中, 最迅疾而無邪偏者, 其惟鼻臭乎.

---

9 臭氣는 인간의 후각으로 느낄 수 있는 냄새.
10 薰蕕는 향기 나는 풀과 악취 나는 풀로 곧 군자와 소인, 또는 선과 악을 비유한 말로 쓰이나 여기서는 일차적인 뜻으로 쓰임. 『左傳』, 「僖公四年」의 "一薰一蕕, 十年尚猶有臭."에 보인다.

해 설

냄새를 맡는 과정과 그 감각의 특징을 논하였다.

냄새는 그것이 발산하는 물질의 분자가 공기를 타고 확산하여 비강 상부에 있는 후수용기를 자극함으로써 생기는 화학감각이다. 그 감각이 가능한 동물로는 포유류·조류·파충류·양서류·어류 등인데, 냄새를 맡는 기관은 종류에 따라 다를 수 있다. 저자의 물고기 비유는 냄새의 경우 사실에 부합한다.

저자의 주장대로 냄새야말로 사람이 즉각적으로 반응한다. 이는 생각해서 반응하는 일이 아니라, 몸의 느낌이 그렇다는 점이다. 이는 선천적일 수도 후천적일 수도 있다. 이에 대해 좀 더 논의가 필요하다. 가령 비린내 나는 생선이나 이상한 냄새 나는 음식이나 과일을 일반적으로 싫어하지만, 어떤 문화권의 사람들은 되레 좋아하기 때문이다. 또 같은 한국 사람이라도 방아나 고수잎 등의 냄새에 호오가 엇갈린다.

그리고 특정한 냄새를 오래 맡으면 병이 든다는 주장도 일리가 있다. 각종 산업현장에서 자주 본다. 해서 냄새도 밥처럼 아무 맛이 없어야 깨끗한 것이며 몸에 좋다. 사람이 선호하는 냄새도 오래 맡으면 해롭다고 한다. 저자의 이 말은 『노자』 12장의 오색(五色)과 오음(五音)과 오미(五味)가 사람의 눈과 귀와 입맛을 상하게 한다는 말을 떠올리게 한다. 일례로 옮긴이는 한때 향기가 진하게 나는 꽃을 화분에 길렀는데, 오래 맡다 보니 머리가 띵하고 아픈 기억이 있다. 적당하게 어쩌다 은은하게 있는 듯 없는 듯한 향기를 맡아야 좋다는 점을 비로소 깨달았다. 천연 향기도 이런데 하물며 인공 향기임에야.

3. 여러 냄새의 분별에 근본이 있다
諸臭分別有本

여러 냄새의 이름을 옛사람들이 상세하게 조목별로 구별한 사례가 없어서, 콕 집어서 분명하게 나타내기가 매우 어렵고 형용하는 모습도 일정치 않다. 설사 내게 그것을 가리켜 구별하라고 할 수 있어도, 이름으로 표현하여 여러 사람에게 알리기는 어렵다.

諸臭之名, 旣無古人詳細條別, 則指的甚難, 形容不一. 縱能使我有所指別, 難以名言諭諸人也.

그래서 응당 물건의 이름을 따라 그 냄새의 이름을 붙인다. 예컨대 생흙 냄새, 썩은 흙냄새, 바닷물 냄새, 계곡물 냄새, 깎은 나무 냄새, 벤 풀냄새, 땀과 때 냄새, 썩고 문드러진 냄새 따위로 부르는 일이 그것이다. 더 나아가 고기와 생선과 식초와 장 및 여러 약재에 이르기까지 모두 그 같은 이름의 냄새가 있다. 또 그 가운데도 제각기 날것과 익은 것, 묵은 것과 썩은 것의 차이가 있다.

當因其物名, 而名其臭. 如云生土臭, 腐土臭, 海水臭, 溪水臭, 斷木臭, 刈草臭, 汗垢臭, 朽爛臭 以至肉鮮酢醬及諸品藥材, 皆有其臭. 又就其中, 各有生熟陳腐之異.

냄새는 반드시 대기의 차고 덥고 마르고 축축한 상태를 따라 맛[11]이 변하며, 나아가 그에 따라 냄새가 흩어지는 모습도 다르다.

---

11 氣味는 맛과 냄새로 여기서는 냄새를 맛으로 표현한 말.

臭必由於天氣之寒熱燥濕, 而變其氣味, 以至散臭之亦異.

냄새를 분별할 수 있는 주체는 코로 인식하는 신기12이다. 맑거나 혼탁한 신기13에는 비록 냄새를 분별하는 일에 예리함과 둔함이 있지만, 사는 곳과 평생 젖어 든 냄새에 따라 저절로 같지 않다. 바닷가에서 나서 자란 사람은 바다의 짠맛에 젖어 있어, 대부분 약간의 짠바람이 불어와도 짠맛을 모른다. 산촌에서 태어나 자란 사람은 맑은 산 기운에 젖어 있어, 대체로 약간의 탁한 바람이 불어도 그 탁함을 쉽게 알아차린다. 또 어물 가게14나 향기가 풍기는 방15에 오래 있으면 그 냄새를 맡지 못하니, 이는 냄새로 물든 일에 저절로 치우침과 막힘이 있어서인데, 자연스러운 현상이다.

能分別者, 鼻通之神氣也. 神氣之清濁, 縱有分辨之利鈍, 所居之地, 平生漬染, 自有不同. 生長於海濱者, 漬染海鹹, 凡於微鹹之風, 不知其鹹. 生長於山庄者, 滋潤於清嵐之氣, 凡於微濁之風, 易覺其濁. 且於鮑魚之肆, 芝蘭之室, 久而不聞其臭, 則有所染着者, 自有偏滯, 勢固然也.

사람의 공부는 오직 물든 여러 냄새를 제거하는 데 있다. 순수하고 맑은 공기를 익히 맡았다면, 바람결에 오고 가는 여러 냄새를 쉽게 분별할

---

12 인식주체인 마음을 말한다.

13 인식능력의 차이를 말함. 성리학도 그 차이를 이런 清濁과 같은 기질의 차이로 설명한다.

14 鮑魚之肆는 원래 臭氣紛紛한 생선 가게. 훗날 뜻이 변하여 小人이나 惡人들이 모이는 곳으로 쓰임. 출전은 『孔子家語』. 여기서는 원래의 뜻.

15 芝蘭之室은 香草가 있어 좋은 향기가 나는 방의 뜻으로 善人이나 君子를 비유함. 출전은 『顔氏家訓』. 여기서는 전자의 뜻.

수 있고, 또 몸에 있는 신기도 타고난 선천적 냄새를 바꾸지 않는다.16

人之功夫, 惟在掃却諸臭之染着. 熟聞純澹之天氣, 則有時風便, 去來諸臭, 易得分
辨, 且在身之神氣, 不變所稟之天臭.

---

16 비유이다.

해 설

이 글은 냄새에 이름을 붙이는 어려움, 예시적인 냄새의 이름, 대기 상태에 따른 냄새의 확산 정도, 사는 곳과 평생 노출된 냄새에 따른 후각 기능의 차이 그리고 냄새 문제를 공부에 비유하였다.

여기서 제목에서 말하는 "여러 냄새의 분별에 근본이 있다"라는 말은 마치 산촌에 태어나 자란 사람처럼 '순수한 맑은 공기'만을 흡입하여 특정한 냄새에 젖어 있지 않아야 한다는 점을 의미한다. 곧 어떠한 냄새에도 오염되어 있지 않아야 냄새를 제대로 파악할 수 있다는 뜻이다. 사실 그렇다. 콘크리트 냄새, 매연과 화학물질에서 나오는 냄새가 가득 찬 도시에서는 미세한 꽃향기를 느끼기 어렵다. 온갖 냄새가 섞여 있기도 하지만, 우리의 후각이 무디어져 있기 때문이다.

이 글에는 냄새와 그 경험에 있어서 여러 관점을 제공한다. 먼저 냄새란 물질의 화학적 성분에 따라 다양해서 이름으로 다 표현하기 어렵다는 점을 인정할 수밖에 없다. 특히 오늘날 인공 물질까지 포함하면 더욱 그렇다.

다음으로 기상 조건에 따라 냄새가 변한다는 말은 기상에 따라 냄새의 성질이 완전히 달라진다는 의미가 아니라, 냄새를 구성하는 휘발성 물질의 농도나 확산 속도가 기상 상태의 영향을 받는 의미로 이해해야 한다. 후자가 사실에 부합하기 때문이다. 가령 똑같은 냄새라도 덥고 습한 장마철과 차고 건조한 겨울철에 따라 정도가 다르기 때문이다. 또 냄새를 구별하는 일에 예리함과 둔함이 있다는 주장도 사실에 부합한다. 개와 사람의 기능이 다를 뿐만 아니라, 같은 사람끼리도 냄새를 잘 맡는 사람과 그렇지 못한 사람이 있고, 특정 냄새에 반응하는 정도가 사람에 따라 다르다.

그리고 "어물 가게나 향기가 풍기는 방에 오래 있으면 그 냄새를 맡지 못한다"라는 말도 사실에 부합한다. 후각은 자극이 오랫동안 계속되면 쉽게 순응(adaptation)하여 소실된다는 사실이 그걸 말해준다. 다만 다른 냄새에 대해서는 다시 반응할 수 있다.

끝으로 냄새로 비유한 공부 방법은 공정하고 객관적인 마음으로 치우친 특정 가치나 이념이나 편견과 아집을 갖지 않아야 한다는 점으로 이해할 수 있다. 그런데 "순수하고 맑은 공기를 맡았다면 … 신기도 타고난 선천적 냄새를 바꾸지 않는다"라는 말은 선뜻 이해되지 않는다. 그것은 평소 치우치지 않고 객관적이며 공정한 학문 태도의 비유로 쓰였다. 생각이나 가치가 어떤 이념이나 편견에 오염되지 않아야 한다는 수양을 강조한 말이다. 냄새나는 사람이 되어서는 안 된다는 뜻이다. 더 나아가 순수한 자연성을 회복한 모습이라고나 할까? 노자의 길에 가깝다. 이와 관련해 저자는 기의 본성을 '순수한 맑음'으로 보았는데,『신기통』 권1의「기의 작용(氣之功用)」을 보면 "대체로 보아 기는 한 덩어리의 활물(活物)로서 그 바탕이 본래 순수하고 맑고 깨끗하다. 설령 기가 소리·색깔·냄새·맛을 따라 변하더라도 그 본성은 불변하니, 그 전체의 무한한 기능의 덕을 총괄하여 신(神)이라 부른다"[17]라는 말과『추측록』 권1의「본체순담(本體純澹)」에서도 이 문제를 심도 있게 다룬다.

---

17 大凡一團活物, 自有純澹瀅澈之質. 縱有聲色臭味之隨變, 其本性則不變, 擧其全體無限功用之德, 總括之曰神.

4. 향내는 순수하고 맑은 냄새만 못하다
香不如純澹

옛날 좋지 않은 냄새가 몸에서 나는 사람은 향주머니[18]를 차서 냄새를
가렸다. 후세에는 몸에 냄새가 있든 없든 막론하고 향주머니를 몸 꾸미는
장신구로 삼았다. 옛날의 제사에서는 피와 기름[19]과 울창주[20]를 썼지만,
후세에는 크고 작은 모든 제사에서 분향하여 더러움을 물리치고 신과
통하는 방법으로 사용했다. 여기에서 향을 쓰는 풍속이 번성하여 외국
선박은 향[21]을 무역하는 상인을 싣고, 서점에는 향의 계보를 인쇄한
책[22]이 있고, 도관[23]과 사찰에는 늘 향불의 연기가 나부끼고, 조정의
조회와 연회 자리에서는 멀리까지 향내를 풍긴다. 또 문장과 시가(詩歌)
에도 '香'이라는 글자가 많이 들어가고, 화원과 과수원에서는 향기 나는
식물을 많이 심는다.

---

18 容臭는 香囊과 같은 말로서『禮記』,「內則」에 "衿纓, 皆佩容臭."이란 말이 있는데,
鄭玄의 주석에 "容臭, 香物也."라고 되어 있다. 또 陳澔의『禮記集說』에는 "助為形容
之飾, 故言容臭, 以纓佩之, 後世香囊, 即其遺制."라 하였고, 孫希旦의『禮記集解』에
는 "容臭, 謂為小囊以容受香物也."라고 하였다. (강조는 옮긴이)

19 血膋은 피와 기름으로『詩經』,「小雅·信南山」의 "執其鸞刀, 啟其毛, 取其血膋."에
등장하는데, 鄭玄의『毛詩箋』에 "膋, 脂膏也. 血以告殺, 膋以升臭."라고 되어 있다.
(강조는 옮긴이)

20 鬱鬯은 鬱金香을 넣어 빚은 향기 나는 술로 제사의 降神에 썼음.『周禮』,「春官·鬱人」
의 "鬱人掌祼器, 凡祭祀賓客之祼事和鬱鬯以實彝而陳之."에 보인다.

21 여기서 香은 대체로 향료 또는 향신료를 뜻함. 역사적으로 서양의 대항해시대는
아시아의 향신료를 구하기 위해 시작되었다.

22 잘 알려진 책에는 宋의 洪芻가 지은『香譜』가 있다. 이와 달리 印香之譜를 '印香의
계보'로 볼 수도 있는데, 印香은 여러 가지 향료를 섞어 고르게 다져 압축한 향이다.
어느 것을 취해도 뜻은 통한다.

23 도교 사원.

古者, 身有不美之臭者, 佩容臭而掩之. 後世無論身之有臭無臭, 以容臭爲華身之飾. 古者祭祀, 用血膋鬱鬯, 後世, 用焚香於大中小祀, 以爲辟穢通神之方. 於是, 用香之 俗熾盛, 番舶有傳香之商, 書肆有印香之譜, 道觀佛宇, 常飄其烟, 朝會宴席, 遠聞其 臭. 文章詞藻, 多聚其字, 花園果圃, 多植其木.

세상 사람들은 모두 향기만 귀한 줄 알지, 순수하고 맑은 냄새에서 본연의 맛을 즐기고 잡되게 섞인 냄새를 싫어할 수 있는 사람은 드물다.

世人, 皆知芬馥之爲貴, 鮮能於純澹之臭, 樂其本然, 惡其雜糅.

향기 무리는 향기 나는 물체가 중심이고 그 주위는 외곽이다. 바람의 속도에 따라 긴 타원형과 짧은 타원형이 되는 점은 소리 무리와 같다. 【〈이통〉에 보임.】 향기 나는 물체의 중심에서 그 외곽까지 거리는 대략 3미터24 남짓에 지나지 않아서, 그것을 맡을 수 있는 자는 단지 같은 방 안의 거리 정도에 있는 사람뿐이고, 얼마 지나지 않아 바람에 흩어져 소멸한다.

夫香氣之暈體, 以香物爲心, 以香圍爲郭. 隨風之疾徐, 爲長橢短橢, 如聲暈. 【見耳 通】自香物之心, 至香圍之郭, 不過一丈有餘, 聞之者, 只在於一室之內, 未久, 風散 而消滅.

순수하고 맑은 냄새는 온 세상 사람들이 함께 맡아서 옛날부터 지금까지 변치 않는다. 이것을 가지고 함께 하는 기미25를 추측할 수 있고, 스쳐

---

24 一丈은 옛날의 길이 단위로 10尺. 대략 3m에 해당함.
25 맛과 냄새 또는 마음과 취향.

가는 여러 냄새를 쉽게 분별할 수도 있다.

至於純澹之臭, 天下人物所共聞, 古往今來所不變. 可將此而推測所同之氣味, 亦可易分別於趣過之諸臭.

해 설

향을 사용한 유래와 실태, 향기가 퍼지는 물리적 현상 따위를 설명하였다. 후자의 경우는 소리처럼 냄새도 공기를 타고 전파하기 때문이다. 옛날 제사에 울창주를 사용한 일은 향과 관련이 있다. 서양에서도 향은 신과 인간 사이 교감의 매개체로서 종교의식에서 먼저 사용했다고 한다.

앞의 글에 이어 여기서도 '순수하고 맑은' 냄새를 모든 사람이 공유하는 기본적인 것으로 여겼고, 그것을 기준으로 여러 냄새를 분별할 수 있다고 한다. 이는 또 저자의 인식 이론 가운데 신기의 순담설과 연결된다.

5. 냄새26의 배어듦
臭氣染漬

모든 냄새는 바람이 나부끼면 쉽게 흩어지나, 머물러 쌓이면 물건에 스며 물들인다.

凡臭, 風飄則易散, 停蓄則染漬於物.

닭장과 돼지우리에 닭과 돼지의 냄새가 있고, 용과 뱀의 굴에는 용과 뱀의 냄새가 난다. 현인이 거처하는 방에는 지초와 난초27의 냄새가 나지만, 아둔하고 어리석은 사람이 거처하는 방에서는 혼탁한 냄새가 난다.

雞豚之柵, 有雞豚之臭, 龍蛇之窟, 有龍蛇之臭. 賢人所居之室, 有芝蘭之臭, 昏愚所居之室, 有溷濁之臭.

사실 거처하는 곳의 궤28와 책상과 병풍과 휘장 따위는 인간의 현명함이나 어리석음과 무관하지만, 그것들에 배어든 냄새는 주인의 현명함과 어리석음에 따라 차이가 있다. 또 탐관오리29가 재임한 군에서는 더러운 악취가 여러 해가 지나도록 그치지 않으나, 어진 정치30와 좋은 교화가

---

26 臭氣는 현대어에서 비위를 상하게 하는 좋지 못한 악취를 뜻하지만, 본문을 끝까지 읽어보면 좋은 냄새까지 언급하고 있어 일반적 냄새의 의미로 사용하였다.

27 芝草와 蘭草. 모두 향기 나는 풀. 높고 맑은 才德을 비유할 때 자주 쓰는 말.

28 물건을 넣도록 나무로 네모나게 만든 그릇. 속칭 궤짝.

29 貪官暴吏는 벼슬을 탐하며 도리에 어긋나는 일을 하는 관리로 貪官汚吏와 같은 말이다.

널리 퍼진 지역에서는 아름다운[31] 냄새가 제법 널리 퍼진다.

至於櫃案屛帳, 實無關於人之賢愚, 而其所漬染之臭, 隨主人之賢愚而有異. 且貪官暴吏, 苟任之郡, 穢惡之臭, 年久不息, 仁政善敎, 浹洽之地, 令聞之臭, 流傳頗廣.

사람의 소리와 냄새[32]는 물건의 그것과 달라서 사람에게 전파할 수 있어 백 리나 천 리나 만 리까지 알려지고, 또 물건에 흘러가 물들여 산천초목까지에도 이른다. 저 흩어지고 남은 냄새에서 흔적을 추구하고, 장차 냄새가 피어날 즈음에 미세한 냄새를 찾는 일은 되레 사냥개가 동물의 남긴 냄새를 찾는 일보다 못하다.[33]

人之聲臭, 異於物之聲臭, 能傳播於人, 而通于百千萬里, 又流染於物, 而及於山川草木. 若夫追遺痕於散臭之餘, 訪微臭於將發之際, 反不若獵狗之尋禽獸之遺臭.

---

30 仁政은 儒家의 정치가 구현하고자 하는 이상이다. 맹자 정치사상 가운데 하나. 『孟子』, 「梁惠王上」의 "王如施仁政於民, 省刑罰, 薄稅斂, 深耕易耨, 壯者以暇日, 修其孝悌忠信, 入以事其父兄, 出以事其長上. 可使制梃以撻秦楚之堅甲利兵矣."에 보인다.

31 令聞은 아름다운 명성으로 여기서는 명성이 널리 퍼짐을 냄새로 비유하였다. 『書經』, 「微子之命」의 "爾惟踐修厥猷, 舊有令聞."에 보인다.

32 명성과 오명, 행적 따위를 소리와 냄새로 비유함. 소리와 냄새의 뜻으로는 『詩經』, 「大雅·文王」의 "上天之載, 無聲無臭."에 보인다.

33 사람이 그런 좋은 자취를 찾는 일이 사냥개가 냄새를 찾는 일보다 못하다는 풍자와 비판이다.

해 설

이 글은 일반 냄새에서 시작하여 비유로 표현한 그것까지 다루었다. 특정한 공간의 냄새는 독자적으로 존재하지 않고, 그 공간을 점유하는 동물이나 사람에 따라 달라진다고 한다. 사람이나 동물이 그곳에 오래 머물러 있기 때문이다.

같은 사람이지만 사람에 따라 냄새가 다를 수 있다고 한다. 특히 본문의 "궤와 책상과 병풍과 휘장 따위는 인간의 현명함이나 어리석음과 무관하지만, 그것들에 배어든 냄새는 주인의 현명함과 어리석음에 따라 차이가 있다"라는 말은 일리가 있는 발언이다. 이는 인간의 인품에 따라 그 주변의 냄새가 다를 수 있다는 표현으로, 선비 가운데 『예기』나 『논어』 또는 『소학』 등의 가르침을 따라 몸가짐을 바르게 하고, 먹는 음식까지도 가려 먹고 주변을 깨끗이 정돈하고 정갈하게 하면, 거기에 맞는 냄새가 쌓일 것이다. 반면에 과음과 흡연과 잡식 등으로 무절제하게 사는 사람은 냄새 또한 이와 다를 것이다.

이제 냄새는 비유로 전환된다. 아름다운 인품과 행위는 사람의 말을 타고 멀리 퍼진다. 그 반대도 마찬가지이다. 그래서 "지란(芝蘭)은 깊은 숲속에 나지만, 주위에 사람이 없다고 해서 향기를 내뿜지 않는 건 아니며, 군자가 도를 닦고 덕을 세움에 곤궁하다고 해서 지조를 바꾸지 않는다"[34]라는 말을 연상시킨다. 또 그 냄새가 "물건에 흘러가 물들여 산천초목까지에도 이른다"라는 말은 성인군자의 덕이 천지의 화육(化育)에 참여해 돕는 것[35]의 다른 표현이다. 그것은 유가 학문의 목표이자

---

34 『孔子家語』, 「在厄」: 芝蘭生於深林, 不以無人而不芳, 君子修道立德, 不爲窮困而改節.

35 『中庸章句』, 第22章: 唯天下至誠, 爲能盡其性, 能盡其性則能盡人之性, 能盡人之性

이상이다.

인간이 좋은 냄새의 흔적을 찾는 일에서 사냥개보다 못하다는 말은 물리적 냄새가 아니라, 과거의 성현이 남기고 현재의 군자가 가진 가르침이나 덕을 포착하지 못하는 세태를 비꼬는 말이다. 동시에 저자 자신의 학문에 대한 자부심도 행간에 들어 있다.

則能盡物之性, 能盡物之性則可以贊天地之化育, 可以贊天地之化育, 則可以與天地參矣.

6. 이로운 냄새와 해로운 냄새
臭有利害

사람이 음식을 아직 맛보지 않고도 그 냄새만은 미리 맡게 된다. 문드러진 물고기와 상한 고기36 냄새를 맡을 때는 반드시 싫어하는데, 이는 아마도 생명력37을 상하게 하기 때문이다. 반면 조미(調味)38하여 달콤한 향이 끼면, 그것을 맡자마자 기뻐하는 일은 생명력에 도움이 되기 때문이다.

人於飮食, 有未及嘗, 而先嘗之臭. 魚餒肉敗, 聞必惡之, 恐有傷於生氣也. 調和燻甘, 聞輒有悅, 以有補於生氣也.

사람이 생명력을 보호하는 일에 어찌 냄새에만 성실히 하겠는가? 다른 감각기관의 대상에서 생명력을 보호하는 일도 모두 그러하다. 어찌 사람 뿐이겠는가? 모든 동물 또한 그러하다.39

人之保護生氣, 豈獨於臭, 有此誠實. 至於諸竅諸觸, 莫不皆然. 豈獨人也. 又於諸物

---

36 魚餒肉敗는 『論語』, 「鄕黨」에 "食饐而餲, 魚餒而肉敗, 不食, 色惡不食, 臭惡不食, 失飪不食, 不時不食."에 보인다.

37 生氣는 여기서는 純澹之氣와 같은 의미로 인간 생명의 기운 또는 생명력이다. 후기 철학에서 生氣를 보편화하여 서양의 근대 과학이나 중세 신학에서 규정하는 죽은 물질과 다른 개념으로 사용했다. 『氣學』에서 기의 본성을 活動運化로 보아 그 活의 뜻을 生氣로 보았는데, 이는 그의 철학이 일부 서양 과학을 수용했어도 끝내 포기하지 않은 기 개념 가운데 하나이다.

38 調和는 음식의 맛을 잘 조절하는 일. 『管子』, 「小稱」의 "夫易牙以調和事公, 公曰, 惟烝嬰兒之未嘗. 於是, 烝其首子而獻之公."에 보인다.

39 物은 맥락에 따라 만물, 물건, 동식물, 타인 등에 쓰인다. 여기서는 자신의 生氣를 보호하는 역할을 하므로 동물에 해당된다. 만약 물체나 만물로 옮기면 물활론으로 간다. 여기서 물활론과 生氣 이론은 다른 차원이다.

亦然.

확실하게 드러난 냄새는 이로움과 해로움을 쉽게 분별하지만, 미세한 냄새는 구별하기 어렵다. 가령 순수하고 맑은 공기 가운데 조금 들어간 뒤섞여 혼란스러운 냄새가 바람결에 타고 올 때 단지 한 번 마시는 냄새, 눈으로는 냄새[40]가 나는 현장을 보았으나 코에 아직 도착하지 않은 냄새, 귀로 냄새가 나는 말을 들었으나 코로 확인하지 못한 냄새 따위는 모두 구분하기 어려운 냄새이다.

顯著之臭, 易分利害, 隱微之臭, 難於分別. 純澹之中, 微有雜亂之臭, 有時風便, 只得一吸之臭, 目見臭氣之發動, 而鼻未及嗅之臭, 耳聞臭氣之言說, 而鼻不視聞之臭, 俱是難辨之臭.

그래서 냄새를 잘 분별하는 사람은 이전의 냄새를 증험하여 나중에 맡는 냄새가 좋은지 나쁜지 결정하고, 저 냄새에 비교하여 이 냄새의 맑음과 탁함을 구별한다. 또 장차 발생할 냄새를 미리 맡고, 이미 소멸한 냄새에서 아직 남은 그것을 맡을 수 있다. 그리하여 이롭거나 해로운 냄새를 좋아하고 싫어함을 마치 음식을 삼키고 토하듯이, 맑거나 탁하거나 길거나 짧은 냄새를 음악처럼 구별한다.

是以, 善辨臭者, 證驗前臭, 以定後臭之好惡, 比較彼臭, 以別此臭之淸濁. 且能於將發之臭, 先有所嗅, 已滅之臭, 尙有餘嗅. 好惡利害, 如飮食之呑吐, 淸濁長短, 同音律之辨開.

---

40 臭氣는 일반적으로 惡臭의 뜻이나 여기서는 일반적 냄새로 보임. 앞의 글에 나옴.

냄새는 물건의 기에서 생기고 거짓이 없다. 후각도 생명력을 따라 진실하여, 거기에 힘쓰지 않아도 저절로 좋아하고 싫어하는 일이 있다.[41]

臭生於物氣, 而無邪僞. 嗅由於生氣, 而有誠實, 不待勉彊, 自有好惡.

옛사람이 냄새를 상세하게 탐구한 논의는 없고, 지금 사람은 냄새에 소홀한 일이 많다. 사람과 사물에 있어서는 단지 냄새의 좋음과 나쁨[42]만 구별할 뿐, 맡는 냄새가 자기에게 닿아 생명력에 이로운지 해로운지 연구하지 않는다. 반면 자기에 대해서는 본인의 언행에서 풍기는 냄새가 상대에게 전파되어, 그것이 도리어 자기에게 이로운지 해로운지 생각하지 않는다.

古人於臭, 無詳究之論, 今人於臭, 多忽略之事. 在人物, 只知有薰蕕之別, 而不究觸己爲生氣之利害. 在自己, 不念言行之發臭, 而觸人物, 反爲自己之利害.

---

41 냄새는 물질의 물리법칙을 따르므로 거짓이 없다는 말과 함께 후각은 본래 순수하고 맑은 생기가 기준이 되어 인식되므로, 사람에게 좋아하고 싫어하는 냄새가 있는 일이 자연스럽다는 뜻.

42 薰蕕는 향기 나는 풀과 악취 나는 풀로 곧 군자와 소인, 또는 선과 악을 비유한 말로 쓰이나 여기서는 일차적인 뜻으로 쓰임. 『左傳』, 「僖公四年」의 "一薰一蕕, 十年尚猶有臭."에 보인다. (앞에 나옴)

해 설

이로운 냄새와 해로운 냄새를 설명하였다.

이런 냄새는 사람이 본능적으로 좋아하거나 피하게 되는데, 그 기준은 생기 곧 생명력에 이롭거나 해로운 데 따른 것이라고 한다.

하지만 현대는 화학적으로 인공 냄새도 제조하므로, 냄새가 좋다고 해서 반드시 몸에 좋다고 단정할 수 없다. 각종 과자나 음료, 가습기, 세탁제 등에 들어가는 합성향료나 방향제, 음식을 조리하거나 고기를 구울 때 나는 냄새가 마냥 좋기만 할까?

또 미세한 냄새는 구별하기 어렵지만, 그것을 구별하는 능력도 학습을 통해 향상할 수 있다고 한다. 향수 제조 회사에서 그것을 구별하는 사람들을 보면 알 수 있다. 저자는 냄새를 더욱 연구할 필요가 있다고 한다. 과거 궁중의 의사는 임금의 대변 냄새를 맡아 병의 유무를 판단했다고 하고, 현대 의학에서는 인간의 입에서 나는 냄새를 통하여 질병의 유무를 연구한다고 한다. 저자의 혜안이 돋보인다.

마지막 단락은 냄새로 인간의 언행을 비유했다. 여기서 냄새는 그 사람에 대한 일종의 평판이다. 그것은 이롭거나 해로울 수 있다. 그래서 보통 좋은 냄새를 남기려고 힘쓰지만, 도가나 불교는 아무 냄새도 남기지 않으려고 했다. 집착은 금물이기도 하지만 특정 냄새는 편파적일 수 있기 때문이다. 아무리 좋은 냄새도 계속 맡으면 싫증 나게 되어 있다. 해서 맑아 투명한 냄새가 최고이다!

1. 말과 음식은 서로 호응한다
言與食相應

말은 입에서 나오고 음식은 입으로 들어간다. 나옴과 들어감이 서로
호응하고 부합하는 경우, 굽이돌아 서로 만나는 경우, 자기를 미루어
남을 은혜롭게 하는 경우는 참된 말이다. 서로 등지고 서로 해치는 경우,
바삐 달려가¹ 어그러진 경우,² 자기 때문에 남을 해치는 경우는 허황하고
망령된 말이다.

言語從口而出, 飮食從口而入. 出與入相應相符者, 彎廻相遇者, 推己惠人者, 誠實
之言語也. 相反相賊者, 馳騖緯繣者, 由己害人者, 虛妄之言說也.

직접 말로서 음식을 구걸하는 거지의 일, 힘들여 생산하고 교역하는
농부·장인·상인의 일이 바로 말과 음식이 서로 호응하고 부합하는 경우
이다. 평소 남에게 충직과 신의³를 쌓는 일, 남에게 사양하면 남도 나에게
사양하는 일, 남에게 주면 남도 나에게 주는 일이 바로 말과 음식이
굽이돌아 서로 만나는 경우이다. 정치가 인과 의에서 출발하는 일, 가르
침과 글⁴로 선악을 밝히는 일, 만민이 생업과 그 종사를 편안하게 할

---

1 馳騖는 馳驚와 같은 뜻으로 奔走함을 말함. 『史記』, 「李斯列傳」의 "今秦王欲吞天下,
  稱帝而治, 此布衣馳騖之時而游說者之秋也."에 보임.
2 緯繣는 『楚辭』, 「離騷」의 "紛總總其離合兮, 忽緯繣其難遷."에 등장하며 王逸의 注에
  "緯繣, 乖戾也."로 되어 있다.
3 忠信은 충직과 신의. 『論語』, 「學而」에 "曾子曰, 吾日三省吾身, 爲人謀而不忠乎.
  與朋友交而不信乎. 傳不習乎."라고 한 말에, 또 "子曰, 君子不重則不威, 學則不固.
  主忠信."에도 등장한다. 주희 주석에 "盡己之謂忠, 以實之謂信."으로 풀이했다. 忠이
  내면적인 일이라면 信은 그 忠을 남이 볼 수 있는 외면의 행위로 실천하는 것.
  그래서 신뢰를 얻는다.

수 있도록 하는 일이 바로 말과 음식이 자기를 미루어 남을 은혜롭게
하는 경우이다.

直請飲食, 乞人之事, 功作交易, 耕織工商之事, 是乃言語飲食, 相應相符者也. 素積
忠信於人, 讓人而人讓於己, 與人而人與於己, 是乃言語飲食, 彎廻相遇者也. 政事
發於仁義, 敎文明其善惡, 使萬民各安生産作業, 是乃言語飲食, 推己惠人者也.

내가 남에게 요구하는 일이 있어도 남이 완강하게 거절하는 일, 남에게서
조금 빼앗았으나 내가 크게 잃는 일이 바로 말과 음식이 서로 등지고
서로 해치는 경우이다. 찾을 대상이 여기에 있는데도 행동은 저쪽으로
달려가는 일, 그 거처를 편안하게 하고자 하는데도 도리어 소란이 일어나
는 일이 바로 말과 음식이 바삐 달려가 어그러진 경우이다. 자기의 탐욕을
이루되 나라를 좀먹고 백성을 병들게 하는 정치를 반성하지 않는 일,
자기의 견해를 가지고 잘못되고 괴이하고 거짓된 가르침을 만드는 일,
만민이 정처 없이 떠돌고 굶주림과 추위에 떨도록 하는 일은 말과 음식이
자기 때문에 남을 해치는 경우이다.

有求於人, 而人固拒我, 奪小於人, 而失大於己, 是乃言語飲食, 相反相賊者也. 所求
在此, 而所行走彼, 欲安其居, 而反起搔擾, 是乃言語飲食, 馳騖緯繣者也. 遂貪慾,
而不顧蠹國病民之政, 將己見, 而做出差謬怪誕之敎, 使萬民流離飢寒, 是乃言語飲
食, 由己害人者也.

여기에서 말의 참과 거짓은 음식의 의와 불의 이익과 손해 여부에 따라

---

4 敎文은 동서 교류 역사에서 보면 종교와 문화, 동양적 용례에 따르면 성인의 가르침과
   문물, 임금의 교서, 성인의 문장 등으로 옮길 수 있다.

귀결됨을 알 수 있다. 온 세상의 온갖 일은 하루나 이틀 정도 빠뜨릴 수 있고, 한 달 또는 두 달 정도 멈출 수도 있고, 2년이나 3년 정도 시행하지 않기도 하지만, 오직 음식 한 가지만은 비록 반나절5이라도 급히 끊을 수 없으니, 무슨 일이 이보다 크겠는가?

於斯可見言語之誠實虛妄, 以飲食之義不義利不利害不害, 定其歸宿也. 天下萬事, 有或一二日可闕, 一兩月可停, 二三年不行者, 惟飲食一款, 雖半饷不可頓闕, 事孰大於此耶.

또 말이 나옴을 몸 안의 일로 표현하면, 음식이 말하는 기운을 보급해서 말을 밀어내 펼칠 수 있다. 몸 밖의 일로 표현하면, 아주 긴요하거나 주선하는 일이 음식과 관계되지 않은 일이 없다. 하나의 입 안에 들어가고 나가는 일이 반드시 서로 응하니, 이 일이 어찌 인간에게만 해당하겠는가? 동물 또한 대부분 음식을 위해 소리를 낸다.

且言語之發, 自其在內言之, 飲食灌漑言語之氣, 乃得推出發揚. 自其在外言之, 樞機周旋, 無非關涉于飲食之事. 一口之中, 出與入, 必有相應, 豈獨人惟然也. 禽獸之聲, 亦多出於爲飲食也.

---

5 半饷은 半晌의 뜻으로 쓰였다.

해 설

'구통(口通)'의 전체 내용은 입과 관련하여 음식과 언어를 중심에 두고, 그 음식을 맛보고 소화하는 일 또 그것이 상징하는 경제적 문제를 사회의 습속과 국가의 제도까지 다루는 종합 담론이다.

이 글은 제목대로 말과 음식이 서로 호응한다는 설명이다. 하지만 그것들이 어떻게 호응 또는 대응하는지 이 글에서는 물리적인 상관성을 찾기가 쉽지 않다. 뒷부분에서 음식이 말의 에너지를 제공한다는 주장은 틀림없는 사실이고, 인간사의 대다수 일이 말하고 먹고사는 일이어서 그 점은 수긍할 수 있지만, 앞부분의 주장은 음식의 외연이 경제와 정치와 교육이나 종교까지 포함하여 이해하기 쉽지 않다.

일단 말이 참과 거짓 곧 원문의 성실하다거나 허망·괴탄하다는 말을 가지고 판단해 보면, 말과 음식의 물리적 대응 관계가 아니라 규범적인 그것으로 진술하고 있다. 쉽게 말해 매사에 참되고 진실하게 먹고 말해야 한다는 뉘앙스가 깔려 있다. 개인의 직업에서 대인관계에서 더 나아가 정치와 교화에서도 그러하다. 특히 "말의 참과 거짓은 음식의 의와 불의 이익과 손해 여부에 따라 귀결된다"라는 표현은 음식이 대표하는 경제 활동에서 재화 획득이 정당하고 이로워야 말의 정직성을 확보할 수 있다는 말이다. 그러니 인간의 행위가 정당하면 말도 참되고, 행위가 정당하지 못하면 말도 거짓이 된다. 그런 뜻에서 말과 음식은 확실히 상응한다.

오늘날 음식으로 상징되는 재화의 획득 과정에서 더 나아가 자신의 업무에서 정당하지 못한 사람의 말을 신뢰하기 어렵다. 가령 과거에 온갖 부당하고 추악한 일을 행하고서도 입으로는 공정과 정의를 주장하면서 정치적 지도자가 되려는 사람의 말은 몽땅 거짓이다.

결과적으로 이 글에서는 입으로 사물을 어떻게 인식하느냐의 문제보다
실천의 문제를 먼저 거론하고 있다.

2. 혀는 순수하고 맑은 맛을 좋아한다
舌喜純澹之味

혀는 입 안에 있고 뾰족하고 얇게 생겼으며 살점이 부드러워서, 딱딱하고
거친6 바깥의 피부와는 같지 않다. 맛7을 느끼는 촉감이 빨라서 시고
쓰고 맵고 짜고 달고 싱거운 맛 따위를 닿자마자 곧장 안다. 또 들어가고
나오는 공기를 조절할8 수 있어서 말이 혀를 따라서 정돈되고,9 그것을
이용해 음식을 목구멍으로 삼킨다.

舌在口中, 形質尖薄, 肉血柔腝, 不似在外皮膚之頑鈍. 氣味之觸感捷疾, 酸苦辛鹹
甘澹之類, 接之便覺. 且能扇叩出納之氣, 言語由此而鼓節, 飲食由此而吞咽.

깨끗하고 맑은10 맛은 음식의 근본이므로, 늘 오래 먹어도 물리지 않아
조화로운11 맛을 느낄 수 있다. 깨끗하고 맑은 샘물을 취하고, 건조하거
나 습하지 않은 불12을 취하며, 깨끗하고 순한 맛 나는 곡식을 고르고,

---

6 頑鈍은 날카롭지 않고 무딘 뜻이나 여기서는 피부에 대응해서 쓴 말. 漢 劉向의
  『說苑』, 「雜言」의 "夫隱括之旁多枉木, 良醫之門多疾人, 砥礪之旁多頑鈍."에 보인다.
7 氣味는 보통 냄새와 맛으로 쓰이는데 여기서는 맛의 뜻. (앞에 나옴)
8 扇叩는 부채질하고 두드린다는 뜻으로 혀가 말할 때 들락거리는 공기를 조절한다는
  의미로 쓰였다.
9 鼓節은 고대 행군 시 북이나 징을 쳐 進退의 절도로 삼는 것으로, 여기서는 발음이
  잘 정돈되는 상징으로 삼았음. 『三國志』, 「魏志·鮮卑傳」의 "故其勒御部眾, 擬則中國,
  出入弋獵, 建立旌麾, 以鼓節為進退."에 보인다.
10 平澹은 인품이나 예술 작품 등이 고요하고 욕심이 없는 의미. 저자가 가끔 인용하는
   劉劭의 『人物志』, 「九徵」의 "是故觀人察質, 必先察其平淡, 而後求其聰明."에 보인
   다. 여기서는 기의 純澹처럼 加味하지 않은 재료 본연의 순수하고 맑은 맛. 平淡과
   섞어 쓰며 純澹의 의미로 썼다.
11 和順은 여기서는 다른 맛과 쉽게 어울리고 순하다는 뜻.

굶주리거나 배부르지 않을 때 식사하며, 나아가 생선·고기·채소·과일·
오이 따위도 모두 깨끗하고 맑은 것을 골라서 온화한13 기운을 배양하면,
그 기운에서 발동하는 말과 동작도 거의 온화하게 될 수 있다.

平澹之味, 爲飮食之本, 可以常久無厭, 舐取和順. 水取其平澹之泉流, 火取其氣之
不燥不濕, 穀取其味之精順, 時取己量之不飢不飽, 以至魚肉菜蔬果苽之屬, 皆取平
澹, 以培養和平之氣, 則由氣所發之言語動作, 庶可得其和平.

하지만 음식의 모든 재료는 모두 자란 땅의 기운을 타고나 생성하였으므
로, 인간이 씹어 먹고 마시는 대상은 모두 그 땅의 기운을 마시는 일이다.
바닷가와 산모퉁이와 척박한 땅과 비옥한 땅에서 나는 산물은 제각기
맛이14 달라서, 바닷가에 사는 사람은 깊은 산골에서 나는 산물을 유달리
좋아하나, 비옥한 땅에 사는 사람은 척박한 땅에서 나는 산물을 귀하게
여기지 않는다.

然飮食諸料, 皆稟受所在之地氣而生成, 人之咀嚼飮啜, 俱是飮其地之氣也. 海滋山
陬, 堉薄沃壤, 各殊性味, 海畔居人, 偏嗜深山之物, 沃壤居人, 不貴堉薄之物.

이것으로 보면 사람의 식성은 부드럽고 연하고 순수하고 맑은 음식을

---

12 건조하거나 습한 불기는 땔감에 의해 좌우된다. 마른 땔감은 금방 타버리고 젖은
   땔감은 불에 잘 타지 않기 때문이다. 같은 불이라도 땔감에 따라 음식 맛이 다른
   상태도 이런 까닭이다.
13 和平은 여러 뜻이 있는데 여기서는 몸의 상태이므로 온화하고 조화롭다는 뜻.
   『荀子』, 「君道」의 "血氣和平, 志意廣大."에 보인다.
14 性味는 성질과 마음씨와 비위 등으로 쓰이지만, 여기서는 氣味와 같은 뜻으로
   쓰였다. 한의학에서는 기미와 성미를 같이 쓴다.

좋아함을 알 수 있다. 또 기름진 음식에 물린 사람은 채소를 즐겨 먹으며, 맵고 열나는 음식에 심취한 사람은 차갑고 서늘한 음료를 서둘러 마시는 사례는 한 가지 맛[15]으로 잘못을 이루어 그 해결을 찾는 일임을 알 수 있다.

可見人之食性, 好柔腴與純澹也. 厭膏膩之食者, 喜啖蔬菜, 醉辛熱之味者, 渴飮寒涼, 可見偏味之受病, 而求其救解也.

---

15 偏味는 한 가지 맛의 뜻으로 일종의 편식. 그 반대는 遍味로 여러 음식의 맛을 두루 본다는 뜻. 『墨子』, 「辭過」의 "目不能遍視, 手不能遍操, 口不能遍味."에 등장한다.

해 설

전체 내용은 혀의 모습과 역할, 좋은 맛을 고르는 법, 음식과 땅의 기운과의 관계, 사람들의 식성 따위를 설명하였다.

다만 혀의 생리적 구조와 감각기능의 메커니즘에 대해서는 근대적 지식을 접하지 못한 것 같다. 그래서 음식의 맛과 그 주변의 이야기로 설명을 이루고 있다.

하지만 여기에는 전통 의학의 견해가 녹아 있다. 기의 순담(純澹)에 대응하여 맛의 평담(平澹)을 강조하였는데, 그것은 평소에 마시는 깨끗한 물, 밥, 채소 등이 지닌 맛으로 치우친 맛이 없다. 그래서 늘 먹어도 독이 없고 몸에 좋으며 다른 맛과 잘 어울린다. 반면 약으로 먹는 일은 그렇지 않다. 약초는 특수한 환경에서 자라서 약성이 치우쳐 있고 독특하다. 약으로는 좋을지 몰라도 계속 먹으면 몸에 독이 된다. 약이란 한쪽으로 기울어진 몸의 기운을 바로잡기 위해 일시적으로 치우친 기운을 보충하는 것이기 때문이다.[16] 그래서 음식으로 먹는 재료의 맛은 한쪽으로 치우치지 않아야 하기에 당연히 비옥한 땅에서 생산된 것을 선호한다. 이는 음식 재료가 자란 땅의 기운을 품고 있고, 인간은 그 기운을 섭취한다는 말이 뒷받침한다.

더 나아가 인간과 만물은 기로 연결되어 둘이 아니라는 생각과 통한다. 인간이 어디에 사느냐, 무엇을 먹느냐에 따라 문화와 성격과 태도가 다양해질 수밖에 없음을 시사한다.

현대는 세계 각처에서 생산한 음식 재료가 모이므로, 무엇을 주로 먹을지 가끔 먹을지 각자가 선택할 일이지만, 재료가 자란 땅의 기운을 품고

---

16 이종란, 『기란 무엇인가』, 272-276 참조.

있다는 말에 유의할 필요가 있다. 그것은 몸을 이롭게도 하지만 지나치게
섭취하면 해로울 수도 있기 때문이다. 게다가 같은 땅에서 난 재료로
만든 음식이라도 각자의 체질에 따라 반응이 다를 수 있다.

3. 청렴을 향하고 탐욕을 등지다
向廉背貪

매우 청렴하고 깨끗한 사람[17]은 일찍이 음식의 재료를 자기 손으로 마련한 적은 없고, 평생 음식을 끊지 못해서 남으로부터 취하지만, 한 몸의 굶주림과 갈증만을 면하려고 한다. 반면 매우 탐욕스럽고 욕심 많은 사람은 백성의 고혈[18]을 벗겨 취하여, 재앙과 실패[19]가 쉽게 이르고 목에 걸린 뼈[20]가 가슴을 막는다. 설령 창고 가득 재물을 가지고 있더라도, 자기가 먹는 양은 배를 채우는 정도에 지나지 않고, 친족이 하루에 먹는 양도 쌀 한 말 간장 한 되밖에 지나지 않으니, 그 나머지는 모두 잘못 나가는[21] 자산이다. 도둑에게 도난당하지 않으면 약탈당하는 근심거리이다.

極廉至淸之人, 未嘗自其手辦出飮食之資, 而平生不絶飮食, 無非取於人, 要免一己
之飢渴. 極貪至饕之人, 剝取民之膏澤, 易致禍敗旋至, 骨硬塞胸. 縱或得府庫克物,
自己所食, 不過滿腹, 親屬之一日所食, 不過斗米升醬, 其餘皆爲悖出之資. 如非竊

---

17 여기서 말하는 사람은 백성을 이끄는 위치에 있는 자를 말함.

18 膏澤은 여기서는 膏血의 뜻으로 『國語』, 「晉語九」의 "浚民之膏澤以實之, 又因而殺之, 其誰與我."에 보인다.

19 『左傳』, 「襄公九年」: 商人閱其禍敗之釁, 必始於火.

20 骨硬은 뼈가 굳어지는 병. 『黃帝素問』8의 "王冰曰, 手少陰氣絶, 則血不流, 足少陰氣絶, 則骨不霬. 故齒長而積垢, 血枯則皮色死. 故面色如漆而不赤也."라는 말에 보인다. 또 『本草綱目』의 "李時珍曰, 諸骨硬, 炙硏水服一錢, 卽愈取其消導也."의 諸骨硬에도 보이는데, 그것은 생선 뼈, 닭 뼈, 짐승 뼈가 목에 걸린 것들을 각각 魚骨硬, 鷄骨硬, 獸骨硬이라 하며 이에 대한 총칭이다. 원문 뒤의 塞胸을 고려하면 후자의 뜻으로 보임. 부당한 재물을 취한 데 대한 비유로 쓰였다.

21 悖出은 도리에 어긋나게 지출하는 것. 주로 悖入悖出로 쓰이며 『大學』의 "是故, 言悖而出者, 亦悖而入, 貨悖而入者, 亦悖而出."에 보인다.

盜所攫, 卽被攘奪之患.

겨우 밥 한 그릇 주면서 반드시 무엇을 요구하면 사람들은 그걸 은혜로 여기지 않으며, 고작 술 한 잔 내려주면서 부탁하고 시킨다면 사람들은 즐거이 받아 마시지 않는다. 만약 이 두 종류의 사람들이 직무와 관직을 맡도록 시험관에게 선발케 한다면, 공평한 사람이 없을 것이다. 그리하여 사사로운 이익에 이끌리거나 안면에 구애되어 청렴을 버리고 탐욕을 취할 것이다. 나아가 백성의 공론은 온통 불안한 뜻을 품어, 장차 민심이 흩어지는 조짐이 있게 된다.

一飯之施, 必有所求所欲, 則人不以爲惠, 盃酒之賜, 爲其所請所使, 則人不樂其受飲. 若使銓衡之人, 於斯二者, 選擇任職居官, 則不有公平之人. 或牽於私拘於面, 捨廉而取貪. 至於民生之公論, 擧懷不安之意, 將有離散之漸.

청렴한 자라고 해서 어찌 사람마다 음식을 주었겠는가? 다만 아껴 쓰고 백성을 사랑할[22] 수 있었을 뿐이다. 탐하는 자라고 해서 어찌 집집이 착취할[23] 수 있었겠는가? 먼저 소문[24]으로 백성을 불안하게 만든다.

廉者, 何嘗人人與食. 但能節用而愛民. 貪者, 豈能戶戶剝割. 先以聲聞擾民.

---

22 원문 節用而愛民은 『論語』, 「學而」의 "子曰, 道千乘之國, 敬事而信, 節用而愛人, 使民以時."에 등장하는 말. 본문에서는 人을 民으로 바꾸었다.

23 剝割은 자르고 깎는다의 뜻으로 『後漢書』, 「宦者傳序」의 "皆剝割萌黎, 競恣奢欲"에 보이며, 사람의 가죽을 뜯어내고 살코기를 발라낸다는 말로서 백성들로부터 무리하게 재산이나 노동력을 착취하는 것을 의미함.

24 聲問은 명성 또는 소문이다. 명성의 뜻은 『荀子』, 「大略」의 "德至者色澤洽, 行盡而聲問遠."에 보이고, 소문의 뜻은 『呂氏春秋』, 「贊能」의 "孫叔敖沈尹莖相與友, 叔敖遊於郢三年, 聲問不知, 修行不聞."에 보인다. 여기서는 소문의 뜻으로 惡名을 말함.

대개 인심의 향배는 청렴하다거나 탐욕스럽다는 평판25을 말미암고, 그러한 평판은 음식과 재물을 취하거나 포기하는 데서 생긴다. 해서 청렴한 사람은 일찍이 남으로부터 즐거이 취하지 않으므로, 남에게 무엇을 주어야 할 때 아까워하는 기색을 띠지 않는다. 반면 탐하는 사람은 남으로부터 즐거이 취하므로, 남에게 주어야 줄 때 흔쾌히 주지 않을뿐더러 또 꾸짖거나 따지는 말투와 기색을 더한다. 심지어 공사장의 인부들도 모두 각자 좇고 피하는 행위의 명분26을 가지고 있어서, 먹을 것이 이로운지 해로운지 능히 선택한다.

蓋人心之向背, 由於廉貪之稱名, 廉貪之稱名, 生於食貨之取捨. 清廉之人, 不曾樂取於人, 故當與人者, 不留矜惜之色. 貪饕之人, 樂取於人, 故當給人者, 不肯施賜, 又益之以呵折之辭氣. 至於役事工夫, 皆能有趨避之名稱, 以擇其所食之利害.

---

25 稱名은 열거하여 부르는 이름인 名稱으로 『周易』,「繫辭下」의 "其稱名也小, 其取類也大."에 보임. 또는 거짓 이름을 말하는 불교 용어. 여기서는 평판이나 명칭의 뜻.

26 名稱은 보통 사물의 이름 또는 사물의 이름에 맞는 실질적 칭호로 『尹文子』,「大道上」의 "名稱者, 別彼此而檢虛實者也."에 보임. 또 『論語』,「衛靈公」의 "君子疾沒世而名不稱焉."에서는 명성을 뜻함. 여기서는 명분 또는 앞의 稱名과 같은 평판의 의미.

해 설

이 글은 입이나 혀가 갖는 이론상의 탐구가 아니라, 청렴과 탐욕에 대한 규범적 진술로, 당시의 위정자를 간접적으로 비판하는 내용이다. 잘 알다시피 저자가 이 글을 쓸 때는 이른바 '홍경래 난'으로 대표되는 크고 작은 민란이 있었고, 그 원인은 백성을 착취하고 수탈하는 탐관오리의 학정과 그 근원인 세도 정권의 매관매직에 있었다. 사회와 정치의 비판은 후기 저작 『인정』에서 구체적으로 언급하지만, 초기 저작인 본서에서도 이처럼 간접적으로 언급한 곳이 더러 있다.

4. 타고난 바탕과 음식의 청렴과 탐욕
稟質及飲食廉貪

하루에 두 끼 먹는 일은 청렴한 사람이나 탐욕스러운 사람이나 벗어나기 어렵다. 그것은 생명력27에 기운을 공급하는 일28이어서 자연히 그만둘 수 없기 때문이다. 이 경우는 청렴이나 탐욕이라는 이름으로 규정할 수 없다.

一日再食, 廉貪之所難免也. 以其灌漑生氣, 不能自己也. 是不可廉貪名之.

하지만 경영하거나 특별히 하는 일이 없는데도 청렴하든지 탐욕스러운 기색을 저절로 드러내는 사람이라면 타고난 바탕이 청렴하거나 탐욕스럽다. 타고난 바탕이 청렴한 사람은 아침과 저녁의 끼니만으로 자족하여, 빈부와 궁색과 영달 때문에 지키는 지조를 쉽게 바꾸지 않는다. 또 진수성찬을 보기를 도리어 평소의 거친 밥과 나물29처럼 여기고, 선물30을 사양할지 받을지는 사리의 마땅한 여부를 따른다. 이와 달리 타고난 바탕이 탐욕스러운 사람은 자기에게 없으면 항상 남으로부터 취할 생각을 품고, 자기에게 있더라도 다시 더 나은 물건을 생각한다. 오로지 빼앗지 않고서는 만족하지 못할 줄31만 아니, 어찌 스스로 만족할 줄

---

27 生氣는 여기서 몸의 생명력의 뜻으로 쓰였고, 뒤에서는 神氣로 바꾸어 말함. 生氣는 活物이라는 규정과 함께 원래 기의 본래 상태를 일컫는 말. (앞에 나옴)

28 灌漑는 농사에 필요한 물을 대는 일. 여기서는 에너지를 공급하는 일.

29 蔬糲은 직역하면 채소와 현미로 변변치 못한 음식.

30 饋遺는 그냥 보내주는 물건. 『史記』, 「孝武本紀」의 "人聞其能使物及不死, 更饋遺之, 常餘金錢帛衣食."에 보인다.

31 不奪不厭은 『孟子』, 「梁惠王上」의 "萬乘之國, 弑其君者, 必千乘之家, 千乘之國,

알겠는가?

若無營事施爲, 而自著廉貪之氣色者, 是稟質之廉貪也. 稟質淸廉者, 以饗飧自足,
不以貧富窮達, 改易操守. 視珍羞之饕陳, 猶蔬糲之尋常, 當饋遺之辭受, 從事理之
宜否. 稟質貪饕者, 於己所無, 則常懷攫取於人矣, 於己所有, 則更思愈勝之物. 惟知
不奪不厭, 詎識自滿自足.

경영하거나 하는 일을 따라 청렴과 탐욕의 근원을 논정할 경우도 음식에
대한 청렴과 탐욕이 적용된다. 사람이 먹는 일에 청렴할 수 있다면,
그 나머지 별로 중요하지 않거나 쓸모없는 사물에서는 거의 완벽하게
청렴할 수 있다. 하지만 먹고 마시는 일에서 청렴할 수 없다면, 그 나머지
크거나 작거나 요긴하거나 완만하거나 무용하거나 유용한 사물까지도
모두 탐하는 성품을 꺼리지 않고 발휘한다. 그리하여 할 수 없는 일을
기필코 하려고 하고, 얻을 수 없는 대상을 얻으려고 생각한다.

從其營事施爲, 而論定廉貪之本源, 則乃飮食之廉貪也. 人能於所食廉淸, 其餘汗漫
無用之事物, 庶可完其廉淸. 不能於所飮所食, 得其廉潔, 其餘大小緊謾無用有用之
事物, 俱肆貪饕之性. 不克擧者, 期欲擧之, 不可得者, 思欲得之.

그 까닭을 탐구해 보면 타고난 바탕의 청렴과 탐욕은 그릇32을 이룬
차이 탓이고, 음식의 청렴과 탐욕은 그것이 현실에 드러낸나 작용하는

弑其君者, 必百乘之家, 萬取千焉, 千取百焉, 不爲不多矣, 苟爲後義而先利, 不奪不
厭."에 나오는 말. 여기서는 壓을 厭으로 바꾸었다.

32 器는 어떤 일을 해 나갈 만한 능력이나 국량 또는 그런 능력이나 국량을 가진
사람을 비유적으로 이르는 말. 여기서는 후천적 노력으로 이루어진 그것이 아니라
선천적 기질을 말함.

차이 탓이다. 해서 그릇을 이룬 기질은 교정33할 수 없지만, 음식에서 드러내는 그것은 조종할 수 있다.34 음식은 신기35에 그 기운을 공급한다. 이 공급하는 일에 탐을 내면 드러나 작용하는 일이 탐욕스럽지 않음이 없고, 공급하는 일이 청렴하면 드러나 작용하는 일이 모두 청렴하다.

究其所以, 稟質之廉貪, 成器之異也, 飮食之廉貪, 發用之異也. 成器之質, 無可變通, 發用之食, 可以操縱. 飮食所以灌漑神氣也. 以貪饕灌漑, 則所發用, 無非貪饕之事, 以廉淸灌漑, 則所發用, 皆是廉淸.

---

33 變通은 矯正의 뜻으로 쓰였다.
34 操縱을 變通의 의미로 사용하였다.
35 앞에서 말한 生氣 대신에 神氣로 말했다. 생명력을 말하는 맥락은 같다.

해 설

사람이 타고난 청렴과 탐욕스러운 바탕, 이와 관련하여 음식을 대할 때의 그것을 논하였다. 여기서 음식은 경제적 물질을 대표하는 상징이다.

날 때부터 성품이 청렴한 사람은 매사가 청렴하고, 탐욕스러운 사람은 그 반대라고 한다. 여기서 철학적으로 살펴보아야 할 점이 등장한다. 일단 인간의 자연적 욕구를 청렴과 탐욕으로 규정할 수 있는지 의문이 든다. 저자도 기본적이고 자연적 욕구에 대해서는 그렇게 규정하지 않는다고 분명히 하였다. 저자는 다른 곳에서 성선설이나 성악설처럼 인간의 자연적 성품은 선악으로 논할 수 없다는 관점을 말하는데, 이 글도 이와 맥락을 같이 한다.

하지만 저자는 분명히 사람의 타고난 바탕이 청렴하거나 탐욕스러운 종류로 나뉜다고 한다. 이 모순을 어떻게 해석할까? 사실 인간이나 동물을 바라볼 때도 그런 점을 경험적으로 확인할 수 있다. 똑같은 형제나 같이 태어난 동물 가운데서 욕심이 많거나 적은 경우를 자주 본다. 그 또한 학습으로 인해서 그런 것인지 선천적인 일인지 따져보아야 할 문제이지만, 저자는 후자로 보는 것 같다. 자연적 욕구의 강도에 따라 그렇게 규정한 것으로 보인다.

날 때부터 상대적으로 욕구가 강한 사람은 확실히 있고, 실제의 일에서도 그것이 그대로 반영될 가능성이 크다. 따라서 인간의 문명이 이룩한 규범 체계에서는 욕구가 강한 사람을 대개 탐욕스럽다고 규정한다. 그것은 공동체의 화합과 질서를 위반하기 때문이다. 특히 생산력이 낙후한 근대 이전에서는 더욱 그랬을 것이다. 해서 청렴과 절약을 미덕으로 여겼다.

하지만 청렴과 탐욕이라는 말 자체가 문명의 소산이고, 인간의 개념 규정이다. 그 말에 이미 가치가 개입되어 있다는 뜻이다. 그렇다면 이것은 또 청렴과 탐욕의 외연이 시대와 문화에 따라 바뀔 수 있다는 점도 내포하고 있다. 특히 "그릇을 이룬 기질은 교정할 수 없지만, 음식에서 드러내는 그것은 조종할 수 있다"라는 말은 원래 기질의 본체는 교정할 수 없지만, 그 작용만은 변화시킬 수 있다는 관점과 같은 말인데, 선천적 기질 자체는 교정할 수 없지만, 개인의 생각이나 가치 그리고 행위를 사회의 규범에 맞게 적응·조절하는 일은 현대 심리학자들의 견해와 일치하며, 탐욕은 교정할 수 있다는 주장이다. 이 논리를 적용하면 탐욕만이 아니라 청렴도 문명이나 문화에 따라 그 외연이 달라질 수 있다는 점도 시사한다.

현대 문명은 인간의 욕망을 먹고 산다. 현대인들은 과거 그들 조상의 기준에 비해 훨씬 탐욕스럽다. 법을 위반하지 않는 탐욕은 도덕적 비난의 대상이 될지언정 크게 문제될 일은 없다. 그 탐욕이 지나치다고 다수가 생각한다면 법을 바꾸면 되지만, 이해관계가 그물처럼 얽혀서 그것도 쉽지 않다. 아이러니하게도 아무리 욕망을 긍정하는 시대에 살아도 우리는 염치가 있고 청렴한 사람을 선호한다. 그런 사람이 많을수록 세상 사는 맛이 나는 까닭은 무엇일까?

5. 음식물의 훈증
飮食薰蒸

자주 먹어서 먼저 먹은 음식물이 아직 소화36되기도 전에 잇달아 계속 먹은 음식물이 배37에 가득 차면, 신기가 흐릿하고 노곤해진다. 반면 음식을 중단하여 먼저 먹은 것이 벌써 대장으로 내려가서 내장이 텅 비게 되어도 신기가 고달프고 나른해지는데, 그것은 공급되는 훈증의 기38가 멈추어 인체 신기의 소통이 저절로 막히기 때문이다.

飮食頻數, 先所嚥者, 未及消下, 而後所吞者, 充滿胸次, 神氣昏困. 若飮食闕供, 先所食者, 已歸于大腸, 而臟腑枯渴, 神氣疲茶, 以其灌溉薰蒸之氣沈息, 而神氣之通, 自有沮遏也.

언젠가 붉은 누룩39을 쪄서 만드는 일과 푸른 채소가 쌓여 썩는 모습을 보니, 열기가 마치 연기나 안개처럼 위로 올라갔는데, 손으로 만져보니 썩어 문드러지는 듯 같고 얼굴을 대니 후끈하여 취하는 듯하였다. 음식물이 창자40에서 삭아 문드러지는 현상도 반드시 훈증의 기가 가운데서

---

36 원문 消下는 오늘날 우리가 쓰는 消化(digest)와 글자가 달라도 '사라져 내려간다'라는 뜻이니 그 의미는 비슷하다.

37 胸次는 가슴속. 『莊子』, 「田子方」의 "行小變而不失其大常也, 喜怒哀樂不入於胸次."에 보임. 본문은 위장이 상복부에 해당하므로 이런 표현이 가능했을 것이다.

38 薰蒸은 보통 찌는 듯이 무더운 것, 증발하여 퍼지는 현상 또는 한의학의 치료법을 말함. 여기서는 전체 내용을 참고하면 열에 의하여 영양소가 분해되어 녹아 몸에 퍼지는 일. 그런 뜻으로 쓰인 문헌은 『參同契』卷上의 "若能練己, 則眞氣薰蒸遍于一身."에 보인다. 여기서 薰蒸之氣란 에너지원으로서 영양소.

39 紅麴은 누룩의 한 종류. 멥쌀로 밥을 지어 누룩가루를 넣고 띄운 다음 볕에 말림.

40 脾胃는 직역하면 비장과 위장이지만, 보통 음식물의 소화와 흡수를 담당하는 장부에

쌓여 터져서41 밖으로 적셔 나가기 때문이다.

當觀紅麴之蒸造, 青菜之積朽, 熱氣上騰, 如烟霧之發, 手探而若爛, 面煮而如醉. 飮食之糜爛於脾胃, 必有薰蒸之氣, 鬱發於中, 漬達於外.

신기는 이것을 따라 활동하고, 여러 감각기관도 이것을 말미암아 기능을 잘 발휘한다. 그러니 음식을 먹는 간격과 속도, 음식물의 양과 질42을 알맞게 절충하여 신기가 상쾌한43 상태에 맞도록 한다. 그리고 음식 가운데 오직 순수하고 맑은 찻물44이 가장 좋아서, 그것이 입과 이빨과 가슴속의 찌꺼기를 씻고, 피부와 근육과 혈맥의 땀과 체액에 막힘없이 환하게 통하니,45 정신46이 활발하고 생각이 트여 넓어진다.

神氣, 由此而活動, 諸竅諸觸, 由此而通達. 則飮食之疎數緩急, 多寡精麤, 折衷其宜,

대한 통칭으로 쓰임.
41 鬱發은 전통 의학의 용어이다. 어떤 기운이 쌓여 극도에 도달했을 때 폭발하는 것. 五鬱之發이 그 예이다. 『黃帝內經·素問』, 「六元正紀大論」에 "必抑其運氣, 資其歲勝, 折其鬱發, 先取化源, 無使暴過而生其病也."라는 말에 鬱發이 보인다.
42 精麤는 정미하거나 거친 것으로 물건의 질을 말함.
43 和暢은 원래 날씨가 온화하고 맑다는 뜻으로 여기서는 기분이 맑고 상쾌하다는 뜻.
44 茶湯은 찻물로서 차를 넣은 전과 후로 나눌 수 있다. 純澹이라는 말과 이하의 표현을 고려하면 찻물로 쓰이는 깨끗한 물로 보임.
45 洞澈은 洞徹 또는 通徹의 의미로 쓰였음.
46 精神은 오늘날 우리가 서구 사상의 영향으로 사용하는 말과 다르다. 이것은 몸과 상대적으로 구분되는 精氣와 (元)神의 합성어인데, 분리해 말하면 精氣는 생명 활동에 긴요한 물질이고, 神은 정신작용이자 인간의 의식을 일컫기도 한다. 전통적으로 精神은 서양에서 물질과 대립하는 이데아나 영혼 같은 비물질적인 실체를 번역한 말이 아니라, 魂魄처럼 기와 연관되어 있다. 또 『淮南子』, 「精神訓」에서는 "是故精神者天之有也, 而骨骸者地之有也. … 夫精神者, 所受於天也, 而形體者, 所稟於地也."라고 하여 하늘의 기와 연관시켰다.

以適於神氣和暢. 而惟純澹之茶湯爲最, 洗滌口齒胸膈之渣滓, 洞澈皮膚筋脈之汗液, 精神活潑, 意思寬敞.

해 설

자연현상을 근거로 저자의 상상력을 보태 음식물의 소화과정을 설명하였다.

이는 이론적인 글로서 음식물이 소화 흡수되어 몸과 마음을 활동하게 하는 작용과 구조를 표현한 내용이다. 우리가 알고 있는 근대 이후 과학은 소화의 물리·화학적 그리고 생리학과 생화학적 과정을 밝혀 놓아서, 이 내용을 그것과 비교하면 공통점과 차이점을 발견할 수 있다. 우선 먹은 음식물을 미처 소화하지 못하여 속이 꽉 차거나 그 반대로 굶어서 속이 비어 있으면 신기가 정상적으로 작동할 수 없다. 소화하는 데 에너지가 너무 많이 낭비되거나 반대로 에너지 공급이 멈췄기 때문이다. 이는 우리가 일상에서 경험하는 내용이다.

문제는 음식물이 생체에너지로 전환하는 과정 곧 소화의 과정에 대한 설명이다. 그것을 '훈증의 기'를 가지고 설명했다. 저자는 그것을 정확히 설명할 수 없어 홍국(紅麴)을 만들거나 채소가 썩는 모습으로 비유하였다. 다시 말해 음식물 그 자체가 직접 에너지로 전환되는 것이 아니라, 열에 의하여 분해 또는 기로 변하여 온몸에 전해지는 일로 비유하였다. 이런 저자의 설명에는 정신 현상까지도 다루어, 결과적으로 인체 세포가 영양물질을 물과 이산화탄소로 산화시켜 에너지를 얻는 과정 곧 생화학적 또는 미시적인 의미의 호흡도 포함한다.

비록 저자는 소화액 분출과 영양소의 분해와 흡수, 호흡과 산소 공급, 혈액으로 영양소와 산소의 운반, 조직에서 에너지와 열의 발생 따위의 생화학과 생리학에 대한 정보를 별로 접하지 못해서 이렇게 설명할 수밖에 없었지만, 철학적으로 중요한 관점을 드러내었다. 그것은 신기가 훈증의 기에 의지하여 활동한다는 점은 인간의 정신 현상도 물질에 의존할 수밖에 없다는 사실이다.

이를 확대하면 정신작용이란 단독으로 존재할 수 없고, 물질에 의존해 발휘될 수밖에 없다는 점을 뜻한다. 더 확대하면 정신작용이란 진화 과정에서 등장한 물질 곧 기의 특수한 운동에 지나지 않는다. 물론 이때의 물질은 서양 전통에서 말한 죽은 질료가 아니라, 살아 있고 활동하는 생기(生氣)이다. 생기이니까 진화할 수 있었고, 그 결과 정신은 일반 물질의 속성과 달리 독자적 의지와 가치를 가지기에 신묘하다. 그래서 신기라고 명할 수밖에 없다.

이 과정은 단세포 생물이 외부의 자극에 반응하는 원초적 지능에서부터 고등동물의 그것에 이르기까지 등장하는 의식적·무의식적 느낌이나 정서 또는 행위를 진화심리학, 생물학, 신경생리학 그리고 철학 등의 관점에서 밝혀야 할 무거운 주제이다.

6. 굶주리고 배부른 현상은 누구나 같다
饑飽與人同

사람에게는 제각기 먹고 마시는 일이 있고 또 제각기 그 욕구도 있다. 천만 사람이 있으면 천만 사람의 음식이 있고, 억 조 백성이 있으면 억 조의 음식이 있다.

人各有飲食之事, 又各有飲食之欲. 有千萬人, 則有千萬人之飲食, 有億兆民, 則有億兆民之飲食.

그러니 나만 홀로 음식을 취하면서 남의 음식을 고려하지 않을 수 없다. 만약 남의 음식을 고려하여 그것을 편하게 누리게 해주면, 남도 반드시 내가 그럴 수 있도록 해줄 것이다. 더구나 남의 먹을 것을 빼앗아 나의 그것을 풍성하게 하는 일이랴. 반드시 원한을 갚고 분풀이하려고 들 것이다.

我不可以獨取飲食, 而不顧念人之飲食. 若能顧念人之飲食, 而使之安享, 人必欲使我安享飲食. 況奪人食, 而豐我食乎. 必欲報其怨而雪其忿.

빼앗는 방법에 비록 포학함과 잔인함의 깊이에 따라 훔쳐서 취하거나 속여서 취하거나 크게 소리쳐 꾸짖으며 취하거나 탐관오리로서 취하는 차이가 있어도, 어찌 빼앗는 당사자에게만 잘못이 있다고 하겠는가? 사실은 정치와 교화가 그 본래의 목적을 제대로 구현하지 못하기 때문이다.

奪取之異, 雖由暴虐殘忍之淺深, 竊盜而取, 欺瞞而取, 咆喝而取, 貪官之取, 豈獨深責於其人. 實由政敎之未盡其道也.

선왕47이 백성의 생업을 제정한 목적은 반드시 각자의 직분을 지켜 편안
히 누리게 함이다. 그래서 서로 쟁탈하고 남을 침범하는 폐해가 있을까
우려하여, 학교48 제도를 설치하여 염치49와 예의를 지키고 사양하는50
가르침을 배양하였으며, 어질고 능력 있고 청렴하고 공평한 관리를 선발
하여, 직분의 범위를 넘어서 백성의 재물을 침범하고 포학하게 구는
습속을 금하였다. 후세의 정치와 교화는 마땅히 옛 제도를 닦고 밝혀서
폐단을 고쳐 나가는 방법을 차츰 더하는 것뿐이지, 별도로 할 일을 만들거
나 다른 제도를 설치해서는 안 된다.

先王之制民產, 必使各守其職, 各安其享. 恐有爭奪侵撓之弊, 設置庠序學校之制,
以培廉恥禮讓之敎, 選擇賢能廉平之官, 禁斷踰越侵暴之習. 後世政敎, 當修明舊章,
稍加矯捄之方而已, 不可別有所爲, 從他設施也.

탐관오리가 백성의 먹을 것을 빼앗는 일은 바로 조정이 탐하고 포학한
사람을 선발하여, 백성의 재물을 발라먹고 사리사욕을 채우고 나라를

---

47 先王은 선대의 임금 또는 고대의 聖王으로 이상적 통치자. 여기서는 후자를 말함.
48 庠序·學校는 『孟子』, 「滕文公上」의 "設爲庠序學校, 以敎之. 庠者, 養也, 校者, 敎也,
   序者, 射也. 夏曰校, 殷曰序, 周曰庠, 學則三代共之, 皆所以明人倫也. 人倫, 明於上,
   小民, 親於下."에 등장하는 고대의 교육기관이다. 주희의 집주에 "庠, 以養老爲義,
   校, 以敎民爲義, 序, 以習射爲義, 皆鄕學也. 學, 國學也, 共之, 無異名也."라 하였다.
49 청렴결백하여 수치를 아는 것. 출전은 『荀子』, 「修身」의 "偸儒憚事, 無廉恥而嗜乎飮
   食, 則可謂惡少者矣."와 『淮南子』, 「泰族訓」에 "民無廉恥, 不可治也. 非修禮義, 廉恥
   不立."에 보인다. (앞에 나옴)
50 禮讓은 예를 지키고 사양하는 것. 출전은 『論語』, 「里仁」의 "能以禮讓爲國乎. 何有.
   不能以禮讓爲國, 如禮何."이다.

좀먹게 했기 때문이다. 또 그로 인해 백성이 서로 침탈하고 약육강식51하
는 일도 바로 조정의 교화하는 방법이 잘못되어, 백성이 그 인도하는
길을 따르지 않기 때문이다.

貪官之奪民食, 乃朝廷揀擇貪暴之人, 剝割民産, 肥私而蠹國. 且夫自相侵奪, 弱肉
强食, 乃朝廷敎法不明, 民不由其所道也.

이 정도까지 생각할 수 있다면, 의당 준수해야 할 일이 있으니, 내가
배고프면 남이 배고픈 일을 생각하고 내가 배부르면 남이 배부른 일을
생각해야 한다. 가장이 되어서 가정 안에 배고픈 사람이 있으면 그것은
가장의 책임이고, 수령52이 되어서 관할지 안에 배고픈 사람이 있으면
그것은 수령의 책임이다. 나아가 나라와 온 세상에 있어서 음식의 도리도
모두 그러하니, 그것을 두루 소통하는 일을 좋게 본다.

有能念到於此, 宜有所遵守, 而我饑, 思人之饑, 我飽, 思人之飽. 爲家長, 而家內有饑
者, 是家長之責也, 爲官長, 而管轄之內有饑者, 乃官長之責也. 以至邦國天下, 而飮
食之道皆然, 以周通爲善.

---

51 韓愈, 「送浮屠文暢師序」: 弱之肉, 彊之食.
52 守令을 높여 부른 말.

해 설

굶주림과 배부름을 느끼는 일은 누구나 같다는 전제로 논의를 출발하여
통치제도의 개혁까지 언급하였다. 먹는 일의 외연을 확장하였으니
인식론 차원을 넘어 입으로 통하는 가장 큰 문제이기는 하다.

본문에서 당시 세도 정권의 국정 난맥상과 관리들의 횡포를 잘 지적하고
있다. 그래서 "나만 홀로 음식을 취하고 남의 음식을 고려하지 않을
수 없다"라는 발언은 매우 이성적이고, 고대 선왕의 뜻이기도 할 것이다.
하지만 현실은 그렇지 못했다. 저자는 개인의 부도덕한 행위에 앞서
당시의 폐단이 통치제도에 있음을 간파했다. 이 점은 당시 제도를 고수하
려는 보수적 유학자와는 다르다. 이는 "정치와 교화가 본래의 목적을
제대로 구현하지 못했다"라는 말에서 엿볼 수 있다.

바로 여기서 저자의 제도에 대한 개혁의 성격을 알 수 있는데, "옛
제도를 닦고 밝혀서 폐단을 고쳐 나가는 방법을 차츰 더하는 것뿐이지,
별도로 할 일을 만들거나 다른 제도를 설치해서는 안 된다"라는 발언에서
확인할 수 있다. '닦고 밝힌다'라는 수명(修明)은 옛것의 정신이나 취지를
제대로 알아 현실에 맞게 적용한다는 의미이다. 현실의 폐단이 그 본래의
부합하지 않는다는 판단에서 나온 말이다. 이는 오로지 전통의 묵수가
아니라 청말 중국학자들이 그랬듯이 탁고개제(託古改制)의 태도이자
또 우리 근대 전환기 원시 유가로 돌아가자는 일종의 개혁 사상과
같이, 현실의 폐단을 고쳐야 한다는 생각에서 나온 발언이다.

그렇지만 다른 제도를 설치할 수 없다는 게 저자의 생각이다. 지금은
대부분 서구식 제도로 바뀌었지만, 혼란과 폐단은 여전하다. 당시로서
는 서구의 정치제도나 문물을 따르기에는 아직 정보도 부족하고, 사회적
공론이 없었던 때였다. 전통을 무시하고 다른 대안을 찾는 일이 쉽지

않았음을 뜻한다. 다른 저술에서 저자의 개혁 사상이 본격적으로 보이지만, 여기서도 그 단편적 모습을 확인할 수 있고, 개혁의 성격도 짐작할 수 있다.

끝으로 먹는 문제를 가지로 개혁을 말한 일은 그것이 인간사에서 가장 큰 문제이기 때문이다. 위정자의 역할과 책임을 강조함과 동시에 제도 개혁을 말함으로써, 재화가 한쪽으로 쏠리지 않고 잘 소통되기를 바랐다. 현대는 지식과 정보의 소통을 강조하지만, 그것만이 아니라 재화나 재물의 소통도 강력히 요구된다. 곧 분배의 정의가 이루어져야 하는데, 저자의 기철학에서 소통의 강조는 이런 생각을 잘 반영하고 있다.

7. 안팎의 조화
內外調和

음식을 먹었는데 편안하게 소화[53]되지 않으면 안 먹은 상태보다 못하다.
설령 편안하게 소화했더라도, 먹은 음식물에 시빗거리가 있어 불안하면
또 안 먹은 일만 못하다.

呑嚼而不能安穩消下, 不如不食. 縱得安穩消下, 以所食之物, 有是非而不安, 又不
如不食也.

한 가지 음식[54]만을 연거푸 삼키면 반드시 가슴[55]에 쌓여 곧장 소화[56]되
지 않는다. 그래서 밥에 매실장아찌[57]나 김치[58]를 중간에 곁들여 밥의

---

53 消下는 오늘날 우리가 쓰는 消化(digest)와 글자가 달라도 그 의미는 비슷하다.
　（앞에 나옴）
54 가령 맨밥이나 고구마 또는 양념을 가미하지 않은 고기를 생각해 보라.
55 胸次는 가슴속. 위장이 상복부에 해당하므로 이런 표현이 가능했을 것이다. (앞에
　나옴)
56 消和도 지금 사용하는 消化의 뜻으로 쓰였다. 앞에 나온 消下는 물리적인 성격이고
　消和는 화학적 뉘앙스가 강하기 때문이다. 하지만 현대에 사용하는 消和는 생석회에
　물을 부어 소석회로 만드는 일을 옮긴 말로서 전혀 의미가 다르다.
57 鹽梅는 짠맛과 신맛을 내는 소금과 매실. 알맞게 간을 한다는 뜻으로 변하여 이
　두 가지 맛의 조화처럼 신하가 군주의 덕치를 보좌한다는 의미로 바뀜.『書經』,
　「商書·說命篇」의 "爾惟訓于朕志, 若作酒醴, 爾惟麴糵, 若作和羹, 爾惟鹽梅. 爾交修
　予, 罔予棄. 汝惟克邁乃訓."에 보인다. 또『禮記』의 '大羹'에 대해서 鄭玄의 주석에서
　는 "大羹肉汁, 無鹽梅也. 太古初變腥, 但煮肉而飮其汁, 未知調和. 後人祭, 旣重古,
　故但盛肉汁, 謂之大羹."라고 하여, 고대 중국에서는 양념의 의미로 사용하였다.
　하지만 이는 상징적 용례일 뿐이고, 본문의 문맥을 보면 밥 먹으면서 소금 먹고
　또 매실 먹고 할 수 없으니까, 우리 현실에서는 중국 문헌의 그것과 달리 소금에
　절인 매실 곧 매실장아찌와 같은 밑반찬의 의미로 쓰였음을 알 수 있다.
58 沈菜는 채소절임으로 김치이다.

단순한 맛과 어울려 그런 증상이 없게 한다. 이에 쌓였던 음식물이 확풀려 내려가니, 조화59의 방법이 이로부터 나왔다. 의서에는 다섯 가지 맛의 처방60이 있고, 주방의 일에는 여러 맛을 고르고 조화롭게61 하는 법이 전해져, 비위62가 편안히 받아들이고 오장육부를 쾌적하게 하니, 이것이 뱃속 음식의 조화이다.

飲食之偏味, 若至四五呑, 必凝聚胸次, 不卽消和. 故飯有鹽梅沈菜以間之, 和散飯味之純. 乃得渙然消下, 則調和之方, 所由作也. 醫書有五味之和劑, 廚傳有諸味之均調, 使脾胃安受, 臟腑和適, 是乃腹中飲食之調和也.

애초부터 의롭지 않은 재물을 취하지 말고 다만 응당 받아야 할 수요품만 가려 취하며, 어떤 계기로 송사에 휘말릴 길을 피해야 하고, 즐겁게 사귀는 손님을 함께 맞이할 때도 불안한 생각을 조금도 가지고 있지 않아야만, 이것이 몸 밖 음식의 조화이다.

自初勿取不義之物, 而只擇當受之需, 臨機須避取訟之道, 而共邀交歡之賓, 少不留

---

59 調和는 음식에서는 調味 곧 양념을 넣어 맛을 조화롭게 한다는 뜻으로 쓰임. 『管子』, 「小稱」에 "夫易牙以調和事公, 公曰, 惟烝嬰兒之未嘗. 於是, 烝其首子而獻之公."에 보이고, 또 『後漢書』, 「獨行傳·陸續」에 "續曰, 因食餉羹, 識母所自調和, 故知來耳."라는 말이 보인다. 그런 의미를 유지하면서 문맥을 보면 의학적 처방 방법 가운데 하나로 연결한다. 음식 맛의 조화는 몸속의 기의 조화를 가져오는데, 질병의 원인 가운데 하나는 한쪽으로 치우친 기로 인해 생기므로 조화를 이루도록 약재를 처방하기 때문이다. 음식도 약과 다르지 않다.

60 和劑는 한약을 짓기 위하여 약재의 이름과 그 분량을 적은 종이를 이르던 말. 지금의 약 처방과 같다. 藥和劑라고도 일컬음.

61 均調는 『莊子』, 「天道」에 "所以均調天下, 與人和者也."에 보인다.

62 脾胃는 직역하면 비장과 위장이지만, 보통 음식물의 소화와 흡수를 담당하는 장부에 대한 통칭으로 쓰임. (앞에 나옴)

不安之意, 是乃身外飮食之調和也.

만약 몸 안팎이 조화를 이룬다면, 영양분이 녹아든 액체63가 생명 물질64에 공급되고, 생명 물질은 또 피와 근육에 공급되어 몸속 기가 조화롭고 몸이 튼실해진다. 안팎이 조화를 이루지 못하면, 몸 안으로는 경색과 비통65의 걱정이 있고, 밖으로는 시빗거리로 싸우는 가벼운 송사가 있든지 원수나 짐독66 같은 깊은 화가 미친다.

如得內外調和, 濃汁灌漑於精液, 精液灌注於血肉, 氣和而體胖. 內外不得調和, 在內有硬塞痞痛之患, 在外而淺則有紛鬪是非之訟, 深則有仇讎鴆毒之禍也.

음식의 탐욕이 지나쳐서 염치가 없는 사람은 바깥의 조화는 말할 필요도 없고 내부의 조화도 마땅치 않다. 그래서 자기 몸에만 거칠고 막된 해로움이 있을 뿐만 아니라, 행인들로부터도 모욕을 당하니,67 조금이라도 생각이 있는 사람이라면 기꺼이 하지 않는 일이다.

飮食之貪慾過度, 未有廉恥者, 在外之調和, 尚矣無論, 在內之調和, 率不得宜. 非獨於身, 有麤雜之害, 抑爲路人之所賤唾, 稍有知覺者, 所不肯做.

---

63 濃汁은 보통 진한 즙을 말하나 여기서는 음식물의 영양소가 진하게 녹아든 액체.
64 精液은 여기서 胃·脾·肺·三焦 등 장부의 작용으로 생기는 생명물질.
65 心下痞痛과 같은 뜻으로 명치 밑이 더부룩하면서 막힌 것 같고 부르고 오르며 아픈 증상.
66 짐새의 독. 중국에서 짐새의 깃털을 술에 담가 그 술로 남을 독살하는 데 썼다. 害毒이 심한 상황을 비유해서 말함.
67 賤唾는 경멸하며 침을 뱉는 일.

나아가 검소에서 나와 사치로 들어가고, 건장한 사람의 식습관을 넘어서 노인처럼 편안히 먹으려 하고, 변변치 못한 음식에서 맛있는 음식으로 나아가고, 거친 음식을 싫어하고 기름진 음식을 취하는 일은 경계할 내용이다. 【이상은 음식임.】

至於由儉入奢, 過壯及老, 避菲薄而就滋味, 厭蔬糲而取膏粱, 所以戒也.【以上飮食.】

해 설

음식 안팎의 포괄적이고 상징적인 의미를 설명했다.

여기서 안이란 음식을 먹어 건강하게 되는 신체 안의 일이며, 밖이란 음식이 상징하는 재물과 관련된 행동과 태도의 문제이다. 이 두 가지 문제의 지향점을 조화에 두었는데, 이에 대한 인식론적 근거와 실천론적 명제를 확인할 수 있다.

먼저 인식론적 근거는 전통의 자연관과 의학을 따랐다. 곧 자연의 기가 조화롭게 순환하여 사시를 이루듯이, 인체도 기가 조화를 이루어야 한다는 생각이다. 그러기 위해서는 선결과제가 인체 내에서 음식 영양소의 조화이다. 편식이 해로운 까닭이 바로 여기에 있다. 사람이 단순한 한 가지 맛을 싫어하고, 또 그것만으로 침샘이 자극되지 않아 잘 소화되지 않은 까닭은 오랜 진화의 산물이며, 양념이나 향신료가 필요한 까닭도 여기에 있다.

다음으로 조화는 실천론의 당위 명제이다. 음식이 상징하는 내용은 개인적 몸의 문제만이 아니라 사회적 문제이기 때문이다. 여기서 몸의 조화를 사회의 조화로 연결하였다. 사회적 관계가 원만치 못하면 본인의 건강을 해친다고 하는데, 현대 의학에서 사회 활동으로 스트레스가 쌓여 병을 얻는 환자를 보면 알 수 있지만, 경험적으로 확인되는 사례이다. 물론 여기서 그 실천 행위가 개인 차원의 그것으로 보이지만, 사회의 조화란 원래 개인의 문제로 끝나는 일이 아니어서 사회의 병리가 제거되어야 하기 때문이다. 바로 이 사상이 저자의 변통론과 이어지며, 후기 저작에서는 유기체적 운화론으로 연결된다. 한 몸에서 기가 막히지 않고 유통되듯이, 자연과 사회 속에서 그렇게 되어야 한다는 뜻이다. 사회에만 한정한다면 자원과 정보의 소통이다.

8. 말은 목소리를 따라 드러낸다
言語因聲音而發

몸 안의 기[68]를 드러내면 목소리[69]가 되고, 알게 된 꼴을 형용하면 말[70]이
된다.

發出在內之氣, 爲聲音, 形容所得之象, 爲言語.

목소리의 발생은 오장육부에 뿌리를 두고[71] 목구멍과 혀에서 완성되며,
각자의 몸[72]에 따라 높낮이[73]와 강약의 구분과 속도의 차이가 있다.
가령 관악기의 소리는 그 안에 담긴 공기에서 발생하되, 음의 높낮이와

---

68 이중적 의미를 지닌다. 하나는 공기의 뜻이고 다른 하나는 정서 및 건강 상태
   따위를 포함한다.

69 聲音에서 원래 聲은 일반적 소리이고 音은 소리가 질서를 이룬 음악으로, 『禮記』,
   「樂記」에 "聲成文謂之音."에 보임. 聲音은 일차적으로 음악과 관련되는데, 같은
   책에 "樂必發於聲音, 形於動靜, 人之道也."라는 말이 있고, 또 음악과 아울러 詩歌의
   의미도 함유하는데, "聲音之通與政通矣(같은 책)"에 보인다. 나아가 발음이나 목소
   리에도 관련되는데, 『孟子』, 「告子下」에 "訑訑之聲音顏色, 距人於千里之外."라는
   말이 보인다. 본문의 의미는 목소리의 의미로 쓰였다. (앞에 나옴)

70 言語는 言과 語를 굳이 구별할 수 있지만, 여기서는 말의 뜻으로 쓰임. (앞에
   나옴)

71 앞 문장에서 목소리는 기를 드러내는 것이라 하였으므로 전통 의학을 반영하여
   각 장부의 크기와 기능과 건강 여부 곧 장부의 기가 목소리의 성립에 영향을 주는
   것으로 봄. 일찍이 장부와 소리를 연결하는 견해는 『黃帝內經·靈樞』, 「邪客」에
   "天有雷電, 人有聲音, 天有四時, 人有四肢, 天有五音, 人有五臟, 天有六律, 人有六
   腑."라고 하여 五臟六腑가 인간의 소리와 관련이 있음을 보인다.

72 넓게는 몸, 좁게는 몸을 구성한 기와 질을 뜻함.

73 淸濁은 단순히 소리가 맑고 탁하다는 의미만이 아니라 음의 높낮이를 뜻하는 전통음
   악의 전문 용어이다. 곧 원 음역인 中聲에서 한 옥타브 이상 높은 소리는 淸聲이라
   하고, 한 옥타브 이상 낮으면 濁聲으로 분류한다. 따라서 여기서는 목소리의 높낮이
   도 포함됨. 이하 아래 관악기의 청탁은 음악적 용어임. (앞에 나옴)

강약은 공기가 들어가는 관의 길이와 굵기에 말미암으며[74], 음악의 속도
는 운지(運指)[75]의 빈도(頻度)[76]와 부는 공기[77]의 완급에 말미암는다.

聲音之發, 根於臟腑, 成於喉舌, 因其氣質, 而有淸濁彊弱之分, 和緩促數之異. 如管
篇之音, 生於容積之氣, 淸濁彊弱, 由於積氣長短大小, 和緩促數, 由於點孔之稀密,
吹氣之緩急也.

마음의 화평과 우울과 희로애락은 목소리를 타고 움직인다. 그러므로
목소리를 듣고 먼저 그 높낮이를 알고, 기쁨과 분노 따위도 제각기 외부와
접촉한 일이 있어 발동했음을 안다. 또 그 목소리를 따라 꾸미고 규칙에
맞게 조절하며[78] 이름이나 조목 따위를 형용하는 것이 곧 말이다.

和平紆鬱, 喜怒哀樂, 因聲音而鼓動. 故聞其聲音, 先知其淸濁, 及喜怒之類, 各有所
觸以發也. 且因聲音, 而賁飾節奏, 形容名目, 卽是言語也.

남의 말을 자세히 듣고 조리를 살펴 풀고 맥락을 추측하여야 그 사람의
타고난 자질과 아는 내용의 핵심을 거의 알 수 있다. 내가 한 말을 남이

---

74 관악기 소리의 높낮이는 관의 길이와 굵기(공기를 담는 부피)와 그리고 호흡의
   압력과 관련이 있다. 또 강약도 관의 크기와 부는 압력에 따라 달라진다. 指孔을
   누르는 위치에 따라 공기가 울리는 관의 길이 즉 부피를 조절하거나 부는 압력으로써
   음의 높낮이가 결정된다. 여기서 淸濁은 음의 높낮이를 뜻함.
75 點孔이란 指孔에 점을 찍는다는 뜻으로 관악기의 운지를 말함.
76 稀密은 點孔의 드물고 빽빽한 정도를 말하는데, 결국 운지의 頻度를 말함. 빈도가
   잦으면 자연히 음악이 빠르고 드물면 느리다.
77 吹氣는 관악기에 입으로 바람을 불어 넣은 것. 吹奏와 같은 의미로 쓰였다.
78 節奏는 전통음악의 용어로 음의 강약과 장단 등의 규칙적인 흐름을 말하는데,
   여기서는 조절의 뜻.

들게 하더라도, 그 사람 또한 나의 타고난 자질과 경험으로 안 내용을
알 수 있다.

詳聽言語, 審繹條理, 推測脈絡, 其人之稟質與所得, 庶可得其要領. 我之所言, 使人
聽之, 亦可知我之稟質與閱歷所得也.

해 설

말이 소리를 통해 드러내는 내용과 소리의 발생을 설명하였다.
음악에 조예가 깊은 사람은 연주하는 소리만 듣고도 연주자의 음악성만
이 아니라 악기의 특색까지도 간파한다. 사람의 몸도 일종의 악기로서
특히 관악기가 소리 나는 메커니즘과 유사하다. 곧 악기의 재질과 구조에
따라 소리가 제각기 다르듯이 각자 인체의 특징과 건강 따위가 목소리를
결정한다. 저자는 이 설명을 위해 전통 의학과 악기 이론과 물리학적
지식을 동원하였다. 특히 관악기에 대한 깊은 조예가 없으면 이 글을
쓸 수 없고, 옮기기도 쉽지 않다. 참고로 옮긴이는 플루트를 30년 남짓
불었다.

따라서 말이 목소리를 따라 드러내는 내용이 단지 그 의미만이 아니라,
그가 알리기 거북한 내용, 예컨대 건강정보나 신체적 특징이나 타고난
자질이나 감정이나 숨긴 의도까지도 포함한다. 특히 "남의 말을 자세히
듣고 조리를 살펴 풀고 맥락을 추측한다"라고 한 말은 현대 심리학이나
과학에서 인간을 파악하는 중요한 방법 가운데 하나이다. 말이 많으면
그만큼 자기의 내부가 남에게 노출된다. 당신이 유명한 또는 영향력
있는 사람이라면, 당신의 말 한마디 한마디가 심리학자나 의사의 분석
대상이 될 수 있음을 명심하시라.

9. 말이 통함
言語得通

먼저 일의 낌새를 살피고, 다음으로 남의 기색79을 관찰하며 말을 가려서
한다. 그래서 말할 때는 일의 낌새를 어기지 말고 기색도 저촉하지 말며,
사리를 순조롭게 풀고 일의 형세를 잘 꿰뚫는다. 마치 산골짜기에 흐르는
물이 지세를 따라 아래로 흐르고, 잘 쓴 문장80이 조리에 맞고 처음과
끝맺음이 있는 것처럼 한다. 그리하면 소리에는 운치가 있고 말은 힘을
낳으니,81 듣는 사람이 귀 기울여 소리를 전달받아 쉽게 알고 쉽게 기억하
게 한다. 이것을 일러 말이 통했다고 한다.

先察事之機會, 次觀人之氣色, 擇發言語. 勿違事機, 勿觸氣色, 順解事理, 善透事勢.
如趣澗之水, 因地勢而順流, 成章之文, 有條理而始終. 聲音有韻致, 言語生氣力,
使聽者注耳聲通, 易曉得易記憶. 是謂言語之得通也.

자기의 말이 통하려면 반드시 차근차근 쌓은 앎82이 있어야 하지만,
신기가 안 이치를 말로 형용하는 일은 그 진상83을 모두 알리기 어렵다.

---

79 얼굴빛 또는 안면에 나타나는 감정의 변화. 본문은 후자의 뜻.

80 成章은 樂曲처럼 볼만한 규모와 격식을 이룬 것. 『論語』, 「公冶長」에 "子在陳,
曰歸與歸與. 吾黨之小子狂簡, 斐然成章, 不知所以裁之."에 보이는데, 『集注』에서는
"成章, 言其文理成就, 有可觀者."라고 풀이했다. 또 『周易』, 「說卦傳」에 "故易六位而
成章."이 보이고, 『孟子』, 「盡心上」에 "流水之爲物也, 不盈科不行, 君子之志於道也,
不成章不達."에도 보인다.

81 말이 힘을 낳는다는 고사는 많다. 『三國遺事』에도 보이고, 呪術도 일종의 그걸
믿고 행하는 일이다. 일반적으로 말은 어떤 의도나 지시 또는 정보를 포함해서
행동을 유발하므로 힘을 갖는다고 말할 수 있다.

82 積漸은 점차 쌓여 형성된다는 뜻으로 일찍이 보이는 문헌은 『管子』, 「明法解」의
"姦臣之敗主也, 積漸積微使王迷惑而不自知也."이다. 여기서는 경험을 말함.

많은 말이 반드시 그 모습을 다 표현할 수 없고, 간략한 말은 소홀하고 빠뜨리기 쉽다. 그러니 많은 말과 간략한 말을 절충84하여, 내 신기의 이치가 타인의 신기에 깊이 소통하도록 해야 한다.85

自己言語之得通, 必有積漸之所得, 神氣所得之理致, 以言語形容, 難得盡其眞像. 多言未必盡其象, 略言易致疏漏. 要得其多言略言之折中, 使我神氣之理致, 幽通於 他人之神氣.

또 이전에 내가 남의 말을 들을 때는 그 받아들이는 조리를 터득하고, 또 그 표현의 우열을 증험한다. 이제 내가 발언할 때는 일단 듣는 사람의 조예86의 깊이와 받아들이는 난이도를 헤아리고, 다음으로 마음속의 이치와 수와 모양과 구체적 물건87을 순서대로 드러내되, 말의 앞뒤 순서와 상세함과 간략함의 적절성을 잃지 말아야 한다.

且於從前聽人言語時, 我得其聽納之條理, 又驗其形容之優劣. 及到我發言時, 先量 人之造詣淺深, 聽納難易, 次發胸中理數象器, 循序出來, 勿失先後詳略之宜.

---

83 眞像은 참모습으로 오늘날 眞相의 의미로 쓰였다.

84 折中은 折衷과 같은 말로 같지 않은 事理의 양극단을 잡아 그 가운데를 자른다는 의미로 바름을 취한다는 뜻. (앞에 나옴)

85 幽通은 깊이 통한다는 뜻. 원래는 신령과 서로 만난다는 의미로『漢書』,「敍傳上」의 "有子曰固, 弱冠而孤, 作幽通之賦, 以致命遂志."에 보인다. (앞에 나옴)

86 造詣는 학문이나 소양 따위의 깊은 경지. 여기서는 받아들이는 앎의 수준.

87 理數象器는『周易』과 그것을 해석하는 글에 등장하는 용어이다.『신기통』권1의 「數學生於氣」의 "氣必有理, 理必有象, 象必有數."를 해석하고 해설할 때 이미 다루었 다. 다만 여기서는 氣를 器로 대체하였다. 器는 감각 가능한 구체적 사물이나 물건을 말하는데 이런 관점은『周易』,「繫辭傳上」에 "形而上者謂之道, 形而下者謂之器."라 는 말에서 나왔다. 본문의 그것은 말하는 사람의 관념, 기억하는 수량과 모습과 구체적 사물이다.

생각의 전개에는 자연히 밀물 같은 형세가 있다.[88] 만약 먼저 드러난 생각을 뒤에 말하고, 나중에 드러난 생각을 앞서 말한다면,[89] 듣는 사람이 혼란스러워 단서를 미루거나 찾기 어렵다. 또 응당 상세할 곳은 간략하게 말하고, 간략할 곳은 도리어 상세하게 말하면, 듣는 자가 지루하여[90] 마음 상태가 게으르고 어두워진다.

神氣之發, 自有潮涌之勢. 若使先發者在後, 後發者在先, 聽者迷亂, 難得推尋之緖. 宜詳處反略, 宜略處反詳, 聽者支離, 而神氣懶昏.

---

88 潮涌는 조수. 여기서는 밀물로 '생각이 밀물처럼 몰려온다'라는 思如潮涌의 말로 쓰임.

89 神氣의 發은 생각의 전개이며, 문맥은 생각의 전개와 말의 순서가 뒤바뀐 상태를 말함.

90 支離는 繁瑣하고 雜亂의 뜻으로, 그로 인해 지루하다는 말이다.

해 설

의사소통을 다룬 글이다.

나의 말을 어떻게 남에게 잘 전달할 수 있는지 소통의 요령을 다루었다. 따라서 본문을 보면 저자가 사용하는 통의 개념에는 인식론에만 한정되지 않고, 일상에서 소통의 개념 그 가운데 의사소통도 당연히 포함한다. 이 소통을 위해서는 몇 가지 요령이 보인다. 우선 일의 상황과 대화 상대의 기분 따위를 잘 파악하고, 전달하고자 하는 내용에 대한 풍부한 지식과 경험이 있어야 하며, 발언의 상세함과 소략함을 절충하고, 듣는 사람의 지적 수준과 발언의 조리를 고려하여 쉽게 전달하며, 생각의 전개에 맞게 순서를 따라 조리 있게 말하는 따위가 그것이다. 모두 자연스럽게 상대의 마음에 쉽게 받아들이도록 하는 일이다. 상대의 생각에 혼란을 주는 일을 금물로 여겼다.

여기서 특이한 점은 『노자』 5장의 "말이 많으면 자주 궁지에 몰린다"라는 다언삭궁(多言數窮)[91]과 23장의 "말이 드문 것이 스스로 그러한 모습이다"라는 희언자연(希言自然)에 대한 저자의 태도이다. 저자는 다언(多言)을 굳이 부정적으로, 말이 적음을 긍정적으로만 사용하지는 않았다. 그것이 다언과 약언(略言)을 절충한다는 의미이다. 저자는 자연의 도를 존중하면서도, 인도를 강조하므로 양자를 모두 고려할 수밖에 없었다. 오늘날 이것을 교육학이나 리더십 등에 응용하면 학생들을 가르치는 수업 현장에서 발문 요령, 남을 설득할 때 유용하게 활용할 수 있고, 학술적으로 소통 이론의 중요한 자료이다.

---

91 多言數窮의 數를 계산이나 속셈으로 보아 "말이 많으면 속셈이 막힌다."라고 푸는 사람도 있다.

10. 시비의 참과 거짓
是非誠僞

시비를 바로잡는 일은 신기가 안 확실하고도 바른 근거를 기준으로 삼는다.
옳고 그르다는 다수의 의견을 따르거나 나의 주장이나 상대의 주장대로
하여 한쪽으로 기울고 거기에 빠져 고착되지 말아야 한다.

是非之質定, 以神氣所通的實正據爲準. 勿以是者之衆, 非者之衆, 我之所主, 彼之
所主, 有偏倚而泥着也.

처음부터 시비의 분쟁에 얽매이지 않았다면, 자연히 신기의 통달에서
분명한 내용이 있다. 그래서 말을 자연히 잘 가려서 하니 힘이 생기고,
이치 또한 시비를 가려 설명하니 점차 선명해진다. 그 결과 옳음을 옳다고
하고 그름을 그르다고 하며, 또 옳음이 옳고 그름이 그른 까닭도 밝힌다.
또 시비를 벗어나 시비에 숨은 뿌리를 뽑고, 시비를 평정하여 그 귀결점을
바로잡을 수 있으니, 시비는 한갓 사람의 입에서 생겨나 없어질 뿐,
실제의 이치는 완전하게 저절로 있어서 옳다고 늘어나고 그르다고 없어
진 적은 없다.

旣無拘於是非之紛鬧, 自有得於神氣之通達. 言辭自緣抽拔而生力, 理致亦因辨說
而漸彰. 是其是而非其非, 又明非之所以非, 是之所以. 且能離是非, 而拔是非之
潛根, 殿是非, 而定是非之歸宿, 則是非徒起滅於人口, 而實理完然自在, 未嘗以是
而有增, 以非而有滅.

오직 사람의 노력과 하는 일이 참되게 안 내용을 따르면, 일의 형세가

순조롭고 효과를 쉽게 보며 시비가 밝아져 분별하기 쉽다. 만약 참되게 안 내용을 따를 수 없다면, 필연적으로 허황하고 망령된 대상을 좇아 섬기니 끝내 실효를 얻기 어렵다. 게다가 시비 자체가 허황하고 망령되면, 어떻게 참된 시비를 분별할 수 있겠는가? 견백론92은 혀가 닳도록 멈추지 않고, 종횡설93은 예부터 그치지 않고 있는데, 이는 기를 제대로 보고 알지 못해서 이처럼 헛되고 망령된 설을 하고서도 그 그릇됨을 스스로 깨닫지 못하기 때문이다.

惟人之所功所業, 從其誠實所通, 則事勢順, 而易得效, 是非明, 而易分別. 若不能從其誠實所通, 則必從事於虛妄, 竟難得其實效. 且是非爲虛妄之是非, 何可卞其眞是眞非也. 堅白之辯, 舌撖而不止, 縱橫之說, 從古而不息, 以其無見乎氣, 無得于氣, 有此譖妄之說, 不自覺其非也.

---

92 전국시대의 名家 가운데 한 사람인 公孫龍이 주장한 命題. 그의 주장에는 "흰 말은 말이 아니다"라는 白馬論과 "굳은 것과 흰 것이 분리된다"라는 堅白論이 있다. 이는 그가 어떤 개념의 보편자를 지적한 것이지만, 훗날 궤변으로 지탄받았다.
93 合從連衡說의 준말. 전국시대 외교 전략가인 蘇秦의 合從說과 張儀의 連衡說을 통칭한 것으로, 최강국인 秦을 두고 燕·齊·楚·韓·魏·趙의 6국 사이의 외교 전술. 합종설은 秦 나라를 막기 위해 縱으로 6국이 연합하자는 주장이고, 연횡설은 秦 나라를 섬겨 橫으로 여섯 나라가 동맹하자는 주장이다. 사마천의 『사기』에 자세하다.

해 설

시비의 참과 거짓을 구별하는 방법을 논하였다.

인간 세상에 시비가 없을 수는 없으나, 그것을 다수결로 정할 수도 또는 몇몇 사람의 주장을 기준으로 삼을 수 없다. 저자는 사실에 기초한 근거가 그 기준이라 본다. 이른바 '팩트 체크'가 필요하다.

그래서 "나의 주장이나 상대의 주장대로 하여 한쪽으로 기울고 거기에 빠진다"라는 말은 오늘날 진영이나 세대나 이념 논리에 빠져 사실을 제대로 못 보고 시비를 주장하는 모습에서도 볼 수 있다. 거기에 빠져 시비를 가리게 되면 매사가 진영 논리에 빠져 삶이 황폐해진다. 이럴 때 좀 더 냉담하게 거리를 두어 객관적으로 사태를 바라볼 필요가 있다. "시비의 분쟁에 얽매이지 말아야 한다"라는 말이 그런 뜻이다. 하지만 국가·사회적으로 시비의 기준이 되어야 할 기관이 언론과 사법 기관인데, 그것이 한쪽으로 기울어져 있으면 혼란은 가중된다. 한국 현대사의 굴곡은 결코 이와 무관하지 않다. 이런 데는 시비가 옳고 그름을 넘어서 지배 집단 또는 계급상의 이익과 관련되어 있다. 사람이 집단을 이루면 그 이익을 위하여 사실을 알아도 애써 외면한다. 집단의 이익 앞에서는 사실도 무력하다. 사실을 알아도 시비가 객관적으로 분명하지 못한 까닭이 여기에 있다.

그런데 저자는 이 시비에 대해 다소 낙관적인 견해를 견지하고 있다. 오늘날 저자가 살았던 당시보다 과학을 비롯한 학문이 진보하여도, 시비가 여전히 존재하는 까닭은 앎과 실천의 괴리 때문이다. 많이 안다고 해서 올바른 실천을 장담할 수 없는 까닭이 바로 여기에 있다. 이는 앎의 차원을 넘어서서 문화와 가치관의 문제이다.

사실 시비는 필연적으로 선악의 문제와 관련되고, 그때의 선악은 절대적으로 정해져 있지 않고 판단 주체의 호오(好惡)와 이해(利害)에 따라 규정된다. 이미 객관적이지 않은 시비가 결국 선악 판단으로 이어지기 때문이다. 저자 또한 비록 이처럼 사실에 근거한 옳음과 그름이 있다고 여겼어도, 다른 글에서 보면 인간의 현실적 선악 판단의 뿌리를 이런 호오나 이해관계에 두고 있다.

11. 어리석게 미혹된 사람을 깨우침
開牖愚迷

많은 가닥의 말을 끌어댄다고[94] 좋은 말이 될 수 없고, 거침없이 빠르게 휘갈기는[95] 문장이 반드시 좋은 말이 되지는 않는다. 어리석게 미혹된 사람[96]을 깨우쳐 이해시키되, 정황[97]을 형용하며 간략하면서도 해박하게 하면 좋은 말이다.

傅會多端, 未可爲善言, 馳騁文章, 未必爲善言. 開牖愚迷, 使之解釋, 形容氣象, 略而該博, 是爲善言.

대체로 보아 말의 우열과 좋고 나쁨은 신기가 안 내용의 득실과 우열의 차이로 말미암는다. 신기로 아는 일에 성공한 사람은 거짓을 버리고 참을 취하며, 쓸모없는 것을 버리고 쓸모 있는 내용을 취한다. 그래서 앎이 독실하고 말이 명백한데, 그 가운데는 자연히 깊이의 차이가 있다. 하지만 신기로 아는 일에 실패한 사람은 거짓을 참으로 여기고 쓸모없는 내용을 쓸모 있다고 여긴다. 그래서 앎이 허황하고 망령되어 말이 많고 혼잡한데,[98] 그 가운데도 깊이 차이가 있다.

---

94 傅會는 牽強附會와 유사한 말. 또는 그 축약어.
95 馳騁은 말 타고 질주하는 것. 문장을 막힘없이 술술 쓴다는 뜻.
96 愚迷는 보통 우매하여 갈피를 못 잡거나 그런 사람. 『資治通鑑』, 「唐高祖武德九年」의 "遂使愚迷妄求功德, 不憚科禁, 輕犯憲章." 등에 보인다. 여기서는 虛妄, 誠實, 虛僞와 관련하여 어리석게 미혹된 사람의 뜻.
97 氣象은 여러 뜻이 있다. 경치·풍경·자취·氣局·氣槪 그리고 오늘날 사용하는 대기의 물리적 현상도 그것이다. 하지만 여기서는 사물의 정황·태세·상황·상태 따위. 본서에 총 6회 등장함.
98 浮雜은 葛洪의 『抱樸子』, 「交際」의 "余以朋友之交, 不宜浮雜."에 보인다. 또 들뜨고

凡言語之優劣善惡, 由於神氣所通, 有得失淺深之異. 得於神氣通者, 捨虛僞而取誠
實, 捨無用而取有用. 所通篤實, 所言明白, 簡中自有淺深之殊. 若失於神氣通者,
以虛僞爲誠實, 以無用爲有用. 所通虛妄, 所言浮雜, 簡中亦有淺深之殊.

앎에 있어서 참과 거짓의 정도가 얕은 사람들의 말의 차이는 그리 크지
않다. 하지만 그 정도가 깊은 사람들의 말은 상반되어 참과 거짓으로
달려가는 차이가 점점 멀어진다.

就所通之虛僞淺者, 誠實淺者, 言論之差異, 不甚相遠. 虛僞深者, 誠實深者, 言論相
反, 趨進漸遠.

이런 사람들을 신기로 아는 일을 가지고 깨우치고자 하려면, 참을 아는
사람은 그 깊이의 차이를 막론하고, 이전부터 비록 신기로 아는 말을
들어보지는 못했더라도, 앎이 진실하고 근거 있음을 상세히 듣고 효과가
쉽게 나타난다. 또 심력을 낭비하는 일이 없어서, 반드시 은연중에 들어
맞아 얼음이 녹듯이 의문이 확 풀린다.99

如欲開諭此等人, 以神氣之通, 則有得於誠實者, 無論淺深, 自前縱未得聞神氣之說,
詳聽所通之眞實有據, 功用易效. 且無枉費心力, 必有隱然契合, 渙然氷釋.

거짓을 아는 사람을 대할 때도 그 깊이의 차이를 막론하고, 해당하는
사람이 여태 스스로 거짓을 알지 못했다면, 먼저 거짓 가운데서 참된

혼잡하다는 뜻도 있다.
99 渙然氷釋은 『春秋左氏傳』에 나오는 말로 얼음이 녹아 없어지듯이 疑惑이나 疑問이
  풀리는 모양. 또 『노자』 15장의 "渙兮若氷之將釋."에도 보인다.

길을 골라내서, 거짓과 참을 가지고 우열을 비교하여 스스로 선택하게
하여 다시 돌아오기100를 구해야지, 강제로 뜻을 꺾어 조급하게 결정하
게 해서는 안 된다. 그 후 돌아오는 조짐이 보였다면, 그에 따라 채찍질하
고 진보를 장려한다.

若對虛僞者, 亦無論深淺, 其人未嘗自知虛僞, 則先取虛僞中就誠實之道, 以虛僞誠
實, 比較優劣, 使之自擇, 以覬回轅, 不可强挽摧折, 以致決驟. 旣得其回轅之漸,
又從以策馴獎進.

대개 어리석게 미혹된 사람을 깨우치는 일이 어찌 귀를 잡아당겨 면대하
면서 세월만 갈아 없애는 일101에만 있겠는가? 실상은 그 타고난 총명
여부와 기억의 좋고 나쁨과 깊이에 달려 있다.

蓋開牖愚迷, 豈獨在耳提面諭, 漸磨歲月. 其實在稟賦之聰明與否, 習染之善惡淺深.

---

100 回轅은 원래 임금이나 세자가 멀리 거동하였다가 다시 돌아온다는 뜻.
101 漸磨는 漸摩와 같은 뜻으로 낫 등의 농기구를 물에 담갔다가 숫돌에 간다는
　　의미로, 차차 좋은 방향으로 감화되어 감을 이르는 말. 여기서는 그 대상이 세월로
　　부정적으로 쓰였다.

해 설

어리석게 미혹된 사람을 깨우치는 요령이다.

우선 제목부터 심상치 않다. 보통 깨우치는 대상을 말할 때는 어린아이라는 '동몽(童蒙)'이 아니면 어리석은 사람이라는 '우매(愚昧)'라는 표현을 썼을 텐데, 어리석게 미혹되었다는 뜻의 '우미(愚迷)'를 사용했다. 물론 우미는 통상 우매와 같은 뜻으로 쓰이긴 하지만,[102] 본문의 내용을 잘 음미하면 깨우치려는 대상이 단지 아는 게 적은 우매한 사람이 아니라, 허위를 참으로 잘못 알고 있는 사람이기 때문이다. 저자가 말한 허위란 주로 객관적으로 그 존재를 검증할 수 없는 미신의 대상, 초월적 신, 형이상학적 원리 등이다. 그런 맥락에서 이 글의 내용과 논리가 거의 같은 글이 『추측록』 권2의 「귀신과 화복(鬼神禍福)」에서도 재현된다.

그렇다면 허위를 참으로 알고 있는 사람은 누구인가? 이는 결코 역사적 맥락 없이 일상적으로 하는 말이 아니다. 허위와 다른 표현으로 저자는 허망이라는 말도 즐겨 쓴다. 이 단어가 등장하는 맥락을 종합하면, 대개 미신과 종교와 관련된다. 본문에서 '참'으로 옮긴 원문은 '성실'이다. 훗날 『기학』에서는 참된 학문이라는 의미로 '성실학'이라는 말도 거침없이 사용하고 있다.[103]

그런데 그 허위의 학문을 저자는 이단잡학(異端雜學)[104] 또는 외도이단

---

102 『隋書』,「藝術傳·庚質」: 臣實愚迷, 猶執前見, 陛下若親動萬乘, 糜費實多.

103 『氣學』 2-119: 自古及今, 發其端而未歸整之論, 未透澈之言, 多在於氣之邈遠廣大, 又在於氣之隱蔽形質, 是當捨旃. 而從其發用之端, 可驗氣化之符合, 是爲誠實學也. 談理者, 或捨氣究理, 無所取準, 徒啓後人之紛鬨.

104 『氣學』 2-72: 異端雜學, 方其倡起, 害不至甚. 至於再三傳授, 徒黨益繁, 其害滋甚. 畢竟虛僞者遇誠實而銷, 偏酷者遇中正而解. 運化之世, 其何能久.

(外道異端)[105]라고 하였다. 전통적으로 외도와 이단은 구별한다. 외도는 유학이나 불교에서 그것과 다른 종교나 학문을 가리켜 사용하는 말이고, 이단은 같은 종교나 학문 내부에서 정통이 아닌 것을 일컫는 말이었다. 하지만 본서의 글을 종합하면 저자는 특별히 이단과 외도를 구별하지 않고 사용하고 있다. 그래서 잡학이란 미신이나 방술 따위이고, 외도나 이단은 각종 종교에 해당한다. 그 종교 가운데서도 저자의 관심 안에 있는 대상은 단연코 기독교이다. 이는 당시 저자가 수용하려는 예수회 선교사들이 전한 서양과학과 함께 왔고, 또 당시 시대 상황과 결부되어 있었기 때문이다. 철학자가 시대의 문제를 외면한 채 잠자코 있겠는가? 따라서 이 글에서 어리석게 미혹된 대상은 대체로 당시 천주교인임을 알 수 있다. 본문의 "허위와 참됨을 가지고 우열을 비교하여 스스로 선택하게 하여 다시 돌아오기를 구해야지, 강제로 뜻을 꺾어 조급하게 결정하게 해서는 안 된다"라는 말이 바로 당시 정부의 천주교 탄압에 대한 간접적 비판으로 보인다.

그리고 이 글에서는 뜻하지 않게 또 교육학적 견해를 드러내고 있다. 학습자의 자발성을 중시하고 또 인간의 인지발달이 유전과 학습의 영향을 크게 받는다는 점이다.

---

105 『신기통』 권1, 「十七條可通」; 『추측록』 권2, 「鬼神禍福」.

12. 문자로 나타낸 말
文字之言語

문자를 배열106해 말을 기록해서, 사물이 마땅히 그래야 하는 준칙107과
사람마다 닦아 실천할 수 있는 내용을 탐구해 밝히는 일이란, 사람들이
문자 속에 담긴 말을 고요히 듣고 선각자의 뜻을 밝게 이해하게 만들어야,
뛰어난 기술자의 고심108과 어긋나지 않는다.

排列文字, 記錄言語, 以究明事物當然之則, 人人可修行者, 使人靜聽文字之言語,
曉達先覺之旨, 乃不違乎良工之苦心.

하지만 먼저 신기의 앎부터 속 시원히 말로 드러낸다고 해도, 오히려
완벽하지 못하다는 탄식이 있을지 두렵다. 하물며 알게 된 신기가 아직
뚜렷하지 않고, 더욱이 언어의 전달에 오류를 이룸에야.

然先自神氣之通, 皎繹胸次, 發之於言語, 猶恐有未盡之歎. 況所通之神氣未彰, 尤
有言語之傳達, 轉致差謬乎.

또 문자로 글을 짓는 일은 다시 의미를 옮기는109 한 관문이 되는데,

---

106 排列은 配列과 같은 뜻으로 쓰임. 문자의 배열은 글을 쓴다는 말.
107 當然之則은 사물이 마땅히 그래야 하는 당위적 원리나 준칙을 말함.
108 良工은 재주와 기술이 뛰어난 장인. 良工苦心은 良工心苦와 같은 말로, 뛰어난
    기술자나 예술가. 본문에서는 학자도 고심해서 좋은 작품을 만든다는 뜻. 양공은
    저자 자신의 은유이기도 하다.
109 傳譯은 달리 轉譯으로도 표기되며 통상 번역 또는 통역의 뜻으로 쓰인다. 전한
    董仲舒의 『春秋繁露』, 「王道」에 "四夷傳譯而朝."라는 말에 보인다. 하지만 본서에
    서는 생각(의미)을 글로 표현하거나 글을 생각으로 해석하는 일로도 여겨, 여기서

글자가 적당하지 못하면 내용이 그에 따라 막히고, 글이 상세하지 못하면 논리 전개[110]가 불안하다. 그래서 문자로 된 말을 듣는 사람에게 그 글의 의미를 밝게 이해하기 어렵게 만드니, 어느 겨를에 글을 통해 깨달음을 일으키는 문제를 논하겠는가?

且以文字排撰, 又爲傳譯之一關, 字不得其宜, 則辭緣梗塞, 文不得其詳, 則理勢蹩脆. 使聽於文字之言語者, 難得曉解文義, 何暇論其因文起悟也.

설사 글자의 뜻과 글의 이치나 체계가 모두 적당하더라도, 구두에서 독자의 신기가 활동하는 사이에 또 그가 이해할 수 있는지 없는지의 문제가 생기는데, 이는 그의 신기가 아는 여부에 달려 있다. 그래서 그것이 또 의미를 옮기는 하나의 관문이 된다.

縱使字義文理, 得盡其宜, 神氣活動於句讀之間, 且有見者之能解與不能解, 在其人之神氣通與不通. 又爲傳譯之一關矣.

문자에 실려 있는 말은 이 같은 두 관문을 맞이해 통과할 수 있어야만, 말의 전달이 문자와 일치할 수 있다. 그리하여 그것을 베껴 쓰는 사람은 손으로 말하고, 그것을 전해 받는 사람은 눈으로 들으니, 천만년 길이 운치[111]를 남기고 억 조 백성은 거기에 물어서 바로잡기를 스스로 마다하

는 생각을 글로 옮기는 일. 또는 조선 사람이 한문을 썼으므로 생각이 글로 바뀔 때 번역을 수반하는 일.
110 理勢는 사리와 형세 또는 사리의 발전 추세와 정황을 뜻하지만, 여기서는 논리 전개의 뜻으로 쓰임.
111 高雅한 품격을 갖춘 멋.

지 않는다.[112]

言語之載在文字者, 得値歷透兩關, 乃得言語傳達, 及於文字. 而傳寫者, 以手發言, 傳受者, 以目聽言, 千萬載永留韻致, 億兆民自任叩質.

---

112 自任은 스스로 자기 임무로 여기는 일로 『孟子』, 「萬章下」의 "其自任以天下之重也."
    에 보인다.

해 설

글로 이루어진 말의 의미 전달이 어려울 수밖에 없는 까닭을 자세히 논하였다.

이는 일상적인 글쓰기의 표현만이 아니라 통역이나 번역에도 해당하는 문제이다. 일차 관문은 글쓴이가 생각이나 아는 내용을 글로 옮기는 데서 생기는 문제이다. 단어의 선택, 표현의 상세함과 그에 따른 논리 전개 등이 적절치 못하면, 글의 이해를 어렵게 만든다고 한다. 이것은 생각을 글로 옮길 때 생기는 표현의 문제이다.

이차 관문은 글을 읽는 사람이 제대로 이해하는지의 해석의 문제이다. 그 이해의 문제는 글을 읽는 독자가 얼마나 많이 알고 있느냐에 따라 좌우된다. 이 두 관문을 통과해야 문자로 이루어진 말의 의미가 소통된다.

저자의 이런 주장은 동아시아 고전 속의 그것과 지식인들이 사용하는 글이 모두 한문으로 되어 있다는 데서 증폭된다. 특히 구두를 언급한 점은 당시 조선 지식인들에게는 말과 글이 달라서 생기는 문제이기도 하다. 이렇게 번역과 의미 전달의 이중고를 동시에 겪어야 했으니, 조선 선비 가운데 한문을 잘 아는 사람은 이중언어 사용의 달인이라고 할 만하다.

하지만 근원적으로 이는 언어와 그 해석의 한계이기도 하다. 언어는 인간의 생각이나 느낌을 백 퍼센트 나타낼 수 없다. 그것이 일차 관문에 해당한다. 또 전달하고자 하는 사람의 생각과 전달받는 사람의 생각을 매개하는 언어의 해석에서 또한 백 퍼센트 일치하기 어려운데, 이차 관문이다. 그래서 『노자』 1장의 선언이나 불교의 언어도단(言語道斷)[113]이니 불립문자(不立文字)[114]라는 말이 생겼을 것이다.

이 글의 뉘앙스는 이런 노자나 불교의 관점도 녹아 있지만, 문자를 통해 의미가 제대로 소통되기를 바라는 유학자의 길을 택하였다. 의사소통 이론과 언어철학에 연결된다.

---

113 현대의 말할 길이 끊어졌다는, 말문이 막히는 말이 아니라, 원래의 의미는 언어로 표현할 수 없는 無上의 妙諦.
114 문자에 의하여 敎를 세우지 않는다는 禪宗의 가르침.

13. 말의 핵심과 그 전달의 허실
要領虛實

말115에는 반드시 한 마디의 핵심116이 있고, 앞뒤 순서에 따라 배열하여 그것을 보조하고 호응하는 말의 마디는 적게는 네댓 마디, 많게는 열·백 마디에 이른다.

言必有一節之要領, 而前後循序排布助應者, 少至四五節, 多至十百節.

글을 빨리 볼 때는 한마디 핵심으로 충분하다. 보조하여 호응하는 열·백 마디의 말은 공허하게 꾸미는 말117이지만, 시작118과 끝맺음119이 저절로 수미일관한다면, 핵심을 완벽하게 전개하는 데 방해가 되지 않는다.

驟看之, 一節之要領足矣. 十百節之助應, 爲文具, 而張本歸趣, 自成首尾, 不害爲完備之要領.

---

115 言은 여기서 글이 포함된 말. 口通의 영역이므로 글도 말에 포함하여 다루고 있다.

116 要領은 원래 허리(腰)와 목(領)인데, 『禮記』, 「檀弓下」에 "是全要領以從先大夫於九京也."에 보이며, 후대에 중요한 구역이나 부분을 비유하는 말로 쓰였다. 오늘날 '적당히 꾀를 부리며 하는 짓'의 의미는 아니다. 여기서는 주제를 포함하는 핵심 문장의 뜻.

117 여기서 말하는 文具는 실속 없이 공허하게 꾸미는 말로서 그 사례로『史記』, 「張釋之馮唐列傳」에 "且秦以任刀筆之吏, 吏爭以亟疾苛察相高, 然其敝徒文具耳, 無惻隱之實."에 보인다.

118 張本은 일의 발단이 되는 근원. 唐 劉知幾의 『史通』, 「浮詞」의 "蓋古之記事也, 或先經張本, 或後傳終言, 分布雖疏, 錯綜逾密."에 보인다. 그래서 장본인이란 말도 생겼다.

119 일이 귀착하는 취지. 여기서는 말이나 글의 끝부분인 결론을 말함.

간혹 거창하게[120] 말하는 사람은 구사하는 말이 크고 넓으며, 말 솜씨가
뛰어난 사람[121]은 견강부회가 드넓어 도리어 핵심을 흐리게 만든다.
그리하여 혀끝의 신기루에 바람이 불자 가슴속 신기루[122]에서 그림자가
움직이니, 이것이 곧 실용성이 없는 말 잔치[123]이다.

或有雄談之人, 馳騖宏闊, 好辯之士, 附會廣博, 反使要領澆亂. 風起舌上之蜃樓,
影動胸中之海市, 是乃無實用之文談也.

말의 번거로움과 간략함은 오직 앎의 정밀함과 거침과 순수함과 잡박함
에 달려 있다. 앎이 거칠고 잡박하면, 번다한[124] 글과 무성한 말에 쉽게
빠져 이리저리 흔들린다. 앎이 정밀하고 순수하면, 대상과 나를 참작하
여 오로지 제대로 소통되기[125]만을 기약하고, 공허하고 잡된 내용으로
그 알맹이를 해치거나 간략해서 그 핵심을 빠뜨리지 않는다.

夫言語繁簡, 惟在所通之精麤純駁. 麤駁則易流蕩於繁文蕃說. 精純則參酌物我, 惟
期辭達, 不以虛雜害其實, 簡略漏其實.

하지만 상·중·하의 세 등급의 사람을 마주하여 응대할 때는 각자에 맞는

---

120 雄談은 高談闊論 또는 高談峻論을 뜻함.
121 好辯之士는 好辯客과 같은 말.
122 蜃樓와 海市는 海市蜃樓와 蜃樓山市와 같이 모두 신기루를 지칭하는 말.
123 文談은 글로 주고받는 말, 문장이나 문학적 담론, 고상하거나 우아한 말투 등
　　여러 의미로 쓰인다. 여기서는 다 포함하면서도 세 번째 내용의 성격이 짙음.
124 繁文은 繁瑣하고 복잡한 글을 말함. 『韓詩外傳』 卷六에 "繁文以相假, 飾辭以相悖."
　　라는 말이 보인다.
125 辭達은 말의 의미가 상대에게 제대로 전달되는 것을 말한다. 출처는 『論語』, 「衛靈公」
　　의 "子曰, 辭, 達而已矣."라는 말에 보인다.

말이 있다. 그래서 처음과 중간과 끝이 서로 응하는 계기에서 말을 전개하는 맥락이 순서를 잃지 않아야, 듣고 받아들이는 데서 이해하고 아는 이점이 있고, 그 말을 실천할 때는 쉽게 따르는 방법이 생긴다.

上中下三等之人, 所對酬酢, 各有攸當. 始中終相應之機, 所繹脈絡, 不失次序, 聽納有開得之益, 踐言有易循之方.

해 설

말과 글을 구성하는 중요한 사항을 다루었다.

여기서 저자의 문장론이라 할 수 있는 내용이 들어 있다. 보통 말을 하거나 글을 쓸 때 전달 곧 소통을 염두에 둔다. 저자는 여기서 대화의 주제 또는 전달의 핵심, 말이나 문장의 요지를 '요령'이라 불렀다. 그는 문학가로서가 아니라 철학자답게 문장의 아름다움보다는 전달하고자 하는 말의 핵심이 제대로 소통되기만을 바랐다.

사실 이 부분은 공자가 『논어』에서 말하고, 주희가 『논어집주』에서 말한 관점, 곧 문장을 화려하게 꾸미는 일보다 의미의 정확한 소통에 치중한 견해126를 따랐다. 이는 일찍이 공자가 교언영색(巧言令色)을 배척하는 태도에 맥락이 닿는다. 그래서 성리학자들은 문학, 곧 사장학 (詞章學)을 별로 달갑게 여기지 않았고, 저자의 저작에서도 문학 작품은 거의 볼 수 없다.

그래서 저자의 저술에서 보이는 글도 각각의 주제에 따라 짤막한 분량으로 되어 있고, 문체 또한 화려하게 꾸미거나 불필요하게 부연하는 일이 거의 없다. 문학적 상상력이나 멋이나 운치 따위를 고려하지 않았기 때문이다.

본문에서도 꾸밈과 같은 수사(修辭)를 전적으로 반대하지는 않았지만, 핵심(주제)의 전달에 방해되어서는 안 된다고 강조하였다. 다만 상대에 따른 수준을 고려해야 한다는 단서를 달아, 그 꾸밈의 가능성 여지는 남겨 두었다.

---

126 『論語集註』, 「衛靈公」: 辭, 取達意而止, 不以富麗爲工.

14. 인사의 통함과 막힘
人事通塞

자연의 기가 흘러 운행하는 일은 인간이 그 형세를 타고 활용할 수 있으나 그것을 어기거나 변통할 수 없다. 인사의 통함과 막힘에는 말로써 막힌 일을 통하게 할 수도 있고, 또한 그것으로 통한 일을 막히게 할 수도 있다.

天氣之流行, 可乘勢而周旋, 不可違越變通. 人事之通塞, 可將言語而通其塞, 亦可 將言語而塞其通.

발언한 말을 부질없이 실행하기만 하면 마땅치 않고, 때와 형세를 따르고 사물의 이치에 의지해야 제대로 실행할 수 있다. 그 말을 듣고 있는 사람 또한 참고하여 헤아린 사물의 이치와 때와 형세를 알고 있다면, 발언하는 사람은 듣는 사람이 헤아린 내용을 먼저 탐지해 변통[127]의 기술을 발휘할 수 있다.

言語之發, 不宜徒行, 須因時勢托物理, 乃可得行. 聽之者, 亦有所参量之物理時勢, 則發言者, 先探聽者之所参商, 而可施變通之術.

그래서 치우친 것만 아는 사람에게는 그 치우치게 된 실마리를 말해주어 그것을 막고, 넓거나 치우치게 되는 방법을 말해주어 그것을 알게 한다.

---

127 용어사전을 볼 것. 여기서는 상대의 수준에 맞게 자기가 하는 말을 바꾸거나 수정한다는 의미.

거짓된 것만 아는 사람에게는 그 거짓을 향해 달려가는 폐단을 말해주어 거짓을 막고, 참된 길을 알려주어 그것을 알게 한다. 또 아는 게 없는 사람에게는 먼저 막힘을 제거하는 방법을 알려준 다음, 그 알 수 있는 길을 말해준다. 그리고 통합과 막힘의 경계를 넘어서는 사람은 매양 자기가 아는 내용만 앎으로 여겨, 그가 상대에 관해 모르는 내용이 자기의 막힘이 되고 있다는 사실조차도 모른다. 이런 자에게는 먼저 그가 알고 있는 내용 때문에 참된 앎을 막고 있음을 말해준 다음, 사람들이 마땅히 알아야 내용을 앎으로 삼도록 말해준다.

通於偏者, 言其所偏之端而塞之, 言其周偏之道而通之. 通於虛者, 言其趨虛之弊而塞之, 言其誠實之道而通之. 無所通者, 先言其去塞之方, 後言其可通之道. 踰越乎通塞之界者, 每以自己之所通爲通, 不知其於人物有不通, 爲自己之塞也. 先言其人所通以塞之, 後言人物之宜通以爲通也.

하지만 한마디 말을 듣고 알기도 하고, 대여섯이나 여덟에서 아홉 마디 말을 듣고 알기도 하고, 한 사람의 말을 따라 알기도 하고, 네다섯 사람이 연달아 깨우치는 내용을 좇아 알기도 한다. 겨우 알 수 있었던 내용은 아직 알았다고 할 수 없고, 그것을 실천해 보아 어긋남이 없어야 바야흐로 알았다고 할 수 있다.

然或聽一言而得通, 或至五六八九言而得通, 或從一人言而得通, 或從四五人連進開諭而得通. 纔能知之, 未可爲通, 至於行之無違, 方可謂通.

또 남에게 말해주어 그가 이해하기 어려운 대상을 이해시키며, 그가 막기 어려운 대상을 막게 하는 사람은 반드시 먼저 가로막은 여러 관문을 제거하고, 많은 공력을 들여야만 효과를 볼 수 있다. 보통 사람의 언어 소통은 대부분 스스로 한계에 갇혀서, 쉬운 소통을 당해서도 기어이 통하려는 힘을 쓰지 못한다. 하물며 장애[128]가 있음에야. 그 병통의 근원을 논한다면, 소견의 좁음과 조급함[129]이 아니라면 미련함과 둔함이다.【이상은 언어임.】

且夫發言於人, 而通其所難通, 塞其所難塞者, 必有先去隔障之重關, 庸費許多功力, 以臻得效. 凡夫之言語鑽通, 率多自畫, 當其易通, 而不能用力期達. 況於有所障蔽乎. 如論病源, 非褊急則魯鈍也.【以上言語.】

---

128 障蔽는 '막아 가린다'라는 뜻으로 본문의 맥락상 몸의 장애만이 아니라, 앞에서 언급한 편견·오만·무지 따위의 진리를 제대로 보지 못하는 심리적 장애까지 포함한다.

129 褊急은 기량이 좁고 성격이 조급함을 말함. 『詩經』, 「魏風·葛屢序」의 "魏地狹隘, 其民機巧趨利, 其君儉嗇褊急."에 보임.

해 설

구통을 주제로 한 마지막 글이다. 전체 글의 앞부분은 음식과 관련된 일을 말하였고, 뒷부분은 말과 관계된 일을 다루었다.

이 글에서는 말로 의미를 전달하는 내용을 중심으로 논하였다. 교육학적인 견해와 상대를 설득하는 기술적 의미가 크다. 우선 말의 중요성을 언급하였고, 말을 전하거나 말로서 설득할 때는 때와 형세와 물리에 맞아야 한다고 전제하였다. 물리는 곧 이치에 맞는 합리성을 전제로 한 것이고, 때와 형세는 상황 파악이다. 이런 사고는 『주역』에서 다루는 중요한 요소이며, 또한 『중용』에서 말하는 시중의 논리이기도 하다.[130] 아무리 좋은 말이라고 해서 무턱대고 상대가 설득당하거나 섣불리 이해할 것이라고 믿어서는 안 된다.

그래서 각자의 형편에 따라 말해주는 크게 네 가지 방식으로 소개하였다. 하지만 말해주어 알아듣는 데도 한계가 있다. 겨우 알아들어도 완전히 안다고 할 수 없다고 한다. 바로 이 대목에서 "그것을 실천해 보아 어긋남이 없어야 바야흐로 알았다고 할 수 있다"라는 말은 분명 양명학적 앎과 실천의 관계를 논하는 지행합일의 영향이다. 곧 그 말은 "실천은 앎의 완성이다"[131]라는 왕수인의 주장을 뜻하기 때문이다. 저자는 양명학을 비판하기도 하지만, 많은 부분 그의 영향을 받았다.[132]

끝으로 "보통 사람의 언어 소통은 대부분 스스로 한계에 갇혀 있다"라는 말은 보통 각자의 경험과 사고에 갇혀 있어서 노력하지 않으면 사물을 제대로 알 수 없다는 뜻인데, 말의 진정한 의미가 소통되려면 상대와

---

130 『周易』, 「蒙卦」: 蒙亨, 以亨行, 時中也.; 『中庸』: 君子之中庸也, 君子而時中.

131 『傳習錄』卷上-5: 知是行之始, 行是知之成.

132 이종란, 『서양 문명의 도전과 기의 철학』, 79-86쪽 참조.

개념을 공유해야 하므로, 알아듣기 위해서는 많은 공부가 필요함을
역설한 내용이다.

이렇듯 저자의 통은 인식의 문제만이 아니라 소통도 다루는 폭넓은
개념이다.

『신기통』 권2 끝. 神氣通 卷二 終

신기통

神氣通

권 3

생동
生通

1. 낳고 낳은 일이 크게 이어짐
生生大通

인류가 자손을 낳고 낳아[1] 번식하는 일에는 저절로 하늘과 땅의 기가
따뜻이 감싸 길러주는 작용과 부부의 사랑으로 낳아서 길러주는 역할이
있다. 자연 속의 인간과 만물이 늘 오래가고 멈추지 않는 큰길은 오직
낳고 낳은 일이 이어지는 데 있을 뿐이다.

人類之生生繁殖, 自有天地氣之煦乳, 夫婦情之産育. 天地人物, 常久不息之大道,
惟在生生之通乎.

자기가 평생 경영하는 일[2]은 백 년을 넘지 못하지만, 자손이 면면히
이어가는 일은 하늘과 땅처럼 오래 갈[3] 수 있다. 한 몸의 생명 물질[4]은

---

1 生生은 『周易』, 「繫辭傳上」의 "生生之謂易."에서 나온 말. 孔穎達은 "生生, 不絶之辭.
陰陽變轉, 後生次於前生, 是萬物恒生謂之易也."라고 풀이했으니, 천지가 만물을 끊임
없이 생성하여 이어 가는 大德을 형용한 말. 그 근거는 같은 책, 「繫辭傳下」에서는
"天地之大德曰生."이라는 말에 보인다.

2 事業에는 여러 뜻이 있다. 우선 功業의 뜻으로 『周易』, 「坤卦·文言傳」의 "美在其中,
而暢於四支, 發於事業, 美之至也."에 보이는데, 孔穎達은 또 "所營謂之事, 事成謂之
業."라고 하여 사와 업을 따로 규정하였다. 또 政事나 事務를 일컫기도 하는데, 『荀子』,
「君道」에 "故明主有私人以金石珠玉, 無私人以官職事業."에 보이며, 직업의 의미로는
『管子』, 「國蓄」의 "君有山海之金, 而民不足於用, 是皆以其事業交接於君上也."에 보
인다. 그 외 家業·生業·勞役·才能 따위를 의미한다. 여기서는 사무나 가업 또는
생업 정도의 의미로 쓰였다.

3 久遠은 長久의 뜻. 『孟子』, 「萬章上」의 "舜禹益, 相去久遠."에 보인다.

4 精液은 오늘날 남성의 정자(semen)만을 지칭한다기보다, 胃·脾·肺·三焦 등 장부의
작용으로 생기는 생명 또는 영양물질. 여기서는 남녀 모두에 해당하고 '장성하기를
기다린다'라는 의미에서 보면 성호르몬을 포함한 생식에 관련된 물질의 총칭으로
보임. 다만 저자의 글에서 '精種'이라는 단어가 정자에 가깝다. (앞에 나옴)

생식기에 흘러 모여 장성하기를 기다려 결실한다.5 그리하여 사지와
귀와 눈을 호위하는 생기가 자기 몸에서 출발하여 후손을 낳는 데서
완성되니, 여기에는 저절로 치밀어 나오는 생명력6과 버리기 어려운
지극한 사랑7이 있다.

自己之平生經營事業, 不過百年之間, 子孫棉延, 可與天地久遠. 一身之精液, 注會
於根, 待壯成而結實. 四肢耳目之衛護生氣, 發於自己, 成於種産, 自有衝發之眞氣,
難捨之至情.

사람 본연의 성품8과 타고난 기질은 남성이 여성을 좋아하고 여성은
남성에 감응하니, 남녀의 구별9이 없어질 우려가 있다. 그래서 성인이
혼인의 예법을 제작할 때 부부의 도리를 정하여, 자식을 낳아 기를 때에
제각기 그 예법을 준수하게 하였다.

本然之性, 氣質之稟, 則男悅乎女, 女感乎男, 慮有無別之患. 故聖人制作昏嫁之禮,
以定夫婦之倫, 使産育, 各遂遵守.

---

5 식물의 열매가 결실하여 씨를 퍼트리듯 남녀가 성숙하여 생식이 가능한 상태가
  되는 일을 말함.
6 眞氣는 元氣를 일컫기도 하고 또는 元氣와 穀氣가 합쳐진 기를 일컫기도 하는데,
  여기서는 생명력 또는 精力으로 보임.
7 부부 사이의 사랑 또는 자식을 향한 부모의 사랑.
8 本然之性은 원래 성리학의 용어로서, 기질 속에 들어 있는 순수한 天理로서 성품을
  말한다. 하지만 현실은 기질의 영향으로 그것이 온전히 발휘되지 못하는데, 기질의
  영향을 받은 성품이 氣質之性이다. 저자는『추측록』권3,「本然性」에서 "所謂本然之
  性, 非指其形質未成時也. 旣具形質之後, 常有其本然者, 卽天地人物所同得之乘氣而
  化成也."라고 하여 그 형식적인 논리를 따르고 있지만, 바로 뒤 문장에서 인간의
  육체적 본능도 기질과 결합한 본연지성 가운데 하나로 본다는 데 그 차이가 있다.
9 오륜 가운데 하나인 夫婦有別로서 곧 男女有別.

성욕을 말한다면 비록 젊은 남녀 피차에 구별이 없겠지만, 인도[10]에서 말한다면 엄격한 법령을 세워 남녀의 예법을 침해하는 행위를 딱 잘라 금하고, 제각기 예법을 지켜 자손을 낳아 기르는 일을 온전히 하지 않을 수 없다.

自其色慾言之, 少壯男女, 縱無分於彼此, 自其人道言之, 不可不嚴立科條, 禁斷侵害, 各有所守, 以全産育.

---

10 天道와 대비되는 사람의 길. 『周易』, 「繫辭下」의 "有天道焉, 有人道焉."과 『中庸』의 "誠者, 天之道也, 誠之者, 人之道也."에 보임. (앞에 나옴)

해 설

생통을 주제로 한 첫 번째 글로서 후손을 낳아 이어가는 생식 문제를 다루었다.

부모가 자식을 낳아 기르는 일은 천지가 만물을 낳고 낳아 이어가는 일, 곧 만물을 생성하는 일의 연장선에 있다. 이 생생(生生)의 덕은 전통적으로 유가에서 중시하는 덕목 가운데 하나이다. 그래서 인간의 몸이 성숙하여 생식하는 과정을 잘 설명하고, 일종의 주의 사항이랄까 경계할 점도 언급하였다.

그런데 여기서 부부의 성생활은 온전히 후손을 생산하는 일의 기능만 맡는다. 성생활을 즐김으로써 부부 사이를 화목하게 하고 삶을 윤택하게 한다는 관념은 끼어들 수 없다. 『소학』을 보면 부부 사이라도 남녀의 분별이 없어지면 음란해질 수 있다고 경계하여, 비록 부부라 할지라도 거주 공간을 안팎으로 나누어 거처하게 하였다. 성생활을 즐김은 어쩌면 음란으로 갈 수 있는 일이기에 경계의 대상이었다. 이렇게 경계한 가장 큰 이유는 사회질서 유지를 위해서였다. 신분제 사회였기에 무엇보다 누구의 자식인지 분명하지 않으면 제사를 지내는 일과 신분과 유산을 상속하는 데 큰 문제가 발생하기 때문이다.

저자 또한 조선의 이런 유교문화의 전통을 벗어나기는 사실상 불가능했다. 사실 이는 유교만의 문제는 아니다. 옮긴이가 청년 시절 저명한 한국 개신교 1세대 현대 신학자 가운데 한 분에게서 들었고 또 사상가인 류영모(柳永模, 1890~1981) 선생도 부부의 성생활을 짐승의 짓으로 여기기도 했으며, 역사적으로 보면 그것을 추하게 보는 사상가들도 꽤 있다. 유학은 그래도 부부생활로 자손을 생산하는 일을 긍정하였고, 불교의 승려처럼 독신으로 지내는 일을 오랑캐 무리라 비판했다.

그런데 본문의 "사람 본연의 타고난 성품과 기질은 남성이 여성을 좋아하고 여성은 남성에게 감응한다"라는 말은 일리 있다. 요즘 남녀평등의 가치관에서 볼 때 남성 중심의 사고라고 비판할 수도 있지만, 내막을 들여다보면 꼭 그렇지만은 않다. 동물의 행태를 보면 수컷은 언제나 암컷과 짝짓기해 보려고 주위에서 어슬렁거린다. 하지만 암컷은 아무 때나 아무 수컷에게나 응하지 않는다. 발정기가 되어 힘세고 튼튼한 수컷만 받아들이려고 한다. 다시 말하면 이것은 수컷이 앞장서고 암컷이 따르는 일종의 동물 판 부창부수(夫唱婦隨), 양감음응(陽感陰應)의 문화라 할 것이다.

인간도 진화의 산물이라면 이런 양선음후(陽先陰後)나 양시음수(陽施陰受)의 원리가 적용되는 것은 자연스러운 일이다. 그래서 서양 전통에는 남성 쪽에서 먼저 구애하고 우리 전통에는 남자가 먼저 신부댁에 가서 신부를 맞아오는 일도 남성이 먼저 움직인다는 점과 관련이 있고, 최근까지 남녀가 연애할 때 남자가 먼저 대시하는 일을 보편적으로 여겼다. 하지만 문화란 변하는 것이니, 이제는 누가 먼저 좋아하고 따라가는지는 문제가 안 된다.

2. 정기가 치밀어 발동함
精氣衝發

정력[11]이 치밀어 나오는 현상은 저절로 그런 때가 있다. 어렸을 때는 그 기운이 미약하고 늙어서는 쇠약하니, 모두 치밀어 나오는 기운이 없다. 오직 혈기가 장성할 때 저절로 뭉게뭉게 발동하여 그 기세가 그치지 않는다.

生氣之衝發, 自有其時. 幼而氣微, 老而氣衰, 俱未有衝發之氣. 惟於血氣壯盛之時, 自有油然之動, 不已之勢.

질병과 근심과 걱정거리를 당하여 기혈[12]이 소모되고 생명 물질[13]이 고갈되면, 정욕도 줄어들고 쇠약해진다. 하지만 기혈이 왕성하여[14] 생명 물질이 따뜻하고 윤택하면, 정욕도 은연중에 발동한다. 여기서 정욕이 왕성하고 쇠퇴하고 늘어나고 줄어듦은 실지로 몸에 쌓인 정기로 말미암 는다는 점을 증험할 수 있다.

---

11 生氣는 활물과 함께 기의 본성적 측면을 가리키는 용어이지만, 여기서는 생명력, 좁혀서는 번식력을 가능케 하는 정력으로 옮길 수 있다. 생명력은 어릴 때도 왕성하므 로 여기서는 정력이 더 좋을 듯하다.

12 전통 의학의 용어인 기와 혈로 둘은 다르게 작용하거나 서로 의존하여 장기와 조직에 영향을 제공하여 생명 활동을 유지함. 葛洪의『抱樸子』, 「勤求」의 "夫人生先 受精神於天地, 後稟氣血於父母."에 보인다.

13 精液은 오늘날 남성의 정자(semen)만을 지칭한다기보다, 남녀 모두 해당하므로 胃·脾·肺·三焦 등 장부의 작용으로 생기는 생명 또는 영양물질. 좁혀 말하면 생식 작용에 관련된 물질. (앞에 나옴)

14 和暢은 주로 날씨를 두고 쓰는 말이지만 여기서는 온화하고 번성한다는 뜻.

當其疾病憂苦, 氣血耗損, 精液槁渴, 則情慾減衰. 及其氣血和暢, 精液溫潤, 情慾隱
發. 於此可質其情慾之發, 有盛衰增減, 實由於蘊中之精氣.

정기가 치밀어 넘치거나 줄어드는 일은 남녀의 차이가 없으니, 남성의
영양상태가 좋고 여성의 그것이 나쁘거나 또 그 반대이면, 모두 적합하지
않아 교합이 흔쾌히 이루어지지 않아서 자손을 생산하지 못한다. 부부의
생명 물질이 모두 조화롭고 따뜻해야만, 자연히 부부가 서로 느끼고
발동하니 바로 봄에 파종할 때15이다.

衝溢減縮, 在男女無異, 則男肥女瘠, 女肥男瘠, 皆有不相適, 不掀成而不成種産.
及其夫婦之精液, 俱得和溫, 自然有夫婦之相感相動, 正是春畎播種之時也.

늙은 남편과 젊은 아내 사이에서도 아이를 낳은 사례를 미루어 보면,
남편에게는 씨앗을 전달하는 능력이 있고, 아내에게는 잉태한 아이를
기르는 공이 있다.16 그러니 기혈로 태아를 품고 생명 물질로 따뜻하게
하는 능력은 모두 아내에게 있다.

若以老夫少婦生産推之, 在夫有傳種之能, 在婦有胎育之功. 則氣血蘊抱, 精液煦煖
之能, 多在於婦女也.

---

15 부부 交合을 농사로 비유한 말.
16 뒤에도 등장하는 말로서 전통적으로 남성은 '씨앗' 여성은 '밭'으로 비유되는 오류이
   다. 정자와 난자의 유전자 결합으로 태아가 생성되는 것을 몰랐기 때문이다. 이런
   사례는 개인차는 있지만 대개 여성의 폐경기는 남성의 정자 생산을 멈추는 시기보다
   빨라서 나온 생각이다. 여성은 '씨앗'인 유전자의 반쪽을 제공할 뿐만 아니라 태아를
   기르는 역할도 한다.

젊은 부부가 아이를 못 낳는 형편에는 그들의 겉모습과 행동에서 설령 타 부부와 차이가 없을지라도, 그들의 몸속 정기가 치밀어 화답함과 부부가 흔쾌히 느끼고 즐거이 교합하는 일17에서, 자녀를 생산하는 부부의 그것과 비교하면 저절로 깊이의 차이가 있다.

少壯夫婦, 不能生産者, 外面凡節, 縱與他人夫婦無異, 在中之精氣衝和, 掀感交歡, 與彼生産之夫婦, 自有淺深之殊.

---

17 交歡은 혼례에서 방으로 들어가 서로 절하고 합환주를 마시는 등의 예를 치르는 일로 곧 즐거움을 나눈다는 交合을 상징함.

해 설

자녀를 생산할 수 있는 부부의 신체 조건을 설명한 내용이다.

여기서 개념상의 혼동을 일으킬 수 있는 낱말이 몇 개 있다. 사전적 용례나 앞선 사람들이 쓴 의미를 참고해야 하지만, 누구든 글쓰기에는 자신만의 개념 규정과 용례가 있고, 또 문맥에 따라 표현하고자 하는 의도가 있어서 그것을 따라야 한다. 가령 서두의 생기(生氣)도 그러하고, 또 앞의 각주에서도 언급하였지만, 정액만 해도 수컷의 생식기에 흘러나오는 액체만을 지칭하지 않았고, 남녀 모두 적용되고 있다. 다만 전통이나 저자는 그것을 뭉뚱그려 정자의 의미와 생명 물질의 의미를 함께 사용하였는데, 과학적으로 구분할 수 없었기 때문이다.

사실 정액은 정욕으로 표현되는 성욕을 생기게 만드는 생명 물질로서 그 근원은 정기에서 온다. 이 정기는 정(精)자와 기(氣)자의 합성어로서, 정은 원래 기가 응취한 생명 물질이다. 가령 『동의보감』에 정(精)·기(氣)·신(神)의 이론이 들어 있는데, 이는 원래 도교 의학과 관련이 있다. 여기서 정은 기의 응취, 기는 유행, 신은 묘한 작용의 측면에서 일컫는 말이다.[18] 모두 같은 기의 다른 모습이다.

그러니까 달리 말하면 생기가 여러 가지로 전개한 모습이다. 저자는 후기 철학에서 기의 본성 가운데 하나를 생기로 보았는데, 기철학사에서 끝내 포기하지 않은 개념이고 서양 전통의 죽은 물질과 구별되는 점으로서, 기를 곧장 서양의 물질과 같은 개념으로 옮길 수 없는 이유가 여기에 있다. 서학에서 물질로 대표되는 4원소란 죽은 질료로서 스스로 운동할 수 없다. 신이 운동의 제1원인자이고 또 그 질료를 가지고 신이 인간을

---

18 『傳習錄』 卷上-57: 問, 仙家元氣, 元神, 元精. 先生曰, 只是一件, 流行爲氣, 凝聚爲精, 妙用爲神.

비롯한 만물을 창조했다고 여겼고, 서양 과학도 그런 물질관에서 출발하였다. 하지만 물질이든 기이든 다른 외부의 힘을 빌리지 않고 스스로 활동하는 물건이어야 만물의 생성과 진화를 설명할 수 있다.

아무튼 이 글에서 정기-정액-정욕의 순차적 영향 관계가 성립하는데, 정기는 비록 생기에서 비롯하지만 영양분을 섭취하여 보충해야 건강을 유지하고 자녀를 생산할 수 있다. 그래서 부부의 건강을 매우 중시하였다. 그런데 본문의 "남편에게는 씨앗을 전달하는 능력이 있고 아내에게는 잉태한 아이를 기르는 공이 있다"라는 말은 반은 맞고 반은 틀린 말이다. 이렇게 생각이 가능했던 근거는 『주역』의 "건(乾)의 도리는 남성적인 것을 이루고 곤(坤)의 도리는 여성적인 것을 이루니, 건은 시작을 주관하고 곤은 만물을 만들고 이룬다"[19]라는 사상에 닿아 있다. 여기서 건곤은 각각 하늘과 남성적인 것, 땅과 여성적인 것을 상징하는 괘의 이름이다. 그래서 밭만 좋다면 남편이 늙어도 씨를 뿌릴 수 있다고 여겨, 자손 생산을 명분으로 젊은 첩을 들이는 사례가 자주 있었다. 이는 남편의 생식능력이 아내의 그것보다 상대적으로 길어서 나온 사례이다.[20]

---

19 『周易』, 「繫辭傳上」: 乾道成男, 坤道成女, 乾知大始, 坤作成物.
20 조혼 풍습에 따른 신부가 신랑보다 나이가 많거나 둘의 나이가 비슷할 경우이다.

3. 예쁘거나 못생긴 여자가 낳은 아이
姸媸所産

자녀의 출생은 부부의 생명 물질과 피와 뼈와 살을 타고 나 그 기질을 이룬다. 하지만 부부의 만남은 본래부터 확정된 것이 없다. 이는 마치 나무에 접을 붙이면 접붙인 곳에서 가지와 잎과 꽃과 열매가 나오고, 곡식의 씨앗을 뿌리면 밭에 따라 수확의 많고 적음과 같다. 남자나 여자로서 아내나 남편을 선택하는 일이 어찌 다만 평생 내외가 화합하며 잘 지내는 일뿐이겠는가?

子女之生, 稟受夫婦之精血骨肉, 以成氣質. 而夫婦之相會, 本無攸定. 如木之有騈, 隨所接, 而生枝葉花實, 穀之有播, 隨其田, 而成肥瘠豐歉. 爲夫擇婦, 爲婦選夫, 豈獨爲平生和唱, 內外適宜也.

자녀의 기질은 부모한테 물려받은 상태에 따라 차이가 있다. 두 아내를 거느린 사람이 있어 한 아내는 예쁘고 한 아내는 못생겼다면, 예쁜 아내가 낳은 아이가 못생긴 아내의 아이보다 나을 것이다. 그래서 사내들이 예쁜 여자를 좋아하고 못생긴 여자를 좋아하지 않은 성향에는 참으로 그만한 까닭이 있다.

子女氣質, 有由稟受之異. 人有二妾者, 一姸而一媸, 則姸妾之所産, 優於媸妾之所産. 丈夫之好姸不好媸, 亶有所以也.

또 같은 부모에게서 태어난 형제 사이에도 기질상의 현명함과 어리석음과 맑음과 혼탁이 고르지 않을 수도 있는데, 이것은 부모의 기질이 나이에 따라 다르고, 몸속에서 활동하는 질병의 시작과 끝남이 다르기 때문이다.
곧 잉태할 당시에 부모의 기운에 차이가 있어서 형이 받은 기질과 동생의
그것이 같지 않기 때문이다. 그러니 이것은 용광로에서 쇠를 녹여 그릇을
주조해 완성하였을 때 우열의 차이를 본래부터 사람의 기술로 꼭 그렇게
할 수 없는 현상과 대충 같다.

且有同父母所生兄弟, 賢愚淸濁, 不得一齊者, 父母氣質, 有早晩成就之異, 運行疾
病, 有作息之殊. 孕胎時, 父母氣運, 緣於有異, 而兄之稟受, 與弟之稟受不同. 然大略
如鑪金範鎔, 而及其成器, 優劣不同, 自有人巧之不可期必也.

해 설

부모가 자녀를 생산할 때의 유전 문제를 다루었다. 물론 유전이라는 말 자체를 사용하지는 않았지만, 그 의미가 그러하다.

여기에는 합리적 사례가 몇 개 있다. 과일나무에 접붙이는 일과 밭에 씨앗을 뿌리는 비유를 들어 자녀의 형질은 부부의 만남, 곧 남녀가 자신의 짝을 선택하는 문제에서 출발한다고 정확히 인식하였다. 그다음 사례로 한 남편과 두 아내 사이에 태어난 자식의 비교도 그러하다. 더 나아가 같은 부모에게서 태어난 형제의 차이 비교는 대단히 분석적이다. 그리고 씨앗과 밭의 비유는 앞에서 언급했듯이 전통사상에 맥락이 닿고, 좋은 씨앗과 좋은 밭을 중요하게 여겼다. 다만 여성을 상징하는 밭은 기르는 역할만이 아니라, 씨앗의 반쪽 역할도 한다는 사실을 안 것 같지는 않다.

저자의 이런 논리는 설득력이 있고 합리적이다. 그 논리는 일종의 통계적·귀납적 방법으로 증명했다. 저자의 철학이 경험을 중시한 일과 관련된다. 물론 그 까닭을 현대 과학처럼 이론적으로 밝히지는 못했지만, 오랜 경험으로 알 수 있는 일이다. 일종의 통계적 진리로서 그 주장의 합리적 근거라 할 수 있다. 가령 전통 의학에서 약초의 어떤 성분이 어떤 화학적 작용을 해서 특정 질병을 없애고 몸에 좋은지 음양오행설을 벗어나 인과관계를 면밀히 밝히지 못했어도, 오랜 경험과 임상 관찰을 통해 어떤 병인에 어떤 약초가 좋다는 점을 알아낸 것도 그런 방식과 같다.

마지막 단락은 저자가 현대의 유전자 편집·조작 기술을 알았다면 얘기가 달라졌을 것이다. 인간 기술의 진보는 선인들은 물론이고 우리의 상상을 초월한다. 과학기술이 어디까지 전개될지 낙관할 수 없고 우려스럽다.

4. 색정과 견문
色情聞見

어려서 장성하기까지 아름다운 여인을 눈으로 보고, 예쁜 여자21에 관한 이야기를 귀로 들어서 그것을 신기에 기억하고, 또 생명 물질22의 깊은 영향을 받아서 고요할 때를 기다려 욕정이 발동하기도 하고, 또는 시선이 머물거나 목소리를 귀로 들을 때도 느낌을 일으킨다.

自幼至壯, 目見美色之女, 耳聞好色之談, 習染於神氣, 深感於精液, 或俟靜而情動, 或目寓耳接而興感.

그런데 과거에 보고 들어 점차 기억한 견문을 생각하지 않고, 단지 지금 눈앞의 사태에서 욕정이 발동했다고만 안다면, 남자가 예쁜 여자를 좋아하는 일23이 비록 배우지 않고도 능하고24 노력하지 않고도 될 수 있는25 일과 같다.

---

21 好色은 여색을 좋아한다는 뜻도 있고, 또 아름다운 얼굴 곧 美色과 같은 뜻으로도 쓰인다. 『莊子』, 「至樂」의 "所樂者, 身安厚味美服好色音聲也."과 『대학』(아래 각주)에 보인다. 둘 다 통해도 후자의 의미로 썼다.

22 남성을 중심으로 기술했고, 여기서 精液은 생명 물질의 총칭으로서 여기서는 성적 에너지를 발산하는 근원 물질. 남성 호르몬과 같은 의미.

23 好好色은 『大學章句』 傳6章에 등장하는 말로서 원문은 "所謂誠其意者, 毋自欺也. 如惡惡臭, 如好好色, 此之謂自謙. 故君子, 必愼其獨也."로, 보통 '호색을 좋아한다'로 옮긴다. 하지만 惡惡臭(오악취)의 惡臭(형용사+명사)와 같은 용례로 好色을 '예쁜 여자'로 써야 한다. 바로 뒤의 「産育準的」에 등장하는 '好好色, 避醜貌'의 언급도 그 근거이다.

24 『孟子』, 「盡心上」: 孟子曰, 人之所不學而能者, 其良能也. 所不慮而知者, 其良知也.

25 『中庸』: 誠者, 天之道也, 誠之者, 人之道也. 誠者, 不勉而中, 不思而得.

不思前日漸漬之聞見, 只知當今而情發, 則人之好好色, 雖若不學而能, 不勉而得.

하지만 사실은 그렇지 않다. 가령 어떤 남자를 인적이 없는 외딴곳에 세상 모르게 살게 해서, 여인의 모습을 본 적이 없고 게다가 여성의 아름다운 자태에 대해 일언반구도 들은 적이 없게 한다면, 설령 그 사람에게 양기26가 생겨나 분출한다 해도, 어린아이의 그것일 뿐이다.27 만약 이 사람이 여자를 갑자기 마주친다면 반드시 당황하고 괴이하게 여겨, 마치 순진한 시골 아이28가 산 속의 절에 있는 승려를 처음 본 것처럼 행동할 것이니, 무슨 좋아하는 욕정이 있겠는가? 이것으로 미루어 보면, 견문의 기억은 모두 여러 감각기관을 사용하여 접촉해 이룬 것으로서, 의심스러운 부분은 남에게 물어서 바로잡고,29 부족한 부분은 남의 도움을 받아 고쳐 행한다.

其實有不然者. 如使一人, 隱居僻處, 曾不見女人之形, 又不聞一言之及于女色機微, 則其人, 縱有陽氣之作息, 卽是赤子之峻也. 若猝遇女人, 必有懷慌怪異, 如野童之初見山僧也, 有何好之之情哉. 以此推之, 見聞之習染, 皆是諸竅諸觸之所須用所接濟, 而疑難處, 就正於人, 不及處, 借力替行.

---

26 陽氣는 여기서 남성의 성적 에너지 또는 정력.

27 峻은 어린 남자아이의 성기. 『老子』55장의 "含德之厚, 比於赤子. 蜂蠆虺蛇不螫, 猛獸不據, 攫鳥不搏. 骨弱筋柔而握固, 未知牝牡之合而全作, 精之至也."에서 '未知牝牡之合而全作, 精之至也'는 '남녀의 교합을 몰라도 고추가 빳빳하게 선 일은 精氣의 지극함 때문이다.'라고 옮길 수 있는데, 노자는 덕을 쌓아 도에 가까운 모델을 갓난아이로 비유하였다. 저자는 본문에서 가정하는 남자 양기 발동을 이처럼 봄.

28 野童은 당의 두보의 시에 보인다. 「送楊六判官使西蕃」에 "儒衣山鳥怪, 漢節野童看."와 「唐孟浩然夏日浮舟過滕逸人別業」의 "野童扶醉舞, 山鳥笑酣歌."이 그것이다. 이후 조선 문인들의 글에도 자주 보임.

29 就正은 '~에 나아가 바로잡는다'의 뜻으로 『論語』, 「學而」의 "君子食無求飽, 居無求安, 敏於事而慎於言, 就有道而正焉, 可謂好學也已."에 보인다.

오직 남녀의 색정만은 저절로 은근히 발동하는 연정30과 깊이 통하는
기색과 말이 있어서, 여러 사람에게 널리 알려지는 일을 원치 않으며,
교합할 때는 항상 조용한 곳에서 짝을 만나려고 한다. 이것은 단지 예법과
풍속이 막거나 추악한 비방을 싫어하여 피하는 일만은 아니다. 사실은
진정한 교합은 정기를 주고받는 일이 흐트러지는 것을 좋아하지 않고,
부부의 피와 생명 물질31이 하나로 융합된 관통을 온전히 이루는 데 바르고
마땅하고, 풀무질32의 조화33와 처음부터 끝까지 절차34가 잉태의 기술에
거의 해로움이 없기 때문이다.

惟男女之色情, 自有隱發之繾綣, 幽通之氣色言說, 不欲傳播於稠廣之座, 交接常欲
會耦於靜閒之席. 是非特禮俗所防, 厭避醜謗. 實由眞情交媾, 不喜渙散, 精氣傳受,
正宜專致, 夫婦之血液, 融會貫通, 囊籥之造化, 始終條理, 庶無害於孕胎之術.

---

30 繾綣은 繾綣之情의 준말. 繾綣은 『詩經』, 「大雅·民勞」의 "無縱詭隨, 以謹繾綣."에
  나오며 단단히 묶여 풀리지 않는다는 뜻으로, 후에 남녀 사이의 지극한 연정을
  표현하는 말로도 쓰임.
31 血液은 오늘날 혈액(blood)의 의미가 아니라 앞서 등장한 부부의 精血인 血과
  精液을 뜻함.
32 성교할 때의 피스톤 운동을 대장간의 풀무(공기 펌프)로 상징적으로 형용한 말.
33 造化는 자연이 신비롭게 만물을 생성하는 것을 말하지만, 여기서는 성교의 신통한
  작용으로 쓰였음.
34 條理는 절차의 뜻으로 쓰였다. 『孟子』, 「萬章下」의 "金聲也者, 始條理也, 玉振之也者,
  終條理也. 始條理者, 智之事也, 終條理者, 聖之事也."에 보임. 본문의 始終條理는
  여기서 나온 말.

해 설

남녀의 색정을 다루었다.

그것을 도덕이나 윤리적 금기사항으로 취급하지 않고, 철학적으로 또 요즘 식으로 말하면 동물의 생태처럼 다루어 객관성을 견지하려고 하였다. 우선 색정의 발동은 경험의 영향을 받는다는 점을 강조한다. 오로지 경험만이 색정을 유발한다는 뜻이 아니라는 점은 "생명 물질에서 깊은 영향을 받는다"라는 말에서 알 수 있고, 앞의 다른 글에서 "정욕의 발동은 정기로 말미암는다"라는 말에서 확인할 수 있다.

다만 경험적 요소가 욕정의 발동에 강한 영향을 미친다는 점을 주장하였다. 바로 여기서 저자는 자신의 철학 논리를 철저하게 관철하였다. 마치 실험실에서 하는 조건통제처럼 외딴곳에서 나서 자란 남성이 여인을 보지 못한 경우를 가정하였다. 이와 유사한 사례는 『대동야승(大東野乘)』에 수록된 성현(成俔, 1439~1504)의 『용재총화(慵齋叢話)』에 "김자고(金子固)에게는 외아들이 있었는데 어리석어서 콩과 보리를 분별하지 못했고, 또한 남녀의 일을 알지 못하므로 그는 후사를 염려하여, 그 일을 아는 여자를 단장시켜 아들과 함께 자게 하고 남녀의 일을 가르치려 하니, 그 아들은 놀라 상 밑으로 도망쳐 들어갔다. 그 뒤에는 붉게 단장하고 족두리를 쓴 여자만 보면 울면서 달아났다"라는 기록이 있다. 발달장애로 성에 관한 지식이 거의 없는 사람에게 있을 수 있는 일이다.

이런 사례를 제외하면 저자의 이 주장은 다만 이론적으로만 가능한 일이다. 사람이 태어나 살면서 여자를 보지도 듣지도 못한 일이 가능하겠는가? 다만 경험을 통한 적절한 학습이 있어야 유전적 본능이 제대로 발현된다는 학습과 유전의 상호작용을 지적했다고 보면 되겠다. 흔히

'성기는 도구일 뿐, 성교는 뇌가 하는 일'이라는 뇌과학자들의 주장도 바로 경험으로 형성된 사랑과 이성(異性)에 대한 표상과 관념이 갈망을 일으켜 색정을 더욱 이끌고 있다고 하겠다. 이런 관점을 좀 더 천착하면 청소년들이 야한 동영상을 자주 보는 일도 색정을 유발하여 학생 본분에 지장을 초래하므로, 자제시켜 운동이나 예술 활동 같은 건전한 일에 몰두하는 일이 장래를 위해 더 좋을 듯하다.

그리고 인간의 짝짓기는 주위 환경도 중요한데, 단순히 예법이나 풍속만이 아니라 방해받지 않고 후손을 남기려고 한 데서 나왔다는 저자의 주장은 오랜 진화 과정에서 인간만의 그것인지, 아니면 종족 번식에서 방해를 피하려는 동물적 생태에서 비롯한 문제인지 더 따져보아야 할 것 같다. 세계의 대부분 문화권에서 짝짓기하는 남녀가 조용히 둘만이 있는 곳을 선호하는 일은 보편적이기 때문이다.

5. 낳아 기르는 일이 목표이다
産育準的

식욕의 절제35는 배를 채우는 일이 목표이고, 성욕의 절제는 자손을 낳아 기르는 일이 목표이다. 그 목표에 못 미치는 일은 변통해 나가고, 목표를 넘으면 억제하여 물러나게 한다.

食欲之限節, 以充飽爲準的, 色慾之限節, 以産育爲準的. 不及乎準的者, 變通而進之, 過乎準的者, 抑制而退之.

음식과 성욕의 절제에는 원래 머무는 선이 있다. 하지만 음란을 경계하는 글과 성욕을 절제하는 논의에 예부터 어찌 한도를 정할 수 있겠냐마는, 그 말이 비루하고 자잘하면 도리어 경박한 사람의 음란을 부추기고, 오로지 엄정하면 낳고 낳는 큰 도리36와 이익이 되고 병이 되는37 근원을 드러낼 수 없다.

食色之限節, 自有所止也. 戒淫之書, 節色之論, 從古何限, 而語及鄙瑣, 則反動輕薄者之淫逸, 只尙嚴正, 則不克闡生生大道, 利病之源也.

온량하고 자상한 성품을 타고나고, 강건하며 깨끗하고 순수한 기질의

---

35 限節는 제한하고 조절한다는 뜻으로 절제를 말한다. 『朱子語類』 61-29의 "如紂之酒池肉林, 却是富貴之極而不知限節之意."에 보인다.

36 生生之大道는 천지가 만물을 끊임없이 생성하여 이어 가는 大德을 형용한 말. (앞에 나옴)

37 식욕과 성욕은 인간에게 이로우면서도 한도를 넘으면 해로울 수 있다는 말.

부인은 씨앗을 뿌리기에 좋은 밭이어서,38 가뭄에 마르지 않고 장마에
침수되지 않는다. 반대로 약삭빠르고 교활하며39 간특한 성품을 타고나
고, 부드러우면서도 질기고 교태가 있으면서 모진 기질의 부인은 씨앗을
뿌려도 수확이 없는 밭이어서, 가물면 마르고 비가 오면 침수된다. 또
혼탁하고 어리석고 미련한 성품을 타고나고, 더럽고 꼭두각시 같은 기질
의 부인은 씨를 뿌리기에 가장 나쁜 밭이어서, 좋은 벼가 변해 해로운
잡초가 된다.40

婦人之性稟, 溫良慈詳, 氣質, 康健精純, 爲種穀之美田, 暵不乾而霖不澇. 若性稟巧
慧奸慝, 氣質柔靭嬌惡, 爲種穀之不稔田, 旱則焦, 雨則澇. 若性稟昏濁虫蠢, 氣質醜
穢傀儡, 是爲種穀之下田, 嘉禾變爲稂莠.

이처럼 농사에 힘쓰는 사람은 밭의 품질을 선택할 때 그 모습이 눈과
귀에 두루 젖어 들어, 그 밭에서 생산되는 소출의 많고 적음을 상세히
따지기도 전에, 보자마자 좋은 밭을 선호하고 듣자마자 척박한 밭을
싫어하여 피한다. 하물며 자식을 낳고 기르는 일을 위해 배우자를 선택하
는 일이랴. 예쁜 배우자를 선호하고41 추한 배후자를 피하는 일이 어찌
자식을 낳고 기르는 일을 상세히 탐구하고 헤아린 뒤에 결정하겠는가?

38 앞에서 지적했듯이 여기서도 남녀를 씨앗과 밭으로 비유한 전통 관념을 이었다.
39 巧慧는 원래 솜씨가 있고 지혜롭다는 뜻이나 여기서는 부정적 의미로 사용되었음.
40 좋은 씨를 뿌려도 해로운 풀처럼 된다는 말로서, 좋은 남자를 만나도 그 소생은
   좋지 않다는 비유.
41 여기서도 好色은 예쁜 여자라는 뜻으로 쓰였는데, 好好色은 보통 사용하는 '好色을
   좋아한다'라기보다 避醜貌(동사+형용사+명사)와 같은 구조로 읽어야 한다. (앞에
   나옴)

務農之人, 擇取田品, 泱洽於耳目, 未及詳究稼穡之豊穰, 而過目輒好良田, 過耳厭
避薄土. 況爲産育, 而取配耦. 好好色避醜貌, 豈待産育之詳究細忖, 以定取捨.

하지만 남녀가 서로 좋아하는 일이 정도를 넘어, 담장을 넘고 울타리에
구멍을 뚫어 서로 만나[42] 밤낮으로 음란에 빠지는 일은, 기력이 빠지고
시들며 생명 물질[43]의 소진은 고사하고, 자녀를 낳아 기르는 목표에
멈추는 한도가 없어, 끝없는 피해만 가져올 것이다.

然好之過度, 踰墻穿穴而相從, 通晝達夜而耽淫, 氣力之疲悴, 精液之耗損, 姑捨㫋,
産育之準的, 無有所止之限, 以致無窮之害.

남자가 음란한 행동으로 음탕한 여자를 유인하여 아들과 딸을 낳으면
음란한 아들과 음탕한 딸이 될 것이다. 이런 가정에 속하는 위아래 남자
여자 모두 음란할 것이니, 비록 한 터럭만한 정대한 말을 들으려고 하여도
가능하겠는가? 이렇게 자녀를 낳을 바에야 차라리 낳지 않은 게 더
낫고, 음탕한 부인을 유인할 바에야 아예 성욕을 끊어버려 몸이 음행에
빠지지 않도록 하는 게 더 낫다.

男以淫邪之行, 誘引淫邪之女, 生子則爲淫邪之子, 生女則爲淫邪之女. 此家內上下
男女, 俱是淫邪, 雖欲聞一毫正大之言, 其可得乎. 産得子女, 不如不生子女, 誘引淫
婦, 不如禁斷, 而身不陷於淫邪之行.

---

42 踰墻穿穴而相從은 『孟子』, 「滕文公下」의 "不待父母之命, 媒妁之言, 鑽穴隙相窺,
踰牆相從, 則父母國人, 皆賤之."에 나오는 말. 鑽자를 穿자로 바꾸고 문장을 다시
썼다.
43 여기서 精液은 남녀 모두에게 해당하는 생명 물질 또는 그 에너지. (앞에 나옴)

무릇 남녀의 구별에서 먼저하고 따르는 옳고 그름44과 내외의 염치45를 고려하지 않아, 오로지 색을 밝히는 습관에 거리낌이 없는 짓은 방종하여 망령된46 행실이 아닌 게 없다.

凡於男女之別, 不顧前後是非, 內外廉恥, 惟肆好色之習, 無非狂妄之行.

---

44 모두 전통의 윤리와 관습에서 夫唱婦隨, 陽動陰靜, 陽感陰應의 남성이 먼저 주도적으로 움직이고 여성이 수동적으로 따르는 일을 옳게 본 관념과 관련된다.

45 부부 사이라 하더라도 오륜의 夫婦有別처럼 안팎 곧 內外의 구분을 엄격하게 하여 역할과 거주하는 공간까지도 분리하는 것. 그것을 어기면 곧 염치없는 일이 된다.

46 狂妄은 放肆妄為의 뜻으로 『荀子』, 「強國」의 "威有三, 有道德之威者, 有暴察之威者, 有狂妄之威者."에 보인다.

해 설

부부 성생활의 목적 또는 목표가 자식을 낳아 기르는 데 있다는 점을 분명히 하였다.

앞서 지적했지만, 저자의 생각은 부부의 성생활이 온전히 후손을 생산하는 일의 기능만 맡는다. 성생활을 즐김으로써 부부 사이를 화목하게 하고, 심신을 건강하게 하여 삶을 윤택하게 한다는 관념은 끼어들 수 없다.

이런 생각은 유교 전통의 관념이다. 『소학』 등에서도 보이지만 내외의 거처와 역할을 엄격히 나누어 오륜 가운데 하나인 부부유별을 규범으로 지키는 유교문화를 따랐다. 유학자들은 이것을 남녀가 음란해지는 상황을 막기 위한 성인의 가르침으로 여겼다. 그래서 저자는 한발 더 나아가 부모가 음란하면 자식도 그렇다고 단정하였다. 게다가 음란하게 자식을 낳을 바에야 성욕을 끊어버리는 게 낫다고까지 하였다. 성의 문란을 매우 경계하여 그것에 관해서는 매우 보수적인 관점이다.

사실 이런 관념의 큰 배경 가운데 하나는 당시까지 종법적 사회질서 유지와 관계있다. 문란한 성생활의 부산물로 생긴 원치 않는 후손의 문제로 신분 유지와 권력과 유산 상속에 있어 혼란이 생기면 안 되기 때문이다. 또 하나는 권력자의 호색으로 말미암아 겪었던 정치·사회적 혼란 때문이다. 그리고 치정과 관련된 도덕의 붕괴 등을 우려해서이다.

현대의 성생활은 당시보다 훨씬 자유롭다. 그만큼 장단점은 극명하게 드러난다. 매사가 다 좋을 수만은 없기 때문이다.

6. 아내와 첩은 자식을 낳아 기르기 위함
妻妾爲産育

혹 아내가 아이를 낳지 못하면 어쩔 수 없이 첩을 들여서 아이를 낳아 기르게 한다.[47] 그래도 아내와 첩이 모두 아이를 낳지 못하면, 이는 남편이 가진 생명의 씨앗[48]이 알차지 못하기 때문이다.

一妻而不得産育, 不可不娶妾, 以求産育. 妻妾, 俱不見子女, 乃是自己之情種, 未得精實也.

하지만 사람의 일상적 생각은 번번이 자기의 잘못을 자기 탓으로 보지 않은 경향이 있어, 남편도 아이를 낳지 못하는 병의 책임을 아내와 첩에게 돌린다. 그리하여 두 번 세 번 첩을 들여 내쫓거나 머물게 함이 대중없고, 사랑하고 미워함도 일정치 않으니, 집안의 법도가 시끄럽고 어지러워 심신[49]을 해치는 일은 헤아릴 수 없다.

人之常念, 每以自己之病爲不病, 而責其病於妻與妾. 二妾三妾, 放留無常, 愛憎無

---

47 원문 妻와 妾은 차이가 있다. 전통적으로 禮[六禮]를 갖추어 아내를 맞아들이면 妻가 되고, 그러지 않으면 妾이 된다. 쉽게 말해 정식으로 혼인하면 妻가 되고 그러지 않으면 妾이다.

48 情種은 精種의 조판 오류로 보임. 뒤의 「生在天事在人」에도 精種으로 표기하고 있고, 앞뒤 문맥을 고려해도 그러하다. 이 문장은 오늘날 식으로 이해하면 남성의 精子에 문제가 있는 사항을 표현한 말.

49 心神은 마음과 인체 생명 활동의 생리와 정신상태를 주재하는 神을 말함. 神의 이런 의미는 『素問』,「湯液醪醴論」의 "今精壞神去, 榮衛不可復收, 何者."와 같은 책,「移情變氣論」의 "得神者昌, 失神者亡."에 그리고 『靈樞經』,「本神」의 "兩精相搏 謂之神."에 보인다. 저자의 신기도 마음만이 아니라 이런 신의 역할을 하고 있다.

定, 家道囂亂, 心神戕賊, 有不可究.

이러니 여러 감각기관 가운데 오직 생식기50가 관계하는 일이 매우 커서, 부부와 첩과 잉첩51과 자녀의 질서가 모두 여기에 뿌리를 두고 있다. 또한 생업의 성쇠와 집안 법도의 흥망도 좋거나 나쁜 혼인의 토대에서 출발하여 태교와 낳아 기르는 데서 이루어진다.

諸竅諸觸之中, 惟陽觸之關係甚大, 夫婦妾媵, 子女之倫, 皆根柢於此. 産業之盛衰豐略, 家道之隆替廢興, 肇基於嫁娶善惡, 成就乎胎敎産養.

생각이 여기까지 도달할 수 있으면, 아내에게 모범을 보이고 첩을 다스리는 방법52을 가까스로 알 수 있을 것이다. 만약 본래의 뜻53을 따르지 않고 한갓 아내와 첩이라는 이름만을 본받는다면,54 이는 환관의 아내와 첩일 뿐이다. 게다가 아내와 첩을 맞아들이는 제도를 무시하고 타인의 규방을 침범하면,55 이는 여색을 탐닉하는 난적이다.

有能念及于此, 刑妻御妾之方, 庶得其術. 苟不由於本義, 而徒效妻妾之名, 是閹宦

---

50 陽觸은 전후 문맥을 고려하면 모든 감각기관 가운데 남성 생식기의 감각이다.
51 妾媵은 妾과 媵인데, 媵은 신분이 귀한 여성이 시집갈 때 데리고 가는 몸종으로 그 남편의 첩이 되기도 하여 媵妾이라 불렸다.
52 刑妻御妾은 『孟子』에 인용된 『詩經』에 등장하는 말이다. 곧 "老吾老, 以及人之老, 幼吾幼, 以及人之幼, 天下可運於掌. 詩云, 刑于寡妻, 至于兄弟, 以御于家邦(「梁惠王上」)."으로 『孟子集註』에서는 刑을 法, 御를 治로 풀었다. 본문은 家邦 대신에 妾이 들어갔다.
53 아내나 첩을 들이는 목적이 자식을 낳아 후손을 이어가는 일.
54 뒤의 妻妾聘定之制에 근거하면 첩을 들이는 제도를 악용하여 따르는 일.
55 남녀 사이의 불륜을 말함.

之妻妾也. 且不有妻妾聘定之制, 侵犯於他人閨房, 是女色之亂賊也.

해 설

이 내용은 일부다처제가 가능했던 당시의 풍습을 비판한 고찰이다. 아내를 맞이하는 일은 자식을 낳아 가도를 이어가기 위함이라는 앞의 주장을 계속 잇고 있다. 그것이 배제되면 한갓 환관의 아내나 첩일 뿐이라고 단언하였다. 적어도 남녀의 성 문제만은 유교 특유의 엄숙주의(rigorism)가 관통하고 있다.

바로 여기서 자손이 없으면 첩을 들이는 일을 제도적으로 허용되었기에, 그것을 악용하여 여러 첩을 들이는 문제를 지적하였다. 저자는 불임의 책임이 혹시 아내에게 있을 수 있어 첩을 들이는 일을 인정하였으나, 아내와 한 명의 첩에게서 자식을 보지 못하면, 남편 자신에게 문제가 있을 수밖에 없다는 점을 지적하였다. 합리적인 생각이며 남성에게도 책임을 묻는 발언이다.

하지만 세상은 그렇지 않아 자손의 번창을 핑계 삼아 경제적으로 여유가 조금이라도 있으면 첩을 들이는 문제가 빈번했다. 심지어 법적으로 일부일처제가 확립된 이후인 1960년대까지도 흔히 볼 수 있는 일이었고, 첩의 자식은 모두 정실부인의 호적에 입적되었다.

첩을 들이는 일은 역대 왕들이나 사대부만이 아니라 서인까지 본래의 목적을 무시한 채 남성의 성욕을 채우려는 동기가 대를 잇거나 자손의 번창 관념과 결합하여 생긴 악습이다. 대다수 그런 가정은 부부 사이만이 아니라 자녀들도 이복형제와 화목하지 못했다. 왕가의 정권 쟁탈과 사대부 이하의 재산 분배와 질서 등에서 가정의 법도가 무너졌다는 뜻이다. 그 근원이 양촉(陽觸)이 상징하는 남성 가장의 성적인 문제의 영향이 크다는 저자의 말은 참으로 지당하다. 지금도 가정불화의 원인 가운데 하나도 부부 각자의 성 문제에서 비롯한다.

7. 태어남은 하늘에, 일은 인간에 달려 있다
生在天事在人

옛날부터 지금까지 온 세상의 온화하고 순한56 부부 이야기를 들으면
내 부부의 도리에 그럴 것을 권장하고, 온화하고 순하지 못한 부부의
이야기를 들으면 내 부부의 도리가 그렇지 않도록 경계한다. 이처럼
자손을 가르치고 양육하는 데에도 권장하고 혼낼 일이 없지 않다.

聞得古今天下夫婦之和順, 以勸我夫婦之道, 見得夫婦之不和順, 以戒我夫婦之道.
教養子孫, 亦莫不有勸懲矣.

가난하여 혼인하지 못하면 좋은 정치57에서는 노총각이나 노처녀58가
없게 하고, 좋은 풍속에서는 혼인을 권하고 도와주는 일이 있다. 이렇게
혼인을 주선하는 일에는 모두 변통이 있다. 곧 모자라는 사람은 발돋움해
서 나아가게 하고, 과도한 사람은 억제해 물러나게 하되, 혹은 교화로
혹은 법제59로 혹은 세력으로 혹은 재물로서 제각기 소유와 능력을 따라
서 한다. 그리하여 참으로 인민이 낳고 낳는 큰 도리60에 유익하면,

---

56 和順은 順應의 뜻으로는 『周易』, 「說卦傳」의 "和順於道德, 而理於義, 窮理盡性,
　　以至於命."에, 화목과 순종의 뜻으로는 『管子』, 「形勢解」의 "父母不失其常, 則子孫和
　　順."에 보임. 여기서는 유교 전통을 따라 남편은 부인에게 溫和하고 부인은 남편의
　　뜻에 順應하는 가정 화목의 가치로 사용함.
57 仁政은 맹자의 王道政治가 지향하는 목표이다. 『맹자』 여러 곳에 등장한다.
58 曠夫와 怨女는 각각 나이가 들어도 혼인을 못 한 남자와 여자를 일컫는 말. 모두
　　『孟子』, 「梁惠王下」의 "內無怨女, 外無曠夫, 王如好色, 與百姓同之, 於王, 何有."라는
　　말에 등장한다.
59 법령과 제도로 『管子』, 「法禁」의 "法制不議, 則民不相私."에 보인다.
60 生生之大道는 천지가 만물을 끊임없이 생성하여 이어 가는 大德을 형용한 말.

먼 데와 가까운 곳을 막론하고 시행하는 일이 파급되어 다 쓰이지 않음이 없다.61

昏嫁之窮乏不就者, 仁政俾無曠夫怨女, 善俗, 或有勸昏助嫁. 在於周旋之事, 皆有
變通. 不及者跂進, 過度者抑退, 或以敎化, 或以法制, 或以勢力, 或以財貨, 各隨所有
所能. 而苟有益於人民生生大道, 無論遠近, 設施延及, 靡不用極.

오직 자기에게 있는 생명 씨앗62의 건강 상태와 잉태의 성취와 우열에는 저절로 천부적 기질과 자연스러운 화합이 있어서, 사람이 변통할 수 있는 일이 아니다. 그래서 부귀하다고 증가할 수 없고, 빈천하다고 감소할 수 없으며, 지혜나 재주로 그 능력을 그만두게 할 수 없고, 어리석다고 새어 없어지는 것도 아니다.

惟於在己精種之得宜與否, 鎔鑄之成就優劣, 自有天賦之氣質, 自然之和合, 非人爲
之所能變通. 富貴不得以增, 貧賤不得以減, 智巧難得措其能, 昏愚未嘗有遺漏.

사람 목숨의 애초 시작은 자연의 기를 뽑아 몸을 이루지만, 종말에는 다 녹아서 자연의 기로 돌아가고 몸은 사라진다. 그러니 자연의 기가 만물을 생성하고 변화시키는 일은 형세를 타서 순순히 받아들일 수 있다. 하지만 사람이 운용하는 일은 몸이 이루어지고 경험이 점점 넓어져, 신기가 통하고 추측이 멀리 미치는 데 달려 있다.

여기서는 천지처럼 인민이 그렇다는 말. (앞에 나옴)
61 이 단락의 내용은 仁政이 실시되고 善俗에서는 혼인을 못 하는 사람에게 공동체가 도와서 해결해 준다는 설명. 그런 전통을 이은 것이 鄕約이다.
62 앞의 「妻妾爲産育」에는 情種으로 되어 있는데, 이 精種을 따라 해석하였다.

人命之自初始作, 抽天氣而成形, 終末漸盡, 還天氣而形化. 天氣之造化, 可乘勢而
順受. 人事之須用, 在於氣質成, 而閱歷漸廣, 神氣通, 而推測及遠.

그러니 사람이 태어나기 이전과 죽은 이후에 사람의 몸과 신기가 없는
상태를 논하는 사람은 몸과 신기가 있을 때의 일을 가지고 미루고 헤아려
추상한 말로 삼으니,63 어찌 어긋나고 잘못된 내용이 아니겠는가? 오직
나의 몸과 신기를 가지고 옛사람의 몸과 신기가 드러낸 내용을 추측하고,
또 후세 사람의 몸과 신기가 드러낸 내용을 추측할 뿐이다.

則凡論人生以前, 人歿以後, 未有人之形質神氣者, 以有形質神氣之事, 爲測度抽說,
豈非乖謬哉. 惟可將我形質神氣, 推測古人形質神氣之發用, 又推測後人形質神氣
之發用.

---

63 종교에서 말하는 전생이나 내세 따위의 설명은 현실의 경험이 투영된 상상의 산물이
  라는 뜻.

해 설

자식을 낳기 위해 인간이 할 수 있는 일과 할 수 없는 일을 분명히 구별하였다.

전자는 혼인과 그것을 못 하는 사람을 도와주는 사회제도와 풍습 그리고 부부 사이의 화순의 도리에 근거해서 언급하였다. 할 수 없는 일은 자연 요소로서 부모 생식 기관의 건강 여부, 태아 형성 시의 조건 등이 그것이다.

이러한 생명 탄생에 덧붙여 동아시아 전통의 생사관을 언급하였다. 앞에서도 조금 언급한 적이 있지만, 불교의 윤회설과 기독교의 영혼불멸설을 인정하지 않는 발언이다. 곧 인간은 하늘과 땅의 기와 질을 얻어서 정신과 몸을 이룬다. 전통적으로 인간이란 이른바 하늘의 양기(陽氣)인 혼과 땅의 음정(陰精)인 백이 결합한 존재이다. 여기서 인간의 정신이란 몸 안에 작용하는 기일 뿐, 기독교에서 말하는 영혼처럼 영원불멸하는 존재가 아니다. 그래서 사람이 죽으면 혼은 하늘로, 백은 땅으로 흩어진다. 그래서 혼비백산이라는 말이 생겨났다.

저자의 기철학은 이런 전통 관념을 비록 온전히 따르지는 않았지만,64 세계의 본질이 신기(神氣 또는 氣)이고, 사람도 그 신기를 이어받아 정신을 이루고 질적 요소는 몸을 이룬다. 물론 이 질도 궁극적으로는 기가 뭉쳐서 형성되었다. 그래서 사람이 죽으면 신기는 자연의 신기로 돌아가고 몸은 삭아 흩어진다. 그것이 취산이며, 만물은 취산 과정에 있지만, 궁극적으로 영원한 존재는 신기(기)뿐이다.

---

64 가령 陰陽 이론은 따르지 않는다. 저자 기철학이 전통 철학을 계승하거나 비판하거나 극복한 내용은 이종란, 『서양 문명의 도전과 기의 철학』, 313-316쪽의 도표에 간략히 정리하였음.

저자는 서학 문헌을 통해 기독교의 영혼불멸 사상과 또 전통에서 말하는
불교의 윤회설을 알고 있었다. 이러한 인간 영혼의 불멸설을 천지 신기의
불멸설로 대응하였다.

8. 사람의 자애
人物慈愛

사람65의 자애66는 몸의 생명을 지키는 일을 말미암는다. 그 대상은 위로 부모로부터 옆으로는 형제에게 미치고, 자신이 쓰는 데 절실한 음식·의복·주택·기물·식물·동물 따위에 이르기까지 자애하지 않음이 없다.

人物之慈愛, 由於衛身之生. 上自父母, 傍及兄弟, 以至飲食衣服宮室器皿草木禽獸之切於身用者, 莫不慈愛.

몸이 점차 자라면 자애의 감정이 생명 물질67의 활동에서 치밀어 올라, 낳고 낳은 도리68에서 드러난다.69 아내와 첩을 사랑하거나 연모하고, 자녀에게 자애롭고 그들을 감싸는 일은 실로 노력한다고 될 일도 아니고, 금지하고 막는다고 억제될 일도 아니다. 평생 운용하는 일이 혹시라도 자애의 감정을 말미암지 않거나 그것을 어기고 넘어서면, 인간의 길이

---

65 人物은 문맥에 따라 사람과 만물, 사람, 타인, 유명인, 사람과 동물, 사람의 됨됨이 등으로 다양하게 옮긴다. 뒤의 '至於禽獸之産育善否, 亦類乎此.'를 참고하면 동물도 해당하지만, 이곳과 전체 논의는 인간을 중심으로 전개함.

66 慈愛는 흔히 윗사람이 아랫사람 또는 부모가 자녀를 사랑하고 아끼는 일에 한정하지만, 여기서는 그 대상을 확대하여 아끼고 사랑한다는 의미. 또는 그 감정.

67 精液은 남성의 정액(semen)만을 지칭한다기보다, 胃·脾·肺·三焦 등 장부의 작용으로 생기는 생명 또는 영양물질. (앞에 나옴)

68 生生之(大)道는 천지가 만물을 끊임없이 생성하여 이어 가는 大德을 형용한 말. (앞에 나옴)

69 현대식으로 말하면 사랑의 감정이란 몸의 성숙에 따른 호르몬의 변화가 고조되어 남녀의 교합에서 절정을 이룬다는 견해이다.

끊어질 것이다.

及其漸長, 慈愛之情, 衝於精液之動, 發於生生之道. 妻妾之愛戀, 子女之慈庇, 實有
勉强之不得, 止遏之難抑. 平生須用, 或不由於慈愛, 或違越於慈愛, 人道絶矣.

가만히 보면, 자녀를 많이 낳아 잘 기르는 사람은 대부분 늘 인자하고
온화한 부부이지만, 자녀를 많이 낳거나 잘 기르지도 못한 부부는 대부분
늘 골육끼리도 편안하지 못해서 홀로되어 의지할 데 없는 사람70이 된다.
심지어 동물이 새끼를 낳아 잘 기르느냐 못하느냐도 이와 같다. 또 사람은
장성한 자식보다 어린 자식을 더 사랑하고, 조금 자란 자식보다는 태어난
지 얼마 안 된 자식을 더 보호한다. 이것을 보아 부모의 아끼는 감정이
발동하는 정도는 자식이 태어난 시점에 가까우면 깊고 간절하나, 그것으
로부터 멀면 점차 희박해짐을 알 수 있다.

竊觀, 子女之多産善養者, 常多慈仁溫和之夫婦, 不能多産善養者, 常多處骨肉, 而
不得安穩, 以致窮獨也. 至於禽獸之産育善否, 亦類乎此. 人物之愛長成, 不如愛孺
稚, 護襁褓, 深於護孩提. 可見愛情之發, 近乎生則深切, 遠乎生則漸希.

사람이 누구를 친하게 여기고 누구를 소원하게 여기는 데는 구별이
있고, 또 사람이냐 물건이냐에도 차이가 있다. 하지만 온 세상에서 주선
하는 일은 자애의 범위를 벗어나지 않는다. 그러니 칠정71이 드러나서

---

70 窮獨은 고아나 자식 없이 늙은 홀아비처럼 홀로되어 의지할 데 없다는 뜻으로
『尹文子』, 「大道下」에 "窮獨貧賤, 治世之所共矜, 亂世之所共侮."라는 말에 보이고,
또 『晉書』, 「魏舒傳」에 "舒告老之年, 處窮獨之苦."라는 말에도 보임.
71 사람이 가진 일곱 가지 감정으로 喜·怒·哀·樂·愛·惡·欲 또는 喜·怒·哀·懼·愛·惡·欲.

작용하는 일에는 실로 자애의 감정이 파급되는 일보다 앞서는 감정은 없다. 왕도정치72는 백성을 사랑하는 일을 우선으로 삼고, 성인의 학문73 은 어짐과 사랑74이 으뜸이며, 불교는 자비를 마음으로 삼아, 착한 사람 과 나쁜 사람이 사귀어서 서로 친하고 사랑하여 그 경영하는 일을 이룬다. 그러니 자애의 도리는 인간의 삶에 시종일관 크게 쓴다.

親與疎有別, 人與物有分. 然世界周旋, 總不離於慈愛之範圍. 七情發用, 實莫先於 慈愛之延及. 王政以愛民爲先, 聖學以仁愛爲宗, 佛氏以慈悲爲心, 善惡交契, 以相 親相愛, 濟其所營. 慈愛之道, 乃人物之生, 始終大用也.

---

72 王政은 왕의 정치나 政事로 옮길 수 있지만, 문맥을 고려하면 맹자가 말한 왕도정치에 가깝다. 『孟子』, 「梁惠王下」에서 "孟子對曰, 夫明堂者, 王者之堂也. 王欲行王政, 則勿毀之矣."라고 하여 맹자 자신이 직접 줄여서 언급하기도 함.

73 聖學은 성인이 되는 학문 또는 성인이 닦아 가르친 학문의 뜻으로 조선조에서는 성리학 중심의 유학을 말함. 李滉의 『聖學十圖』나 李珥의 『聖學輯要』의 聖學은 전자의 뜻이다. 후자의 의미 가운데는 王守仁의 『傳習錄』에 여러 차례 등장하며 그 가운데 卷上-107에 "後儒不明聖學, 不知就自己心地良知良能上體認擴充."에서 뚜렷하다.

74 仁愛는 어짐과 사랑. 또는 어진 사랑. 『論語集註』, 「學而」에 "程子曰, 孝弟, 順德也, 故不好犯上. … 孝弟行於家而後, 仁愛及於物, 所謂親親而仁民也, 故爲仁, 以孝弟爲 本. … 或問孝弟爲仁之本. … 然仁主於愛, 愛莫大於愛親. 故曰孝弟也者, 其爲仁之本 與."에 보이며 또 『孟子集註』, 「告子上」에 "告子以人之知覺運動者爲性. 故言人之甘 食悅色者卽其性. 故仁愛之心, 生於內, 而事物之宜, 由乎外."에도 보인다.

해 설

자애가 생명과 관련된 일에서 시작하여 정치와 종교까지 미치고 있음을 주장하였다.

여기에는 깊은 철학적 의미가 있다. 『대학』에 "자애는 무리를 부리는 방법이다"[75]라고 했고, 주희의 『대학장구』에서는 "하늘이 백성을 낳을 때 제각기 본성을 부여했는데, 본성이란 어떤 물건이 아니라 단지 나에게 있는 하나의 도리일 뿐이다. 인이란 온화하고 자애하는 도리이다"[76]라고 하여, 자애란 인이라는 리가 표현된 것인데, 바로 이러한 문제에 대한 저자의 의견이라 할 수 있다.

우선 저자는 자애가 형이상학적 원리나 추상적 도덕 준칙이 아니라, 인간의 자연스러운 사랑이라는 감정의 발로로 설명한다. 그 기원은 "몸의 생명을 지키는 일을 말미암는다"라는 말과 동물을 거론하는 점에서 알 수 있듯이, 동물의 자기 보존 또는 번식과 관련 있다. 이는 경험적 관찰에서 나온 것으로 본문 전반부의 설명에서 확인할 수 있다. 다시 말해 제 짝과 제 자식을 아끼고 사랑하는 일은 인위적으로 노력하거나 막아서 될 일이 아닌 지극히 자연스러운 일이라고 한다.

이러한 가족에서 시작되는 사랑의 행위를 유가에서는 친친(親親)이라 부르는데, 맹자는 친한 사람을 친하게 지내는 그 점을 가지고, 이웃과 사회로 확장해야 한다고 주장했다.[77] 유학은 이렇게 자연스러운 감정을

---

75 孝者, 所以事君也, 弟者, 所以事長也, 慈者, 所以使衆也. 강조는 인용한 부분.

76 「大學章句序」, 小注: 天之生民, 各與以性, 性非有物, 只是一箇道理之在我者耳. 仁則是箇溫和慈愛底道理.

77 『孟子』, 「梁惠王上」: 老吾老, 以及人之老, 幼吾幼, 以及人之幼, 天下可運於掌. 이에 대한 『孟子集註』의 설명은 "蓋骨肉之親, 本同一氣, 又非但若人之同類而已. 故古人必由親親推之, 然後及於仁民, 又推其餘, 然後及於愛物, 皆由近以及遠, 自易以及

도적 행위의 실마리로 삼는다.

그런데 여기서 주희의 성리학과 철학적 견해 차이가 드러난다. 성리학에서는 사랑의 이치[愛之理]가 인간의 본성으로 존재하므로, 자애는 그 이치가 발현된 일로 본다. 이것은 리를 미리 전제하고 연역적으로 설명하는 방식이다.

하지만 저자는 형이상학적 전제로서 리를 받아들이지 않고, 인간만이 아니라 동물도 그렇다고 보아 동물적 본성에서 자애가 나온다고 본다. 관찰에 따른 귀납적 방식을 따른 것으로 경험을 중시하는 저자의 철학 노선에서 보면 당연한 귀결이다.

이 차이는 결국 사람이나 동물이 본능적으로 자기의 짝이나 새끼를 사랑하는 정서와 행위가 어디서 비롯하였느냐에 대한 철학적 설명 방식의 차이이다. 어느 쪽이 사실에 부합하는지는 현대 과학에서 성리학에서 말하는 리의 실체를 인정하느냐 마느냐이다.

아무튼 철학적 접근은 다르지만, 이런 자연스러운 감정을 개인 도덕의 출발로 삼아 그것을 미루어 사회적으로 확장해야 한다고 여기는 점에서는 의견이 일치한다. 물론 이것을 확장해 가는 논리에서도 양자의 유사성을 발견할 수 있다. 뒤의 『추측록』에서 다룬다.

難."이다.

9. 몸이 서로 통하다
形質相通

만물이 생겨날 때 그 신기는 하늘과 땅의 신기를 타고나고, 몸은 제각기 부모의 뼈와 살에서 받는다.[78] 그러므로 신기의 소통은 대상의 안팎과 거리에 한정되지 않으나, 그 통함을 따라서 깊이와 속도의 차이가 있다.

萬物之生, 神氣則同稟於天地之神氣, 形質則各受於父母之骨肉. 故神氣之通, 無限 定於人物之內外遠近, 隨其通而爲之淺深遲速.

오직 몸의 소통[79]은 부부에게만 있고, 신기의 소통도 그것을 따라 깊어진 다. 부부가 서로의 살갗을 보면서 애정이 발동하고 몸을 접촉하여 기가 감응하여, 급기야 정액[80]이 서로 섞일 때[81]는 몸과 신기가 둘이면서 하나요 하나이면서 둘이 되어,[82] 운동과 정지 사이의 경계가 없고,[83]

---

78 몸을 구성하는 형질은 부모로부터 받았다는 말. 『신기통』 권1, 「四一神氣」를 보라.

79 몸을 섞어 하나가 되는 일로서 곧 남녀의 交合을 달리 표현한 말. 形質之通은 감각 경험을 뜻하는 용어와 같으나 다른 뜻으로 쓰였다.

80 精液은 주로 생명 물질의 뜻이지만 현대적 용법과 구별하지 않는다. 여기서는 현대식 표현이 더 어울린다.

81 媾合은 성교를 뜻함.

82 『朱子語類』 5-43의 "性猶太極也, 心猶陰陽也. 太極只在陰陽之中, 非能離陰陽也. 然至論太極, 自是太極, 陰陽自是陰陽. 惟性與心亦然. 所謂一而二, 二而一也."라는 표현과 조선조 栗谷 李珥도 理와 氣의 관계를 설명하면서 "夫理者, 氣之主宰也, 氣者, 理之所乘也. 非理則氣無所根柢, 非氣則理無所依著. 旣非二物, 又非一物. 非一 物, 故一而二, 非二物, 故二而一也(『栗谷全書』 卷10, 「書二答成浩原」)."라고 한 데서 태극과 음양, 리와 기의 관계를 표현한 말. 여기서는 부부가 한 몸이 된 경지를 표현한 말.

83 動靜無際는 動靜無端과 같은 말로서 음양이 움직이고 정지하는 정확한 경계가 없다는 말. 『朱子語類』 94-17에 "程子云, 動靜無端, 陰陽無始."라고 하여 원래

드러나고 감춰진 것에 틈이 없다.[84]

惟形質之通, 在於夫婦, 而神氣之通, 亦從而深焉. 見膚而情動, 接體而氣感, 及其精液媾合, 形質神氣, 二而一也, 一而二也, 動靜無際, 顯微無間.

이 일에 익숙하게 물들면 설령 남녀의 분별과 내외의 한계[85]가 있더라도, 밀실에서 정사를 벌이기[86] 쉽고, 서로 말하는 사이에도 색정 어린 눈길이 오고 갈 것이다. 만약 예의와 염치로서 이런 일을 막고 금하지 않으면, 장차 음탕한 데 이르러 과다하게 누설하는 정액을 거두어 저장할 수 없을 것이다.[87] 또 방자한 행동거지를 거두어들이지 못해, 생명을 해치고 본성을 없애는 근심과 침 뱉고 욕하며 손가락질당하는 수치를 피하기 어렵게 될 것이다. 그래서 방탕한 남자와 유녀(遊女)[88]에게는 항상 효도로 봉양하는 자식이 적으나, 온화한 남편과 순종하는 부인은 자식의 경사[89]를 쉽게 얻는다.

程頤의 말이라 하였다. 본문은 성교의 오묘한 이치를 표현한 말.

84 드러난 곳에 오묘한 이치가 갖추어져 있다는 철학적 용어로『朱子語類』67-37에 "體用一源, 體雖無迹, 中已有用. 顯微無間者, 顯中便具微. 天地未有, 萬物已具, 此是 體中有用, 天地旣立, 此理亦存, 此是顯中有微."라고 등장한다. 본문은 성교 때의 상황과 오묘한 이치를 표현한 말.

85 부부유별과 남녀의 거처와 역할 따위를 안팎으로 나누어 구별하는 일. 내외는 남녀를 말하며『荀子』,「天論」의 "禮義不脩, 內外無別, 男女淫亂."에도 보인다.

86 褻狎은 허물이 없이 가까이 지낸다는 뜻이나 여기서는 남녀의 情事를 상징.

87 정액은 생명의 원천이라는 전통적 관점에서 볼 때 과다하게 누설하면 생명을 해친다고 보았다. 그래서 성행위를 자제하거나 射精을 억제했다.『素女經』의 房中術에서 射精을 안 하거나 억제하는 것도 이와 관련이 있다.

88 遊女는 游女와 같이 쓰이며, 매음을 직업적 또는 비직업적으로 행하던 여성. 여기서는 음란한 여성의 대명사로 쓰였다.

89 庭蘭之瑞는 직역하면 뜰에서 기르는 난초의 경사란 뜻으로 뜰은 가정, 난초는 자식을 상징하며, 일반적으로 庭蘭은 훌륭한 자제를 말한다.

以此習染, 縱有男女之辨, 內外之限, 密室之遇, 易致褻狎, 言語之間, 或有情眄. 若不以禮義廉恥, 有所防限禁遏, 將至於淫蕩, 而精液遺泄, 不能收藏. 行止放肆, 不得收斂, 害生滅性之患, 唾罵指點之恥, 所難免也. 是以蕩子游女, 常鮮孝養之子, 夫和婦順, 易得庭蘭之瑞.

해 설

이 글은 생통의 마지막 글로서 부부 교합의 본질과 그 과정을 철학적 용어로 잘 묘사하고, 남녀 사이의 경계할 점을 말하였다.

먼저 인간의 탄생은 앞에서 설명한 전통의 그것을 이었다. 그런데 정신적 특징을 갖는 신기는 사람에 따라 약간의 차이는 있더라도 물리적 공간을 초월하여 소통할 수 있으나, 몸은 그렇게 할 수 없다고 한다. 그 소통은 오직 부부의 교합을 통해서만 가능하다고 하였다. 거기에 비로소 몸과 마음의 교감이 이루어져 하나이면서 둘이고 둘이면서 하나인 경지에 이른다고 한다. 성교 장면을 이렇게 철학 용어로서 음란하지 않고 아름답게 잘 표현한 글도 보기 드물다.

나아가 부부 사이라 할지라도 분별없는 성욕의 남발을 경계하였다. 이는 유학의 전통이다. 부부의 성생활은 자손을 낳는 데 필요할 뿐, 즐기거나 더 나아가 탐닉의 대상은 아니었다. 그 폐단으로 남녀 모두 음탕하게 되어 사회질서의 훼손이 우려되기 때문이다. 이 내용은 앞서 설명하였다.

수통
手通

1. 손은 공적과 재능이 가장 많다
功能最多

우리 몸에서 손이란 그 모양을 말하면 단지 사지의 말단에 해당할 뿐이지만, 그 쓰임을 논하면 일등 공신에 속한다.

手之於體, 語其形, 則惟是肢末也, 論其用, 則居一等功也.

손은 평상시에는 날개처럼 좌우에서 균형을 잡아 몸의 요동을 부축하니, 이는 몸을 항상 따르는 훌륭한 보필이다. 유사시에 위아래로 두루 몸을 보호하여 누가 침해하는 일을 막으니, 수비하는[1] 용맹한 장수와 건장한 군졸이다. 또 손은 날카로운 연장을 잡아 많이 쓰는 물건을 제조하니 나라에서 인정하는 훌륭한 장인이요, 붓을 잡아 문자로 글을 지으니 사람의 종장[2]이다.

無事時, 左右扇翼, 以扶一身搖動, 是乃常隨之賢輔良弼也. 有事時, 上下周護, 以防一身侵害, 是卽干城之猛將健卒也. 把利器而制造多用, 是乃國工善匠也, 握管毫而排撰文字, 是卽士林宗匠也.

게다가 손은 세세한 절차나 뜸한 일을 무한한 작용[3]으로 모두 이루어

---

1 干城은 막아 지키는 일 또는 사람을 비유한 말. 『詩經』, 「周南·兔罝」의 "赳赳武夫, 公侯干城."과 『韓非子』, 「八說」에 "干城距衝, 不若埋穴伏櫜."에 보인다.
2 士林宗匠은 유학을 공부하는 선비 사회에서 큰 스승을 일컫는 말.
3 功能은 공적과 재능을 비롯하여 기능·작용·능력·잠재력·효과 따위를 포함하므로 문맥에 따라 적절히 옮기거나 그대로 써야 한다.

준다.4 그러니 밥상을 대할 때도 손이 아니면 어떻게 음식을 붙잡아 들것이며, 횃대5에 가득 찬 의복도 이것이 아니면 어떻게 어깨에 걸쳐 몸을 가릴 것인가? 어울리지 않는 작업을 어울리게 하거나6, 서로 맞지 않는 물건을 딱 알맞게 하는 일7에 비록 신기의 능숙함이 있더라도, 이것이 아니면 그 효과를 볼 방법이 없다. 이쪽 지방에서 물자를 옮겨 저쪽 지방 백성을 편안하게 해주고, 많은 쪽에서 덜어내어 적은 쪽에 보태는 일에 설령 국가의 정치와 법령이 있더라도, 이것이 아니면 그 일을 이룰 방법이 없다.

又有細節疎行, 無限功能, 兼濟者. 對案之茶飯, 非此, 何以搏食攀飮, 盈架之衣服, 非此, 何以掛肩掩體. 因矩成規, 操柄合鑿, 縱有神氣之能, 非此, 無以就其功. 移此安 彼, 哀多益寡, 縱有政令之使, 非此, 無以成其事.

기계8를 설치하여 늘 마시는 물을 퍼 올리고, 녹로9를 돌려서 만 근이나

---

4 兼濟는 원래 천하 만민과 만물이 모두 혜택을 본다는 의미로『莊子』,「列禦寇」의 "小夫之知, 不離苞苴竿牘, 敝精神乎蹇淺, 而欲兼濟導物."에 보인다. 여기서는 모두 이룬다는 뜻.

5 옛날의 옷걸이. 대나무의 양 끝을 잘라 두 끝을 끈으로 묶어 벽에 매달아 썼다.

6 因矩成規에서 矩는 네모를 그리는 곱자, 規는 원을 그리는 컴퍼스. 이 말은 어울리지 않는 것을 어울리게 한다는 뜻.

7 操柄合鑿는 모난 장부와 둥근 구멍이라는 方枘圓鑿 곧 서로 맞지 않는 물건을 가리키는 말에서 가져온 말. 직역하면 모난 자루를 잡고 둥근 구멍에 합친다는 말. 앞의 因矩成規 와 같은 논리.

8 器械는 機械(machine)가 아니라 원래 器具(instrument)에 가까운 말이지만, 이 책에 총 23회 등장하며 機械는 보이지 않는다. 여기서는 물을 끌어 올리는 기구로서 그의『陸海法』(1834)을 보면 여러 종류의 물을 퍼 올리는 기구가 등장한다.

9『陸海法』上卷에「轆轤圖說」이 있다. 그림을 보면 도르래[滑車]의 원리를 이용해 우물 같은 곳에서 물을 퍼 올리는 기구이다. 또 그의『心器圖說』(1842)에도 '起重'을 설명하면서 轆轤를 사용하는 설명이 등장하는데, 도르래를 이용해 무거운 물건을

되는 무게도 움직이는 일은 인간이 동물보다 나은 까닭인데, 그것은
마음에는 신기로 사물을 알고 추측하는 작용이 있고, 몸에는 손의 솜씨10
로 제작하고 사물을 운용하는 일이 있기 때문이다.

設器械, 而挈常灌之水, 轉轆轤, 而動萬斤之重, 人之所以尤於禽獸者, 以其內有神
氣之通, 而推測事物, 身有手制之造作, 而運用事物.

신기와 솜씨가 서로 호응하고 어긋남이 없으면, 신기는 솜씨를 따라
명쾌하게 드러나고 솜씨도 신기에 힘입어 더욱 빛난다. 만약 솜씨와
신기가 서로 화답하고 호응하지 못하여, 신기는 정교하게 하고자 하나
솜씨는 그렇지 못하고, 신기는 잘하려고 하나 솜씨는 그럴 수 없으면,
이것이 어찌 솜씨의 숙련이 완벽하지 못한 탓뿐이겠는가? 또한 신기의
앎도 밝게 아는 데 이르지 못했기 때문이다. 솜씨를 연마하여 정교하게
숙련되거나 남의 솜씨를 빌어 원하는 바를 성취하는 일은 모두 신기의
앎에 달려 있다.

神氣與手制, 相應無違, 則神氣因手制而快著, 手制藉神氣而益彰. 若手制與神氣,
不相和應, 神氣之欲精者, 手造不能精, 神氣之欲善者, 手造不克善, 是豈獨手之鍊
熟, 有所未盡也. 抑有神氣之通, 不至洞悉也. 習鍊手制, 而至於精熟, 借人手制,
而成就所願, 俱在神氣之通也.

위로 옮기는 기구이다.

10 手制는 일반적으로 손으로 직접 만들거나 만든 물건을 말하지만, 본문의 글을
   계속 읽어보면 '솜씨' 또는 '손기술'의 뜻으로 쓰였다. 동어 반복이 많아 뒤에는
   手造라는 단어로 바꾸어 사용함.

해 설

손을 예찬하는 수필처럼 훌륭한 글이다.

핵심은 손 자체가 몸의 한 부분이기에 신기의 통제를 받음은 당연한 일이지만, 신기의 앎에 따라 솜씨가 제대로 발휘되기도 하고 그러지 못하기도 한다는 뜻이다. 그래서 신기의 앎이 중요하다고 결론지었다. 바로 여기서 인간이 만물의 영장이 되는 근거를 드러냈다. 사물을 인식하고 사유하는 능력과 도구를 사용한다는 점이 그것이다. 물론 후자도 전자의 능력에서 비롯하는 점이기는 하지만, 이것들은 상호작용한다. 인간의 인지발달은 행동 특히 손의 구체적 조작 활동과 큰 연관이 있기 때문이다.

2. 귀천과 손의 쓰임
貴賤手用

사람에게 귀천이 있고 손의 쓰임에도 귀천이 있다. 하지만 손에는 또 귀천이 없는 때도 있으니 요동치는 몸을 붙들고 몸을 지키며 보호하는 일 따위에는 귀천이 없다.

人有貴賤, 而手之用有貴賤. 又有無貴賤, 動搖之扶持, 身體之衛護, 是無貴賤也.

윗사람으로서 말하지 않아도 행하거나 말한 뒤에 행하는 사람에서부터 하인이 눈앞에 모여 대기하게 하는 사람에 이르기까지, 비록 직접 손을 써서 애쓰는 일이 없어도, 신기가 아는 내용으로 기물을 보면 장인 솜씨의 교묘함과 졸렬함을 알고, 기계의 사용을 보면 그 솜씨[11]의 미숙함과 능숙함을 안다. 만약 솜씨의 교묘함과 졸렬함과 미숙함과 능숙함의 구분에 혹시 유념한 적이 없거나 유념하되 식별하지 못한다면, 그 사람의 신기는 어두워서 분별하는 능력이 없다. 나아가 사람 됨됨이의 현명하거나 어리석거나 우수하거나 열등함에 대해서도 그 실상을 파악할 방법이 없으니, 백성의 윗사람이 되는 자격이 어디에 있는가? 나라가 잘 다스려지거나 혼란하게 되는 원인은 오직 윗사람이 손을 들어 지휘하는 데 달려 있다. 백성이 지금 한창 사리 분별[12]을 못할 때, 윗사람이 좋은 방법으로 지휘하여 인도하면 백성이 좋은 쪽으로 달려갈 것이지만, 나쁜

---

11 手劯은 손으로 익힌 것으로 手制와 동어 반복을 피하려고 솜씨의 뜻으로 쓰였다.
12 여기서 東西는 방향, 선과 불선, 좋음과 나쁨, 이로움과 해로움 따위의 사리 분별을
　　상징하는 말.

방법으로 지휘하여 이끌면 백성은 나쁜 쪽으로 달려갈 것이다. 또 윗사람이 능력자를 지명하여 불러들이면 훌륭한 선비가 조정에 가득 찰 것이지만, 아첨하는 사람을 지명하여 부르면 고칠 수 없는 나라의 폐단이 점차 자라날 것이다. 이것이 신분이 높은 사람의 일솜씨[13]이다.

上自不言而行, 言而后行, 以至使合定於前者, 雖無執捉之勞苦, 神氣所通, 見器皿, 而知其制之巧拙, 見其用器械, 而知其手習之生熟. 若於巧拙生熟之分, 或不曾留念, 或留念而不得認別, 乃神氣昏擾, 無所分別. 至於人器之賢愚優劣, 亦無由認其實狀, 烏在其爲民上也. 家國之治亂, 惟在上之擧手指揮. 方其民之無分於東西也, 指揮善道而導之, 民趨於善, 指揮惡道而引之, 民趨於惡. 指其賢俊而招之, 羣彦盈廷, 指其諂佞而招之, 弊瘼漸長. 是尊貴者之手法也.

버릇될 정도로 즐겨 좋아함으로써 기예를 자랑하는 사람은 이름난 글씨[14]와 그림에 매몰된다. 생계 문제[15]로 기술을 배우는 사람은 쇠를 단련하고 나무를 깎는 일을 배우고 익힌다. 나아가 농업과 요업(窯業)과 어업과 길쌈과 바느질과 예법과 음악과 군대의 전술[16]과 천문관측[17]과 해시계[18]에 이르기까지 물과 불을 사용하며 만사를 맞이해 해결하는

---

13 오늘날의 手法은 이와 달리 수단과 방법, 또는 부정적 방법으로 쓰인다. 여기서는 솜씨의 뜻으로 신분이 높은 자의 일솜씨이다.

14 法書는 이름난 명필의 書法이나 體本.

15 資生은 ~을 의지하여 살아간다는 뜻. 『周易』, 「坤卦」의 "至哉坤元, 萬物資生."에 보임.

16 戰陣은 전투를 위해 군대나 무기 등을 배치하여 놓은 陣.

17 儀象에는 模式, 形象의 뜻도 있지만, 여기서는 儀器로 천문을 관측하는 일의 뜻으로 쓰였고, 고대의 璿璣玉衡도 이것이다. 천문과 관련해 서학의 영향으로 저자는 『儀象理數』(1839)라는 책을 펴내기도 했다. 『晉書』, 「天文志上」의 "春秋文曜鉤云, 唐堯卽位, 羲和立渾儀. 此則儀象之設, 其來遠矣."에 보임.

18 晷表는 정확히 말하면 日晷(해시계) 상에 그려진 태양 그림자를 측량하는 일종의

일[19]에는 손으로 만든 기구가 사용되지 않음이 없다. 또 이기[20]를 제작하는 이기와 기계를 사용하는 기계도 모두 사람 손을 거쳐 만들고 또한 사람 손을 거쳐 헐겁거나 망가지기도 한다. 그러다가 간혹 이런 기구가 없으면 변통해 쓰기도 하고, 혹은 기구가 곁에 있는데도 가져다 쓰지 못하기도 하며, 혹은 편리함을 얻으면 일은 반으로 줄고 효과는 배로 늘이기도 하고, 혹은 적절성을 잃고 고비용을 들이면서도 효과를 무시하기도 한다. 이것은 신분이 낮은 사람의 솜씨이다.

因成癖, 而誇伐技藝者, 埋沒於法書名畫. 緣資生, 而師學工匠者, 肄業於鍊金削木. 以至耕稼陶漁, 紡績針線, 禮樂戰陣, 儀象晷表, 水火須用, 萬事接濟, 莫不有器. 又有制作利器之利器, 須用器械之器械, 皆由人手而成就, 亦由人手而毁破. 或無其器, 而變通用之, 或傍有其器, 而不能取用, 或得於便利, 而事半功倍, 或失於攸宜, 而多費蔑效. 是卑賤者之手法也.

이미 신분에 귀천이 있으므로 일에도 귀천이 있지만, 일을 착수하고 실행하는 데는 실로 귀천의 나뉨이 없다. 다만 신분이 높은 자의 행동거지와 일의 성패와 이해의 영향은 매우 크지만, 신분이 낮은 사람의 행동거지는 오직 한 몸과 한 가정의 이해에만 머문다.

位旣有貴賤, 而事亦有貴賤, 至於着手措施, 實無貴賤之分. 但貴者之擧措, 成敗利害, 所關甚大, 賤者之擧措, 惟在一身一家之利害.

표식선 곧 좌표를 말함.

19 기구와 물건을 만들거나 일하는 데 물과 불이 실제로 이용하는 점을 말하기도 하지만, 상징적 의미를 지닌다. 『주역』의 「旣濟卦」에서 上卦가 물(☵)이고 下卦가 불(☲)이어서 만물을 성취[濟]하는 상징을 지닌다.

20 利器는 실제로 쓰기에 편리한 기계 또는 날카로운 병기로 여기서는 전자의 뜻.

해 설

손이라는 상징물을 가지고 일의 중요성을 언급하고, 다시 사회 문제를 비판하고 있다.

곧 손이라는 작은 부분을 통해 사회 전체를 조망하여 비판하는 철학자의 통찰력을 엿볼 수 있다. 신분을 당연시하는 사회 풍토의 한계 속에서도 그렇다.

그 비판의 대상은 주로 존귀한 자로 표현되는 당시 사회의 왕을 포함한 리더라 할 수 있는 위정자들이다. 곧 손은 천한 자들만 사용하는 노동의 도구만이 아니라, 리더가 사물을 인식하여 구성원들을 이끄는 역할인 일솜씨까지 포함하고 있다. 다시 말하면 리더 역량의 상징이기도 하다. 이 점이 서두의 '人有貴賤, 而手之用有貴賤'을 "사람에게 귀천이 있고 손의 쓰임에도 귀천이 있다"라고 옮겨 두 문장을 인과관계로 보지 않은 까닭이다. 귀한 사람의 손이 반드시 귀한 일을 한다고 말할 수 없기 때문이다. 물론 여기서 신분이 낮은 다시 말해 사회적 영향력이 작은 사람도 그 비판에서 제외하지는 않았다. 그 나름의 역량도 필요하기 때문이다. 다만 신분이 높은 자의 책임을 더 강조하고 있다.

이 글 전체의 분위기는 손이 기술을 상징하는 기계로 확장되고 있다. 기계를 사용하여 일의 능률과 효율을 올릴 것을 강조하고 있다. 이것은 저자가 본서의 저술에 앞서 기술에 관련된 내용을 먼저 저술하였다는 점을 고려하면, 그의 관심이 애초 어디에서 출발하였는지 짐작할 수 있다.

3. 솜씨의 같고 다름
手法同異

사람은 비록 두 손을 가지고 있지만, 하나인 신기의 안내와 통제를 따라 작용한다. 그러므로 왼손으로 사각형을 그리면서 동시에 오른손으로 원을 그릴 수 없다. 만약 천만인을 한 사람의 신기에 따라 함께 일하게 한다면, 천만인의 손은 곧장 한 사람의 손이 될 것이다. 하지만 신기와 손이 서로 어긋나면,[21] 비록 내 몸의 두 손이라 할지라도 또한 소용이 없다. 그러니 손의 움직임이란 한갓 손의 작용[22]이 아니라, 신기의 작용이 손에 도달해서 손의 작용이 된다.

人雖有兩手, 從一神氣之指使而發用. 故左手畫方, 右手畫圓, 不可並就. 若使千萬人, 從一人之神氣而共役, 則千萬人之手, 便作一人之手也. 若神氣與手相違, 雖在身之兩手, 亦無所用. 則手非徒爲手之用, 乃神氣之用達於手, 而爲手之用也.

무릇 사람의 손 모양은 둥근 손바닥과 뾰족한 손톱과 세 마디인 다섯 개의 손가락으로 이루어져 있어, 한 몸의 도구가 되는 점은 모든 사람이 같다. 하지만 피부와 피에는 곱거나 거친 구분이 있고, 근육과 뼈는 강하고 약한 차이가 있어서, 그 기능의 무디고 둔하고 날카롭고 예민함이 애초에 바탕을 타고날 때 이미 정해진다. 그리하여 손의 작용을 미루어 신기의 맑음과 탁함을 헤아리고, 타고난 신기를 미루어 그 손의 예민함과 둔함을 안다.[23]

---

21 손동작에 대한 의식을 갖지 않거나 목의 척추신경이 마비된 환자를 생각해 보라.
22 손 그 자체가 두뇌의 명령 없이 움직임의 주체가 된다는 뜻.

凡人之手形, 圓掌尖爪, 三節五指, 爲一身之用器皆同. 而皮血有精麤之分, 筋骨有彊弱之殊, 而頑鈍利銳, 旣判於稟質之初. 推手之用, 而測神氣之淸濁, 推神氣之稟. 而知其手之利鈍.

똑같은 손으로 같은 도구를 사용하여 만든 물건에 우열이 있는 까닭은 신기가 같지 않기 때문이다. 손과 사용하는 도구가 같고 또 신기도 같더라도, 만든 물건에 우열이 있는 까닭은 숙련의 차이 때문이다. 손과 도구와 신기와 숙련도가 같아도, 만든 물건에 우열이 있는 까닭은 각기 맞이한 때와 올라탄 상황이 다르기 때문이다.

手旣相同, 所用之器又同, 而制造有優劣者, 以其神氣有不同也. 手與所用之器相同, 神氣又同, 而制造有優劣者, 以其所習有不同也. 手與所用之器相同, 神氣與所習又相同, 而制造有優劣者, 以其所遇之時, 所乘之機, 有不同也.

그런 까닭으로 천만인이 똑같은 재료로 똑같은 형태로 만든 물건도 세밀하게 살펴보면, 털끝만 한 차이로 서로 똑같은 것은 없다. 하지만 그 범위를 통틀어 사용에 도움24을 요구한다면, 온 세상에는 쓸모없는 기물은 없고, 인간에게는 버릴 만한 솜씨가 없다.

是以, 千萬人所造同形同材之器, 細究詳察, 無有毫釐差錯, 而相同者. 統其範圍,

---

23 원문에 포함된 '推A測(知)B'는 'A를 근거로 추리하여 B라는 사실을 판단한다'라는 인식 방법으로, 뒤의 등장할 『추측록』의 핵심 논리이다. 감각 경험을 이론적 지식으로 추상화시키는 과정이기도 하다. 저자는 이것을 지식 확장의 방법으로 여겼다. (앞에 나옴)

24 濟用은 운용 혹은 사용에 도움이 있다는 말로 『後漢書』, 「劉玄傳」에 "陛下定業, 雖因下江, 平林之執, 斯蓋臨時濟用, 不可施之既安."에 또 晉 葛洪의 『抱樸子』, 「行品」에 "創機巧以濟用, 總音數而並精者, 藝人也."라는 글에 보인다.

要求濟用, 天下無無用之器皿, 人間無可棄之手段.

해 설

손의 해부학적 구조와 그 움직임의 주체로서 마음과의 관계, 솜씨인 기능상의 우열이 발생하는 까닭 등을 서술하였다.

우선 손이 움직이는 주체는 의식이라는 의학적 견해와 일치한다. 곧 뇌의 명령이 신경을 타고 손에 전달되어야 움직임이 가능해지는 일로서, 신경이 마비되면 손이 있어도 무용지물이다. 저자는 뇌와 관련된 서양의학 지식은 후기에야 입수하여 『신기천험』(1866)을 저술하였는데, 비로소 「뇌가 한 몸의 주인이다(腦爲一身之主)」라는 항목이 등장하며, 신기의 기능이 뇌의 그것으로 옮아간다.[25] 본서에서 설명한 신기의 인식과 동작의 주체는 서양의학의 뇌 개념을 수용할 수 있었던 토대라 할 수 있다.

또 손 모양은 사람마다 같더라도 그 기능의 차이는 신기의 형성과 마찬가지로 유전적 요소에 먼저 영향을 받지만, 숙련과 상황에 따라 달라진다고 한다. 이런 견해는 그의 인식론 또는 교육학적 견해와 맥락이 같다. 곧 사람의 인식이든 기능이든 유전 요소에 고정되지 않고 환경과 학습 요소의 상호작용에 따라 향상할 수 있다는 점이다. 나아가 "손의 작용을 미루어 신기의 맑음과 탁함을 헤아린다"라는 말은 예술 작품을 보고, 작가의 정신세계를 들여다본다는 예술 감상에도 통한다.

이렇듯 손의 설명에서도 그의 철학 이론이 정밀하게 반영되어 있음을 알 수 있다. 부분을 통해서 전체를 조망하는 철학자의 면모가 돋보인다.

---

25 『身氣踐驗』,「腦爲一身之主」: (腦) … 易感通於聲色臭味諸觸之神氣, 漬痕染跡, 記繹前後, 推測事物. 具此所能, 非骨肉血液臟腑之所可擬也. … 眼無腦氣筋之注達, 不能視, 耳無腦氣筋之注達, 不能聽, … 凡論腦主知覺者, 多不求明乎腦質之固有是能, 乃以靈魂神明等說, 牽合傅會, 可見其人腦質之有欠.

4. 손가락으로 익혀 알다
指有習通

손가락 끝의 피부와 살은 배와 등과 팔다리와 몸의 그것과 다를 뿐 아니라, 신기가 아는 일이 항상 여기에 모여 익힘을 이룬다.

指端皮肉, 非獨有異於腹背肢體之皮肉也, 神氣所通, 常注此而成習.

물체의 차고 따뜻한 정도를 알아볼 때는 손가락 끝을 대어보고, 그릇의 표면 상태를 증험할 때는 손가락으로 문질러 보며, 질병 여부를 맥으로 살피려면 손가락으로 짚어보고, 기의 미세한 움직임을 진정시킬 때는 손가락으로 누르며,26 어두운 방에서는 손으로 더듬어 술잔과 쟁반 따위를 찾고, 등 뒤에 있는 옷감도 더듬어서 면포와 비단을 구별한다. 그러니 여러 촉각 가운데 오직 손가락 끝으로 느끼는 감각이 가장 영험하다.

占物之寒暧, 叩於指端, 驗器之澁滑, 摩以指端, 試脈之病否, 切以指端, 鎭氣之微動, 按以指端, 搜暗室而取盂盤, 探後背而辨布帛. 諸觸之中, 惟指端最靈.

여러 손가락 가운데 오직 집게손가락이 으뜸이며 가운뎃손가락이 그다음인데, 그 까닭은 익힌 기능이 대부분 이 두 손가락에 치우쳐 있고, 또 증험하고 경험하는 역할이 항상 이 두 손가락을 거쳐 신기가 힘을 얻어 아는 길을 이루기 때문이다. 오른손을 못 쓰게 되면 왼손이 일을 대신하듯이 집게손가락과 가운뎃손가락이 잘리면 약지와 새끼손가락

---

26 가령 가볍게 진동하는 물체를 손가락으로 눌러 정지시키는 일 따위.

이 그 역할을 대신하는데, 이것은 익힘을 따라 통달하는 일이지, 본래부터 역할이 정해진 손가락은 없다.

諸指之中, 惟食指爲最, 長指次之, 以其所習, 偏多于此, 驗閱常由斯而得神氣之力, 便成通轍之途也. 右手攣廢, 代以左手, 食指長指斷截, 代以無名指季指, 隨所習而通達, 元無攸定之指.

또 손에 잡혀 손가락에 닿는 기물은 모두 익힘을 통해 힘이 도달할 수 있으며, 그 도달을 따라 앎이 생긴다. 하지만 손으로 집어 드는 물건의 무게가 그 힘을 초과하면 그것을 드는 데만 힘쓸 뿐, 다른 일에 신경 쓰지 못한다. 반면 힘이 딱 맞기만 하면 오로지 들 수만 있을 뿐, 여유 있게 놀리는 칼 솜씨27 같은 게 없다. 만약 물건의 무게가 아주 가볍고 생김새가 날렵하다면, 손으로 잡아도 있는 듯 없는 듯하여 한 몸을 이루니, 마치 몸이 팔을 부리는 것처럼 교묘하게 움직일 수 있을 것이다.

且夫器物之執持於手, 接續於指者, 皆能隨所習而力達, 隨所達而知覺生焉. 然所執持之斤重, 過於力, 則專務克擧, 不暇及他. 適於力, 則惟能擧之, 而無恢恢游刃之術. 若斤重輕微, 爲物捷利, 接指應手, 若存若無, 便成一體, 如身使臂, 庶可以得其妙矣.

문필에 종사하는 선비의 붓놀림은 자연히 붓대를 손가락의 연장, 붓끝의 털을 손톱의 연장으로 삼는다. 힘이 붓에 전달되어도 그것이 손에 접속되

---

27 恢恢游刃은 『莊子』, 「養生主」의 "今臣之刀十九年矣, 所解數千牛矣, 而刀刃若新發於硎. 彼節者有間, 而刀刃者無厚, 以無厚入有間, 恢恢乎其於遊刃必有餘地矣."에서 등장함. 곧 여유 있게 일 처리를 하는 것, 식은 죽 먹기의 뜻으로 또 游刃有餘라는 말도 여기서 유래함. 아울러 庖丁解牛의 고사가 들어 있는 편이기도 하다.

었다는 느낌이 없고, 이어진 기에 끊어진 틈이 없다. 그래서 획을 곧게
내려긋고 옆으로 건너 쓰고,28 갈고리로 연결하듯29 이어져 오르내림이
오로지 신기의 명령만을 듣는다.30 광명정대한 신기를 드러내면 광명정
대한 글씨를 이루고, 생기있고 기이한 신기를 드러내면 생기있고 기이한
글씨를 이룬다. 나아가 여성31의 바느질, 검객의 칼춤, 장인의 기술,32
소경의 악기연주,33 무사의 활쏘기,34 병사들의 투석35에 이르기까지
모두 그렇지 않음이 없다.

文士之揮筆, 以管爲外指, 以毫爲外爪. 力達而不知其接續, 氣連而無有乎間隔. 直
瀉橫走, 鉤連起伏, 惟神氣之是聽. 用發光明正大之神氣, 筆成光明正大之畫, 以發
活潑奇異之神氣, 筆成活潑奇異之畫. 至若女紅之刺針, 釖客之舞袖, 工匠之運斤,

---

28 直瀉橫走는 한문의 글자 배열이 위에서 아래로 오른쪽에서 왼쪽으로 진행하는
　　서법을 말함.
29 『資治通鑑』, 「唐懿宗咸通九年」: 枝黨鉤連, 刑戮必多.
30 惟神氣之是聽은 『左傳』, 「宣公十二年」의 "孤不天, 不能事君, 使君懷怒, 以及敝邑,
　　孤之罪也, 敢不唯命是聽."의 唯命是聽의 어법을 따른 것.
31 女紅은 『漢書』, 「景帝紀」의 "雕文刻鏤, 傷農事者也, 錦繡纂組, 害女紅者也."에 나오
　　며, 여기서 紅은 功의 뜻으로 본다.
32 運斤은 도끼를 움직인다는 뜻으로 運斤成風에 나오는 말. 이것은 교묘한 장인의
　　솜씨를 뜻하므로, 여기서는 장인의 솜씨 또는 도구 다루는 기술 따위를 일컫는
　　말. 運斤은 『莊子』, 「徐無鬼」의 "郢人堊慢其鼻端, 若蠅翼, 使匠石斲之. 匠石運斤成
　　風, 聽而斲之, 盡堊而鼻不傷."에 보인다.
33 叩相을 직역하면 '相을 두드리다'인데, 相은 45종의 雅樂器 가운데 하나이고(『악학궤
　　범』의 분류에 따름), 叩는 '치다', '두드리다'라는 동작을 나타내므로 叩相은 악기연주
　　를 말한다. 또 相은 점치다와 叩는 叩問의 뜻이 있어 점치는 일로 보이나, 문맥상
　　손과 관련된 솜씨의 능숙한 연마를 다루므로 취하지 않았다.
34 捨矢은 화살을 쏘는 것으로 『詩經』, 「小雅·車攻」의 "四黃旣駕, 兩驂不猗. 不失其馳,
　　舍矢如破."와 「大雅·生民之什」에도 나오는 말이다. 『孟子』, 「滕文公下」에 『詩經』의
　　"不失其馳, 舍矢如破."만 인용하고 있다. 舍는 捨의 뜻이다.
35 投石은 投石超距의 준말로 고대 군대에서 무예를 단련하던 활동 가운데 하나.
　　『史記』, 「白起王翦列傳」의 "王翦使人問軍中戲乎. 對曰, 方投石超距."에 보인다.

盲者之叩相, 武士之捨矢, 戰卒之投石, 莫不皆然.

해 설

인식과 학습에서 매우 중요한 손과 손가락 기능의 구체적 사례를 밝혔다. 저자의 철학·과학적 견해와 아울러 예술이론을 엿볼 수 있는 글이다. 우선 감각의 주체는 변함없이 신기이며, 그 경험을 통해 인식한다는 점을 전제하고, 촉감 또는 촉각의 매개물로서 손가락을 들었다. 그래서 눈으로 보고 귀로 듣는 일 못지않게 손의 촉각을 중요하게 생각하였다. 각종 사례에서 저자의 뛰어난 관찰력을 엿볼 수 있다.

여기서 "본래부터 역할이 정해진 손가락은 없다"라는 말에서 인간이나 생물이 본래부터 정해져 있다는 관점을 부정하며, 필요에 따라 각 기관의 기능이 변화(진화 또는 퇴화)하는 진화론적 사유이다. 이는 신학적 창조론이나 사물의 이치가 미리 존재한다는 따위의 형이상학적 주장을 거부하는 저자 철학의 방향에서 볼 때 지극히 타당한 견해이다. 이것은 그의 철학을 아주 세밀한 부분까지 적용하는 사례 가운데 하나이다. 앞서 지적하였듯이 작은 부분에서조차도 전체 철학의 원칙이 관통하고 있는 점이기도 하다.

게다가 물체의 무게와 손놀림의 상관관계는 뉴턴 역학을 마치 한문식 문장으로 표현한 느낌이 들 정도이다. 곧 무게로 나타나는 질량을 m이라고 하고, 드는 힘을 F, 움직임 즉 가속도를 a라고 한다면, 무게가 무거우면 들기 힘들고 가벼우면 자유자재로 움직일 수 있다는 표현에서 F=ma의 관계를 확인할 수 있다. 따라서 그 표현에서 무게(질량)와 움직임(가속도)은 반비례하고, 무게와 드는 힘은 비례한다는 설명을 확인할 수 있다. 저자가 이 책을 쓸 당시에는 아직 뉴턴 역학을 접하지 못할 때였으므로, 이런 표현을 하려면 관찰력과 과학적 사고가 풍부해야 가능하다.

또 기와 예술의 관계를 잘 말하고 있다. 옮긴이는 일찍이 기와 예술의 관계를 설명하였는데, 여기서 두 방면에서 기를 고찰할 수 있다. 먼저 작가의 예술혼이 신체에서 도구(붓이나 악기 따위)로 그리고 최종적으로 작품으로 옮겨가는 과정이 그것이고, 다음으로 기를 통해 작품에서 풍겨 나오는 위대함이나 작가의 예술혼 또는 정신 등을 엿볼 수 있다는 점이 그것이다.36 바로 저자는 문사가 글씨 쓰는 모습을 눈앞에서 직접 보듯이 생생하게 묘사한 장면과 작품이 그것인데, 이 두 가지를 다 포함하고 있다. 바로 작가의 마음(신기)과 작품, 또는 인간의 마음과 대상의 심물합일(心物合一)을 잘 설명하였으며, 남제(南齊)의 사혁(謝赫)이 말한 기운생동(氣韻生動), 곧 예술의 이상적 경지인 기의 생동감을 잘 묘사하였다. 물론 여기서 예술적 의미를 더 연역할 수 있다.

더 나아가 이런 기의 메커니즘은 기술에서 적용된다. 저자가 기술에 얼마나 관심을 두었는지는 따로 그와 관련된 책을 이른 시기에 펴냈다는 점에서 확인할 수 있다.

---

36 이종란, 『기란 무엇인가』, 248-264 참조.

5. 크게 쓰임은 때가 있다
大用有時

내 몸에 있는 장인과 기계는 두 손이고, 나라 안에 있는 장인과 기계는
대부분 장인의 두 손이 그것이다. 나아가 온 세상 사람들도 이 두 손이
있지 않음이 없어서, 손이 사용하고 익히는 일을 말미암고, 손이 제작하
고 수리하는 일을 따르니, 모두 두 손을 기계의 근원으로 삼는다.

在我身, 有工匠器械, 雙手是也, 在國中, 有工匠器械, 多般工匠之雙手是也. 以至天
下之人, 莫不有此雙手, 因其所用所習, 隨其制作修葺, 皆以雙手爲器械之本源.

사람마다 손이 같아도 많을 일들을 겸하여 잘할 수 없다. 분업37으로서
만민의 생업을 해결하고, 윗사람을 섬기고 아랫사람을 부려서38 만민이
한 몸 됨을 이룬다. 나라에서는 정령과 교화로서 인민의 신기를 이끄는
일을 중요한 그물코로 삼고, 차례로 주고받고 등급을 밟아 오르내림39에
는 만민의 두 손이 큰 그물코에 들려 응하는 작은 그물의 눈이 되게
한다. 그리하여 좋은 솜씨를 가진 훌륭한 장인을 권장하고 뽑아, 솜씨가
거칠고 서툰 장인을 인도하면, 훌륭하거나 서툰 솜씨가 모두 알맞게

---

37 通功易事는 『孟子』, 「滕文公下」에 "子不通功易事. 以羨補不足, 則農有餘粟, 女有餘
布, 子如通之, 則梓匠輪輿皆得食於子."에 보이는데, 『集注』에서는 '通人之功而交易
其事'로 풀이하여, 오늘날 分業의 의미로 사용하였다.
38 事上使下는 『論語』, 「子張」에 "子夏曰, 君子, 信而後勞其民, 未信則以爲厲己也.
信而後諫, 未信則以爲謗己也."에 대한 『集注』의 "事上使下, 皆必誠意交孚而後, 可以
有爲."라는 말에 등장한다. 事上만 놓고 볼 때는 『莊子』, 「天道」의 "以此事上, 以此畜
下."에 보인다.
39 지위와 역할에 따르는 예법으로서 행위의 절차를 상징하는 말.

쓰일 것이다. 심지어 무능한 손도 그 무능함과 졸렬함으로부터 유용한
기술을 낼 수 있으니, 온 세상에 쓸모없는 손은 없다.

手則雖同, 不可兼治許多事務. 通功易事, 以濟萬民之產業, 事上使下, 以成萬民之
一體. 以政令教術, 導率人民之神氣, 爲提要之綱, 挨次授受, 繹級升降, 俾萬民雙手,
爲擧應之目. 獎拔善手良工, 導率拙手賤匠, 則巧拙手段, 皆循適宜之用. 至於無能
之手, 亦可從其無能而拙, 出有用之術, 天下無無用之手矣.

만약 솜씨가 거칠고 서툰 장인이 좋은 솜씨를 가진 훌륭한 장인을 이끄는
책임을 맡는다면, 좋은 솜씨를 가진 훌륭한 장인은 그 능력을 발휘할
데가 없다. 그리하여 무능한 솜씨를 가진 자들이 모두 다투어 선발되고
진출할 수 있어, 쓸모없는 손이 쓸모 있는 손을 해쳐 일을 망칠 것이니,[40]
장차 헤아리기 어려운 일이 있을 것이다. 솜씨의 큰 쓰임은 자연히 때를
잘 만나야 하지만, 솜씨를 다듬어 빛냄은 그 사람의 하는 일에 달려
있다.

若以拙手賤匠, 責任導率其善手良工, 則善手良工, 無所措其能. 無能之手皆能爭拔
競進, 以無用之手, 害有用之手, 僨事覆餗, 將有所難測. 手法之大用, 自有所遇之時,
手法之修明, 在其人之攸業.

---

40 僨事는 실패한 사건이나 틀려버린 일로 출전은 『大學章句』傳9章의 "一家仁, 一國興
仁, 一家讓, 一國興讓, 一人貪戾, 一國作亂, 其機如此, 此謂一言, 僨事, 一人, 定國."이
다. 또 覆餗은 折足覆餗의 준말로 솥발을 부러뜨려 飮食을 엎지른다는 뜻으로,
나라를 다스림에 小人을 쓰면 그 임무를 감당하지 못하여 나라를 위태롭게 만듦을
이르는 말. 후자의 출전은 『周易』, 「鼎卦」九四 爻辭에 "鼎折足, 覆公餗, 其形渥,
凶."에 보인다.

해 설

손이라는 작은 대상을 가지고 세상일을 살폈다.

나라를 경영하는 일을 장인의 솜씨에 비유하여 당대의 잘못을 비판하는 말을 행간에서 읽어낼 수 있다. 훌륭하고 솜씨 좋은 장인이 훌륭한 물건을 만들 듯이 나라를 경영하는 사람도 그래야 하는 당위성을 말하고 있다. 19세기 전반부 조선 사회 세도 정권이 인재를 제대로 발탁하지 못하고, 다만 매관매직으로 인한 온갖 부패의 난맥상을 간접적으로 비판하고 있다. 이런 부적격자가 경영하는 난맥상은 지금도 반복된다. 여기서 저자의 섭섭함을 드러내고 있다. 곧 자신은 솜씨가 좋은 장인처럼 준비되어 있는데, 때를 잘 만나지 못해서 크게 쓰이지 못하고 있다는 생각이 그것이다. 일반적 진술이기도 하지만, 그 이면에 본인의 속마음이 들어 있다고 봐야 한다. 이런 표현은 저자의 다른 글에서도 자주 보인다. 이는 무심코 하는 평범한 말 가운데도 자신의 속내가 드러난다는 심리학의 이론에 비추어 봐도 그렇다. 그래서 자기 학문과 경륜에 대한 자부심으로 봐도 좋겠다. 저자의 장남 최병대(崔柄大: 1819~1888)가 문과에 급제하여 고종의 시종신(侍從臣)이 되면서 관직을 추증받기는 하지만, 저자는 끝내 경륜을 펼칠 기회가 없었다.

이 글에서도 기계라는 단어를 사용해 인체를 그것과 연관시켰다. 앞에서도 보였지만, 이는 과학기술에 관심의 표현이자 서학에서 다룬 기계론적 인체관의 영향이기도 하다. 앞서 설명하였다.

6. 오래 널리 전파되는 서적
書蹟久遠

손을 거쳐 이루어진 사물은 그것이 유포된 범위와 전수된 세월의 길이를 가지고, 그것의 우열을 점치고 참과 거짓을 결정할 수 있다. 한 가지 일에 나아가 그 근원과 말단을 밝히고, 핵심41을 들어서 그것이 두루 통함을 알아본다.

事物之由手而成者, 可將其流布廣狹, 傳授久近, 而占優劣定誠僞也. 就一事而明其源委, 擧大體而得其周通.

바로잡아 고치는42 손에서 글이 기록되고, 그것이 목판에 새기는43 손에 올라 전해질 때, 혹시 남의 버림을 받지 않거나 혹시 남이 본받아서 원근 각처에 널리 전파한다면, 손으로 하는 일에서 이보다 큰 것이 있겠는가? 하지만 비석에 새긴 많은 글자와 여러 층의 탑은 비록 천·백 년의 장수를 누리면서 타인의 눈길에 오랫동안 싫증 나게 하더라도, 바람과 비에 씻기고 닳아 점차 훼손되니 어떻게 오랫동안 멀리까지 널리 유포되겠는가? 오래된 서책은 논할 필요가 없다.

---

41 大體는 중요한 핵심으로 綱領과 大要와 통한다. 大概의 뜻도 있으나 여기서는 아니다.

42 繕寫는 잘못을 바로잡아 다시 고쳐 쓰는 일. 이 말이 보이는 곳은 漢의 劉向이 쓴 『戰國策』의 序에 "其事繼春秋以後, 訖楚漢之起, 二百四十五年間之事皆定, 以殺青, 書可繕寫."에 보인다.

43 剞劂은 달리 剞劂氏로도 부르는데, 칼로 목판을 새기는 일 또는 사람으로 板刻이나 刊行의 뜻이 되었음.

記錄於繕寫之手, 登傳于剞劂之手, 倘爲人之所不棄, 或爲人之所取法, 而流傳於遠近, 手段事業, 孰有大於此者乎. 碑銘多字, 塔累數層, 縱有千百歲之壽, 長厭于他人之眼目, 漸損於風雨之洗磨, 何以得其久遠廣佈哉. 書冊之出於久遠者, 不須論也.

유용한 책을 어렴풋이 모방한 데에서 나와 번다한 문장과 자질구레한 내용의 책은 뒷사람이 실제의 이치를 탐구하는 학문에 도움이 없는데, 되레 돌려가며 베끼고 복제하는[44] 사람들이 있다. 하물며 오랫동안 여러 세대를 경험하고, 만국의 같은 점을 비교·조사하여 머뭇거리는[45] 미로를 결정하고, 사용하는 바른 법을 가려 취하는 의도에서 다시 드러내 밝힌 책이랴[46] 그런 책에서 무언가를 얻은 사람은 그 내용과 자기 생각이 들어맞음을 기뻐할 것이고, 얻지 못한 사람은 글의 맥락을 향하여 달려갈 것이다.[47] 그러니 전해지길 기약하지 않아도 저절로 전해짐은 나에게 달린 일이 아니라 남에게 달려 있다.

若出於有用之依俙倣似, 繁文瑣節者, 未嘗有補於後人究實之學, 而猶有傳寫翻刻之人. 況復發明, 出於經驗歷代之久遠, 較閱萬國之攸同, 以定猶豫之迷途, 擇取須用之正法乎. 有得者, 悅樂其符合, 無得者, 趨向其條理. 不期傳而自傳, 不在我而在人矣.

---

44 翻刻은 刊本이나 寫本을 底本으로 하여 간행하는 것.

45 猶豫는 『노자』와 『楚辭』와 『예기』 등에도 보이지만 본문과 의미가 상통하는 곳은 『史記』, 「呂太后本紀」에 "或以爲便, 或曰不便, 計猶豫未有所決."이다.

46 이 단락은 저자 자신의 저술에 대한 평가가 들어 있다.

47 이해하려고 노력한다는 뜻. 여기서 條理는 맥락이나 질서 또는 가닥 따위인데 『孟子』, 「萬章下」, "金聲也者, 始條理也, 玉振之也者, 終條理也. 始條理者, 智之事也, 終條理者, 聖之事也."에 보인다.

옛사람들이 널리 전파한 경전과 서적48에서 윤리를 논한 부분은 그 대강을 매우 잘 갖추고 있어 고금이 다르지 않지만, 큰 도리와 세부 내용의 논의는 흡사 새벽에 일어나 새벽에 보거나 한 일을 설명하는 것과 같다. 반면 지금 사람들이 논하는 큰 도리와 세부 내용은 한낮이 되어 새벽부터 한낮까지 보거나 한 일을 설명하되, 새벽일을 미루어 한낮의 일을 헤아리고 한낮의 일을 미루어 새벽일을 헤아리는 것과 같다. 이처럼 후세 사람들이 논한 큰 도리와 세부 내용도 저녁이 되어 새벽부터 저녁까지 보고 한 일을 아울러 논하는 일과 같다. 그러니 온 세상 만대의 시비와 공론은 후세 사람들의 결정하는 결과에 달려 있어, 되레 지금 사람에게는 기대할 것이 없다. 그래서 서적이 널리 전파되는 일 또한 공론을 따라 그 장수와 단명이 정해질 것이다.

古人之流傳經籍, 論其倫常, 則深得大綱, 無有古今之異, 至論其大道細節, 則如曉起而說曉時所見所行. 今人之論大道細節, 如當午而說得曉午之所見所行, 推曉測午, 推午測曉. 後人之論大道細節, 如當夕而幷論自曉至夕之所見所行. 則天下萬歲之是非公論, 在後人之攸定, 猶無待於今之人. 而書籍之流傳, 亦從其公論, 爲之壽夭.

---

48 經籍은 儒家의 經書만을 말하기도 하고, 고대의 도서를 포함하기도 한다. 본문 뒤에 書籍이라는 단어를 쓰는 점을 보면 후자의 뜻으로 보임.

해 설

수통의 마지막 글로서 그 주제는 손을 매개로 서적의 전파를 다루었다. 시간문제이나 좋은 책은 세상에 유포되면 시공을 초월하여 그 내용이 전파된다. 아마도 당시 많은 서양의 책들이 한문으로 저술되거나 번역되어서 이런 생각이 가능했을 것이다. 앞의 『신기통』 권1의 「세계 문자의 변통(四海文字變通)」에서 그간의 사정을 알 수 있다. 우리는 행간에서 저자 자신이 여러 책을 저술한 의의를 읽어낼 수 있다. 본문 중간 부분의 '더구나 오랫동안' 이하의 문장에 주목할 필요가 있다. 특히 후기 저술에서 그 자신이 동서 학문의 장점을 이어받아 새로운 학문을 만들었다고 자부하였는데, 초기 저술인 이 책에서도 그런 자부심을 잠깐 엿볼 수 있다. 이 글에서 알 수 있는 중요한 발언 가운데 하나는 역사나 학문의 평가는 후세 사람이 한다는 엄중한 사실이다. 이것은 형세상 어쩔 수 없다. 비판하거나 평가하는 그 자신도 훗날 뒷사람의 평가를 받을 수밖에 없다. 이전의 고전도 그렇다는 생각이 행간에서 묻어나온다. 이는 성현이 저술한 책을 함부로 말할 수 없다는 종래의 유학자들과 다른 관점이다. 경험을 중시하는 그의 철학에서 보면, 고대인의 경험과 현대인의 그것은 매우 다르기 때문이다. 그래서 옛사람들의 생각이 무조건 다 옳다고 할 수만은 없었다. 다만 저자는 윤리만은 예외로 취급했는데, 당시 유교 윤리를 대신할 대안이 없었던 시대상도 작용했겠지만, 그 가치의 특성이 적어도 형식상에서는 보편성을 지향하고 있기 때문이다. 따라서 책의 생명력이 길어지려면 공론을 따라야 한다고 했는데, 이는 달리 말하면 인류의 보편적 가치와 합리적 지식을 담고 있어야 한다는 점과 통한다. 한 지역의 문화나 종교, 특정 계층의 이익과 관심 따위만을 강조하는 책은 오래가기 힘들기 때문이다.

족흥
足通

1. 발의 힘이 감당하는 것
足力堪任

앉거나 눕거나 다니거나 서 있는 동작은 모두 기의 강약과 운동·정지를
말미암는다.

坐臥行止, 皆緣于氣之强弱動靜.

강보에 싸인 갓난아이는 오래 누워 있어도 앉을 수 없다가, 5~6개월이
지나면 앉을 수는 있어도 서지는 못한다. 또 5~6개월이 지나면 설 수는
있어도 걷지는 못하며 또 몇 개월이 지나면 걸음마는 배워도 달리지는
못한다. 그러다가 튼튼하고 굳세게 되면, 뛰거나 물건을 넘을 수도 있다.
몸이 크게 자람은 곧 기가 튼튼하고 굳세게 되는 현상이요, 기가 튼튼하고
굳셈은 곧 몸이 크게 자란 일이다.

兒在襁褓, 長臥而未能坐, 差過五六月, 能坐而不能立. 又過五六月, 能立而不能移
足, 又過數月, 能學步而不能走. 及其强壯, 能走能超. 形質之長大, 卽氣之强壯,
氣之强壯, 卽形質之長大也.

기력이 두 발에 뻗쳐 도달하면 하루에 백 리 길의 평지를 가고, 저만치
만 길이나 되는 높은 산에 오른다. 발은 몸을 이동시켜 떠받치고 가는
일만 하지 않는다. 또 무거운 물건을 둘러메거나 질 때와 수레를 밀거나
말을 끌 때도, 발을 올리고 내리고 굽히고 펴는 동작 모두 다리에 기를
모으고 발에 힘을 주어야, 그 능력을 발휘하고 하는 일을 성취할 수 있다.

氣力敷達於兩足, 履平地而日行百里, 登高山而陟彼萬丈. 非獨運身而動, 戴體而行. 又擔負重物, 推挽車馬, 俯仰屈伸, 皆以注氣於脚, 植力於足, 乃得措其能而就其事.

그런데 넘어져 쓰러지지 않은 까닭은 저절로 자기의 힘을 판단하여 지나치거나 모자라는 정도를 헤아리고, 또 무게중심의 수선[1]을 전후좌우로 조절하는 일이 있기 때문이다. 이것은 배우지 않아도 능숙하며,[2] 노력하지 않아도 들어맞는다.[3]

不至於顚倒躓蹈, 自有量己力, 而揣度過與不及者, 又有重徑線之轉垂前後左右者. 是乃不學而能, 不勉而中也.

그리하여 뛰어오르는 높이와 메거나 질 물건의 무게는 슬쩍 보기만 해도 그 가능성과 감당 여부를 판단한다. 그렇게 무게중심의 수선[4]이 발과 잘 호응하는 까닭은 설령 표[5]를 세워 기준에 맞출 겨를이 없어도, 쓰러지고 넘어지는 동작에는 저절로 넘지 않는 한도가 있기 때문이다.[6]

超升之高低, 擔負之輕重, 寓目輒判其能與不能, 堪與不堪. 重垂線之重心, 與足相應, 縱不暇立表取準, 以顚躓傾危, 自有不越之限.

---

1 『추측록』 권6, 「中徑時中」에서 "重徑, 卽重心之垂線."이라고 저자의 주석이 있다. 重徑은 이 重徑線의 줄인 말로 보임.
2 『孟子』, 「盡心上」: 孟子曰, 人之所不學而能者, 其良能也. 所不慮而知者, 其良知也.
3 『中庸』: 誠者, 天之道也, 誠之者, 人之道也. 誠者, 不勉而中, 不思而得.
4 『추측록』 권6, 「中徑時中」에서 "重徑, 卽重心之垂線."이라는 저자의 정의에 따라 重徑線과 같은 말로 썼다. (앞에 나옴)
5 表는 관측이나 측량을 위해 지상에 수직으로 세운 막대. (앞에 나옴)
6 무게중심의 균형을 유지하는 한도 내에서는 쓰러지거나 넘어지지 않는다는 뜻.

해 설

족통(足通)을 설명하는 첫 번째 글로서 기와 발의 관계 그리고 그 기능을 설명하였다.

이는 인식론에만 한정하면 서양철학이나 불교철학 그리고 과학의 관점에서는 오감 가운데 하나인 촉감에 해당한다. 하지만 앞의 수통이나 생통과 마찬가지로 그것과 분리해서 다룬 데는 전통의 관점이기도 하고, 또 하나의 인식론적 촉감으로만 통합하여 설명하기에는 다른 측면이 많다고 보기 때문이다.

우선 대전제로서 모든 활동은 기를 전제로 한다는 점이다. 후기 저작에서 모든 만물은 기의 운화 가운데 있다고 한다. 자연에서도 몸 안에서도 기는 운화한다. 몸의 자람도 그것에 비례해 물리적 기가 강하게 작용하게 된다.

여기서 중요한 점은 힘과 기의 관계이다. 앞에서도 언급했듯이 기를 한마디의 현대 용어로 말할 수 없다. 기의 외연이 갖는 다의적 성격 때문이다. 더구나 기가 연장(延長)을 갖고 공간을 점유하는 서구식 전통 물질로만 보는 데도 문제가 있다. 그렇다고 그런 물질을 초월한 형이상학적 존재라고 말하면 더욱 큰 문제가 된다.

그래도 기를 정의해야 하므로 옮긴이는 다소 거칠고 추상적이지만 "기란 생성과 소멸이 없이 영원불멸하고 취산하는 존재로서, 실제로 존재하는 모든 것들의 근원임과 동시에 우주 만물의 물질 운동과 생명 활동 및 정신 현상을 일으키는 실체이자 원인자이다"[7]라고 정의한 바 있다. 이렇게 보면 기는 분자 단위 이하의 미세물질, 공기, 에너지,

---

7 이종란, 『기란 무엇인가』, 292쪽.

힘, 생명력, 유기체의 정신 현상, 심지어 동아시아의 음양과 오행의 기는 물론이요, 혼백과 신(神) 따위도 기의 범주에 포함된다. 이른바 모든 존재는 모두 기의 소산인 셈이다. 이렇게 보면 현대 물리학에서 말하는 물질 개념과 다르지 않다. 다만 기는 그것과 다른 뉘앙스로 생기(生氣)나 활물(活物)로 명명하여, 생명이나 정신 현상은 물질의 진화 과정에서 등장한 곧 기의 특수한 운동 형태[8]라고 해석할 수 있다는 점이다.

아무튼 본문에서도 기와 힘을 같은 의미로 사용했다. 그래서 흔히 둘을 같이 사용하여 '기력'이라고 표현하는데 본문에서도 등장한다. 힘은 기의 물리력 가운데 하나로서 열이나 전기 따위의 기(에너지)로 전화될 수 있어서 그런 표현에는 무리가 없다. 일찍이 아인슈타인도 질량을 가진 물질도 에너지로 전화될 수 있음을 밝혀서, 에너지와 물질의 경계는 이미 무너졌다. 따라서 우리가 지구상에서 흔히 보는 물질, 가령 우리 몸을 구성하는 칼슘이나 철이나 하는 것도 우주의 거대한 별에서 핵융합으로 탄생하여 그 별이 폭발하면서 우주에 흩어졌고, 그 잔해가 모여 지구 같은 별을 만들었다는 우주물리학의 이론에 따르면, 기의 취산의 논리가 결코 틀렸다고 말할 수 없다. 아니 그 논리를 현대 과학이 입증했다고 할 수 있다. 우리 몸 자체가 우주의 역사를 간직하고 있는 셈이다. 앞의 글에서도 그 점을 지적하였지만, 여기서 돋보이는 점은 저자 특유의 관찰력이다. 걸음마를 배우는 아이의 성장도 그렇지만, 인간이 두 발로 다니면서 쓰러지지 않는 현상을 무게중심의 이동과 관련하여 설명하는 방식이 그러하다. 이는 현대 기술자들이 두 발로 걷는 로봇을 개발할 때, 로봇 발의 움직임을 무게중심과의 관계를 계산하여 쓰러지지 않게

---

8 이종란, 『서양문명의 도전과 기의 철학』, 318-324 참조. 더 자세한 기와 현대 과학의 관계는 이 책을 참고할 것.

설정하는 기술과 논리상 일치한다. 로봇에게는 정확한 계산이 요구되지만, 우리 몸은 굳이 그렇게 할 필요가 없다는 뜻으로 저자는 말하였다. 그것은 우리 몸이 배우지 않아도 노력하지 않아도 된다고 했는데, 쉽다는 표현으로 보인다. 실은 어릴 때 걸음마를 시작할 때 그 발달 과정에서 무의식적으로 자연스럽게 학습한 결과이다. 자전거 운전을 배우는 일과 같다.

2. 발걸음이 다르다
踐履不同

지위가 높은 사람과 낮은 사람의 발의 용도가 비록 달라도, 밟아야 할
곳을 밟기도 하고 밟지 말아야 할 곳을 밟는 현상에는 차이가 없다.[9]

貴賤之足用雖異, 至於踐其所當踐, 履其不當履, 無所異也.

지위가 낮은 사람이 밟거나 밟지 말아야 하는 문제는 다만 자기 수양[10]의
좋고 나쁨이 될 뿐이어서, 그 이익과 손해가 자기 몸과 가정을 벗어나지
않는다. 하지만 지위가 높은 사람의 문제라면 관계되는 일의 이익과
손해, 성공과 실패의 정도가 작게는 사방의 사람들의 귀에 퍼지고 크게는
동식물에게까지 미친다.

微賤者之當踐不當踐, 只爲自修之善惡, 而利害不離於身與家也. 尊貴者之當踐與
不當踐, 所係之利害成敗, 淺則傳播於四界之聽聞, 深則浹洽于草木禽獸.

애초에 밟을 곳의 선택은 기질을 따르거나 듣고 본 견문의 익숙함을
말미암는다. 대개 세상 사람들이 밟아 걷는 방법을 대강 말하면 한 가지
방식으로 같다. 그래서 걸음마를 배운 이후부터 늙어 죽을 때까지 모두

---

9 踐과 履는 모두 '밟다'로 저자는 구별 없이 사회적 실천의 의미로도 사용한다. 후자는
   『周易』의 「履卦」에서도 다룬다. 뒤 문장을 참고하면 이 문장에는 신분의 고하를
   막론하고 사람의 발걸음이 정당하기도 하지만, 그렇지 못한 일도 있다는 뜻으로
   당시 사회에 대한 강력한 비판의식이 녹아 있다. 足用은 상징적 표현.
10 自修는 자기의 덕성을 수양하는 일로서 『大學』의 "如琢如磨者, 自修也."에 보인다.

어디로 나아가는 목표가 있다.

自初所履之擇, 有由氣質之所循者, 有由見聞之所慣者. 蓋世人之踐履之道, 語其大
體, 則同一道也. 自學步以後, 至于衰老, 皆有向往之準的.

어떤 사람은 한 가지 일을 시작하여 끝내는 일을 목표로 삼기도 하여
얼마 동안 실천하다가 또 다른 일을 취하여 다시 목표로 삼는다. 이처럼
바뀌는 경우가 많아서11 평생의 앞길이 벌써 끝나버린다.

或以一事始終爲準的, 而行到幾時月, 又取他事, 更爲準的. 如是變易, 至于十數,
而平生前程已盡矣.

어떤 사람은 한 몸 평생의 일을 목표 삼아, 멀거나 가깝거나 험하거나
쉬운 일을 분별하고, 자기 몸이 굳세고 장성하고 쇠잔하고 늙는 상태를
짐작한다. 그리하여 나이를 계산해 목표에 미치지 못할지 우려하고,
때를 관망하여 발걸음을 재촉하거나 늦추기도 한다.

或以一身之始終爲準的, 分別遠近險易, 斟酌强壯衰老. 計年而憂慮不逮, 觀時而爲
之遲速矣.

또 어떤 사람의 발걸음은 만민이 함께하는 보편적 도리12로 형세를 이롭
게 이끌어 가르침을 베풀고 잘 깨우친다. 현명하든 어리석든 늙었든

---

11 十數는 십에 얼마를 더한 수를 뜻하나 여기서는 많다는 뜻. 『莊子』, 「德充符」에
  "婦人見之, 請於父母曰, 與爲人妻寧爲夫子妾者, 十數而未止也."라는 말에 보인다.
12 萬民經常大道란 오늘날 식으로 말하면 보편적 원리나 규범을 말함.

젊었든 착하든 나쁘든 강하든 약한 사람이든 간에 모두 하늘의 원리13를 따르고 인도의 마땅함을 좇도록 한다. 그리하여 뒤따르지 못하거나 이탈함이 없게 하여, 그 근심과 즐거움을 함께 나누고 그 사업을 함께 이루니, 그 발걸음이 만세를 통틀어 더하고 덜어내는 기준이 된다.

或以萬民經常大道, 引勢利導, 設敎善諭. 俾賢愚老少, 善惡强弱, 循天軌之周始, 從人道之攸宜. 要無不逮, 又無遺漏, 同其憂樂, 共濟事業, 通萬歲爲損益之準的矣.

그 발걸음이 나누어져 달라진 종류를 말하면, 우선 폐습을 준수하여 부침하는 사람이 가장 많고, 허무14를 받들고 높이는 사람이 그다음으로 많고, 하늘과 인간의 바른길을 받드는 사람이 가장 드물고, 선현의 남긴 제도를 따르는 사람 또한 드물다. 심지어 착하고 나쁘고 순수하고 잡된 발자취가 서로 침해하며 섞여 있는 경우는 일일이 열거할 수 없다.

語其分殊, 則遵弊俗而浮沈者最多, 宗虛無而高尙者次之, 奉天人之正道者最罕, 循先賢之遺制者亦稀. 至於善惡純雜, 侵害交集, 有不可枚擧矣.

그러니 만민의 발걸음은 복잡하여 한결같지 않다. 반듯하게 걷는 사람이 있으면 반드시 비스듬히 걷는 사람도 있고, 발걸음이 착한 사람이 있으면 반드시 나쁜 사람도 있으며, 순행하는 사람의 곁에는 역행하는 사람이 있고, 내실 있게 걷는 사람들 바깥에는 반드시 헛되게 걷는 사람도 있다.

---

13 天軌之周始를 직역하면 하늘의 궤도가 일주하는 시작점으로서 하늘의 원리를 상징. 天道의 의미.

14 저자가 말하는 虛는 주로 도가사상이고 無는 불교사상을 상징한다. 『추측록』 권2 「老氏無佛氏空」에 보인다. 여기서는 종교를 통칭하는 말로 쓰였다.

그것을 잘 헤아려 통제하는 방법은 다만 도리에 알맞게 바로 서서15
선을 권장해 나간 뒤 채찍을 가할 수 있다.

然則萬民之踐履, 紛紜不齊. 有直行者, 必有行邪者, 有行善者, 必有行惡者, 順行之傍,
必有逆行者, 實行之餘, 必有虛行者. 裁御之方, 但能中道而立, 獎勸善進, 鞭策後至.

---

15 『孟子』, 「盡心上」: 君子引而不發, 躍如也. <u>中道而立</u>, 能者從之.

해 설

발이 상징하는 발걸음을 가지고 사람의 등급은 논하였다.

바늘구멍으로도 세상을 다 엿보는 방법과 논리가 녹아 있다. 먼저 발걸음 또는 발자취의 중요성을 논하였다. 특히 영향력이 있는 사람의 발걸음이 그러하다. 이는 오늘날도 마찬가지여서 사람은 물론 동식물까지 그 영향력을 끼친다. 그래서 유학은 사람이 성인의 경지에 이르면 만물의 화육(化育)에도 참여하여 돕는다고까지 주장하였다.

그리고 이 발자취를 가지고 인간의 등급을 나누었다. 크게 폐습을 준수하는 범인과 종교의 가르침에 빠져 사는 사람 그리고 유교의 성인과 같은 부류가 그것이다. 본문 "하늘의 원리를 따르고 인도의 마땅함을 좇는다"라는 말과 "하늘과 인간의 바른길을 받든다"라는 말에서도 저자 자신도 마지막 부류에 해당한다는 자신감을 행간에서 엿볼 수 있다. 본서의 서문에서 주장한 것과 같은 맥락이다.

또 그의 학문과 주장은 개혁을 부르짖지만, 옛것이라고 다 나쁘지 않다는 생각이 남아 있다. 곧 '선현의 남긴 제도를 따르는 사람'이라는 글에서 확인할 수 있다. 오늘날 전통을 계승하는 일도 그런 태도여야 한다. 이 말은 저자 논지에 대한 당시의 비판과 비난의 방패 역할도 하지만, 본서의 서문에도 주공과 공자를 거론한 점을 생각해 보면 분명해진다. 우리가 과거를 비판할 때 현재를 기준으로 삼는 경우가 많은데, 가령 일제강점기 초기 많은 지식인이 조선이 망하게 된 원인이 유학이라고 호되게 비판했다. 그런 분위기 속에서는 '선현의 남긴 제도'를 본받자고 말할 수 없었다. 이처럼 21세기 현대에 유교의 선현이 무슨 의미가 있겠냐고 반문할 수 있다.

여기서 저자가 말한 선현의 제도란 시의에 맞는 적용의 문제이다. 본서의 서문과 본문에서도 등장한 손익의 논리가 그것이다. 그러니까 성인이 남긴 가르침 또는 제도란 다 좋지도 다 나쁘지도 않기에 시대에 맞게 분별하여 적용할 문제라는 지적이다. 만약 일제강점기 초기처럼 다 나쁘다고 한다면 역사의 단절을 피하기 어렵고, 그 결과 우리 역사를 황폐하게 만드는 일이 되고 만다. 구한말 이래로 지식인들이 부러워하고 운동의 목표로 삼았던 근대화도 마찬가지여서 다 좋지도 다 나쁘지도 않다. 다 좋은 것만이 아니기에 오늘날 우리가 겪는 온갖 부조리 가운데도 근대화 과정에서 파생한 일들이 적지 않다. 극단적으로 추종한 대가이다.

3. 멀리 가는 일은 도보에 있지 않다
致遠不在足行

멀리 가는 일로 치자면 지구를 한 바퀴 도는 일이 최고이고, 높은 곳에 오르는 일을 따지자면 곤륜산16 정상에 오르는 일이 으뜸이다. 하지만 잘 다니는 일을 말할 것 같으면, 직접 발로 걷는 일을 귀하게 여기지 않고, 실제의 이치를 밝혀 남이 전한 말과 글이 멀리까지 널리 전파되는 일을 귀하게 여긴다.

行遠者, 以地球一周爲最, 登高者, 以崑崙頂上爲最. 善行者, 不以足踏爲貴, 以闡明實理, 人傳言文, 廣佈致遠爲貴.

가령 지금 잘 걷는 사람이 있다고 가정해 보자. 배와 수레를 타야 하는 제한 사항이 없고, 국경 통과를 금지하는 일도 없으며, 통역17이 있고 여행비18가 넉넉하고 몸에 병이 없어 하루에 백 리를 걸으면, 천 일이면 십만 리를 갈 수 있을 것이다. 하지만 밟고 지나간 길은 하나의 선으로

---

16 昆侖山과 통용함. 보통 전설 속의 높은 산. 神仙說이 등장하면서 신선이 사는 곳으로 여김. 또는 불교에서는 불교의 근본이라는 뜻으로 사용함. 실제로는 新疆과 西藏 사이에서 서쪽으로 파미르고원을 접하고 동쪽으로 靑海에 연결되는 산이라고 말한다. 마테오 리치의 「만국곤여전도」에도 보임. 『莊子』, 「天地」의 "黃帝遊乎赤水之北, 登乎崑崙之丘."에 보임.

17 譯傳은 驛傳과 같은 뜻으로 보아 말을 바꿔타던 驛站으로 해석하기도 하는데, 본문이 오로지 걷는 일을 위주로 하므로 말은 필요 없고, 국경을 넘는 일을 전제로 하므로 통역으로 봐야 한다. 숙박의 의미로 봐도 그것은 여행비에 들어 있는 요소로서 숙박 장소로도 어울리지 않는다.

18 資斧는 여행에 드는 재물 또는 경비인데, 그 기원은 『주역』, 「旅卦」 九四爻의 "旅于處, 得其資斧, 我心不快."에 보인다.

이어졌고, 본 것은 길 좌우에 우뚝 솟은 산과 흐르는 물과 같은 풍경에 지나지 않는다. 설령 이렇게 쉬지 않고 걸어 다니면서 평생을 다 보낸다고 해도, 그가 안 내용을 논한다면 여행지의 대동소이한 풍기[19]와 물산과 길에서 주워들은 남녀의 생활과 모습[20]에 관한 말[21]뿐이다.

如使健步之人. 無有舟車之限, 未有國界之禁, 譯傳資斧, 身無疾病, 而日行百里, 千日可行十萬里. 所履只是一線之路, 所見不過左右山崎水流. 縱得盡其生, 而步履不息, 論其所得, 風氣物產之大同小異, 男女居處之塗聽道說.

그러니 그것이 어찌 원근 각처의 서적을 많이 모아 세계의 문화[22]와 역사[23]를 경험하고, 세계의 현인과 이치에 밝은 선비[24]와 응대[25]하는 일과 같겠는가? 크게는 역법과 작게는 기물에 이르기까지 정밀하게

---

19 風氣는 기후·풍습·풍속 따위를 통틀어 일컫는 말.

20 居處는 보통 사는 곳으로 말하지만, 그보다 범위가 넓다. 우선 일상생활이란 뜻이 있는데 『論語』, 「陽貨」에 "夫君子之居喪, 食旨不甘, 聞樂不樂, 居處不安."이 그것이고, 다음으로 평상시의 행동거지의 뜻으로 쓰였는데 『論語』, 「子路」에 "居處恭, 執事敬, 與人忠, 雖之夷狄不可棄也."가 그것이다. 여기서는 전자에 해당함.

21 塗聽은 길에서 전해 들은 것으로 『後漢書』, 「列女傳·曹世叔妻」 "耳無塗聽, 目無邪視, 出無冶容, 入無廢飾."라는 말에 보인다. 또 道說도 길거리의 말로도 옮길 수 있는데 곧 말로 표현한다는 뜻이다. 『史記』, 「老子韓非列傳」에 "非為人口吃, 不能道說, 而善著書."라는 말에 보인다.

22 典禮는 원래는 제도와 예의이다. 『周易』, 「繫辭上」에 "聖人有以見天下之動, 而觀其會通, 以行其典禮."가 그것이다. 그래서 왕이나 국가의 儀禮로 보기도 하는데, 현대적 관점에서 보면 문화에 포함된다.

23 沿革은 변천되어 온 내력으로 沿은 따르는 것, 革은 바꾸는 것으로 본문에서는 역사를 상징한다.

24 達士는 속인보다 견식이 높고 뛰어난 사람으로 『呂氏春秋』, 「知分」에 "達士者, 達乎死生之分."라는 말에 보인다.

25 酬酌은 酬酢과 같이 쓰이며, 술을 주고받는 뜻에서 응대의 의미로 바뀌었다. 『周易』, 「繫辭上」의 "顯道神德行, 是故可與酬酢, 可與祐神矣."에 보인다. (앞에 나옴)

연구하여, 우주에 노니는 정신에 막힘이 없고,[26] 신기[27]는 한 몸에 두루 통하여 추측한다. 비록 직접 걸어서 집 뜰 밖으로 나가지 않아도,[28] 저렇게 평생 힘들게 걸어 다닌 사람과 비교하면, 안 내용에 저절로 우열이 있다.

豈若多聚遠近書籍, 閱歷乎宇宙之典禮沿革, 酬酢于宇宙之賢人達士. 大而至于歷象, 細而及乎器用, 精硏究索, 神遊於六合而無礙, 氣通於一體而推測. 雖步履不出戶庭, 與彼平生行役者, 所得自有優劣.

---

26 『장자』逍遙遊의 표현을 빌려 왔다. 또 같은 책, 「齊物論」에 "六合之外, 聖人存而不論, 六合之內, 聖人論而不議."라는 말이 있는데, 저자의 六合은 우주적 공간을 상징한다.

27 神氣로서 서적에서 전하는 만물의 기를 말함. 본서가 '神氣通'이라는 제목에서 알 수 있듯이 他物의 신기와 나의 신기가 통한다는 점을 전제한 말. '神遊於六合而無礙, 氣通於一體而推測'에 각각 神과 氣를 배치했다.

28 관련된 문헌은 『周易』, 節卦 初六에 "不出戶庭, 无咎."가 있고, 또 그 小象傳에 "不出戶庭, 知通塞也."라는 말이 보이는데, 다만 戶를 기준으로 안뜰과 바깥뜰이라는 程頤와 朱熹 사이 의견 차이가 있다. 또 사상적으로 『老子』47장의 "不出戶, 知天下, 不窺牖, 見天道."와 연결된다.

해 설

여행을 상징하는 발을 통하여 직접 경험이 갖는 한계를 논하였다. 사실 여행은 새로운 견문을 위주로 한다. 하지만 피상적 견문만 가지고 사물의 본질을 알기 어려운데 그것이 바로 여행의 한계이다. 여행하고 또 그 여행담을 들려주는 일보다 실제의 이치를 밝힌 글이나 말을 전달하는 일이 더 값어치 있다고 판단하였다.

마지막 단락의 글에서는 저자 자신이 한 일 또한 앞으로 할 일에 대한 자세한 설명이다. 딱 누구라 지칭하지는 않았어도 그의 저술 목록을 보거나 또 그것을 읽어본 사람이라면 충분히 알 수 있는 말이다. 그리고 이 작은 분량의 글에 『신기통』과 『추측록』 저술의 기본 정신도 들어 있다.

오늘날 우리나라에서 무역수지 적자를 일으킬 정도로 해외여행을 떠나는 사람들이 참 많다. 자기가 살던 곳을 떠나 다른 지역에서 색다른 체험을 즐기려는 목적이 대다수다. 직장 일로 또 사업이나 생업을 위해 현지 사정을 공부하는 사람과는 별도로, 보통 사람들은 저자가 말한 그런 수준에 그치고 만다. 대부분 비용과 시간과 체력을 소비하는 관광에 그치지만, 휴양과 삶의 활력을 충전하는 경우라면 그나마 다행이다. 이와 달리 색다른 경험이라는 측면에서는 현지 주민의 삶이 녹아든 문화의 본질과 사상을 아는 일이 더 중요하다. 이렇다면 단순한 견문보다 그에 관한 다큐멘터리나 책 한 권이 더 나을 수도 있다는 게 저자의 생각과 통한다.

촉통
觸通

1. 안팎이 서로 호응하다
內外相應

피부는 몸을 둘러싼 베와 비단이고, 살은 옷 사이에 넣은 솜이며, 피는 옷에 배어든 땀이다. 하지만 의복과 몸 사이에는 오히려 틈이 있으나, 신기가 피부와 살에 있어서는 실로 틈이 없다. 몸 안의 기가 밖으로 나가거나 바깥의 기를 접촉하는 일은 모두 모공1을 통해서인데, 안팎의 기가 서로 만나 반응하는 속도는 그림자나 메아리처럼 빠르다. 이때 몸 안의 기가 외기보다 더우면 몸 밖의 추위를 느끼고, 외기가 몸 안의 기보다 덥다면 외기의 더위를 느낀다. 그리고 몸 안팎의 추위와 더위가 알맞게 균형을 이루면, 추위나 더위를 느끼지 않아서 오직 편안함을 느낄 뿐이다.

皮爲裹體之布帛, 肉爲衣服之挾纊, 血爲洽衣之汗澤. 衣服之於身, 猶有間焉, 神氣之於皮肉, 實無間焉. 內氣之發, 外氣之觸, 皆從毛髮孔而通, 內外相應, 捷如影響. 身氣熱於外氣, 則覺身外之寒, 外氣熱於身內之氣, 則覺身外之熱. 身內身外, 寒熱均適, 則身內身外, 不覺寒熱, 惟得和平而已.

인간의 몸은 곧 하나의 기물이다.2 어떤 물건이 몸에 접촉하면 몸 안의

---

1 눈에 보이는 머리털의 그것만을 생각하면 안 된다. 피부에는 눈에 잘 보이지 않는 솜털의 그것이 무척 많다. 여기서는 기가 통하는 문제이지만 피부의 온도·통증·압력을 기의 범주에 넣어 이해할 수 있다.

2 器皿은 원래 잔이나 접시 등처럼 음식과 관련된 그릇이었고, 뒤에 물건을 담는 일상의 도구로 쓰였다. 『墨子』, 「節葬下」에 "使百工行此, 則必不能修舟車爲器皿矣."라는 말과 『禮記』, 「禮器」에 "宮室之量, 器皿之度, 棺槨之厚, 丘封之大, 此以大爲貴也."라는 말에 보인다. 하지만 저자는 그 외연을 더 넓혀 생활 용구 또는 도구만이 아니라 인식의 대상으로 하늘과 땅, 인체까지도 포함하였다. 같은 맥락에서 다른

기 또한 움직인다. 또 몸 안의 기가 어떤 이유로 놀라 두려워하거나 혹 질병으로 움직이면, 몸 밖의 기도 움직인다. 이는 마치 빈 항아리를 밖에서 두드리면 항아리 안의 공기가 떨려 울리고, 항아리 안에서 두드리면 항아리 밖의 공기가 진동하는 현상과 같다.

人之身體, 卽一器皿也. 有物觸於身, 則身內之氣亦動. 身內之氣, 或因驚恐, 或以疾病而有動, 則身外之氣亦動. 如空甕, 自外彈之, 甕內氣振鳴, 自內彈之, 甕外氣振動矣.

만약 안팎의 기가 통하지 못하게 모든 감각기관을 막는다면, 비록 잠시라도 견디기 어렵고, 기가 차고 열이 나서 오래가면 반드시 죽게 된다. 또 만약 감각기관만 겨우 통하고 피부가 외기와 통하지 못하게 마치 종이를 도배하듯이 발라버리면, 이 또한 반드시 중병이 생길 것이다.

若使內外不通, 諸竅皆塞, 雖暫時難堪, 氣積充而發熱, 到久而必致斃矣. 又若纔通諸竅, 而皮膚不得通外氣, 如用紙塗黏, 則亦必有重病之作耳.

곳에는 기계로 비유하였다. 가령 『신기통』 서문에서는 감각기관을 그렇게 표현하고, 또 같은 책, 권2 「窮格器用」에도 "人身形體, 是一器械也."라는 말이 보인다. 이런 표현은 서학의 영향이다. (앞에 나옴)

해 설

신기의 자연적인 소통을 생리적 입장에서 다룬 글이다.

신기통을 인식론에만 국한하지 않았음을 알 수 있는 글이다. 우선 추위와 더위를 느끼는 원리를 안팎의 기의 온도로서 설명했다. 물론 몸의 건강 상태에 따라 조금씩 다르겠지만 일반적인 설명이다. 그래서 몸이 추우면 따뜻하게 하여 체온을 높이고, 더우면 차게 하여 체온을 내려야 한다. 그것이 기의 소통 방법 가운데 하나이다. 인간은 항온동물이니까 체온을 기준으로 그 추위와 더위에 대처하도록 진화되었으리라.

이는 비단 온도만이 아니라 주위 환경과 몸의 소통으로서, 오늘날 환경오염으로 인한 인체의 악영향을 포괄하는 논리이다.

마지막 단락의 설명도 일리가 있다. 인간을 포함한 포유동물도 극소량이지만 피부로도 호흡하기 때문이다. 인식 이론이 아닌 이런 생리적 관점의 신기통도 미신적이고 신비한 무엇이 아니라 과학적 근거가 있을 것이다. 다만 그것을 실험으로 입증한 자료가 충분치 않을 뿐이다. 가령 숲속에서 행하는 풍욕이나 맨발 걷기도 그 사례 가운데 하나이다.

몸을 하나의 기물 또는 기계로 본다는 생각은 분명 서학의 영향이지만, 실은 오랜 진화의 결과 인간이 외부에 반응하는 양상을 두고 말한 것일 수도 있다. 여러 감각기관이 외부의 자극에 반응하는 독특한 방식과 속도 등에서 대부분이 사람이 똑같이 반응한다는 점에서 볼 때 기계적으로 반응한다고 여길 개연성이 크기 때문이다. 그래서 저자가 인체를 기계에 비유한 대상은 대부분 감각기관과 그 작용 등이다.[3]

그런 관점에서 보면 현대 과학에서 외부의 온도나 습도나 소리, 사물의

---

3 『추측록』 권6, 「身爲器本」을 더 보라.

모습 등을 포착하는 능력은 인체보다 기계가 더 정밀하게 대신 할 수 있고, 사실 서양의학도 이런 기계론적 사고의 영향이 적지 않다. 저자는 감각기관의 기계적 특징을 말했어도, 신기나 기 그 자체는 활물로 규정하여 기계론적 세계관을 허용하지 않았다. 자세한 점은『신기통』 권2, 「기물을 궁리하여 밝히다(窮格器用)」에서 다루었다.

2. 촉각은 견문을 기다린다
觸待見聞

곁에 있는 침이나 바늘에 찔릴까 겁내는 까닭은 이전에 그 일을 보고 들었거나 찔려봤기 때문이다. 만약 이전에 보고 들었거나 찔린 경험이 없었다면, 비록 곁에 있는 침이나 바늘을 봐도, 처음 보므로 무슨 물건인지 어디에 쓰이는지 모를 것이며, 또 그것에 찔리면 상처가 생긴다는 사실도 모를 것이다. 하지만 한 번이라도 침이나 바늘에 찔린 일을 보거나 듣든지 찔렸다면, 그것에 찔림을 겁낼 뿐만 아니라, 또한 가시 종류와 뾰족한 물건을 모두 조심하여 잘 피할 것이다.

針錐在傍而畏刺者, 以有前日見聞閱歷也. 若無前日見聞閱歷, 雖見在傍之針錐, 初當而不知爲何物而何所用, 又不知刺膚有傷也. 一有見聞閱歷, 則非惟畏針錐之見刺, 亦能於荊棘芒刺之類, 皆得謹避之矣.

피부가 삽시간에 찔려 상처를 입는 일은 대단하지 않지만, 반드시 빠르게 놀라면서 몸속의 기가 움직이는 일은 그 짧은 순간 신기가 치밀어 발동하면서 아울러 놀라 움직이기 때문이다. 침을 무서워하는 사람은 침 맞기 전에 오로지 무서워만 하다가 침 맞은 후에는 무서워하지 않고, 침을 편안하게 여기는 사람은 침 맞기 전이나 맞은 후에도 태연한데, 이것은 모두 신기가 그렇게 하지 않음이 없다.

皮膚之霎時見傷, 不是大段, 而必捷驚氣動者, 倉猝之間, 神氣衝發, 兼得驚動也. 畏鍼之人, 惟畏於受鍼之前, 不畏於受鍼之後, 安鍼之人, 泰然於受鍼之前後, 莫非神氣之使然.

그러니 신기는 견문과 경험에서 기다리는 작용이 있다.4 그래서 아직
접촉하지 않은 대상은 접촉의 대상이 된다는 점은 알고, 이미 접촉한
대상이라면 자세하고도 분명하게 안다.

而神氣有所待於見聞閱歷. 未曾觸者, 知其爲觸, 已經觸者, 詳知傍通.

---

4 앞의 문맥에 근거하면 이전의 경험에 근거하여 지금 맞이하는 대상에 대응한다는
　뜻. 待는 갖추어 기다린다는 뜻.

해 설

경험을 중시하는 저자의 철학이 촉각에도 반영되어 있다.

침이나 바늘 같은 뾰족한 물건을 보고 놀라거나 피하는 일 자체가 경험의 소산이라고 한다. 예방주사를 맞기도 전에 간호사의 모습만 봐도 미리 우는 아이는 사전 경험 때문이다.

사실 보기만 해도 무서워하거나 찔릴 것 같아 놀라는 일은 신기 곧 우리의 마음이 그렇게 만든다고 한다. 마음이란 어쩌면 기억의 지배를 받는다. 결국 무서워하거나 무서워하지 않은 일 그 자체가 기억에 따른 신기의 반응이라는 지적이다. 추락이 무서워 비행기를 타는 일을 겁내다가 정작 자동차보다 안전하다고 믿고 타는 일은, 경험적 통계로 볼 때 훨씬 사고의 빈도수가 낮기 때문이리라. 그 또한 우리의 마음이 그렇게 판단하는 일이다.

본문에서 침을 예로 들었지만 많은 일이 그렇다. 두려움이란 모르기 때문에 생기기도 하지만, 알기 때문에 생기는 일이 더 많다. 후자가 더 무서운 진정한 두려움이다. 귀신이나 유령이 두려운 존재가 아니라, 잘못 키운 자식의 미래나 핵발전소의 사고나 환경오염이 더 두려운 일이다. 바로 이 두려움은 직간접 경험을 바탕으로 느끼는 마음이다.

3. 말투의 저촉
辭氣之觸

물리적 접촉[5]은 피부에만 있어 그 느낌은 얕으나, 말투[6]의 저촉[7]은 신기에 관계되어 그 느낌은 깊다.[8]

物形之觸, 在皮膚, 其觸也淺, 辭氣之觸, 在神氣, 其觸也深.

그 말투의 저촉이 신세[9]에 미치면, 원한을 품어 오랫동안 점점 깊어진다. 반면 물리적 접촉은 갑자기 급하게 일어나거나 일이 잘되도록 하는 과정에서 실수로 생겼으므로, 스스로 반성하여 자책하고 뉘우치는 사람은 과반이요, 남을 탓하다가 용서하는 사람 또한 절반이다.

辭氣之觸, 及於身世, 舍怨致慰, 歲久采深. 物形之觸, 或出於倉猝急遽, 或因周旋之差誤, 自反而責悔者, 過半, 尤人而旋恕者, 亦半也.

그러니 남의 신기에 저촉되지 않는 일이 경계할 만한 단서이다. 하지만

---

5 物形은 물체의 겉모습으로 班固의 『白虎通』, 「八風」의 "淸明風至, 物形乾."에 보인다. 여기서 物形之觸은 辭氣之觸과 상대되는 뜻으로 전자는 물리적 접촉, 후자는 심리적 저촉의 뜻으로 쓰였다.

6 辭氣는 보통 辭色, 語套, 語調, 語勢 따위를 함축하는 말이다. 일찍이 보이는 문헌에는 『論語』, 「泰伯」에 "君子所貴乎道者三, 動容貌, 斯遠暴慢矣, 正顔色, 斯近信矣, 出辭氣, 斯遠鄙倍矣."라는 말이 보인다.

7 말이 닿는다는 辭氣之觸의 의미는 순하게 마음에 들어온다는 의미가 아니고, 마음에 느낄 정도의 무엇이라면 抵觸에 가깝다. 이하 문장을 보면 그런 뜻이다.

8 물건이나 신체 접촉은 단순히 물리적 현상이지만, 말투는 거기에 메시지를 담고 있어서 마음에 영향을 미치기 때문이다.

9 일신상의 처지와 형편 또는 지위나 명성 따위.

간혹 미리 그 저촉을 우려하여 사전에 잘되도록 시도하다가 도리어 저촉이 깊어지기도 하고, 혹은 평상시 하는 말로 그 사람이 몰래 감추고자 하는 일을 우연히 언급하여 쉽게 분노를 촉발한다. 또는 남이 꺼리고 싫어하거나 구애받는 일을 고려하든지 살피지 않고, 오로지 자기가 많이 알고 잘난 척 우쭐거리면, 설령 즉석에서 얼굴을 붉히는 사태에는 이르지 않더라도 두 번 세 번 저질러 점점 쌓여 아주 작은 말꼬리에도 분노가 폭발하게 한다. 혹은 더 나아가 남의 글을 들추어내어[10] 순조롭게 보지 않고 왜곡하되, 글자로 말을 해치고 말로서 뜻을 해치며[11] 말의 본래 의도를 벗어나 날조하여, 남을 함정 속으로 몰아넣어 뭇사람의 공분(公憤)이 떠다니게 한다.

然則勿觸人之神氣, 爲可戒之端. 而或先慮其觸, 豫爲周旋, 反致其觸之深, 或因尋常言語, 偶及其人之掩匿, 易致其觸怒. 或不顧人之嫌疑, 不察人之拘礙, 惟任己之自得自明, 縱不至頃刻騂顏, 再犯三犯, 積累有漸, 衝發於微細之端. 或因摘抉文字, 捨平坦而就邪曲, 文害辭而辭害義, 攎捏意外, 驅逐阱中, 浮動衆人之共怒.

이는 모두 몰래 드러내는 저촉 사항으로 마음속에 뿌리 깊이 잠복했던 것인데, 곧바로 드러내어 해결하는 물리적 접촉과는 비교할 대상이 아니다.[12]

皆隱發之觸, 而根柢潛伏, 非卽發旋解之觸可比也.

---

10 摘抉은 숨겨져 있는 일이나 드러나지 아니한 것을 들추어내거나 잘못을 지적해 낸다는 뜻. 唐 韓愈의 『送窮文』에 "其次名曰學窮, 傲數與名, 摘抉杳微, 高揭群言, 執神之機."에 보임.
11 원문 '文害辭而辭害義'는 『孟子』, 「萬章上」의 "說詩者, 不以文害辭, 不以辭害志."에서 가져온 말로 『孟子』 원문의 志를 義로 바꾸었다. 『集注』에서는 "文, 字也, 辭, 語也, … 言說詩之法, 不可以一字而害一句之義, 不可以一句而害設辭之志."라고 풀이했다.
12 심리적 저촉은 물리적 그것과는 질적으로 다르다는 말.

해 설

촉통의 마지막 글이다. 촉(觸)이 물리적 접촉만을 말하지 않고, 심리적 그것까지 포함하여 설명하였다.

말투가 남의 약점, 비밀, 열등감 따위를 건드리면 그의 원한이 오래 간다는 점을 지적하였다. 이렇듯 이 글은 점층적으로 인간 심리를 잘 묘사하고 있다. 뒷부분은 상대의 글에 대한 저촉 행위이다. 남이 자기의 글을 꼬투리 잡아 왜곡하고 날조하는 일은 여러 의도가 있겠으나 평소 말투로 원한을 사는 일이 있었음을 행간에서 암시하고 있다. 사실 이 부분도 당쟁사에서 빼놓을 수 없는 사례의 한 부분이라 할 수 있지만, 당쟁의 요인을 그리 간단하게 설명할 수는 없다. 저자의 설명은 당쟁사에 서 흔히 나오는 사례 가운데 하나를 촉통과 관련하여 말하고 싶었을 것이다.

우리는 행간에 보이는 이런 점, 곧 그것을 시청각적으로 보여주는 영화나 드라마를 보고 조선의 붕당 사례를 부정적으로 보는 경향이 있다. 굳이 식민사관에서 폄훼하지 않아도 구한말 지식인들 가운데도 그렇게 보는 인사들이 더러 있었다. 그래서 조선의 역사나 문화를 유학과 관련해 부정적인 것으로만 여겨 왔고, 그게 근대 이후 한국 다수 지성계의 태도가 되기도 했다.

하지만 오늘날 민주주의 정치판을 보라! 얼마나 많은 가짜뉴스가 난무하 는가? 주요 언론사까지 특정 세력과 정당을 편들면서 확인되지도 않은 가짜뉴스를 인용하는 보도를 남발한다. 해당하는 사람의 말과 글의 전체 의도나 전후 맥락을 무시하고, 한 부분만 가져와 침소봉대하는 일이 다반사가 아닌가? 당쟁이 있었다는 이유만으로 조선 역사를 부정 하려면, 오늘날 대한민국 현대사도 부정해야 한다. 당쟁은 당시 관료제

사회에서 각자 집단의 이익을 위해 나온 정치 투쟁이다. 오늘날 정당들이
국민을 위한다고 권력 투쟁하듯이 그들 또한 백성을 위해서 싸운다고
하였다. 당쟁의 폐단을 비판할지언정, 당쟁의 존재만으로 역사를 비하·
부정하는 우를 범하지 않았으면 좋겠다. 계급이 존재하는 한 인간 삶의
양상으로서 크고 작은 정치 투쟁은 언제 어디서나 없을 수 없기 때문이다.

주통
周通

1. 서로 비교하여 증험한다
參互證驗

하나의 물건을 두고 그 품질의 우열을 증험할 때, 한 때 본 내용만을 따라 급하게 단정하거나 또 한때 들은 내용만 가지고 바른 것이라 여겨서는 안 된다. 반드시 눈이 본 물건의 색깔을 귀가 들은 품질에 참여시키고, 또 냄새와 맛과 촉감을 참여시켜, 그 마땅함을 따라 증험해야 한다. 더 나아가 서너 가지 조목이 부합하고[1] 두세 차례 비교해야만, 그 우열을 거의 결정할 수 있다.

就一物, 而驗其品之優劣, 不可只從一時之見而快定, 又不可只從一時之聞而質正也. 須以目所見之色, 參于耳所聞之品, 又參以臭味與手摩, 隨其宜而取驗. 至於三四條符合, 二三次比較, 庶可定其優劣.

하지만 냄새 맡고 맛보며 보고 듣는 기능에서 사람마다 그 오묘함을 모두 완벽하게 발휘하기는 어렵다. 듣는 기능보다 보는 기능이 우수한 사람이 있는가 하면, 보는 기능보다 듣는 기능이 나은 사람도 있고, 또 냄새로 찾는 기능이 맛으로 찾는 기능보다 못한 사람이 있는가 하면, 맛으로 찾는 기능이 냄새로 찾는 기능보다 못한 사람도 있다. 이는 어찌 감각기관을 이루는 기질에만 본래부터 익숙함과 서투름의 차이가 있겠는가? 또한 익힌 경험과 비교한 증험에 저절로 깊이와 숙련도에도 구별이 있기 때문이다.

---

1 종류가 다른 감각 가운데서 서로 일치하는 서너 가지의 감각 자료.

然人之臭味見聞, 難得各盡其妙. 有見勝于聞者, 聞勝于見者, 又有臭探不如味探者, 味探不如臭探者. 是豈獨所通之氣質, 素有巧拙之不同. 抑由所習之閱歷較驗, 自有淺深生熟之辨.

그런데 서툴게 본 내용을 익숙하게 들은 내용에 비교하면, 본 내용이 들은 내용만 못하므로 앞뒤로 들은 내용을 서로 비교하여 증험해야[2] 한다. 또 얕게 냄새 맡은 내용을 깊게 맛본 내용에 비교하면, 냄새가 맛보다 못하므로 앞뒤로 맛본 내용을 서로 비교하여 증험해야 한다. 그런데도 부족하면 손으로 이리저리 탐색하되, 그 표면을 문질러 보고 그 몸체를 증험하며, 그 흠집을 도려내어 그 재질을 찾아야만, 비교하여 증험한 내용이 잘 갖추어져 실패가 거의 없을 것이다.

以其習生之見, 較諸習熟之聞, 則見奪於聞, 須將前後所聞, 而參驗之可也. 又以習淺之臭, 比于習深之味, 則臭奪於味, 須將前後所味, 而參驗之可也. 惟以爲不足, 將手轉翫, 摩其面而驗其體, 抉其痕而探其材, 參驗備至, 庶無攸失.

사람의 문제점은 항상 자기의 앎을 헤아리지 못하고, 오로지 남의 도리[3]를 책망하는 데 있다. 먼저 자기 앎의 익숙함과 서투름을 살피고, 다음으로 피차의 견해를 서로 참여시켜 전후를 서로 증험해야 한다.

人之患, 常在於不能斟酌己之所通, 而惟責於物宜. 先察己之所通巧拙, 次及彼此相

---

2 參驗은 제목의 參互證驗을 줄여서 썼다. 參互는 서로 비교하여 參酌하거나 參證함. 『周禮』, 「天官·司會」의 "以參互攷日成."에 보인다. (앞에 나옴)

3 物宜는 사물의 성질·도리·준칙 등을 가리키는데, 『周易』, 「繫辭上」에 "聖人有以見天下之賾, 而擬諸其形容, 象其物宜, 是故謂之象."에 보인다. 여기서는 상대에 대한 그것이다. (앞에 나옴)

參, 前後相證.

해 설

주통을 말하는 첫 글이다. 그것이 무엇인지 정의하거나 설명하지 않고 증험의 문제를 먼저 언급하였다.

한 사람의 감각기관 안에서 우열을 가지고 서로 비교하여 증험하는 일을 말하다가, 뒤에서는 피차의 견해를 참고해서 증험해야 한다는 말로 끝맺었다. 이는 처음부터 크게 터뜨리지 않고 작은 일부터 점층적으로 설명하는 방식이다.

물론 이 증험에도 뒤에서 밝힐 주통의 의미가 없지 않다. 두루 알려면 우선 인식의 객관성을 보장받아야 하기 때문이다. 증험이란 인식의 객관성을 확보는 검증 과정이다.

여기서 증험은 우선 감각기관이 상호 협력하고, 종류가 다른 감각 자료를 비교하는 일을 그 방법으로 삼았다. 그 근거로서 사람마다 제 감각기능이 차이가 있어서 하나의 감각 자료에 의존하여 사물을 판단하는 일에는 오류가 생길 수밖에 없기 때문이다. 자연히 유전적 요인만 말하지 않고 학습적 요인도 동시에 고려하고 있다. 학습적 요인이란 학습을 통한 감각기능의 향상 여부이다.

어떻든 상대적으로 우수한 감각이 주도적 역할을 할 수밖에 없다. 왜 감각기관을 거론하느냐 하면, 증험 자체가 감각기관 곧 경험적 계기를 통한 검증이기 때문이다. 따라서 감각의 종합이 사물을 제대로 아는 데 유효하다는 점을 시사하고 있다. 이런 논리를 더 확대하면 타인의 앎과 나의 앎도 서로 검증해야, 점차 객관적인 앎을 확보할 수 있다는 결론에 자연스럽게 도달한다.

2. 인재를 알아보고 쓰는 일
知人用人

사람의 재능을 알아보는4 방법과 사람을 쓰는5 기술은 타인이 보고 들은 내용을 널리 찾아 넓게 증험하고, 자기가 보고 들은 내용과 절충하여 취사하면, 해당하는 사람의 인품과 맡길 직책을 대략 안다. 하지만 자연적인 물건의 품질도 오히려 잘못 보고 듣는데, 하물며 사람이 남을 볼 때 다시 좋아함과 싫어함 공적·사적인 관계가 있음에야.

知人之方, 用人之術, 可從他人之耳目, 而廣搜博證, 將己之耳目, 而折衷取捨, 略知其人品與職任也. 天賦之物品, 尚有耳目之差誤, 況人之於人, 更有好惡公私乎.

해당 인물을 두고 타인이 보고 들은 내용을 전달받을 때, 한 사람한테 들을 수 있는 내용은 두 사람이 따로 전해주는 내용보다 못하다. 두 사람이 따로 전해주어 듣는 내용은 또 세 사람이 따로따로 전해주는 내용보다 못하다. 이렇게 세 번 들은 내용을 두루 늘어놓으면 신기가 아는 일에 참작할 거리가 잘 갖추어지는데, 간혹 세 사람이 미처 알지 못한 견해를 발견하기도 한다. 때로는 두 사람의 말을 따르거나 한 사람의 말을 따르기도 하는데, 모두 맡길 임무의 성취 여부를 기준으로 삼는다.

---

4 여기서 말하는 知人은 사람의 재능이나 품행 따위를 살펴 아는 일. 『書經』, 「皐陶謨」에 "知人則哲, 能官人."라는 말이 보이고, 또 『史記』, 「宋微子世家」에 "宋宣公可謂知人矣, 立其弟以成義, 然卒其子復享之."에도 보인다. 『논어』 등장하는 '知我'도 그런 뜻이다. 저자는 이것 대신에 후기 저술 『人政』에서 測人을 자주 썼다.

5 여기서 말하는 用人은 인재를 임용하거나 부리는 것. 『淮南子』, 「說林訓」에 "凡用人之道, 若以燧取火, 疏之則弗得, 數之則弗中, 正在疏數之間."에 보임. 저자도 『人政』에서 등용의 의미로 사용했다.

他人耳目之傳, 從一人而得聞, 不如二人各傳之聞. 二人各傳之聞, 又不及三人各傳之聞. 歷陳三聞, 神氣之通, 參酌備至, 或有見於三人未達之見. 或從二人之言, 或從一人之言, 皆以所任成就爲準的.

그런데 비록 직책을 맡을 사람이 임무를 완수할 재능이 있더라도, 간혹 그 임무를 잘 마무리 짓지 못하는 사람이 있다. 그것은 그에게 이전에는 일이 없다가 지금은 있고, 권한이 없는 데서 남의 권한을 빌리게 되었고, 자기 재물이 없는 데서 남의 재물을 사용하게 되어, 처음에 마음먹었던 뜻을 굳게 지킬 수 없었기 때문이다. 이렇게 등용된 사람에게 조금이라도 초심이 바뀌는 흔적이나 잘못된 거동이 있으면, 곁에 있는 사람이 시기하고 의심하고 참소하고 이간하여 틈을 후벼파 공격한다. 그러면 그를 임용한 사람은 한갓 인사란 믿기 어렵다고 한탄할 뿐, 작은 과실을 용서하거나 실수를 깨우쳐 인도하거나 노심초사하여 사람을 부리거나 가르치면서 사람을 쓰지 못하여, 서로 반대되는 길6로 달린다. 이것은 유독 한 사람의 잘못만이 아니라, 두 사람이 서로 맞장구쳐서7 함께 이룬 잘못이다.

縱使任職之人, 有濟事之才, 或未克善終其任者. 當任之人, 前無事而今有事, 自無權而借人權, 己無財而用人財, 不能堅守初志. 微有邊易之跡, 過差之擧, 傍人之猜疑讒間, 挑拔釁隙. 任之之人, 徒恨人事之難信, 而不能因微過而容恕, 因差誤而開導, 勞心而使人, 敎誨而用人, 以致反走背馳. 是非特一人之過也, 二人互相唱和,

---

6 反走는 종종걸음으로 빨리 뒷걸음질치는 일로, 『莊子』, 「盜跖」에 "孔子趨而進, 避席反走, 再拜盜跖."이라는 말에 보인다. 또 背馳는 목적과 행동이 서로 반대되어 어긋난다는 말.

7 唱和는 詩歌에 한쪽이 부르면 한쪽이 화답하는 일로, 『荀子』, 「樂論」에 "唱和有應, 善惡相象."이라는 말에 보인다.

共成其過也.

이렇게 각자 자기 책임을 돌아보게 하면,8 모두 사람을 알아보지 못하는 탄식이 있게 된다. 또 각자 남을 탓하는 말을 하면, 자기는 반드시 옳고 남은 그르다고 할 것이다. 하지만 시종일관 달라지지 않고 맡은 일을 성취한 사람이 공을 남에게 돌리고 자기가 차지하지 않는 경우는 그를 임용한 사람도 그 공을 양보할 수밖에 없어 그 사람에게 돌린다. 그러니 은혜와 의리가 두루 미쳐서 조금도 막힘이 없을 것이다.

俾各有自反之責, 則皆有不知人之歎. 各出其尤人之言, 則己必是, 而人必非也. 若夫始終不渝, 成就職任者, 功歸於人, 而不屬于己, 仕之之人, 不得不讓其功, 歸諸人. 恩義周遍, 少無礙滯.

---

8 여기서 말하는 自反은 스스로 돌이켜 살피는 자기반성의 뜻으로 『禮記』,「學記」에 "知不足, 然後能自反也, 知困, 然後能自强也."라는 말에 보이고, 또 『孟子』,「公孫丑上」 에도 "自反而縮, 雖千萬人, 吾往矣."에 보인다.

해 설

인사에서 인재 임용의 문제를 다루었다.

주통을 문자 그대로 해석하면 '두루 안다'라는 뜻이다. 하지만 이 글에서도 그에 대한 정의나 일언반구의 언급도 없다. 내용을 보면 인사행정에서 어떤 사람을 승진시키거나 임용할 때, 오늘날의 다면 면접 또는 다면 평가와 같은 설명으로 이루어져 있다. 가령 A라는 사람을 승진 또는 임용하려고 할 때, 여러 면접관의 의견을 참고한다든지 또는 A 주변의 인물을 대상으로 A에 대한 평판이나 인성 따위를 평가하는 일이 그것이다. 옮긴이도 동료가 승진하여 새로운 부서에 임용될 때, 상부 기관으로부터 A에 대한 구두 평가를 요청받은 적이 있다. 아마 저자의 주장처럼 적어도 세 사람 이상의 의견을 참고했을 것이다. 해당 기관 인사권자의 입장에서는 이렇게 평가함으로써 대상자에 대해 두루 아는 일이 되겠다. 그래서 이 일을 주통의 범주에 넣었을 것이다.

결국 앞의 글에서도 언급했지만, 주통이란 한 감각기관이나 한 사람의 견해로서 안다고 확신하기보다 여러 감각기관이나 여러 사람의 견해를 동원하여 그것을 참고하여 아는 일이다. 다시 말하면 여러 인식주체의 의견을 참고하여 앎의 객관성을 높이는 일이다. 인사행정에 대해서는 훗날 그의 명작이라 할 수 있는 『인정』에서 자세히 단계별로 다룬다. 이미 이곳에서 그 씨앗이 싹텄다고 하겠다.

이 글 뒷부분의 내용은 오늘날 리더십에 대한 문제이다. 처음 임용된 사람은 환경도 역할도 이전과 다르게 변한 상황에서 일 처리가 미숙할 수밖에 없다. 게다가 눈에 보이지 않은 작은 실수도 연발하게 된다. 이때 리더십을 제대로 발휘하지 않으면 윗사람이나 아랫사람 모두 정반대의 길로 가게 될 것이라고 경고한다. 리더는 구성원의 작은 실수를 용서하고, 잘 깨우쳐 인도하며 노심초사 가르치면서 영향력을 발휘해야 함을 행간에서 읽어낼 수 있다.

3. 주통에도 허실이 있다
周通有虛實

마땅히 보아야 할 자연과 인간의 이치를 보아 아는 것을 보는 일의 주통이
라 말하고, 마땅히 들어야 할 자연과 인간의 이치를 들어서 아는 것을
듣는 일의 주통이라 말하며, 냄새와 맛과 촉각에서 마땅히 그러한 이치9
를 아는 것을 일러 냄새와 맛과 촉각의 주통이라 한다.

見得天人之所當見之理, 是謂見之周通, 聞得天人之所當聞之理, 是爲聞之周通, 有
得于臭味觸當然之理, 是謂臭味觸之周通.

대체로 보아 마땅히 그러한 이치 가운데 모르는 게 남아 있거나 마땅히
알아야 할 이치 가운데 미진함이 있으면, 주통이라고 말할 수 없다.
심지어 알 수 없는 이치를 홀로 터득했다고 스스로 인정하거나 허무한
이치10를 실제로 아는 것으로 여긴다면, 모두 주통을 해치는 일이다.
그래서 주통의 근본을 말하면 사람의 신기가 자연과 인간을 아는 데
있고, 주통의 쓰임을 말하면 신기가 경험한 이치에 있다.

9 當然之理은 전통 철학에서 윤리적 원리를 말한다. 저자도 『추측록』에서 自然과
　當然을 구별해 자연적 원리〔流行之理〕와 인간의 윤리〔推測之理〕를 구분하였다. 하지
　만 여기서는 當然의 然 자가 앞의 當見과 當聞처럼 當臭와 當味와 當觸이 되어야
　하는데, 여기서는 그 방식의 나머지 부분을 생략하고, 이어 다음 단락의 용례에
　따라 윤리적 원리로 추가하였다.
10 저자가 말하는 虛는 주로 도가사상이고 無는 불교사상을 상징한다. 『추측록』 권2
　「老氏無佛氏空」을 보면 쉽게 알 수 있다. 虛無之理란 그런 사상에서 말하는 이치.
　『신기통』 서문에서 다루었다. (앞에 나옴)

凡於當然之理, 有所不知, 當得之理, 有所未盡, 則未可謂周通. 至於不可知之理, 自許獨得, 虛無之理, 認爲實得, 皆是周通之戕害也. 語其周通之本, 則在神氣之通 於天人, 語其周通之用, 則在神氣所驗之理.

주통은 이쪽에서 안 내용을 저쪽에 미루어 쓰고, 앞에서 안 내용을 뒤에서 미루어 쓴다. 그래서 고금의 사람들이 아직 말하지 않거나 아직 모르는 지식은 고금의 사람들이 활동한 가운데서 미루어 그 쓰임을 통용한다. 반면 고금의 사람들이 이미 말했거나 알고 있었던 지식은 그것을 이어받 거나 바꾸며 빼고 추가하는 가운데서 미루어, 변치 않는 실제적 쓰임을 통용한다. 모두 주통의 규모11이다.

通於此者, 推用於彼, 通於前者, 推用於後. 古今人所未言所未有者, 推得於古今人 所行之中, 以通其用. 古今人所已言所旣有者, 推得於沿革損益之中, 以通其所不變 之實用. 皆是周通之規模也.

주통을 해치는 일에서 무엇을 안 사람은 반드시 주통의 규모를 알 것이 못 된다고 여겨, 독락원12의 풍경에서 유유자적하거나 기타림13의 두루

---

11 規模에는 여러 의미가 있다. 여기서는 방식, 범위, 본보기의 뜻으로 쓰였다.

12 獨樂園은 혼자 즐기는 정원의 의미로 앎에 대한 검증 없이 자기만의 인식 체계에 갇힌 상황을 빗댄 말. 앞의 虛無를 말한 문맥에서 보면 도가적 삶을 은유한 말. 『老子』 20장의 "衆人熙熙, 如享太牢, 如春登臺. 我獨泊兮其未兆, 如嬰兒之未孩, 儽儽兮若無所歸. 衆人皆有餘, 而我獨若遺. 我愚人之心也哉. 沌沌兮, 俗人昭昭, 我獨 昏昏, 俗人察察, 我獨悶悶. 澹兮其若海, 飂兮若無止. 衆人皆有以, 而我獨頑似鄙. 我獨異於人, 而貴食母."에서 그런 판단을 유추할 수 있다.

13 인도 마갈타국 사위성 남쪽에 있던 기타 태자가 있던 동산. 인도 불교 성지 가운데 하나로 원명은 祇樹給孤獨園이며 약칭 祇園或祇樹, 祇園精舍, 祇洹精舍, 祇陀林, 逝多林이다. 뜻은 松林, 勝林이다. '祇樹'는 祇陀 태자가 소유한 숲의 약칭이다. '給孤獨'은 사위성주 須達(Sudatta)의 이칭. 불교를 상징함.

통함[14]을 과장하여, 사물을 버리며 경시하고 세속을 떠나 별도의 앎을 찾는다. 그러니 유용한 사물과 많은 사람이 같이하는 도리를 두루 아는 일이 천하의 큰 쓰임이 됨을 어찌 알겠는가?

有得於周通戕害者, 必以周通之規模, 爲無所通也, 必自適於獨樂園之風景, 或誇張乎祇陀林之圓通, 遺事物, 而不屑做去, 離世俗, 而別求所得. 烏知其周通於有用之事物, 衆人之同道, 爲天下之大用也.

---

14 걸림 없이 원만하게 통한다는 融通無礙의 불교 용어. 또는 불보살의 오묘한 깨달음. 『楞嚴經』卷五에 "二十五位菩薩各個皆具圓通, 共有六塵六根六識七大等二十五圓通."에 보임.

해 설

드디어 주통의 의미를 드러내었다.

주통은 두루 안다는 의미로, 주관적 앎이 아니라 객관적 인식이자 널리 폭넓게 아는 상태이다. 하지만 일반적으로 알 수 없는 종교적 대상이나 앎의 범위를 벗어난 것은 주통의 대상이 아니다. 주통의 대상은 근원적으로 본문에 세 번 등장한 '天人'이 함축하는 자연과 인간의 일이지만, 인간이 사용하는 지식은 주체가 파악한 이치이다.

사실 주통은 『사서대전』·『주역대전』·『주자어류』·『천주실의』·『황제내경』 등의 고전에 나오지 않은 용어로, 불통·달통·관통·신통처럼 일상적으로 사용하는 말이지만, 저자가 특별히 철학적 용어로 선택하여 따로 항목을 두어 설명하였다. 이런 사례는 저자 철학의 용어법에서 얼마든지 찾아볼 수 있다.

따라서 그의 철학 용어의 출처가 어디냐의 문제는 매우 중요하여, 그 철학의 성격을 가늠하게 해주는 역할을 한다. 전통 철학을 공부한 지 얼마 되지 않은 학생들은 가끔 저자의 글을 처음 대할 때면, 대체로 생경하고 생뚱맞게 느낀다. 유학이나 도가나 불교의 그것과도 비슷하면서로 달라서, 딱히 잘라 어떤 계통의 용어라고 말하기가 어렵다. 바로 그 점이 저자만의 철학을 상징적으로 드러낸다. 가령 본서에서 저자 철학의 키워드라 할 수 있는 신기·통·경험·습염·추측·유행지리·추측지리·증험·변통·제규제촉 등이 그런 것들이다. 자세히 보면 전혀 생소한 말은 아니지만, 그렇다고 전통에서 철학 개념으로 즐겨 사용하던 용어가 아니다.[15]

---

15 그의 용어법에 대한 자세한 내용은 이종란, "기독교 철학에 대한 최한기의 비판적 수용," 177-182쪽을 참고 바람.

여기에는 그만한 까닭이 있다. 전통 유학은 물론이고 의학, 불교나 도가사상 그리고 서학 등을 섭렵한 뒤, 자기 철학을 독자적으로 확립하여 용어 자체를 그의 철학에 한정해서 쓰는 경우가 많기 때문이다. 더구나 그는 당시 사대부 지식인 그룹과 철학적 견해를 적극 나누지도 않았고, 극소수 인사만 교류했던 까닭도 있다. 그것이 도리어 저자 학문의 독창성 유지에 도움이 되었고, 그래서 이 주통도 일상적 용어였지만, 그의 철학 내에서는 높은 단계의 앎을 의미하는 개념이 되었다.

여기서 주통의 대상은 근원적으로 자연과 인간이지만, 역사와 현실 속에서 쓸모 있는 지식이지 검증할 수 없는 형이상학적이거나 현실을 초월하는 앎이 아니다. 그것들은 되레 주통을 해치는 대상으로 여겼다. 그 대표로 도가나 불교의 그것을 들었다. 옮긴이는 도가나 불교가 틀렸다기보다 저자와 진리관이 달라서 그랬다고 본다. 저자는 도가나 불교의 모습을 일종의 은둔과 초세간의 일로 파악해서, 현실적이지 않다는 점을 부각하였다. 이렇게 주통이라는 용어 하나만으로도 인식의 특징과 타 종교와의 차이점을 드러내었다.

원문 '古今'과 '沿革'과 '損益'은 역사와 현실을 상징하는 키워드이다. 그래서 저자의 진리관의 특징 가운데 하나는 현실에 유용해야 한다는 점이다. 다만 원문에 등장하는 '實用'이라는 용어를 보고, 실용성을 진리로 보는 실용주의냐고 섣부르게 되물을 수 있겠다. 그가 현실에서 실용을 강조하니까 학계에서는 실학자의 범주에 넣기도 한다. 하지만 저자의 진리관에 실용주의적인 요소가 전혀 없지는 않아도, 그 속뜻은 사물에 대한 객관적 지식이 실용에 도움이 된다는 것이므로, 과학적 지식처럼 실용에 앞서 지식이 먼저 사실을 반영하고 있어야 한다는 점이 실용주의와 다르다. 유용성과 객관성은 다른 차원의 문제이기 때문이다.

4. 불통·편통·주통
不通偏通周通

만약 소리와 색깔과 향기와 맛과 여러 촉감을 떠날 수 있으면, 하는 일에 소통하는 작용이 없어 사람이 살아갈 수 없을 것이다. 하지만 인간이 태어날 때 이미 천부적 기질을 갖추었고, 또 천부적으로 외부와 통하게 하는 감각기관이 있다. 그러니 주통하는 수단은 애초에 하늘이 부여할 때 이미 갖추었다.

如能離乎聲色香味諸觸, 事業無所通, 而不可生矣. 人物之生, 已具天賦之氣質, 又有天使通之九竅. 則周通之道, 已備於天賦之初.

만약 익히지 못한 감각기능과 또 막힌 감각기관이 있다면, 그는 온전하지 못하고 병폐가 있는 사람이다. 그래서 자기의 병폐를 아는 사람은 남의 앎에 의지하여 자기가 미치지 못하는 앎을 보충해야 한다. 설령 그가 주통의 일을 스스로 실천할 수 없을지라도, 주통의 방법이 있다는 점을 조금은 알 수 있을 것이다. 반면 자기의 온전하지 못함과 병폐를 모르면, 본인이 모르는 앎의 문제만이 아니라, 또한 사람마다[16] 소유한 앎을 모른다. 그러니 또 어찌 그가 소통할 수 있는 감각기관과 소통한 신기가 있고, 또 모든 종류의 앎에는 주통과 주통하지 못함이 있음을 알겠는가?

若有不習之通, 又或有蔽塞之竅, 卽不備病廢之人也. 知自己之病廢者, 須藉人之所

---

16 人人은 사람마다 또는 모든 사람의 뜻으로 『禮記』, 「表記」에 "子曰, 仁之難成久矣.
人人失其所好, 故仁者之過易辭也."와 『孟子』, 「離婁上」의 "人人親其親, 長其長, 而
天下太平."에 보인다. (앞에 나옴)

通, 以補己之不逮. 縱未能自行周通之事, 差可知有周通之道. 如不知己之不備也病
癈也, 非但自己之無通, 抑不識人人之有所通. 又焉知其能通之竅, 所通之神氣, 諸
通之有周與不周也.

주통하지 못하는 사람을 주통하는 사람에게 비교하면, 그 알고 모르는
차이 또는 갈림이 우선 신기의 익힘과 작용에서, 다음으로 연구하고
사색하는 일에서, 끝으로 일을 처리하거나 사물을 대할 때 드러난다.
이것은 기질에 차이가 있는 것만이 아니라 공부가 적절했느냐 그렇지
못했느냐에 따라 달라졌기 때문이다.

夫以不克周通者, 比諸周通者, 先自神氣之習用, 有通與不通之異, 次於研究思索,
有通與不通之殊, 終至於處事接物, 有通與不通之判. 是非獨氣質之有異, 功夫有得
失之不同.

먼저 일을 처리하거나 사물을 대할 때 알지 못하는 대상부터 알기를
기다리고, 다음으로 연구하고 사색하는 데 이르러 앎을 익혀 기억하면,
신기의 앎이 빛나고 밝게 된다. 나아가 여러 감각기관의 역할도 그렇지
않음이 없으니, 이것이 곧 주통이다.

先自處事接物, 不通者, 期臻於通, 次及於研究思索, 習染於通, 則神氣之通, 可致光
明. 至於諸竅之通, 莫不皆然, 是卽周通也.

만약 일을 처리하거나 사물을 대할 때부터 아는 방법을 연구하는 데
힘을 쓸 수 없어, 스스로 자기를 제한하고[17] 버리게[18] 되면, 연구하고
사색한 것도 없고 신기 또한 어둡게 된다. 설령 한두 가지 일에는 치우쳐

알겠지만, 어찌 신기의 주통을 바랄 수 있겠는가?

若自處事接物, 不能用力於究通之方, 未免自畫自棄, 則亦無所究索, 神氣亦昏. 縱得一二事偏通, 何可望神氣之周通.

---

17 自畫는 스스로 자기를 제한하여 단념하는 自劃과 같은 뜻으로 쓰였음. 自劃은 坐地自劃으로도 쓰임.

18 自棄는 스스로 자기를 버리고 전진하지 않음. 『孟子』, 「離婁上」의 "吾身不能居仁由義, 謂之自棄也."라는 말에 보인다.

해 설

주통의 가능성과 그 방법, 주통할 줄 모르는 사람의 특징을 논하였다. 우선 주통하는 수단 가운데 하나인 감각기관은 천부적이라고 규정한다. 경험적 인식이 그렇다면 그것에 의존하는 주통 또한 당연한 일이다. 감각기관에 이상이 있거나 그것을 제대로 활용하지 못한 사람은 병폐가 있다. 남의 앎을 받아들여 보충해야 한다.

그런데 감각기능의 차이가 없다면 주통의 차이는 어디서 발생할까? 그것은 신기의 익힘과 작용에서, 연구와 사색 그리고 일하고 사물을 만날 때에 주통의 차이가 생긴다고 한다. 이는 인간의 삶에서 근원적으로 앎의 차이가 날 수밖에 없음을 말해준다. 좀 더 단순화시키면 기질의 제한을 받는 신기라는 유전적 요소와 학습이라는 경험적 요소가 상호작용하는 가운데 우열의 차이가 날 수밖에 없다는 점이다. 이것이 바로 본문에서 말한 기질과 공부 방식이다. 그러므로 적절한 공부 방식, 좀 더 엄격히 말하면 학문 방식이 근본적 인식의 차이를 가져온다. 이게 역사적으로 동서 문명의 차이이기도 하다.

근대 이후는 분명 서양이 우리보다 과학적 앎의 우위를 점유한 시기였다. 하지만 현대는 그것이 인간의 삶을 행복하게 하기보다 그것의 남용과 악용으로 도리어 인류에게 불행을 가져다주고 있다. 자본주의를 매개로 자연 파괴, 대량 생산에 따른 환경오염, 전쟁과 대량 학살 무기 등장 따위를 초래하였기 때문이다. 그래서 과학적 앎 못지않게 자연에 대한 철학적이고도 윤리와 영성의 통합적 인식이 필요하니, 다시 우리 전통의 세계관에 근거한 공부가 요청된다. 결국 공부가 어떤 것이어야 하느냐 하는 문제는 아직도 유효할 뿐만 아니라 현재진행형이다.

이 글에서는 주통이 재정의되고 있다. 곧 신기의 앎이 빛나고 밝으며,

감각기관의 역할도 최상의 상태에 이른 상태를 말한다. 마지막 문장은
의미심장하다. 스스로 자기를 제한하고 버리는 일은 자기를 암흑 상태에
가두는 일이다. 가난·건강·종교·이념·신념·편견·문화·무지 따위가
그렇게 만들 수 있다. 늘 반성하는 자세로 깨어있음이 얼마나 중요한지
새삼 느끼게 해준다. 본인과 그 가족만이 아니라 공동체를 위해서라도
그래야 한다.

5. 주통의 처음과 끝
周通源委

모든 종류의 앎[19]을 알아서 그[20] 방법을 밝히며, 모든 종류의 앎을 사용하여 그 실질을 증험하고, 모든 종류의 앎을 전달하여 뒷사람을 이루어 주는 일,[21] 이것을 일러 주통의 처음과 끝이라고 한다.

得諸通而明其道, 用諸通而驗其實, 傳諸通而成後人, 是謂周通之源委也.

오로지 안 내용만 말하면 우열을 알기 어렵고, 증험한 이후에 그 앎을 장차 믿게 된다. 앎과 증험은 모두 자기에게 달려 있다. 설령 앎을 깊이 자신하더라도, 남이 취하고 버리는 일은 실제로 그 앎의 실행 여부에 달려 있지, 권면하여 강제로 받아들이는 데 있지 않다. 그것은 또 명백하게 조리가 있고 성취에 단계가 있는 것에 달려 있지, 어렴풋이 유사하여 참으로 본받기 어려운 데 있지 않다. 또한 뜻을 가진 사람이 스스로 만족하고 달려가는 데 달려 있지, 권력자가 기회를 틈타 바람을 일으키는[22] 데 있지 않다.

惟言其得, 則難知其優劣, 用驗以後, 方信所得也. 得與驗皆在於己. 縱得自信深切, 人之取捨, 實在於所得之實行與否, 不在於勸勉强受. 又在於明白有條, 成就有階,

---

19 諸通은 諸窺諸觸의 形質通과 推測通을 아우르는 모든 종류의 앎. 불교에서는 佛菩薩外道仙人 등이 얻은 가지가지의 自在無礙한 神通을 의미한다. 취하지 않음.
20 두루 인식하는 방법으로서 주통을 말함. 이 글에서는 이하 같은 뜻.
21 여기서 後 자를 빼면 남을 이루어 준다는 成人으로 『중용』의 成物과 같은 뜻이다.
22 風動은 광범위로 영향이 미치는 것으로 『書經』, 「大禹謨」에 "帝曰, 俾予從欲以治, 四方風動, 惟乃之休."에 보인다.

不在於依俙傲似, 實難模着. 又在於有志者, 自樂趨, 不在於有權者, 乘時風動也.

과연 이것23은 자기를 이루고 남을 이뤄주는24 실제로 터득한 방법이다. 곧 성취의 쉬움과 어려움과 많음과 적음은 말할 것도 없고, 남에게 전할 수 있는 것이 실로 처음과 끝이 있는 방법이요, 자기의 주통으로 말미암아 남에게 파급된다. 만약 남을 이루어 주는 방법이 없으면, 남에게는 신기의 기쁨·즐거움과 성의 있는 추모25가 없어서, 평생 알거나 경험한 일이란 자기의 말과 행동이 될 것이다.26

果是成己成人實得之道. 成就之難易多寡, 姑捨, 可傳於人者, 實爲有源有委之道, 由於周通於己, 以及於人也. 若無成人之道, 人無神氣之悅樂, 誠意之追慕, 平生所得所驗, 爲自己之所言所行.

---

23 주통의 처음과 끝. 이 글의 첫 번째 문장에 그 내용이 압축되어 있다.

24 成己成人은 成己成物과 같은 표현으로 『中庸章句』第25章의 "誠者, 非自成己而已也, 所以成物也. 成己, 仁也, 成物, 知也. 性之德也, 合內外之道也."에 나오는 말.

25 誠意는 『大學』 8조목 가운데 하나로 뜻을 성실하게 하는 일로서 마음이 참되고 거짓이 없게 하는 일. 追慕는 追念仰慕하는 일. 『後漢書』, 「皇后紀上·光烈陰皇后」의 "明帝性孝愛, 追慕無已."에 보인다.

26 『中庸』에서 말하는 자기를 이루고 남을 이루어 주는 역할이 없다는 뜻.

해 설

주통의 시작과 끝을 말하였다.

설명한 주통의 성격을 인식론적으로 요약하면, 그 앎이 객관성과 명증성과 타당성과 실효성을 갖는다. 내용을 보면 이런 요소는 학습과 실천의 자발성에 의존한다. 하지만 유학을 모르면 이 글을 이해하기가 매우 까다롭다. 다시 말하면 저자는 주통의 시작을 자기를 이루는 성기(成己)로, 그 끝을 남을 이루어 주는 성물(成物)로 여겼기 때문이다.

성기와 성물은 원래 『중용』에 "성실이란 스스로 자기를 이룰 뿐 아니라 남을 이루어 준다"라는 말에서 가져왔다. 본문에서는 성물 대신에 성인(成人)이라는 말을 사용하였지만, 결국 같은 말이다. 한자 물(物)의 용례가 넓어서 사람·동물·만물·물건 등으로 쓰여서 문맥에 따라 살펴보아야 하는데, 여기서는 대상인 남을 말한다.

그렇다면 자기를 이루고 남을 이루어 주는 자가 누구냐? 유학에서는 보통 성인이나 군자의 일로 본다. 『논어』에 보면 "군자는 남의 좋은 점은 이루어 주고 남의 나쁜 것을 이루어 주지 않지만, 소인은 이와 반대로 한다"[27]라고 하였는데, 여기에는 당연히 성인도 해당한다. 그래서 본서의 서문에서도 그런 정신을 드러냈지만, 저자의 의식에는 공자 같은 성인이야말로 주통하여 남을 이루어 준 대표적인 인물로 여겼다. 본문에서는 누군가가 주통하여 남을 이루어 주면, 그 사람에게 신기의 기쁨과 성의 있는 추모가 있다는 점을 전제하고 있다.

여기서도 부연 설명이 필요하다. 우선 본문에서 신기의 '기쁨과 즐거움'을 말하는 열락(悅樂)은 『논어』, 「학이」의 첫 편에 등장하는 열(說)과

---

27 『論語』, 「顏淵」: 子曰, 君子, 成人之美, 不成人之惡, 小人, 反是.

락(樂)이다.28 그 주석에 열(說)은 열(悅)과 같다고 하였다. 바로 성인이
글을 남겨 남을 이루어 줄 때 배우는 사람의 마음에 기쁨과 즐거움이
있다는 말이다. 다음으로 성의는 『대학』의 말로 '마음의 의도가 진실하
고 거짓이 없는 상태'를 말하는데, 그런 마음으로 자기를 이뤄 준 분을
추모한다는 말이다. 추모 또한 『논어』에서 유래한 말인데, 성인이 남을
이루어 주는 교화로 인하여 조상을 추모하는 민덕(民德)이 후하게 된다
는 뜻이다.29

따라서 주통의 시작은 '모든 종류의 앎을 알아서 그 방법을 밝히며,
모든 종류의 앎을 사용하여 그 실제적인 것을 증험하는' 곧 배움을
통해 자신을 이루고, 그 끝은 '모든 종류의 앎을 전달하여 뒷사람을
이루어 주는 일'로 공자 같은 성인이 후세를 위해 가르침을 세워 남을
이루어 주는 일이다. 다시 유학의 용어로 바꾸면 자기를 이루는 일은
수기(修己)요, 남을 이루는 일은 치인(治人)에 해당한다. 다만 저자가
자신의 학문적 관점에서 용어를 바꾸어 재해석한 것뿐이다. 성인의
말과 글을 빌려 자신의 주장을 강화한 모습을 알 수 있다.

우리는 본서의 서문부터 시작해서 이 글의 행간에서도 저자의 강한
자부심을 엿볼 수 있다. 객관성과 실효성 등으로 무장한 새로운 지식을
통하여, 성기·성물이라는 성인의 도를 행한 사람이 바로 자신이라는
자부심을 느낄 수 있다. 당대에 비록 아무도 저자를 제대로 알아주지
않았지만, 글을 통해서 철학자다운 자부심을 확인할 수 있다.

---

28 같은 책, 「學而」: 子曰, 學而時習之, 不亦說乎. 有朋自遠方來, 不亦樂乎. (강조는
    옮긴이)
29 같은 책, 曾子曰, 愼終追遠, 民德歸厚矣.

6. 나가고 들어오고 나아가고 물러남
出入進退

온 세상의 사물은 감각기관에 의하여 소통되는데, 감각기관이 소통한 내용은 하나의 신기가 안 내용이다. 신기의 앎은 감각기관의 소통을 부려서 여러 사람에게 전달할 수 있다.[30]

天下事物, 爲九竅之所通, 九竅所通, 爲一神氣之所通. 神氣所通, 能任使九竅之通, 傳達于諸人.

그리하여 서적에서 찾고, 온 세상의 사물을 추측하며, 세계 안의 일에 두루 미치고,[31] 태어나 죽을 때까지 두루 통달한다. 알 수 있는 것은 취하고 알 수 없는 것은 버리며, 두루 할 수 있는 것은 실천하고 두루 할 수 없는 것은 막는다. 모든 사람이 소통할 수 있는 눈과 귀를 나의 눈과 귀로 삼아, 눈과 귀가 통하지 않는 사람에게 나의 눈과 귀가 도달하게 하여, 통달하는 그의 눈과 귀가 되게 한다. 그래서 자기·남·물건·일에 있어서 가고 오고 나가고 들어옴이 막힘없이 성실하여, 저절로 만 리 앞길이 확 트일 것이다.

搜探于書冊, 推測天下事物, 周遍於六合之內, 傍通於始終之際. 取其可通, 而捨其不可通, 行其可周, 而遏其不可周. 以諸人可通之耳目, 爲己之耳目, 達我耳目於不

---

30 『신기통』권1, 「收入於外發用於外」의 논리와 같다. 다만 여기서는 기억하여 마음에 저장하는 일은 생략했다.

31 周遍은 두루 미친다는 뜻. 『墨子』, 「非儒下」에 "夫一道術學業仁義者, 皆大以治人, 小以任官, 遠施周遍, 近以脩身."에 보인다.

通耳目之人, 俾爲通達之耳目. 於己於人於物於事, 往來出入, 無礙滯有誠實, 自有
前程萬里之通矣.

하지만 허황하고 망령되며 괴이하고 거짓된 것들은 비록 텅 비고 넓어
자유로워 보이나, 실로 밟아 건널 만한 다리와 붙잡아 오를 만한 사다리가
없어서, 곧장 무한한 장애에 막혀 반걸음도 나아갈 수 없다.

至於虛妄怪誕, 雖若空曠無拘, 實無可踐之橋梁, 可攀之階級, 便是無限礙滯, 不可
進得跬步.

해 설

인식의 성립을 설명한 뒤, 앞에서 말한 주통의 시작과 끝의 구체적 사례와 경지를 설명하였다.

이 글은 주통의 처음과 끝이 '자기가 앎을 이루어 남을 알게 해주는 일'이라는 점을 재차 강조한 내용이다. 먼저 『신기통』의 앞선 글에서도 언급했듯이 경험이 성립하기 위해서는 3가지 요소가 필요하다. 그것은 외부의 대상과 인식하는 주체 그리고 대상과 주체를 매개하는 감각기관이 그것이다. 감각기관은 몸에 붙어있어 인식주체가 간여해도, 『신기통』 서문에서 밝혔듯이 단순 기계적 작용만 한다고 보았다.

또 저자는 앞선 글에서 기억-저장-발용의 세 단계의 인식과 실천의 과정을 말한 내용이 있는데, 주통에도 이것이 적용된다. 기억은 경험 곧 학습이며, 발용은 앎을 드러내 밖으로 쓰는 일이다. 다만 이 글에서는 저장을 다루지 않았다. 소개했듯이 모두 서학에 등장하는 이론이다.

가운데 단락의 내용은 앞의 글에서 말한 주통의 시작에서 끝을 이루는 구체적 사례를 들었다. 곧 자기가 앎을 이루어 남을 알게 해주는 일로 이루어져 있다. 특히 후자의 일은 타인과의 소통이 필수이다. 그 소통의 방식은 다양하다.

하지만 주통에도 방해 요인이 있으니, 그것은 알 수 없고 검증할 수 없는 대상을 탐구하는 일로서, 누차 언급했듯이 종교와 형이상학적 주제이다. 대개 종교적 진리에 이르기 위해서 감각을 그다지 중요하게 여기지 않으므로, '다리'와 '사다리'가 상징하듯 접근하거나 파악할 수단 또는 합리적 방법이 없다고 주장했다. 경험에서 오는 검증 가능한 지식을 참된 진리로 인정하는 저자의 철학에서는 받아들이기 어려운 대상이었다. 이 같은 맥락에서 그는 당시 종교에 비판적이었고, 상상력이 요구되는 예술과 문학에도 관심이 적었다.

하지만 세속적 자아와 가치를 낮게 보고, 자기를 온전히 비워 만물과 하나 되는 깊은 영성을 추구하는 삶에 대해서까지 비판적이었느냐 하는 점은 좀 더 생각할 여지가 있다. 『중용』의 자기를 이루어 남을 이루어 준다는 정신을 계승한 점을 보면 종교성이 없지 않다. 다만 초월적 신을 상정하거나 현세의 삶에 큰 가치를 두지 않는 성격에만 종교 개념을 한정하지 않는다면 그렇다.

7. 활동할 때와 고요할 때의 틈이 없다
動靜無間

분주할 때는 주통이 쉽지 않고 한적할 때 항상 주통이 많은 점은 신기의
작용이 상황32에 따라 차이가 있기 때문이다.

紛擾時, 難得周通, 閒適時, 常多周通, 以其神氣之用, 有動靜之異也.

이제, 한창 활동할 때는 만나는 사물을 해결하는 데 전력을 다하여,
유리함을 찾고 피해를 제거하려고 다른 일에 신경 쓸 겨를이 없다. 이것은
한 가지 일의 주통이라 말할 수는 있어도, 아직 전체의 주통이라 말할
수 없다.

方其動也, 接濟事物, 專力做去, 究得攸利, 要除其害, 不暇及他. 是可謂一事之周通,
未可謂全體之周通.

그러다가 이제 고요할 때는 생각에 고착과 마음속에 막힌 게 없다. 그래서
전날의 착오33를 차례차례 늘어놓아 뉘우치니, 상관없는 시빗거리는
저절로 공론을 드러낸다. 또 옛사람이 알고 모르는 일에 대해서도 그
까닭이나 배경34을 알며, 이렇게도 저렇게도 볼 수 있는 사리에 대해서도

---

32 動靜은 운동과 정지, 사회적 활동과 쉼 등으로 해석하지만, 이 글에서 분주할
  때와 한적할 때의 뜻으로도 쓰였다. 여기서는 상황의 뜻.

33 差誤는 錯誤와 같은 뜻. 『韓非子』, 「制分」의 "是以賞罰擾亂, 邦道差誤, 刑賞之不分白
  也."에 보인다.

34 曲切은 상세한 내용을 일컫는데, 본문의 문맥을 보면 옛사람이 특정한 지식을
  알고 모르는 까닭이나 배경에 해당한다.

자기만 옳다고 고집하지 않는다.[35] 이것이야말로 전체의 주통이다.

方其靜也, 意思無泥着, 胸襟無礙滯. 前日差誤, 歷陳追悔, 局外是非, 自著公論. 古人之通與不通, 通其曲節, 事理之可東可西, 未嘗固必. 是乃全體之周通也.

한적할 때는 분주할 때의 일을 알 수 있으나 분주할 때는 한적할 때의 앎을 성취하기 어렵다. 하지만 한적하든 분주하든 경험을 누적해 쌓게 되면, 한적할 때라도 분주할 때와 다름이 없게 하고, 또 분주할 때라도 곧장 한적할 때와 같게 한다. 그리하여 한 가지 일의 앎이 전체의 앎에 통합되고, 한 곳에 치우친 앎이 마침내 두루 미치는 앎[36]을 이룰 것이다.

在閒適, 而得通紛擾時事, 在紛擾, 而難遂閒適之通者. 到得閒適紛擾積累經驗, 使閒適, 無異紛擾時, 又使紛擾, 便同閒適時. 一事之通, 湊合於全體之通, 偏隅之通, 竟成其周遍之通.

---

35 固必은 고집스럽게 굳게 지키는 것으로 『論語』, 「子罕」의 "毋必, 毋固."에 보인다. (앞에 나옴)
36 주통이다. 周遍之通을 줄이면 周通이다.

해 설

부분의 주통과 전체의 주통 그리고 그 둘의 통합을 설명하였다. 여기서 주통은 종합과 통합의 성격을 갖는다. 한 가지 일에 매진하면 종합하기 쉽지 않다. 전체를 주통하는 것이야말로 사물을 편견 없이 객관적으로 그 배경과 변화까지도 알 수 있다는 주장이다. 지식을 종합 또는 통합하려면 그만큼 경험과 식견이 풍부해야 가능하다.

바로 여기서 겉으로 크게 설명하지 않아도 유학 전통의 정신을 엿볼 수 있다. 우선 『논어』에 등장하는 "군자는 전문가가 아니다"[37]라는 군자불기(君子不器)와 "군자는 두루 사귀며 편을 가르지 않는다"[38]라는 주이불비(周而不比)라는 말이 있는데, 여기서 사귀고 편 가른다는 해석은 주희의 그것을 따른 것이지만, 이 군자불기와 관련해서 이해하면, 한쪽으로 치우치기보다는 두루 알던지 행동해야 한다는 의미이다. 오늘날은 전문가(specialist)를 우대하는 경향이 있지만, 적어도 지도자는 두루 아는 사람(generalist)이어야 한다. 마치 악기 하나에 일일이 정통하지 못해도 음악 전체를 조화롭게 만드는 오케스트라 지휘자와 같은 역할을 해야 한다.

따라서 한쪽만 깊이 아는 공부만으로 제대로 안다고 말할 수 없다. 두더지처럼 자기 굴 속에 갇혀 남이 무엇을 하는지 무엇을 밝혔는지 연결하지 못하면, 온전한 앎을 가졌다고 말하기 어렵다. 곧 한 부분의 주통은 가능해도 전체의 주통은 아니다. 우리는 자기 분야에서 최고라고 자부하는 분들이 우리 전통과 역사와 그 맥락에서 드러나는 정치와 경제와 문화 등에 대한 견해를 보면, 형편없는 식견을 자주 발견하는데,

---

37 「爲政」.
38 『論語』, 「爲政」: 子曰, 君子, 周而不比, 小人, 比而不周.

이는 하나도 이상한 일이 아니다. 전체의 주통이 안 되었기 때문이다. 부끄럽게도 이는 현대의 자칭 전문가라 하는 대다수 사람에게 해당하는 말이다. 그런 사람이 최고 위치의 리더이면 최악이다!

또 하나 깊은 철학적 의미는 '시중(時中)'의 정신이다. 시중이란 판단과 행위가 때에 적중하는 일을 말한다. 바로 정확한 타이밍이다. 그것을 중요하게 다룬 고전이 『중용』과 『주역』이다. 때를 중요하게 여기는 이유는 상황이 언제나 바뀌기 때문이다. 어제의 원리가 오늘에 먹히지 않을 수도 있다. 정치나 경제에서는 더욱 그러하다. 바로 본문에서 "이렇게도 저렇게도 볼 수 있는 사리에 대해서도 자기만 옳다고 고집하지 않는다"라는 말이 그것이다. 저자가 당시 정통이라 일컫던 성리학을 고집하지 않았던 까닭도 시대의 패러다임 속에서 그것이 더는 먹히지도 또 먹혀서도 안 된다는 이런 시중의 논리를 따랐기 때문이지 않을까? 이처럼 때에 맞춰서 기존의 인식이나 사회적 제도 따위를 바꾸는 논리가 바로 다음에 등장하는 변통론이다.

變通
변통

1. 변통의 조목
變通條目

자연의 기는 운행[1]이 멈추지 않으며 두루 돌아 다시 처음으로 되돌아온다.[2] 군주의 정령도 때에 따라 느슨하거나 엄격하여 제각기 권장하고 징계하는 일이 다르다. 사람들이 알맞게 대응하는 일도 통함과 막힘이 같지 않아 향배에 차이가 있다. 이 세 가지 운행[3]은 같지 않고, 만나는 기회도 한 가지만이 아니다.

天地之氣, 運行不息, 周而復始. 君長之政令, 時有弛張, 各異勸懲, 人物之酬應, 通塞不同, 向背有異. 三條之運行不齊, 所値之機會, 不一其端.

무릇 사업[4]을 경륜할 때는 이 세 가지가 만나는 것을 살펴야 한다. 그러니 때를 잘 보아 형세를 타고, 기회를 관찰하여 이롭게 인도하여, 막힘이

---

1 運行은 원래 천체의 그것이다. 『周易』, 「繫辭上」에 "日月運行, 一寒一暑."라는 말에 보인다. (앞에 나옴) 기의 운행 대신 流行이라는 말도 자주 쓰이는 용어이다.

2 이것은 주로 사시의 변화를 두고 한 말이다. 이런 사상은 『주역』의 그것을 따랐다. 가령 「繫辭傳上」의 '一陰一陽'과 같은 사상인데 朱熹의 주석에는 "陰陽迭運者, 氣也." 라는 생각이 그것이다. 물론 저자의 道와 주희의 그것은 다르고, 또 저자는 음양의 기를 말하지 않아도 이런 전통을 염두에 두고 있는 표현이다. 또 「革卦象傳」의 "天地革而四時成."라는 말도 저자는 '천지가 바뀐다'라는 말이 천지의 기가 운행하여 바뀐다는 뜻으로 이해했다고 보면 된다. 程頤는 이 '천지가 바뀐다'라는 말을 "天地陰陽, 推遷改易(『周易傳義大全』)."이라 보았다. 天時와 관계된다.

3 이 세 가지란 자연·사회·개인에 해당하는 일. 본문 三條之運行은 후기 철학에서 三等運化로 공식화한다. 여기서 運行도 運化라는 말로 바꾸는데, 그 運化는 活動運化 의 준말이다(『기학』에 자세함). 삼등운화란 바로 개인 영역의 一身運化, 사회 영역의 統民運化, 자연 영역인 天地運化이다.

4 事業에는 여러 뜻이 있으나 세 영역을 다루므로 功業·政事·家業·生業 등을 포괄하는 의미로 쓰였다.

없고 순탄하게 돌아가도록 한다. 그리하여 덜어내거나 보태고, 나아가
게 하거나 물리고, 힘을 빌리거나 마음을 한데 모으고, 상황에 따라
융통성을 발휘하여5 알맞게 하는 일 등이 변하여 소통하는 일6이 아님이
없다.

凡事業經綸, 須察三條所値. 因其時乘其勢, 觀機利導, 俾無梗塞, 要歸順迪. 損之益
之, 進之退之, 借力協心, 達權制宜, 莫非變而通之也.

변통은 인간의 일이다. 자연의 질서를 따라 순조롭게 나아가는 경우는
인간의 변통을 허비할 필요가 없고, 현명하게 통달한 사람7이 잘 이끌고
이롭게 성취하는 일은 나의 변통을 기다릴 필요 없다.

變通乃人之事也. 因天道而順就者, 不必費人之變通, 賢達之善導利成, 不必待我之
變通.

이미 지난 일8은 내 변통의 권장이나 징계 사항으로 삼는다. 하지만

---

5 達權은 상황에 따라 일을 알맞게 처리하는 權道의 의미. 『後漢書』, 「崔駰傳」에 "夫豈不
　美文武之道哉. 誠達權救敝之理也."에 보인다.
6 變而通之는 變通의 뜻이다.
7 賢達은 현명하게 통달한 사람. 또는 賢人과 達士를 아울러 일컫는 말. 漢의 王充의
　『論衡』, 「效力」에 "文儒非必諸生也, 賢達用文則是矣."에 보임. 또 재덕과 명망이
　있는 사람의 뜻으로는 『後漢書』, 「黃憲傳」의 "太守王龑在郡, 禮進賢達, 多所降致,
　卒不能屈憲."과 또 『舊唐書』, 「文苑傳中·賀知章」에 "知章性放曠, 善談笑, 當時賢達皆
　傾慕之."에 보이며 그리고 崔致遠의 『桂苑筆耕』 13卷, 「擧牒」에 "其後折節修身, 終爲
　賢達, 則古之豪俊, 今可規模."에도 보인다.
8 前塵은 불교 용어로는 망상 앞에 펼쳐지는 일체 세간의 모든 사물로 『楞嚴經』 卷二에
　"佛告阿難, 一切世間大小內外諸所事業各屬前塵."에 보이며, 고려 李奎報(1168~1241)
　의 글에서도 자주 보인다. 여기서는 '지난 일'의 뜻으로 한국 문헌에도 자주 등장한다.

당면한 일은 가령 수레를 몰 때 말을 채찍질하여 바퀴가 굴러가야 할 길을 잘 따르게 하고, 배를 운항할 때는 바람을 따라 돌리는 키가 동쪽이든 서쪽이든 가리키는 일처럼 하여, 형세를 따라 변통한다. 앞으로의 일은 벌어질 상황9을 미리 염두에 두고, 작은 데서 크게 보며 그 처음에 결과를 고려하여 신중하게 처리해야10 나중의 변통은 힘이 적게 들어도 효과는 많다.

事之已屬前塵者, 可作我變通之勸懲. 當前事務, 如御車之策馬循軌, 行舟之隨風回柁, 指東指西, 因勢而變通之. 將來之事業, 豫留地步, 爲巨於其細, 愼終於其初, 追後之變通, 力少而功多.

대개 변통의 방법은 좋거나 나쁜 것을 따르는 구별이 있는데, 좋은 변통이란 곧 권도(權道)11로 정도에서 이탈하지 않으나, 나쁘게 일삼는 변통은 대부분 교묘하고 간사하다.

蓋變通之道, 有從善從惡之別, 善之變通, 卽是權也, 不離於正, 惡事變通, 多巧邪.

가령 이익의 『星湖全集』第6卷, 「詩」의 "前塵九天上, 倏與光風飛."에도 보인다.
9 地步는 地頭와 같은 말로 문맥에 따라 장소·위치·처지·측면·차원·영역·지경 등을 뜻함.
10 愼終은 『論語』, 「學而」의 "子曰, 愼終追遠, 民德歸厚矣."에 보이지만, 여기서는 그것과 다른 용법.
11 權은 저울이지만 權道의 의미로 변통과 같은 뜻으로 쓰였다. 『周易』, 「繫辭下」에 "井以辯義, 巽以行權."이란 말을 王弼이 주석하기를 "權, 反經而合道, 必合乎巽順, 而後可以行權也."라는 말에, 또 『孟子』, 「離婁上」에 "嫂溺援之以手者權也."에 등장하며, 常道에는 위배되지만 도리에 맞는다는 뜻으로 쓰였다.

해 설

변통의 첫 번째 글이다. 변통의 의미와 대상과 성격 및 효과를 밝혔다. 국어사전을 보면 변통이 '형편과 경우에 따라서 일을 융통성 있게 잘 처리함' 또는 '돈이나 물건 따위를 융통함'이라고 풀이하였는데, 이는 저자의 변통과 정확하게 일치하지는 않아도 전자의 정의와 통하는 바가 있다. 그리고 가끔은 후자의 용례도 보인다. 저자의 그것은 철학적·역사적 의미와 맥락을 더하였다.

유가 경전에서 변통이 등장하는 문헌은 『주역』인데 그 말에 "변통은 사시보다 큰 게 없다"[12]라는 말에 등장한다. 변통을 문자 그대로 말하면 본문에 언급한 '변하여 통함(變而通之)'이다. 당의 유학자 공영달(孔穎達)도 "사시는 변화로서 통하니 이는 변화 가운데 가장 큰 것이다"[13]라고 하였다. 또 『주역』에 "막히면 변하고 변하면 통하며 통하면 오래 간다"[14]는 말이 있어 변통의 의미가 들어 있다. 전자는 사시가 변화여 통하는 자연적 일이라면, 후자에서는 실천적 의미를 발견할 수 있고, 저자의 원뜻도 후자에 있는 듯하다. 본문에 "변통은 인간의 일이다. 자연의 질서를 따라 순조롭게 진행하는 경우는 인간의 변통을 허비할 필요가 없다"라는 말이 그것을 나타내고 있기 때문이다.

여기서 저자는 변통의 의미를 살리기 위해 유학에서 자주 사용하는 손익(損益)과 진퇴(進退) 및 권도(權道)의 개념을 도입하였다. 손익은 본서의 서문에도 등장하는데 이 또한 『주역』 괘의 이름이다. 쉽게 말해 '덜어냄'과 '보탬'은 상황에 따라 이쪽에서 덜어내 저쪽에 보태주는 일의

---

12 「繫辭上」: 變通莫大乎四時.

13 孔穎達, 『周易注疏』: 謂四時以變得通, 是變中最大也.

14 『周易』, 「繫辭下」: 窮則變, 變則通, 通則久.

뜻이다. 진퇴 또한 여러 뜻이 있으나 여기서는 적절한 때와 형세를 따라 사업이나 정령을 진행하거나 후퇴시키는 일을 말한다. 권도 또한 원칙에 구애받지 않고 때에 맞추어 마땅함을 추구한다는 의미에서 변통이다. 이 변통의 논리도 유학의 논리에서 보면, 실천이 때에 적중하는 시중(時中)의 노력이다.

그렇다면 왜 이 변통을 저자 철학의 주요 개념으로 설정하였을까? 여기서는 아직 그 전모가 등장하지 않았지만, 그 가운데 하나는 실천 명제이다. 기의 변화는 사시의 운행을 추동하여 자연이 계속 변화하여 잘 돌아간다. 이처럼 인간 사회도 잘 돌아가야 하지만, 인간에게는 의지가 있어서 그 변화를 거부하기도 한다.

그래서 주희 성리학을 이념의 방패로 삼은 조선 후기 사회의 지배층이 당시 예법이나 제도를 성인이 만든 만고불변으로 알아, 개혁하지 않으려는 데 대한 비판으로 변통을 등장시켰다. 지배층이 기득권을 고수하는 논리에 철학적으로 치고 들어간 말이다. 이 변통론을 달리 말하면 개혁론이다.

2. 남과 나의 신기를 변통하다
人我神氣變通

몸의 모든 감각기관에는 제각기 정해진 역할이 있어서 그것을 옮기거나 바꿀 수 없다. 하지만 신기의 모든 감각기관[15]은 설령 개별적 기관을 통해 알더라도, 하나로 통합하여 생각의 활동과 멈춤 모임과 분산을 조종할 수 있으니, 그 신기를 변통하고 그 쓰임을 서로 대신할 수 있다. 곧 귀로 들은 신기[16]를 눈으로 본 신기에 연결하여, 보고 들은 내용을 하나로 통합할 수 있다. 입으로 맛본 신기도 코로 냄새 맡은 신기에 연결하여, 맛과 냄새를 하나로 통합할 수 있다. 또 보고 듣고 냄새 맡고 맛본 신기도 하나로 통합할 수 있고, 나아가 모든 감각기관의 신기를 통합하여 하나로 만들 수 있다. 이렇게 많거나 적은 변통은 하나의 신기를 따라 모든 감각기관에 적용된다.

形體之諸竅諸觸, 各有定所, 不可移易. 神氣之諸竅諸觸, 縱緣各體而得通, 能湊合於一, 動靜聚散, 皆有操縱, 可以變通其神氣, 互代其用也. 耳聽之神氣, 可通於目視之神氣, 而視聽合爲一. 口味之神氣, 可通於鼻香之神氣, 而味香合爲一. 又可以視聽香味之神氣, 合爲一, 以至諸竅諸觸之神氣, 統合爲一. 多少變通, 從一神氣, 而通於諸竅諸觸.

또 내가 남의 신기를 알아 감복하고 조화롭게 통할 수 있으면, 그의

---

15 神氣之諸竅諸觸이란 신기와 감각기관은 다른 것이지만, 신기가 각각의 감각기관의 활동에 간여하거나 그것을 통해 알게 된 감각 자료를 신기가 통합할 수 있다는 뜻에서 쓰인 표현.
16 耳聽之神氣은 인식의 주체로서 신기가 귀로 듣는 일에 한정하여 말함.

감각기관은 모두 나의 신기에 연결되어, 비록 몸은 둘이지만 각자 아는 내용은 같다. 설령 감복과 조화롭게 같아짐[17]에 이르지 못하더라도, 내가 참으로 남의 신기를 아는 방법을 가졌다면, 예컨대 산과 바다의 좋은 경치를 본 사람과 뛰어난 인물을 많이 들은 사람을 상대하여 응대할 때는, 그 사람의 눈이 안 내용을 나의 신기에 연결하고, 그 사람의 귀가 안 내용을 나의 신기에 연결할 것이다. 이처럼 산과 바다의 좋은 경치와 뛰어난 인물을 내가 직접 보지는 못했어도 나의 신기는 볼 수 있다.

又能通人之神氣, 而至於感服和通, 則諸竅諸觸, 皆通於我之神氣, 身雖兩, 而通爲一也. 縱未至感服和同, 苟有得於通人神氣之術, 與山海之壯觀者, 人傑之多聞者, 相對酬酢, 以其人目所得, 通於己目之神氣, 以其人耳所得, 通於己耳之神氣. 山海人傑, 躬雖未覩, 神氣得覿矣.

그런데 가까이 있어도 마음이 안 맞는 사람[18]이나 거짓과 잘못을 번드레하게 꾸미는[19] 사람과 상대하면, 잠깐 사이에도 저와 나의 신기가 갈라져버린다. 하지만 그 말을 헤아리고 그 안색을 자세히 살펴서, 방비하는 대책과 힘쓰도록 다그치는 말[20]을 낌새를 따라 발휘하는 일 또한 저의

---

17 和同도 앞의 和通과 같은 의미로 쓰였다. 『禮記』, 「月令」의 "天氣下降, 地氣上騰, 天地和同, 草木萌動."에 보이고, 또 『黃帝內經·素問』, 「生氣通天論」의 "筋脈和同, 骨髓堅固."에도 보인다. 그리고 화목하다는 의미로는 『管子』, 「立政」의 "大臣不和同, 國之危也."에 보인다.

18 肝膽楚越은 가까운 데 있는데 오히려 멀리 있는 것으로 간과 쓸개는 붙어 있고 초나라와 월나라는 서로 적국인 데서 비유한 사자성어. 가까이 있어도 마음이 전혀 다른 사람의 비유로 쓰였다. 출처는 『莊子』, 「德充符」의 "自其異者視之, 肝膽楚越也, 自其同者視之, 萬物皆一也."에 나오는 말.

19 飾詐文過는 文過飾非와 같은 말로서 일찍이 남송 朱熹의 「答張敬夫書」에 "爲機變之巧, 則文過飾非, 何所不至, 無所用恥也."에 보인다.

20 切責은 서로 절차탁마하며 힘쓰도록 다그친다는 말. 『論語』, 「子路」의 "切切偲偲"에

신기를 알아 나의 신기에 대응하는 일이다. 여기서 남과 내가 서로 만나 무한한 변통이 신기로부터 생겨난다.

與肝膽楚越之人, 飾詐文過之人, 相對, 則機微之際, 彼我神氣各分. 揣摩其言論, 詳察其顏色, 備禦之策, 切責之言, 隨機而發, 是亦通彼之神氣, 而應我之神氣也. 於是, 人我之相接, 無限變通, 從神氣而生.

대한 何晏의 『集解』에서 漢의 馬融이 "切切偲偲, 相切責之貌"를 인용한 말에 등장함.

해 설

인식주체로서 신기가 변통하는 일을 설명하였다.

여기서 말하는 변통은 실천 행위가 아니라, 한 사람의 마음에서 일어나는 일로서 앎의 통합을 통한 인식의 보완·수정이란 의미이다.

이를 설명하기 위해 변통은 신기가 하는 일임을 분명히 하고, 한 개인에 있어서 여러 감각 자료를 통합할 수 있다고 한다. 그것은 감각의 종류에 따라 신기가 분산되어도 실제로는 하나의 인식주체이기 때문에 가능한 일이다. 똑같은 논리로 나와 타인과의 관계에서도 앎을 통합하여 나의 앎을 변통할 수 있다고 한다. 이는 간접 경험으로서 타인의 앎을 나와 공유하여 나의 앎을 대체하거나 보완·수정하는 일이다. 비록 소통이 잘 안되는 사람에 대해서도 보다 준비되고 잘 갖춰진 전략을 사용함으로써 앎을 변통할 수 있다고 한다.

이 변통은 대단히 중요하다. 특히 과학적 인식에서 여러 감각 자료를 통합하여 대상에 대한 총체적 인식으로 이끄는데, 이것이 곧 대상 사물의 성격을 규정하는 핵심 관찰 자료가 된다. 일단 사물의 성격을 완전히 파악하면, 역으로 그 감각 자료만 가지고 해당 사물을 판별할 수 있다. 예컨대 냄새와 색깔 등의 특징을 분석하여 해당 사물을 추적해 내는 일이 그런 일이다. 시약(試藥)은 그런 방식으로 개발되었다.

그것만이 아니다. 앎의 공유는 자신의 앎을 수정할 뿐만 아니라 인류 인식의 발전을 가져온다. 각종 학문을 통한 문명의 진보는 그런 식으로 이루어졌다. 여기서 대화가 어려운 상대의 앎을 알아내는 여러 가지 전략과 방법은 오늘날에도 활용된다. 저자의 탁견이라 하겠지만, 실은 『논어』의 정신21을 이은 것이다.

3. 통하기 어려운 일을 변통하다
通其難通

변통의 우열은 통하기 어려운 대상을 통했느냐 통하기 쉬운 대상을 통했느냐에서 엿볼 수 있다.

變通之優劣, 可見於通其所難通與通其所易通也.

당면한 일의 형세에는 저절로 통하기 어렵거나 쉬운 게 있다. 그래서 통할 만한 방법을 미리 헤아리고, 번번이 수단22을 생각해 이리저리 주선하는 것이 쉽게 변통하는 일이다. 하지만 실마리를 찾아 풀어내는 일을 되돌려 버리면23 통할 만한 방법을 얻을 수 없다.

當前事勢, 自有難通易通. 豫料其可通之術, 輒思方便, 左右周旋, 易變通者也. 反覆抽繹, 未得可透之方.

하늘의 때24를 만나지 못했으면 돌아오는 때25를 기다릴 수 있고, 땅의 이로운 점과 기물을 갖추지 못했으면 일의 추이에 따라 주선할 수 있으며, 인사가 막히면 형세를 따라 만회할 수 있으니, 험하게 막힌 게 평탄하게

---

21 『論語』, 「爲政」: 子曰, 視其所以, 觀其所由, 察其所安, 人焉廋哉, 人焉廋哉.

22 方便은 불교 용어로 중생을 濟度하기 위해 쓰는 묘한 수단. 『維摩經』, 「法供養品」의 "以方便力, 為諸眾生分別解說, 顯示分明."에 보인다.

23 反覆는 상황을 먼저 상태로 轉倒시키는 것. 『孟子』, 「萬章下」에 "君有大過則諫, 反覆之而不聽, 則易位."처럼 反復의 뜻도 있으나 여기서는 취하지 않음.

24 시간에 따른 계절과 밤낮과 날씨 변화 등.

25 運回는 자연현상 등이 규칙적으로 돌아오는 것을 의미함.

되고 끊어진 게 연결됨을 바랄 수 있다.26

天時未遇, 可俟其運回, 地利器用不備, 可推移而周旋, 人事阻隔, 可因勢而挽回,
庶望險塞爲平夷, 斷絶爲連續.

하지만 이 세 가지는 들쭉날쭉 고르지 않아서27 맞아떨어지기가 쉽지
않다. 더구나 인사에서는 지조를 굳게 지키자니 위세28를 거슬리기 어렵
고 감정의 격앙은 쉬워, 시기와 의심과 참소와 이간으로 헐뜯고 비방하
는29 일이 많아 변화가 무상하다. 이처럼 인사의 변통은 하늘의 때와
땅의 이로운 점과 기물의 변통보다 더욱 어렵다.

三者之參差不齊, 難得會合. 且人事之志操堅守, 威勢難犯, 易致激越, 猜疑讒間,
沮毁多端, 變改無常. 人事變通, 尤難於天時地利器用之變通.

이렇게 소통하기 어려운 원인을 오로지 남한테만 찾는다면 종신토록
통하기 어렵다. 먼저 자기의 언행에서 소통하기를 찾고, 다음으로 타인
이 들은 내용30에서 소통하기를 찾으면, 거의 어울리게 될 것이다. 그리

---

26 天時地利人和[人事]는 일을 도모할 때의 자연적·사회적 조건이다. 『孟子』, 「公孫丑
下」에 "天時不如地利, 地利不如人和."와 『荀子』, 「王霸」의 "農夫樸力而寡能, 則上不
失天時, 下不失地利, 中得人和, 而百事不廢."에 보인다.
27 參差不齊는 일치하지 않는다는 뜻인데 『漢書』, 「揚雄傳下」의 "仲尼以來, 國君將相,
卿士名臣, 參差不齊, 壹槪諸聖."이라는 말에 보인다.
28 여기서 말하는 지조란 복합적 의미인데 도덕적이거나 직무상의 원칙을 지키는
일로 보임. 위세란 대개 자기보다 지위가 높은 사람의 그것이다.
29 沮毁는 『史記』, 「伍子胥列傳」의 "子胥專愎彊諫, 沮毁用事, 徒幸吳之敗以自勝其計謀
耳."에 보인다.
30 聽聞은 듣는 활동 또는 듣는 내용. 『書經』, 「仲虺之誥」의 "矧予之德言足聽聞."에
보이고, 또 明王守仁의 『傳習錄』 卷下-262에 "久之, 漸有喜靜厭動, 流入枯槁之病,

하여 자기가 쌓아온 언행이 광명정대하여 음험·사악하거나31 사리에
어긋나고 치우친32 일로 아직 남에게 통하기를 바란 적이 없게 하여,
소통할 만한 일을 신중하게 선택해서 남에게 통하기를 구한다면, 일의
형세를 만회하는 데에 무슨 시기와 참소가 감히 끼어들겠는가? 만약
자기 평생의 행동에 어둡고 숨긴 잘못33이 있다면, 일을 당해서 용모를
가다듬고 말로써 잘 응대할 수 있더라도34 찾은 변통의 방법을 누가
믿고 따르겠는가?

以此難通, 惟求通於人, 則終身難通. 先求通於自己之言行, 次求通於他人之聽聞,
庶可諧矣. 使己之積累言行, 光明正大, 陰邪詭僻之事, 未嘗干通於人, 愼擇其可通
之事, 求通於人, 有何事勢之難回, 猜讒之敢間哉. 若己之平生行事, 昧隱慝, 能當事,
斂容貌善辭令, 求變通之方, 孰信從哉.

或務爲玄解妙覺, 動人聽聞. 故邇來只說致良知."라는 말에 보인다. 여기서는 듣는
활동으로 보임.

31 陰邪는 『舊唐書』, 「文苑傳下·劉蕡」의 "塞陰邪之路, 屛藝狎之臣, 制侵陵迫脅之心,
復門戶掃除之役, 戒其所宜戒, 憂其所宜憂."에 보임. 이와 별도로 六淫의 邪氣 가운데
에서 寒·濕 등 陰의 속성을 가진 사기를 말함.

32 詭僻은 詭辟과 같이 쓰이며 사리에 어긋나고 편벽됨. 『漢書』, 「王莽傳上」에 "詭辟制
度, 遂成簒."에 등장하는데 顏師古의 注에 "詭, 違也, 辟讀曰僻."로 되어 있다.

33 隱慝은 일찍이 남이 모르거나 남에게 말할 수 없는 죄악을 뜻으로 쓰였는데, 『左傳』,
「僖公十五年」의 "震夷伯之廟, 罪之也, 於是展氏有隱慝焉."을 두고 楊伯峻의 注에서
"隱慝可有兩義, 一謂人所不知之罪惡, 一謂不可告人之罪惡."이라고 하였다.

34 辭令은 응대하는 言辭이다. 『左傳』, 「襄公三十一年」의 "公孫揮能知四國之爲, 而辨於
其大夫之族姓班位貴賤能否, 而又善爲辭令."과 『史記』, 「刺客列傳」의 "旣已言, 曹沫
投其匕首, 下壇, 北面就群臣之位, 顏色不變, 辭令如故."에 보인다. 그냥 言辭를 뜻하
는 말로도 쓰이는데 역시 통한다.

해 설

쉬운 변통과 어려운 변통을 설명하였는데, 모두 실천에 해당한다. 변통하는 일의 조건에는 천시·지리·인사가 있는데, 그 가운데 인사 방면의 조건이 가장 어렵다고 보았다. 그래서 인사의 변통에서 소통의 중요성과 그 방법을 제시하였다.

오늘날도 인사의 소통은 매우 중요하다. 가정 안에서는 물론 어떤 조직에서 리더와 구성원, 또 구성원 사이에서, 때로는 마케팅을 위해 소비자와 소통은 필수적이다. 그 소통을 위한 방법 가운데 하나에 설득이 있다. 상대를 설득하려면 일단 소통되어야 하는데, 그렇게 하려면 일차적으로 그 방법은 자기의 언행에서 찾아야 한다고 권고한다. 그래야 진정성을 발휘할 수 있다. 음험하거나 치우침이 없고 사리에 어긋남과 거짓 없는 광명정대한 행동이 진정성을 불러일으킬 것이다. 선거에서도 그대로 적용된다.

바로 여기서 변통의 실천적 의미는 타인과의 소통까지 포함한다. 그래야 인사를 변통할 수 있다. 개혁은 상대 세력과 제대로 소통하였을 때 제대로 완수된다. 서로 소통되지 않은 상태에서 하는 개혁은 물리력과 갈등을 유발할 수밖에 없다. 그래서 인사의 변통이 어렵다.

4. 공명과 부귀의 변통
功名富貴變通

공명과 부귀35는 자연히 하늘과 사람이 상통하는 점이 있다.36 만약 그것을 변통해서 얻었다면 참된 공명과 부귀가 아니다.37 변통을 기다리지 않았는데도 사람들이 모두 돌려주는 것이 참된 공명과 부귀이다.

功名富貴, 自有天人之攸通. 若因變通, 而得之者, 非眞功名富貴也. 不待變通, 而人皆歸與者, 是眞功名富貴也.

일반적으로 공을 이루고 명성이 성립하는 일은 크기를 막론하고 그 성취가 나에게 달려 있지만, 나의 공이 공으로 알려지고 나의 명성이 이름나는 일은 참으로 남에게 달려 있다. 내가 비록 감추고 숨겨도 남에게 달린 공명은 줄어들지 않고, 내가 과장하고 싶어도 남에게 달린 공명은 늘어나지 않는다. 부유와 존귀 또한 내가 비록 그렇게 되고 싶어도, 남이 인정하지 않으면 그 부귀를 얻기 어렵다.

蓋功成名立, 無論大小成就在我, 而功其功名其名, 亶在於人. 我雖韜晦, 而在人之

---

35 흔히 富貴功名으로도 불리며 재산이 많고 지위가 높은 것을 말함. 唐 李白의 「江上吟」에 "功名富貴若長在, 漢水亦應西北流."라는 말에서 보인다.

36 부귀공명이 정당하게 이루는 것이 자연스럽다는 말. 여기서 天은 정당함을 보장하는 장치이다. 이런 용례는 『論語』, 「憲問」의 "子曰, 不怨天, 不尤人, 下學而上達, 知我者, 其天乎."에도 보인다. 훗날 인격적 냄새를 배제하고 이치로서 설명하는 방향으로 나아갔다.

37 이런 부귀의 관점은 일찍이 『논어』에 보인다. 곧 "子曰, 富與貴是人之所欲也, 不以其道得之, 不處也. 貧與賤是人之所惡也, 不以其道得之, 不去也(「里仁」)."라는 말에 보인다. 강조 부분이 부귀를 변통하지 않는다는 뜻. (강조는 옮긴이)

功名, 未嘗減殺, 我欲誇張, 而在人之功名, 未嘗增益. 富有貴尊, 我雖欲就, 而人不推許, 難得其富貴.

만약 이런 점을 모르고 한갓 공명과 부귀만을 사모하여, 힘을 낭비하거나 기회를 마련하여 찾으면서, 남을 함정에 밀어 넣고 군주의 측근[38]을 기쁘게 해주려 한다면, 십중팔구는 소원을 이루지 못하고 열에 한둘은 도리어 해를 당할 것이다. 간혹 그 원하는 바를 이룬다고 해도, 공론의 꾸짖음과 식자들의 질시와 직무를 감당하지 못하는[39] 우려와 부정하게 들어와 어그러져 나가는[40] 근심이 곧장 이른다. 그러니 처음부터 갖가지 변통으로 얻은 것들은 좋고 복된 것이 아니라 나쁘고 화가 되는 것이다.

若不識此, 而徒慕功名富貴之事, 費力而搜, 設機而探, 排人於坑塹, 要悅於近習, 不諧所願, 十常八九, 反被戕害, 十常一二. 間或有適其願者, 公論之唾罵, 有識之睥睨, 覆餗之憂, 悖出之患, 旋踵而至. 然則自初多般變通而得者, 非得其善也福也, 乃得其惡也禍也.

저 공명과 부귀 같은 대상은 하늘의 명령을 순순히 받고 인사에 화답하여 응하는 것이지, 거기에는 구차한 변통에서 일삼을 일이 없다. 그러니 자기 한 사람의 공명과 부귀를 공명과 부귀로 여기지 않고, 공론에서

---

38 近習은 군주의 총애와 신임을 받는 신하로서『禮記』,「月令」의 "省婦事, 毋得淫, 雖有貴戚近習, 毋有不禁."에 보인다.

39 覆餗은『周易』,「鼎卦」의 "鼎折足, 覆公餗."에 나오는 말로 餗은 솥 안의 음식물이고 覆餗은 솥이 엎어져 음식이 엎질러지는 일로서 훗날 자기 직무를 다하지 못하고 일을 그르치는 비유로 쓰였다. 折足覆餗의 준말.

40 悖出은 悖入과 같이 쓰여 보통 悖入悖出 또는 悖出悖入으로 쓰인다. 이 말은 원래『大學章句』傳10章의 "是故, 言悖而出者, 亦悖而入, 貨悖而入者, 亦悖而出."에 나온다.

말하는 부귀와 공명을 참다운 공명과 부귀로 삼는다.

若夫功名富貴, 順受天命, 和應人事, 無所事於苟且之變通. 以一己之功名富貴, 不
以爲功名富貴, 以公論之功名富貴, 爲眞功名富貴也.

해 설

이 글에서는 변통해서 안 되는 사례를 들었다. 그 대상이 부귀와 공명과 같은 일이다.

부귀와 공명을 변통해서 안 된다는 말에서 여기서 변통의 의미는 인식론 상의 그것이 아니라 인간의 실천 행위와 관련된다. 부귀와 공명은 자기의 행위와 남의 평가에 따라 자연히 따라오는 것이지, 사적인 욕망을 채우기 위해 변통의 대상이 될 수 없다는 뜻이다. 부귀와 명성만은 정도를 벗어나 융통성을 발휘할 수 없다는 말이다.

부귀와 명성은 '남에게 달려 있다'라는 말은 먼저 해당하는 사람의 능력을 알아보아 군주가 임용하거나 뜻있는 공직자가 그를 천거해서 지위가 높아졌을 때 생기는 일이고, 다음으로 자기가 공을 세웠어도 남이 평가함으로써 이루어지기 때문이다.

따라서 진정한 공명과 부귀는 순리대로 하고 민심의 호응을 얻어 이루어 진다. '하늘의 명령을 순순히 받는다'라는 말은 순리대로 한다는 말로서 이치나 사리에 맞게 한다는 뜻이고, '인사에 화답한다'라는 말은 인간의 일에서 인심의 향배와 일치해야 한다는 뜻이다. 그것이 부귀공명을 올바른 방법을 통해 얻는 길이다. 그래서 공론에서 말하는 부귀와 공명이 참되다고 여겼다.

일찍이 조선조 율곡 이이는 공론과 국시(國是)를 말한 적이 있는데 "인심이 함께 그렇다고 하는 바를 공론이라 말하고, 공론이 있는 곳을 국시라고 한다. 국시는 한 나라의 사람들이 의논하지 않고도 함께 옳다고 하는 것이다. 이익으로 유혹하지 않고 위협으로 두렵게 하지 않지만, 삼척동자도 그 옳음을 아는 것이 국시이다"[41]라고 하였다. 이런 공론을 따른 부귀와 공명이라면 정당하다.

오늘날 식으로 말하면 꼼수를 부리거나 온갖 편법과 눈속임으로 높은 지위에 오르거나 사이비 언론과 야합하여 그럴듯하게 포장해도 진정한 공명과 부귀가 아니라는 뜻이다. 언론이 공론을 지향한다고 하지만, 우리 현대사를 보면 영향력 있는 다수의 언론은 권력자와 자본의 편을 들었다. 그래서 언론 자신과 광고주와 유력 권력자의 이익을 위해 공론을 쓰레기통에 버린 지 오래다. 이렇게 거짓 정보로 여론을 왜곡하니 공론을 형성하기도 또 그것을 찾기도 사실상 어렵다. 이미 그러니 율곡의 말대로 삼척동자라도 옳다고 하겠는가? 다만 공론은 극소수의 깨어있는 양심적인 사람에게만 있으니, 파급력이 미약할 뿐이다.

일찍이 공자가 "부귀는 사람들이 원하는 바이지만, 정당한 방법으로 얻지 않으면 거기에 처하지 않는다"라고 한 말도 바로 비리와 아첨과 꼼수로 이루어진 부귀를 지적해 한 말이다. 저자는 공자의 이 정신을 계승하여 변통이라는 개념을 가지고 다시 한번 그 정당성과 부당성을 지적하였다. 그래서 부귀공명은 변통할 수 없다고 못 박았다.

이 글은 당시 세도 정권 담당자와 그 하수인에 대한 이론적 비판이다. 세상의 부조리와 타협하지 않는 유학자, 선비라면 당연히 이래야 한다. 그는 비록 주희 성리학을 추종하지는 않았어도, 공자의 가르침을 이은 유학 전통을 따르고 있었다. 오늘날 우리 사회의 자칭 지식인이라 자부하는 사람들 가운데 자기가 속한 집단의 이익과 무관하고 공정하게 현안을 바라보고 평가하는 사람이 과연 얼마나 있을까? 이를 두고 마르크스주의에서는 당파성에 따라 그 일이 불가능하다고 규정했을지라도.

---

41 『栗谷全書』卷7,「疏箚」五,〈辭大司諫兼陳洗滌東西疏〉: 人心之所同然者, 謂之公論, 公論之所在, 謂之國是. 國是者, 一國之人, 不謀而同是者也. 非誘以利, 非怵以威, 而三尺童子, 亦知其是者, 此乃國是也.

5. 기물은 변통할 수 있으나 기는 변통할 수 없다
器可變通氣不可變通

기회를 따라 변통하는 일은 항상 인사가 관여하는 일에 있고, 자연의 기가 유행하는 현상과 제각기 다른 지역의 풍토42는 사람의 힘이나 인위적 노력43으로 변통할 수 없다.

隨機變通, 常在於人事交接, 天氣流行, 土宜各異, 不可以人力人謀, 變而通之也.

증기기관44은 기에 의지하여 불어내고 마시며, 눈 오는 겨울의 화초는 기를 빌려 따뜻하게 만들어서인데,45 이것은 기가 기물을 따라 본래 그렇게 된 일이지, 인간이 그 기를 변화시켜서 그렇게 할 수 있는 일이 아니다.46

---

42 土宜는 제각기 다른 산물에 따른 토질의 적합성. 토산물 또는 토질의 의미로도 쓰임. 여기서는 풍토의 뜻으로 쓰였음. (앞에 나옴)

43 人謀가 인위적 노력으로 쓰인 용례는 『三國志』, 「蜀志·諸葛亮傳」의 "曹操比於袁紹, 則名微而眾寡, 然操遂能克紹, 以弱為強者, 非惟天時, 抑亦人謀也."에 보인다. 그런데 여러 사람과 함께 의논하고 계획한다는 의미도 있는데 『周易』, 「繫辭下」의 "人謀鬼謀, 百姓與能."에 등장하여, 뜻은 조금 통하지만 취하지 않음.

44 水火器械는 증기기관이다. 그의 『人政』 卷11, 「知氣雜說息」의 "水火器械之驅氣築氣吐氣納氣."라는 말에 등장하는데, 驅氣·築氣·吐氣·納氣는 내연기관의 흡기·압축·연소(폭발)·배기의 4행정 사이클처럼 증기기관도 제각기 증기를 실린더에 몰아넣고 피스톤을 밀고 배기하고 다시 흡기하는 과정을 말한다. 훗날 저자의 『運化測驗』(1860)에서는 이것을 火輪機라 부르고 그것을 淸 魏源(1794~1856)의 『海國圖志』(1844년 초간)에서 보았다고 말한 뒤, 그 구조와 기능을 자세히 설명하였다.

45 온실 같은 장치로 공기 온도를 높였다는 뜻.

46 앞의 사례는 기구를 이용한 기의 운동 양상을 바꾼 일이지 기의 본질적 속성을 바꾸지 못한다는 뜻. 일반적으로 물질은 온도가 올라가면 운동이 활발해진다.

水火器械, 因氣而噓吸, 雪中花卉, 借氣之溫煖, 乃是氣隨器而固然, 非人能變其氣
而致然也.

긴 산골짜기에는 흩날리는 남기(嵐氣)⁴⁷가 빠르게 쏟아지고, 평원의
넓은 들에서는 부는 바람이 평평하게 퍼지고, 남쪽 바다의 기는 항상
덥고, 북쪽 대륙의 기는 항상 차가운 까닭은 모두 지세라는 기물의 영향으
로 기에 차이가 있기 때문이다.

山峽長谷, 飛嵐迅瀉, 平原廣野, 游風平佈, 南海氣常熱, 北陸氣常寒, 莫非因地勢之
爲器, 而氣有異也.

하늘의 신기와 사람의 신기는 본래 같으며, 하늘과 땅도 기물로서 인체라
는 기물과 같다. 하늘의 신기가 해와 달을 따라 밝은 현상은 곧 사람의
신기가 두 눈이 있어서 밝은 점과 같다. 만약 이때 해와 달이 비추지
않으면 사람의 눈은 검게만 보므로, 등불과 촛불로 밝음을 빌리고, 또
망원경으로 먼 곳을 보는 일도 기계를 설치하여 기를 통하는⁴⁸ 일이다.

天之神氣, 人之神氣, 本是一也, 天地之爲器, 人形之爲器, 亦是一也. 天之神氣,
從日月而明朗, 卽人之神氣, 從兩眼而明朗. 日月不照, 人目見黑, 以燈燭借明, 以遠
鏡照遠, 亦是設器械而通氣也.

---

47 국어사전에는 해 질 무렵 멀리 보이는 푸르스름하고 흐릿한 기운으로 되어 있으나,
　여기서는 산속에 생기는 아지랑이 같은 기운. '이내'라고도 부름.
48 '기를 통한다'라는 의미는 매우 복합적인데, 여기서는 문맥을 고려하면 대상의
　감각 자료가 기구를 통해 통과한다는 뜻. 다음 단락의 내용을 보면 그 뜻이 분명하다.
　이 通을 절대로 變通의 뜻으로 보지 않는 까닭은 이 글의 제목을 위반하기 때문이다.

하늘의 신기가 온갖 구멍을 따라 내는 소리[49]는 곧 사람의 신기가 귓구멍을 따라 듣고, 소리가 멈춰 온갖 구멍이 조용해지면[50] 귓구멍에는 들리는 소리가 없다. 관을 설치하여 멀리 있는 것을 듣고, 수영[51]으로 귀를 막는 것도 기물을 이용하여 기를 막거나 통하게 하는 일이다.

天之神氣, 從萬竅而有聲, 卽人之神氣, 從耳孔而有聲, 萬竅齋虛, 耳孔聽寂. 設管而聽遠, 琇瑩而聽塞, 亦是因器而, 氣有通塞也.

하늘의 신기가 모든 냄새를 뒤섞어 균등하게 만드니[52] 사람의 신기는 코를 통해 그 냄새를 맡고, 하늘의 신기가 모든 맛을 길러내니 사람의 신기는 입을 통해 맛보며, 하늘의 신기에는 만물을 낳고 낳는 덕이 있어서[53] 사람의 신기에도 생식 작용[54]이 있으며, 하늘의 신기가 만물에 감촉하여 고동[55]시키니 사람의 신기에 촉각 작용[56]이 있다.[57]

---

49 이 내용은 『莊子』, 「齊物論」의 "子綦曰, 夫大塊噫氣, 其名爲風. 是唯無作, 作則萬竅怒呺." 이하에 나오는 말. 저자는 『莊子』 원문의 風을 神氣로 대체하였다.

50 『莊子』의 원문은 "厲風濟, 則衆竅爲虛."이다.

51 琇瑩은 아름다운 돌. 『詩經』, 「衛風·淇奧」의 "有匪君子, 充耳琇瑩."에 보인다.

52 調和는 여러 의미가 있어서 그대로 옮기면 harmony의 뜻으로 오해할 수 있다. 거기에는 調味·折中·中和·和解 등 여러 의미가 있는데, 여기서는 뒤섞여 균등하게 만드는 調均의 의미이다.

53 生生은 『周易』, 「繫辭傳上」의 "生生之謂易."에서 나온 말. 孔穎達은 "生生, 不絶之辭. 陰陽變轉, 後生次於前生, 是萬物恒生謂之易也."라고 풀이했으니, 천지가 만물을 끊임없이 생성하여 이어 가는 大德을 형용한 말. 그 근거는 같은 책, 「繫辭傳下」에서는 天地之大德曰生."이라는 말에 보인다. (앞에 나옴)

54 앞의 「生通」에서 다루었다. 生殖 작용을 통해 아는 일.

55 鼓動은 때려서 움직이게 하는 것. 『周易』, 「繫辭上」 1장의 "鼓之以雷霆, 潤之以風雨, 日月運行一寒一暑."와 5장의 "顯諸仁, 藏諸用, 鼓萬物而不與聖人同憂, 盛德大業, 至矣哉."에 鼓라는 한 글자만 등장하지만, 후자의 程頤 주석에서는 "鼓動萬物."이라 하였다.

天之神氣, 調和諸臭, 人之神氣, 從鼻得嗅, 天之神氣, 滋養諸味, 人之神氣, 從口得
嘗, 天之神氣, 生生爲德, 人之神氣, 亦有生通, 天之神氣, 觸物鼓動, 人之神氣, 亦有
觸通.

하늘이라는 기물은 매우 거대하고 그 신기 또한 매우 커서 탐구하여
다 따져볼 수는 없지만, 그 기는 기물에 따라 차이가 있다.[58] 땅이라는
기물도 대충 말하면 바다와 육지와 남쪽과 북쪽 등의 차이가 있지만,
세분하면 높은 산과 낮은 골짜기와 초목과 암석 등의 형태로 나눠진다.
이렇듯 기물을 구별해서 살펴보면, 기가 흐르거나 모이거나 날거나 건드
리는 상황에는 저절로 같지 않음이 있다.

天之爲器至大, 神氣亦至大, 不可究詰, 其氣隨器有異也. 地之爲器, 擧其大體, 分別
海陸南北之異, 就其微細, 分別高山低谷, 草木巖石之形. 區別其器, 則氣之流注飛
觸, 自有不同.

인간의 몸이라는 기물도 그 전체를 말하면 강하고 약하고 맑고 탁한
점이 다르지만,[59] 귀·눈·입·코·손·발을 가지고 그 기물을 분별해 보면,
크기와 깊이에서 또 제각기 다르며, 신기가 몸이라는 기물을 따라 달리
쓰임도 사람마다 구별된다.

---

56 피부로 감촉하여 아는 것으로 앞의 「觸通」에서 다루었다.

57 여기까지는 앞에서 하늘의 신기와 사람의 신기, 하늘이라는 기물과 사람이라는
　　기물이 같다는 전제에서 나온 설명.

58 앞의 증기기관에서도 보였지만, 예컨대 자연의 공기는 다 같지만, 그것을 사용할
　　때 온실의 그것과 냉장고의 그것과 공기총 속의 그것이 그 영향을 받아 성격이
　　달라진다는 의미.

59 전통적으로 말한 氣質 또는 形質의 차이이다.

人形之爲器, 擧其全體, 强弱清濁不同, 就其耳目口鼻手足, 分別其器, 則大小淺深, 又各不同, 而神氣之隨器異用, 亦人人各別焉.

해 설

이 글은 변통할 수 있거나 없는 대상을 설명하는 가운데 자연히 저자 철학의 범주 가운데 하나인 기와 질의 관계를 기와 기(器)의 관계로 전환하여 설명하였다.

전통적으로 기는 하늘을 질은 땅을 가리켰으며, 인간에 있어서는 하늘의 요소를 혼, 땅의 요소를 백으로 보았고, 또 음양으로 보면 하늘의 요소는 양 땅의 요소는 음으로 설명하였다. 저자 기철학에서는 두 범주를 일원화 하여 음양 개념을 버리고 기가 모여 엉기면 질이 된다고 하여, 땅도 만물도 결국 기가 모여서 이루어진 것으로 본다.

그런데 기(器)라는 말이 철학적으로 유의미하게 등장하는 곳은 『주역』의 "형이상자를 도라 하고 형이하자를 기라 일컫는다"[60]라는 말이다. 도는 감각할 수 없는 사물의 원리나 법칙 따위를 일컫고, 기란 물건처럼 보거나 만질 수 있는 대상이다. 그런 점에서 저자는 인간을 포함한 하늘과 땅도 기(器)의 범주에 넣었다.

하지만 여기에 문제가 하나 있다. 저자의 철학에서는 기(氣)는 형이상자 가 아니다. 감각할 수 있고 기구로 측정할 수 있으므로 『주역』에서 말하는 그것이 될 수 없다. 논리상 형이하자여서 기와 기(器)는 같은 영역에 속한다. 그런데 그 속에서도 양자는 다르다. 기(器)는 기가 모여 엉겨서 구체적 형체를 가지고 있으므로 기가 아니다. 이는 저자가 『신기통』 권1의 「기질은 제각기 다르다(氣質各異)」에서 밝혔듯이, 기와 질의 관계와 유사하다. 그러니까 이 글은 질 대신에 기(器)를 넣어 논의를 진행하였다. 기와 질을 가지고 말하면 보다 철학적 관점이 드러나

---

60 『周易』, 「繫辭傳上」: 形而上者謂之道, 形而下者謂之器.

고, 기와 기(器)를 가지고 설명하면 본문에서도 보이듯이 과학·기술적 관점이 돋보인다는 차이점이 있다.

여기서 저자의 과학적 앎의 수준이랄까 관점을 엿볼 수 있다. 지구 대기를 두고 보면 똑같은 공기이지만, 지역에 따라 기후와 날씨 차이가 나는 점은 공기의 문제가 아니라, 바로 그것에 영향을 주는 지형과 바다 등의 조건이다. 단순화하면 하늘이니 지형이니 바다니 하는 물건은 기(器)의 영역에 속한다. 그래서 그 기물이 어떠냐에 따라 기가 달라진다는 말은 기 본래의 성격이 완전히 바뀐다는 의미가 아니라, 기의 운동이 달라져 덥거나 추운 일이 생긴다고 본다. 또 어둠 속의 길을 등불로 밝히는 일은 해와 달이라는 기(器)를 등불로 변통하는 일이다. 여기서 말하는 변통은 돌려 쓴다는 융통(融通)의 의미이다.

결론적으로 기 자체를 바꿀 수는 없지만, 여러 기구나 도구를 동원하여 기의 운동을 바꿀 수 있다는 생각은 과학기술을 사용하여 인간의 삶을 윤택하게 할 수 있다는 생각의 이론적 기초가 된다. 다만 이전 글에서 말한 '신기의 변통'은 신기를 인식주체인 마음에 한정했으니 가능한 표현이었다.

6. 인간과 만물이라는 기물의 쓰임
人物器用

사용하는 대상에는 기물[61]만큼 절실한 것은 없는데, 변통은 늘 기물에서 많이 있고, 기술[62]은 기물에서 볼 수 있다.

須用莫切於器皿, 變通常多於器皿, 材藝可見於器皿.

기물이란 유독 금속·돌·초목·흙·가죽·물·불만이 아니라 사람과 만물도 기물이 아님이 없다. 어떤 이는 금속과 돌과 흙과 나무로 된 기물에서는 능숙하게 다루어 변통의 쓰임을 완벽하게 발휘하고, 쓸모없는 것을 유용하게 하며 마땅치 못한 것까지도 딱 알맞게 만들지만, 사람이라는 기물에서는 변통의 쓰임이 능숙하지 않다. 어떤 이는 금속과 돌과 흙과 나무로 된 기물에서는 변통의 쓰임이 완벽하지 못해도, 사람이라는 기물에서는 변통의 쓰임을 완벽하게 구현한다. 하지만 이 두 사례는 모두 한쪽을 버리는 폐단을 면하기 어렵다.

夫器皿者, 非獨金石草木土革水火之類, 人與物, 無非器皿也. 或能於金石土木之器皿, 得盡變通之用, 至使無用爲有用, 不當爲適當, 而不能於人物之器皿, 得其變通之用. 或不能於金石土木之器皿, 得盡其用, 而能於人物之器皿, 得盡變通之用. 俱

---

61 器皿은 원래 잔이나 접시 등처럼 음식과 관련된 그릇이었고, 뒤에 물건을 담는 일상의 도구로 쓰였다. 『墨子』, 「節葬下」에 "使百工行此, 則必不能修舟車爲器皿矣."라는 말과 『禮記』, 「禮器」에 "宮室之量, 器皿之度, 棺槨之厚, 丘封之大, 此以大爲貴也."라는 말에 보인다. 하지만 저자는 그 외연을 더 넓혀 생활 용구 또는 도구만이 아니라 인식의 대상으로 하늘과 땅, 인체까지도 포함하였다. 바로 앞의 글에 보임.
62 材藝는 才智와 藝能을 말하나 여기서는 기술의 의미로 쓰였음.

未免乎偏廢矣.

만약 금속과 돌과 흙과 나무로 된 기물의 변통을 미루어 사람이라는 기물의 변통에 응용하거나 또 사람이라는 기물의 변통을 미루어 금속과 돌과 흙과 나무로 된 기물에 응용하면, 저절로 서로 계발하는 이익과 서로 도움 되는 길이 있을 것이다. 여기서 기물의 변통은 그 방법이 완벽할 수 있다. 곧 전날에 기물을 썼던 일에서 미진함을 알았으면 지금 쓰는 일에서 변통하지 않을 수 없고, 전날에 썼던 일에서 미진함을 알지 못했으면 지금 쓰는 일에서는 변통을 모를 것이다. 저 기물의 쓰임에서 편리함을 알면 이 기물의 쓰임에서 자연히 그 편리함을 변통하는 일이 있고, 이 기물의 쓰임에서 장해를 제대로 알면 저 기물의 쓰임에서 자연히 그 장해를 예방하고 피하는 변통이 있을 것이다.

苟能推金石土木器皿之變通, 用之於人物器皿之變通, 又能推人物器皿之變通, 用之於金石土木之器皿, 自有互發之益, 相資之道. 於是, 變通器皿, 得盡其方. 前者所用, 覺得未盡, 方今所用, 不得不變通, 前者所用, 不覺未盡, 方今所用, 不知變通. 彼器之用, 覺得便利, 此器之用, 自有變通其便利, 此器之用, 認得戕害, 彼器之用, 自有防避之變通.

때로는 자기의 신기에서 변통하고,63 혹은 기물의 형질에서 그 모습을 바꾸기도 하는데, 적합하게 쓰는 일을 기준으로 삼거나 일을 성취하는 때를 기한으로 삼는다. 이는 원래 하나로 정해진 법이 없고, 자연히 슬기로운 재주로 하는 변통만 있다.

---

63 자기의 생각을 바꾸는 일.

或自己之神氣而變通之, 或自器之形質而變改其形, 以適用爲準的, 以濟事爲期限.
原無一定之法, 自有智巧之通.

옛사람이 창안하여 제작한 기물은 대부분 질박하고 간략하지만, 뒷사람
이 증감하고 닦아 밝힌 것에는 편리함이 많다. 먼저 몸의 여러 기물에서부
터 변통하여 닦아 빛내고, 다음으로 인재를 알고 등용하는 일[64]을 기물
사용의 큰일로 삼으면, 그 나머지 제반 기물은 여러 사람을 좇아 쓰일
것이다. 그리하여 옛날에 없던 것을 오늘날 얻고, 먼 곳에서 생산하는
일도 가까운 데서 이룬다.

古人之開刱制作, 多質略, 後人之損益修明, 多便利. 先自身體之諸器, 變通修明,
次以知人用人, 爲器用之大事, 則其餘多般器皿, 從諸人而得用. 無於古者, 得之於
今, 産於遠者, 致之於近.

---

64 知人과 用人은 훗날 저자의 『人政』에서 국가 인사정책의 測人·教人·選人·用人의
네 단계로 구체화된다. 知人은 測人의 일에 해당한다.

해 설

변통할 수 있는 대상이 기물임을 밝히고, 그 의미와 변통의 대상을 분류하며, 변통의 목적과 효과 그리고 완벽한 변통의 방법을 논하였다. 사실 기물로 옮겨진 기명(器皿)은 원래 음식과 관련된 그릇이었으나, 훗날 물건을 담는 살림살이에 쓰이는 온갖 그릇붙이 또는 생활 용구로 뜻이 변하였고, 저자는 이 외연을 더 확대하여 사람과 만물까지 포함하였다. 앞의 글에서는 하늘과 땅까지도 기물의 범주에 넣었다. 일반적으로 기물이 인식의 대상임과 동시에 변통의 대상이 되었다. 기물의 분류는 곧 변통 대상의 분류이다.

바로 여기서 그 대상을 크게 두 가지로 나누었다. 사물과 인간이 그것인데 오늘날의 관점에서 보면, 전자는 기술직이 후자는 관리직이 다루는 일이다. 저자는 양자를 두루 변통할 줄 알아야 한다는 관점을 내세웠지만, 그 행간에는 당시까지 조선 사회가 기술을 다루는 일을 중인 이하에 맡겨두고, 인사관리는 사대부들이 독점한 데 대한 폐단을 지적하고 있다.

사실 이 점은 과학기술이 서양보다 상대적으로 낙후한 원인 가운데 하나이기도 하다. 이는 최근까지도 이공계 출신이 관리자로 임용되는 사례가 드문 전통이며, 동시에 한국 과학기술의 위상이 크게 진작되지 못하는 고질적 병폐이기도 했다. 과학기술은 과학자의 장기적 안목에서 관리하고 지원해야 하는데, 항상 정치 논리에 과학자가 배제된 감이 없지 않다.

그런데 오늘날 일반직 출신의 관리자가 전문적 기술을 익히기 만만치 않으니, 기술직 출신이 관리자가 되려면 어쩔 수 없이 인사관리를 익혀야 한다. 저자의 속뜻을 보면 과학자나 기술자가 인물의 변통에도 능해야 한다. 아무튼 최고 관리자가 되려면 학문의 통합적 소양이 필요하다. 해서 법대 출신만 대통령 되라는 법은 없으니 자연과학대나 공대 출신도 될 수 있어야 한다.

변통에 대한 논의가 진행되면서 드디어 이 글에 이르러 변통의 목적과 방법 그리고 효과와 의미를 분명하게 드러냈다. 우선 변통의 목적이자 기준은 적합하게 쓰는 것과 기한 내에 성취하는 일이다. 적합하게 쓴다는 말은 '적용(適用)'이라는 한문 본래의 의미대로 때와 상황에 딱 맞게 쓰는 일로서, 철학의 논리로 말하면 '시중(時中)'이다. 어떤 제도나 도구가 현재의 문제를 해결하는 상황에 알맞아야 한다는 의미이다. 또 기한 내에 일을 성취하는 일이란 실효성을 뜻한다.

이전보다 완벽한 변통의 방법은 이전의 기물에서 발견된 편리함과 미진함 그리고 장해가 있으면 그것을 기반으로 계속 개선해 나가는 일이 그것이다. 아마 이 점은 현재의 모든 기술 분야에서 끊임없이 해 온 길이기도 하다. 기술이 발달하지 못한 당시에 한 발언이 오늘날에야 비로소 성취되고 있다. 오늘날 기업은 바로 변통 곧 개혁과 혁신의 연속에서 기업의 사활을 걸고 있다. 국가 기관도 당연히 이래야 하지만, 기업과 달리 기득권의 저항이 개혁의 발목을 잡는 차이가 있다.

그리고 변통의 효과는 "옛날에 없던 것을 오늘날 얻고, 먼 곳에서 생산하는 일도 가까운 데서 이룬다"라는 말에서 단적으로 드러내었다. 오늘날 옛날에 없던 것이 얼마나 많은가? 미국이나 유럽에서 만들던 물건을 이제 세계 어디서나 만드니, 참으로 놀라운 예언이다.

우리는 여기서 저자가 주장하는 변통의 의미를 비로소 재확인할 수 있다. 나의 신기를 변통한다는 의미는 내 인식의 수정을 통한 발상의 전환이며, 기물을 변통하는 일은 개선과 혁신을 통한 기술 발전이며, 인사를 변통하는 일은 제도의 개혁을 통한 사회발전을 도모하는 일이다.

앞의 두 가지는 인류 문명의 진행과 함께 해왔다. 하지만 마지막 하나는 기득권을 가진 집단의 저항으로 그 조직이나 국가의 미래와 안위가 달려 있다. 각국의 흥망성쇠와 부침은 다른 게 아니다. 변통을 잘하면 생명력이 길고 그렇지 못하면 몰락의 길로 간다. 조선이 몰락한 원인은 단지 제국주의라는 외부 세력의 침략 때문만은 아니다. 내부의 허약함이 외부의 침략을 불러들였다. 대한민국도 그러지 말라는 법은 없다. 결국 변통도 소통을 위한 방법이다. 막히면 망하고 잘 통하면 오래간다. 그래서 『주역』에서 "오고 감이 막히지 않음을 통이라 말한다"[65]라고 하고, "막히면 변하고, 변하면 통하고, 통하면 오래 간다"[66]라고 하였던 가?

---

65 『周易』, 「繫辭上」: 往來不窮謂之通.

66 같은 책, 「繫辭下」: 窮則變, 變則通, 通則久.

7. 재물은 신기를 편안히 기르는 것
財所以安養神氣

온 세상 사람들 가운데 돈과 재물로 병을 이룬 자가 많아 전염 범위가
꽤 넓다. 혹자는 그 병을 싫어하여 피하는 일만 능사로 여겨 고생스럽게
그것을 거절하지만, 이 또한 돈과 재물의 병이다.

天下人, 以錢財得病者多, 運染頗廣. 或能厭避其病, 辛苦拒絶, 亦是錢財之病也.

돈과 재물을 덜어내거나 보태거나 주거나 받는 일이 모두 당연한 이치와
서로 약속한 한도를 따르면 신기에 얽매임[67]이 없다. 그리하여 재물 사용
을 변통할 때 재물이 떨어지면 남에게 빌리고 재물을 모으면 상환한다.

損益授受, 皆循當然之理, 相約之限, 無係累於神氣. 有變通於須用, 乏絶則借貸於
人, 收聚則償還於人.

이때 거래의 이익과 손해, 재물 증감[68]의 많고 적음에 있어서, 오로지
자기의 손익만 생각하고 타인의 그것[69]을 고려하지 않을 때는 쉽사리

---

67 係累는 속박 또는 구애되는 일. 속박은 『孟子』, 「梁惠王下」의 "若殺其父兄, 係累其子
弟, 毀其宗廟, 遷其重器, 如之何其可也."에 보이며, 구애는 『朱子語類』 29-21에
"今人有一毫係累, 便脫灑不得, 而文子有馬十乘, 乃棄之如敝屣然, 此亦豈是易事,
常人豈能做得."라는 말에 보이는데, 굳이 따지자면 후자에 더 가깝다.

68 消息은 여러 뜻이 있는데, 여기서는 消長 곧 增減의 뜻이다. 일찍이 『周易』에 자주
보인다. 가령 「豐卦」의 "日中則昃, 月盈則食, 天地盈虛, 與時消息, 而況於人乎. 況於
鬼神乎."가 그것이다.

69 肥瘦는 살찐 것과 여윈 것으로 이익과 손해의 상징으로 쓰였다.

자기를 병들게 하고 남에게도 병을 준다. 그러므로 나와 남의 사정을 참작하고 수량의 많고 적음을 조화롭게 하지만,[70] 어쩔 수 없을 때는 차라리 내가 금전과 재산의 손해를 볼지언정 남에게 피해를 주지 않으며, 차라리 저 사람에게 피해가 있을지언정 그 일과 상관없이 옆에서 보는 사람의 신기를 상하는 일이 없게 한다. 그래서 시작은 비록 한 사람과 상관되는 문제지만, 마무리될 즈음에는 많은 사람의 이목에 돌이켜 헤아리는 일이 파급되고, 뒷사람의 시빗거리에서 권하고 징계함이 머문다. 돈과 재물의 변통 방법은 이것[71]을 기준으로 삼으니, 병을 없애는 약은 이것을 버리고 무엇을 찾을 것인가?

去來之利害, 消息之多寡, 惟思自己之損益, 不念在人之肥瘠, 易致病己而病人. 故參酌乎彼我之勢, 折中於多寡之數, 寧有害於錢財, 無遺害於彼人, 寧有害於彼人, 俾無傷於傍觀者之神氣. 始雖與一人相關, 及其了勘, 顧慮及於衆人之耳目, 勸懲寓於後人之是非. 變通之術, 以此爲準, 消病之藥, 捨此何求.

어떤 종류의 사람[72]은 돈과 재물을 좋은 방법으로 변통할 줄 모르고, 나쁜 방법으로 변통하는 일을 익숙하게 알아, 자기의 성품을 해치고 공론의 버림을 받으며, 편안하게 누리는 길을 버리고 고초의 길로 들어서니, 어찌 사람의 삶이 신기를 잘 기르는 일에 달려 있다는 점을 알 수

---

70 折中은 折衷과 같은 의미로 쓰이되 한쪽에 치우치지 않고 조화롭게 선택한다는 말. 中庸의 뜻과도 통하는데, 보통 같지 않은 事理의 두 극단을 잡아 그 中을 취하는 일[執其兩端]로 여겨졌다.

71 이 단락 전체에 녹아 있다. 해설 참고.

72 一種人은 어떤 사람 또는 어떤 종류의 사람이라는 뜻으로서 『朱子語類』에 자주 등장한다. 가령 "孔子之意未必如此. 某見近來有一種人如此, 其說又有所爲也 (35-130)."와 같은 말에 보인다.

있겠는가?

一種人之於錢財, 不知從善而變通, 熟知從惡而變通, 戕賊其性, 見棄於公論, 捨安享而入苦楚, 烏能知人之生, 在於養得神氣.

돈과 재물로 신기를 편안히 기른다면,[73] 그것은 아낄 만한 돈과 재물이다. 하지만 그것으로 신기를 해치고 상하게 한다면, 원수 같은 돈과 재물이다. 이 뜻을 미루어 넓히면, 돈과 재물은 두루 유통되고 고정되지 않은 물건이요, 신기는 사람마다 편안히 기르고자 하는 평소의 소원이다. 돈과 재물을 잘 변통하는 사람은 자기의 신기를 편안히 기를 뿐만 아니라, 남의 신기를 편안히 기를 수 있다.

以錢財安養神氣, 是可愛之錢財也. 以錢財賊傷神氣, 是仇讎之錢財也. 推擴此義, 錢財乃周行無定之物也, 神氣乃人人安養之素願也. 錢財之善變通者, 非獨安養自己之神氣, 亦能安養人之神氣.

---

73 安養은 불교 용어로서 마음을 편안히 하고 몸을 기름 또는 극락세계의 뜻이 있음. 여기서는 그 대상이 神氣이므로 마음을 편안하게 하고 내면을 성숙하게 하는 수양의 뜻으로 쓰임.

해 설

돈과 재물 변통의 원칙과 기준과 방법을 논하였다.

우선 재물은 탐해서도 피해서도 안 될 것임을 분명히 하였다. 사람이 살아가는 데 있어 꼭 필요하기 때문이다. 재물의 변통이란 그것을 타인과 주고받고 융통하는 일을 말한다. 그 원칙은 당연한 이치와 서로 약속한 한도이다. 여기서 당연한 이치란 구체적으로 밝히지는 않았지만, 재물과 돈을 주고받는 상식적 규범인 듯하다.

그리고 그 기준은 나와 남의 사정을 참작하고, 수량의 많고 적음을 조화롭게 하는 일로서, 구체적으로 자기만의 이익이나 타인만의 그것이 아니라 서로가 '윈윈'해야 하고, 부득이 그럴 수 없을 때는 자기의 손해를 감수하는 일이다. 특히 잘못된 거래로 인해 제삼자의 마음을 상하게 하거나 사람들의 이목을 끌거나 후인의 비판 대상이 안 되도록 하는 일이 그것이다.

이는 일반 개인만이 아니라 상업·기업윤리까지 적용되는 말이다. 한두 차례의 거래에서 자기의 이익만 고집한다면, 이후의 거래는 성립하기 어렵다. 상대와 이익을 공유하거나 나누어야 신뢰가 쌓여 그 관계가 오래 유지된다. 기업이 소비자의 사랑을 받아 번창하고 발전하는 일도 이런 원리에 기초한다. 따라서 기업이 사회적으로 지탄받는 일을 하면 곧 망하는 길이 되므로, 사회적 이슈 가령 환경이나 윤리나 지배구조에 대한 시민들의 눈높이에도 맞추어야 한다.

끝으로 돈과 재물을 모으는 목적 또는 까닭을 말하였다. 무엇을 위해 돈을 벌어야 하는지 되돌아보게 하는 발언이다. 그것을 '신기의 안양(安養)'이라고 표현했는데, 곧 나만이 아니라 타인의 마음도 편안히 기르는 일이라고 했다. 사람의 마음을 편안하게 하려면 일단 적절한 재물이 있어야 한다. 먹고 사는 데 근심과 걱정이 없어야 하기 때문이다. 보통 사람은 재물이 없으면, 마음이 편안하지 않고 항심(恒心)이 없어 살기 위해 온통 거기에 매진한다. 자신을 되돌아보고 남과의 관계를 원만하게 하는 내면의 수양을 기대하기 어렵다. 가령 미국 이민사에서 아일랜드계나 이탈리아계 이민자들 가운데서 마피아(갱)가 횡행했던 일은 당시 미국의 주류사회가 민족적·종교적 이유로 그들을 차별하면서 좋은 일자리를 제공하지 못했기 때문이었다. 성인과 군자 같은 사람은 궁핍해도 삶을 즐기며 자기가 지키는 원칙에 편안하겠지만, 보통 사람은 그러기가 어렵기 때문이다.

다음으로 마음이 편안하면 교양을 쌓거나 정신적·영적 수양에 훨씬 유리하다. 물질이 몸의 쾌락만을 위해 상용된다면, 앞의 서두에서 말한 병이 되기 때문이다. 재산이 많아서 마음이 병들고 황폐한 경우가 얼마나 많은가? 이쯤 되면 재물은 삶을 황폐하게 하는 원수와 다름이 없다. 이렇듯 돈과 재물로 인한 병은 마음의 병이면서 더 나아가 몸의 병이 될 수도 있다. 이는 몸과 마음이 분리되지 않는다는 전통 의학의 관점이기도 한데, 사상의학을 창시한 이제마(李濟馬, 1838~1900)도 그 관계를 지적한 바 있다. 곧 "천하 사람들이 병을 얻는 일은 모두 현자를 시샘하고 능력자를 시기하는 데서 나오고, 천하 사람들이 병을 고치는 일은 모두 현자를 좋아하고 착한 이를 즐거워하는 데서 나온다. 그러므로 말하노니 '현자를 시샘하고 능력자를 시기하는 일은 천하의 많은 병이요, 현자를 좋아하고 착한 이를 즐거워하는 일은 천하의 큰 즐거움이다'라고 하니라"[74]라는 말이 그것이다.

---

74 『東醫壽世保元』, 「廣濟論」: 天下之受病이 都出於妬賢嫉能이오 天下之救病이 都出於好賢樂善이니 故로 曰 妬賢嫉能은 天下之多病也오 好賢樂善은 天下之大樂也라 하니라.

반면 재물은 남과 나눔으로써 정신적으로 더욱 풍요로워진다. 안양의 또 다른 의미에는 극락이라는 뜻이 있는데, 자기의 정신을 풍요롭게 하면 그 자체가 극락의 경지가 아니겠는가? 한국의 부자들이 이런 경지를 아는지 모르겠지만, 천박한 물신주의에 기초한 자본주의를 벗어나려면 저자의 말에 귀를 기울일 필요가 있다. 서양인 막스 베버 (Max Webe, 1864~1920)가 자본주의 윤리를 말하기도 전에 조선 사람인 저자는 도덕적 근본주의자들처럼 재물을 배척하지 않고 긍정하면서도, 돈과 재물을 나누는 변통의 관점을 유지하여 그것을 모을 수 있는 윤리적 근거를 제시하였다. 다른 글에서도 이런 관점을 얼마든지 찾아볼 수 있다.

8. 질병은 변통하기 어렵다
疾病難得變通

사람에게 질병이 생기는 근원을 밝혀보면, 우선 체질75을 타고날 때부터 생긴다. 오장육부와 혈맥76이 균형 있게 알맞지 못하고 한쪽으로 치우치면 태중에서 발생하는데, 이것을 선천적 질병이라 부른다. 그런 상태에서 겉보기에 멀쩡한 몸도 허약하면77 소·장년기에도 발병하고, 이때 죽지 못하면78 노년기에 발생한다. 이것은 모두 타고난 체질에 따른 질병이니, 의사의 치료나 약으로 고칠 수 없다.

疾病之作, 究其源, 則由於稟質之初. 臟腑血脈, 不得均適, 有所偏廢, 則發於胎中, 謂之天病. 若具體而微, 則發於少壯之年, 若有不足易萎, 則發於衰暮之歲. 此皆稟質之病, 不可以醫藥治療也.

다음으로 온전한 몸을 타고났을 때는 외감79·내상80·풍담·한열81이 생

---

75 이제마(李濟馬, 1838~1900)가 창시한 체질의학에 한정하는 것이 아니라 몸의 성질이나 특성을 말함. 이하 똑같이 적용함.

76 血脈은 기혈이 순환하는 통로로 옛 의학서에서는 經脈이라 부름. 또는 혈액이 순환하는 맥락.

77 具體而微는 원래 『孟子』, 「公孫丑上」의 "昔者, 竊聞之, 子夏子游子張, 皆有聖人之一體, 冉牛閔子顏淵, 則具體而微, 敢問所安."이라는 말에 등장한다. 『集注』에서는 그것을 "具體而微, 謂有其全體, 但未廣大耳."라고 풀이했다. 여기서는 저자가 의학적 관점으로 변용하여, 微는 허약하다는 뜻으로 쓰였다.

78 易萎는 보통 시에서 '쉽게 시드는' 꽃으로 많이 비유한다. 여기서는 젊어서 질병으로 죽는 일. 그리고 여기서 보이는 不足은 不可 또는 不能의 뜻. 그런 용례는 『荀子』, 「正論」의 "淺不足以測深, 愚不足以謀知."와 唐 韓愈의 『論佛骨表』의 "事佛求福, 乃更得禍. 由此觀之, 佛不足事, 亦可知矣."에 보인다.

79 환경의 영향으로 발생하는 질병 곧 감기나 전염병 따위.

80 먹은 것으로 인한 장기의 질병과 감정의 영향으로 발생하는 질병 곧 배탈이나

겨 커지는 질병과 여러 충해[82]와 여러 종기 그리고 골절상·타박상·자상 (刺傷)·화상[83] 따위는 대부분 약을 쓰지 않아도 효과[84]가 있으니, 차도가 있는 때를 기다리면 된다.

至若稟賦完全, 而外感內傷風痰寒熱之作息, 諸蟲諸腫, 折觸鍼灸之類, 多有勿藥之 效, 待時之差.

하지만 섭생[85]의 방법과 치료의 기술에는 자연히 신기의 변통[86]과 약[87] 으로 조절하는 방법이 있다. 그로써 병자의 신기를 위로하고, 곁에서 시중드는 사람의 초조해하는 마음을 풀어주기도 한다. 그래도 어떻게 끊어진 걸 잇고 쓰러진 걸 일으킬 수 있겠는가?[88]

신경쇠약이나 우울증 따위.
81 오한과 발열 증상.
82 기생충과 같은 작은 벌레의 피해.
83 鍼灸는 침과 뜸인데, 문맥에서 보면 병의 원인에 해당하므로 鍼은 뾰족한 물건에 의한 상처, 灸는 뜨거운 물이나 불에 의한 상처로 보인다. 아니면 침이나 뜸의 부작용으로 생긴 피부의 질병일 수 있다.
84 勿藥之效는 勿藥自效의 뜻. 사상적 근원은 『周易』, 「無妄卦」의 "无妄之疾, 勿藥有喜." 라는 말의 "약을 쓰지 않아도 기쁨이 있다"라는 말에 보인다. 程頤는 有喜를 疾自己으로 朱熹는 自愈로 풀었는데, 모두 '勿藥自愈'의 의미이다.
85 攝養은 병에 걸리지 않도록 몸을 잘 扶養한다는 뜻으로 섭생과 같은 말. 도교식으로 말하면 養生과 통한다.
86 바로 뒤에 보이는데, 환자의 마음을 바꾸게 하는 심리치료. 전통 의학은 항상 몸과 마음을 동시에 고려하기 때문이다.
87 藥餌는 약 또는 약으로 쓰이는 음식물. 葛洪의 『抱樸子』, 「微旨」의 "知草木之方者, 則曰惟藥餌可以無窮矣."에 보인다.
88 행간에서 당시 의술의 한계를 말하였다. 하지만 오늘날은 장기를 이식하고 잘린 부분을 봉합하며 물리치료 등의 기술로 이런 표현이 다소 무색해졌다.

然攝養之方, 治療之術, 自有神氣之變通, 藥餌之加減. 以慰病者之神氣, 以解侍傍之燥悶. 何以能續其斷, 而起其僵乎.

의술에서 치료하는 변통은 회복하는 2~3일 동안의 진퇴에 해당하지, 타고나 정해진 체질에는 해당하지 않는다. 오장육부로 인해 병이 생기는 원인과 혈맥에 기혈이 흐르는 상세한 상태를 미리 바르게 헤아리지 못하고, 질병이 생겼을 때 단지 겉으로 드러나는 증상만 보면서, 시고 쓰고 맵고 짠 여러 대접의 탕약[89]으로 상세히 알지도 못하는 장부의 질병을 변통하려고 하니, 어찌 꼭 낫게 되리라고 확신할 수 있겠는가?

醫方治療之變通, 在於差復之二三日進退, 不在於稟質之自有攸定. 臟腑之所以然, 遊注之詳細節, 旣無眞的之揣得, 疾病之作, 只見發外之動容, 欲將酸苦辛鹹之數盂湯劑, 要變通不能詳知之臟腑疾病, 豈可必也.

다만 신기의 질병만은 변통할 수 있어, 병증을 진단하는 일[90]이 어렵지 않고, 약의 조제도 어렵지 않다. 인의예지[91]에 미치지 못하는 정도에 따라 연달아 복용하고, 맑고 탁하고 순수하고 잡된 기질 가운데서 그 찌꺼기를 제거하고 정수만을 기르며, 느긋하거나 조급하거나 더디거나 빠른 태도에서 어긋나는 점을 좇아 조종한다면, 훌륭한 의사[92]의 가르침

---

89 '시고 쓰고 맵고 짜다'는 말은 각각 五行 가운데 한 맛으로, 이 내용은 오행의 관점에서 장부를 설명하고 그 질병을 파악해 약제를 거기에 맞게 처방한 것을 상징한다.
90 執證은 한의학에서 병증을 파악하는 일로 辨證과 같은 말. 유사어로 執症이 있다.
91 유가에서 말하는 네 가지 덕으로 곧 어질고 의로우며 예절 바르며 지혜로운 성품. 자세한 내용은 해설 참고.
92 비유로서 여기서는 훌륭한 스승을 말함.

이 없음에 무엇을 걱정하겠으며, 약을 끓이고 조화[93]하는 데 무엇이
어렵겠는가? 다만 약의 복용[94]은 성실하기가 쉽지 않아 섭생하는 데
효험을 잃기 쉽다. 만약 약을 잘 맞추어 성실하게 복용[95]하고 섭생에
잘못이 없으면, 그 병이 나을 수 있다.

惟神氣之疾病, 可以變通, 執證非難, 藥之當劑, 亦非難得. 仁義禮智, 從不逮而連服,
清濁純駁, 去其滓而養其精, 緩急遲速, 從其反而操縱, 何患乎無良醫之教誨, 何難
乎煎湯調和. 但服食難得其誠實, 攝養易失其效驗. 若能調服誠實, 攝養無失, 可得
其瘳.

---

93 調和는 음식에서는 調味 곧 맛을 조화롭게 한다는 뜻으로 쓰임. 『管子』, 「小稱」에
  "夫易牙以調和事公, 公曰, 惟烝嬰兒之未嘗. 於是, 烝其首子而獻之公."에 보이고,
  또 『後漢書』, 「獨行傳·陸續」에 "續曰, 因食餉羹, 識母所自調和, 故知來耳."라는 말이
  보인다. 여기서는 의학적 처방 방법 가운데 하나로, 질병의 원인 가운데 하나가
  한쪽으로 치우친 기로 인해 생기므로 조화를 이루도록 약재를 처방하기 때문이다.
  사실 전통 의학에서는 음식과 약재가 기본적으로 분리된 것은 아니다.
94 服食은 도교에서 丹藥의 복용에 쓰였던 말 또는 음식을 약처럼 먹는 일.
95 調服은 약 먹는 방법의 하나로 어떤 약을 어떤 약이나 물 등에 타서 마시는 것.

해 설

질병 치료를 변통의 개념으로 설명하였다.

요지는 일상적 질병 치료는 어려우나 마음의 치료는 되레 쉽다고 한다. 문맥을 보면 신기인 마음의 질병이란 오늘날 정신착란이나 신경쇠약 또는 뇌의 이상 반응 등의 집중적 치료가 필요한 중증의 그것이 아니라, 자가 치유가 가능한 인문학적 심리치료에 해당한다. 그래서 이 글은 단순히 질병의 치료만이 아니라, 유가의 수양을 의학 용어를 빌려서 함께 논하였다.

먼저 선천적 질병을 논하였다. 타고난 신체가 갖는 병의 기질적 원인에 해당한다. 쉽게 말해 병원에서 진찰할 때 질병의 가족력을 묻는 것도 이와 관련된다. 그래서 이런 신체의 특징에 따른 질병은 고칠 수 없다고 한다. 요즘은 약과 의술의 발달로 이런 병을 예방하거나 늦추거나 치료하기도 한다. 가족력에 해당하는 당뇨나 고혈압 같은 질병이 이런 경우이다. 심지어 선천적으로 기형인 심장 따위도 정상적인 것으로 이식하여 교체할 수 있다.

후천적으로 생긴 질병은 자연치유력에 의존하고 있다. 약을 쓰지 않는다는 뜻으로 오해할 수 있는 발언이지만, 속뜻은 약이란 그것을 보조하는 것이니 낫는 일은 신체가 스스로 치유한다는 뜻이다. 이 또한 당시 외과적 진료 수준이나 항생제 따위의 약재가 개발되지 않아 취할 수밖에 없었던 일로 보인다. 그러나 현대 의학에서도 원리적으로 보면 신체의 자가 치유 능력을 기대한다. 아무리 약을 써도 그게 안 되면 결국 목숨을 잃는다.

저자는 마음의 질병에 있어서 인문학적 자가 치유의 목표가 인의예지의 덕을 갖춘 인품의 완성에 두었다. 본서에서는 처음 등장하고 그 과정이 성실한 공부와 수양인데, 약의 복용과 섭생으로 비유하였다. 그렇다면 유교에서 말한 인의예지가 무엇인지 짚어봐야 한다.

공자의 주요 사상이 인이라는 점은 보통의 식견만 있어도 다 아는 사실이다. 하지만 공자는 의와 예와 지도 강조하였다. 지(知)는 훗날 지(智)로 바꾸어 썼다. 언어의 변천상 앎과 지혜를 구분하기 위해서였는데, 원래는 통합되어 있었다.

이 인의예지를 철학적 인성론으로 전개한 사람이 맹자이다. 그는 "측은 지심은 인의 실마리이고, 수오지심은 의의 실마리이며, 사양지심은 예의 실마리이고, 시비지심은 지의 실마리이다"[96]라고 하여, 사람의 본성에서 우러나오는 사단(四端)을 주장했는데, 그것은 바로 이 인의예지의 네 가지 덕성의 실마리로서, 인의예지는 인간이 하늘로부터 부여받은 본성이라는 보았다. 이런 주장에는 그의 성선설이 전제되어 있다. 훗날 전한의 동중서(董仲舒)가 여기에 신(信)을 추가하여 오상(五常)이라 불렀다. 남송 때 주희는 이 인의예지를 천리로 보고 사람의 본성에 천리를 갖추었다는 이론을 전개하였다.

주희 성리학의 이념에 근거해 개국한 조선은 도성의 큰 대문에 모두 인의예지(북쪽 제외)라는 글자가 들어가게 하였고 종로의 보신각의 이름에 신(信)이라는 글자가 들어가게 했는데, 성리학 이념을 따른 조선이 바로 이 오상을 적용한 것이고, 인의예지는 조선의 성균관을 이어받은 현재 성균관대학교 교훈이다. 옮긴이는 이 어질고 옳고 예의 바르고 슬기로운 덕목의 현대적 의미로서 사랑·정의·예의·지혜로 보고 싶다. 물론 저자는 이 인의예지를 성리학자처럼 해석하지는 않았다. 뒤의 『추측록』권3의 「인의예지」에 보이지만, 그것은 인간의 본성으로서

---

96 『孟子』, 「公孫丑上」: 惻隱之心, 仁之端也, 羞惡之心, 義之端也, 辭讓之心, 禮之端也, 是非之心, 知之端也.

당시의 전통 속에서 경험적으로 체득한 덕이다. 다시 말하면 생물적 본능과 사회적 규범의 통일체였다. 그러니까 인의예지 자체가 극복하거나 부정되어야 할 케케묵은 규범이 아니라, 적극적으로 발휘해야 할 가치였다. 그가 서양의 과학과 기술을 수용했어도 끝내 포기하지 않은 가치 가운데 하나였다.

끝으로 약을 '성실하게 복용한다'라는 말에서 '성실'은 『중용』의 성(誠)의 철학에서 나온 말이다. 주희의 주석에서 성실을 "진실하여 거짓이 없는 것을 말한다"라고 풀이하였다. 성실은 여기에 지속적인 의미를 더 부여해야 본래의 의미가 살아난다. 한 마리의 제비가 왔다고 봄이 오는 것은 아니기 때문이다.

조선조 유학자들은 이 성실과 함께 깨어있는 마음의 주체로서 경(敬)을 강조했는데, 그것을 경건(敬虔) 또는 공경(恭敬)이라는 말로 옮기지만 정확한 현대적 단어는 찾기 어렵다. 성(誠)이 수양의 목표라면, 경(敬)은 정신 집중으로서 수양의 자세이다. 사람이 천지자연처럼 끊임없이 성실하기란 참으로 쉽지 않다. 요즘 성실이라는 말을 남발하지만, 그런 깊은 뜻이 들어 있다.

그러니까 저자가 그의 학문을 스스로 성실한 학문이라 함도 이런 뜻이다. 그가 말하는 '신기의 병'이란 인의예지에 충실하지 못하여 바르지 않은 마음의 상태가 모두 질병이다. 그것을 수양이라는 과정을 통해 치료해야 한다고 보았다. 어찌 보면 그릇된 이념과 도그마의 노예가 되거나 시류를 좇아 사는 사람들은 자신의 정체성과 주체성을 확립하지 못하고 인생의 정도를 가지 못하니, 모두 병든 사람이다. 그걸 치료하는 일이 독서와 실천을 통해 자신을 수양하는 일이었다. 변통 이론을 수양에 적용하였다.

9. 문리의 이해는 변통에 달려 있다
文理究解在變通

말[97]이란 문장[98]의 초본이고, 문장은 말을 볼 만한 상태로 이룬 것[99]이다.

言語者, 文辭之草本也, 文辭者, 言語之成章也.

혀끝의 문장은 소리가 끝나면 흔적이 없고, 한번 전해지면 힘[100]이 줄어
들고, 두세 단계를 거쳐 전해지면 비방과 칭찬이 첨가된다. 그리하여
미화나 증오가 넘쳐나 도리어 그 진의를 잃으니, 듣는 자가 믿지 않아
전할 수 없다.

舌端文章, 韻終而無痕, 一傳而減力, 再傳三傳, 而毀譽添附. 美溢惡溢, 反失其眞,
聽者無信, 而不得傳焉.

반면 붓끝의 말은 주지(主旨)[101]가 완비되고 이치가 명백하다면, 종이에

---

97 言語는 전통적으로 매우 다양하게 쓰였다. 여기서는 입으로 표현하는 말의 의미이다.
　　일찍 『周易』, 「頤卦」의 "象曰, 山下有雷, 頤, 君子以愼言語, 節飮食."에 보인다.

98 文辭는 文詞로 글에 나타난 말. 문장과 같은 의미로 『史記』, 「伯夷列傳」의 "余以所聞由
　　光義至高, 其文辭不可槪見, 何哉"와 또 같은 책, 「儒林列傳」에 "是時天子方好文詞,
　　見申公對, 默然."에 보인다.

99 成章은 노력 따위가 점차 쌓이고 모습이 변화여 볼 만한 형국을 이룬 것. 『論語』,
　　「公冶長」의 "子在陳曰, 歸與歸與. 吾黨之小子, 狂簡, 斐然成章, 不知所以裁之."와
　　『周易』, 「說卦傳」의 "故易六位而成章."과 『孟子』, 「盡心上」의 "流水之爲物也, 不盈
　　科不行, 君子之志於道也, 不成章不達."에 보인다.

100 설득력이나 호소력 따위.

101 旨義는 旨意와 같이 쓰이며 主旨 또는 意圖의 뜻이다. 『後漢書』, 「魯丕傳」의
　　"覽詩人之旨意,察雅頌之終始 … 觀乎人文, 化成天下."와 같은 책, 「楊震傳」의 "周廣

옮겨 적어 수십 백 년의 수명을 누릴 수 있고, 판각하여 인쇄하면 천만인이 볼 수 있다.[102]

筆端之言語, 如得旨義完備, 理致明白, 傳寫紙面, 可得十百年之壽, 繕刻梨棗, 可閱千萬人之目.

문장의 주지를 해석하고 이치를 탐구하여 밝히는 일은 참으로 글을 읽는 사람의 변통에 달려 있다. 무릇 문장의 이해력은 읽는 사람들의 제각기 다른 취향과 조예의 깊이에 달려 있다. 그래서 헛됨을 숭상하는 사람은 참됨을 알지 못하며, 꾸미기를 숭상하는 사람은 질박한 곧음을 싫어하여 버리고,[103] 재질이 경박한 사람은 심오하게 연구할 수 없으며, 견문이 치우치고 좁은 사람은 일을 두루 살피지 못한다. 이는 모두 신기가 고착하여 두루 아는 게 없고 굳게 막혀 변통이 없어서, 작은 것을 보고 미루어 큰 것에 이르지 못하고 저것을 듣고 이것을 추측하지 못하기 때문이다.

解釋旨義, 究闡理致, 亶在於玩閱者之變通. 凡究解, 在其人之趨向各不同, 造詣有淺深. 崇虛者, 不知誠實, 尚文者, 厭棄質直, 才稟輕薄者, 不能研究幽遠, 見聞偏陋者, 不能周察事務. 是皆由於神氣之泥着而無周通, 固滯而無變通, 見小而不能推及

謝憚兄弟 … 與樊豐王永等分威共權, 屬託州郡, 傾動大臣, 宰司辟召, 承望旨意."에 보인다.

102 梨棗는 옛날 판각하여 인쇄할 때 배나무와 대추나무를 많이 사용하였으므로 판각·인쇄의 대명사가 됨. '可閱千萬人之目'을 직역하면 '천만인의 눈을 검열할 수 있다'라는 뜻으로 천만인이 본다는 문학적 표현임.

103 文은 꾸밈, 質은 바탕을 뜻하며 이 둘의 관계는 『論語』, 「雍也」의 "子曰, 質勝文則野, 文勝質則史, 文質彬彬然後, 君子."에 보이며, 質直은 같은 책, 「顔淵」에 "夫達也者, 質直而好義."에 보인다.

於大, 闔彼而不能推測於此.

만약 반복해서 드나들고, 비교하고 헤아리며, 좋고 나쁨을 분별하고, 우수함을 취하고 열등함을 버리며, 단계를 밟아[104] 미묘한 것까지 꿰뚫어 진보할 수 있으면, 신기의 변통은 문리[105]에 익숙하고, 문장을 이해하는 일에는 바야흐로 부합하는 증거[106] 자료가 있을 것이다. 그리하여 문장을 가지고 물리에서 증험[107]하고, 물리를 가지고 문장에서 증험하니, 겉과 속이 서로 응하고 문리가 어긋남이 없어서 저술의 본래 의도가 다 드러날 것이다. 또 탁월하여 이르기 어려운 일과 미묘하여 미치지 못하는 단서도 모두 알 수 있다.

苟得反覆出入, 比較商量, 分別善惡, 取優捨劣, 歷階躐級, 透微進步, 則神氣之變通, 慣熟於文理, 而文辭之究解, 方有符驗之資. 以文辭, 參契於物理, 以物理, 證驗於文辭, 表裏相應, 文理無違, 著述之本意畢露. 卓然難及之事, 微有不逮之端, 皆可得以通也.

---

104 躐級도 歷階처럼 단계를 차근차근 밟는다는 뜻으로『資治通鑑』,「唐玄宗開元十八年」의 "光庭始奏用循資格, 各以罷官若干選而集, 官高者選少, 卑者選多, 無問能否, 選滿即注, 限年躐級, 毋得踰越, 非負譴者, 皆有升無降."에 보임.

105 文理는 문장의 조리 또는 의미. 전하여 보통 글의 뜻을 깨달아 아는 힘으로 쓰임. 여기서는 전자의 뜻.

106 符驗은 符節처럼 증거가 되는 물건으로 符合의 의미이다.『荀子』,「性惡」에 "凡論者, 貴其有辨合, 有符驗."에 보인다. (앞에 나옴)

107 參契는 參驗 또는 參合의 의미. 여기서는 뒤에 등장하는 證驗과의 반복을 피하려고 그 뜻으로 사용함.

해 설

말과 글의 관계와 둘의 장단점을 밝힌 뒤, 독자가 글을 해석하고 탐구할 때 변통의 방법과 효과를 다루었다.

여기서 말하는 변통이란 글의 본의를 해석하고 탐구하는 독자 마음의 변통이다. 저자 독서론의 하나이다. 먼저 말과 글은 의미를 전달하는 도구라는 점에서 공통점이 있지만, 말이 갖는 단점과 글이 갖는 장점을 논하였다. 반면 말이 갖는 장점과 글이 갖는 단점을 생략하였다. 그것은 일단 말을 종이에 옮기면 그 자체를 왜곡하거나 과장할 수 없으니, 오로지 독자의 정당한 해석에 맡겨두면, 말이 전파되어 오해되는 현상과 전적으로 다르기 때문이다.

사실 이것도 좋게 말하면 창의적 해석, 나쁘게 말하면 오해·오독할 가능성이 전혀 없는 것은 아니다. 언어 자체가 가진 한계 때문이다. 이런 비판 대상의 중심에 선 사람 가운데 한 분이 고대 문헌을 집중적으로 해석한 남송 때의 주희이다. 워낙 해석의 분량이 방대하니 당연한 일이다. 그런 전통에서 경학사(經學史)는 해석사(解釋史)가 되었다.

다음으로 문장의 의미를 제대로 파악하는 일은 읽는 사람의 변통에 달려 있다고 전제하고, 글을 읽고 해석할 때 독자의 취향이나 지적 수준에 따라 글의 이해가 천차만별임을 설명하였다. 특히 종교적 도그마에 빠져 있거나 글의 외형적 수사법을 중시하거나 대중적 흥밋거리만 찾거나 편견에 치우치면, 글의 본의를 제대로 파악할 수 없다고 한다. 그것은 그 사람의 사고가 경직되고 좁아서 변통할 줄 모르므로, 사고의 상상력과 추론 능력 등이 떨어져 그 내밀한 내용을 파악할 수 없다고 한다.

그렇다면 독서에서 신기를 변통하는 방법은 무엇인가? 어떤 글이 있을 때 우선 글을 반복해서 읽고 글 속의 여러 사태나 내용을 비교하고 헤아리며 좋고 나쁨을 분별한다. 여기서 좋고 나쁨이란 굳이 선악만을 말하지 않는다. 표현력과 사상과 논리 따위도 포함될 수 있다. 그래서 내용 속에서 우수함과 열등함을 취사선택하며, 단계를 밟아 숨겨진 의미까지 꿰뚫어 파악할 수 있는 수준에 이르게 하는 일이 모두 변통의 방법이다. 단계를 밟는다는 점은 수준을 고려한 경험적이고도 합리적 절차와 학습 내용을 의미한다. 독서력은 결코 비약하여 발전하지 않는다는 점을 우리가 독서 경험에서 자주 느낀다. 많은 경험과 사색을 통해 개념적으로 이해해야 할 내용이 많다면 더욱 그러하다. 이런 점에서 볼 때 변통이란 또 독서력의 증진, 달리 말하면 이해력의 향상이다. 종합하면 변통이란 변화에 대응하는 노력이다. '막히면 변하고, 변하면 통하며, 통하면 오래간다'라는 『주역』의 논리에 귀결된다.

끝으로 이런 변통의 효과를 독서에 한정해 말하면 "문장을 가지고 물리에서 증험한다"라는 표현에서 엿볼 수 있듯이, 글이 물리가 의미하는 사물의 이치에 들어맞는지 알아봄으로써 검증할 수 있다는 점이다. 물리는 객관적·과학적 사실 또는 논리이다. 어느 쪽이든 글이 그것에 부합해야만 보편성을 확보할 수 있다. 그럼으로써 고차적이고 심오한 내용까지도 파악할 수 있다고 한다. 바로 이런 점에서 앞에서도 누누이 언급했듯이 저자의 학문관이 드러난다. 문학이나 예술이나 종교가 그의 학문관에 개입할 여지가 적다.

10. 정교의 연혁
政教沿革

정사와 교화[108]의 변통은 확 바꾸어 교체하는 일이 아니라, 그 통하지 않는 부분을 고쳐서 소통하게 하는 일을 말한다.

政教之變通, 非謂換易, 謂變其不通, 而使之通也.

정사에는 선왕의 치적이 있고 교화에는 성인이 열어 인도한 가르침이 있다. 그것을 받들어 계승하고 좇아 행하되, 침해하는 조짐과 막히는 폐단이 없을 때는 군주가 의상을 드리우고 팔짱만 끼고 가만히 앉아 일삼을 것이 없는 일을 행하되,[109] 단지 현명한 사람을 임용하고 능력 있는 사람을 부려서 맡은 직무를 이루도록 책임 지울 뿐이다.

政有先王之治蹟, 教有聖人之啓導. 奉承遵行, 若無侵害之端, 壅閼之弊, 端拱垂衣, 行其所無事, 任賢使能, 責成所當職而已.

---

108 政教의 현대적 의미로는 서양 언어의 번역으로 정치와 교육 또는 정치와 종교이지만, 전통적으로 政事와 教化이다. 이때의 教는 원래 성인의 가르침이다. 政은 우선 政事로서 『書經』, 「洪範」의 "八政, 一曰食, 二曰貨, 三曰祀, 四曰司空, 五曰司徒, 六曰司寇, 七曰賓, 八曰師."에 보인다. 또 政에는 政令의 뜻도 있다. 여기서는 통치제도를 포함한 政事의 뜻.

109 端拱垂衣는 垂衣拱手와 같고, 垂拱 두 글자로 압축된다. 그 출처는 『書經』, 「武成」의 "惇信明義, 崇德報功, 垂拱而天下治."이다. 또 같은 의미로 『周易』, 「繫辭下」의 "皇帝堯舜, 垂衣裳而天下治."에도 보인다. '일삼을 것이 없다'라는 말은 인위적으로 정책을 시행하지 않아도 나라가 잘 다스려졌다는 말로서, 그 사례는 『論語』, 「衛靈公」의 "子曰, 無爲而治者, 其舜也與. 夫何爲哉. 恭己正南面而已矣."에도 등장한다. '無爲而治'가 그런 상태로 노자의 無爲 사상과 유사하다.

하지만 정사를 시행하는110 일이 차츰 오래되어 간악하고 교활한 자들이 틈을 기다려 함께 등장하고,111 옛 선왕의 남긴 제도112가 유명무실해져 그것을 어기고 위반하는 자의 침해가 재촉하여 다가오면, 어쩔 수 없이 때에 맞게 고쳐서 밝게 하지113 않을 수 없다. 그래서 무능한 사람을 내쫓고 유능한 사람을 올리고 선행을 권장하고 악행을 징계하며, 현명하게 통달한 사람114을 추천하고 자기는 양보한다.115 그 결과 정사는 교화를 말미암아 진작되고 교화는 정사를 말미암아 실행될 수 있어, 정사와 교화가 상통하고 아름다움과 밝음116이 함께 진행된다.

---

110 行政은 정권을 잡고 국가의 사무를 관리한다는 점에서 오늘날도 쓰는 말이지만, 『孟子』, 「梁惠王上」의 "爲民父母, 行政, 不免於率獸而食人, 惡在其爲民父母也."라는 말에 보인다.

111 備至는 함께 오거나 주도면밀하다 또는 지극하는 뜻. 이 글에서는 둘 다 통한다. 함께 온다는 뜻은 『書經』, 「洪範」, "五者來備."의 孔傳에서 "言五者備至, 各以其序, 則衆草百物蕃滋廡豐也."라고 한 데 보인다.

112 遺敎는 국왕의 遺書, 부처나 祖師가 후인을 위해 남긴 가르침으로 여기서는 선왕이 만든 각종 제도를 뜻함.

113 修明은 고쳐서 밝게 하는 또는 닦아 밝히는 일로서 저자는 옛 제도를 개선·개혁하는 변통의 의미로 쓴다. 정비하여 밝힌다는 뜻으로는 『後漢書』, 「滕撫傳」의 "風政修明, 流愛於人, 在事七年, 道不拾遺."에 보이고, 또 『조선왕조실록』, 『태조실록』, 2년 癸酉, 9월 18일 조에 "整頓紀度, 修明禮樂, 三韓之民, 父母愛之."라는 말에도 보인다. (앞에 나옴)

114 賢達은 현명하게 통달한 사람. 또는 賢人과 達士를 아울러 일컫는 말. 漢의 王充의 『論衡』, 「效力」에 "文儒非必諸生也, 賢達用文則是矣."에 보임. 또 재덕과 명망이 있는 사람의 뜻으로는 『後漢書』, 「黃憲傳」의 "太守王龔在郡, 禮進賢達, 多所降致, 卒不能屈憲."과 또 『舊唐書』, 「文苑傳中·賀知章」에 "知章性放曠, 善談笑, 當時賢達皆傾慕之."에 보이며 그리고 崔致遠의 『桂苑筆耕』 13卷, 「擧牒」에 "其後折節修身, 終爲賢達, 則古之豪俊, 今可規模."에도 보인다. (앞에 나옴)

115 推讓이 남을 올리고 자기가 양보하는 뜻으로 쓰인 문헌은 『莊子』, 「刻意」의 "語仁義忠信, 恭儉推讓, 爲修而已矣."와 또 漢의 王充 『論衡』, 「本性」의 "一歲嬰兒, 無推讓之心."에 보인다.

116 休明이 보이는 문헌은 『左傳』, 「宣公三年」의 "楚子問鼎之大小輕重焉. 對曰, 在德不在鼎 … 德之休明, 雖小, 重也, 其姦回昏亂, 雖大, 輕也."라는 말이다.

行政稍久, 奸猾之俟彙備至, 遺敎浸夷, 違越之侵害趣進, 不得不隨時修明. 黜陟勸懲, 推讓賢達. 政由敎而得振, 敎由政而得行, 政敎相通, 休明互進.

실행해야 할 옛 법도 가운데 실행하지 못하는 일은 잘 고쳐서 실행하고, 오늘날 시험해 보아 실행해야 할 일은 새로 만든다. 또는 나라를 잘 다스리고 세상을 평화롭게 하는[117] 데에 유익한 일은 그 가르침을 열어 권장하며, 나라를 잘 다스리고 세상을 평화롭게 하는 데에 해가 되는 일은 그 가르침을 변통하여 스스로 부끄러움을 알아 바르게 되게[118] 한다. 또한 옛것에 빠지지 말고 오늘 것에도 구애되지 말며, 자기에게 치우치지 말고 누구를 편들지도 말아야 한다. 오직 자연과 인간의 바른 도리와 때에 맞는 적합함을 정사와 교화를 변통하는 기준으로 삼는다면, 취하고 버릴 때 얽매이는 어려운 결단에 무슨 근심이 있겠으며, 권장하고 징계할 때 조치와 행위에 방법이 없다고 무슨 걱정을 하겠는가?

古道之當行而不行者, 修擧之, 方今之驗試而當行者, 刱著之. 益於治平者, 闡其敎而獎勸之, 害於治平者, 變其敎而耻格之. 勿泥於古, 勿拘於今, 毋偏於己, 毋黨於人 惟以天人之正道, 隨時之適宜, 爲政敎變通之準的, 取捨何患乎牽累難決, 勸懲何患乎擧措無術.

하지만 정사와 교화의 흐름[119]이 여태껏 옛 제도를 준수하지 않음이 없다면, 따르거나 바꾸고 닦아 밝히는 일이란 모두 옛것을 따라 새롭게

---

117 治平은 『대학』의 '治國'과 '平天下'에서 나오는 말. 또는 太平의 뜻.

118 耻格은 『論語』, 「爲政」의 "道之以德, 齊之以禮, 有耻且格."에 나오는 말.

119 流行은 전파 또는 盛行, 運行, 流動의 뜻을 지니는데, 여기서는 施行 또는 盛行의 뜻이다.

이끄는 것이다. 나아가 개혁120이 있거나 새로 만드는 것도 있지만, 이 또한 마땅히 옛것을 따라서 차츰 만회하는 것이니, 어찌 확 바꾸는 일121만 공이 되겠는가? 그래야 충격의 근심이 거의 없을 것이다.

然政教之流行, 未有不遵舊章, 則沿革修明, 皆因舊導新矣. 至或有更張, 或有刱始, 亦當沿舊, 而稍得挽回, 豈獨易爲功也. 庶無衝激之患.

---

120 更張은 원래 느슨해진 琴과 瑟의 줄을 다시 팽팽하게 맨다는 뜻으로 개혁을 의미함. 출전은 『漢書』, 「董仲舒傳」의 "竊譬之琴瑟不調, 甚者必解而更張之, 乃可鼓也."이다.
121 易은 서두의 換易을 줄여 쓴 말이며 오늘날 變革을 의미함.

해 설

드디어 실천적 변통의 핵심이라 할 수 있는 정치와 교화의 변통을
다루었다.

교화는 성인의 가르침과 예악 등으로 백성을 감화시켜 선하게 살도록
변화시키는 일이다. 넓은 의미의 사회·대중 교육이라 할 수 있지만,
예법이나 풍속 등의 문화를 통해서 한다는 점이 제도교육과 차이가
있다.

저자는 정치와 교화의 변통은 확 바꾸어 교체하는 일이 아니라고 하였다.
원문 환역(換易)은 확 바꾸어 교체한다는 의미이다. 우리 역사에서
기사환국(己巳換局)이니 갑술환국(甲戌換局)이니 하는 말이 있는데, 기
사년(1689)이나 갑술년(1694)에 정국이 완전히 바뀌었다는 뜻이다.
요즘 말로 하면 정권교체이다. 그러니까 당시 정치와 교화 영역의 변통은
전면적 혁명이나 혁신보다 폐단으로 인해 소통되지 않는 부분을 새롭게
고치는 일을 일컫는다.

여기서 저자가 변통을 설명하기 위해 동원한 단어는 손익(損益)·연혁(沿
革)·경장(更張)·만회(挽回) 등이며, 창조를 뜻하는 창시(創始)도 부분적
으로 허용된다.

그렇다면 저자는 왜 정치와 교화 영역의 혁명적 변화를 원치 않았을까?
우선 정치 영역은 당시 군주제 상황에서 변혁을 주장했다면 불충한
일만이 아니라, 불순한 일로 자칫 오해를 살 수 있다는 점이 일차적
이유일 것이다. 하지만 그보다도 '내 몸을 수양하여 남을 다스린다'라는
수기치인의 가르침과 그것을 달리 표현한 '안은 성인이요 밖은 군주'인
내성외왕이라는 정치의 근본이념에서 보면, 오늘날 그 어떤 지도자도
흉내 낼 수 없는 성군이 다스리는 일이 정치이기 때문이다. 그러한

이상 정치가 실현되는 상태를 본문에서 "군주가 의상을 드리우고 팔짱을 끼고 앉아 일삼을 것이 없는 일을 행한다"라는 표현이 그것이다. 비록 제도의 폐단에 따른 변통을 허용해도, 유교의 이상 정치 그 자체를 포기할 수 없다는 점이 크게 작용했을 것이다.[122] 더구나 오늘날 민주정치의 실상을 보라! 다수 국민이 수준 이하이면, 아무리 훌륭한 제도가 있어도 기대에 못 미치는 지도자가 뽑힐 수 있다. 그 점을 고려하면 내세우는 정치 형태가 어떤 것이냐보다, 실질적으로 어떤 지도자가 국가 구성원의 갈등을 조정하여 삶을 윤택하게 하는지 더 중요함을 알 수 있다. 뛰어난 정치 지도자가 있어서 그렇게 한다면 그가 현대판 성인이다.

다음으로 교화의 변혁을 찬성하지 않은 이유는 정치영역보다 더 중요하다. 교화란 사상을 억지로 주입하는 따위의 강제력을 수반하지 않는다. 예악이나 풍습을 통해 물처럼 스며들게 하여 자발적으로 생각을 바뀌게 하는 일이다. 다시 말하면 교화는 강제적 교육이라기보다 문화 속에서 자발적으로 따르게 하는 일이다. 사실 문화란 인심과 정서에 맞지 않으면 따르지 않는다. 일시적으로 따르는 듯이 보여도 시일이 지나면 원래대로 되돌아간다. 문화에도 관성이 작용하기 때문이다. 가령 일제강점기 때나 군사정권 초기에 아무리 양력설을 지키게 하여도 결국 옛날의 설날로 돌아갈 수밖에 없었던 사실도 그런 점을 잘 보여주고 있다. 하지만 개화기 이후 일제강점기를 거치고 근대화를 이룩하면서 150여 년 동안 많은 영역에서 문화가 서양식으로 바뀌었다. 그 말은 우리의 삶이 서서히 바뀌었다는 뜻이다. 이처럼 교화를 변혁하는 일은 삶을

---

122 저자는 훗날 미국의 선거제도도 알고 있었고, 또 어떤 외딴섬에서 백성들이 지도자를 뽑는 사례를 가정해서 말하기도 한다(『人政』卷18,「別界選人」참조). 본서에서는 아직 그런 점이 보이지 않는다.

갑자기 바꾸는 일이므로 저자가 원치 않았다. 더구나 당시 사회에서 문화적 대안이 없었으므로 저자의 이런 주장을 인정할 수밖에 없다. 현대사회 각자의 정체성과 그에 따른 가치관의 혼란도 바로 이런 문화의 혼란에 기인한 바도 크다. 과거 중국 문화혁명의 부작용인 중국 사회의 후유증을 보라! 저자의 깊은 혜안이 돋보인다.

11. 시(時)라는 글자는 기의 운행이다
時是氣運

기는 반드시 운행[123]하므로 운행하지 않은 기는 아직 없다. 예부터 지금까지 문헌에서 보통 말하는 시(時)라는 글자는 모두 기의 운행을 가리킨다. 그것은 '時' 자가 항상 '氣' 자를 데리고 다니는 글자로 보기 때문이다. 나아가 고금·미래·전후·좌우·원근·내외와 같은 말들은 모두 '氣' 자로 포괄하니, 실리[124]의 탐구는 이것이 관건이다.

氣必有運行, 未有不運之氣. 古今文蹟, 凡言時字, 皆指氣之運行也. 以時字常帶氣字觀之. 至於古今未來前後左右遠近內外之類, 皆以氣字括之, 實理究索, 是爲關鍵.

아침·정오·저녁·밤은 하루에 운행하는 기[125]이고, 상·하현과 보름·그믐·초하루는 한 달에 운행하는 기이고, 봄·여름·가을·겨울은 한 해에 운행하는 기이고, 태어나 장성하고 쇠퇴하여 늙는 일은 인간의 몸에 운행하는 기이고, 인의예지와 희로애락과 좋음·나쁨·깊음·얕음[126]은

---

123 運行은 원래 天體의 그것이다. 『周易』, 「繫辭上」에 "日月運行, 一寒一暑."라는 말에 보인다. 이와 비슷한 말에는 流行이 있고, 저자는 훗날 운행보다 運化라는 말로 공식화한다. (앞에 나옴)

124 본서 서문에서 밝혔듯이 실제적 근거가 있는 이치. (앞에 나옴)

125 여기서는 氣가 氣數의 뜻으로 쓰였다. 하루나 한 달 그리고 24절기처럼 이렇게 시간을 매듭짓는 방식을 보통 氣數라 불렀다. 훗날 『運化測驗』에서 氣數(「氣之數」) 라는 말을 사용하며 기가 작용하는 주기·거리·정도 또는 원리로서 법칙 개념으로 접근하고 있다. 더 자세한 것은 최한기/이종란 옮김, 『운화측험』, 106, 179-187쪽을 참고 바람.

126 여기서 말하는 善惡淺深은 바로 뒤의 문장을 고려하면 선악(good and evil)의 깊이를 말하는 것이 아니라, 다양한 인간 신기의 차이를 설명하는 말이다.

바로 신기의 운행이 계기를 따라 드러난 것이다.

朝午昏夜, 一日運行之氣, 弦望晦朔, 一月運行之氣, 春夏秋冬, 一年運行之氣, 生壯衰老, 人物形質運行之氣, 仁義禮智, 喜怒哀樂, 善惡淺深, 乃神氣運行, 隨機而發也.

서투른 데서 익숙하게 되고, 물리게 먹은 음식을 다시 내놓으면 질려서 새로운 음식을 좋아하며, 이것이 끝났으면 다시 저것을 시작하고, 자기를 이루었으면 또 남을 가르치는 일[127]은 신기의 운행이 학업이나 일을 닦아 익히는 데 있어서 처음과 끝이 된다.

自生疎至慣熟, 飫陳飽嗜新味, 旣終此復始彼, 旣成己又敎人, 乃神氣運行, 在修業而始終也.

정치와 교화를 풀었다가 조였다가 시행하고,[128] 무능한 사람을 내쫓고 유능한 사람을 올리며, 선행을 권장하고 악행을 징계하는 일은 군주 신기의 운행이고 그가 다스리는 방법[129]의 성쇠이다. 지구를 가슴에 품고 서로 다른 풍속을 비교하며, 선한 가르침으로 나쁜 사람을 변화시킴과 혼란을 되돌려 화평을 생각하는 일은 존사[130]의 신기 운행이 온 세상

---

127 成己(又)敎人은 成己成物의 논리를 저자가 자기 방식으로 변형한 말. 출천은 『中庸章句』第25章의 "誠者, 非自成己而已也, 所以成物也. 成己, 仁也, 成物, 知也. 性之德也, 合內外之道也."이며, 저자는 본서 다른 곳에서 成物을 成人으로 바꾸어 사용하기도 한다. (앞에 나옴)

128 弛張의 원뜻은 활시위를 풀어놓거나 매는 일로서, 어떤 제도나 정책을 풀었다가 조였다가 하는 일을 비유하는 말. 『禮記』,「雜記下」의 "張而不弛文武弗能也, 弛而不張, 文武弗為也. 一張一弛, 文武之道也."에 보인다.

129 治道는 국가의 방침·정책·시책 등으로서, 『禮記』,「樂記」의 "是故審聲以知音, 審音以知樂, 審樂以知政, 而治道備矣."에 보인다.

에 통달한 것이다. 군사를 통솔하여 그들의 눈과 귀를 단련시켜[131] 앉고
서고[132] 나아가고 물러나는 일이 곧장 한 몸처럼 이루게 함은 장수의
신기 운행이 만군을 감화시키는 일이다. 나아가 선비와 농부와 장인과
상인의 평생 하는 일에서 이익과 손해, 성공과 실패도 모두 신기의 운행에
자연히 같지 않음이 있어서이다.

弛張政教, 黜陟勸懲, 乃人主神氣運行, 而治道隆替也. 抱地球於胸中, 較風俗之不
同, 思以善而化惡, 反淸亂而和平, 乃尊師之神氣運行, 達於天下也. 統率軍旅, 鍛鍊
耳目, 坐作進退, 便成一體, 乃將帥之神氣運行, 感和萬軍也. 至於士農工商, 平生事
業, 利害成敗, 莫非神氣運行, 自有不同也.

착한 일을 행하는 사람은 신기의 운행이 늘 좋고, 나쁜 일을 행하는
사람은 신기의 운행이 늘 나쁘다. 성실한 사람은 신기가 늘 성실하게
운행하며, 허황하고 망령된 사람은 신기가 늘 허황하고 망령스럽게 운행
한다.

爲善者, 神氣之運行常善, 爲惡者, 神氣之運行常惡. 誠實者, 神氣常運誠實, 虛妄者,
神氣常運虛妄.

만약 운행하는 기의 크기·속도·순서와 처음과 끝에서 기회를 잃지 않고

---

130 尊師는 스승을 높여 부르는 말. 『禮記』, 「學記」의 "大學之禮, 雖詔於天子, 無北面,
　　所以尊師也."에 보인다.
131 명령을 잘 듣고 신호나 적군의 동태를 잘 보아야 하므로.
132 坐作은 앉고 서는 것 또는 멈추고 행진하는 것으로 고대 병사를 훈련하는 과목
　　가운데 하나로 주로 進退라는 말을 덧붙여 사용한다. 『周禮』, 「夏官·大司馬」의
　　"以教坐作進退疾徐疏數之節."에 보인다.

마땅함을 헤아리고, 짐작한 때를 기다리며, 위반할 우려를 괴로워하지 않고 적당한 때를 탄다면, 저절로 이로운 형세를 만나게 되고, 때에 맞게[133] 변통하는 일에도 좇을 만한 기준이 유쾌하게 있을 것이다.

若於運行之氣, 大小緩急, 先後始終, 不失機會, 揣得攸宜, 待時之斟酌, 不勞違越之慮, 乘時之適當, 自有利勢之値, 隨時之變通, 快有可循之準的.

하지만 천지와 인간과 만물의 기는 차례에 따라 운행하여 원래 정해진 한계가 있다. 다만 사람의 신기가 주선하는 일은 익힌 내용과 욕망하는 대상을 따라 꾀하고 생각하고 헤아리는 일이 있어 매우 다르다. 혹자는 따르는 일과 거스르는 일을 반대로 하고, 혹자는 착한 일과 나쁜 일을 뒤섞고, 혹자는 일과 휴식[134]이 일정치 않으며, 혹자는 자기 몸을 해치고, 혹자는 어질고 착한 사람을 침해한다. 이런 일도 신기가 혼잡하여 활동[135]에 절제가 없고, 무릅쓰고 행하는[136] 일이 거리낌 없는 데서 나온다.

然天地人物之氣, 循序運行, 原有攸定之限. 人之神氣周旋, 緣於所習所欲, 而謀應計度, 倍蓰不等. 或順逆相反, 或善惡雜錯, 或作息無常, 或戕賊其身, 或侵害賢良. 是亦出於神氣之駁雜, 而運動無節, 觸犯無忌也.

---

133 隨時는 때와 형세에 순응하거나 시의에 적합함을 말함. 『周易』, 「隨卦」의 "大亨貞, 無咎, 而天下隨時, 隨時之義大矣哉."에 보인다. (앞에 나옴)

134 作息은 漢 王充의 『論衡』, 「偶會」 "作與日相應, 息與夜相得也."에 보이는데, 훗날 일(활동)과 휴식의 뜻으로 쓰였고, 動靜의 뜻으로도 쓰임. (앞에 나옴)

135 運動은 기가 운행하여 움직이는 것으로 사람에 있어서는 활동을 뜻함.

136 觸犯은 꺼려서 피할 일을 행하는 것으로 漢 王充의 『論衡』, 「難歲」의 "豈獨抱器載物, 去宅徙居觸犯之者而乃責之哉."에 보인다.

해 설

이 글은 많은 철학적인 담론을 포함하고 있어 매우 복잡하다. 전체의 요지는 자연과 다른 인간 신기의 다양한 운행, 곧 인간의 활동 양상과 원인을 논하였다.

먼저 철학적 난제 가운데 하나인 물질과 시공의 관계에 대한 논의부터 시작한다. 일찍이 철학자 칸트는 시간과 공간을 인식이 성립하기 위한 선험적 직관 형식으로서, 시간은 내적인 직관 형식, 공간은 외적인 직관 형식으로 정의한 바 있다. 이후 서양철학에서는 시간과 공간은 물질의 보편적인 존재 형식이며, 대상을 배열하는 보편적 형식으로 보았다.[137] 그래서 물질이 소멸해도 공간과 시간은 남게 된다고 여기다가, 상대성 이론이 등장하면서 물질이 소멸하면 그와 함께 시간과 공간도 소멸한다고 주장하였다. 형식이 내용에 의해 규정되듯 공간과 시간은 물질에 의해 규정되며, 물질 운동의 모든 차원은 각각 나름의 공간·시간 구조를 갖는다고 한다.[138]

저자가 말하는 기와 과학의 물질 개념이 정확히 일치하지는 않지만, 우주를 구성하는 실체라는 점에서는 같다. 그래서 저자는 상대성 이론처럼 기와 시간·공간을 분리할 수 없다고 여겼는데, 바로 "고금·미래·전후·좌우·원근·내외와 같은 말들은 모두 '氣' 자로 포괄한다"라는 말이 그것이다. 20세기 초 상대성 이론이 등장하기 전에 19세기 전반기에 이런 생각을 했다는 점은 참으로 놀라운 혜안이다.

물론 이런 사상의 실마리는 『주역』에 등장하는 '때와 더불어 행한다[與時偕行]'라는 말에서 엿볼 수 있는데, 인간의 실천적 행위가 때에 맞아야

---

137 우기동 편역, 『철학연습』(미래사, 1986), 88쪽.
138 같은 책, 90 참조.

한다는 의미로서, 시중(時中)의 사상으로 발전한다. 하지만 이는 존재론
상에서 기와 시간·공간이 같이 간다는 말은 아니다.

다음으로 등장하는 담론을 기수(氣數)이다. 이 글에서는 기수라는 말을
사용하지 않고 기라고 말했지만, 내용을 보면 전통적으로 말해온 기수이
다. 기수는 보통 길흉화복의 운수나 절기 따위의 다양한 뜻을 갖지만,
여기서는 시간을 매듭짓는 방식으로 사용하였다. 저자는 이 기수를
훗날 『운화측험』에서 개념화하여 기가 작용하는 주기·거리·정도 또는
원리로서, 오늘날 자연법칙에 접근하는 개념으로 발전시켰다. 이 글에
서는 아직 거기까지 전개되지 않았다.

그런 다음 본격적으로 신기의 운행을 논한다. 신기의 운행이란 마음의
활동 곧 마음 씀씀이라 할 수 있다. 우선 마음 활동의 경향 및 시작과
끝을 말한 다음, 직분에 따른 그것을 논하였고, 좋거나 나쁘거나 성실하
거나 허망한 사람이 갖는 그런 행동의 원인이 각자의 신기의 활동에
있다고 주장하였다.

그런데 이렇게 읽다 보면 하나의 의문이 생긴다. 자연이든 인간이든
같은 신기인데 왜 그 운행에 차이가 생기는가 하는 점이다. 바로 마지막
단락에서 그 의문을 풀어준다. 자연은 그 원리대로 운행한다고 하는데,
그 말이 바로 '정해진 한계가 있다'라는 표현이다. 자연이라는 범주
안에서는 인간도 예외가 될 수 없다. 생로병사가 그런 사례이다.
하지만 인간은 또 욕망(의지)과 학습(경험)이 있어서 자연의 원래대로만
살지 않는다고 한다. 달리 말하면 욕망과 함께 학습에 따라 형성된
의식이 있어서 바람직하지 못한 다양한 행동이 연출된다고 한다. 이
또한 마음인 신기의 문제로 환원된다. 이 문제를 확장하면 결국 전통에서
다루는 수신(修身)의 문제로 귀결되고, 수신의 전제로서 앎의 문제가
등장한다. 『대학』의 8조목에서 격물치지가 맨 앞에 나오는 까닭도

그러하다. 저자가 본서를 저술한 이유 가운데 하나도 사물을 제대로 알자는 취지가 들어 있다. '신기통'과 '추측록'이라는 제목이 잘 암시하고 있다.

12. 추측과 변통에는 껍데기와 알맹이가 있다
推測變通有虛實

글의 뜻을 조금 이해하는 사람과 약간의 의견139을 가진 사람이라면, '천하만사'를 쉽게 일컫고, 또 '원시요종'140을 말한다. 하지만 이는 다만 작은 것을 미루어 큰 것을 헤아리고, 한 가지 일을 본떠 만 가지 사례에 적용하여, 휩싸서 들이는 기량과 두루 통하는 단계를 넓히는 일에 지나지 않는다. 어찌 반드시 일마다 모두 그 기량 안에 들어갈 것이며, 물건마다 모두 어긋남이 없겠는가? 만약 널리 증험한 의견이 없으면, 사방을 두루 헤아려 최고의 기준을 세우고141 물건에서 취하고142 좋은 점을 선택하지만, 아마도 치우치거나 고루한 잘못이 있을 것이다.

稍解文義者, 略有言論者, 輒稱曰天下萬事, 又曰原始要終. 特不過推小測大, 比一例萬, 以擴包容之氣量, 傍通之階梯. 豈必其事事皆入量, 物物皆無違. 若無言論之博證, 則量四方而立極, 取諸物而擇善, 恐有偏固之病.

---

139 여기서 말하는 言論은 談論이나 의견의 뜻이다. 『淮南子』, 「人間訓」의 "至乎以弗解解之者, 可與及言論矣."에 그런 뜻이 보인다. 또 『조선왕조실록』, 『세종실록』, 4년 丙申, 10월 12일 조에 "風儀落落乎難合, 言論堂堂而可師."에도 보인다.

140 原始要終은 『周易』, 「繫辭下」의 "易之爲書也, 原始要終, 以爲質也, 六爻相雜, 唯其時物也."에 등장하는 말. 孔穎達은 原이란 그 일의 처음을 궁리하는 일이고 要는 그 일의 결과물을 모은 것이라 풀이했다. 또 보통 '찾다', '구하다'의 의미로 해석한다. 주희가 "原者, 推之於前, 反者, 要之於後."라고 주석한 原始反終과 같은 말로 이해하지만 뉘앙스 차이가 있다.

141 立極은 최고의 준칙을 세운다는 말. 唐 杜甫 『有事於南郊賦』의 "所以報本反始, 所以慶長立極."에 보인다.

142 取諸物은 원래 八卦를 만들 때 물건에서 법칙(원리)을 취한다는 뜻. 출전은 『周易』, 「繫辭下」의 "古者, 包犧氏之王天下也, 仰則觀象於天, 俯則觀法於地, 觀鳥獸之文與地之宜, 近取諸身遠取諸物, 於是始作八卦, 以通神明之德, 以類萬物之情."이다.

그러므로 바른 의견을 갖기 위해 스승과 벗과 함께 학문을 갈고닦는 일과 서책을 연구하는 일에 그 노고를 사양치 않는다. 처음부터 견문을 넓게 하여 요약함[143]이 바르고 정밀하며 신기를 닦아 밝히면, 사용하는 추측과 비교하는 일에는 모두 따르는 조리가 있다. 비록 멀고 크더라도 방향이 점차 열리며, 통하지 않는 곳도 변통하는 데 저절로 방법이 있게 된다.

故師友之講磨, 書冊之研究, 不辭其勞也. 自初聞見之博約, 得正且精, 而修明神氣, 則發用之推測比例, 皆有所循之條理. 雖遠大, 而方向漸開, 不通處, 變而通之, 亦自有術.

처음부터 견문이 거칠고 허술하며 신기를 갈고 닦은 게 없고, 단지 세속의 격식만을 사례로 삼아 익혀, 마치 시각 장애인이 지팡이로 길을 더듬어 가듯 하는 경우도 남의 의견에 대응할 수는 있다. 하지만 서로 다른 고금의 언변에는 오로지 이전에 듣고 본 내용만 알 뿐 우열을 분별하여 취사할 줄 모른다. 그리하여 진실한 일은 평범한 일로 여겨 소홀히 다루고, 허황하고 망령된 담론은 내세에서 크게 웃을 일[144]을 의지하여 믿을 만한 사실인 양 전한다.[145] 실천했던 약간[146]의 성실한 행위마저 허황하

---

143 博約은 博文約禮의 준말로 『論語』, 「雍也」의 "子曰, 君子博學於文, 約之以禮, 亦可以 弗畔矣夫."에 나오는 말. 원뜻은 文을 널리 배워 禮로써 요약한다는 말.

144 哄笑는 매우 크게 웃거나 떠들썩한 웃음인데, 그것을 바탕으로 한다는 점은 내세의 그렇게 되는 복락을 주장하는 종교적 담론을 두고 한 말로 보임. 저자가 말하는 虛妄은 대개 종교적인 것을 뜻하며 특히 당시 기독교에 강한 대응과 비판의식이 있었다.

145 傳信은 확실하게 믿는 사실을 남에게 전함. 출전은 『春秋·穀梁傳』, 「桓公五年」: "春秋之義, 信以傳信, 疑以傳疑."에 보임. 또 소식을 전한다는 뜻도 있는데, 문맥상 뜻이 통함. 여기서는 기독교 傳教 행위를 말함.

고 망령된 곳으로 함께 끌려가 조금도 착실한 뜻이 없다. 하물며 듣지도 보지도 않는147 일에 추측이 없는 의견임에야. 나아가 변통의 방법에서도 조치할 방법을 몰라 자연히 변화를 좇는 일이 잘못된 변화에 쉽게 이른다.

若自初見聞譸率, 無磨礪於神氣, 只以例習俗套, 冥行擿埴, 亦能酬酢人之言論. 古今辨說之不同, 惟知先聞先見, 而不知分優劣而取捨之. 眞實之事, 以爲尋常而疎漏, 虛妄之談, 以資哄笑而傳信. 如干所踐之實行, 幷牽於虛妄, 而少無着實底意. 況於不聞不覩之事, 無推測而言論哉. 至於變通之方, 不知措施, 自然趨變者, 易至於不善變也.

세간의 변통하는 일을 총체적으로 논하면, 자연의 신기는 받들어 따를 뿐 변통할 수 없다. 오직 인사에서 관계 맺음의 흩어짐과 모임, 때와 형세의 향배, 기물의 유무에 따라 서로 교환하거나 물건을 제작하는 일에서 소통 상황을 변화시켜 불통하게 할 수도 있고, 반대로 그 불통을 변화시켜 소통하게 할 수도 있다. 만약 변통할 수 있는 일을 변통할

---

146 如干은 약간의 뜻인데 오늘날은 주로 '여간 ~ 아니다'라는 말에 섞어 쓴다. 『資治通鑑』, 「唐德宗建中元年」의 "知院官始見不稔之端, 先申, 至某月須如干糶免, 某月須如干救助."에 보인다.

147 不聞不覩는 『中庸章句』第1章의 "是故, 君子, 戒愼乎其所不睹, 恐懼乎其所不聞."에 나오는 말. 원뜻은 보지도 듣지도 않는 대상까지도 삼가고 두려워해야 한다는 말인데, 주희는 그 대상을 天理의 本然이라 하였으나, 옮긴이가 볼 때는 『論語』에서 말한 주체가 修己를 위해 의도적으로 듣고 보지 않는 非禮勿視, 非禮勿聽의 대상으로 보인다. 아무튼 무엇이든 간에 저자는 그것도 추측의 방법으로 알 수 있다는 점에서 주희의 해석에 가깝다. 혹자는 "보이지도 않는 곳에서 삼가고 경계하며 들리지도 않는 곳에서 두려워한다"라고 해석하는데 이는 뒤에 등장하는 愼獨을 "혼자 있을 때 삼간다"라고 보기 때문에 생기는 일이다. 그것은 말 그대로 동사+목적어 구문으로 보아 "홀로(자기의 내면까지 포함)를 삼간다."라는 뜻이다.

수 없다고 하거나 또 변통할 수 없는 일을 변통할 수 있다고 말한다면, 그렇게 말하는 사람 모두 변통의 도리를 알지 못한 것이다. 꽉 막힌 인사를 변화시켜 변통할 수 없는 천지의 신기와 소통하는 일이 진정한 변통이다.

總論世間變通之事, 天地之神氣, 但可奉循, 而不可變通. 惟人事之交契離合, 時勢向背, 器用之有無互易, 形質制造, 可使變其通, 而爲不通, 變其不通, 而使通之. 若於可變通之事, 謂不可變通也, 又於不可變通之事, 謂能變通也, 俱是其人之不得變通之道也. 變人事之窒塞, 而通天地神氣之不可變通, 是眞變通也.

해 설

요지는 제목대로 추측과 변통에도 허실 곧 거짓과 참 또는 껍데기와 알맹이가 있고, 변통은 인사에 해당하는 일이라는 점이다.

이 글은 저자 기철학의 실천적 성격이 드러나는데, 먼저 '언론'으로 표현한 나름의 의견 또는 견해를 갖는 사람치고 커다란 담론을 말하지 않는 경우는 드물지만, 증험을 통해야 바른 견해가 된다고 주장하였다. 설령 추측이나 유추 등을 사용하여 지식을 확장하더라도 검증 과정이 없으면 고루하거나 치우친 잘못이 생길 수밖에 없다는 주장이다. 이는 저자 자신의 인식 확장법인 추측 그 자체도 완벽하지 않을 수 있다는 견해로, 반드시 검증을 거쳐야만 참된 앎이라는 뜻이다.

그것을 방지하기 위하여 "스승과 벗과 함께 학문을 갈고닦는 일과 서책을 연구하는 일에 그 노고를 사양치 않는다"라는 말과 함께 박문약례(博文約禮)를 거론하면서 유가의 학문 방법을 제시하였다. 그것은 바로 견문을 넓히고 인식능력을 향상하는 일이라고 보았는데, 사용하는 추측과 비례에 조리가 있다고 한다. 여기서 비례는 '비일례만(比一例萬)'이라는 말에서 보이듯 '比A例B'의 논리 곧 'A를 본떠 B에 적용하는' 일이 가능하므로 유추를 통한 일종의 연역적 추리 방식으로 보인다. 『추측록』에 보이지만 추측법에는 '추일측만(推一測萬)', '추만측일(推萬測一)'의 논리를 사용하여 연역과 귀납적 사고가 다 들어 있다. 어쨌든 경험의 확장과 종합을 통하여 사고를 연마하면, 이 같은 인식 논리를 적용하는 데에 조리가 있어 변통의 방법도 찾게 된다고 한다.

하지만 세속은 전혀 그렇지 못하다. 되레 진실한 것을 버려두고 허황하고 망령된 데로 빠진다고 우려한다. 이 점은 저자가 항상 강조하는 성실과 허망의 대비를 통해 말한 상황과 같다. 저자는 입만 열면 누구이 성실을

강조한다. 다른 저술에서는 심지어 그의 학문마저 '성실학'이라 명명하
기도 했다.148

바로 여기서 성실과 관련하여 변통의 실천적 의미를 발견할 수 있다.
우선 변통은 인간의 일이라고 한 데서 알 수 있듯이, 기는 변통의 대상이
아니다. 기 대신에 천지나 자연이라 보아도 무방하다. 문제는 이렇게
인사의 모델이 자연에 있지만, 인사가 모델대로 돌아가지 않은 데 있다.
바로 실천 행위가 뒤따라야 인간 사회가 자연처럼 막힘없이 소통된다.
그 소통의 대상이 오늘날 식으로 말하면 제도와 자원과 지식이다. 그래서
『주역』의「대상전」에서는 대부분 '君子以'라고 하여 군자가 자연의
그런 모습이나 이치를 본받아 사회적으로 그 내용을 실천하거나 실천해
야 하는 점을 말하고 있다.

또 하나 변통의 철학적 근거는『중용』의 "성실한 것은 하늘의 길이요,
성실하게 하는 것은 인간의 길이다"라고 말한 데서 분명히 드러난다.
천지의 신기가 운행하여 사시가 변하고 만물이 생성되는 것은 인위적
변통이 필요 없는 일이다. 우리의 몸도 이런 자연의 원리에 따라 자연스럽
게 살면 무병장수하며 건강하게 산다. 그런데 병이 나는 원인은 몸속의
기가 잘 통하지 않게 인간이 무리하게 행동하기 때문이다. 마찬가지로
인사에 문제가 생기는 까닭은 인사에 소통되지 않는 제도나 관습이나
정책이나 법률 따위가 그것을 가로막기 때문이다. 천지의 신기를 인간이
따르기만 할 뿐, 변통의 대상이 아니라는 점이 그것을 제대로 말해준다.
자연에서 신기의 운행을『중용』식으로 말하면 성실 그 자체로서 하늘의
길이다. 그래서 변통이 필요 없다. 저자가 말할 때마다 성실을 강조한
까닭도 그 점을 염두에 두고 있기 때문이다. 저자의 변통이란 인간의

---

148 『氣學』 2-119 참조.

길로서 성실하게 하는 일이다. 생명이 충만한 자연에서 기의 운행과 소통이 막힘없이 이루어지는 것처럼 인간 세상에서도 인간의 삶에 생명이 충만하게 되기를 바라는 실천적 명제가 변통이다. 바로 기철학적 관점에서『중용』의 이 가르침을 재해석하여 계승하고 있다고 하겠다. 참고로 본서에 등장하는 '誠實'이라는 글자는 제목 포함 78회이고, '誠'이 단독 또는 다른 글자와 함께 등장하는 경우는 총 61회이다. 물론 단독으로 쓰일 경우는 부사적 용법으로 사용되기도 하지만, 전체적으로 볼 때 매우 성실을 중요하게 여긴다는 증거가 됨은 충분하다. 반면 성실과 반대의 뜻으로 사용하는 '虛無'는 11회, '虛妄'은 제목 포함 59회가 등장하며 이와 유사한 단어는 수없이 많다. 물론 성실을 참의 뜻으로 의미를 전환하여 많이 사용하였다는 점을 부인할 수 없으나, 이미 그가 사용하는 언어 속에 합리적인 유학의 학문 태도와『중용』의 가치를 계승하고 있다고 하겠다.

이렇게 자연의 원리나 덕을 가지고 실천적 당위의 근거를 설정했다는 점에서 서양 윤리학에서 혹시 이것은 '자연주의의 오류'라고 부를지 모르겠다. 하지만 자연적 존재와 인간의 가치를 이미 구분했고, 초월적 신이나 관념의 실재 또는 형식적 논리만을 윤리 판단의 근거로 인정하지 않는 저자의 철학에서 볼 때, 그래도 인간 삶의 준거가 자연 외에는 없기 때문이다. 물질과 생명의 오랜 진화 과정에서 우리가 표준으로 삼을 대상은 자연밖에 없고, 인간은 자연의 원리를 거부하면 한순간도 살 수 없기 때문이다. 다만 인간의 경우는 부차적으로 자연의 질서를 잘 따르는 모델로서 본서의 서문 등에 거론한 이상화된 성인이나 스승이 그 표준이 될 수는 있다.

이는 다만 사회의 모든 규범과 행위를 일일이 자연적 원리에 환원하자는 뜻이 아니라, 실천의 당위적 근거가 그렇다는 말이다. 후기 철학에서는 이 논리가 운화(運化)의 승순(承順)으로 발전하는데, 여기에는 개인 영역인 일신운화(一身運化), 사회·국가 영역인 통민운화(統民運化), 자연 영역인 대기운화(大氣運化)로 구분하여, 일신운화와 통민운화의 자율성으로 부여하고 있지만, 모두 대기운화를 따라야 한다는 점을 분명히 하였다. 이 점은 그의 철학 내에서 규범의 층위가 있어도, 인간 존재의 궁극적인 당위성은 자연에서 온다는 점을 분명히 한 점이다. 전통 철학을 계승하여 그의 기철학으로 재해석했다고 하겠다.

13. 자기의 용의를 안다
知自己之容儀

앎에 따라 신기가 다르고, 신기에 따라 사람들의 용의[149]도 같지 않다.

隨其通, 而神氣有異, 隨神氣, 而容儀不同.

사람의 용의를 관찰하면 그의 신기가 아는 상태의 허실과 깊이를 알수 있다. 가령 한 가지 일을 가지고 논해 보면, 그 일을 익숙하게 아는사람은 차례를 따라 조치하여 용모와 행동거지[150]가 한가하고 편안하지만, 그 일에 어두운 사람은 행동이 위태롭고 용모와 행동거지가 불안하고황급하다. 나아가 경솔하거나 진중하거나 느긋하거나 조급한 성품을타고난 사람이라도 자기의 앎을 따라 용의가 바뀐다. 만약 신기의 앎을버리고 단지 용의만 논한다면, 조종할 곳이 없고 변통에도 방법이 없다.

觀人之容儀, 而可知神氣所通之虛實淺深也. 就一事而論之, 所通慣熟者, 循序措施,
容止閒安, 所通罔昧者, 行動黏脆, 容止惝怳. 至於稟質之輕重緩急, 亦隨其所通,
而容儀有移. 若捨神氣通, 而只論容儀, 則操縱無所, 變通無術.

『예기』에서 이르기를 "군자의 용모는[151] 여유를 가지고 침착하다. 발걸

---

149 容儀는 달리 儀容으로도 불리며 몸을 가지는 태도로서 용모와 행동거지이다.
　　(앞에 나옴)
150 容止는 『左傳』, 「襄公三十一年」의 "周旋可則, 容止可觀."과 『禮記』, 「月令」의 "先雷
　　三日, 奮木鐸以令兆民曰, 雷將發聲, 有不戒其容止者, 生子不備, 必有凶災."에 보인다.
151 이하 『禮記』, 「玉藻」에 나오는 말. 본문에서는 '君子之容舒遲' 뒤에 이어지는 '見所尊
　　者齊遬'이 생략되어 있다.

음은 진중하고 손은 공손하며 눈은 단정하고 입은 묵직하고 목소리는
조용하며 머리는 기울지 않게 똑바로 세우고 숨152은 엄숙하며 설 때는
덕이 있고 얼굴빛은 장엄하다"153라고 하였다. 『논어』에서 말하기를
"군자에게는 아홉 가지 생각할 일이 있는데, 볼 때는 잘 봄을 생각하고
들을 때는 잘 들음을 생각하고 얼굴빛은 온화함을 생각하고 용모는
공손을 생각하고 말할 때는 충성154을 생각하고 일할 때는 공경155을
생각하고 의문이 생기면 물음을 생각하고 화가 나면 나중에 곤란해질
일을 생각하고 이득을 보면 의로운지 생각한다"156라고 하였다.

禮記曰, 君子之容舒遲. 足容重, 手容恭, 目容端, 口容止, 聲容靜, 頭容直, 氣容肅,
立容德, 色容莊. 論語曰, 君子有九思, 視思明, 聽思聰, 色思溫, 貌思恭, 言思忠,
事思敬, 疑思問, 忿思難, 見得思義.

이 『예기』의 구용과 『논어』의 구사는 서로 표리 관계를 이루니, 구용을
잘해서 구사를 잘하는 일도 있고, 구사를 잘해서 구용을 잘하는 일도
있다. 구사는 신기가 아는 내용이고, 구용은 신기가 아는 내용이 용모에
드러나는 일이다.

九容九思, 相爲表裏, 得於容, 而有得其思者, 得於思, 而有得其容者. 九思, 乃神氣之

---

152 氣는 氣像으로도 볼 수 있는데 栗谷 李珥는 『擊蒙要訣』에서 숨 쉬는 일로 보았다.
153 이상을 보통 九容이라 일컫는데, 이 말 뒤에 "坐如尸, 燕居告溫溫."이라는 두
　　가지 말이 더 붙어 있다.
154 栗谷 李珥는 忠을 『論語』에 등장하는 忠信으로 풀었는데, 자기 마음을 다하여
　　믿음직하게 말하는 태도.
155 栗谷 李珥는 恭을 삼가고 조심한다는 뜻으로 풀었다.
156 『論語』, 「季氏」. 이것을 보통 九思라 부른다.

通也, 九容, 乃神氣通之發於容貌也.

그래서 신기가 착한 일이나 나쁜 일 어느 한쪽에 국한되느냐에 따라 거칠고 잡되거나 빼어나고 훌륭한 용의의 나뉨이 있다. 또 신기가 익히고 물든 일157에 능통한 사람은 거처와 공양에 따라 바뀌는 용의가 있다.158 또 신기가 당면한 사무에 능통한 사람의 용모는 가령 조정에서의 용의는 삼가서 가지런히 하고, 제사 지낼 때의 용의는 부드럽게 하여 공경하며, 군대에서의 용모는 단합하며 엄숙하고, 상례에서의 용모는 두려워하면서 슬퍼한다.

是以, 神氣之局於善惡者, 容儀有麤雜秀偉之分. 神氣之通於習染者, 容儀有居移氣養移體之殊. 神氣之通於所値事務者, 朝廷之容, 整以敬, 祭祀之容, 敬以婉, 軍旅之容, 肅以和, 喪紀之容, 戚以懼.

사람에게는 모두 이렇게 원래 몸이 가진 용의와 익히고 물든 것과 당면한 용의가 있는데, 자기의 용의를 알아 스스로 징계하고 경계하는159 자가 드물다. 남의 용의가 우열한지 아는 사람이라고 해서 반드시 자기의 용의를 잘 안다고 할 수 없고, 남의 용의가 우열한지 상세하게 설명할 수 있는 사람이라고 해서 반드시 자기의 용의를 잘 안다고 할 수도 없다.

---

157 習染 주로 기억의 의미로 사용되지만, 여기서는 뒤 문장을 고려하면 환경에 젖어드는 일.

158 居移氣와 養移體는 직역하면 "거처에 따라 기운이 바뀌고 봉양에 따라 몸이 바뀐다."라는 뜻으로『孟子』,「盡心上」의 "孟子自范之齊, 望見齊王之子, 喟然歎曰, 居移氣養移體, 大哉居乎. 夫非盡人之子與."라는 말에 보이는데 朱熹의『孟子集注』에서는 "居, 謂所處之位, 養, 奉養也."라고 풀이했다.

159 懲勵는 懲一勵百의 준말로 한 사람을 징계하여 여러 사람을 격려하는 일. 또는 懲一戒(警)百과 유사한 말. 勸戒는 타이르면서 훈계함.

人皆有此原體之容儀, 習染及所値之容儀, 而能知自己之容儀, 有所懲勵勸戒者, 鮮矣. 知人之容儀優劣者, 未必知自己之容儀, 能詳說人之容儀優劣者, 亦未必知自己之容儀也.

자기의 신기를 닦아 밝혀 자연히 용의에 드러내고 신기를 변통할 수 있으면, 용의 또한 변통된다. 그리하여 강하고 부드럽고 화평하고 기뻐하는 기상이 마땅하게 되니, 이것이 바로 자기의 용의임을 알 것이다. 어찌하여 꼭 거울에 비추어 보거나 남에게 들어야만 하겠는가?

能修明己之神氣, 自然著顯於容儀, 變通神氣, 則容儀亦變通. 强柔和悅氣像隨宜, 乃是知自己之容儀也. 何必照鏡而見, 對人而聞也.

해 설

인간의 용모·행동거지와 그것을 결정짓는 신기와 그 변통을 논하였다. 마음의 변화가 행동의 변화로 또는 행동의 변화가 마음의 변화를 일으킨다는 점을 『예기』의 구용과 『논어』의 구사의 관계를 통해 밝혔다. 그래서 변통의 수양론적 의미와 방법을 밝혔다. 흔히 저자의 저작에는 수양론보다 우주론과 인식론 그리고 실용적인 과학기술과 사회과학적 견해가 많다고 일반적으로 평가되는데, 비록 겉으로는 그렇게 보여도, 내용을 하나씩 분석하면 결코 그렇게 말할 수 없다. 요소요소 수양론적 견해가 숨어 있다. 동아시아 전통 사유가 그런 특징을 갖고 있기도 하지만, 어차피 삶에서 매사를 영역별로 엄격히 구분하여 말한다는 게 부자연스러운 일이기 때문이다.

따라서 변통이 단순한 인식 내용의 수정과 사회제도의 개선에만 적용되는 일만이 아니라 개인의 마음과 행동에도 적용된다. 여기서 신기의 변통이란 자연의 신기를 변통한다는 말이 아니라, 인식과 수양을 통한 자기 마음의 변화를 가리킨다. 천지자연의 신기는 변통할 수 없다는 게 대 전제이다. 그것은 성실 그 자체이고, 성실하게 되고자 함이 인간의 노력이기 때문이다. 변통이란 후자의 문제이다.

바로 여기서 마음과 행동의 관계를 통해 어떻게 수양할 것인가 하는 문제가 등장한다. 우선 본문의 "만약 신기의 앎을 버리고 단지 용의만 논한다면, 조종할 곳이 없고 변통에도 방법이 없다"라는 말은 행동의 변화가 결국 신기의 변화에 달렸다는 말이고, 또 "구사는 신기가 아는 내용이고, 구용은 신기가 아는 내용이 용모에 드러나는 일이다"라는 말도 신기의 변통을 통해 용의가 결정된다는 말이라는 점을 분명히 하였다. 그렇게만 본다면 완전히 앎이 먼저이고 행동이 나중이라는 선지후행의 방법이라고 규정할 수 있겠다.

하지만 구사와 구용의 관계를 설명하는 말을 보면 꼭 그렇지는 않다. 구사는 생각이니까 인식인 앎의 문제라면, 구용은 용모와 행동거지이므로 행위의 문제이다. 저자는 이것이 표리를 이룬다고 하였는데, 지행인 앎과 실천이 서로 영향을 주고받는 문제로 보았다. 그 논리가 "구용을 잘해서 구사를 잘하는 일도 있고, 구사를 잘해서 구용을 잘하는 일도 있다"라는 말에 분명히 드러난다.

사실 먼저 알아 행동하는 경우는 지적 발달이 아직 덜 성숙한 어린이들에게는 매우 어려운 일이다. 먼저 올바른 행동부터 하게 하여 공경을 배우는데, 『소학』의 가르침이 이 경우에 속한다. 이처럼 몸과 마음의 상호작용을 통해 수신하는 일이 유가의 수양 방법이다. 수신(修身)이라는 '몸을 닦는다'라는 말에 주의해 보라! 곧 『소학』의 경우는 자기 몸을 삼가고 조심스럽게 잘 다루는 몸의 공경을 통해 마음을 바로잡는 일이다. 반대로 『대학』처럼 마음을 닦아 밝혀 몸을 바르게 하는 방법도 있다. 앞에 저자가 신기를 닦아 밝혀 변통을 강조한 의도가 그것이다. 이 글이 성인(成人)을 대상으로 하니까 그렇다. 자기의 마음을 잘 닦아 밝힌 사람은 저자의 주장대로 자기의 용의를 남이 말해주지 않아도 잘 파악한다.

아무튼 앎과 실천의 관계로서 지와 행은 서로 밝혀주는 작용을 한다. 억지라도 계속해서 몸을 바르게 함으로써 마음의 변화를 꾀할 수 있는 일이 구용에 해당한다면, 마음이 알거나 깨달음을 통해 실천으로 옮기는 일이 구사라고나 할까?

구사인 '생각'과 구용인 '행동'이 표리를 이룬다는 저자의 주장은 교육학적으로 의미가 매우 크다. 따라서 정신적으로 미성숙한 아이들에게는 구사보다 구용이 선행되어야 한다. 너무 이론적인 잔소리는 먹혀들지 않을 것이고, 실천적이고 실험적 행위를 통해 마음의 변화를 이끄는 일이 더 적절할 수 있다. 그것은 주어진 덕목을 맹목적으로 실천하게 만드는 길들이기가 아니라, 자기 몸의 익힘을 통해 사고의 지평을 넓혀 나가는 일이다. 몸과 마음은 서로 연결되어 있기 때문이다. 이는 저자가 평소 강조하는 경험 영역이다. 경험을 통해 사고의 진전을 꾀하는 일이다. 그의 철학적 주요 논리가 이렇게 모든 부분에 침투되어 있다는 사실이 참 대단하지 않은가?

14. 공부의 처음과 공사의 나뉨에 있는 변통
變通在初及公私之分

외부에서 받아들인 정보가 참되고 기억에 저장한 내용도 참된데, 밖으로 드러내 쓰는 것160이 어떤 사물에 이끌려 참되지 못하면 잘못161이지 변통은 아니다. 외부에서 받아들인 정보가 거짓이고 기억에 저장한 내용도 거짓인데, 밖으로 드러내 쓰는 것이 간혹 남의 가르침을 따랐던지 혹은 사물의 때와 형세로 인하여 참되었다면 이는 변통이지 우연이 아니다.162 하지만 이 두 가지 사례는 애초부터 정보를 받아들이고 저장하는 일에 변통하려는 의도를 갖지 않았고, 다만 한 부분만을 굳게 지킬 줄만 알고, 두루 알아 추측하여 도달하는 방법이 없어서, 근본과 말단이 서로 어긋나게 된 일이다.

聚於外者誠實, 貯藏於內者誠實, 而發用於外者, 牽於事物, 未得誠實, 乃差誤也, 非變通也. 收聚於外者虛妄, 貯藏於內者虛妄, 而發用於外者, 或因人之敎導, 或以事物之時勢, 得其誠實, 乃變通也, 非偶然也. 斯二者, 自初收貯, 不留變通之意, 只知膠守一端, 未有傍通推達之術, 以致本末之相違.

---

160 경험을 통해 외부 사물을 기억하고 마음에 저장하여 드러내 쓴다는 이론은 테렌츠(Johann. Terenz, 鄧玉函, 1621~1630)의 『奇器圖說』에도 나오며, 이는 서학에 반영된 아리스토텔레스의 철학을 수용한 견해이다. (앞에 나옴) 이는 『신기통』 서문에서부터 줄기차게 적용된 이론이다.

161 差誤는 錯誤와 같은 뜻. 『韓非子』, 「制分」의 "是以賞罰擾亂, 邦道差誤, 刑賞之不分白也."에 보인다. (앞에 나옴) 여기서는 잘못의 뜻으로 쓰였음.

162 여기서도 誠實과 虛妄의 대비를 엿볼 수 있다. 저자의 학문과 종교·형이상학적 견해와 구분하는 말이기도 하지만, 여기서는 주로 참과 거짓의 대비이기도 하다. 이 단락에서 말하는 변통은 바로 잘못된 인식의 수정이다.

대체로 변통의 도리는 자연의 신기에 해당하지 않고 오로지 인사가 주선하는 데 있다. 그것은 애초부터 물리를 거두어 모으는 일에서 크고 넓게 하기를 힘써 많이 듣고 넓게 아는 것만이 아니라, 비록 한 가지 일에 있어서라도 근원과 말단을 탐구하여 밝히고, 비슷한 종류를 널리 증험하고 또 앞뒤를 비추어 살피며, 지나친지 모자라는지 생각하여, 탐구하고 찾는 일이 한층 더 깊은 곳에 이르게 한다. 이를 몸에 기억하여 때를 따라 일깨워 앎을 점점 많이 쌓아 간다. 그리하여 사물을 만나 그것을 처리할 방법163을 미리 헤아릴 때가 되면, 먼저 때와 형세가 같지 않음을 살피고, 다음으로 사물이 마땅한 상태에 이르되, 앞 사람들의 그것과 같거나 다른 점에 구애받을 필요 없이, 오직 당면한 현재의 인정과 물리에 적합하게 하는 일이 진정한 변통이다.

蓋變通之道, 不在於天地之神氣, 惟在於人事之周旋. 自初物理之收聚, 務從宏博, 非特多聞博識, 雖在一事, 究明原委, 廣證比類, 照察先後, 思慮及於過不及, 究索至於深一節. 以是染着, 隨時提惺, 漸多積累. 及其交接事物, 豫測其區處之方, 先察時勢之不同, 次及事物之攸宜, 不必拘於前人之同異, 惟適宜於當今之人情物理, 是眞變通也.

하지만 사욕164을 따라 변통하는 사람은 많고, 공의165를 따라 변통하는

---

163 區處之方은 區處之道로도 불리며 변통하여 처리할 방법이다. 區處는 『漢書』, 「循吏傳·黃霸」의 "鰥寡孤獨有死無以葬者, 鄉部書言, 霸具爲區處."에 보임. (앞에 나옴)
164 『左傳』, 「昭公十三年」의 "私欲不違, 民無怨心."과 『荀子』, 「修身」의 "此言君子之能, 以公義勝私欲也."에 보인다.
165 公利를 기준으로 한 논의. 公論과 유사한 말. 『韓非子』, 「說疑」의 "彼又使謏詐之士 … 使諸侯汪說其主, 微挾私而公議."에 보인다.

사람은 적다. 사욕은 나 한 사람에게 달려 있어 밤낮으로 연구하고 찾아도 끝이 없으나, 공의는 많은 사람에게서 나오니 백 세의 시비라도 저절로 정해진다. 그러니 사욕을 공의에서 변통할 수는 있으나, 사욕과 공의를 별개의 두 종류 일로 나누어 보아 서로 무관하다고 해서는 안 되며, 또 사욕을 늘어놓아 공의를 변통해서도 안 된다.

然從其私欲而變通者多, 從其公議而變通者寡. 私欲在於一己, 晝夜究索, 無有限截, 公議出於衆人, 百世是非, 自有攸定. 可將私欲, 而變通於公議矣, 不可以私欲公議, 分作兩件事, 而不相關也, 又不可肆私欲, 而變通公議也.

해 설

이 글은 변통의 인식론적 논의의 종합이다. 곧 변통의 대상·과정·방법·기준과 그 사회적 성격을 논하였다.

우선 잘못 알았다가 제대로 고치는 앎을 변통이라고 인정하지만, 제대로 알았는데 실천할 때 외물의 영향으로 잘못되는 일은 변통이 아니라고 지적한 다음, 변통은 인사의 문제라고 재차 강조하였다.

여기서 변통은 긴 과정이 필요한데, 그 가운데 지식 탐구 태도와 방법이 중요하다고 하였다. 곧 지식의 양 못지않은 깊이의 중요성, 탐구 범위 설정, 검증, 개념의 내포와 외연에 따른 분류, 지식의 축적, 적용 상황 파악 등의 과정이 필요하다. 그래야 객관적이고 합리적인 실천적 지식을 확보할 수 있다.

특히 변통의 기준은 당면한 현재의 인정과 물리로서, 인정은 인간의 각종 사정과 실상 및 정서를 뜻하고, 물리란 객관적 이치로서 모든 사물의 법칙이다. 곧 현실 상황과 합리적 기준에 맞추어야 진정한 변통이라는 점이다. 현실과 상황에 꼭 맞게 변통한다는 사실은 『주역』과 『중용』의 주요 정신 가운데 하나인 '시중(時中)'의 논리를 지향하고 있다. 현실은 부단히 변해서 고정적인 제도나 논리가 적용되지 않기 때문이다.

그리고 변통의 사회적 성격으로서 어떤 정책이나 제도를 개선하거나 바꿀 때 공의가 기준이 되어야 한다고 주장한다. 공의란 많은 사람이 참여하는 공적인 담론이다. 다른 말로 공론이다. 바로 공론이 시중 논리의 현실적 기준인 셈이다.

하지만 공적인 담론으로서 공론은 우리 현대사에서 언제나 언론을 통해 왜곡되어 지배층의 이익을 대변한 지 오래되었다. 그래서 공의를 가장하여 사욕을 채우는 일이 부정적 모습의 하나이다. 우리는 대규모

국책사업이 권력자와 자본가가 결탁한 복마전이 된 추악한 실태를
자주 봐왔다. 자칭 전문가들이라는 어용 학자들과 언론인들을 앞세워
얼마나 공의를 왜곡시켜 왔던가?

참다운 공의는 깨어있는 시민의 가슴속이나 소수 선각자의 외침에
들어 있었지만, 이 또한 찻잔 속의 태풍처럼 큰 영향력을 발휘하지
못하거나 왜곡된다. 때로는 그 공의가 시대정신으로 현대사의 물꼬를
트는 역할도 했지만, 시간이 지나면 또 흐지부지하게 되었다. 자본의
노예가 된 언론이 그것을 제대로 다루지 않을뿐더러, 제도 교육 또한
자본이나 권력의 하수인이 되어 공의를 재생산하지 못하기 때문이다.

15. 선악과 이해
善惡利害

선악166이란 공의167에 근거한 이로움과 해로움이고,168 이로움과 해로움은 일이 되어가는 형세의 좋음과 나쁨이다. 처음부터 끝까지 미세한 것에서 뚜렷한 것까지 선은 이로움이고 이로움이 선이요, 악은 해로움이고 해로움이 악이다. 선악과 이해에 어찌 선천적으로 정해진 한계169가 있어서 변통이 없겠는가? 선을 변화시켜 악이 되기도 하고 악을 변화시켜 선이 되기도 하며, 이로움이 변하여 해로움이 되기도 하고 해로움이 변하여 이롭게 되기도 하니, 오로지 사람이 변통하는 데 달려 있다.

善惡者, 公議之利害也, 利害者, 事勢之善惡也. 自初至終, 自微至著, 善爲利, 而利爲善矣, 惡爲害, 而害爲惡矣. 善惡利害, 豈有天定之限裁, 而未有變通哉. 變善爲惡, 變惡爲善, 利變爲害, 害變爲利, 惟在人之變而通之也.

먼저 선악과 이로움·해로움의 나뉨을 알고, 다음으로 어떻게 선과 이로움이 되고 어떻게 악과 해로움이 되는지 알며, 또 다음으로 선을 변화시켜

---

166 뒤의 내용을 보면 선악을 실체화시키지 않았으므로 좋음과 나쁨인데, 개념적 접근을 위해서 선악이라는 말을 그대로 옮겼음. 문맥에 따라 이 두 가지로 나누어 옮김.

167 公利를 기준으로 한 논의. 公論과 유사한 말. 『韓非子』, 「說疑」의 "彼又使讇諛之士 … 使諸侯淫說其主, 微挾私而公議."에 보인다. (앞에 나옴)

168 公議之利害를 '공의의 이해'라고 하면 제대로 옮긴 게 아니다. 공의에 이로움과 해로움이 있을 수 있다고 오해할 수 있기 때문이다. 이 글 바로 앞의 글에서 "공의는 많은 사람에게서 나오니 백 세의 시비라도 저절로 정해진다"라는 말을 보면 공의가 해롭다고 말할 수 없기 때문이다.

169 성선설이나 성악설처럼 또는 자연적 원리 또는 신의 뜻이 선하거나 악하다고 미리 규정한 것.

악이 될 수 있고 악을 변화시켜 선이 될 수 있으며 이로움을 변화시켜
해로움이 될 수 있고 해로움을 변화시켜 이로움이 될 수 있음을 알고,
또 그다음에 선악과 이로움·해로움의 크기·거리와 취사하는 맥락과
조리를 알아 변통하면, 그 변통한 것이 좋게 변하지 않은 게 없다. 만약
앞뒤의 분별과 맥락과 조리가 없이 오로지 변통만 일삼으면, 그 변통한
일이 사욕에서 나오지 않았다면 세속의 관습을 모방한 것이니, 반드시
좋게 변하는 것만은 아니다.

先知善惡利害之分, 次知何以爲善與利, 何以爲惡與害, 次知善可變爲惡, 惡可變爲
善, 利可變爲害, 害可變爲利, 又次知善惡利害之大小遠近, 取捨之脈絡條理, 變通
之, 則其所變通, 無非善變也. 若無先後分別脈絡條理, 而惟事變通, 則其所變通,
如非出於私欲, 卽是摹倣俗套, 未必爲善變也.

그리하여 말의 변통은 대부분 거짓을 꾸미는 데서 나오고, 행위의 변통은
대부분 자기를 속이는 데서 나오며, 글의 변통은 대부분 남을 속이는
데서 나온다. 이것은 모두 이로움과 해로움을 제대로 알지 못해 선과
악이 뒤섞이고[170] 상규(常規)에 어긋난 역행[171]임을 알지 못했기 때문이
다. 잘 변통하는 사람은 작은 이익을 버리고 큰 이익을 취하며, 때로는
작은 손해를 피하지 않고 큰 이익에 나아가기도 하는데, 일의 되어가는
형세가 마땅하면 공의에 근거한 선악은 저절로 드러난다.

言語變通, 多出於飾邪, 行事變通, 多出於自欺, 文字變通, 多出於欺人. 是皆由於利

---

170 混淆는 葛洪의 『抱樸子』, 「尚博」의 "眞僞顚倒, 玉石混淆."에 보인다.
171 倒行而逆施는 일반적 常例와 정서를 위반하는 일로서 『史記』, 「伍子胥列傳」의
    "吾日莫途遠, 吾故倒行而逆施之."에 보인다.

害之不明, 以致善惡混淆, 不覺倒行而逆施也. 善變通者, 捨小利, 而取大利, 或不避
小害, 而進就大利, 事勢得宜, 則公議之善惡自顯.

대개 선악은 고정된 위치가 없어서 사람의 시비에서 취하여 기준으로
삼고, 물리를 따르거나 거스르는 데서 증험하여 귀결점으로 삼는다.
또 수시로 선행을 붙들어 돕고 악행을 억누르며,172 이르는 곳마다 선한
사람을 칭찬하고 악한 사람을 힘들게 만든다.173 그리고 한때 안 내용이
어긋남이 없을 것이라고 길이 기약해서도 안 되고, 또 스스로 안 내용에
상쾌하게 만족하여 공의를 돌아보지 않아서는 안 된다.

蓋善惡無定所, 取諸人之是非, 以爲準的, 驗諸物理之順逆, 以爲歸宿. 隨時扶抑,
到處章癉. 未可以一時所得, 永期無違, 又不可以自得快足, 而不顧公議也.

---

172 扶抑은 붙들어 돕거나 누른다는 뜻으로 『주역』을 해석·해설할 때 '抑陰扶陽'이란
용어로 자주 쓴다.
173 章癉은 彰癉과 같은 뜻으로 彰善癉惡의 준말로 선행을 표창하고 악행을 힘들게
한다는 뜻. 『書經』, 「畢命」의 "旌別淑慝, 表厥宅里, 彰善癉惡, 樹之風聲."에 보인다.

해 설

선악도 변통할 수 있음을 주장하면서 선악의 본질을 언급하였다.
이 내용은 철학과 윤리학에서 다룰 때 선악의 근거를 제시하는 매우
중요한 글로서 저자를 연구하는 글에서 자주 인용되는 대목이다. 우선
전통의 성선설이나 성악설을 거부한다. 저자가 말하는 선악은 형이상학
적 존재나 선험적 원리 또는 초월적 신의 의지와 무관하다. 선악이란
인격체가 시빗거리에서 판단하는 문제이다. "선악은 고정된 위치가
없어서 사람의 시비에서 취하여 기준으로 삼고, 물리를 따르거나 거스르
는 데서 증험하여 귀결점으로 삼는다"라는 말이 그 점을 알려준다.
이렇다면 선악이란 원칙적으로 상대적이다. 시비는 사람에 따라 다르게
판단될 수 있기 때문이다. 다만 그 보편성을 확보하기 위하여 공의라는
보편적 담론에서 말하는 이로움과 해로움에 근거를 두었다. 이로움과
해로움의 기준이 개인의 사욕이 아니라 인류의 보편적 복지에 두어야
한다는 점이 공론을 거론한 배경이다. 그렇게 보면 그의 윤리학적 견해가
공리(公利)적이라는 평가를 피할 수 없는 것처럼 보인다.
하지만 선악은 사람의 시비에서 취하여 "물리를 따르거나 거스르는
데서 증험하여 귀결점으로 삼는다"라는 말을 고려해 볼 때, 무턱대고
다수의 의견에 좌우되는 일이 아니라 합리적 사실에 근거해야 함을
주장한다. 공의가 자칫 왜곡될 수 있기 때문이다.
아무튼 선악이란 고정된 실체가 있어 질적으로 바뀔 수 없는 대상도
아니다. 실제로 있는 대상은 좋거나 나쁜 행위뿐이어서 선악은 변통의
대상이 된다. 좋은 쪽으로 변통할 수 있다는 뜻이다. 선악을 실체화하지
않았기에 변통이 가능한 일이 되었다.
이런 사유의 근거는 멀리 『주역』의 그것을 따랐다. 『주역』의 점사(占辭)

에 길흉(吉凶)·회린(悔吝)·이(利)·불리(不利) 등이 등장하는데, 이것은
고정된 실체 개념이 아니라 상호 전화될 수 있는 상태 혹은 상황을
말한다. 곧 고정되지 않아 인간의 태도 여하에 따라 바뀔 수 있다는
뜻으로 인간의 변통에 따라 이롭게 바뀔 수 있다. 바로『주역』에서
말한 이로움이란 군자의 그것으로 소리(小利)를 버리고 대리(大利)를
취함이다. 본문의 "잘 변통하는 사람은 작은 이익을 버리고 큰 이익을
취한다"라는 말이 그것이다.

이처럼 이익과 선악이 결부되는 관점은 같은 기철학자이자 저자와
동시대에 살았던 심대윤(沈大允, 1806~1872)의 철학에서도 찾아볼 수
있다. 곧 인간의 본성은 이익을 좋아하고 손해를 싫어하는데, 자기와
남을 이롭게 하면 선이고, 자기와 남을 해롭게 하면 악이라고 하여,
선이 이익이고 악이 손해라고 한다. 여기서 더 나아가 자기를 이롭게
하면 남 또한 이롭고, 남을 해롭게 하면 자기 또한 해로우니 피차에
이해의 구분이 없다고 한다. 이것은 마치 모래땅에 가까이 있는 두
우물에 물을 대는 것과 같아서 한쪽에 물을 부으면 양쪽이 차고, 한쪽의
물을 빼면 양쪽이 마르는 것과 똑같아 나와 남이 서로 필요로 하여
한 몸처럼 살아가는 것174이라고 여겼다. 대리(大利)로서 공리(公利)를
중시한 태도이다.

다만 그가 성선설을 인정했다는 점에서 저자와 학문적 차이가 있지만,
『주역』을 깊이 연구했다는 점에서 이런 선악과 이해를 연결하되 공적인
기준을 세웠다는 특징이 공통점이다.175 두 사람의 교류는 아직 밝혀진

174 『沈大允全集』,『論語』, 48쪽; 人性好利而惡害, 利己與物曰善, 害己與物曰惡, 善,
利也, 惡, 害也. 利己而物亦利, 害物而已亦害, 利害之無分於彼此也. 亦猶注水於兩
沙井, 一注而兩滿, 一決而兩竭, 我與人, 相須以生猶一體也.
175 더 자세한 것은 이종란,『서양 문명의 도전과 기의 철학』, 134-152쪽을 참고
바람.

바 없지만, 동시대에 같은 생각을 공유했다는 점은 단순한 우연으로
보기는 어렵다.

16. 불통을 제거하다
除祛不通

남의 일을 모르는 사람은 반드시 자기의 일을 자랑하면서 남의 일을 비난하고,[176] 남의 가정사를 모르는 사람은 반드시 자기 가정사를 찬양하면서 남의 그것을 비방[177]하고, 타국의 일을 모르는 사람은 반드시 본국의 일을 칭찬하면서 타국의 일을 깔보아 헐뜯고, 다른 가르침[178]과 법도를 모르는 사람은 반드시 자기가 따르는 가르침과 법도를 존대하나 다른 가르침과 법도를 물리치고 배척한다.

不通乎人之事者, 必誇伐己之事, 而非毁人之事, 不通乎人家之事者, 必讚揚己家之事, 而誹訕人家之事, 不通乎他國之事者, 必稱譽本國之事, 而鄙訾他國之事, 不通乎他敎法者, 必尊大其敎, 而攘斥他敎.

이런 불통의 폐단에는 더욱 심한 게 있다. 자기에게 속한 것에는 비록 지나치거나 모자라는 잘못[179]이 있더라도, 그것을 말하는 사람을 반드

---

176 非毁는 誹謗의 뜻.『墨子』,「貴義」의 "今爲義之君子, 奉承先王之道, 以語之, 縱不說而行, 又從而非毁之."에 보인다.

177 誹訕은 誹謗의 뜻으로『後漢書』,「黨錮傳序」의 "成弟子牢脩上書誣告膺等養太學遊士, 交結諸郡生徒, 更相驅馳, 共爲部黨, 誹訕朝廷."에 보인다.

178 敎는 전통적으로 修己治人과 禮樂刑政 등의 유가 성현의 가르침을 말하지만, 여기서는 그것을 천하로 확대하므로 각 문명에 해당하는 종교나 교육의 영역을 포함하고 있다. 유학(유교)처럼 종교와 학문과 교육이 분화되지 않은 입장에서 사용하고 있다. 당시는 서구식 종교 개념이 아직 확립되지 않은 시기였다. 더 자세한 것은 이종란 외,『민족종교와 민의 철학』, 27-30쪽 참고할 것. (앞에 나옴)

179 差誤는 錯誤와 같은 뜻.『韓非子』,「制分」의 "是以賞罰擾亂, 邦道差誤, 刑賞之不分白也."에 보인다. 여기서는 잘못의 뜻. (앞에 나옴)

시 성토한다. 남에게 속한 것에는 비록 착하고 이롭고 일에 적중하는180 조짐이 있더라도, 그것을 취하여 쓰는 사람을 반드시 경멸하며 욕한다. 이는 스스로 좁아지고 스스로 해치는 일이다. 설령 일시적으로 잘 나가는 형세를 타서 제법 문도(門徒)의 우호적인 전수가 있을지라도, 어찌 멀리 갈 수 있겠는가?181

不通之弊, 尤有甚焉. 屬於己者, 縱有過不及之差誤, 言之者, 必聲討之. 屬於彼者, 雖有善利得中之端, 取用者, 必唾罵之. 是自狹自戕也. 縱得一時之乘勢, 頗有徒黨之護傳, 烏能致遠哉.

이 병통을 고치려면 그런 습속에 젖은 일을 말끔히 청소하여 마음이 확 트이게 공평하게 하며, 많이 듣고 많이 보고182 남에게서 취하여 나의 좋은 점으로 삼고, 남과 내가 소통하여 그 떳떳함183을 얻으면, 나는 남과 함께 서로 동참하여 인도가 세워지고, 나와 남의 가정이 서로 화합하여 좋은 풍속이 이루어질 것이다. 나아가 크고 작거나 멀고 가까운 나라들도 서로 그 마땅함을 지켜서 예의와 겸양184의 풍속이 일어날

---

180 得中은 현실적 실천이 道에 적중한다는 의미로 『중용』이나 『주역』에서 말한 時中의 논리이다.
181 致遠은 『墨子』, 「親士」와 『後漢書』, 「興服志上」에 보이며, 이와 유사한 말에는 『周易』, 「繫辭下」의 "服牛乘馬, 引重致遠"에 보이며 멀리 간다는 뜻이다. 본문은 보편적이지도 포용적이지도 않은 좁은 학문에 갇혀 자기 제자 중심으로 약간 전해지는 상태를 비판하는 말.
182 多聞多見은 『論語』, 「爲政」의 "子曰, 多聞闕疑, 愼言其餘則寡尤, 多見闕殆, 愼行其餘則寡悔. 言寡尤, 行寡悔, 祿在其中矣."에 보인다. (앞에 나옴)
183 常이 함축하는 의미는 매우 넓은데, 여기서는 보편적인 원칙이나 원리 또는 규범 따위로 보임.
184 禮讓은 예의와 겸양(사양)으로 『論語』, 「里仁」의 "能以禮讓爲國乎何有. 不能以禮讓爲國, 如禮何."에 보인다. 『集注』에서는 讓을 禮의 형식인 文(꾸밈)이 아닌

것이다.

欲醫此病, 掃除翳染, 廓然大公, 多聞多見, 取諸人以爲善, 通物我而得其常, 則我與人
相參, 而人道立焉, 人我之家相和, 而善俗成焉. 大小遠近之國, 相守其宜, 禮讓興焉.

그런데 윤리·도덕을 따라 법도를 세우고 인정을 따라 가르침을 베푸는
데, 그 법도와 가르침을 닦아 밝히는 일은 생존[185]을 귀하게 여기고
죽어 썩는 것을 귀하게 여기지 않는다. 그러니 사물을 취사하는 일은
이로움과 해로움에 달려 있고 이쪽이냐 저쪽이냐에 있지 않으니, 이것이
변통의 방법이다. 앞서 말한 사람과 가정과 나라와 가르침과 법도는
일을 가리켜 말했다. 비록 그 일의 양과 크기의 구분은 있지만, 점차
소통해 가면 그 실질은 하나이다.

從倫常而立法, 因人情而設敎, 法敎修明, 貴生活, 而不貴死朽. 事物取捨, 在利害,
而不在彼此, 是爲變通之術. 人家國敎, 指事而言. 雖有多寡大小之分, 漸次通之,
其實一也.

禮의 실질로 보았다.
185 生活은 生存의 뜻으로 쓰였다. 『孟子』, 「盡心上」의 "民非水火, 不生活."에 보인다.

해 설

변통을 주제로 한 마지막 글이다. 제목 또한 변통 방법상의 뜻이다.
지금까지 인간사 요소요소에서 변통의 의미와 방법과 가치를 논하였다.
인식 이론의 변통 일반론에서부터 공명과 부귀, 기물, 돈과 재물, 질병,
말과 문장, 정교, 자신의 몸가짐, 변통의 허실, 용의, 참다운 변통과
공의, 선악과 이해에 있어서 공의, 교법까지 망라하였다.『대학』의 논리
처럼 개인에서 사회·국가와 세계에 걸친 내용을 점층적으로 전개하였다.
이 글에는 불통을 제거하는 일이 변통임을 재차 강조하였다. 여기서
불통이란 몰라서 소통하지 못함까지 포함하는 말로서, 통의 의미는
인식론적 앎과 실천적 소통이 포함되어 있다. 변통의 목적이 소통인
셈이다. 그 대상은 점층적으로 설명하였는데, 개인끼리의 소통과 가정
과 가정일의 소통, 국가와 국가 사이의 소통 더 나아가 학문과 종교·문화
영역인 가르침과 법도의 소통을 주장하였다.

이 주장은 당시 조선말 상황을 잘 보여주고 있다. "본국의 일을 칭찬하면
서 타국의 일을 깔보아 헐뜯는다"라는 표현에서 외국의 문물을 오랑캐의
그것으로 보고 하찮게 여기던 당시 주희 성리학을 고수하던 지식인
사회의 풍토를 말해주고 있다. 이 글이 나온 뒤 병인양요와 신미양요를
거치면서 조선의 쇄국이 한층 강화되었지만, 이미 당시에도 외국을 깔보
는 풍조에서 쇄국의 분위기는 조성되고 있었다고 보아야 한다. 개국하여
외국과 소통하는 일이 국가적 변통이라는 점이 행간에서 묻어나온다.
더 나아가 "자기가 따르는 가르침과 법도를 존대하나 다른 가르침과
법도를 물리치고 배척한다"라는 말은 숭유배불의 이념으로 개국한
이래 조선의 국가 방침을 지적한 말일 수도 있고, 더 좁게는 주희의
성리학만을 받들고 양명학이나 유학 내부의 다른 견해를 용납하지

못하는 당시 지배 계급의 학문풍토를 지적한 말일 수도 있지만, 실은 17~18세기의 서학과 19세기의 서양 문물을 배척하는 모습을 비판한 말일 비중이 크다. 서학에는 종교로서 천주교뿐만 아니라 철학과 과학과 기술 등도 포함하고 있어서, 무조건 배척하는 일만이 능사가 아니라는 지적이다. 특히 19세기에 이르러 당시로서 비교적 최근의 서양 문물이 청국을 통하여 한문으로 번역되어 조선에 유입되고 있었다.

저자는 철학과 과학과 기술을 개인 차원에서 받아들였다. 그리고 앞의 글에서도 보았듯이 천주교를 믿는 사람들을 무조건 탄압할 일이 아니라, 참된 학문의 진작과 교화를 통해 계몽해야 한다는 관점을 유지하였다. 그리하여 당시의 조선이 인식과 실천의 지평을 넓혀 외국 문물과 소통해야 한다고 주장함으로써, 조선 스스로 좁아지고 스스로 해쳐서는 안 된다고 경고하였다.

사실 조선과 달리 일본은 문호를 개방하여 서양 문물을 받아들이고 적극적으로 배워 근대화에 앞장선 결과 조선을 침략하는 데까지 이르렀다. 이 글이 나온 때가 일본의 메이지유신(1868)보다 20여 년 전의 일이므로, 조선 당국에서 일찍이 이런 생각을 받아들였다면, 조선이 쉽사리 망하지는 않았을 것이다.

따라서 변통이 개혁을 의미한다면, 사회적 개혁을 넘어서서 바로 개국과 연결된다. 물론 이런 관점은 국제 관계를 너무 낙관적으로 보는 견해이지만, 그는 본서의 『추측록』에서 제국주의의 본질을 어느 정도 간파하고 있고, 문제는 우리의 주체적 역량으로서 그것을 극복할 수 있다고 보았으므로[186] 국제 관계를 너무 안일하게 보았다고만 비판할 수 없다.

『신기통』권3 끝. 神氣通 卷三 終

---

186 『추측록』권6, 「東西取捨」를 참고 바람.

주요 용어사전

견문열력(見聞閱歷): 견문은 보고 듣는 일 또는 그 결과. 열력은 밟아 겪는 일 또는
  그 결과로서 경험이나 경력. 모두 경험 또는 그 방법의 뜻.

경력(經歷): 어떤 일을 겪어 지내옴. 경험과 같은 뜻으로 쓰이며 열력과 같이 쓰임.

경상(經常): 상도(常道)와 일상의 의미로 유학자들은 보통 오륜과 같은 사회적
  규범을 지칭했음. 저자는 일상적이면서 당연한 보편적인 도리나 원리
  로 사용함.

경험(經驗): 외부의 대상을 인식하는 방법 가운데 하나로서, 인식의 출발이자 앎의
  양적 확장 및 검증의 방법. 좁게는 감각기관을 사용하여 외부의 감각
  내용을 마음에 기억하는 일로서 직접 경험은 물론 간접 경험도 포함함.
  본서에 제목 포함 총 49회 등장하며, 이 용어는 경전 등에 거의 보이지
  않는다. 다만 전통 의서(醫書)에 대부분 '경험방(經驗方)'이라는 용
  어 속에 나온다. 이때 경험은 효험·증험의 뜻이지만, 저자의 그것은
  서학의 내용을 첨가하여 현대적 의미에 가까움. 경험의 오류 개연성을
  인정하여, 하나의 또는 적은 양의 경험 자체가 검증된 인식의 완성은
  아님.

괴탄(怪誕): 괴이하고 거짓되다 또는 황당무계의 뜻으로 자주 허망(虛妄)과 병렬
  해서 사용하며, 그 대상은 대부분 기독교이고 드물게 신을 섬기는 일
  반 종교를 상징하는 말. 허망과 함께 논리상 거짓의 뜻으로, 참인 성실
  또는 진실의 반대 의미.

교(敎): 종교나 교육 등으로 분화하기 이전 성인의 가르침을 말함. 문맥에 따라
  종교나 교육 또는 성인의 가르침으로 백성을 교화하는 뜻으로 표현함.

교법(敎法): 수기치인과 예악 등의 유가 성현 또는 불교 성인의 가르침과 법도를
  말하지만, 저자는 그것을 천하로 확대하므로 각 문명에 해당하는 종교

나 교육의 영역을 포함하고 있다. 곧 유교처럼 종교와 학문과 교육이 분화되지 않은 입장에서 사용하고 있다. 교술(敎術) 또는 교학(敎學) 이라는 말과 섞어 씀.

교화(敎化): 예악 등을 통하여 성인의 가르침으로 선하게 살도록 백성을 감화시키 는 일. 이것은 유교의 이념을 강제로 주입하는 일이 아니라, 예의범절 이나 풍속 등을 통해 자발적으로 내면화한다는 점에서 비판적 사고나 질문을 허용치 않는 서양 중세의 교화와는 차원이 다르다.

구규(九竅): 귓구멍(2)·눈(2)·입(1)·콧구멍(2)·요도(1)·항문(1)의 아홉 구멍. 일찍이 『장자』, 「제물론」과 『주례』, 「천관」에 보임.

구두(句讀): 주로 띄어쓰기와 문장 부호가 없는 한문에서 그 의미를 이해하기 위하 여 구절을 나누거나 기호 등으로 표시하는 일. 句는 하나의 의미 단위 인 문장이 끊어져 종결된 곳, 讀는 이어지는 문장의 중간에 잠시 끊어 지는 곳.

궁격(窮格): 이치를 궁리하여 밝힘. 성리학의 공부 방법 가운데 하나로 '궁리(窮理)' 와 '격물(格物)'의 합성어. 용어 자체는 『주자어류』에 12회 등장함. 저 자는 『추측록』에서 성리학의 궁리를 비판하지만, 때로는 그 용어를 빌려서 자연법칙을 탐구하는 의미로 사용함.

귀신(鬼神): 『주역』과 『중용』 등에 보임. 성리학자들은 음양의 기를 가지고 귀신을 설명해 왔는데, 존재하는 사물은 모두 귀신이다. 저자도 그 관점을 이어 원칙적으로 '일기의 취산'으로 설명하였다. 그런데 저자는 민간 에서 귀신이 마치 신처럼 존재한다고 믿는 미신을 비판하면서 민간의 용례를 인용하고 있는데, 특히 기독교의 신도 귀신의 범주에 넣음.

기(氣): 기철학에서 다루는 존재의 근원이자 물질과 생명 및 정신 현상을 아우 르는 근거. 개별 상황에 따라 에너지·물질·온도·날씨·마음·의식·감 정 등 다양한 뜻으로 사용되며, 신기·천기·지기·심기·대기·몽기 등의 복합명사로 활용함. 저자의 기 개념은 전통의 생기(生氣)와 취산(聚散)

과 일기장존(一氣長存) 등의 요소를 포함하면서도 서양의 물질 개념
일부를 포섭함.

기괄(機括): 기괄(機栝)과 같은 말로 『장자』, 「제물론」에 등장하며 화살을 발사하
는 기계 장치. 곧 기계가 발동하는 한 부분으로서 기관(機關).

기수(氣數): 전통적으로 기수는 24절기 따위를 가리키지만, 저자가 사용하는 의미
는 어떤 범위 내에서 기가 작용하는 주기·거리·정도 또는 원리로서
오늘날의 자연과 인사의 법칙에 가까이 접근하고 있음. 『운화측험』
권1의 「기지수(氣之數)」에서 그 설명이 상세함.

기질(氣質): 기와 질. 질은 기가 엉겨서 된 구체적 형질 곧 가시적인 물질임. 이
둘이 합쳐서 몸과 마음을 구성하는 바탕이 됨. 좁혀서 성격·성향의
한 측면 때로는 몸의 뜻.

기질지리(氣質之理): 기질에 있는 이치로서 사물의 유행지리와 같은 말.

대기(大氣): 지구 대기(atmosphere)를 비롯한 우주에 가득 찬 기. 지구의 대기는
따로 몽기(蒙氣)라고 함.

도학(道學): 『추측록』 권1, 「배워 들은 데서 학문의 명칭을 달리하다(學聞異稱)」의
형식적 정의를 따르면 '도의 실천을 추구하는 학문'. 원래 도학은 송
대 유가의 학문을 일컫는데, 그 계보를 요임금-순임금-우임금-탕임금
-문왕-무왕-주공-공자-맹자로 연결하고, 조선조 사림파는 흔히 정몽
주-길재-김숙자-김종직-김굉필(정여창)-조광조로 이어지는 계보이
다. 율곡 이이는 "도학이란 대상을 연구하고 앎을 이루어서 선을 밝히
고, 뜻을 정성스럽게 하고 마음을 바르게 하여 몸을 닦는 것이니, 몸에
지니고 있으면 자연스러운 덕이 되고, 정치에 베풀면 왕도가 된다"라
고 하였다. 이 책 서문에서 저자는 자신의 학문이 주공-공자의 학문을
잇고 있다고 자부한 데서 도통과 도학을 의식하고 있다.

대상(大象): 우주. 육합(六合)과 같은 뜻.

명덕(明德): 『대학』에 등장하며 마음을 가리킴. 성리학에서 마음의 설명이 복잡하

듯 그 설명도 복잡하여 조선 후기까지 논쟁이 벌어짐. 저자는 그것을 무한한 능력을 지닌 신기(마음)로만 보며, 그 밝은 덕을 바로 기의 신(神)이라고 정의함.

몽기(蒙氣): 지구 대기(Atmosphere). 청몽기(淸蒙氣) 또는 청몽(淸蒙)으로도 부름. 수증기를 포함한 지기인 증울기(烝鬱氣)가 상승하여 이루어진다고 함. 그 두께와 높낮이는 수증기의 영향을 크게 받음.

물리(物理): 물리적 법칙만이 아니라 사물의 이치까지도 포함. 일반적으로 모든 사물의 법칙이란 뜻. '人情物理'의 형태로 27회, 단독으로 62회 등장하여 인사에 대응한 자연법칙의 뜻에 가깝게 사용함.

미발(未發)과 이발(已發): 미발과 이발은 『중용』에 등장하는 용어이지만, 성리학에는 발동하는 대상이 성(性)이냐 또는 심(心)이냐에 따라 다양한 견해와 주장이 있고, 성정 개념에서만 본다면 성은 미발, 정은 이발임. 저자는 더 나아가 기억하거나 아직 모르는 앎과 잠재적 능력까지도 아직 발현되지 않은 상태라면 미발, 발현된 것을 이발이라는 다의적 의미로 사용함.

방기(傍氣): 어떤 물체의 곁이나 그 주변에서 감싸고 있는 기.

방술(方術): 원래는 학술·학설의 의미로 쓰였다. 『장자』, 「천하」와 『순자』, 「요문」에 보이며 도교의 연단(鍊丹)과 수련(修鍊)을 포함한 천문·역산·점험(占驗)·의약·풍수·둔갑·신선술·방중(房中)도 그것임. 저자는 주로 인간의 운명이나 길흉 따위를 점치거나 화를 피하고 복을 받고자 하는 술수를 가리켜 말함. 본서에서는 그런 일에 종사하는 사람을 방술가라 칭함.

방통(傍通): 사방으로 통한다는 뜻으로 『관자』, 「병법(兵法)」에 나옴. 곡창방통(曲暢傍通) 또는 상지방통(詳知傍通) 때로는 단독으로 쓰여 조리가 분명하고 두루 통하거나 사방으로 통한다는 뜻. 이 책의 곡창방통(曲暢傍通)은 곡창방통(曲暢旁通)의 뜻으로 썼으며, 후자는 주희의 「주역장구서문」에 보임. 또 방통(旁通)은 『주역』, 「건괘」에 나옴.

범위(範圍): 한도나 한계의 의미로 쓰임. 일찍이 『주역』, 「계사전상」에 등장하여 모범으로 삼거나 틀로 잡다의 뜻으로 등장하며, 그 한도나 한계도 틀로 잡다와 통함. 총 33회 등장함.

변통(變通): 원래 『주역』 「계사전」의 말. 학문 분야에 따라 다양한 뜻으로 쓰이며 인식 이론에서는 앎의 수정을 말하기도 하고, 대체로 사회적 실천으로서 개선을 통한 개혁의 의미로 사용함. 때로는 수양을 통한 마음의 변화, 또는 융통성을 발휘하여 문제를 해결한다는 뜻.

사기(事機): 일을 착수 또는 진행하는 상황에 따라 대상을 만나는 기회나 낌새. 또는 일의 알맞은 시기나 기밀. 『신기통』 권2의 「말을 듣는 조리(聽言條理)」에서 정의를 내림.

상도(常道): 보통 '떳떳한 도리', '일상의 도리' 등으로 옮기며, 『노자』나 『순자』가 언급한 이래 유가에서는 일상적이지만 불변의 도리로서 인륜. 저자는 일차적으로 『노자』처럼 인간을 포함한 만물에 적용되는 보편원리 또는 보편의 도리로 보기도 하였음. '용상지도(庸常之道)', '상구지도(常久之道)'라는 용어를 대신 사용하기도 했고, 『추측록』 권1의 「동물의 추측(動作物推測)」에서 "사람과 만물이 공유하면서 만고와 세계에 통하여 달라지지 않는 것을 일러 상도라 한다"라고 하여 '항상 통하는 도리'로 정의함.

생기(生氣): 본서에 11회 등장하며 주로 몸이나 생물체에 한정하여 생명력, 또는 활물(活物)의 의미로서 활동 곧 운동하는 기라는 뜻. 후기 철학에서는 기의 본성 가운데 하나인 활(活)을 설명하는 개념.

성리(性理): 성리학에서 말하는 성즉리의 리가 아니라 자연법칙으로서 유행지리.

성실(誠實): 허무(虛無)의 반대 개념으로 자주 쓰이며 참되고 실효성이 있다는 의미로 저자 자신의 기철학을 형용할 때 자주 씀. 『중용』의 성(誠)과 같은 의미로 주희의 '진실하고 거짓 없음(眞實無妄)'의 해석을 따라 참 또는 참됨의 뜻.

서학(西學): 우리 역사에서 17세기 이후 예수회 선교사들이 중국에 전한 서양의 학술과 과학기술과 종교를 통틀어 일컬은 말. 저자는 이 책에서 한 번도 서학이라는 용어를 쓰지 않고, 서양 종교나 학문을 서교(西敎)로, 학문과 과학·기술·종교를 아울러 서법(西法)이라 불렀다.

손익(損益): 덜어내거나 보태다의 뜻으로 제도나 학문 따위를 현실에 맞게 잘 조절하는 일. 드물게 셈에서 더하거나 빼는 일과 손해와 이익의 뜻. 그 사상적 기원은 『주역』의 손괘(損卦)와 익괘(益卦)에서 가져왔으며, 저자 철학의 변통 사상과 연결되어 개혁과 통한다.

수용(須用): 총 64회 등장하며 대체로 사용 또는 사용한다는 뜻이며 드물게 운용의 뜻.

순담지기(純澹之氣): 순수하고 맑은 기로서 기의 본성을 형용한 말. 순담은 마음의 본체가 그렇다는 표현으로도 자주 사용하며, 그때는 인식론의 백지설과 통함.

습염(習染): 감각기관으로 경험한 내용을 기억하는 일. 서학에서는 기억을 기함(記含)으로 옮겼는데, 거기에 대응한 저자만의 전문 용어. 여기서 습(習) 자와 염(染) 자가 절묘한 조화를 이루는 데, 습 자에는 거듭된 익힘이라는 뜻과 염 자에는 물들인다는 뜻이 있어서, 결국 '거듭된 학습(경험)을 통한 기억'의 의미. 염착(染着)이라는 말로 대신 쓰기도 함. 때로는 환경의 영향을 말하거나 말 그대로 물든다는 의미도 있음.

시험(試驗): 사물의 이치를 실지로 시험하여 증험해 봄.

신괴(神怪): 신이(神異)하고 괴이함. 기독교를 비판할 때 자주 쓰는 말.

신기(神氣): 직역하면 '신령스러운 기운'이지만, 문맥에 따라 마음, 인식의 주체, 만물의 근원, 인간과 자연물에 깃든 기, 깃들지 않은 기 등 여러 의미를 지님. 서학의 영향을 받아 인간의 영혼을 비롯하여 동물혼·식물혼과 무생물의 그것을 포함한 만물의 영혼에 대응하는 의미로 쓰였음. 죽은 물질로 이루어졌다는 우주관과 다르며, 제목을 포함하여 총 552회 등장함. 드물게 신명지기(神明之氣) 또는 신명(神明)이라 불렀음.

신기통(神氣通): 인식 일반 또는 신기의 소통 또는 저자의 책 이름.

신통(神通): 감각기관의 기능이 최대한 발달하여 최고의 경지에 이르면, 대상을 직접 보거나 듣는 감각기관의 도움 없어도 사물을 알 수 있는 인식 능력. 『신기통』권1의 「신통(神通)」에 신과 신통의 의미가 자세함.

실용(實用): 실제의 사용 또는 사물이 갖는 실제의 작용·기능이나 쓰임.

심리(心理): 심리학에서 말하는 심리가 아니라 추측을 통해 알게 된 마음속의 이치를 말하며 반드시 증험을 거쳐야 한다고 주장함. 성리학이나 불교를 비판할 때도 이런 표현을 씀. 이 심리를 다른 말로 추측지리라고 하며, 사물의 법칙인 유행지리와 구별함. 제목을 포함하여 총 20회 등장함.

알운(斡運): 천체의 회전운동. 대체로 천체의 겉보기 운동으로서 지구를 중심으로 회전하며 운행하는 뜻으로 쓰임. 운알(運斡)과 알선(斡旋)으로도 표현함.

얼올(臲卼): 불안하고 위태로운 모양으로 일찍이 『주역』에 등장함.

역산(歷算): 역법(曆法)과 산술(算術)의 뜻이나 본서에서는 거의 역산(曆算)의 의미로 사용되어 천문학과 관련된 역법.

역상(歷象): 천체의 운행을 관측하고 계산하는 일 등의 천문역법과 관련된 일, 또는 역법.

연혁(沿革): 보통 변천해 온 과정의 뜻으로 쓰이지만, 沿은 따르는 것, 革은 바꾸는 것의 본래 의미를 따라 손익과 함께 현실 개혁의 변통 사상을 설명할 때 자주 등장함.

염착(染着): 기억의 뜻으로 습염(習染)과 같은 말. 염지(染漬)와 유사한 말. 또는 몸에 익힘.

우주(宇宙): 'space'나 'the universe'의 뜻이 아니라 천지사방(天地四方)과 왕래 고금(往來古今)을 가리킨 말로서 시공간을 통합한 말. '온 세상' 또는

'동서고금'으로 옮김.

운전(運轉): 움직여 도는 것 또는 운행. 훗날 『운화측험』에서 공전과 자전을 아울러, 때로는 공전과 자전을 일컫는 말로 쓰였음. 이 책에서는 주로 육안에 보이는 운행의 뜻.

원기(元氣): 만물을 생성하거나 생명의 원천이 되는 기운. 때로는 정기(精氣)와 같은 의미.

유행지리(流行之理): 기가 자연적으로 운동하는 법칙. 사물의 법칙도 이에 해당함. 유행은 운행(運行)과 유사한 말로 기의 운동을 가리킨 말이며 후기에 운화(運化)로 바뀜.

윤강(倫綱): 인륜강기(人倫綱紀)의 축약어. 또는 오륜(五倫)과 삼강(三綱). 모두 도덕 준칙 또는 윤리를 일컫는 말.

윤상(倫常): 인륜(人倫)과 상도(常道)로서 윤리와 도덕. 윤강(倫綱)과 같은 뜻으로 씀.

윤전(輪轉): 바퀴처럼 굴러가는 운동. 본서에서는 태양과 달의 겉보기 운동을 말할 때 표현한 용어로, 후기 저작에서 행성의 공전을 뜻함.

인도(人道): 하늘의 길인 천도와 대비되는 사람의 길. 제도나 윤리 따위가 여기에 포함됨.

인물(人物): 인간과 만물, 인간과 동물, 인간 등으로 문맥에 따라 달리 쓰임.

인정(人情): 주로 물리 또는 천리와 함께 거론하며 문맥에 따라 인간의 감정 또는 인간의 각종 사정과 실상을 뜻함. 감정의 의미는 원래 『예기』에 희로애락 등에서 말하고, 사리(事理)의 표준으로서 인간의 상정(常情)을 말하는 것은 『장자』에서는 나옴. '人情物理'의 형태로 27회, 단독으로 20회 등장함.

자득(自得): 스스로 터득하거나 체득하여 아는 일 또는 앎. 『중용』과 『맹자』에 보임. 본서에 35회 등장하며 대체로 스스로 경험하여 아는 일 또는 경험을 바탕으로 한 추측을 통해 아는 일을 뜻함. 得 단독으로 이같이 쓰일 때도 있음.

적기(積氣): 주로 지구 대기인 몽기. 드물게 바람의 뜻.

정기(精氣): 기의 정수 또는 원기와 같은 의미로 생명의 원천이 되는 기운이나 물질. 총 8회 등장함.

정력(精力): 심신의 활동력, 정성을 다해 힘을 쏟는 것. 오늘날 남성의 정력과 관련해서 말할 때는 양촉(陽觸)이라는 용어를 씀.

제규제촉(諸竅諸觸): 제규는 의서(醫書)에 많이 등장하며 귓구멍(2개)·눈(2개)·입(1개)·콧구멍(2개)·요도(1개)·항문(1개)의 아홉 구멍인 구규(九竅)를 말하며 도교에서는 구원(九元)으로 부르기도 함. 제촉은 불교 용어로 손·발 등의 피부로 느끼는 감각 또는 그 기관. 모두 경험을 매개하는 감각기관의 뜻으로 쓰임.

제요(諸曜): 해와 달과 오성(五星: 수성·금성·화성·목성·토성)의 칠정(七政).

조리(條理): 기의 이치로서 법칙이나 원리. 또는 일의 가닥이나 맥락.

존양(存養): 『맹자』에서 본심을 보존하고 본성을 기른다는 뜻에서 가져와 성리학에서는 미발(未發)일 때에 공부 방법으로 사용하였다. 이 책에서는 보존하여 기른다는 의미로 그 대상에 앎도 포함하였다.

주통(周通): 일반적으로 두루 알다 또는 널리 유통되는 것을 의미. 인식론적으로는 두루 안다는 의미로서 주관적 앎이 아니라 객관적 인식이자 그 한계 내에서 모르는 게 남아 있지 않은 앎으로, 신기의 그것이 빛나고 밝으며 감각기관의 역할도 최상의 상태에 이름을 말함. 그 앎이 종합되거나 통합되어 객관성과 명증성과 타당성과 실효성을 가짐.

준적(準的): 원뜻은 수준기와 과녁. 문맥에 따라 기준과 표준 또는 목표의 의미.

중정(中正): 한쪽으로 치우치지 않고 올바름. 또는 딱 맞고 올바름. 원래는 『주역』의 괘에서 6개의 효의 위치에 관련된 용어인데, 가령 ䷞(함괘)처럼 아래로부터 두 번째인 2효와 다섯 번째인 5효가 위치하는 자리를 중(中)이라 부르고, 양효(−)가 양의 자리(1·3·5)에 음효(--)가 음의 자

리(2·4·6)에 있는 것이 정(正)으로 위의 함괘에서는 2·3·5·6효가 정이
다. 그러니까 중정이란 바로 두 번째 자리에 음효가 위치한 육이와
다섯 번째 자리에 양효가 위치한 구오의 덕(상태)을 일컫는 말이다.

증기(蒸氣): 원래 솥이나 시루에서 나는 더운 수증기인데, 보통 땅에서 상승하는
수증기로 쓰임.

증울(蒸鬱): 쪄서 후덥지근한 현상. 증울기(蒸鬱氣)는 지기를 포함한 수증기. 증울
기를 증기(蒸氣)로도 축약해 사용함.

증험(證驗): 효험(效驗)과 증거(證據) 따위의 의미로 쓰였는데, 저자의 철학에서
감각기관 등의 경험적 계기를 통한 검증의 뜻으로 사용함. 비슷한 말
로는 징험(徵驗)이 있음.

지각(知覺): 주로 앎을 말할 때 쓰는 용어로 동사와 명사로 쓰임. 감각적으로 알게
되는 지각(sensation)만을 말할 때는 대체로 견문(見聞)으로 표기하므
로, 이것은 추측을 포함한 앎. 때로는 감각과 관련하여 의식(意識)의
뜻으로도 쓰임.

참증(參證): 참고하거나 참여시켜 증험함. 또는 재판 따위에서 참작과 증거. 참험
(參驗)으로도 사용함.

천도(天道): 하늘의 길. 일월과 사시의 변화를 주로 일컬으며, 추상화하여 자연의
운행 원리 또는 법칙 또는 그 질서를 말함.

천지(天地): 하늘과 땅, 우주와 지구, 자연을 말함. 또는 天 단독으로 자연을 뜻하기
도 함.

천리(天理): 자연의 이치 또는 그 법칙. 때로는 보편타당하고 공정한 원리의 의미로
자연스러운 이치. 유행지리와 같은 의미로 쓰임.

천인(天人): 자연과 인간 또는 우주와 인생. 천인합일을 지향하는 자연에 대한 인간
의 실천적 관계에서 앎과 행위의 객관적 정당성을 주장할 때 사용하며,
이때는 앎과 실천이 자연과 일치하는 보편적 인간의 뜻. 드물게 우주
와 인간의 이치를 꿰뚫은 사람(『장자』에 보임)의 뜻. 전자의 의미는

후자의 특징과 일치함. 후기 철학에서 천인운화(天人運化), 천인대도(天人大道), 천인교접(天人交接) 등의 형태로 즐겨 씀.

천인지신기(天人之神氣): 자연과 사람의 신기. 또는 우주와 인간의 이치를 꿰뚫은 사람의 신기. 또는 그 둘 사이에 서로 통하는 신기.

천인지의(天人之宜): 자연과 인간 모두에 합당한 상태. 총 8회 등장함. 전통적으로 천리와 인정에 합당하다는 의미이며, 그 연원이 『서경』과 『맹자』를 이어, 특히 『주역』 「혁괘·단전」의 "하늘을 따르고 사람에게 호응한다"라는 사상의 논리로서, 저자는 『신기통』, 「서문」에서부터 본서에 자주 등장하는 '물리'와 '인정'에 합당해야 한다는 의미로 씀. 물리는 자연의 일이고 인정은 인사에 해당하지만, 모두 기의 운행 속에 통합하여 천인(天人)으로 표현하였다. 이는 학문을 비롯한 제반 인간의 실천적 행위가 이 양자를 만족시켜야 하며, 모두 자연과 인간 모두에 운행하는 기의 원리를 따라야 한다는 실천 논리. 가령 『추측록』 권6 「옳고 그름의 본원(是非本原)」에 "자연과 인간 모두에 합당한 상태에 맞으면 옳고, 자연과 인간 모두에 합당한 상태에 맞지 않으면 그르다"라는 말과 또 같은 책, 권6의 「본성의 도리와 의식(性道衣食)」의 "본성의 도리를 따르는 일이란 자연과 인간 모두에 합당한 상태에 순응하고 전례에서 살펴, 아버지와 자식, 임금과 신하, 부부, 친구의 윤리에서 그 도리를 잃지 않는 것이다"라는 말을 보면 알 수 있음. 이것은 전통의 천도와 인도를 일치시키는 태도와 같은 맥락으로, 후기 철학에서 운화(運化)의 승순(承順)과 연결하여 천인운화(天人運化)로 대체하는데, 그래서 『기학』에서는 이 '천인지의'가 한 번도 등장하지 않는다. 운화의 승순이란 자연에 대한 인간의 합리적이고도 적절한 실천적 원리를 말함.

천지지기(天地之氣): 하늘과 땅의 기로서 어떤 사물 속에 들어 있지 않은 기. 자연의 기.

천지지신기(天地之神氣): 천지지기와 같은 말.

체인(體認): 지식의 장기간 누적을 통하여 향상된 높은 수준의 앎. 또는 체득의
　　　　뜻.

추측(推測): 앎의 과정에서는 추(推)라는 추리와 측(測)이라는 판단의 논리로 이루
　　　　어지며, 감각적 인식과 대비되는 사유를 통한 인식 과정. '推A 測B'를
　　　　'A를 미루어 B를 헤아리다'로 통일함. 이는 앎의 과정만이 아니라 수양
　　　　과 실천의 과정에서 등장함.

추측지리(推測之理): 추측 작용으로 산출한, 곧 경험한 내용을 추리하여 판단한
　　　　이치. 또는 그러한 능력으로서 사유 법칙의 총체. 윤리나 도덕 또는
　　　　형이상학적 원리 등이 거기에 해당함.

추측지도(推測之道): 추측의 방법. 추측 논리.

추측통(推測通): 추측인 사유활동을 통한 인식.

취산(聚散): 기철학의 주요 개념 가운데 하나로 기가 모이면 물건이 되거나 생명이
　　　　있고, 흩어지면 죽거나 물건이 사라지는 것으로 기의 모임과 흩어짐.

측험(測驗): 대상 사물을 관측하거나 헤아려 증험함. 『운화측험』의 제목으로도
　　　　사용됨.

통(通):　　신기통의 핵심 개념으로 여러 가지 의미로 쓰임. 가장 대표적인 경우는
　　　　인식으로서 알거나 앎의 뜻이고 그 밖에 소통하다, 유통되다, 연결되
　　　　다, 허용하다, 능통하다, 막힘없이 흐르다 등 문맥에 따라 다양하게
　　　　쓰임.

통달(通達): 막힘없이 알다. 또는 기가 통하여 두루 도달함.

편폐(偏廢): 한쪽을 들면서 다른 한쪽을 버리는 일. 또는 반신불수나 신체 한 곳의
　　　　장애를 일컫는 말.

풍담(風痰): 담음(痰飮)의 하나로서 풍증과 관련된 담(痰)을 말하거나 풍(風)과 담
　　　　(痰)이란 뜻으로도 쓰이고, 평소에 담증(痰證)이 있는 것을 말하기도
　　　　함. 때로는 질병의 대명사로 쓰임.

피륜(被輪): 행성을 곁에서 둘러싸고 그것과 함께 운동하는 기로서 다른 행성의 운동에 간여함. 이것이 일종의 중력 역할을 하는데, 훗날 『성기운화』에서는 기륜(氣輪)으로 통일하여 기륜설로서 중력의 대체 이론으로 사용함.

한열조습(寒熱燥濕): 전통 의학의 육기(六氣) 가운데 4가지였는데, 서양 4원소의 냉열건습(冷熱乾濕)의 영향으로 주장하는 지구 대기의 차고 덥고 마르고 축축한 성질. 한난조습(寒暖燥濕)으로도 표현하며 후기 저작에서는 한열건습(寒熱乾濕)으로 정형화함.

험시(驗試): 증험과 시험 또는 증험하고 시험함.

형질(形質): 사람의 몸, 사물의 몸체 또는 기질. 이때 몸은 정신과 분리되지 않고 그것을 포함하며 정신의 특징도 몸의 그것과 연관됨. 물건의 경우 외형 또는 그 바탕.

형질통(形質通): 감각기관인 제규제촉(諸竅諸觸)을 통한 인식. 형지지통으로 부르며 드물게 성교의 뜻으로 사용함.

형체지기(形體之氣): 인체나 사물 속에 들어 있는 기. 형체가 갖추어짐과 동시에 생겨나 그것에 맞는 기능이 발달하며, 이것은 몸체 가운데 국한된 천지지기이며 그것을 의지함.

형체지신기(形體之神氣): 형체지기와 같은 말.

허망(虛妄): 허황하고 망령됨. 저자 학문의 특징인 성실의 반대 뜻으로 자주 쓰며 주로 도가(도교)와 불교를 지칭하고, 문맥에 따라 드물게 미신이나 방술 및 성리학을 그 대상에 포함할 때도 있음. 때로는 괴탄(怪誕)과 함께 기독교까지 포함한 종교 일반을 지칭해 사용하는 말. 같은 의미로 허무(虛無)라는 말을 사용하기도 함. 괴탄과 함께 논리상 참의 반대인 거짓으로도 사용함.

참고문헌

『關尹子』　　　　　　　　　『管子』

『老子』　　　　　　　　　　『論語』

『大戴禮記』　　　　　　　　『大學』

『呂氏春秋』　　　　　　　　『列子』

『禮記』　　　　　　　　　　『劉子』

『楞嚴經』　　　　　　　　　『萬機要覽』

『孟子』　　　　　　　　　　『墨子』

『文選』　　　　　　　　　　『本草綱目』

『北齊書』　　　　　　　　　『史記』

『四書大全』　　　　　　　　『四書集註』

『書經』　　　　　　　　　　『宋史』

『荀子』　　　　　　　　　　『詩經』

『新唐書』　　　　　　　　　『五燈會元』

『魏書』　　　　　　　　　　『陰符經』

『二程文集』　　　　　　　　『二程遺書』

『資治通鑑』　　　　　　　　『莊子』

『傳習錄』　　　　　　　　　『左傳』

『周禮』　　　　　　　　　　『周易傳義大全』

『周易』　　　　　　　　　　『朱子語類』

『中庸』　　　　　　　　　　『晉書』

『楚辭』　　　　　　　　　　『韓非子』

『漢書』　　　　　　　　　　『黃帝內經·靈樞經』

『黃帝內經·素問』　　　　　　『淮南子』

『後漢書』　　　　　　　　　葛洪.『抱朴子』

董仲舒.『春秋繁露』　　　　　呂坤.『呻吟語』

劉劭. 『人物志』

方以智. 『物理小識』

邵雍. 『觀物編』

吳乘權. 『綱鑑易知錄』

王充. 『論衡』

張載. 『正蒙』

朱熹呂祖謙. 『近思錄』

秦蕙田. 『五禮通考』

『儀象考成』

『新法算書』

班固. 『白虎通』

徐光啟. 『泰西水法』

呂祖謙. 『左氏傳說』

王肅. 『孔子家語』

張星曜. 『天儒同異攷』

朱載堉. 『律呂正義』

陳耀文. 『天中記』

『曆象考成』

『曆象考成後編』

高一志(Alphonsus Vagnoni). 『空際格致』

羅雅谷(Giacomo Rho). 『五緯曆指』

南懷仁(Perdinand Verbiest). 『靈臺儀象志』

鄧玉函(Johann. Terenz). 『奇器圖說』

利瑪竇(Matteo Ricch). 『乾坤體義』

_____. 『天主實義』

馬若瑟(Joseph-Henry Marie de Prémare). 『儒教實義』

徐日昇(Andreas Pereira). 『律呂正義續編』

艾儒略(Jules Aleni). 『職方外紀』

陽瑪諾(E. Diaz). 『天問畧』

熊三拔(Sabatino de Ursis). 『簡平儀說』

_____. 『泰西水法』

湯若望(Adam Schall von Bell). 『遠鏡說』

畢方濟(Francesco Sambiasi). 『靈言蠡勺』

『承政院日記』

南相吉. 『六一齋叢書』

『朝鮮王朝實錄』

南九萬. 『藥泉集』

李匡師. 『圓嶠集』   李圭景. 『五洲衍文長箋散稿』

李珥. 『栗谷全書』

李瀷. 『星湖僿說』   『星湖全集』

李濟馬. 『東醫壽世保元』   李滉. 『退溪文集』

安鼎福. 『順菴集』   任聖周. 『鹿門集』

鄭道傳. 『佛氏雜辨』   正祖. 『弘齋全書』

崔致遠. 『桂苑筆耕』

崔漢綺. 『陸海法』   『氣學』

_____. 『習算陳筏』   『星氣運化』

_____. 『身氣踐驗』   『心器圖說』

_____. 『運化測驗』   『儀象理數』

_____. 『人政』   『籌解需用』

_____. 『地球典要』   『明南樓全集』. 驪江出版社, 1990.

_____. 『增補明南樓叢書』. 成均館大學校 大東文化研究院, 2002.

崔瓎. 『訒齋先生文集』   沈大允. 『沈大允全集』

韓元震. 『南塘集』   許筠. 『惺所覆瓿稿』

洪大容. 『醫山問答』

F. 코플스톤/박영도 옮김. 『중세철학사』. 서광사, 2011.

금장태. 『한국실학사상연구』. 집문당, 1989.

대니얼 데닛/이희재 옮김. 『마음의 진화』. ㈜사이언스북스, 2006.

렴정권 번역. 『악학궤범』. 여강출판사, 1991.

李能和 輯述/李鍾殷 譯註. 『朝鮮道教社』. 普成文化社, 1986.

미우라 쿠니오/김영식·이승연 옮김. 『인간 주자』. 창작과 비평사, 1996.

민족문화추진회. 『국역 기측체의』. 민족문화문고간행회, 1986.

버트런드 러셀/송은경 옮김. 『나는 왜 기독교인이 아닌가』. 사회평론, 2012.

알폰소 바뇨니/이종란 옮김. 『공제격치』. 한길사, 2012.

안토니오 다마지오/고현석 옮김. 『느끼고 아는 존재』. 흐름출판, 2021.

艾儒略 原著/謝方 校釋. 『職方外紀校釋』. 中華書局, 1996.

야규 마코토. 『최한기 기학 연구』. 경인문화사, 2008.

우기동 편역. 『철학연습』. 미래사, 1986.

李能和 輯述/李鍾殷 譯註. 『朝鮮道教社』. 普成文化社, 1986.

이봉호 외 옮김. 『도교사전』. 파라아카데미, 2018.

이이/이종란 역해. 『율곡의 상소문 – 개혁하지 않으면 나라가 망한다』. (사)율곡연구원, 2018.

이재룡. 『예의 사상에서 법의 통치까지』. 예문서원, 1995.

이종란. 『운화와 윤리』. 문사철, 2008.

_____. 『의산문답』. 한설연, 2017.

_____. 『기란 무엇인가』. 새문사, 2017.

_____. 『서양 문명의 도전과 기의 철학』. 학고방, 2020.

_____·김현우·이철승. 『민족종교와 민의 철학』. 학고방, 2020.

이철승. 『우리철학, 어떻게 할 것인가』. 학고방, 2020.

이현구. 『최한기의 기철학과 서양 과학』. 성균관대학교 대동문화연구원, 2000.

장사훈·한만영 공저. 『국악개론』. 한국국악학회, 1975.

전성곤. 『육당 한국학을 찾아서』. 동서문화사, 2016.

主編 罗竹风/汉语大词典编辑委员会 汉语大词典编纂处 編纂. 『漢語大詞典』. 汉语大词典出版社, 1986.

陳來/이종란 외 옮김. 『주희의 철학』. 예문서원, 2002.

최한기/이종란 옮김. 『운화측험』. 한길사, 2014.

홍정근. 『호락논변의 전개와 현대적 가치』. 학고방, 2020.

이종란. "『주역』을 통해 구축한 동서 융합 철학의 플랫폼." 한중철학회. 『주역의 연원과 한중 역학의 지평』. 경인문화사, 2019.

_____. "기독교철학에 대한 최한기의 비판적 수용." 「인문학연구」 제52집 (2016).

_____. "최한기의 인식이론의 성격." 「동서철학연구」 11-1 (1994).

_____. "『전경(典經)』의 사상 분석으로 살펴본 '우리철학'의 방법론." 「대순사상
　　　논총」 30호 (2018).

이중원. "현대 물리학의 자연 인식 방식과 과학의 합리성." 「과학철학」 7 (2001).

陳敏皓. "初探『曆學疑問』·『曆學疑問補』." 「第七回科學史硏討會彙刊」. 臺北: 中
　　　央硏究員科學史委員會, 2007.

최슬기. "衛滿朝鮮과 匈奴의 '穢裘' 交易." 「선사와 고대」 (2017).

고전번역원. 『한국고전종합DB』; https://db.itkc.or.kr/
https://en.wikipedia.org

찾아보기